MANESSE BIBLIOTHEK DER WELTLITERATUR

SCHWEIZER ERZÄHLER

—

Ausgewählt von
Federico Hindermann

Mit einem Nachwort
von Karl Fehr

MANESSE VERLAG
ZÜRICH

Die Deutsche Bibliothek – CIP-Einheitsaufnahme

Schweizer Erzähler / ausgew. von Federico Hindermann
Mit e. Nachw. von Karl Fehr
4. Aufl. – Zürich : Manesse Verlag, 1997
(Manesse Bibliothek der Weltliteratur)
ISBN 3-7175-1698-1 Gewebe
ISBN 3-7175-1699-X Ldr.

NE: Hindermann, Federico [Hrsg.]

Copyright © 1985 by Manesse Verlag, Zürich
Alle Rechte vorbehalten

SCHWEIZER ERZÄHLER

JEREMIAS GOTTHELF

—

Elsi, die seltsame Magd

Reich an schönen Tälern ist die Schweiz; wer zählte sie wohl auf? In keinem Lehrbuch stehn sie alle verzeichnet. Wenn auch nicht eins der schönsten, so doch eines der reichsten ist das Tal, in welchem Heimiswyl liegt und das oberhalb Burgdorf ans rechte Ufer der Berner Emme sich mündet. Großartig sind die Berge nicht, welche es einfassen, in absonderlichen Gestalten bieten sie dem Auge sich nicht dar, es sind mächtige Emmentaler Hügel, die unten heitergrün und oben schwarzgrün sind, unten mit Wiesen und Äckern eingefaßt, oben mit hohen Tannen bewachsen. Weit ist im Tale die Fernsicht nicht, da es ein Quertal ist, welches in nordwestlicher Richtung ans Hauptal stößt; die Alpen sieht man daher nur auf beiden Eggen, welche das Tal umfassen, da aber auch in heller Pracht und gewaltigem Bogen am südlichen Himmel. Herrlich ist das Wasser, das allenthalben aus Felsen bricht, einzig sind die reichbewässerten Wiesen und trefflich der Boden zu jeglichem An-

7

bau; reich ist das Tal, und schön und zierlich die Häuser, welche das Tal schmücken. Wer an den berühmten Emmentaler Häusern sich erbauen will, der findet sie zahlreich und ausgezeichnet in genanntem Tale.

Auf einem der schönen Höfe lebte im Jahr 1796 als Magd Elsi Schindler (dies soll aber nicht der rechte Name gewesen sein); sie war ein seltsam Mädchen, und niemand wußte, wer sie war und woher sie kam. Im Frühjahr hatte es einmal noch spät an die Türe geklopft, und als der Bauer zum Läufterli hinausguckte, sah er ein großes Mädchen draußen stehen mit einem Bündel unter dem Arme, das Übernacht fragte, nach altherkömmlicher Sitte, nach welcher jeder geldlose Wanderer, oder wer sonst gerne das Wirtshaus meidet, um Herberge fragt in den Bauernhäusern und nicht nur umsonst ein Nachtlager erhält, bald im warmen Stall, bald im warmen Bette, sondern auch abends und morgens sein Essen und manchmal noch einen Zehrpfennig auf den Weg. Es gibt deren Häuser im Bernbiet, welche die Gastfreundschaft täglich üben, den Morgenländern zum Trotz, und deren Haus selten eine Nacht ohne Übernächtler ist. – Der Bauer hieß das Mädchen hereinkommen, und da sie eben am Essen waren, hieß er es gleich zuechehocke (zu Tisch sitzen). Auf der Bäurin Geheiß mußte das Weibervolk auf dem Vorstuhl sich zusammenziehen, und zuunterst auf selbigen setzte sie die Übernächtlerin.

Man aß fort, aber einige Augenblicke hörte man des Redens nicht viel, alle mußten auf das Mädchen sehen. Dasselbe war nämlich nicht nur groß, sondern auch stark gebaut und schön von Angesicht. Gebräunt war dasselbe wohl, aber wohl geformt, länglicht war das Gesicht, klein der Mund, weiß die Zähne darin, ernst und groß waren die Augen, und ein seltsam Wesen, das an einer Übernächtlerin besonders auffiel, machte, daß die Essenden nicht fertig wurden mit Ansehen. Es war eine gewisse adelige Art an dem Mädchen, die sich weder verleugnen noch annehmen läßt, und es kam allen vor, als säße sie da unten als des Meisters Tochter oder als eine, die an einem Tische zu befehlen oder zu regieren gewohnt sei. Es verwunderten sich daher alle, als das Mädchen auf die endlich erfolgte Frage des Bauern: «Wo chunnst, und wo wottsch (wo kommst du her, und wo willst du hin)?», antwortete: es sei ein arm Meitli, die Eltern seien ihm gestorben, und es wolle Platz suchen als Jungfere da in den Dörfern unten. Das Mädchen mußte noch manche Frage ausstehen, so ungläubig waren alle am Tisch. Und als endlich der Bauer mehr zur Probe als im Ernste sagte: «Wenn es dir ernst ist, so kannst hier bleiben, ich mangelte eben eine Jungfere», und das Mädchen antwortete, das wäre ihm gerade das Rechte, so brauchte es nicht länger herumzulaufen, so verwunderten sich alle noch mehr und konnten es fast nicht glauben, daß das eine Jungfere werde sein wollen. Und doch war es so und dem Mädchen bitterer Ernst, aber freilich dazu war es nicht geboren. Es war eine reiche Müllerstochter aus vornehmem Hause, aus einem der Häuser, von denen ehedem, als man das Geld nicht zu nutzen pflegte, die Sage ging, bei Erbschaften und Teilungen sei das Geld nicht gezählt, sondern mit dem Maß gemessen worden. Aber in der letzten Hälfte des vergangenen Jahrhunderts war ein grenzenloser Übermut eingebrochen, und viele taten so übermütig wie der verlorene Sohn, ehe er zu den Trebern kam. Damals war es, daß reiche Bauernsöhne mit Neutalern in die Wette über die Emme warfen und machten, «welcher weiter». Damals war es, als ein reicher Bauer, der zwölf Füllimähren auf der Weide hatte, an einem starkbesuchten Jahrmarkt austrommeln ließ: wer mit dem Rifershäuser Bauer zu Mittag essen und sein Gast sein wolle, der solle um zwölf Uhr im Gasthause zum Hirschen sein. So einer war auch des Mädchens Vater gewesen. Bald hielt er eine ganze Stube voll Leute zu Gast, bald prügelte er alle, die in einem Wirtshause waren, und leerte es; am folgenden Morgen konnte er dann ausmachen um schwer Geld dutzendweise. Er war imstande, als Dragoner an einer einzigen Musterung hundert bis zweihundert Taler zu brauchen und ebensoviel an einem Markt zu verkegeln. Wenn er zuweilen recht einsaß in einem Wirtshause, so saß er dort acht Tage lang, und wer ins Haus kam, mußte mit dem reichen Müller trinken, oder er kriegte Schläge von ihm. Auf diese Weise erschöpft man eine Goldgrube, und der Müller ward nach und nach arm, wie sehr auch seine arme Frau dagegen sich wehrte und nach Vermögen zur Sache sah.

Sie sah das Ende lange voraus, aber aus falscher Scham deckte sie ihre Lage vor den Leuten zu. Ihre Verwandten hatten es ungern gesehen, daß sie den Müller geheiratet, denn sie war von braven Leuten her, welchen das freventliche Betragen des Müllers zuwider war; sie hatte es erzwungen und auf Besserung gehofft, aber diese Hoffnung hatte sie betrogen, wie noch manche arme Braut, und statt besser war es immer schlimmer gekommen. Sie durfte dann nicht klagen gehen, und darum merkten auch die Leute, gäb wie sie sich wunderten, wie lange der Müller es machen könnte, den eigentlichen Zustand der Dinge nicht, bis die arme Frau, das Herz vom Geier des Grams zerfressen, ihr Haupt neigte und starb. Da war nun niemand mehr, der sorgte und zudeckte; Geldmangel riß ein, und wo der sichtbar wird, da kommen, wie Raben, wenn ein Aas gefallen, die Gläubiger gezogen und immer mehrere, denn einer zieht den andern nach, und keiner will der letzte sein. Eine ungeheure Schuldenlast kam an Tag, der Geltstag brach aus, verzehrte alles, und der reiche Müller ward ein alter armer Hudel, der in der Kehr gehen mußte, von Haus zu Haus gar manches Jahr, denn Gott gab ihm ein langes Leben. So aus einem reichen Mann ein armer Hudel zu werden, und als solcher so manches Jahr umgehen zu müssen von Haus zu Haus, ist eine gerechte Strafe für den, der in Schimpf und Schande seine Familie stürzt und sie so oft noch um mehr bringt als um das leibliche Gut. So einer ist aber auch eine lebendige Predigt für die übermütige Jugend, ob welcher sie lernen mag das Ende, welches zumeist dem Übermute gesetzet ist.

Zwei Söhne hatte der Müller, diese waren schon früher der väterlichen Roheit entronnen und hatten vor ihr im fremden Kriegsdienst Schutz gesucht.

Eine Tochter war geblieben im Hause, die schönste, aber auch die stolzeste Müllerstochter das Land auf und ab. Sie hatte wenig teilgenommen an den Freuden der Jugend; sie gefielen ihr nicht, man hielt sie zu stolz dazu. Freier hatten sie umlagert haufenweise, aber einer gefiel ihr so schlecht als der andere, ein jeder erhielt so wenig ein freundlich Wort als der andere. Ein jeder derselben ward ihr feind und verschrie ihren Übermut. Zu einem aber ward sie nie zu stolz erfunden, zur Arbeit nämlich und zu jeglicher Dienstleistung, wo Menschen oder Vieh derselben bedurften. Von Jugend an war sie früh auf, griff alles an, und alles stund ihr wohl, und gar oft waren es die Eltern, die ihren Willen hemmten, ihr dies und jenes verboten, weil sie meinten, einer reichen Müllerstochter zieme solche Arbeit nicht. Dann schaffte sie gar manches heimlich, und oft, wenn ihre kranke Mutter des Nachts erwachte, sah sie ihre Tochter am Bette sitzen, während sie doch einer Magd zu wachen befohlen, ihre Tochter aber mit allem Ernst zu Bette geheißen hatte.

Als nun die Mutter gestorben war und das Unglück ausbrach, da war's, als wenn ein Blitz sie getroffen. Sie jammerte nicht, aber sie schien stumm geworden, und die Leute hatten fast ein Grausen ob ihr, denn man sah sie oft stehen auf hohem Vorsprung oder an tiefem Wasser und ob den Mühlrädern am Bache, und alle sagten, es gebe sicher ein Unglück, aber niemand reichte die Hand, selbigem auf irgendeine Weise vorzubeugen. Alle dachten, und viele sagten es, es geschehe Elsi recht, Hochmut komme vor dem Falle, und so sollte es allen gehen, die so stolz wie Elsi täten, und als dasselbe am Morgen, als alles aufgeschrieben werden sollte, verschwunden war, sagten alle: da hätte man's, und sie hätten es längst gesagt, daß es diesen Ausweg nehmen würde. Man suchte es in allen Bächen, an jungen Tannen, und als man es nirgends fand, da deuteten einige darauf hin, daß einer sei, der schon viele geholt und absonderlich Stolze und Übermütige, und noch nach manchem Jahre ward stolzen Mädchen darauf hingedeutet, wie einer sei, der gerade Stolze am liebsten nehme, sie sollen nur denken an die reiche Müllerstochter, die so ungesinnet verschwunden sei, daß man weder Haut noch Haar je wieder von ihr gesehen.

So übel war es indes Elsi nicht ergangen, aber Böses hatte es allerdings in den ersten Tagen im Sinne gehabt. Es war ihm gewesen, als klemme jemand ihm das Herz entzwei, als türmten sich Mühlsteine an seiner Seele auf; es war ein Zorn, eine Scham in ihm, und die brannten ihns, als ob es mitten in der Hölle wäre. Allen Leuten sah es an, wie sie sein Unglück ihm gönnten, und wenn man ihm alle Schätze der Welt geboten hätte, es wäre nicht imstande gewesen, einem einzigen Menschen ein freundlich Wort zu geben.

Indessen wachte über dem armen Kinde eine höhere Hand und ließ aus dessen Stolze eine Kraft emporwachsen, welche demselben zu einem höhern Entschlusse half; denn so tut es Gott oft, eben aus dem Kerne, den die Menschen verworfen, läßt er emporwachsen die edelste Frucht. Der Stolz des Mädchens war ein angeborener Ekel gegen alles Niedere, geistig Hemmende, und wer es einmal beten gesehen hätte, hätte auch gesehen, wie es sich demütigen konnte vor dem, in dem nichts Niederes, nichts Gemeines ist. Aber sein Inneres verstund es nicht, sein Äußeres beherrschte es nicht, und darum gebärdete es sich wie eine reiche Müllerstochter, welcher die ganze Welt nicht vornehm genug ist. Da weg wollte es, aber vor der Untat schauderte es; die Schande wollte es seiner Familie nicht antun, wollte nicht die Seele mit dem Leibe verderben, aber wie sich helfen, wußte es lange nicht. Da, in stiller Nacht, als eben seine Angst um einen Ausweg am größten war, öffnete ihm Gott denselben. Weit weg wollte es ziehen, Dienst suchen als niedere Magd an einsamem Orte; dort in Stille und Treue unbekannt sein Leben verbringen, solange es Gott gefalle. Wie in starken Gemütern kein langes Werweisen ist, wenn einmal ein Weg offensteht, so hatte es noch in selber Nacht sich aufgemacht, alle Hoffart dahinten gelassen, nur mitgenommen, was für eine Magd schicklich war, keinem Menschen ein Wort gesagt und war durch einsame Steige fortgegangen aus dem heimischen Tale. Manchen Tag war es gegangen, in die Kreuz und Quere, bald gefiel es ihm nicht, bald gedachte es an bekannte Namen, die hier oder dort wohnten, und so war es gekommen bis ins Heimiswyltal. Dort hinten im heimeligen Tale gefiel es ihm, es suchte Dienst und fand ihn.

Die rasche Aufnahme desselben war anfangs der Bäurin nicht recht, sie kapitelte den Mann ab, daß er ihr da eine aufgebunden habe, die so zimpfer aussehe und zu hochmütig, um sich etwas befehlen zu lassen. Des tröstete sie der Bauer, indem das

14

Mädchen ja nicht für eine bestimmte Zeit gedungen sei, man also dasselbe schicken könne, sobald es sich nicht als anständig erweise. Auch dem übrigen Gesinde war die Aufnahme des Mädchens nicht recht, und lang ging dasselbe um ihns herum wie Hühner um einen fremden Vogel, der in ihrem Hof absitzt.

Aber bald erkannte die Bäurin, daß sie in Elsi ein Kleinod besitze, wie sie keines noch gehabt, wie es mit Geld nicht zu bezahlen ist. Elsi verrichtete, was es zu tun hatte, nicht nur meisterhaft, sondern es sinnete auch selbst, sah, was zu tun war, und tat es ungeheißen, rasch und still, und wenn die Bäurin sich umsah, so war alles schon abgetan, als wie von unsichtbaren Händen, als ob die Bergmännlein dagewesen wären. Das nun ist einer Meisterfrau unbeschreiblich anständig, wenn sie nicht an alles sinnen, allenthalben nachsehen muß, wenn sie nicht nur das Schaffen, sondern auch das Sinnen übertragen kann, aber sie findet selten einen Dienst, bei welchem sie dieses kann. Viele Menschen scheinen nicht zum Sinnen geboren, und viele wiederum haben ihre Gedanken nie da, wo es nötig wäre, und wenige sind, die wache Sinne haben, geleitet und gehütet von klarem Verstande, und aus diesen wenigen sind wiederum wenige, die zum Dienen kommen, oder dienen selten lange, denn das sind geborene Meisterleute. Daneben hatte Elsi nichts auf Reden, mit niemand Umgang, und was es sah im Hause oder hörte, das blieb bei ihm, keine Nachbarsfrau vernahm davon das mindeste, sie mochte es anstellen, wie sie wollte. Mit dem Gesinde machte es sich nicht gemein. Die

rohen Späße der Knechte wies es auf eine Weise
zurück, daß sie dieselben nicht wiederholten, denn
Elsi besaß eine Kraft, wie sie selten ist beim weiblichen Geschlechte, und dennoch ward es von
demselben nicht gehaßt. Niemanden verklagte es,
und wenn es Knecht oder Magd einen Dienst tun
konnte, so sparte Elsi es nicht, und manches tat es
ab in der Stille, was die andern vergaßen und
deshalb hart gescholten worden wären, wenn die
Meisterleute es gesehen hätten.

So ward Elsi bald der rechte Arm der Meisterfrau, und wenn sie etwas auf dem Herzen hatte, so
war es Elsi, bei dem sie es erleichterte. Aber eben
deswegen ärgerte es sie an Elsi, daß es nicht Vertrauen mit Vertrauen vergalt. Natürlich nahm es
sie wunder, wer Elsi war und woher es kam, denn
daß es nicht sein Lebtag gedient hatte, sondern eher
befohlen, das merkte sie an gar vielem, besonders
eben daran, daß es selbst dachte und alles ungeheißen tat. Sie schlug daher oft auf die Stauden und
frug endlich geradeaus. Elsi seufzte wohl, aber
sagte nichts und blieb fest dabei, wie auch die
Meisterfrau ansetzte auf Weiberweise, bald mit
Zärtlichkeit und bald mit Giftigkeit. Heutzutage
hätte man es kürzer gemacht und nach den Schriften gefragt, absonderlich nach dem Heimatschein,
den man hinterlegen müsse, wenn man nicht in der
Buße sein wollte; damals dachte man an solche
Dinge nicht, und im Bernbiet konnte man sein
Lebtag inkognito verweilen, wenn man nicht auf
irgendeine absonderliche Weise der Polizei sich
bemerkbar machte.

Wie sehr dies auch die Frau verdroß, so lähmte

es doch ihr Vertrauen nicht, und wenn sie donnstags nicht nach Burgdorf auf den Markt konnte, wohin schon damals die Heimiswyler Weiber alle Donnstage gingen, so sandte sie Elsi mit dem, was Verkäufliches bei der Hand war, und Aufträgen, wie des Hauses Bedarf sie forderte. Und Elsi richtete aufs treulichste alles aus und war heim, ehe man daran dachte, denn nie ging es in ein Wirtshaus, weder an Markttagen noch an Sonntagen, wie ihm auch zugeredet ward von alt und jung. Anfangs meinte man, sein Weigern sei nichts als die übliche Ziererei, und fing an, nach Landessitte zu schreißen und zu zerren, aber es half nichts, Elsi blieb standhaft. Man sah es mit Erstaunen, denn ein solch Mädchen, das sich nicht zum Weine schreißen ließ, war noch keinem vorgekommen. Am Ende setzte man ab mit Versuchen und kriegte Respekt vor ihm.

Wenn aber einmal die jungen Leute vor einem schönen Mädchen Respekt kriegen, da mag es wohl nach und nach sicher werden vor denen, welche Mädchen wie Blumen betrachten, mit denen man umgehen kann nach Gelüsten. Aber nun erst kommen die herbei, welche Ernst machen wollen, welche eine schöne Frau möchten und eine gute. Deren waren nun damals im Heimiswyler Graben viele, und sie waren einstimmig der Meinung, daß nicht für jeden eine im Graben selbst zu finden sei. Freilich wollten die meisten zu guten und schönen noch reiche Weiber. Aber man weiß, wie das beim jungen Volke geht, welches alle Tage eine andere Rechnung macht und immer das am höchsten in Rechnung stellt, was ihm gerade am besten gefällt. Darum war Elsi vor diesen alle Tage weniger sicher, sie sprachen es an auf dem Kirchweg und auf dem Märitweg, und des Nachts hoscheten sie an sein Fenster, sagten ihm Sprüche her, und wenn sie hintenaus waren, fingen sie sie wieder von vornen an, aber alles umsonst. Elsi gab auf dem Wege wohl freundlichen Bescheid, aber aus dem Gaden denen vor den Fenstern nie Gehör. Und wenn, wie es im Bernbiet oft geschieht, die Fenster eingeschlagen, die Gadentüre zertrümmert wurde, so half das seinen Liebhabern durchaus nichts. Entweder schaffte es sich selbsten Schutz und räumte das Gaden wieder, oder es stieg durchs Ofenloch in die untere Stube hinab; dorthin folgt kein Kiltbub einem Mädchen.

Unter denen, welche gerne eine schöne und gute Frau gehabt hätten, war ein Bauer, nicht mehr ganz jung. Aber noch nie war eine ihm schön und gut genug gewesen, und wenn er auch eine gefunden zu haben glaubte, so brauchte die nur mit einem andern Burschen ein freundlich Wort zu wechseln, so war er fertig mit ihr und sah sie nie mehr an. Christen hieß der Bursche, der von seiner Mutter her einen schönen Hof besaß, während sein Vater mit einer zweiten Frau und vielen Kindern einen andern Hof bewirtschaftete. Christen war hübsch und stolz, keinen schönern Kanonier sah man an den Musterungen, keinen tüchtigern Bauern in der Arbeit und keinen kuraschierteren Menschen im Streit. Aber allgemach hatte er sich aus den Welthändeln zurückgezogen. Die Mädchen, welche am Weltstreit vordem die Hauptursache waren – jetzt ist es das Geld –, waren ihm erleidet, er hielt keines für treu, und um ihn konnte der Streit toben, konnten Gläser splittern neben ihm und Stuhlbeine krachen, er bewegte sich nicht von seinem Schoppen. Nur zuweilen an einem Burgdorfmarkt, wenn die Heimiswyler mit ihren Erbfeinden, den Krauchtalern, nicht fahren mochten, und Bott und Botte kam, ihn zu entbieten und zuletzt der tusig Gottswillen, stund er auf und half mit wackeren Streichen seinen bedrängten Kameraden wieder auf die Beine.

Mit Mägden hatte er sich, wie es einem jungen Bauern ziemt, natürlich nie abgegeben, aber Elsi hatte so etwas Apartes in seinem Wesen, daß man es nicht zu den Mägden zählte, und daß alle darüber einig waren, von der Gasse sei es nicht. Um so begieriger forschte man, woher denn eigentlich, aber man erforschte es nicht. Dies war zum Teil Zufall, zum Teil war der Verkehr damals noch gar sparsam, und was zehn Stunden auseinander lag, das war sich fremder, als was jetzt fünfmal weiter auseinander ist. Wie allenthalben, wo ein Geheimnis ist, Dichtungen entstehen, und wie, wo Weiber sind, Gerüchte umgehen, so ward gar mancherlei erzählt von Elsis Herkommen und Schicksalen. Die einen machten eine entronnene Verbrecherin aus ihm, andere eine entlaufene Ehefrau, andere eine Bauerntochter, welche einer widerwärtigen Heirat entflohen, noch andere eine unehliche Schwester der Bäurin oder eine unehliche Tochter des Bauern, welche auf diese Weise ins Haus geschmuggelt worden. Aber weil Elsi unwandelbar seinen stillen Weg ging, fast wie ein Sternlein am Himmel, so verloren all diese Gerüchte ihre Kraft, und eben das Geheimnisvolle, Besondere in seiner Erscheinung zog die junge Mannschaft an und absonderlich Christen. Sein Hof war nicht entfernt von Elsis Dienstort, das Land stieß fast aneinander, und wenn Christen ins Tal hinunter wollte, so mußte er an ihrem Hause vorbei. Anfangs tat er sehr kaltblütig. Wenn er Elsi zufällig antraf, so sprach er mit ihm, stellte sich wohl auch bei ihm, wenn es am Brunnen unterm breiten Dache Erd-äpfel wusch oder was anderes. Elsi gab ihm freund-lichen Bescheid, und ein Wort zog das andere Wort nach sich, daß sie oft gar nicht fertig werden konn-ten mit reden, was andern Leuten aber eher auffiel als ihnen selbst. Auch Christen wollte Elsi Wein zahlen, wenn er es in Burgdorf traf oder mit ihm heimging am Heimiswyler Wirtshause vorbei. Aber ihm sowenig als andern wollte Elsi in ein Wirtshaus folgen, ein Glas Wein ihnen abtrinken. Das machte Christen erst bitter und bös, er war der Meinung, daß, wenn ein junger Bauer einer Magd eine Halbe zahlen wolle, so sei das eine Ehre für sie, und übel an stünde es ihr, diese auszuschlagen. Da er aber sah, daß sie es allen so machte, hörte, daß sie nie noch ein Wirtshaus betreten, seit sie hier sei, so gefiel ihm das, und zwar immer mehr. Das wäre eine treue, dachte er, die nicht liebäugelte mit jedem Türlistock, nicht um einen halben Birenstiel mit jedem hinginge, wo er hin wollte; wer so eine hätte, könnte sie zur Kirche und auf den Markt schicken oder allein daheim lassen, ohne zu fürch-ten, daß jemand anders ihm ins Gehege käme. Und doch konnte er die Versuche nicht lassen, so oft er Elsi auf einem Wege traf, dasselbe zum Weine zu

laden oder ihm zu sagen, am nächsten Sonntag
gehe er dorthin, es solle auch kommen, und allemal
ward er böse, daß er einen Abschlag erhielt.

Es ist kurios mit dem Weibervolke und dem
Männervolk. Solange sie ledig sind, bloß werben
oder Brautleute sind, da ist das Weibervolk lie-
benswürdig aus dem ff und das Männervolk freigebig, daß einem fast übel wird, und zwar gleich zu
Stadt und Land. So ein Bursche zum Beispiel läßt
Braten aufstellen oder wenigstens einen Kuchen,
und sollte er ihn unter den Nägeln hervorpressen,
versteigt sich zu rotem Weine, gegenwärtig sogar
zu Champagner aus dem Welschland, und nicht oft
genug kann er sein Mädchen zum Wein bestellen;
er tut, als ob er ein Krösus wäre und sein Vater
daheim nicht mehr Platz hätte zum Absitzen vor
lauter Zäpfen und Päcklein. Ist derselbe aber einmal verheiratet, dann hat die Herrlichkeit ein Ende,
und je freigebiger er gewesen, desto karger wird er,
und allemal, wenn sein Weib mit ihm ins Wirtshaus will, so setzt es Streit ab, und wenn das Weib
es einmal im Jahr erzwängt, so hält der Mann es ihr
sieben Jahre lang vor. Ähnlich haben es die Mädchen mit der Liebenswürdigkeit, wenn sie Weiber
werden. Eins zahlt immer das andere, heißt es, aber
schwer ist's zu entscheiden, ob der Mann zuerst
von der Freigebigkeit läßt oder das Weib von der
Liebenswürdigkeit. Es wird halt auch so sein wie
mit dem Speck, mit welchem man die Mäuse
fängt; ist die Maus gefangen und der Speck gefressen, so wächst auch nicht neuer Speck nach, und
der alte ist und bleibt gefressen.

Aus diesem Grunde wahrscheinlich kommt es,

daß die meisten städtischen Väter ihren Töchtern ein Sackgeld vorbehalten, welches aber sehr oft nicht ausgerichtet wird; auf dem Lande ist man noch nicht so weit und namentlich im Heimiswyl- graben nicht.

Trotz dem Bösewerden ward Elsi dem Christen doch immer lieber, immer mehr drang sich ihm die Überzeugung auf: die oder keine. Ihm zu Lieb und Ehr tat er manchen Gang, war oft zu Abendsitz in des Bauern Haus und immer öfters vor des Mäd- chens Fenster, doch immer vergeblich, und allemal nahm er sich vor, nie mehr zu gehen, und nie konnte er seinen Vorsatz halten. Elsi kam, wenn es seine Stimme hörte, wohl unters Fenster und rede- te mit ihm, aber weiter brachte Christen es nicht. Je zärtlicher er redete, desto mehr verstummte das Mädchen; wenn er vom Heiraten redete, so brach es ab, und wenn er traulich wurde, die eigenen Ver- hältnisse auseinandersetzte und nach denen von Elsi forschte, so machte dasselbe das Fenster zu. Dann ward Christen sehr böse, er ahnete nicht, welchen Kampf Elsi im Herzen bestand.

Anfänglich war es Elsi wohl in der Fremde, so alleine und ohne alles Kreuz vom Vater her, aber allgemach war eben dieses Alleinestehen ihm zur Pein, denn ohne Bürde auf der Welt soll der Mensch nicht sein. So niemand zu haben auf der Welt, zu dem man sich flüchten, auf den man in jeder Not bauen kann, das ist ein Weh, an dem manches Herz verblutet. Als Christen der stattli- chen Maid sich nahte, tat es Elsi unendlich wohl; Christen war ja eine Brücke in seine alten Verhält- nisse, von der Magd zur Meisterfrau. Aber um zu heiraten, mußte es sagen, wer es war, mußte seine Verhältnisse offenbaren, mußte in der Heimat sagen, wohin es gekommen; das war's, was es nicht konnte. Es war überzeugt, daß Christen, sobald er wußte, wer es war, ihns sitzen ließe, und das wollte es nicht ertragen. Es wußte zu gut, wie übel berüchtigt sein Vater war, landauf landab, und daß man in diesem Tale hundertmal lieber ein arm Söhniswyb wollte als eines von übel berüchtigter Familie her. Wie manches arme Kind sich eines reichen Mannes freut seiner Eltern wegen, weil es hofft, Sonnenschein bringen zu können in ihre trüben, alten Tage, so kann ein Kind schlechter Eltern sich nicht freuen. Es bringt nichts als die Schande mit in die neue Familie, den schlechten Eltern kann es nicht helfen, nicht helfen von ihrer Schande, nicht helfen von ihren Lastern. So wußte auch Elsi, daß seinem Vater nicht zu helfen war, auf keine Weise. Geld war nur Öl ins Feuer, und ihn bei sich ertragen, das hätte es nicht vermocht und hätte es viel weniger einem Manne zugemutet, was die leibliche Tochter nicht ertrug. Das ist eben der Fluch, der auf schlechten Eltern liegt, daß sie das Gift werden in ihrer Kinder Leben, ihr schlechter Name ist das Gespenst, das umgeht, wenn sie selbst schon lange in ihren Gräbern modern, das sich an die Fersen der Kinder hängt und unheilbringend ihnen erscheinet, wenn Glück sich ihnen nahen, bessere Tage ihnen aufgehen wollen.

Es kämpfte hart in dem armen Mädchen, aber sein Geheimnis konnte es nicht offenbaren. Wenn Christen je gesehen hätte, wie der Kampf Elsi Tränen auspreßte, wie es seufzte und betete, er wäre nicht so böse geworden, er hätte vielleicht in verdoppelter Liebe das Geheimnis entdeckt, aber was da innen in uns sich regt, das hat Gott nicht umsonst dem Auge anderer verborgen. Es kam Elsi oft an, wegzuziehen in dunkler Nacht, wieder zu verschwinden, wie es in seiner Heimat verschwunden war, und doch vermochte es dasselbe nicht. Es redete sich ein, die Leute würden ihm Böses nachreden, es sei mit dem Schelmen davongegangen, oder noch Schlimmeres, aber es war etwas anderes, welches ihns hielt, was es sich aber selbst nicht gestand. So litt das arme Mädchen sehr, das höchste Glück ihm so nahe, und doch ein Gespenst zwischen ihm und seinem Glück, das ihns ewig von selbigem schied. Und dieses Gespenst sahen andere Augen nicht, es durfte nicht schreien, es mußte die bittersten Vorwürfe ertragen, als ob es schnöde und übermütig das Glück von sich stieße.

Diese Vorwürfe machte ihm nicht nur Christen, sondern auch die Bäurin, welche Christens Liebe sah und ihrer Magd, welche ihr lieb wie eine Schwester war, dieses Glück wohl gönnte, was nicht alle Meisterfrauen getan hätten, aufsätzig. Bei diesen Anlässen konnte sie recht bitter werden in den Klagen über Mangel an Zutrauen, ja, manchmal sich des Deutens nicht enthalten, daß Elsi wohl etwas Böses zu bewahren hätte, weil es dasselbe nicht einmal ihr, welche es doch so gut meine, anvertrauen wolle.

Das fühlte Elsi mit Bitterkeit, es sah recht elend aus, und doch konnte es nicht fort, konnte noch viel weniger das Gespenst bannen, das zwischen ihm und seinem Glücke stand. Da geschah es am alten Neujahr, das heißt an dem Tage, auf welchen nach dem alten Dato, nach russischem Kalender, das Neujahr gefallen wäre, und welches, sowie die alte Weihnacht, ehedem noch allgemein gefeiert wurde auf dem Lande, jetzt nur noch in einigen Berggegenden, daß Elsi mit der Bäurin nach Burgdorf mußte. Der Tag war auf einen Markttag gefallen, es war viel Volk da, und lustig ging es her unterm jungen Volk, während unter den Alten viel verkehrt wurde von den Franzosen, von welchen die Rede war, wie sie Lust hätten an das Land hin, wie man sie aber bürsten wollte, bis sie genug hätten. Nur vorsichtig ließen hier und da einige verblümte Worte fallen von Freiheit und Gleichheit und den gestrengen Herren zu Bern, und sie taten wohl mit der Vorsicht, denn Teufel und Franzos war denen aus den Bergen ungefähr gleichbedeutend.

Als die Bäurin ihre Geschäfte verrichtet hatte, steuerte sie ihrem üblichen Stübli zu, denn z'leerem ging sie von Burgdorf nicht heim und namentlich am alten Neujahr nicht. Sie wollte Elsi mitnehmen, welches aber nicht wollte, sondern sich entschuldigte, es hätte nichts nötig, und wenn sie beide hineingingen, so müßten sie pressieren, weil niemand daheim die Sache mache; gehe es aber voran, so könne die Bäurin bleiben, solange es ihr anständig sei, bis sie Kameradschaft fände für heim oder gar eine Gelegenheit zum Reiten.

Wie sie da so märteten miteinander, kam Christen dazu, stund auf Seite der Meisterfrau und sagte Elsi, jetzt müsse es hinein; das wäre ihm doch seltsam, wenn ein Meitschi wie es in kein Wirtshaus wollte, es wäre das erste. Elsi blieb fest und lehnte manierlich ab: es möge den Wein nicht erleiden, sagte es, und daheim mache niemand die Haushaltung. Es müßte kommen, sagte Christen, trinken könne es, so wenig es wolle, und gehen, wenn es wolle, aber einmal wolle er wissen, ob es sich seinem verschäme oder nicht.

Das sei einfältig von ihm, sagte Elsi, er solle doch denken, wie eine arme Magd eines Bauern sich verschämen sollte, und zürnen solle er nicht, aber es sei sein Lebtag sein Brauch gewesen, sich nicht eigelich (keine Komplimente) zu machen, sondern erst zu sinnen, dann zu reden, dann bei dem zu bleiben, was geredet worden. Die gute Bäurin, welche wenig von andern Gründen wußte als von mögen und nicht mögen, half drängen und sagte, das sei doch wunderlich getan, und wenn zu ihrer Zeit sie ein ehrlicher, braver Bursche zum Weine haben führen wollen, so hätte sie sich geschämt, es ihm abzusagen und ihm diese Schande anzutun.

Es ist nun nichts, welches den Zorn des Menschen eher entzündet, sein Begehren stählt, als ein solcher Beistand, darum ward Christen immer ungestümer und wollte mit Gewalt Elsi zwingen. Aber Elsi widerstand. Da sagte Christen im Zorn: «He nun so denn, du wirst am besten wissen, warum du in kein Wirtshaus darfst, aber wenn du nicht willst, so gibt es andere.» Somit ließ er Elsi fahren und griff rasch nach einem andern Heimiswyler Mädchen, welches eben vorüberging und willig ihm folgte. Die Bäurin warf Elsi einen bösen

Blick zu und sagte: «Gell, jetzt hast's!» und ging
nach. Da stund nun Elsi, und fast das Herz wollte es
ihm zerreißen, und der Zorn über Christens ver-
dächtige Worte und die Eifersucht gegen das wil-
lige Mädchen hätten fast vollbracht, was die Liebe
nicht vermochte, und es Christen nachgetrieben.
Indessen hielt es sich, denn vor den Wirtshäusern,
in welchen ihre Familienehre, ihr Familienglück
zugrunde gegangen, hatte es einen Abscheu, und
zugleich floh es sie, weil es in denselben am meisten
Gefahr lief, erkannt zu werden oder etwas von
seinem Vater vernehmen zu müssen. In den Wirtshäusern ist's, wo die Menschen zusammenströmen
und sich Zeit nehmen, zu betrachten und heimzu-
weisen, was beim flüchtigen Begegnen auf der
Straße unbeachtet vorübergeht. Es ging heim, aber
so finster war es in seinem Herzen nie gewesen seit
den Tagen, an welchen das Unglück über sie eingebrochen war. Anfangs konnte es sich des Weinens
fast nicht enthalten, aber es unterdrückte dasselbe
mit aller Gewalt, der Leute wegen. Da nahm ein
bitterer, finsterer Groll immer mehr Platz in demselben. So ging es ihm also; so sollte es nicht nur nie
glücklich sein, sondern noch eigens geplagt und
verdächtigt werden, mußte das sich gefallen lassen,
konnte sich nicht rechtfertigen; so gingen die Leute
mit ihm um, um welche es das am wenigsten verdient hatte, welche es am besten kennen sollten!
Wie ehedem in gewaltigen Revolutionen die Berge
aus der Erde gewachsen sein sollen, so wuchs aus
den Wehen seines Herzens der Entschluß empor,
von allen Menschen mehr und mehr sich abzuschlie-
ßen, mit niemand mehr etwas zu haben, nicht mehr

zu reden, als es mußte, und sobald möglich da wegzugehen, wo man so gegen ihns sein könnte.

Als die Meisterfrau heimkam, stärkte sie diesen Entschluß; sie beabsichtigte freilich das Gegenteil, aber es ist nicht allen Menschen gegeben, richtig zu rechnen, nicht einmal in Beziehung auf die Zahlen, geschweige denn in bezug auf die Worte. Sie erzählte, wie Christen sich lustig mache in Burgdorf, und sicher gehe er mit dem Mädchen heim, und was es dann gebe, könne niemand wissen, das Mädchen sei hübsch und reich und pfiffig genug, einen Vogel im Lätsch zu fangen. Das würde Elsi recht geschehen, und sie möchte es ihm gönnen, denn das sei keine Manier für eine Magd, mit einem Bauern so umzugehen. Aber sie fange auch an zu glauben, da müsse was dahinter sein, das nicht gut sei, anders könne sie es sich nicht erklären, oder sei es anders, so solle es es sagen. Diesem setzte Elsi nichts als trotziges Schweigen entgegen. In trotzigem Schweigen ging es zu Bette und wachte in ihm auf, als es an sein Fenster klopfte und Christens Stimme laut ward vor demselben. Derselbe hatte es doch nicht übers Herz bringen können, einen neuen Tag aufgehen zu lassen über seinem Zwist mit Elsi. Er trank, wie man sagt, guten Wein, und je mehr er trank, desto besser ward er. Je mehr der Wein auf dem Heimweg über ihn kam, desto mehr zog es ihn zu Elsi, mit ihm Frieden zu machen. Im Wirtshaus zu Heimiswyl kehrte er mit seinem Meitschi ein, aber nur, um desselben los zu werden mit Manier, ließ eine Halbe bringen, bestellte Essen, ging unter einem Vorwand hinaus, bezahlte und erschien nicht wieder. Das Mädchen war, wie gesagt, nicht von den Dummen eines, es merkte bald, woran es war, jammerte und schimpfte nicht, hielt nun mit dem, was Christen bezahlt hatte, einen andern zu Gast, und so fehlte es ihm an einem Begleiter nach Hause nicht. Dem armen Christen ging es nicht so gut. Elsi, durch die Bäurin neu aufgeregt, hielt an seinem Entschluß fest und antwortete nichts, gäb wie Christen bat und sich unterzog; es mußte den Kopf ins Kissen bergen, damit er sein Weinen nicht höre, aber es blieb fest und antwortete nicht einen Laut. Christen tat endlich wild, aber Elsi bewegte sich nicht, zuletzt entfernte sich derselbe halb zornig und halb im Glauben, Elsi habe zu hart geschlafen und ihn nicht gehört. Er ward aber bald inne, wie Elsi es meine. Die frühere Freundlichkeit war dahin; Elsi tat durchaus fremd gegen ihn, antwortete ihm nur das Notwendigste, dankte, wenn er ihm die Zeit wünschte, in allem übrigen aber war es unbeweglich. Christen ward fuchswild darob und konnte Elsi doch nicht lassen. Hundertmal nahm er sich vor, an dasselbe nicht mehr zu sinnen, sich ganz von ihm loszumachen, und doch stund es beständig vor seinen Augen; seine weißen Hemdeärmel am Brunnen sah er durch sieben Zäune schimmern, und an allen Haaren zog es ihn, bis er unter dessen Fenster stand. Hundertmal nahm er sich vor, rasch eine andere zu freien und so dem Ding ein Ende zu machen, aber er konnte mit keinem Mädchen freundlich sein, und wenn eines gegen ihn freundlich war, so ward er böse, es war ihm, als trügen alle andern Mädchen die Schuld, daß Elsi sich so gegen ihn verhärte.

Während Christen sein Weh im Herzen wuchs als wie ein bös Gewächs, wuchs auch der Lärm mit den Franzosen von Tag zu Tag. Schon lange waren Soldaten auf den Beinen, viele Bataillone standen gesammelt den Franzosen bereits gegenüber, welche an den Grenzen lagen und im Waadtlande. Immer mehr bildete sich beim Volke der Glaube aus, der Franzose fürchte sich, dürfe nicht angreifen, und unterdessen schlichen viele herum, die das Gerücht zu verbreiten suchten: die Herren wollten das Volk verraten; wäre dieses nicht, der Franzos wäre längstens abgezogen, aber er passe auf die Gelegenheit und bis er mit den Herren einig sei. Das ächte Landvolk haßte den Franzos wie den Antichrist, ärger als einen menschenfressenden Kannibalen, daher ärgerte es sich schwer an dem Werweißen der Herren auf dem Rathause; das Schwanken und Zögern dort war eben nicht geeignet, jene Verleumdungen Lügen zu strafen. Eine schauerliche Nachricht jagte die andere. Da kam plötzlich die Botschaft, losgebrochen sei der Krieg, und die Postboten flogen durch die Täler, alle noch übrige eingeteilte Mannschaft auf die Sammelplätze zu entbieten. Es war den ersten März spät abends, als Christen den Befehl erhielt. Alsobald rüstete er sich und bestellte sein Haus, und Nachbar um Nachbar kam, bot seine Dienste an, und keiner vergaß die Mahnung: «Schont sie nicht, die Ketzere, laßt keinen entrinnen, schießt ihnen Köpfe und Beine ab, verbrennt sie dann noch lebendig! Sie wissen es dann in Zukunft, daß sie uns ruhig lassen sollen, die Mordiotüfle!» – Christen mochte nicht warten, bis der letzte fort war und er die abgeschüsselet hatte, welche ihn begleiten wollten, denn ohne Abschied von Elsi wollte er nicht fort. Als er an dessen Fenster kam, ging es ihm wie früher; er erhielt auf Rede und Klopfen keine Antwort. Da sprach er: «Hör, Elsi, ich bin da eben in der Montur und auf dem Weg in den Krieg, und wer weiß, ob du mich lebendig wieder siehst, einmal wenn du so tust, gewiß nicht. Komm hervor, sonst könntest du dich reuig werden, solang du lebst!» – Die Worte drangen Elsi ins Herz, es mußte aufstehen und zum Fenster gehen. Da sagte Christen: «So kommst du doch noch, aber jetzt gib mir die Hand und sag mir, du zürnest mir nicht mehr, und wenn mich Gott gesund spart, so wollest du mein Weib werden, versprich mir's!» – Elsi gab seine Hand, aber schwieg. – «Versprichst mir's?» fragte Christen. Es wollte Elsi das Herz abdrücken, und lange fand es keinen Laut, und erst als Christen noch einmal sagte: «So red doch! Sag mir, du wollest mich, daß ich auch weiß, woran ich bin», antwortete es: «Ich kann nicht.» – «Aber Elsi, besinn dich!» sagte Christen, «mach nichts Lätzes, denk, du könntest reuig werden, sage ja!» – «Ich kann nicht», wiederholte Elsi. «Elsi, besinn dich!» bat Christen drungelich, «sag mir das nicht zum drittenmal; wer weiß, ob du mir dein Lebtag noch etwas sagen kannst, sag ja! Dr tusig Gottswille bitt' ich dich.» – Ein Krampf faßte Elsis Brust, endlich hauchte es: «Ich kann nicht.» – «So sieh, was machst!» antwortete Christen, «und verantworte es dann vor Gott!» Mit diesen Worten stürzte er fort; Elsi sank bewußtlos zusammen.

Still ging der zweite Tag März über dem Tale

auf. Die meisten Bewohner waren am Abend vorher lange auf gewesen, hatten Abziehenden das Geleit gegeben, und so begann erst spät des Tages Geräusch. Elsi war betäubt und ging herum wie ein Schatten an der Wand. Die Meisterfrau hatte wohl gemerkt, daß Christen oben am Fenster Abschied genommen, aber nichts verstanden. Sie hoffte, daß sie sich verständigt, und fühlte Mitleid mit Elsis Aussehen, welches sie der Angst um Christens Leben zuschrieb. Sie tröstete, so gut sie konnte, und sagte, es sei noch nicht gewiß, daß es Krieg gäbe, vielleicht sei es wieder nur blinder Lärm. Und wenn schon, so hätte sie gehört, unter hundert Kugeln treffe nicht eine einzige, und Christen sei alt genug, um aufzupassen, daß ihn keine treffe, und nicht so wie ein Sturm dreinzurennen, ohne sich zu achten, wohin. Elsi sollte nur nicht Kummer haben, es werde noch alles gut gehen, und ehe Pfingsten da sei, könne es ein schön Hochzeit geben. – Dieser Trost wirkte aber wiederum umgekehrt, und Elsi begann, ganz gegen seine bisherige Gewohnheit, laut aufzujammern. «Er kommt nicht wieder, ich weiß es, und ich bin schuld daran», rief es verzweifungsvoll. «Aber mein Gott», sagte die Frau, «hast du es denn nicht mit ihm ausgemacht und ihm das Wort gegeben? Er wird doch expreß deswegen gekommen sein und vielleicht dir den Hof noch lassen verschreiben, ehe er von Burgdorf ausrückt.» – «Nein habe ich gesagt», versetzte Elsi, «und er hat gesagt, lebendig werde ich ihn nicht wiedersehen.» – Da schlug die Bäurin die Hände über dem Kopfe zusammen und sagte: «Aber, mein Gott, mein Gott, bist du ver-

rückt oder eine Kindsmörderin oder eine Schinderstochter? Eins von diesen dreien muß sein, sonst
hättest du es nicht übers Herz gebracht, einen
solchen Burschen von der Hand zu weisen, der dir
noch so anständig ist, wie ich es wohl gesehen. Bist
eine Schinderstochter oder eine Kindsmörderin?
Seh, red, ich will es jetzt wissen!» – «Keins von
beiden bin ich», sagte Elsi, tief verletzt über solchen Verdacht; «von vornehmen Leuten bin ich
her, wie hier in der ganzen Kirchhöre keine wohnen, und was mein Vater getan hat, dessen vermag
ich mich nichts.» – «So, was hat der gemacht?»
fragte die Frau; «er wird jemand gemordet haben
oder falsches Geld gemacht und ins Schellenwerk
gekommen oder gar gerichtet worden sein.» –
«Nein, Frau», sagte Elsi, «ich weiß nicht, warum
Ihr mir das Wüsteste alles ansinnet.» – «Aber etwas
muß es doch sein, das dir im Weg ist wegen einer
Heirat; so wegen nichts schlägt man einen solchen
Mann nicht aus. Vielleicht hat er falsche Schriften
gemacht, oder er wird sich selber gemordet haben
und nicht im Kirchhof begraben worden sein.» –
«Nein, Frau», sagte Elsi, «selb ist nicht wahr; aber
geltstaget hat er und muß jetzt in der Kehre gehen.
Ich will es gleich heraussagen, sonst meint man,
wie schlecht ich sei, und es wird ohnehin bald alles
aus sein, und da möchte ich nicht, daß man mir
Schlechtes ins Grab redete.» – «Was, geltstaget hat
er, und deswegen willst du nicht heiraten, du Tropf
du? Und das darfst du nicht sagen? Je weniger du
hast, desto einen reichern Mann bedarfst du. Wenn
ja keins heiraten wollte, wenn jemand in der Familie geltstaget hat, denk nur, wie viel doch ledig

bleiben müßten, denen das Heiraten so wohl ansteht!» – «O Frau», sagte Elsi, «Ihr wißt darum nicht, wer wir gewesen sind und was unser Unglück für mich war.» – «Oh, doch öppe nicht unserem Herrgott seine Geschwister...»

«O Herr, o Herr, o Mutter, o Mutter, sie kommen, sie kommen!» schrie draußen ein Kind. – «Wer?» schrie die Frau. – «Die Franzosen, sie sind schon im Lochbach oder doch in Burgdorf; hör, wie sie schießen!» – «O Christen, o Christen!» schrie Elsi; alle liefen hinaus. Draußen stand alles vor den Häusern, soweit man sehen konnte, und «Pung, Pung!» tönte es Schuß um Schuß dumpf über den Berg her. Ernst horchten die Männer, bebend standen die Weiber, und womöglich stund jedes neben oder hinter dem Mann, rührte ihn an oder legte die Hand in seine, und gar manches Weib, das lange dem Mann kein gut Wort gegeben, war zärtlich und bat: «Verlaß mich nicht, dr tusig Gottswille, verlaß mich nicht, mein Lebtag will ich dir kein böses Wort mehr geben!» – Endlich sagte ein alter Mann am Stecken: «Gefährlich ist das nicht, es ist weit noch, jenseits der Aare, wahrscheinlich am Berg. Wenn sie in Grenchen mustern, hört man das Schießen akkurat gleich. In Langnau stehen die Berner, und oben auf dem Berg sollen auch deren sein; da werden die Franzosen probieren wollen, aber warten die nur, die sind gerade am rechten Ort, in Solothurn wird man es ihnen schön machen, das sind die rechten, die Solothurner, an den Schießeten immer die lustigsten.» Das machte den Weibern wieder Mut, aber manchem Knaben, der Gabel oder Hellbarde in der

34

Hand schon auf dem Sprunge zum Ablauf stand, war der Ausspruch nicht recht. – «Wir gehen gleich», sagte einer, «und sollte es bis Solothurn gehen. Wenn wir gleich ablaufen, so kommen wir vielleicht noch zur rechten Gauzeten (Haupt-streit).» – «Ihr wartet!» befahl der Alte. «Wenn einer hier läuft, der andere dort, so richtet man nichts aus, mit einzelnen Tropfen treibt man kein Mühlerad. Wenn in Solothurn die Franzosen durchbrechen, dann ergeht der Sturm, die Glocken gehen, auf den Hochwachten wird geschossen, und die Feuer brennen auf, dann läuft alles mitein-ander in Gottes Namen drauf, was Hand und Füße hat, dann geht's los, und der Franzos wird erfahren, was es heißt, ins Bernbiet kommen. Bis dahin aber wartet!» – Das war manchem wilden Buben nicht recht, er drückte sich auf die Seite, verschwand, und mehr als einer kam nie wieder. – «Du glaubst also nicht, daß unsere Leute schon im Krieg seien?» frug bebend Elsi an des Alten Seite. «O nein», sagte der Alte, «die werden wohl erst jetzt von Burgdorf ausrücken gegen Fraubrunnen oder Bätterkinden zu; was für Befehl sie bekommen, weiß ich nicht. Aber schaden würde es nicht, wenn jemand auf Burgdorf ginge, um da zu hören, was geht.»

Aber in Burgdorf war es nicht viel besser als hinten im Heimiswylgraben; ein Gerücht jagte das andere, eines war abenteuerlicher als das andere. Die Franzosenfeinde wußten zu erzählen, wie die Feinde geschlagen worden, und die, wo nicht tot seien, seien doch schon mehr als halbtot; die Fran-zosenfreunde wußten das Umgekehrte: das ganze Bernerheer geschlagen, gefangen oder verraten,

und predigten laut, man solle sich doch nicht wehren, man gewinne nichts damit als eine zerschosse-
ne oder zerstochene Haut. So wogten die Gerüchte
hin und her, wie vor einem Gewitter die Wolken
durcheinander gehen.

Gegen Abend hatte das Schießen aufgehört, es
war ruhig geworden auf der Landschaft, man hoffte, die Franzosen seien in Solothurn gefangen genommen worden gleich wie in einer Falle von
denen vom Berge her und von Büren. Elsi war
auch ruhiger geworden auf diese Hoffnung hin. Es
hatte der Bäurin sagen müssen, wer es eigentlich
sei, und da hatte diese wiederum die Hände ob dem
Kopf zusammengeschlagen. Von dem Müller hatte sie gehört, von seinem Tun und Reichtum, und
da ihr nur dieser recht in die Augen schien, so
betrachtete sie Elsi mit rechtem Respekt. Keinem
Menschen hätte sie geglaubt, sagte sie, daß so eine
reiche Müllerstochter sich so stellen könne, aber
daß es nicht seiner Lebtag Magd gewesen, das hätte
sie ihm doch gleich anfangs angesehen. «Und das,
du Tröpflein, hast du ihm nicht sagen dürfen? Du
vermagst dich ja der ganzen Sache nichts, und
wenn dein Vater schon ein Hudel ist, so ist deine
Familie doch reich und vornehm und sonst nichts
Unsauberes darin, und da muß einer eins gegen das
andere rechnen. Oh, wenn ich Christen doch das
nur gleich sagen könnte; du würdest sehen, das
machte Christen nicht nur nichts, er nähme noch
den Vater zu sich, nur daß er ab der Gemeinde
käme.» – «Das begehre ich nicht», sagte Elsi, «ich
begehre nicht mehr mit dem Vater zusammenzu-
kommen, und Christen kann ich doch nicht heira-

ten, ich will gar nicht heiraten, nie und nimmermehr. Ich müßte mir doch meinen Vater vorhalten lassen, oder daß ich arm sei. Ich weiß wohl, wie das Mannevolk ist, und das möchte ich nicht ertragen, ich hintersinnete mich; wie nahe ich dem schon war, weiß niemand besser als ich. Aber wenn Christen nur nicht im Zorne tut, was unrecht ist, und den Tod sucht, ich überlebte es nicht.» – «Du bist ein Tröpflein», sagte die Bäurin, «so etwas ihm nicht zu sagen; das war nur der Hochmut, der dich plagte. Aber wart, wir wollen ihm morgen Bescheid machen, es wird wohl der eine oder andere Alte seinen Söhnen, die bei den Soldaten sind, etwas schicken wollen, Käs oder Hamme oder Kirschenwasser; ich will mich eine Hamme für Christen nicht reuen lassen, und da kann man ihm ja Bescheid machen dazu, es sei daheim ander Wetter, und er solle machen, daß er sobald als möglich heimkäme, aber gesund und gerecht. Er wird schon merken, was gemeint ist.» – Elsi wollte davon lange nichts hören, klagte, wie reuig es sei, daß es ein Wort gesagt, drohte, es laufe fort, jammerte, daß es nicht schon lange gestorben, und wenn Christen nur lebendig heimkomme, so wolle es gerne auf der Stelle sterben, aber heiraten wolle und könne es nicht. Die Bäurin ließ sich aber nicht irremachen; sie hatte die Heirat im Kopf, und wenn eine Frau eine Heirat auf dem Korn hat, so ist's schwer, sie davon abzubringen. Ein Hammli mußte herunter, und sie ruhte nicht, bis sie einen aufgefunden, der mit Proviant den Soldaten nachgeschickt wurde von einer sorgsamen Mutter, und scharf schärfte sie dem es ein, wem er das Hammli zu geben und was er dazu zu sagen hätte. Was die Bäurin getan, goß Balsam in Elsis Herz, aber es gestund es nicht ein. Es zankte mit der Bäurin, daß sie ihns verraten hätte; es zankte mit sich, daß es sein Geheimnis vor den Mund gelassen, es wußte nicht, sollte es bleiben oder gehen; es mochte ihm fast sein wie einem Festungskommandanten, der erst von Verteidigung bis in den Tod, von in die Luft sprengen gesprochen, und dem allgemach die Überzeugung kommt, das trüge nichts ab, und leben bleiben sei doch besser.

Der dritte März lief ab ohne Kanonendonner, aber Gerüchte kamen, Freiburg sei über und Solothurn, die Stadt Büren sei verbrannt; die Herren wollten das Land übergeben ohne Krieg. Dieses Gerücht entzündete furchtbaren Zorn, soweit es kam. Da wollten sie doch auch noch dabei sein, sagten die Bauern, aber erst müßten die Schelme an den Tanz, die Dinge verkauften, welche ihnen nicht gehörten. Gegen Abend wollte man Soldaten gesehen haben, die von Wynigen kommend quer durchs Tal gegangen seien. Die sollten gesagt haben, sie kämen vom Weißenstein, und alles sei aus; die einen hätten kapituliert, die andern seien sonst auseinander gegangen, und die Franzosen würden da sein, ehe man daran denke.

Dieser Bericht ging mit Blitzesschnelle durchs ganze Tal, regte alles auf, aber wie ein Blitz verschwand er auch; am Ende wußte man nicht, wer die Soldaten gesehen hatte; man wußte nicht mehr, waren es eigentliche Soldaten gewesen oder Spione, welche das Land auskundschaften sollten, denn es seien viele Deutsche bei den Franzosen, hieß es, die akkurat gleich redeten, wie man hier rede, und überhaupt beschaffen seien wie andere Menschen. Diese Nachricht hinterließ nichts als vermehrte Unschlüssigkeit; man wußte nicht, sollte man die ausgerückten Leute zurückerwarten, oder sollte man nachrücken. Man stund umher, packte auf, packte ab, es war akkurat, als ob es eigens dazu angelegt wäre, den Volksmut wirkungslos verpuffen und verrauchen zu lassen.

Der Bursche, der ausgesandt worden war, kam erst am zweiten Tag, am vierten März, zurück, ohne Hammli, aber mit bösem Bescheid. Christen hätte er nicht finden können, sagte er aus. Es hätte geheißen, er sei gegen Bätterkinden zu gerückt mit seiner Batterie, dahin habe er ihm nicht nach wollen; es heiße, ungesinnet trappe man in die Franzosen hinein wie in ein Hornissennest, und ihre Dragoner kämen daher wie in den Lüften; wenn man meine, sie seien noch eine Stunde weit, so hätte man sie schon auf dem Hals. Er habe daher das Hammli in Fraubrunnen abgegeben mit dem Befehle, es dem Christen zuzustellen, wenn man ihn sehe. Zurück kämen die Leute aber nicht; sie wollten den Franzosen warten, heiße es, und andere meinten, man warte nur auf Zuzug und wolle dann auf die Franzosen z'Dorf, welche sich nicht aus Solothurn hervorlassen dürften. Bald werde es losgehen, darauf könne man zählen.

Dieser Bescheid regte Elsi fürchterlich auf. Also Krieg gab's, und zvorderist war Christen und sicher expreß, von Elsis Nein gejagt, und niemand besänftigte ihn, und die gute Botschaft hatte er nicht vernommen; lebendig säh' es ihn also nicht wieder! Es drängte ihns, ihm die Botschaft selbst zu bringen, aber es wußte keinen Weg und fürchtete, so alleine in die Franzosen zu laufen, und die Bäurin tröstete es, der Landsturm werde allweg bald ergehen, da gehe alles, da könne es mit, sie wolle für ihns daheim bleiben, denn von wegen dem Vieh könne doch nicht alles fort. So werde es früh genug kommen, denn man werde d'Sach doch nicht lassen angehen, bis alles beieinander sei.

Alles rüstete sich, jeder suchte seine Waffe sich aus; eine tüchtige zweizinkichte Schoßgabel an langem Stiele, mit welcher man in der Ernte die Garben ladet, stellte Elsi sich zur Hand und wartete mit brennender Ungeduld des Aufbruchs.

Am fünften März war's, als der Franzos ins Land drang, im Lande der Sturm erging, die Glocken hallten, die Feuer brannten auf den Hochwachten, die Böller krachten, und der Landsturm aus allen Tälern brach, der Landsturm, der nicht wußte, was er sollte, während niemand daran dachte, was er mit ihm machen sollte. Aus den nächsten Tälern strömte er Burgdorf zu; dort hieß es, man solle auf Fraubrunnen, die Nachricht sei gekommen, daß die Franzosen von Solothurn aufgebrochen; auf dem Fraubrunner Felde sollte geschlagen werden, dort warteten die Berner und namentlich Füsiliere und Kanoniere aus dieser Gegend. Der Strom wälzte sich das Land ab, Kinder, Greise, Weiber bunt durcheinander, an eine Ordnung ward auch nicht von ferne gedacht, dachte doch selten jemand daran, was er eigentlich machen sollte vor dem Feinde. Von einem wunderbaren, fast unerklärlichen Gefühle getrieben, lief jeder dem Feinde zu, so

stark er mochte, als ob es gälte, eine Herde Schafe
aus einem Acker zu treiben. Das beginnende Schießen minderte die Eile nicht, es schien jedem angst
zu sein, er käme zu spät. Unter den Vordersten war
immer Elsi, und jeder Schuß traf sein Herz, denn es
mußte denken: «Hat der Christen getroffen?» So
wie sie aus dem Walde bei Kernenried kamen,
erblickten sie den beginnenden Kampf am äußersten Ende des Fraubrunner Feldes gegen Solothurn
zu. Kanonen donnerten, Bataillonsfeuer krachten, jagende Reiter wurden sichtbar, Rauchmassen
wälzten sich über das Moos hin. Erstaunt standen
die Landstürmer, sie hatten nie ein Gefecht gesehen, wenigstens unter Hunderten nicht einer. Wie
das so fürchterlich zuging hin und her, und von
weitem wußte man nicht einmal, wer Feind, wer
Freund war! Je länger sie zusahen, desto mehr
erstaunten sie, es begann ihnen zu grusen (grauen)
vor dem wilden Feuer mit Flinten und Kanonen,
und alles scharf geladen; sie fanden, man müsse
warten und zusehen, welchen Weg es gehe; wenn
man da so aufs Geratewohl zumarschiere, so könne
man unter die Lätzen (Unrechten) kommen. Kein
Mensch war da, sie zu ordnen, zu begeistern, rasch
in den Feind sie zu führen. Es waren in jenen Tagen
die Berner mit heilloser Blindheit geschlagen. Das
Feuer der Soldaten ließ man auf die gräßlichste
Weise erkalten, und wenn's erkaltet war ob dem
langen, nutzlosen Stehen, manchmal lange Zeit
ohne Führer, liefen sie halt auseinander. Das einzige Mal, wo die Soldaten vorwärts geführt wurden
statt zurück, erfuhren die Franzosen, was Schwei-
zerkraft und Mut noch dato kann, bei Neuenegg

41

erfuhren sie es. Elsi ward es himmelangst, als man
so müßig und werweisend dastand, als gar hier und
da eine Stimme laut wurde: «Ihr guten Leute, am
besten wär's, wir gingen heim, wir richten da doch
nichts aus.» Und wenn niemand da zu Hülfe wolle,
so gehe es, wofür man dann bis hierher gekommen, sagte es. Wenn es nur den kürzesten Weg
übers Moos wüßte. Sie kämen mit, riefen einige
junge Burschen, und die Masse verlassend eilten
sie auf dem nächsten Weg Fraubrunnen zu. Als
sie dort auf die Landstraße kamen, war ein hart
Gedränge, eine Verwirrung ohnegleichen. Mit
Gewalt fast mußte es sich drängen durch Berner
Soldaten, die auf der Straße standen und müßig
zusahen, wie vorwärts ein ander Bataillon mit dem
Feinde sich schlug. Auf die wunderlichste Weise
stund man da vereinzelt, schlug sich vereinzelt mit
dem Feind oder wartete geduldig, bis es ihm gefiel,
anzugreifen. Keiner unterstützte den andern, höchstens wenn ein Bataillon vernichtet war, gab ein
anderes zu verstehen, es sei auch noch da und harre
des gleichen Schicksals.

Das alles sah Elsi im Flug, und wenn die Soldaten, die es mit Püffen nicht schonte, schimpften
und ihm zuriefen, es solle heimgehen und Kuder
spinnen, so sagte es, wenn sie da stünden wie die
Tröpfe, so müßte das Weibervolk voran, um das
Vaterland zu retten, und wenn sie was nutz wären,
so gingen sie vorwärts und hülfen den andern. Elsi
hatte vom Moos weg eine große Linde auf dem
Felde gesehen, und bei derselben sah es den Rauch
von Kanonen, dort mußte sein Christen sein, dorthin eilte es mit aller Hast. Als es auf die Höhe kam,

hinter welcher von Fraubrunnen her die berühmte Linde liegt, donnerten die Kanonen noch, aber Elsi sah, wie rechts zwischen Straße und Moos, vom Rande des Raines bedeckt, Reiter dahergesprengt kamen wie der Byswind, fremdländisch anzusehen. «Franzosen! Franzosen!» rief es, so laut es konnte, aber seine Stimme verhallte im Kanonendonner. Die Reiter wußten, was sie wollten, sie wollten die Batterie, welche ihnen lästig geworden war. Ebenfalls die Linde im Auge, lenkten sie, sobald sie unter ihr waren, auf die Straße herauf und stürzten sich auf die Kanoniere. Diese, ohne nähere Bedeckung, suchten zwischen ihren Kanonen sich zu verteidigen, aber einer nach dem andern fiel. Einen einzigen sah Elsi noch, der mit seinem kurzen Säbel ritterlich sich wehrte; es war sein Christen. «Christen! Christen! Wehre dich, ich komme!» schrie Elsi mit lauter Stimme. Den Schrei hörte Christen, sah seine Elsi, sank aber im gleichen Augenblick zum Tode getroffen zwischen den Kanonen nieder. Elsi stürzte mit der Wut einer gereizten Löwin auf die Franzosen ein, diese riefen ihm Pardon zu, aber Elsi hörte nichts, rannte mit seiner Gabel den ersten vom Pferde, rannte an, was zwischen ihm und Christen war, verwundete Pferde und Menschen; da fuhren zischende Klingen auf das Mädchen nieder, aber es rang sich durch, und erst zwischen den Kanonen fiel es zusammen. Vor ihm lag Christen. «O Christen, lebst du noch?» rief es mit dem Tode auf den Lippen. Christen wollte sich erheben, aber er vermochte es nicht, die blutige Hand reichte er ihm, und Hand in Hand gingen sie hinüber in das Land,

43

wo nichts mehr zwischen den Seelen steht, die sich hier gefunden.

Die Franzosen sahen gerührt diesen Tod, die wilden Husaren waren nicht unempfänglich für die Treue der Liebe. Sie erzählten der Liebenden Schicksal, und so oft sie dasselbe erzählten, wurden sie wehmütig und sagten, wenn sie gewußt hätten, was beide einander wären, beide lebten noch, aber im wilden Gefecht habe man nicht Zeit zu langen Fragen.

GOTTFRIED KELLER
—

Romeo und Julia auf dem Dorfe

Diese Geschichte zu erzählen würde eine müßige Nachahmung sein, wenn sie nicht auf einem wirklichen Vorfall beruhte, zum Beweise, wie tief im Menschenleben jede jener Fabeln wurzelt, auf welche die großen alten Werke gebaut sind. Die Zahl solcher Fabeln ist mäßig; aber stets treten sie in neuem Gewande wieder in die Erscheinung und zwingen alsdann die Hand, sie festzuhalten.

An dem schönen Flusse, der eine halbe Stunde entfernt an Seldwyl vorüberzieht, erhebt sich eine weitgedehnte Erdwelle und verliert sich, selber wohlbebaut, in der fruchtbaren Ebene. Fern an ihrem Fuße liegt ein Dorf, welches manche große Bauernhöfe enthält, und über die sanfte Anhöhe lagen vor Jahren drei prächtige lange Äcker weithingestreckt gleich drei riesigen Bändern nebeneinander. An einem sonnigen Septembermorgen pflügten zwei Bauern auf zweien dieser Äcker, und zwar auf jedem der beiden äußersten; der mittlere schien seit langen Jahren brach und wüst zu liegen, denn er war mit Steinen und hohem Unkraut bedeckt, und eine Welt von geflügelten Tierchen summte ungestört über ihm. Die Bauern aber, welche zu beiden Seiten hinter ihrem Pfluge gingen, waren lange knochige Männer von ungefähr vierzig Jahren und verkündeten auf den ersten Blick den sichern, gutbesorgten Bauersmann. Sie trugen kurze Kniehosen von starkem Zwillich, an dem jede Falte ihre unveränderliche Lage hatte und wie in Stein gemeißelt aussah. Wenn sie, auf ein Hindernis stoßend, den Pflug fester faßten, so zitterten die groben Hemdärmel von der leichten Erschütterung, indessen die wohlrasierten Gesichter ruhig und aufmerksam, aber ein wenig blinzelnd in den Sonnenschein vor sich hin schauten, die Furche bemaßen oder auch wohl zuweilen sich umsahen, wenn ein fernes Geräusch die Stille des Landes unterbrach. Langsam und mit einer gewissen natürlichen Zierlichkeit setzten sie einen Fuß um den andern vorwärts, und keiner sprach ein Wort, außer wenn er etwa dem Knechte, der die stattlichen Pferde antrieb, eine Anweisung gab. So glichen sie einander vollkommen in einiger Entfernung; denn sie stellten die ursprüngliche Art dieser Gegend dar, und man hätte sie auf den ersten Blick nur daran unterscheiden können, daß der eine den Zipfel seiner weißen Kappe nach vorn trug, der andere aber hinten im Nacken hängen hatte. Aber das wechselte zwischen ihnen ab, indem sie in der entgegengesetzten Richtung pflügten; denn wenn sie oben auf der Höhe zusammentrafen und aneinander vorüberkamen, so schlug dem, welcher gegen den frischen Ostwind ging, die Zipfelkappe nach hinten über, während sie bei dem andern, der

den Wind im Rücken hatte, sich nach vorne sträub-
te. Es gab auch jedesmal einen mittlern Augenblick, wo die schimmernden Mützen aufrecht in
der Luft schwankten und wie zwei weiße Flammen
gen Himmel züngelten. So pflügten beide ruhe-
voll, und es war schön anzusehen in der stillen
goldenen Septembergegend, wenn sie auf der Höhe
aneinander vorbeizogen, still und langsam, und
sich mählig voneinander entfernten, immer weiter
auseinander, bis beide wie zwei untergehende Ge-
stirne hinter die Wölbung des Hügels hinabgingen
und verschwanden, um eine gute Weile darauf
wieder zu erscheinen. Wenn sie einen Stein in ihren
Furchen fanden, so warfen sie denselben auf den
wüsten Acker in der Mitte mit lässig kräftigem
Schwunge, was aber nur selten geschah, da derselbe schon fast mit allen Steinen belastet war, welche
überhaupt auf den Nachbaräckern zu finden gewesen. So war der lange Morgen zum Teil vergangen, als von dem Dorfe her ein kleines artiges
Fuhrwerklein sich näherte, welches kaum zu sehen
war, als es begann, die gelinde Höhe heranzukommen. Das war ein grünbemaltes Kinderwägelchen,
in welchem die Kinder der beiden Pflüger, ein
Knabe und ein kleines Ding von Mädchen, gemeinschaftlich den Vormittagsimbiß heranfuhren.
Für jeden Teil lag ein schönes Brot, in eine Serviette gewickelt, eine Kanne Wein mit Gläsern und
noch irgendein Zutätchen in dem Wagen, welches
die zärtliche Bäuerin für den fleißigen Meister
mitgesandt, und außerdem waren da noch ver-
packt allerlei seltsam gestaltete angebissene Äpfel
und Birnen, welche die Kinder am Wege aufgele-

sen, und eine völlig nackte Puppe mit nur einem Bein und einem verschmierten Gesicht, welche wie ein Fräulein zwischen den Broten saß und sich behaglich fahren ließ. Dies Fuhrwerk hielt nach manchem Anstoß und Aufenthalt endlich auf der Höhe im Schatten eines jungen Lindengebüsches, welches da am Rande des Feldes stand, und nun konnte man die beiden Fuhrleute näher betrachten. Es war ein Junge von sieben Jahren und ein Dirnchen von fünfen, beide gesund und munter, und weiter war nichts Auffälliges an ihnen, als daß beide sehr hübsche Augen hatten und das Mädchen dazu noch eine bräunliche Gesichtsfarbe und ganz krause dunkle Haare, welche ihm ein feuriges und treuherziges Ansehen gaben. Die Pflüger waren jetzt auch wieder oben angekommen, steckten den Pferden etwas Klee vor und ließen die Pflüge in der halbvollendeten Furche stehen, während sie als gute Nachbarn sich zu dem gemeinschaftlichen Imbiß begaben und sich da zuerst begrüßten; denn bislang hatten sie sich noch nicht gesprochen an diesem Tage.

Wie nun die Männer mit Behagen ihr Frühstück einnahmen und mit zufriedenem Wohlwollen den Kindern mitteilten, die nicht von der Stelle wichen, solange gegessen und getrunken wurde, ließen sie ihre Blicke in der Nähe und Ferne herumschweifen und sahen das Städtchen räucherig glänzend in seinen Bergen liegen; denn das reichliche Mittagsmahl, welches die Seldwyler alle Tage bereiteten, pflegte ein weithin scheinendes Silbergewölk über ihre Dächer emporzutragen, welches lachend an ihren Bergen hinschwebte.

«Die Lumpenhunde zu Seldwyl kochen wieder gut!» sagte Manz, der eine der Bauern, und Marti, der andere, erwiderte: «Gestern war einer bei mir wegen des Ackers hier.» «Aus dem Bezirksrat? Bei mir ist er auch gewesen!» sagte Manz. «So? Und meinte wahrscheinlich auch, du solltest das Land benutzen und den Herren die Pacht zahlen?» «Ja, bis es sich entschieden habe, wem der Acker gehöre und was mit ihm anzufangen sei. Ich habe mich aber bedankt, das verwilderte Wesen für einen andern herzustellen, und sagte, sie sollten den Akker nur verkaufen und den Ertrag aufheben, bis sich ein Eigentümer gefunden, was wohl nie geschehen wird; denn was einmal auf der Kanzlei zu Seldwyl liegt, hat da gute Weile, und überdem ist die Sache schwer zu entscheiden. Die Lumpen möchten indessen gar zu gern etwas zu naschen bekommen durch den Pachtzins, was sie freilich mit der Verkaufssumme auch tun könnten; allein wir würden uns hüten, dieselbe zu hoch hinaufzutreiben, und wir wüßten dann doch, was wir hätten und wem das Land gehört!» «Ganz so meine ich auch und habe dem Steckleinspringer eine ähnliche Antwort gegeben!»

Sie schwiegen eine Weile, dann fing Manz wiederum an: «Schad ist es aber doch, daß der gute Boden so daliegen muß, es ist nicht zum Ansehen, das geht nun schon in die zwanzig Jahre so, und keine Seele fragt darnach; denn hier im Dorf ist niemand, der irgendeinen Anspruch auf den Acker hat, und niemand weiß auch, wo die Kinder des verdorbenen Trompeters hingekommen sind.»

«Hm!» sagte Marti, «das wäre so eine Sache!

Wenn ich den schwarzen Geiger ansehe, der sich bald bei den Heimatlosen aufhält, bald in den Dörfern zum Tanz aufspielt, so möchte ich darauf schwören, daß er ein Enkel des Trompeters ist, der freilich nicht weiß, daß er noch einen Acker hat. Was täte er aber damit? Einen Monat lang sich besaufen und dann nach wie vor! Zudem, wer dürfte da einen Wink geben, da man es doch nicht sicher wissen kann!»

«Da könnte man eine schöne Geschichte anrichten!» antwortete Manz. «Wir haben so genug zu tun, diesem Geiger das Heimatsrecht in unserer Gemeinde abzustreiten, da man uns den Fetzel fortwährend aufhalsen will. Haben sich seine Eltern einmal unter die Heimatlosen begeben, so mag er auch da bleiben und dem Kesselvolk das Geigelein streichen. Wie in aller Welt können wir wissen, daß er des Trompeters Sohnessohn ist? Was mich betrifft, wenn ich den Alten auch in dem dunklen Gesicht vollkommen zu erkennen glaube, so sage ich: Irren ist menschlich, und das geringste Fetzchen Papier, ein Stücklein von einem Taufschein würde meinem Gewissen besser tun als zehn sündhafte Menschengesichter!»

«Eia, sicherlich!» sagte Marti. «Er sagt zwar, er sei nicht schuld, daß man ihn nicht getauft habe! Aber sollen wir unseren Taufstein tragbar machen und in den Wäldern herumtragen? Nein, er steht fest in der Kirche, und dafür ist die Totenbahre tragbar, die draußen an der Mauer hängt. Wir sind schon übervölkert im Dorf und brauchen bald zwei Schulmeister!»

Hiemit war die Mahlzeit und das Zwiegespräch

der Bauern geendet, und sie erhoben sich, den Rest
ihrer heutigen Vormittagsarbeit zu vollbringen.
Die beiden Kinder hingegen, welche schon den
Plan entworfen hatten, mit den Vätern nach Hause
zu ziehen, zogen ihr Fuhrwerk unter den Schutz
der jungen Linden und begaben sich dann auf einen
Streifzug in dem wilden Acker, da derselbe mit
seinen Unkräutern, Stauden und Steinhaufen eine
ungewohnte und merkwürdige Wildnis darstellte.
Nachdem sie in der Mitte dieser grünen Wildnis
einige Zeit hingewandert, Hand in Hand, und sich
daran belustigt, die verschlungenen Hände über
die hohen Distelstauden zu schwingen, ließen sie
sich endlich im Schatten einer solchen nieder, und
das Mädchen begann seine Puppe mit den langen
Blättern des Wegekrautes zu bekleiden, so daß sie
einen schönen grünen und ausgezackten Rock bekam; eine einsame rote Mohnblume, die da noch
blühte, wurde ihr als Haube über den Kopf gezogen und mit einem Grase festgebunden, und nun
sah die kleine Person aus wie eine Zauberfrau,
besonders nachdem sie noch ein Halsband und
einen Gürtel von kleinen roten Beerchen erhalten.
Dann wurde sie hoch in die Stengel der Distel
gesetzt und eine Weile mit vereinten Blicken ange-
schaut, bis der Knabe sie genugsam besehen und
mit einem Steine herunterwarf. Dadurch geriet
aber ihr Putz in Unordnung, und das Mädchen
entkleidete sie schleunigst, um sie aufs neue zu
schmücken; doch als die Puppe eben wieder nackt
und bloß war und nur noch der roten Haube sich
erfreute, entriß der wilde Junge seiner Gefährtin
das Spielzeug und warf es hoch in die Luft. Das

Mädchen sprang klagend darnach, allein der Knabe fing die Puppe zuerst wieder auf, warf sie aufs neue empor, und indem das Mädchen sie vergeblich zu haschen sich bemühte, neckte er es auf diese Weise eine gute Zeit. Unter seinen Händen aber nahm die fliegende Puppe Schaden, und zwar am Knie ihres einzigen Beines, allwo ein kleines Loch einige Kleiekörner durchsickern ließ. Kaum bemerkte der Peiniger dies Loch, so verhielt er sich mäuschenstill und war mit offenem Munde eifrig beflissen, das Loch mit seinen Nägeln zu vergrößern und dem Ursprung der Kleie nachzuspüren. Seine Stille erschien dem armen Mädchen höchst verdächtig, und es drängte sich herzu und mußte mit Schrecken sein böses Beginnen gewahren. «Sieh mal!» rief er und schlenkerte ihr das Bein vor der Nase herum, daß ihr die Kleie ins Gesicht flog, und wie sie darnach langen wollte und schrie und flehte, sprang er wieder fort und ruhte nicht eher, bis das ganze Bein dürr und leer herabhing als eine traurige Hülse. Dann warf er das mißhandelte Spielzeug hin und stellte sich höchst frech und gleichgültig, als die Kleine sich weinend auf die Puppe warf und dieselbe in ihre Schürze hüllte. Sie nahm sie aber wieder hervor und betrachtete wehselig die Ärmste, und als sie das Bein sah, fing sie abermals an, laut zu weinen, denn dasselbe hing an dem Rumpfe nicht anders denn das Schwänzchen an einem Molche. Als sie gar so unbändig weinte, ward es dem Missetäter endlich etwas übel zumut, und er stand in Angst und Reue vor der Klagenden, und als sie dies merkte, hörte sie plötzlich auf und schlug ihn einigemal mit der Puppe, und er tat, als ob es ihm

weh täte, und schrie au! so natürlich, daß sie zufrieden war und nun mit ihm gemeinschaftlich
die Zerstörung und Zerlegung fortsetzte. Sie bohr-
ten Loch auf Loch in den Marterleib und ließen
aller Enden die Kleie entströmen, welche sie sorgfältig auf einem flachen Steine zu einem Häufchen
sammelten, umrührten und aufmerksam betrachteten. Das einzige Feste, was noch an der Puppe
bestand, war der Kopf und mußte jetzt vorzüglich
die Aufmerksamkeit der Kinder erregen; sie trenn-
ten ihn sorgfältig los von dem ausgequetschten
Leichnam und guckten erstaunt in sein hohles Innere. Als sie die bedenkliche Höhlung sahen und
auch die Kleie sahen, war es der nächste und natür-
lichste Gedankensprung, den Kopf mit der Kleie
auszufüllen, und so waren die Fingerchen der Kinder nun beschäftigt, um die Wette Kleie in den
Kopf zu tun, so daß zum ersten Mal in seinem
Leben etwas in ihm steckte. Der Knabe mochte es
aber immer noch für ein totes Wissen halten, weil
er plötzlich eine große blaue Fliege fing und, die
Summende zwischen beiden hohlen Händen haltend, dem Mädchen gebot, den Kopf von der Kleie
zu entleeren. Hierauf wurde die Fliege hineinge-
sperrt und das Loch mit Gras verstopft. Die Kinder
hielten den Kopf an die Ohren und setzten ihn dann
feierlich auf einen Stein; da er noch mit der roten
Mohnblume bedeckt war, so glich der Tönende
jetzt einem weissagenden Haupte, und die Kinder
lauschten in tiefer Stille seinen Kunden und Märchen, indessen sie sich umschlungen hielten. Aber
jeder Prophet erweckt Schrecken und Undank; das
wenige Leben in dem dürftig geformten Bilde

erregte die menschliche Grausamkeit in den Kindern, und es wurde beschlossen, das Haupt zu begraben. So machten sie ein Grab und legten den Kopf, ohne die gefangene Fliege um ihre Meinung zu befragen, hinein und errichteten über dem Grabe ein ansehnliches Denkmal von Feldsteinen. Dann empfanden sie einiges Grauen, da sie etwas Geformtes und Belebtes begraben hatten, und entfernten sich ein gutes Stück von der unheimlichen Stätte. Auf einem ganz mit grünen Kräutern bedeckten Plätzchen legte sich das Dirnchen auf den Rücken, da es müde war, und begann in eintöniger Weise einige Worte zu singen, immer die nämlichen, und der Junge kauerte daneben und half, indem er nicht wußte, ob er auch vollends umfallen solle, so lässig und müßig war er. Die Sonne schien dem singenden Mädchen in den geöffneten Mund, beleuchtete dessen blendendweiße Zähnchen und durchschimmerte die runden Purpurlippen. Der Knabe sah die Zähne, und dem Mädchen den Kopf haltend und dessen Zähnchen neugierig untersuchend, rief er: «Rate, wie viele Zähne hat man?» Das Mädchen besann sich einen Augenblick, als ob es reiflich nachzählte, und sagte dann aufs Geratewohl: «Hundert!» «Nein, zweiunddreißig!» rief er. «Wart, ich will einmal zählen!» Da zählte er die Zähne des Kindes, und weil er nicht zweiunddreißig herausbrachte, so fing er immer wieder von neuem an. Das Mädchen hielt lange still, als aber der eifrige Zähler nicht zu Ende kam, raffte es sich auf und rief: «Nun will ich deine zählen!» Nun legte sich der Bursche hin ins Kraut; das Mädchen über ihn, umschlang seinen Kopf, er sperrte das

Maul auf, und es zählte: «Eins, zwei, sieben, fünf, zwei, eins»; denn die kleine Schöne konnte noch nicht zählen. Der Junge verbesserte sie und gab ihr Anweisung, wie sie zählen solle, und so fing auch sie unzähligemal von neuem an, und das Spiel schien ihnen am besten zu gefallen von allem, was sie heut unternommen. Endlich aber sank das Mädchen ganz auf den kleinen Rechenmeister nieder, und die Kinder schliefen ein in der hellen Mittagssonne.

Inzwischen hatten die Väter ihre Äcker fertig gepflügt und in frischduftende braune Fläche umgewandelt. Als nun, mit der letzten Furche zu Ende gekommen, der Knecht des einen halten wollte, rief sein Meister: «Was hältst du? Kehr noch einmal um!» «Wir sind ja fertig!» sagte der Knecht. «Halts Maul und tu, wie ich dir sage!» der Meister. Und sie kehrten um und rissen eine tüchtige Furche in den mittlern herrenlosen Acker hinein, daß Kraut und Steine flogen. Der Bauer hielt sich aber nicht mit der Beseitigung derselben auf, er mochte denken, hiezu sei noch Zeit genug vorhanden, und er begnügte sich, für heute die Sache nur aus dem Gröbsten zu tun. So ging es rasch die Höhe empor in sanftem Bogen, und als man oben angelangt und das liebliche Windeswehen eben wieder den Kappenzipfel des Mannes zurückwarf, pflügte auf der anderen Seite der Nachbar vorüber, mit dem Zipfel nach vorn, und schnitt ebenfalls eine ansehnliche Furche vom mittlern Acker, daß die Schollen nur so zur Seite flogen. Jeder sah wohl, was der andere tat, aber keiner schien es zu sehen, und sie entschwanden sich wieder, indem jedes Sternbild

55

still am andern vorüberging und hinter diese runde
Welt hinabtauchte. So gehen die Weberschiffchen
des Geschickes aneinander vorbei, und «was er
webt, das weiß kein Weber!».

Es kam eine Ernte um die andere, und jede sah die
Kinder größer und schöner und den herrenlosen
Acker schmäler zwischen seinen breitgewordenen
Nachbarn. Mit jedem Pflügen verlor er hüben
und drüben eine Furche, ohne daß ein Wort darüber gesprochen worden wäre und ohne daß ein
Menschenauge den Frevel zu sehen schien. Die
Steine wurden immer mehr zusammengedrängt
und bildeten schon einen ordentlichen Grat auf der
ganzen Länge des Ackers, und das wilde Gesträuch
darauf war schon so hoch, daß die Kinder, obgleich
sie gewachsen waren, sich nicht mehr sehen konnten, wenn eines dies- und das andere jenseits ging.
Denn sie gingen nun nicht mehr gemeinschaftlich
auf das Feld, da der zehnjährige Salomon oder Sali,
wie er genannt wurde, sich schon wacker auf Seite
der größeren Burschen und der Männer hielt; und
das braune Vrenchen, obgleich es ein feuriges
Dirnchen war, mußte bereits unter der Obhut
seines Geschlechts gehen, sonst wäre es von den
andern als ein Bubenmädchen ausgelacht worden.
Dennoch nahmen sie während jeder Ernte, wenn
alles auf den Äckern war, einmal Gelegenheit, den
wilden Steinkamm, der sie trennte, zu besteigen
und sich gegenseitig von demselben herunterzu-
stoßen. Wenn sie auch sonst keinen Verkehr mehr
miteinander hatten, so schien diese jährliche Zeremonie um so sorglicher gewahrt zu werden, als

sonst nirgends die Felder ihrer Väter zusammenstießen.

Indessen sollte der Acker doch endlich verkauft
und der Erlös einstweilen amtlich aufgehoben werden. Die Versteigerung fand an Ort und Stelle
statt, wo sich aber nur einige Gaffer einfanden
außer den Bauern Manz und Marti, da niemand
Lust hatte, das seltsame Stückchen zu erstehen und
zwischen den zwei Nachbarn zu bebauen. Denn
obgleich diese zu den besten Bauern des Dorfes
gehörten und nichts weiter getan hatten, als was
zwei Drittel der übrigen unter diesen Umständen
auch getan haben würden, so sah man sie doch jetzt
stillschweigend darum an, und niemand wollte
zwischen ihnen eingeklemmt sein mit dem ge-
schmälerten Waisenfelde. Die meisten Menschen
sind fähig oder bereit, ein in den Lüften umgehen-
des Unrecht zu verüben, wenn sie mit der Nase
darauf stoßen; sowie es aber von einem begangen
ist, sind die übrigen froh, daß sie es doch nicht
gewesen sind, daß die Versuchung nicht sie betroffen hat, und sie machen nun den Auserwählten
zu dem Schlechtigkeitsmesser ihrer Eigenschaften
und behandeln ihn mit zarter Scheu als einen Ablei-
ter des Übels, der von den Göttern gezeichnet ist,
während ihnen zugleich noch der Mund wässert
nach den Vorteilen, die er dabei genossen. Manz
und Marti waren also die einzigen, welche ernstlich
auf den Acker boten; nach einem ziemlich hartnäk-
kigen Überbieten erstand ihn Manz, und er wurde
ihm zugeschlagen. Die Beamten und die Gaffer
verloren sich vom Felde; die beiden Bauern, welche sich auf ihren Äckern noch zu schaffen ge-

macht, trafen beim Weggehen wieder zusammen, und Marti sagte: «Du wirst nun dein Land, das alte und das neue, wohl zusammenschlagen und in zwei gleiche Stücke teilen? Ich hätte es wenigstens so gemacht, wenn ich das Ding bekommen hätte.» «Ich werde es allerdings auch tun», antwortete Manz, «denn als *ein* Acker würde mir das Stück zu groß sein. Doch was ich sagen wollte: Ich habe bemerkt, daß du neulich noch am untern Ende dieses Ackers, der jetzt mir gehört, schräg hineingefahren bist und ein gutes Dreieck abgeschnitten hast. Du hast es vielleicht getan in der Meinung, du werdest das ganze Stück an dich bringen und es sei dann sowieso dein. Da es nun aber mir gehört, so wirst du wohl einsehen, daß ich eine solche ungehörige Einkrümmung nicht brauchen noch dulden kann, und wirst nichts dagegen haben, wenn ich den Strich wieder grad mache! Streit wird das nicht abgeben sollen!»

Marti erwiderte ebenso kaltblütig, als ihn Manz angeredet hatte: «Ich sehe auch nicht, wo Streit herkommen soll! Ich denke, du hast den Acker gekauft, wie er da ist, wir haben ihn alle gemeinschaftlich besehen, und er hat sich seit einer Stunde nicht um ein Haar verändert!»

«Larifari!» sagte Manz, «was früher geschehen, wollen wir nicht aufrühren! Was aber zuviel ist, ist zuviel, und alles muß zuletzt eine ordentliche grade Art haben; diese drei Äcker sind von jeher so grade nebeneinander gelegen, wie nach dem Richtscheit gezeichnet; es ist ein ganz absonderlicher Spaß von dir, wenn du nun einen solchen lächerlichen und unvernünftigen Schnörkel dazwischenbringen willst, und wir beide würden einen Übernamen bekommen, wenn wir den krummen Zipfel da bestehen ließen. Er muß durchaus weg!»

Marti lachte und sagte: «Du hast ja auf einmal eine merkwürdige Furcht vor dem Gespötte der Leute! Das läßt sich aber ja wohl machen; mich geniert das Krumme gar nicht; ärgert es dich, gut, so machen wir es grad, aber nicht auf meiner Seite, das geb ich dir schriftlich, wenn du willst!»

«Rede doch nicht so spaßhaft», sagte Manz, «es wird wohl grad gemacht, und zwar auf deiner Seite, darauf kannst du Gift nehmen!»

«Das werden wir ja sehen und erleben!» sagte Marti, und beide Männer gingen auseinander, ohne sich weiter anzublicken; vielmehr starrten sie nach verschiedener Richtung ins Blaue hinaus, als ob sie da wunder was für Merkwürdigkeiten im Auge hätten, die sie betrachten müßten mit Aufbietung aller ihrer Geisteskräfte.

Schon am nächsten Tage schickte Manz einen Dienstbuben, ein Tagelöhnermädchen und sein eigenes Söhnchen Sali auf den Acker hinaus, um das wilde Unkraut und Gestrüpp auszureuten und auf Haufen zu bringen, damit nachher die Steine um so bequemer weggefahren werden könnten. Dies war eine Änderung in seinem Wesen, daß er den kaum elfjährigen Jungen, der noch zu keiner Arbeit angehalten worden, nun mit hinaussandte, gegen die Einsprache der Mutter. Es schien, da er es mit ernsthaften und gesalbten Worten tat, als ob er mit dieser Arbeitsstrenge gegen sein eigenes Blut das Unrecht betäuben wollte, in dem er lebte und welches nun begann, seine Folgen ruhig zu entfalten. Das ausgesandte Völklein jätete inzwischen lustig an dem Unkraut und hackte mit Vergnügen an den wunderlichen Stauden und Pflanzen aller Art, die da seit Jahren wucherten. Denn da es eine außerordentliche, gleichsam wilde Arbeit war, bei der keine Regel und keine Sorgfalt erheischt wurde, so galt sie als eine Lust. Das wilde Zeug, an der Sonne gedörrt, wurde aufgehäuft und mit großem Jubel verbrannt, daß der Qualm weithin sich verbreitete und die jungen Leutchen darin herumsprangen wie besessen. Dies war das letzte Freudenfest auf dem Unglücksfelde, und das junge Vrenchen, Martis Tochter, kam auch hinausgeschlichen und half tapfer mit. Das Ungewöhnliche dieser Begebenheit und die lustige Aufregung gaben einen guten Anlaß, sich seinem kleinen Jugendgespielen wieder einmal zu nähern, und die Kinder waren recht glücklich und munter bei ihrem Feuer. Es kamen noch andere Kinder hinzu, und es sammelte sich eine ganze vergnügte Gesellschaft; doch immer, sobald sie getrennt wurden, suchte Sali alsobald wieder neben Vrenchen zu gelangen, und dieses wußte desgleichen immer vergnügt lächelnd zu ihm zu schlüpfen, und es war beiden Kreaturen, wie wenn dieser herrliche Tag nie enden müßte und könnte. Doch der alte Manz kam gegen Abend herbei, um zu sehen, was sie ausgerichtet, und obgleich sie fertig waren, so schalt er doch ob dieser Lustbarkeit und scheuchte die Gesellschaft auseinander. Zugleich zeigte sich Marti auf seinem Grund und Boden, und seine Tochter gewahrend, pfiff er derselben schrill und gebieterisch durch den Finger, daß sie erschrocken

60

hineilte, und er gab ihr, ohne zu wissen warum, einige Ohrfeigen, also daß beide Kinder in großer Traurigkeit und weinend nach Hause gingen, und sie wußten jetzt eigentlich so wenig, warum sie so traurig waren, als warum sie vorhin so vergnügt gewesen; denn die Rauheit der Väter, an sich ziemlich neu, war von den arglosen Geschöpfen noch nicht begriffen und konnte sie nicht tiefer bewegen.

Die nächsten Tage war es schon eine härtere Arbeit, zu welcher Mannsleute gehörten, als Manz die Steine aufnehmen und wegfahren ließ. Es wollte kein Ende nehmen, und alle Steine der Welt schienen da beisammen zu sein. Er ließ sie aber nicht ganz vom Felde wegbringen, sondern jede Fuhre auf jenem streitigen Dreiecke abwerfen, welches von Marti schon säuberlich umgepflügt war. Er hatte vorher einen graden Strich gezogen als Grenzscheide und belastete nun dies Fleckchen Erde mit allen Steinen, welche beide Männer seit unvordenklichen Zeiten herübergeworfen, so daß eine gewaltige Pyramide entstand, die wegzubringen sein Gegner bleiben lassen würde, dachte er. Marti hatte dies am wenigsten erwartet; er glaubte, der andere werde nach alter Weise mit dem Pfluge zu Werke gehen wollen, und hatte daher abgewartet, bis er ihn als Pflüger ausziehen sähe. Erst als die Sache schon beinahe fertig, hörte er von dem schönen Denkmal, welches Manz da errichtet, rannte voll Wut hinaus, sah die Bescherung, rannte zurück und holte den Gemeindeammann, um vorläufig gegen den Steinhaufen zu protestieren und den Fleck gerichtlich in Beschlag nehmen zu lassen,

und von diesem Tage an lagen die zwei Bauern im
Prozeß miteinander und ruhten nicht, ehe sie beide
zugrunde gerichtet waren.

Die Gedanken der sonst so wohlweisen Männer
waren nun so kurz geschnitten wie Häcksel; der
beschränkteste Rechtssinn von der Welt erfüllte
jeden von ihnen, indem keiner begreifen konnte
noch wollte, wie der andere so offenbar unrecht-
mäßig und willkürlich den fraglichen unbedeuten-
den Ackerzipfel an sich reißen könne. Bei Manz
kam noch ein wunderbarer Sinn für Symmetrie
und parallele Linien hinzu, und er fühlte sich wahrhaft gekränkt durch den aberwitzigen Eigensinn,
mit welchem Marti auf dem Dasein des unsinnig-
sten und mutwilligsten Schnörkels beharrte. Beide
aber trafen zusammen in der Überzeugung, daß
der andere, den andern so frech und plump über-
vorteilend, ihn notwendig für einen verächtlichen
Dummkopf halten müsse, da man dergleichen etwa einem armen haltlosen Teufel, nicht aber einem
aufrechten, klugen und wehrhaften Manne gegenüber sich erlauben könne, und jeder sah sich in
seiner wunderlichen Ehre gekränkt und gab sich
rückhaltlos der Leidenschaft des Streites und dem
daraus erfolgenden Verfalle hin, und ihr Leben
glich fortan der träumerischen Qual zweier Verdammten, welche, auf einem schmalen Brette
einen dunklen Strom hinabtreibend, sich befehden,
in die Luft hauen und sich selber anpacken und
vernichten, in der Meinung, sie hätten ihr Unglück
gefaßt. Da sie eine faule Sache hatten, so gerieten
beide in die allerschlimmsten Hände von Tausend-
künstlern, welche ihre verdorbene Phantasie auf-

trieben zu ungeheuren Blasen, die mit den nichts-
nutzigsten Dingen angefüllt wurden. Vorzüglich
waren es die Spekulanten aus der Stadt Seldwyla,
welchen dieser Handel ein gefundenes Essen war,
und bald hatte jeder der Streitenden einen Anhang
von Unterhändlern, Zuträgern und Ratgebern
hinter sich, die alles bare Geld auf hundert Wegen
abzuziehen wußten. Denn das Fleckchen Erde mit
dem Steinhaufen darüber, auf welchem bereits
wieder ein Wald von Nesseln und Disteln blühte,
war nur noch der erste Keim oder der Grundstein
einer verworrenen Geschichte und Lebensweise, in
welcher die zwei Fünfzigjährigen noch neue Gewohnheiten und Sitten, Grundsätze und Hoffnungen annahmen, als sie bisher geübt. Je mehr Geld
sie verloren, desto sehnsüchtiger wünschten sie
welches zu haben, und je weniger sie besaßen,
desto hartnäckiger dachten sie reich zu werden und
es dem andern zuvorzutun. Sie ließen sich zu jedem
Schwindel verleiten und setzten auch jahraus, jahr-
ein in alle fremden Lotterien, deren Lose massen-
haft in Seldwyla zirkulierten. Aber nie bekamen sie
einen Taler Gewinn zu Gesicht, sondern hörten
nur immer vom Gewinnen anderer Leute und wie
sie selbst beinahe gewonnen hätten, indessen diese
Leidenschaft ein regelmäßiger Geldabfluß für sie
war. Bisweilen machten sich die Seldwyler den
Spaß, beide Bauern, ohne ihr Wissen, am gleichen
Lose teilnehmen zu lassen, so daß beide die Hoffnung auf Unterdrückung und Vernichtung des
andern auf ein und dasselbe Los setzten. Sie brachten die Hälfte ihrer Zeit in der Stadt zu, wo jeder
in einer Spelunke sein Hauptquartier hatte, sich

63

den Kopf heißmachen und zu den lächerlichsten
Ausgaben und einem elenden und ungeschickten
Schlemmen verleiten ließ, bei welchem ihm heimlich doch selber das Herz blutete, also daß beide,
welche eigentlich nur in diesem Hader lebten, um
für keine Dummköpfe zu gelten, nun solche von
der besten Sorte darstellten und von jedermann
dafür angesehen wurden. Die andere Hälfte der
Zeit lagen sie verdrossen zu Hause oder gingen
ihrer Arbeit nach, wobei sie dann durch ein tolles
böses Überhasten und Antreiben das Versäumte
einzuholen suchten und damit jeden ordentlichen
und zuverlässigen Arbeiter verscheuchten. So ging
es gewaltig rückwärts mit ihnen, und ehe zehn
Jahre vorüber, steckten sie beide von Grund aus in
Schulden und standen wie die Störche auf einem
Beine auf der Schwelle ihrer Besitztümer, von der
jeder Lufthauch sie herunterwehte. Aber wie es
ihnen auch erging, der Haß zwischen ihnen wurde
täglich größer, da jeder den andern als den Urheber
seines Unsterns betrachtete, als seinen Erbfeind
und ganz unvernünftigen Widersacher, den der
Teufel absichtlich in die Welt gesetzt habe, um ihn
zu verderben. Sie spien aus, wenn sie sich nur von
weitem sahen; kein Glied ihres Hauses durfte mit
Frau, Kind oder Gesinde des andern ein Wort
sprechen, bei Vermeidung der gröbsten Mißhand-
lung. Ihre Weiber verhielten sich verschieden bei
dieser Verarmung und Verschlechterung des ganzen Wesens. Die Frau des Marti, welche von guter
Art war, hielt den Verfall nicht aus, härmte sich ab
und starb, ehe ihre Tochter vierzehn Jahre alt war.
Die Frau des Manz hingegen bequemte sich der

veränderten Lebensweise an, und um sich als eine
schlechte Genossin zu entfalten, hatte sie nichts zu
tun, als einigen weiblichen Fehlern, die ihr von
jeher angehaftet, den Zügel schießen zu lassen und
dieselben zu Lastern auszubilden. Ihre Naschhaf-
tigkeit wurde zu wilder Begehrlichkeit, ihre Zun-
genfertigkeit zu einem grundfalschen und verlo-
genen Schmeichel- und Verleumdungswesen, mit
welchem sie jeden Augenblick das Gegenteil von
dem sagte, was sie dachte, alles hintereinander
hetzte und ihrem eigenen Manne ein X für ein U
vormachte; ihre ursprüngliche Offenheit, mit der
sie sich der unschuldigeren Plauderei erfreut, ward
nun zur abgehärteten Schamlosigkeit, mit der sie
jenes falsche Wesen betrieb, und so, statt unter
ihrem Manne zu leiden, drehte sie ihm eine Nase;
wenn er es arg trieb, so machte sie es bunt, ließ sich
nichts abgehen und gedieh zu der dicksten Blüte
einer Vorsteherin des zerfallenden Hauses.

So war es nun schlimm bestellt um die armen
Kinder, welche weder eine gute Hoffnung für ihre
Zukunft fassen konnten noch sich auch nur einer
lieblich frohen Jugend erfreuten, da überall nichts
als Zank und Sorge war. Vrenchen hatte anscheinend einen schlimmern Stand als Sali, da seine
Mutter tot und es einsam in einem wüsten Hause
der Tyrannei eines verwilderten Vaters anheim-
gegeben war. Als es sechzehn Jahre zählte, war es
schon ein schlankgewachsenes, ziervolles Mädchen; seine dunkelbraunen Haare ringelten sich
unablässig fast bis über die blitzenden braunen
Augen, dunkelrotes Blut durchschimmerte die
Wangen des bräunlichen Gesichtes und glänzte als

tiefer Purpur auf den frischen Lippen, wie man es selten sah und was dem dunklen Kinde ein eigentümliches Ansehen und Kennzeichen gab. Feurige Lebenslust und Fröhlichkeit zitterte in jeder Fiber dieses Wesens; es lachte und war aufgelegt zu Scherz und Spiel, wenn das Wetter nur im mindesten lieblich war, das heißt, wenn es nicht zu sehr gequält wurde und nicht zuviel Sorgen ausstand. Diese plagten es aber häufig genug; denn nicht nur hatte es den Kummer und das wachsende Elend des Hauses mit zu tragen, sondern es mußte noch sich selber in acht nehmen und mochte sich gern halbwegs ordentlich und reinlich kleiden, ohne daß der Vater ihm die geringsten Mittel dazu geben wollte. So hatte Vrenchen die größte Not, ihre anmutige Person einigermaßen auszustaffieren, sich ein allerbescheidenstes Sonntagskleid zu erobern und einige bunte, fast wertlose Halstüchelchen zusammenzuhalten. Darum war das schöne wohlgemute junge Blut in jeder Weise gedemütigt und gehemmt und konnte am wenigsten der Hoffart anheimfallen. Überdies hatte es bei schon erwachendem Verstande das Leiden und den Tod seiner Mutter gesehen, und dies Andenken war ein weiterer Zügel, der seinem lustigen und feurigen Wesen angelegt war, so daß es nun höchst lieblich, unbedenklich und rührend sich ansah, wenn trotz alledem das gute Kind bei jedem Sonnenblick sich ermunterte und zum Lächeln bereit war.

Sali erging es nicht so hart auf den ersten Anschein; denn er war nun ein hübscher und kräftiger junger Bursche, der sich zu wehren wußte und dessen äußere Haltung wenigstens eine schlechte

Behandlung von selbst unzulässig machte. Er sah wohl die üble Wirtschaft seiner Eltern und glaubte sich erinnern zu können, daß es einst nicht so gewesen; ja, er bewahrte noch das frühere Bild seines Vaters wohl in seinem Gedächtnisse als eines festen, klugen und ruhigen Bauern, desselben Mannes, den er jetzt als einen grauen Narren, Händelführer und Müßiggänger vor sich sah, der mit Toben und Prahlen auf hundert törichten und verfänglichen Wegen wandelte und mit jeder Stunde rückwärts ruderte wie ein Krebs. Wenn ihm nun dies mißfiel und ihn oft mit Scham und Kummer erfüllte, während es seiner Unerfahrenheit nicht klar war, wie die Dinge so gekommen, so wurden seine Sorgen wieder betäubt durch die Schmeichelei, mit der ihn die Mutter behandelte. Denn um in ihrem Unwesen ungestörter zu sein und einen guten Parteigänger zu haben, auch um ihrer Großtuerei zu genügen, ließ sie ihm zukommen, was er wünschte, kleidete ihn sauber und prahlerisch und unterstützte ihn in allem, was er zu seinem Vergnügen vornahm. Er ließ sich dies gefallen ohne viel Dankbarkeit, da ihm die Mutter viel zuviel dazu schwatzte und log; und indem er so wenig Freude daran empfand, tat er lässig und gedankenlos, was ihm gefiel, ohne daß dies jedoch etwas Übles war, weil er für jetzt noch unbeschädigt war von dem Beispiele der Alten und das jugendliche Bedürfnis fühlte, im ganzen einfach, ruhig und leidlich tüchtig zu sein. Er war ziemlich genau so, wie sein Vater in diesem Alter gewesen war, und dieses flößte demselben eine unwillkürliche Achtung vor dem Sohne ein, in welchem er mit ver-

wirrtem Gewissen und gepeinigter Erinnerung
seine eigene Jugend achtete. Trotz dieser Freiheit,
welche Sali genoß, ward er seines Lebens doch
nicht froh und fühlte wohl, wie er nichts Rechtes vor sich hatte und ebensowenig etwas Rechtes lernte, da von einem zusammenhängenden
und vernunftgemäßen Arbeiten in Manzens Hause
längst nicht mehr die Rede war. Sein bester Trost
war daher, stolz auf seine Unabhängigkeit und
einstweilige Unbescholtenheit zu sein, und in diesem Stolze ließ er die Tage trotzig verstreichen und
wandte die Augen von der Zukunft ab.

Der einzige Zwang, dem er unterworfen, war
die Feindschaft seines Vaters gegen alles, was Marti
hieß und an diesen erinnerte. Doch wußte er nichts
anderes, als daß Marti seinem Vater Schaden zuge-
fügt und daß man in dessen Hause ebenso feindlich
gesinnt sei, und es fiel ihm daher nicht schwer,
weder den Marti noch seine Tochter anzusehen
und seinerseits auch einen angehenden, doch ziemlich zahmen Feind vorzustellen. Vrenchen hingegen, welches mehr erdulden mußte als Sali und in
seinem Hause viel verlassener war, fühlte sich weniger zu einer förmlichen Feindschaft aufgelegt und
glaubte sich nur verachtet von dem wohlgekleide-
ten und scheinbar glücklicheren Sali; deshalb verbarg sie sich vor ihm, und wenn er irgendwo nur in
der Nähe war, so entfernte sie sich eilig, ohne daß
er sich die Mühe gab, ihr nachzublicken. So kam es,
daß er das Mädchen schon seit ein paar Jahren nicht
mehr in der Nähe gesehen und gar nicht wußte,
wie es aussah, seit es herangewachsen. Und doch
wunderte es ihn zuweilen ganz gewaltig, und wenn

überhaupt von den Martis gesprochen wurde, so dachte er unwillkürlich nur an die Tochter, deren jetziges Aussehen ihm nicht deutlich und deren Andenken ihm gar nicht verhaßt war.

Doch war sein Vater Manz nun der erste von den beiden Feinden, der sich nicht mehr halten konnte und von Haus und Hof springen mußte. Dieser Vortritt rührte daher, daß er eine Frau besaß, die ihm geholfen, und einen Sohn, der doch auch einiges mit brauchte, während Marti der einzige Verzehrer war in seinem wackeligen Königreich, und seine Tochter durfte wohl arbeiten wie ein Haustierchen, aber nichts gebrauchen. Manz aber wußte nichts anderes anzufangen, als auf den Rat seiner Seldwyler Gönner in die Stadt zu ziehen und da sich als Wirt aufzutun. Es ist immer betrüblich anzusehen, wenn ein ehemaliger Landmann, der auf dem Felde alt geworden ist, mit den Trümmern seiner Habe in eine Stadt zieht und da eine Schenke oder Kneipe auftut, um als letzten Rettungsanker den freundlichen und gewandten Wirt zu machen, während es ihm nichts weniger als freundlich zumut ist. Als die Manzen vom Hofe zogen, sah man erst, wie arm sie bereits waren; denn sie luden lauter alten und zerfallenden Hausrat auf, dem man es ansah, daß seit vielen Jahren nichts erneuert und angeschafft worden war. Die Frau legte aber nichtsdestominder ihren besten Staat an, als sie sich oben auf die Gerümpelfuhre setzte, und machte ein Gesicht voller Hoffnungen, als künftige Stadtfrau schon mit Verachtung auf die Dorfgenossen herabsehend, welche voll Mitleid hinter den Hecken hervor dem bedenklichen

Zuge zuschauten. Denn sie nahm sich vor, mit ihrer Liebenswürdigkeit und Klugheit die ganze Stadt zu bezaubern, und was ihr versimpelter Mann nicht machen könne, das wolle sie schon ausrichten, wenn sie nur erst einmal als Frau Wirtin in einem stattlichen Gasthofe säße. Dieser Gasthof bestand aber in einer trübseligen Winkelschenke in einem abgelegenen schmalen Gäßchen, auf der eben ein anderer zugrunde gegangen war und welche die Seldwyler dem Manz verpachteten, da er noch einige hundert Taler einzuziehen hatte. Sie verkauften ihm auch ein paar Fäßchen angemachten Weines und das Wirtschaftsmobiliar, das aus einem Dutzend weißen geringen Flaschen, ebensoviel Gläsern und einigen tannenen Tischen und Bänken bestand, welche einst blutrot angestrichen gewesen und jetzt vielfältig abgescheuert waren. Vor dem Fenster knarrte ein eiserner Reifen in einem Haken, und in dem Reifen schenkte eine blecherne Hand Rotwein aus einem Schöppchen in ein Glas. Überdies hing ein verdorrter Busch von Stechpalme über der Haustüre, was Manz alles mit in die Pacht bekam. Um deswillen war er nicht so wohlgemut wie seine Frau, sondern trieb mit schlimmer Ahnung und voll Ingrimm die mageren Pferde an, welche er vom neuen Bauern geliehen. Das letzte schäbige Knechtchen, das er gehabt, hatte ihn schon seit einigen Wochen verlassen. Als er solcherweise abfuhr, sah er wohl, wie Marti voll Hohn und Schadenfreude sich unfern der Straße zu schaffen machte, fluchte ihm und hielt denselben für den alleinigen Urheber seines Unglückes. Sali aber, sobald das Fuhrwerk im Gange war, beschleunigte seine Schritte, eilte voraus und ging allein auf Seitenwegen nach der Stadt.

«Da wären wir!» sagte Manz, als die Fuhre vor dem Spelunkelein anhielt. Die Frau erschrak darüber, denn das war in der Tat ein trauriger Gasthof. Die Leute traten eilfertig unter die Fenster und vor die Häuser, um sich den neuen Bauernwirt anzusehen, und machten mit ihrer Seldwyler Überlegenheit mitleidig spöttische Gesichter. Zornig und mit nassen Augen kletterte die Manzin vom Wagen herunter und lief, ihre Zunge vorläufig wetzend, in das Haus, um sich heute vornehm nicht wieder blicken zu lassen; denn sie schämte sich des schlechten Gerätes und der verdorbenen Betten, welche nun abgeladen wurden. Sali schämte sich auch, aber er mußte helfen und machte mit seinem Vater einen seltsamen Verlag in dem Gäßchen, auf welchem alsbald die Kinder der Falliten herumsprangen und sich über das verlumpte Bauernpack lustig machten. Im Hause aber sah es noch trübseliger aus, und es glich einer vollkommenen Räuberhöhle. Die Wände waren schlecht geweißtes feuchtes Mauerwerk, außer der dunklen unfreundlichen Gaststube mit ihren ehemals blutroten Tischen waren nur noch ein paar schlechte Kämmerchen da, und überall hatte der ausgezogene Vorgänger den trostlosesten Schmutz und Kehricht zurückgelassen.

So war der Anfang, und so ging es auch fort. Während der ersten Woche kamen, besonders am Abend, wohl hin und wieder ein Tisch voll Leute aus Neugierde, den Bauernwirt zu sehen und ob es da vielleicht einigen Spaß absetzte. Am Wirt hatten

71

sie nicht viel zu betrachten, denn Manz war unge-
lenk, starr, unfreundlich und melancholisch und
wußte sich gar nicht zu benehmen, wollte es auch
nicht wissen. Er füllte langsam und ungeschickt die
Schöppchen, stellte sie mürrisch vor die Gäste und
versuchte etwas zu sagen, brachte aber nichts heraus. Desto eifriger warf sich nun seine Frau ins
Geschirr und hielt die Leute wirklich einige Tage
zusammen, aber in einem ganz andern Sinne, als sie
meinte. Die ziemlich dicke Frau hatte sich eine
eigene Haustracht zusammengesetzt, in der sie unwiderstehlich zu sein glaubte. Zu einem leinenen
ungefärbten Landrock trug sie einen alten grün-
seidenen Spenser, eine baumwollene Schürze und
einen schlimmen weißen Halskragen. Von ihrem
nicht mehr dichten Haar hatte sie an den Schläfen possierliche Schnecken gewickelt und in das
Zöpfchen hinten einen hohen Kamm gesteckt. So
schwänzelte und tänzelte sie mit angestrengter Anmut herum, spitzte lächerlich das Maul, daß es süß
aussehen sollte, hüpfte elastisch an die Tische hin,
und das Glas oder den Teller mit gesalzenem Käse
hinsetzend, sagte sie lächelnd: «So so? So soli!
Herrlich, herrlich, ihr Herren!» und solches dummes Zeug mehr; denn obwohl sie sonst eine geschliffene Zunge hatte, so wußte sie jetzt doch
nichts Gescheites vorzubringen, da sie fremd war
und die Leute nicht kannte. Die Seldwyler von der
schlechtesten Sorte, die da hockten, hielten die
Hand vor den Mund, wollten vor Lachen erstik-
ken, stießen sich unter dem Tisch mit den Füßen
und sagten: «Potz tausig! Das ist ja eine Herrliche!»
«Eine Himmlische!» sagte ein anderer, «beim ewi-

gen Hagel! Es ist der Mühe wert, hierher zu kommen, so eine haben wir lang nicht gesehen!» Ihr Mann bemerkte das wohl mit finsterm Blicke; er gab ihr einen Stoß in die Rippen und flüsterte: «Du alte Kuh! Was machst du denn?» «Störe mich nicht», sagte sie unwillig, «du alter Tolpatsch! Siehst du nicht, wie ich mir Mühe gebe und mit den Leuten umzugehen weiß? Das sind aber nur Lumpen von deinem Anhang! Laß mich nur machen, ich will bald fürnehmere Kundschaft hier haben!» Dies alles war beleuchtet von einem oder zwei dünnen Talglichten; Sali, der Sohn, aber ging hinaus in die dunkle Küche, setzte sich auf den Herd und weinte über Vater und Mutter.

Die Gäste hatten aber das Schauspiel bald satt, welches ihnen die gute Frau Manz gewährte, und blieben wieder, wo es ihnen wohler war und sie über die wunderliche Wirtschaft lachen konnten; nur dann und wann erschien ein einzelner, der ein Glas trank und die Wände angähnte, oder es kam ausnahmsweise eine ganze Bande, die armen Leute mit einem vorübergehenden Trubel und Lärm zu täuschen. Es ward ihnen angst und bange in dem engen Mauerwinkel, wo sie kaum die Sonne sahen, und Manz, welcher sonst gewohnt war, tagelang in der Stadt zu liegen, fand es jetzt unerträglich zwischen diesen Mauern. Wenn er an die freie Weite der Felder dachte, so stierte er finster brütend an die Decke oder auf den Boden, lief unter die enge Haustüre und wieder zurück, da die Nachbarn den bösen Wirt, wie sie ihn schon nannten, angafften. Nun dauerte es aber nicht mehr lange, und sie verarmten gänzlich und hatten gar nichts mehr in der Hand; sie mußten, um etwas zu essen, warten, bis einer kam und für wenig Geld etwas von dem noch vorhandenen Wein verzehrte, und wenn er eine Wurst oder dergleichen begehrte, so hatten sie oft die größte Angst und Sorge, dieselbe beizutreiben. Bald hatten sie auch den Wein nur noch in einer großen Flasche verborgen, die sie heimlich in einer anderen Kneipe füllen ließen, und so sollten sie nun die Wirte machen ohne Wein und Brot und freundlich sein, ohne ordentlich gegessen zu haben. Sie waren beinahe froh, wenn nur niemand kam, und hockten so in ihrem Kneipchen, ohne leben noch sterben zu können. Als die Frau diese traurigen Erfahrungen machte, zog sie den grünen Spenser wieder aus und nahm abermals eine Veränderung vor, indem sie nun, wie früher die Fehler, so nun einige weibliche Tugenden aufkommen ließ und mehr ausbildete, da Not an den Mann ging. Sie übte Geduld und suchte den Alten aufrecht zu halten und den Jungen zum Guten anzuweisen; sie opferte sich vielfältig in allerlei Dingen, kurz, sie übte in ihrer Weise eine Art von wohltätigem Einfluß, der zwar nicht weit reichte und nicht viel besserte, aber immerhin besser war als gar nichts oder als das Gegenteil und die Zeit wenigstens verbringen half, welche sonst viel früher hätte brechen müssen für diese Leute. Sie wußte manchen Rat zu geben nunmehr in erbärmlichen Dingen, nach ihrem Verstande, und wenn der Rat nichts zu taugen schien und fehlschlug, so ertrug sie willig den Grimm der Männer, kurzum, sie tat jetzt alles, da sie alt war, was besser gedient hätte, wenn sie es früher geübt.

Um wenigstens etwas Beißbares zu erwerben und die Zeit zu verbringen, verlegten sich Vater und Sohn auf die Fischerei, das heißt mit der Angelrute, soweit es für jeden erlaubt war, sie in den Fluß zu hängen. Dies war auch eine Hauptbeschäftigung der Seldwyler, nachdem sie falliert hatten. Bei günstigem Wetter, wenn die Fische gern anbissen, sah man sie dutzendweise hinauswandern mit Rute und Eimer, und wenn man an den Ufern des Flusses wandelte, hockte alle Spanne lang einer, der angelte, der eine in einem langen braunen Bürgerrock, die bloßen Füße im Wasser, der andere in einem spitzen blauen Frack auf einer alten Weide stehend, den alten Filz schief auf dem Ohre; weiterhin angelte gar einer im zerrissenen großblumigen Schlafrock, da er keinen andern mehr besaß, die lange Pfeife in der einen, die Rute in der anderen Hand, und wenn man um eine Krümmung des Flusses bog, stand ein alter kahlköpfiger Dickbauch faselnackt auf einem Stein und angelte; dieser hatte, trotz des Aufenthaltes am Wasser, so schwarze Füße, daß man glaubte, er habe die Stiefel anbehalten. Jeder hatte ein Töpfchen oder ein Schächtelchen neben sich, in welchem Regenwürmer wimmelten, nach denen sie zu andern Stunden zu graben pflegten. Wenn der Himmel mit Wolken bezogen und es ein schwüles dämmeriges Wetter war, welches Regen verkündete, so standen diese Gestalten am zahlreichsten an dem ziehenden Strome, regungslos gleich einer Galerie von Heiligen- oder Prophetenbildern. Achtlos zogen die Landleute mit Vieh und Wagen an ihnen vorüber, und die Schiffer auf dem Flusse sahen sie nicht an, während sie leise murrten über die störenden Schiffe.

Wenn man Manz vor zwölf Jahren, als er mit einem schönen Gespann pflügte auf dem Hügel über dem Ufer, geweissagt hätte, er würde sich einst zu diesen wunderlichen Heiligen gesellen und gleich ihnen Fische fangen, so wäre er nicht übel aufgefahren. Auch eilte er jetzt hastig an ihnen vorüber hinter ihren Rücken und eilte stromauf-wärts gleich einem eigensinnigen Schatten der Un-terwelt, der sich zu seiner Verdammnis ein beque-mes einsames Plätzchen sucht an den dunklen Wäs-sern. Mit der Angelrute zu stehen hatten er und sein Sohn indessen keine Geduld, und sie erinner-ten sich der Art, wie die Bauern auf manche andere Weise etwa Fische fangen, wenn sie übermütig sind, besonders mit den Händen in den Bächen; daher nahmen sie die Ruten nur zum Schein mit und gingen an den Borden der Bäche hinauf, wo sie wußten, daß es teure und gute Forellen gab.

Dem auf dem Lande zurückgebliebenen Marti ging es inzwischen auch immer schlimmer, und es war ihm höchst langweilig dabei, so daß er, an-statt auf seinem vernachlässigten Felde zu arbeiten, ebenfalls auf das Fischen verfiel und tagelang im Wasser herumplätscherte. Vrenchen durfte nicht von seiner Seite und mußte ihm Eimer und Gerät nachtragen durch nasse Wiesengründe, durch Bä-che und Wassertümpel aller Art, bei Regen und Sonnenschein, indessen sie das Notwendigste zu Hause liegen lassen mußte. Denn es war sonst keine Seele mehr da und wurde auch keine ge-braucht, da Marti das meiste Land schon verloren hatte und nur noch wenige Äcker besaß, die er mit seiner Tochter liederlich genug oder gar nicht bebaute.

So kam es, daß, als er eines Abends einen ziemlich tiefen und reißenden Bach entlang ging, in welchem die Forellen fleißig sprangen, da der Himmel voll Gewitterwolken hing, er unverhofft auf seinen Feind Manz traf, der an dem andern Ufer daherkam. Sobald er ihn sah, stieg ein schrecklicher Groll und Hohn in ihm auf; sie waren sich seit Jahren nicht so nahe gewesen, ausgenommen vor den Gerichtsschranken, wo sie nicht schelten durften, und Marti rief jetzt voll Grimm: «Was tust du hier, du Hund? Kannst du nicht in deinem Lotterneste bleiben, du Seldwyler Lumpenhund?»

«Wirst nächstens wohl auch ankommen, du Schelm!» rief Manz. «Fische fängst du ja auch schon und wirst deshalb nicht viel mehr zu versäumen haben!»

«Schweig, du Galgenhund!» schrie Marti, da hier die Wellen des Baches stärker rauschten, «du hast mich ins Unglück gebracht!» Und da jetzt auch die Weiden am Bache gewaltig zu rauschen anfingen im aufgehenden Wetterwind, so mußte Manz noch lauter schreien: «Wenn dem nur so wäre, so wollte ich mich freuen, du elender Tropf!» «O du Hund!» schrie Marti herüber und Manz hinüber: «O du Kalb, wie dumm tust du!» Und jener sprang wie ein Tiger den Bach entlang und suchte herüberzukommen. Der Grund, warum er der Wütendere war, lag in seiner Meinung, daß Manz als Wirt wenigstens genug zu essen und zu trinken hätte und gewissermaßen ein kurzweiliges

Leben führe, während es ungerechterweise ihm so
langweilig wäre auf seinem zertrümmerten Hofe.
Manz schritt indessen auch grimmig genug an der
anderen Seite hin; hinter ihm sein Sohn, welcher,
statt auf den bösen Streit zu hören, neugierig und
verwundert nach Vrenchen hinübersah, welche
hinter ihrem Vater ging, vor Scham in die Erde
sehend, daß ihr die braunen krausen Haare ins
Gesicht fielen. Sie trug einen hölzernen Fischeimer
in der einen Hand, in der anderen hatte sie Schuh
und Strümpfe getragen und ihr Kleid der Nässe
wegen aufgeschürzt. Seit aber Sali auf der anderen
Seite ging, hatte sie es schamhaft sinken lassen und
war nun dreifach belästigt und gequält, da sie all
das Zeug tragen, den Rock zusammenhalten und
des Streites wegen sich grämen mußte. Hätte sie
aufgesehen und nach Sali geblickt, so würde sie
entdeckt haben, daß er weder vornehm noch sehr
stolz mehr aussah und selbst bekümmert genug
war. Während Vrenchen so ganz beschämt und
verwirrt auf die Erde sah und Sali nur diese in allem
Elende schlanke und anmutige Gestalt im Auge
hatte, die so verlegen und demütig dahinschritt,
beachteten sie dabei nicht, wie ihre Väter still
geworden, aber mit verstärkter Wut einem hölzernen Stege zueilten, der in kleiner Entfernung über
den Bach führte und eben sichtbar wurde. Es fing
an zu blitzen und erleuchtete seltsam die dunkle
melancholische Wassergegend; es donnerte auch in
den grauschwarzen Wolken mit dumpfem Grolle,
und schwere Regentropfen fielen, als die verwilderten Männer gleichzeitig auf die schmale, unter
ihren Tritten schwankende Brücke stürzten, sich

gegenseitig packten und die Fäuste in die vor Zorn und ausbrechendem Kummer bleichen zitternden Gesichter schlugen. Es ist nichts Anmutiges und nichts weniger als artig, wenn sonst gesetzte Menschen noch in den Fall kommen, aus Übermut, Unbedacht oder Notwehr unter allerhand Volk, das sie nicht näher berührt, Schläge auszuteilen oder welche zu bekommen; allein dies ist eine harmlose Spielerei gegen das tiefe Elend, das zwei alte Menschen überwältigt, die sich wohl kennen und seit lange kennen, wenn diese aus innerster Feindschaft und aus dem Gange einer ganzen Lebensgeschichte heraus sich mit nackten Händen anfassen und mit Fäusten schlagen. So taten jetzt diese beide ergrauten Männer; vor fünfzig Jahren vielleicht hatten sie sich als Buben zum letzten Mal gerauft, dann aber fünfzig lange Jahre mit keiner Hand mehr berührt, ausgenommen in ihrer guten Zeit, wo sie sich etwa zum Gruße die Hände geschüttelt, und auch dies nur selten bei ihrem trockenen und sichern Wesen. Nachdem sie ein- oder zweimal geschlagen, hielten sie inne und rangen still zitternd miteinander, nur zuweilen aufstöhnend und elendiglich knirschend, und einer suchte den andern über das knackende Geländer ins Wasser zu werfen. Jetzt waren aber auch ihre Kinder nachgekommen und sahen den erbärmlichen Auftritt. Sali sprang eines Satzes heran, um seinem Vater beizustehen und ihm zu helfen, dem gehaßten Feinde den Garaus zu machen, der ohnehin der schwächere schien und eben zu unterliegen drohte. Aber auch Vrenchen sprang, alles wegwerfend, mit einem langen Aufschrei herzu und umklam-

merte ihren Vater, um ihn zu schützen, während
sie ihn dadurch nur hinderte und beschwerte. Tränen strömten aus ihren Augen, und sie sah flehend
den Sali an, der im Begriff war, ihren Vater ebenfalls zu fassen und vollends zu überwältigen. Unwillkürlich legte er aber seine Hand an seinen
eigenen Vater und suchte denselben mit festem
Arm von dem Gegner loszubringen und zu beruhigen, so daß der Kampf eine kleine Weile ruhte oder
vielmehr die ganze Gruppe unruhig hin und her
drängte, ohne auseinander zu kommen. Darüber
waren die jungen Leute, sich mehr zwischen die
Alten schiebend, in dichte Berührung gekommen,
und in diesem Augenblicke erhellte ein Wolkenriß,
der den grellen Abendschein durchließ, das nahe
Gesicht des Mädchens, und Sali sah in dies ihm so
wohlbekannte und doch so viel anders und schöner
gewordene Gesicht. Vrenchen sah in diesem Augenblicke auch sein Erstaunen, und es lächelte ganz
kurz und geschwind mitten in seinem Schrecken
und in seinen Tränen ihn an. Doch ermannte sich
Sali, geweckt durch die Anstrengungen seines Vaters, ihn abzuschütteln, und brachte ihn mit eindringlich bittenden Worten und fester Haltung
endlich ganz von seinem Feinde weg. Beide alte
Gesellen atmeten hoch auf und begannen jetzt
wieder zu schelten und zu schreien, sich voneinander abwendend; ihre Kinder aber atmeten kaum
und waren still wie der Tod, gaben sich aber im
Wegwenden und Trennen, ungesehen von den
Alten, schnell die Hände, welche vom Wasser und
von den Fischen feucht und kühl waren.

Als die grollenden Parteien ihrer Wege gingen,

80

hatten die Wolken sich wieder geschlossen, es dunkelte mehr und mehr, und der Regen goß nun in Bächen durch die Luft. Manz schlenderte voraus auf den dunklen nassen Wegen, er duckte sich, beide Hände in den Taschen, unter den Regengüssen, zitterte noch in seinen Gesichtszügen und mit den Zähnen, und ungesehene Tränen rieselten ihm in den Stoppelbart, die er fließen ließ, um sie durch das Wegwischen nicht zu verraten. Sein Sohn hatte aber nichts gesehen, weil er in glückseligen Bildern verloren daherging. Er merkte weder Regen noch Sturm, weder Dunkelheit noch Elend; sondern leicht, hell und warm war es ihm innen und außen, und er fühlte sich so reich und wohlgeborgen wie ein Königssohn. Er sah fortwährend das sekundenlange Lächeln des nahen schönen Gesichtes und erwiderte dasselbe erst jetzt, eine gute halbe Stunde nachher, indem er voll Liebe in Nacht und Wetter hinein und das liebe Gesicht anlachte, das ihm allerwegen aus dem Dunkel entgegentrat, so daß er glaubte, Vrenchen müsse auf seinen Wegen dies Lachen notwendig sehen und seiner inne werden.

Sein Vater war des andern Tags wie zerschlagen und wollte nicht aus dem Hause. Der ganze Handel und das vieljährige Elend nahm heute eine neue, deutlichere Gestalt an und breitete sich dunkel aus in der drückenden Luft der Spelunke, also daß Mann und Frau matt und scheu um das Gespenst herumschlichen, aus der Stube in die dunklen Kämmerchen, von da in die Küche und aus dieser wieder sich in die Stube schleppten, in welcher kein Gast sich sehen ließ. Zuletzt hockte jedes in einem

Winkel und begann den Tag über ein müdes, halb-
totes Zanken und Vorhalten mit dem andern, wobei sie zeitweise einschliefen, von unruhigen Tag-
träumen geplagt, welche aus dem Gewissen kamen
und sie wieder weckten. Nur Sali sah und hörte
nichts davon, denn er dachte nur an Vrenchen. Es
war ihm immer noch zumut, nicht nur als ob er
unsäglich reich wäre, sondern auch was Rechts
gelernt hätte und unendlich viel Schönes und Gutes
wüßte, da er nun so deutlich und bestimmt um das
wußte, was er gestern gesehen. Diese Wissenschaft
war ihm wie vom Himmel gefallen, und er war in
einer unaufhörlichen glücklichen Verwunderung
darüber; und doch war es ihm, als ob er es eigentlich von jeher gewußt und gekannt hätte, was ihn
jetzt mit so wundersamer Süßigkeit erfüllte. Denn
nichts gleicht dem Reichtum und der Unergründ-
lichkeit eines Glückes, das an den Menschen heran-
tritt in einer so klaren und deutlichen Gestalt, vom
Pfäfflein getauft und wohlversehen mit einem eigenen Namen, der nicht tönt wie andere Namen.

Sali fühlte sich an diesem Tage weder müßig
noch unglücklich, weder arm noch hoffnungslos;
vielmehr war er vollauf beschäftigt, sich Vrenchens Gesicht und Gestalt vorzustellen, unaufhörlich, eine Stunde wie die andere; über dieser aufge-
regten Tätigkeit aber verschwand ihm der Gegenstand derselben fast vollständig, das heißt, er bildete sich endlich ein, nun doch nicht zu wissen, wie
Vrenchen recht genau aussehe, er habe wohl ein
allgemeines Bild von ihr im Gedächtnis, aber wenn
er sie beschreiben sollte, so könnte er das nicht. Er
sah fortwährend dies Bild, als ob es vor ihm stände,

und fühlte seinen angenehmen Eindruck, und doch
sah er es nur wie etwas, das man eben nur einmal gesehen, in dessen Gewalt man liegt und das
man doch noch nicht kennt. Er erinnerte sich genau der Gesichtszüge, welche das kleine Dirnchen
einst gehabt, mit großem Wohlgefallen, aber nicht
eigentlich derjenigen, welche er gestern gesehen.
Hätte er Vrenchen nie wieder zu sehen bekommen,
so hätten sich seine Erinnerungskräfte schon behel-
fen müssen und das liebe Gesicht säuberlich wieder
zusammengetragen, daß nicht *ein* Zug daran fehlte.
Jetzt aber versagten sie schlau und hartnäckig ihren
Dienst, weil die Augen nach ihrem Recht und ihrer
Lust verlangten, und als am Nachmittage die
Sonne warm und hell die oberen Stockwerke der
schwarzen Häuser beschien, strich Sali aus dem
Tore und seiner alten Heimat zu, welche ihm jetzt
erst ein himmlisches Jerusalem zu sein schien mit
zwölf glänzenden Pforten und die sein Herz klopfen machte, als er sich ihr näherte.

Er stieß auf dem Wege auf Vrenchens Vater,
welcher nach der Stadt zu gehen schien. Der sah
sehr wild und liederlich aus, sein grau gewordener
Bart war seit Wochen nicht geschoren, und er sah
aus wie ein recht böser verlorener Bauersmann, der
sein Feld verscherzt hat und nun geht, um andern
Übles zuzufügen. Dennoch sah ihn Sali, als sie sich
vorübergingen, nicht mehr mit Haß, sondern voll
Furcht und Scheu an, als ob sein Leben in dessen
Hand stände und er es lieber von ihm erflehen als
ertrotzen möchte. Marti aber maß ihn mit einem
bösen Blicke von oben bis unten und ging seines
Weges. Das war indessen dem Sali recht, welchem

83

es nun, da er den Alten das Dorf verlassen sah, deutlicher wurde, was er eigentlich da wolle, und er schlich sich auf altbekannten Pfaden so lange um das Dorf herum und durch dessen verdeckte Gäßchen, bis er sich Martis Haus und Hof gegenüber befand. Seit mehreren Jahren hatte er diese Stätte nicht mehr so nah gesehen; denn auch als sie noch hier wohnten, hüteten sich die verfeindeten Leute gegenseitig, sich ins Gehege zu kommen. Deshalb war er nun erstaunt über das, was er doch an seinem eigenen Vaterhause erlebt, und starrte voll Verwunderung in die Wüstenei, die er vor sich sah. Dem Marti war ein Stück Ackerland um das andere abgepfändet worden, er besaß nichts mehr als das Haus und den Platz davor nebst etwas Garten und dem Acker auf der Höhe am Flusse, von welchem er hartnäckig am längsten nicht lassen wollte.

Es war aber keine Rede mehr von einer ordentlichen Bebauung, und auf dem Acker, der einst so schön im gleichmäßigen Korne gewogt, wenn die Ernte kam, waren jetzt allerhand abfällige Samenreste gesät und aufgegangen, aus alten Schachteln und zerrissenen Tüten zusammengekehrt, Rüben, Kraut und dergleichen und etwas Kartoffeln, so daß der Acker aussah wie ein recht übel gepflegter Gemüseplatz und eine wunderliche Musterkarte war, dazu angelegt, um von der Hand in den Mund zu leben, hier eine Handvoll Rüben auszureißen, wenn man Hunger hatte und nichts Besseres wußte, dort eine Tracht Kartoffeln oder Kraut, und das übrige fortwuchern oder verfaulen zu lassen, wie es mochte. Auch lief jedermann darin herum, wie es ihm gefiel, und das schöne breite Stück Feld sah

beinahe so aus wie einst der herrenlose Acker, von
dem alles Unheil herkam. Deshalb war um das
Haus nicht eine Spur von Ackerwirtschaft zu sehen. Der Stall war leer, die Türe ging nur in einer
Angel, und unzählige Kreuzspinnen, den Sommer
hindurch halb groß geworden, ließen ihre Fäden
in der Sonne glänzen vor dem dunklen Eingang.
An dem offenstehenden Scheunentor, wo einst
die Früchte des festen Landes eingefahren, hing
schlechtes Fischergerät, zum Zeugnis der verkehr-
ten Wasserpfuscherei; auf dem Hofe war nicht ein
Huhn und nicht eine Taube, weder Katze noch
Hund zu sehen; nur der Brunnen war noch als
etwas Lebendiges da, aber er floß nicht mehr durch
die Röhre, sondern sprang durch einen Riß nahe
am Boden über diesen hin und setzte überall kleine
Tümpel an, so daß er das beste Sinnbild der Faulheit abgab. Denn während mit wenig Mühe des
Vaters das Loch zu verstopfen und die Röhre herzustellen gewesen wäre, mußte sich Vrenchen nun
abquälen, selbst das lautere Wasser dieser Verkommenheit abzugewinnen und seine Wäscherei in den
seichten Sammlungen am Boden vorzunehmen
statt in dem vertrockneten und zerspellten Troge.
Das Haus selbst war ebenso kläglich anzusehen; die
Fenster waren vielfältig zerbrochen und mit Papier
verklebt, aber doch waren sie das Freundlichste an
dem Verfall; denn sie waren, selbst die zerbrochenen Scheiben, klar und sauber gewaschen, ja förmlich poliert, und glänzten so hell wie Vrenchens
Augen, welche ihm in seiner Armut ja auch allen
übrigen Staat ersetzen mußten. Und wie die krausen Haare und die rotgelben Kattunhalstücher zu

Vrenchens Augen, stand zu diesen blinkenden Fenstern das wilde grüne Gewächs, was da durcheinander rankte um das Haus, flatternde Bohnenwäldchen und eine ganze duftende Wildnis von rotgelbem Goldlack. Die Bohnen hielten sich, so gut sie konnten, hier an einem Harkenstiel oder an einem verkehrt in die Erde gesteckten Stumpfbesen, dort an einer von Rost zerfressenen Helbarte oder Sponton, wie man es nannte, als Vrenchens Großvater das Ding als Wachtmeister getragen, welches es jetzt aus Not in die Bohnen gepflanzt hatte; dort kletterten sie wieder lustig eine verwitterte Leiter empor, die am Hause lehnte seit undenklichen Zeiten, und hingen von da in die klaren Fensterchen hinunter wie Vrenchens Kräuselhaare in seine Augen. Dieser mehr malerische als wirtliche Hof lag etwas beiseit und hatte keine näheren Nachbarhäuser, auch ließ sich in diesem Augenblicke nirgends eine lebendige Seele wahrnehmen; Sali lehnte daher in aller Sicherheit an einem alten Scheunchen, etwa dreißig Schritte entfernt, und schaute unverwandt nach dem stillen wüsten Hause hinüber. Eine geraume Zeit lehnte und schaute er so, als Vrenchen unter die Haustür kam und lange vor sich hin blickte, wie mit allen ihren Gedanken an einem Gegenstande hängend. Sali rührte sich nicht und wandte kein Auge von ihr. Als sie endlich zufällig in dieser Richtung hinsah, fiel er ihr in die Augen. Sie sahen sich eine Weile an, herüber und hinüber, als ob sie eine Lufterscheinung betrachteten, bis sich Sali endlich aufrichtete und langsam über die Straße und über den Hof ging auf Vrenchen los. Als er dem Mädchen nahe war, streckte es seine Hände gegen ihn aus und sagte: «Sali!» Er ergriff die Hände und sah ihr immerfort ins Gesicht. Tränen stürzten aus ihren Augen, während sie unter seinen Blicken vollends dunkelrot wurde, und sie sagte: «Was willst du hier?» «Nur dich sehen!» erwiderte er. «Wollen wir nicht wieder gute Freunde sein?» «Und unsere Eltern?» fragte Vrenchen, sein weinendes Gesicht zur Seite neigend, da es die Hände nicht frei hatte, um es zu bedecken. «Sind wir schuld an dem, was sie getan und geworden sind?» sagte Sali. «Vielleicht können wir das Elend nur gutmachen, wenn wir zwei zusammenhalten und uns recht lieb sind!» «Es wird nie gut kommen», antwortete Vrenchen mit einem tiefen Seufzer, «geh in Gottes Namen deiner Wege, Sali!» «Bist du allein?» fragte dieser. «Kann ich einen Augenblick hineinkommen?» «Der Vater ist zur Stadt, wie er sagte, um deinem Vater irgend etwas anzuhängen; aber hereinkommen kannst du nicht, weil du später vielleicht nicht so ungesehen weggehen kannst wie jetzt. Noch ist alles still und niemand um den Weg, ich bitte dich, geh jetzt!» «Nein, so geh ich nicht! Ich mußte seit gestern immer an dich denken, und ich geh nicht so fort, wir müssen miteinander reden, wenigstens eine halbe Stunde lang oder eine Stunde, das wird uns gut tun!» Vrenchen besann sich ein Weilchen und sagte dann: «Ich geh gegen Abend auf unsern Acker hinaus, du weißt welchen, wir haben nur noch den, und hole etwas Gemüse. Ich weiß, daß niemand weiter dort sein wird, weil die Leute anderswo schneiden; wenn du willst, so komm dorthin, aber jetzt geh und nimm dich in acht, daß

87

dich niemand sieht! Wenn auch kein Mensch hier mehr mit uns umgeht, so würden sie doch ein solches Gerede machen, daß es der Vater sogleich vernähme.» Sie ließen sich jetzt die Hände frei, ergriffen sie aber auf der Stelle wieder, und beide sagten gleichzeitig: «Und wie geht es dir auch?» Aber statt sich zu antworten, fragten sie das gleiche aufs neue, und die Antwort lag nur in den beredten Augen, da sie nach Art der Verliebten die Worte nicht mehr zu lenken wußten und, ohne sich weiter etwas zu sagen, endlich halb selig und halb traurig auseinanderhuschten. «Ich komme recht bald hinaus, geh nur gleich hin!» rief Vrenchen noch nach.

Sali ging auch alsobald auf die stille schöne Anhöhe hinaus, über welche die zwei Äcker sich erstreckten, und die prächtige stille Julisonne, die fahrenden weißen Wolken, welche über das reife wallende Kornfeld wegzogen, der glänzende blaue Fluß, der unten vorüberwallte, alles dies erfüllte ihn zum ersten Male seit langen Jahren wieder mit Glück und Zufriedenheit statt mit Kummer, und er warf sich der Länge nach in den durchsichtigen Halbschatten des Kornes, wo dasselbe Martis wilden Acker begrenzte, und guckte glückselig in den Himmel.

Obgleich es kaum eine Viertelstunde währte, bis Vrenchen nachkam, und er an nichts anderes dachte als an sein Glück und dessen Namen, stand es doch plötzlich und unverhofft vor ihm, auf ihn niederlächelnd, und froh erschreckt sprang er auf. «Vreeli!» rief er, und dieses gab ihm still und lächelnd beide Hände, und Hand in Hand gingen sie nun das flüsternde Korn entlang bis gegen den Fluß hinun-

ter und wieder zurück, ohne viel zu reden; sie
legten zwei- und dreimal den Hin- und Herweg
zurück, still, glückselig und ruhig, so daß dieses
einige Paar nun auch einem Sternbilde glich, welches über die sonnige Rundung der Anhöhe und
hinter derselben niederging, wie einst die sicher
gehenden Pflugzüge ihrer Väter. Als sie aber einst-
mals die Augen von den blauen Kornblumen auf-
schlugen, an denen sie gehaftet, sahen sie plötzlich
einen andern dunklen Stern vor sich her gehen,
einen schwärzlichen Kerl, von dem sie nicht wußten, woher er so unversehens gekommen. Er mußte im Korne gelegen haben; Vrenchen zuckte zusammen, und Sali sagte erschreckt: «Der schwarze
Geiger!» In der Tat trug der Kerl, der vor ihnen her
strich, eine Geige mit dem Bogen unter dem Arm
und sah übrigens schwarz genug aus; neben einem
schwarzen Filzhütchen und einem schwarzen rußi-
gen Kittel, den er trug, war auch sein Haar pech-
schwarz, so wie der ungeschorene Bart, das Gesicht und die Hände aber ebenfalls geschwärzt;
denn er trieb allerlei Handwerk, meistens Kessel-
flicken, half auch den Kohlenbrennern und Pech-
siedern in den Wäldern und ging mit der Geige nur
auf einen guten Schick aus, wenn die Bauern irgendwo lustig waren und ein Fest feierten. Sali und
Vrenchen gingen mäuschenstill hinter ihm drein
und dachten, er würde vom Felde gehen und verschwinden, ohne sich umzusehen, und so schien es
auch zu sein, denn er tat, als ob er nichts von ihnen
merkte. Dazu waren sie in einem seltsamen Bann,
daß sie nicht wagten, den schmalen Pfad zu verlassen, und dem unheimlichen Gesellen unwillkürlich

folgten bis an das Ende des Feldes, wo jener ungerechte Steinhaufen lag, der das immer noch streitige Ackerzipfelchen bedeckte. Eine zahllose Menge von Mohnblumen oder Klatschrosen hatte sich darauf angesiedelt, weshalb der kleine Berg feuerrot aussah zurzeit. Plötzlich sprang der schwarze Geiger mit einem Satze auf die rotbekleidete Steinmasse hinauf, kehrte sich und sah ringsum. Das Pärchen blieb stehen und sah verlegen zu dem dunklen Burschen hinauf; denn vorbei konnten sie nicht gehen, weil der Weg in das Dorf führte, und umkehren mochten sie auch nicht vor seinen Augen. Er sah sie scharf an und rief: «Ich kenne euch, ihr seid die Kinder derer, die mir den Boden hier gestohlen haben! Es freut mich zu sehen, wie gut ihr gefahren seid, und werde gewiß noch erleben, daß ihr vor mir den Weg alles Fleisches geht! Seht mich nur an, ihr zwei Spatzen! Gefällt euch meine Nase, wie?» In der Tat besaß er eine schreckbare Nase, welche wie ein großes Winkelmaß aus dem dürren schwarzen Gesicht ragte oder eigentlich mehr einem tüchtigen Knebel oder Prügel glich, welcher in dies Gesicht geworfen worden war und unter dem ein kleines rundes Löchelchen von einem Munde sich seltsam stutzte und zusammenzog, aus dem er unaufhörlich pustete, pfiff und zischte. Dazu stand das kleine Filzhütchen ganz unheimlich, welches nicht rund und nicht eckig und so sonderlich geformt war, daß es alle Augenblicke seine Gestalt zu verändern schien, obgleich es unbeweglich saß, und von den Augen des Kerls war fast nichts als das Weiße zu sehen, da die Sterne unaufhörlich auf einer blitzschnellen Wanderung

begriffen waren und wie zwei Hasen im Zickzack
umhersprangen. «Seht mich nur an», fuhr er fort,
«eure Väter kennen mich wohl, und jedermann in
diesem Dorfe weiß, wer ich bin, wenn er nur meine
Nase ansieht. Da haben sie vor Jahren ausgeschrie-
ben, daß ein Stück Geld für den Erben dieses
Ackers bereit liege; ich habe mich zwanzigmal
gemeldet, aber ich habe keinen Taufschein und
keinen Heimatschein, und meine Freunde, die Heimatlosen, die meine Geburt gesehen, haben kein
gültiges Zeugnis, und so ist die Frist längst verlau-
fen und ich bin um den blutigen Pfennig gekommen, mit dem ich hätte auswandern können! Ich
habe eure Väter angefleht, daß sie mir bezeugen
möchten, sie müßten mich nach ihrem Gewissen
für den rechten Erben halten; aber sie haben mich
von ihren Höfen gejagt, und nun sind sie selbst
zum Teufel gegangen! Item, das ist der Welt Lauf,
mir kann's recht sein, ich will euch doch geigen,
wenn ihr tanzen wollt!» Damit sprang er auf der
anderen Seite von den Steinen hinunter und machte sich dem Dorfe zu, wo gegen Abend der Ernte-
segen eingebracht wurde und die Leute guter Dinge waren. Als er verschwunden, ließ sich das Paar
ganz mutlos und betrübt auf die Steine nieder;
sie ließen ihre verschlungenen Hände fahren und
stützten die traurigen Köpfe darauf; denn die Erscheinung des Geigers und seine Worte hatten sie
aus der glücklichen Vergessenheit gerissen, in welcher sie wie zwei Kinder auf und ab gewandelt, und
wie sie nun auf dem harten Grund ihres Elendes
saßen, verdunkelte sich das heitere Lebenslicht,
und ihre Gemüter wurden so schwer wie Steine.

Da erinnerte sich Vrenchen unversehens der wunderlichen Gestalt und der Nase des Geigers, es mußte plötzlich hell auflachen und rief: «Der arme Kerl sieht gar zu spaßhaft aus! Was für eine Nase!», und eine allerliebste sonnenhelle Lustigkeit verbreitete sich über des Mädchens Gesicht, als ob sie nur geharrt hätte, bis des Geigers Nase die trüben Wolken wegstieße. Sali sah Vrenchen an und sah diese Fröhlichkeit. Es hatte die Ursache aber schon wieder vergessen und lachte nur noch auf eigene Rechnung dem Sali ins Gesicht. Dieser, verblüfft und erstaunt, starrte unwillkürlich mit lachendem Munde auf die Augen, gleich einem Hungrigen, der ein süßes Weizenbrot erblickt, und rief: «Bei Gott, Vreeli! Wie schön bist du!» Vrenchen lachte ihn nur noch mehr an und hauchte dazu aus klangvoller Kehle einige kurze mutwillige Lachtöne, welche dem armen Sali nicht anders dünkten als der Gesang einer Nachtigall. «O du Hexe!» rief er. «Wo hast du das gelernt? Welche Teufelskünste treibst du da?» «Ach du lieber Gott!» sagte Vrenchen mit schmeichelnder Stimme und nahm Salis Hand, «das sind keine Teufelskünste! Wie lange hätte ich gerne einmal gelacht! Ich habe wohl zuweilen, wenn ich ganz allein war, über irgend etwas lachen müssen, aber es war nichts Rechts dabei; jetzt aber möchte ich dich immer und ewig anlachen, wenn ich dich sehe, und ich möchte dich wohl immer und ewig sehen! Bist du mir auch ein bißchen recht gut?» «O Vreeli!» sagte er und sah ihr ergeben und treuherzig in die Augen, «ich habe noch nie ein Mädchen angesehen, es war mir immer, als ob ich dich einst liebhaben müßte, und ohne daß ich wollte oder wußte, hast du mir doch immer im Sinn gelegen!» «Und du mir auch», sagte Vrenchen, «und das noch viel mehr; denn du hast mich nie angesehen und wußtest nicht, wie ich geworden bin; ich aber habe dich zuzeiten aus der Ferne und sogar heimlich aus der Nähe recht gut betrachtet und wußte immer, wie du aussiehst! Weißt du noch, wie oft wir als Kinder hierher gekommen sind? Denkst du noch des kleinen Wagens? Wie kleine Leute sind wir damals gewesen, und wie lang ist es her! Man sollte denken, wir wären recht alt.» «Wie alt bist du jetzt?» fragte Sali voll Vergnügen und Zufriedenheit. «Du mußt ungefähr siebzehn sein?» «Siebzehn und ein halbes Jahr bin ich alt!» erwiderte Vrenchen. «Und wie alt bist du? Ich weiß aber schon, du bist bald zwanzig!» «Woher weißt du das?» fragte Sali. «Gelt, wenn ich es sagen wollte!» «Du willst es nicht sagen?» «Nein!» «Gewiß nicht?» «Nein, nein!» «Du sollst es sagen!» «Willst du mich etwa zwingen?» «Das wollen wir sehen!» Diese einfältigen Reden führte Sali, um seine Hände zu beschäftigen und mit ungeschickten Liebkosungen, welche wie eine Strafe aussehen sollten, das schöne Mädchen zu bedrängen. Sie führte auch, sich wehrend, mit vieler Langmut den albernen Wortwechsel fort, der trotz seiner Leerheit beide witzig und süß genug dünkte, bis Sali erbost und kühn genug war, Vrenchens Hände zu bezwingen und es in die Mohnblumen zu drücken. Da lag es nun und zwinkerte in der Sonne mit den Augen; seine Wangen glühten wie Purpur, und sein Mund war halb geöffnet und ließ zwei Reihen weiße Zähne durchschimmern. Fein und schön flossen die dunklen Augenbrauen ineinander, und die junge Brust hob und senkte sich mutwillig unter sämtlichen vier Händen, welche sich kunterbunt darauf streichelten und bekriegten. Sali wußte sich nicht zu lassen vor Freuden, das schlanke schöne Geschöpf vor sich zu sehen, es sein eigen zu wissen, und es dünkte ihm ein Königreich. «Alle deine weißen Zähne hast du noch!» lachte er. «Weißt du noch, wie oft wir sie einst gezählt haben? Kannst du jetzt zählen?» «Das sind ja nicht die gleichen, du Kind!» sagte Vrenchen. «Jene sind längst ausgefallen!» Sali wollte nun in seiner Einfalt jenes Spiel wieder erneuern und die glänzenden Zahnperlen zählen; aber Vrenchen verschloß plötzlich den roten Mund, richtete sich auf und begann einen Kranz von Mohnrosen zu winden, den es sich auf den Kopf setzte. Der Kranz war voll und breit und gab der bräunlichen Dirne ein fabelhaftes reizendes Ansehen, und der arme Sali hielt in seinem Arm, was reiche Leute teuer bezahlt hätten, wenn sie es nur gemalt an ihren Wänden hätten sehen können. Jetzt sprang sie aber empor und rief: «Himmel, wie heiß ist es hier! Da sitzen wir wie die Narren und lassen uns versengen! Komm, mein Lieber! Laß uns ins hohe Korn sitzen!» Sie schlüpften hinein so geschickt und sachte, daß sie kaum eine Spur zurückließen, und bauten sich einen engen Kerker in den goldenen Ähren, die ihnen hoch über den Kopf ragten, als sie drin saßen, so daß sie nur den tiefblauen Himmel über sich sahen und sonst nichts von der Welt. Sie umhalsten sich und küßten sich unverweilt und so lange, bis sie einstweilen müde

waren, oder wie man es nennen will, wenn das
Küssen zweier Verliebter auf eine oder zwei Minuten sich selbst überlebt und die Vergänglichkeit
alles Lebens mitten im Rausche der Blütezeit ahnen
läßt. Sie hörten die Lerchen singen hoch über sich
und suchten dieselben mit ihren scharfen Augen,
und wenn sie glaubten, flüchtig eine in der Sonne
aufblitzen zu sehen, gleich einem plötzlich auf-
leuchtenden oder hinschießenden Stern am blauen
Himmel, so küßten sie sich wieder zur Belohnung
und suchten einander zu übervorteilen und zu täuschen, soviel sie konnten. «Siehst du, dort blitzt
eine!» flüsterte Sali, und Vrenchen erwiderte
ebenso leise: «Ich höre sie wohl, aber ich sehe sie
nicht!» «Doch, paß nur auf, dort, wo das weiße
Wölkchen steht, ein wenig rechts davon!» Und
beide sahen eifrig hin und sperrten vorläufig ihre
Schnäbel auf, wie die jungen Wachteln im Neste,
um sie unverzüglich aufeinander zu heften, wenn
sie sich einbildeten, die Lerche gesehen zu haben.
Auf einmal hielt Vrenchen inne und sagte: «Dies ist
also eine ausgemachte Sache, daß jedes von uns
einen Schatz hat, dünkt es dich nicht so?» «Ja»,
sagte Sali, «es scheint mir auch so!» «Wie gefällt dir
denn dein Schätzchen», sagte Vrenchen, «was ist es
für ein Ding, was hast du von ihm zu melden?» «Es
ist ein gar feines Ding», sagte Sali, «es hat zwei
braune Augen, einen roten Mund und läuft auf
zwei Füßen; aber seinen Sinn kenn' ich weniger
als den Papst zu Rom! Und was kannst du von deinem Schatz berichten?» «Er hat zwei blaue Augen,
einen nichtsnutzigen Mund und braucht zwei ver-
wegene starke Arme; aber seine Gedanken sind

mir unbekannter als der türkische Kaiser!» «Es ist
eigentlich wahr», sagte Sali, «daß wir uns weniger
kennen, als wenn wir uns nie gesehen hätten, so
fremd hat uns die lange Zeit gemacht, seit wir groß
geworden sind! Was ist alles vorgegangen in deinem Köpfchen, mein liebes Kind?» «Ach, nicht
viel! Tausend Narrenspossen haben sich wollen
regen, aber es ist mir immer so trübselig ergangen,
daß sie nicht aufkommen konnten!» «Du armes
Schätzchen», sagte Sali, «ich glaube aber, du hast es
hinter den Ohren, nicht?» «Das kannst du ja nach
und nach erfahren, wenn du mich recht lieb hast!»
«Wenn du einst meine Frau bist?» Vrenchen zitterte leis bei diesem letzten Worte und schmiegte sich
tiefer in Salis Arme, ihn von neuem lange und
zärtlich küssend. Es traten ihr dabei Tränen in die
Augen, und beide wurden auf einmal traurig, da
ihnen ihre hoffnungsarme Zukunft in den Sinn
kam und die Feindschaft ihrer Eltern. Vrenchen
seufzte und sagte: «Komm, ich muß nun gehen!»,
und so erhoben sie sich und gingen Hand in Hand
aus dem Kornfeld, als sie Vrenchens Vater spähend
vor sich sahen. Mit dem kleinlichen Scharfsinn des
müßigen Elendes hatte dieser, als er dem Sali begegnet, neugierig gegrübelt, was der wohl allein im
Dorfe zu suchen ginge, und sich des gestrigen Vor-
falles erinnernd, verfiel er, immer nach der Stadt zu
schlendernd, endlich auf die richtige Spur, rein aus
Groll und unbeschäftigter Bosheit, und nicht so
bald gewann der Verdacht eine bestimmte Gestalt,
als er mitten in den Gassen von Seldwyla umkehrte
und wieder in das Dorf hinaustrollte, wo er seine
Tochter in Haus und Hof und rings in den Hecken

vergeblich suchte. Mit wachsender Neugier rannte
er auf den Acker hinaus, und als er da Vrenchens
Korb liegen sah, in welchem es die Früchte zu holen
pflegte, das Mädchen selbst aber nirgends erblickte,
spähte er eben am Korne des Nachbars herum, als
die erschrockenen Kinder herauskamen.

Sie standen wie versteinert, und Marti stand erst
auch da und beschaute sie mit bösen Blicken, bleich
wie Blei; dann fing er fürchterlich an zu toben in
Gebärden und Schimpfworten und langte zugleich
grimmig nach dem jungen Burschen, um ihn zu
würgen; Sali wich aus und floh einige Schritte
zurück, entsetzt über den wilden Mann, sprang
aber sogleich wieder zu, als er sah, daß der Alte
statt seiner nun das zitternde Mädchen faßte, ihm
eine Ohrfeige gab, daß der rote Kranz herunter-
flog, und seine Haare um die Hand wickelte, um es
mit sich fortzureißen und weiter zu mißhandeln.
Ohne sich zu besinnen, raffte er einen Stein auf und
schlug mit demselben den Alten gegen den Kopf,
halb in Angst um Vrenchen und halb im Jähzorn.
Marti taumelte erst ein wenig, sank dann bewußtlos auf den Steinhaufen nieder und zog das erbärmlich aufschreiende Vrenchen mit. Sali befreite noch
dessen Haare aus der Hand des Bewußtlosen und
richtete es auf; dann stand er da wie eine Bildsäule,
ratlos und gedankenlos. Das Mädchen, als es den
wie tot daliegenden Vater sah, fuhr sich mit den
Händen über das erbleichende Gesicht, schüttelte
sich und sagte: «Hast du ihn erschlagen?» Sali
nickte lautlos, und Vrenchen schrie: «O Gott, du
lieber Gott! Es ist mein Vater, der arme Mann!»,
und sinnlos warf es sich über ihn und hob seinen

Kopf auf, an welchem indessen kein Blut floß. Es ließ ihn wieder sinken; Sali ließ sich auf der anderen Seite des Mannes nieder, und beide schauten, still wie das Grab und mit erlahmten reglosen Händen, in das leblose Gesicht. Um nur etwas anzufangen, sagte endlich Sali: «Er wird doch nicht gleich tot sein müssen? Das ist gar nicht ausgemacht!» Vrenchen riß ein Blatt von einer Klatschrose ab und legte es auf die erblaßten Lippen, und es bewegte sich schwach. «Er atmet noch», rief es, «so lauf doch ins Dorf und hol Hilfe!» Als Sali aufsprang und laufen wollte, streckte es ihm die Hand nach und rief ihn zurück: «Komm aber nicht mit zurück und sage nichts, wie es zugegangen, ich werde auch schweigen, man soll nichts aus mir herausbringen!» sagte es, und sein Gesicht, das es dem armen ratlosen Burschen zuwandte, überfloß von schmerzlichen Tränen. «Komm, küß mich noch einmal! Nein, geh, mach dich fort! Es ist aus, es ist ewig aus, wir können nicht zusammenkommen!» Es stieß ihn fort, und er lief willenlos dem Dorfe zu. Er begegnete einem Knäbchen, das ihn nicht kannte; diesem trug er auf, die nächsten Leute zu holen, und beschrieb ihm genau, wo die Hilfe nötig sei. Dann machte er sich verzweifelt fort und irrte die ganze Nacht im Gehölze herum. Am Morgen schlich er in die Felder, um zu erspähen, wie es gegangen sei, und hörte von frühen Leuten, welche miteinander sprachen, daß Marti noch lebe, aber nichts von sich wisse, und wie das eine seltsame Sache wäre, da kein Mensch wisse, was ihm zugestoßen. Erst jetzt ging er in die Stadt zurück und verbarg sich in dem dunklen Elend des Hauses.

Vrenchen hielt ihm Wort; es war nichts aus ihm
herauszufragen, als daß es selbst den Vater so
gefunden habe, und da er am andern Tage sich
wieder tüchtig regte und atmete, freilich ohne
Bewußtsein, und überdies kein Kläger da war, so
nahm man an, er sei betrunken gewesen und auf die
Steine gefallen, und ließ die Sache auf sich beruhen.
Vrenchen pflegte ihn und ging nicht von seiner
Seite, außer um die Arzneimittel zu holen beim
Doktor und etwa für sich selbst eine schlechte
Suppe zu kochen; denn es lebte beinahe von nichts,
obgleich es Tag und Nacht wach sein mußte und
niemand ihm half. Es dauerte beinahe sechs Wochen, bis der Kranke allmählig zu seinem Bewußtsein kam, obgleich er vorher schon wieder aß und
in seinem Bette ziemlich munter war. Aber es war
nicht das alte Bewußtsein, das er jetzt erlangte,
sondern es zeigte sich immer deutlicher, je mehr er
sprach, daß er blödsinnig geworden, und zwar auf
die wunderlichste Weise. Er erinnerte sich nur
dunkel an das Geschehene und wie an etwas sehr
Lustiges, was ihn nicht weiter berühre, lachte immer wieder wie ein Narr und war guter Dinge.
Noch im Bette liegend, brachte er hundert närrische, sinnlos mutwillige Redensarten und Einfälle
zum Vorschein, schnitt Gesichter und zog sich die
schwarzwollene Zipfelmütze in die Augen und
über die Nase herunter, daß diese aussah wie ein
Sarg unter einem Bahrtuch. Das bleiche und abge-
härmte Vrenchen hörte ihm geduldig zu, Tränen
vergießend über das törichte Wesen, welches die
arme Tochter noch mehr ängstigte als die frühere
Bosheit; aber wenn der Alte zuweilen etwas gar zu

Drolliges anstellte, so mußte es mitten in seiner
Qual laut auflachen, da sein unterdrücktes Wesen
immer zur Lust aufzuspringen bereit war, wie ein
gespannter Bogen, worauf dann eine um so tiefere
Betrübnis erfolgte. Als der Alte aber aufstehen
konnte, war gar nichts mehr mit ihm anzustellen;
er machte nichts als Dummheiten, lachte und stöberte um das Haus herum, setzte sich in die Sonne
und streckte die Zunge heraus oder hielt lange
Reden in die Bohnen hinein.

Um die gleiche Zeit aber war es auch aus mit
den wenigen Überbleibseln seines ehemaligen Besitzes und die Unordnung so weit gediehen, daß
auch sein Haus und der letzte Acker, seit geraumer
Zeit verpfändet, nun gerichtlich verkauft wurden.
Denn der Bauer, welcher die zwei Äcker des Manz
gekauft, benutzte die gänzliche Verkommenheit
Martis und seine Krankheit und führte den alten
Streit wegen des strittigen Steinfleckes kurz und
entschlossen zu Ende, und der verlorene Prozeß
trieb Martis Faß vollends den Boden aus, indessen
er in seinem Blödsinne nichts mehr von diesen
Dingen wußte. Die Versteigerung fand statt; Marti
wurde von der Gemeinde in einer Stiftung für
dergleichen arme Tröpfe auf öffentliche Kosten
untergebracht. Diese Anstalt befand sich in der
Hauptstadt des Ländchens; der gesunde und eß-
begierige Blödsinnige wurde noch gut gefüttert,
dann auf ein mit Ochsen bespanntes Wägelchen
geladen, das ein ärmlicher Bauersmann nach der
Stadt führte, um zugleich einen oder zwei Säcke
Kartoffeln zu verkaufen, und Vrenchen setzte sich
zu dem Vater auf das Fuhrwerk, um ihn auf diesem

letzten Gange zu dem lebendigen Begräbnis zu begleiten. Es war eine traurige und bittere Fahrt, aber Vrenchen wachte sorgfältig über seinen Vater und ließ es ihm an nichts fehlen, und es sah sich nicht um und ward nicht ungeduldig, wenn durch die Kapriolen des Unglücklichen die Leute aufmerksam wurden und dem Wägelchen nachliefen, wo sie durchfuhren. Endlich erreichten sie das weitläufige Gebäude in der Stadt, wo die langen Gänge, die Höfe und ein freundlicher Garten von einer Menge ähnlicher Tröpfe belebt waren, die alle in weiße Kittel gekleidet waren und dauerhafte Lederkäppchen auf den harten Köpfen trugen. Auch Marti wurde noch vor Vrenchens Augen in diese Tracht gekleidet, und er freute sich wie ein Kind darüber und tanzte singend umher. «Gott grüß euch, ihr geehrten Herren!» rief er seine neuen Genossen an, «ein schönes Haus habt ihr hier! Geh heim, Vrenggel, und sag der Mutter, ich komme nicht mehr nach Haus, hier gefällt's mir bei Gott! Juchhei! Es kreucht ein Igel über den Hag, ich hab ihn hören bellen! O Meitli, küß kein alten Knab, küß nur die jungen Gesellen! Alle die Wässerlein laufen in Rhein, die mit dem Pflaumenaug, die muß es sein! Gehst du schon, Vreeli? Du siehst ja aus wie der Tod im Häfelein und geht es mir doch so erfreulich! Die Füchsin schreit im Felde: ‹Halleo, halleo! Das Herz tut ihr weho! Hoho!›» Ein Aufseher gebot ihm Ruhe und führte ihn zu einer leichten Arbeit, und Vrenchen ging das Fuhrwerk aufzusuchen. Es setzte sich auf den Wagen, zog ein Stückchen Brot hervor und aß dasselbe, dann schlief es, bis der Bauer kam und mit ihm nach dem

Dorfe zurückfuhr. Sie kamen erst in der Nacht an. Vrenchen ging nach dem Hause, in dem es geboren und nur zwei Tage bleiben durfte, und es war jetzt zum ersten Mal in seinem Leben ganz allein darin. Es machte ein Feuer, um das letzte Restchen Kaffee zu kochen, das es noch besaß, und setzte sich auf den Herd, denn es war ihm ganz elendiglich zumut. Es sehnte sich und härmte sich ab, den Sali nur ein einziges Mal zu sehen, und dachte inbrünstig an ihn; aber die Sorgen und der Kummer verbitterten seine Sehnsucht, und diese machte die Sorgen wieder viel schwerer. So saß es und stützte den Kopf in die Hände, als jemand durch die offenstehende Tür hereinkam. «Sali!» rief Vrenchen, als es aufsah, und fiel ihm um den Hals; dann sahen sich aber beide erschrocken an und riefen: «Wie siehst du elend aus!» Denn Sali sah nicht minder als Vrenchen bleich und abgezehrt aus. Alles vergessend zog es ihn zu sich auf den Herd und sagte: «Bist du krank gewesen, oder ist es dir auch so schlimm gegangen?» Sali antwortete: «Nein, ich bin gerade nicht krank, außer vor Heimweh nach dir! Bei uns geht es jetzt hoch und herrlich zu; der Vater hat einen Einzug und Unterschleif von auswärtigem Gesindel, und ich glaube, soviel ich merke, ist er ein Diebshehler geworden. Deshalb ist jetzt einstweilen Hülle und Fülle in unserer Taverne, solang es geht und bis es ein Ende mit Schrecken nimmt. Die Mutter hilft dazu, aus bitterlicher Gier, nur etwas im Hause zu sehen, und glaubt den Unfug noch durch eine gewisse Aufsicht und Ordnung annehmlich und nützlich zu machen! Mich fragt man nicht, und ich konnte mich nicht viel darum kümmern; denn ich kann nur an dich denken Tag und Nacht. Da allerlei Landstreicher bei uns einkehren, so haben wir alle Tage gehört, was bei euch vorgeht, worüber mein Vater sich freut wie ein kleines Kind. Daß dein Vater heute nach dem Spittel gebracht wurde, haben wir auch vernommen; ich habe gedacht, du werdest jetzt allein sein, und bin gekommen, um dich zu sehen!» Vrenchen klagte ihm jetzt auch alles, was sie drückte und was sie erlitt, aber mit so leichter zutraulicher Zunge, als ob sie ein großes Glück beschriebe, weil sie glücklich war, Sali neben sich zu sehen. Sie brachte inzwischen notdürftig ein Becken voll warmen Kaffee zusammen, welchen mit ihr zu teilen sie den Geliebten zwang. «Also übermorgen mußt du hier weg?» sagte Sali. «Was soll denn um Himmels willen werden?» «Das weiß ich nicht», sagte Vrenchen, «ich werde dienen müssen und in die Welt hinaus! Ich werde es aber nicht aushalten ohne dich, und doch kann ich dich nie bekommen, auch wenn alles andere nicht wäre, bloß weil du meinen Vater geschlagen und um den Verstand gebracht hast! Dies würde immer ein schlechter Grundstein unserer Ehe sein und wir beide nie sorglos werden, nie!» Sali seufzte und sagte: «Ich wollte auch schon hundertmal Soldat werden oder mich in einer fremden Gegend als Knecht verdingen, aber ich kann noch nicht fortgehen, solange du hier bist, und hernach wird es mich aufreiben. Ich glaube, das Elend macht meine Liebe zu dir stärker und schmerzhafter, so daß es um Leben und Tod geht! Ich habe von dergleichen keine Ahnung gehabt!» Vrenchen sah ihn liebevoll

103

lächelnd an; sie lehnten sich an die Wand zurück
und sprachen nichts mehr, sondern gaben sich
schweigend der glückseligen Empfindung hin, die
sich über allen Gram erhob, daß sie sich im größten
Ernste gut wären und geliebt wüßten. Darüber
schliefen sie friedlich ein auf dem unbequemen
Herde, ohne Kissen und Pfühl, und schliefen so
sanft und ruhig wie zwei Kinder in einer Wiege.
Schon graute der Morgen, als Sali zuerst erwachte;
er weckte Vrenchen, so sacht er konnte; aber es
duckte sich immer wieder an ihn, schlaftrunken,
und wollte sich nicht ermuntern. Da küßte er es
heftig auf den Mund, und Vrenchen fuhr empor,
machte die Augen weit auf, und als es Sali erblickte, rief es: «Herrgott! Ich habe eben noch von dir
geträumt! Es träumte mir, wir tanzten miteinander
auf unserer Hochzeit, lange, lange Stunden! Und
waren so glücklich, sauber geschmückt, und es
fehlte uns an nichts. Da wollten wir uns endlich
küssen und dürsteten darnach, aber immer zog uns
etwas auseinander, und nun bist du es selbst gewesen, der uns gestört und gehindert hat. Aber wie
gut, daß du gleich da bist!» Gierig fiel es ihm um
den Hals und küßte ihn, als ob es kein Ende nehmen sollte. «Und was hast du denn geträumt?»
fragte es und streichelte ihm Wangen und Kinn.
«Mir träumte, ich ginge endlos auf einer langen
Straße durch einen Wald und du in der Ferne
immer vor mir her; zuweilen sahst du nach mir
um, winktest mir und lachtest, und dann war ich
wie im Himmel. Das ist alles!» Sie traten unter die
offengebliebene Küchentüre, die unmittelbar ins
Freie führte, und mußten lachen, als sie sich ins

Gesicht sahen. Denn die rechte Wange Vrenchens und die linke Salis, welche im Schlafe aneinander gelehnt hatten, waren von dem Drucke ganz rot gefärbt, während die Blässe der anderen durch die kühle Nachtluft noch erhöht war. Sie rieben sich zärtlich die kalte bleiche Seite ihrer Gesichter, um sie auch rot zu machen; die frische Morgenluft, der tauige stille Frieden, der über der Gegend lag, das junge Morgenrot machten sie fröhlich und selbstvergessen, und besonders in Vrenchen schien ein freundlicher Geist der Sorglosigkeit gefahren zu sein. «Morgen abend muß ich also aus diesem Hause fort», sagte es, «und ein anderes Obdach suchen. Vorher aber möchte ich *ein*mal, nur *ein*mal recht lustig sein, und zwar mit dir; ich möchte recht herzlich und fleißig mit dir tanzen irgendwo, denn das Tanzen aus dem Traume steckt mir immerfort im Sinn!» «Jedenfalls will ich dabei sein und sehen, wo du unterkommst», sagte Sali, «und tanzen wollte ich auch gerne mit dir, du herziges Kind! Aber wo?» «Es ist morgen Kirchweih an zwei Orten nicht sehr weit von hier», erwiderte Vrenchen, «da kennt und beachtet man uns weniger; draußen am Wasser will ich auf dich warten, und dann können wir gehen, wohin es uns gefällt, um uns lustig zu machen, einmal, *ein*mal nur! Aber je, wir haben ja gar kein Geld!» setzte es traurig hinzu. «Da kann nichts daraus werden!» «Laß nur», sagte Sali, «ich will schon etwas mitbringen!» «Doch nicht von deinem Vater, von – von dem Gestohlenen?» «Nein, sei nur ruhig! Ich habe noch meine silberne Uhr bewahrt bis dahin, die will ich verkaufen!» «Ich will dir nicht abraten», sagte Vrenchen errötend, «denn ich glaube, ich müßte sterben, wenn ich nicht morgen mit dir tanzen könnte.» «Es wäre das beste, wir beide könnten sterben!» sagte Sali; sie umarmten sich wehmütig und schmerzlich zum Abschied, und als sie voneinander ließen, lachten sie sich freundlich an in der sicheren Hoffnung auf den nächsten Tag. «Aber wann willst du denn kommen?» rief Vrenchen noch. «Spätestens um elf Uhr mittags», erwiderte er, «wir wollen recht ordentlich zusammen Mittag essen!» «Gut, gut! Komm lieber um halb elf schon!» Doch als Sali schon im Gehen war, rief sie ihn noch einmal zurück und zeigte ein plötzlich verändertes verzweiflungsvolles Gesicht. «Es wird doch nichts daraus», sagte sie bitterlich weinend, «ich habe keine Sonntagsschuhe mehr! Schon gestern habe ich diese groben hier anziehen müssen, um nach der Stadt zu kommen! Ich weiß keine Schuhe aufzubringen!» Sali stand ratlos verblüfft. «Keine Schuhe!» sagte er. «Da mußt du halt in diesen kommen!» «Nein, nein, in denen kann ich nicht tanzen!» «Nun, so müssen wir welche kaufen.» «Wo, mit was?» «Ei, in Seldwyl da gibt es Schuhläden genug! Geld werde ich in minder als zwei Stunden haben.» «Aber ich kann doch nicht mit dir in Seldwyl herumgehen, und dann wird das Geld nicht langen, auch noch Schuhe zu kaufen!» «Es muß! Und ich will die Schuhe kaufen und morgen mitbringen!» «O du Närrchen, sie werden ja nicht passen, die du kaufst!» «So gib mir einen alten Schuh mit, oder halt, noch besser, ich will dir das Maß nehmen, das wird doch kein Hexenwerk sein!» «Das Maß nehmen? Wahrhaftig, daran hab

ich nicht gedacht! Komm, komm, ich will dir ein
Schnürchen suchen!» Sie setzte sich wieder auf den
Herd, zog den Rock etwas zurück und streifte den
Schuh vom Fuße, der noch von der gestrigen Reise
her mit einem weißen Strumpfe bekleidet war. Sali
kniete nieder und nahm, so gut er es verstand, das
Maß, indem er den zierlichen Fuß der Länge und
Breite nach umspannte mit dem Schnürchen und
sorgfältig Knoten in dasselbe knüpfte. «Du Schuhmacher!» sagte Vrenchen und lachte errötend und
freundschaftlich zu ihm nieder. Sali wurde aber
auch rot und hielt den Fuß fest in seinen Händen,
länger als nötig war, so daß Vrenchen ihn, noch
tiefer errötend, zurückzog, den verwirrten Sali
aber noch einmal stürmisch umhalste und küßte,
dann aber fortschickte.

Sobald er in der Stadt war, trug er seine Uhr zu
einem Uhrmacher, der ihm sechs oder sieben Gulden dafür gab; für die silberne Kette bekam er auch
einige Gulden, und er dünkte sich nun reich genug,
denn er hatte, seit er groß war, nie so viel Geld
besessen auf einmal. Wenn nur erst der Tag vorüber und der Sonntag angebrochen wäre, um das
Glück damit zu erkaufen, das er sich von dem Tage
versprach, dachte er; denn wenn das Übermorgen
auch um so dunkler und unbekannter hereinragte,
so gewann die ersehnte Lustbarkeit von morgen
nur einen seltsamern erhöhten Glanz und Schein.
Indessen brachte er die Zeit noch leidlich hin,
indem er ein Paar Schuhe für Vrenchen suchte, und
dies war ihm das vergnügteste Geschäft, das er je
betrieben. Er ging von einem Schuhmacher zum
andern, ließ sich alle Weiberschuhe zeigen, die

vorhanden waren, und endlich handelte er ein leichtes und feines Paar ein, so hübsch, wie sie Vrenchen noch nie getragen. Er verbarg die Schuhe unter seiner Weste und tat sie die übrige Zeit des Tages nicht mehr von sich; er nahm sie sogar mit ins Bett und legte sie unter das Kopfkissen. Da er das Mädchen heute früh noch gesehen und morgen wieder sehen sollte, so schlief er fest und ruhig, war aber in aller Frühe munter und begann seinen dürftigen Sonntagsstaat zurechtzumachen und auszuputzen, so gut es gelingen wollte. Es fiel seiner Mutter auf, und sie fragte verwundert, was er vorhabe, da er sich schon lange nicht mehr so sorglich angezogen. Er wolle einmal über Land gehen und sich ein wenig umtun, erwiderte er, er werde sonst krank in diesem Hause. «Das ist mir die Zeit her ein merkwürdiges Leben», murrte der Vater, «und ein Herumschleichen!» «Laß ihn nur gehen», sagte aber die Mutter, «es tut ihm vielleicht gut, es ist ja ein Elend, wie er aussieht!» «Hast du Geld zum Spazierengehen? Woher hast du es?» sagte der Alte. «Ich brauche keines!» sagte Sali. «Da hast du einen Gulden!» versetzte der Alte und warf ihm denselben hin. «Du kannst im Dorf ins Wirtshaus gehen und ihn dort verzehren, damit sie nicht glauben, wir seien hier so übel dran.» «Ich will nicht ins Dorf und brauche den Gulden nicht, behaltet ihn nur!» «So hast du ihn gehabt, es wäre schad, wenn du ihn haben müßtest, du Starrkopf!» rief Manz und schob seinen Gulden wieder in die Tasche. Seine Frau aber, welche nicht wußte, warum sie heute ihres Sohnes wegen so wehmütig und gerührt war, brachte ihm ein großes schwarzes

Mailänder Halstuch mit rotem Rande, das sie nur selten getragen und er schon früher gern gehabt hätte. Er schlang es um den Hals und ließ die langen Zipfel fliegen; auch stellte er zum ersten Mal den Hemdkragen, den er sonst immer umgeschlagen, ehrbar und männlich in die Höhe, bis über die Ohren hinauf, in einer Anwandlung ländlichen Stolzes, und machte sich dann, seine Schuhe in der Brusttasche des Rockes, schon nach sieben Uhr auf den Weg. Als er die Stube verließ, drängte ihn ein seltsames Gefühl, Vater und Mutter die Hand zu geben, und auf der Straße sah er sich noch einmal nach dem Hause um. «Ich glaube am Ende», sagte Manz, «der Bursche streicht irgendeinem Weibsbild nach; das hätten wir gerade noch nötig!» Die Frau sagte: «Oh, wollte Gott, daß er vielleicht ein Glück machte! Das täte dem armen Buben gut!» «Richtig!» sagte der Mann, «das fehlt nicht! Das wird ein himmlisches Glück geben, wenn er nur erst an eine solche Maultasche zu geraten das Unglück hat! Das täte dem armen Bübchen gut! Natürlich!»

Sali richtete seinen Schritt erst nach dem Flusse zu, wo er Vrenchen erwarten wollte; aber unterwegs ward er andern Sinnes und ging gradezu ins Dorf, um Vrenchen im Hause selbst abzuholen, weil es ihm zu lang währte bis halb elf. «Was kümmern uns die Leute!» dachte er. «Niemand hilft uns, und ich bin ehrlich und fürchte niemand!» So trat er unerwartet in Vrenchens Stube, und ebenso unerwartet fand er es schon vollkommen angekleidet und geschmückt dasitzen und der Zeit harren, wo es gehen könne, nur die Schuhe fehlten

ihm noch. Aber Sali stand mit offenem Munde still
in der Mitte der Stube, als er das Mädchen erblickte, so schön sah es aus. Es hatte nur ein einfaches
Kleid an von blaugefärbter Leinwand, aber dasselbe war frisch und sauber und saß ihm sehr gut um
den schlanken Leib. Darüber trug es ein schnee-
weißes Mousselinehalstuch, und dies war der ganze Anzug. Das braune gekräuselte Haar war sehr
wohl geordnet, und die sonst so wilden Löckchen
lagen nun fein und lieblich um den Kopf; da Vrenchen seit vielen Wochen fast nicht aus dem Hause
gekommen, so war seine Farbe zarter und durch-
sichtiger geworden, sowie auch vom Kummer;
aber in diese Durchsichtigkeit goß jetzt die Liebe
und die Freude ein Rot um das andere, und an der
Brust trug es einen schönen Blumenstrauß von
Rosmarin, Rosen und prächtigen Astern. Es saß
am offenen Fenster und atmete still und hold die
frisch durchsonnte Morgenluft; wie es aber Sali erscheinen sah, streckte es ihm beide hübsche Arme
entgegen, welche vom Ellbogen an bloß waren,
und rief: «Wie recht hast du, daß du schon jetzt
und hierher kommst! Aber hast du mir Schuhe
gebracht? Gewiß? Nun steh ich nicht auf, bis ich sie
anhabe!» Er zog die Ersehnten aus der Tasche und
gab sie dem begierigen schönen Mädchen; es
schleuderte die alten von sich, schlüpfte in die
neuen, und sie paßten sehr gut. Erst jetzt erhob es
sich vom Stuhl, wiegte sich in den neuen Schuhen
und ging eifrig einigemal auf und nieder. Es zog
das lange blaue Kleid etwas zurück und beschaute
wohlgefällig die roten wollenen Schleifen, welche
die Schuhe zierten, während Sali unaufhörlich die

feine reizende Gestalt betrachtete, welche da in lieblicher Aufregung vor ihm sich regte und freute. «Du beschaust meinen Strauß?» sagte Vrenchen. «Hab ich nicht einen schönen zusammengebracht? Du mußt wissen, dies sind die letzten Blumen, die ich noch aufgefunden in dieser Wüstenei. Hier war noch ein Röschen, dort eine Aster, und wie sie nun gebunden sind, würde man es ihnen nicht ansehen, daß sie aus einem Untergange zusammengesucht sind! Nun ist es aber Zeit, daß ich fortkomme, nicht ein Blümchen mehr im Garten und das Haus auch leer!» Sali sah sich um und bemerkte erst jetzt, daß alle Fahrhabe, die noch dagewesen, weggebracht war. «Du armes Vreeli!» sagte er. «Haben sie dir schon alles genommen?» «Gestern», erwiderte es, «haben sie's weggeholt, was sich von der Stelle bewegen ließ, und mir kaum mehr mein Bett gelassen. Ich hab's aber auch gleich verkauft und hab jetzt auch Geld, sieh!» Es holte einige neu glänzende Talerstücke aus der Tasche seines Kleides und zeigte sie ihm. «Damit», fuhr es fort, «sagte der Waisenvogt, der auch hier war, solle ich mir einen Dienst suchen in einer Stadt, und ich solle mich heute gleich auf den Weg machen!» «Da ist aber auch gar nichts mehr vorhanden», sagte Sali, nachdem er in die Küche geguckt hatte, «ich sehe kein Hölzchen, kein Pfännchen, kein Messer! Hast du denn auch nicht zu Morgen gegessen?» «Nichts!» sagte Vrenchen. «Ich hätte mir etwas holen können, aber ich dachte, ich wolle lieber hungrig bleiben, damit ich recht viel essen könne mit dir zusammen, denn ich freue mich so sehr darauf, du glaubst nicht, wie ich mich freue!»

«Wenn ich dich anrühren dürfte», sagte Sali, «so wollte ich dir zeigen, wie es mir ist, du schönes, schönes Ding!» «Du hast recht, du würdest meinen ganzen Staat verderben, und wenn wir die Blumen ein bißchen schonen, so kommt es zugleich meinem armen Kopf zugut, den du mir übel zuzurichten pflegst!» «So komm, jetzt wollen wir ausrücken!» «Noch müssen wir warten, bis das Bett abgeholt wird; denn nachher schließe ich das leere Haus zu und gehe nicht mehr hierher zurück! Mein Bündelchen gebe ich der Frau aufzuheben, die das Bett gekauft hat.» Sie setzten sich daher einander gegenüber und warteten; die Bäuerin kam bald, eine vierschrötige Frau mit lautem Mundwerk, und hatte einen Burschen bei sich, welcher die Bettstelle tragen sollte. Als diese Frau Vrenchens Liebhaber erblickte und das geputzte Mädchen selbst, sperrte sie Maul und Augen auf, stemmte die Arme unter und schrie: «Ei sieh da, Vreeli! Du treibst es ja schon gut! Hast einen Besucher und bist gerüstet wie eine Prinzeß?» «Gelt aber», sagte Vrenchen freundlich lachend, «wißt Ihr auch, wer das ist?» «Ei, ich denke, das ist wohl der Sali Manz? Berg und Tal kommen nicht zusammen, sagt man, aber die Leute! Aber nimm dich doch in acht, Kind, und denk, wie es euren Eltern ergangen ist!» «Ei, das hat sich jetzt gewendet, und alles ist gut geworden», erwiderte Vrenchen lächelnd und freundlich mitteilsam, ja beinahe herablassend, «seht, Sali ist mein Hochzeiter!» «Dein Hochzeiter! Was du sagst!» «Ja, und er ist ein reicher Herr, er hat hunderttausend Gulden in der Lotterie gewonnen! Denkt einmal, Frau!» Diese tat einen Sprung, schlug ganz erschrocken die Hände zusammen und schrie: «Hund-hunderttausend Gulden!» «Hunderttausend Gulden!» versicherte Vrenchen ernsthaft. «Herr, du meines Lebens! Es ist aber nicht wahr, du lügst mich an, Kind!» «Nun, glaubt, was Ihr wollt!» «Aber wenn es wahr ist und du heiratest ihn, was wollt ihr denn machen mit dem Gelde? Willst du wirklich eine vornehme Frau werden?» «Versteht sich, in drei Wochen halten wir die Hochzeit!» «Geh mir weg, du bist eine häßliche Lügnerin!» «Das schönste Haus hat er schon gekauft in Seldwyl mit einem großen Garten und Weinberg; Ihr müßt mich auch besuchen, wenn wir eingerichtet sind, ich zähle darauf!» «Allweg, du Teufelshexlein, was du bist!» «Ihr werdet sehen, wie schön es da ist! Einen herrlichen Kaffee werde ich machen und Euch mit feinem Eierbrot aufwarten, mit Butter und Honig!» «O du Schelmenkind! Zähl drauf, daß ich komme!» rief die Frau mit lüsternem Gesicht, und der Mund wässerte ihr. «Kommt Ihr aber um die Mittagszeit und seid ermüdet vom Markt, so soll Euch eine kräftige Fleischbrühe und ein Glas Wein immer parat stehen!» «Das wird mir baß tun!» «Und an etwas Zuckerwerk oder weißen Wecken für die lieben Kinder zu Hause soll es Euch auch nicht fehlen!» «Es wird mir ganz schmachtend!» «Ein artiges Halstüchelchen oder ein Restchen Seidenzeug oder ein hübsches altes Band für Eure Röcke oder ein Stück Zeug zu einer neuen Schürze wird gewiß auch zu finden sein, wenn wir meine Kisten und Kasten durchmustern in einer vertrauten Stunde!» Die Frau drehte sich auf den Hacken herum und schüt-

telte jauchzend ihre Röcke. «Und wenn Euer
Mann ein vorteilhaftes Geschäft machen könnte
mit einem Land- oder Viehhandel, und er mangelt
des Geldes, so wißt Ihr, wo Ihr anklopfen sollt.
Mein lieber Sali wird froh sein, jederzeit ein Stück
Bares sicher und erfreulich anzulegen! Ich selbst
werde auch etwa einen Sparpfennig haben, einer
vertrauten Freundin beizustehen!» Jetzt war der
Frau nicht mehr zu helfen, sie sagte gerührt: «Ich
habe immer gesagt, du seist ein braves und gutes
und schönes Kind! Der Herr wolle es dir wohl
ergehen lassen immer und ewiglich und es dir
gesegnen, was du an mir tust!» «Dagegen verlange
ich aber auch, daß Ihr es gut mit mir meint!»
«Allweg kannst du das verlangen!» «Und daß Ihr
jederzeit Eure Waren, sei es Obst, seien es Kartoffeln, sei es Gemüse, erst zu mir bringt und mir
anbietet, ehe Ihr auf den Markt geht, damit ich
sicher sei, eine rechte Bäuerin an der Hand zu haben,
auf die ich mich verlassen kann! Was irgendeiner
gibt für die Ware, werde ich gewiß auch geben mit
tausend Freuden, Ihr kennt mich ja! Ach, es ist
nichts Schöneres, als wenn eine wohlhabende
Stadtfrau, die so ratlos in ihren Mauern sitzt und
doch so vieler Dinge benötigt ist, und eine recht-
schaffene ehrliche Landfrau, erfahren in allem
Wichtigen und Nützlichen, eine gute und dauerhafte Freundschaft zusammen haben! Es kommt
einem zugut in hundert Fällen, in Freud und
Leid, bei Gevatterschaften und Hochzeiten, wenn
die Kinder unterrichtet werden und konfirmiert,
wenn sie in die Lehre kommen und wenn sie in die
Fremde sollen! Bei Mißwachs und Überschwem-

mungen, bei Feuersbrünsten und Hagelschlag, wofür uns Gott behüte!» «Wofür uns Gott behüte!» sagte die gute Frau schluchzend und trocknete mit ihrer Schürze die Augen. «Welch ein verständiges und tiefsinniges Bräutlein bist du, ja, dir wird es gutgehen, da müßte keine Gerechtigkeit in der Welt sein! Schön, sauber, klug und weise bist du, arbeitsam und geschickt zu allen Dingen! Keine ist feiner und besser als du, in und außer dem Dorfe, und wer dich hat, der muß meinen, er sei im Himmelreich, oder er ist ein Schelm und hat es mit mir zu tun. Hör, Sali, daß du nur recht artlich bist mit meinem Vreeli, oder ich will dir den Meister zeigen, du Glückskind, das du bist, ein solches Röslein zu brechen!» «So nehmt jetzt auch hier noch mein Bündel mit, wie Ihr mir versprochen habt, bis ich es abholen lassen werde! Vielleicht komme ich aber selbst in der Kutsche und hole es ab, wenn Ihr nichts dagegen habt! Ein Töpflein Milch werdet Ihr mir nicht abschlagen alsdann, und etwa eine schöne Mandeltorte dazu werde ich schon selbst mitbringen!» «Tausendskind! Gib her den Bündel!» Vrenchen lud ihr auf das zusammengebundene Bett, das sie schon auf dem Kopfe trug, einen langen Sack, in welchen es sein Plunder und Habseliges gestopft, so daß die arme Frau mit einem schwankenden Turme auf dem Haupte dastand. «Es wird mir doch fast zu schwer auf einmal», sagte sie, «könnte ich nicht zweimal dran machen?» «Nein, nein! Wir müssen jetzt augenblicklich gehen, denn wir haben einen weiten Weg, um vornehme Verwandte zu besuchen, die sich jetzt gezeigt haben, seit wir reich sind! Ihr wißt ja,

115

wie es geht!» «Weiß wohl! So behüt dich Gott und
denk an mich in deiner Herrlichkeit!»

Die Bäuerin zog ab mit ihrem Bündelturme, mit
Mühe das Gleichgewicht behauptend, und hinter
ihr drein ging ihr Knechtchen, das sich in Vrenchens einst buntbemalte Bettstatt hineinstellte, den
Kopf gegen den mit verblichenen Sternen bedeckten Himmel derselben stemmte und, ein zweiter
Simson, die zwei vorderen zierlich geschnitzten
Säulen faßte, welche diesen Himmel trugen. Als
Vrenchen, an Sali gelehnt, dem Zuge nachschaute
und den wandelnden Tempel zwischen den Gärten
sah, sagte es: «Das gäbe noch ein artiges Garten-
häuschen oder eine Laube, wenn man's in einen
Garten pflanzte, ein Tischchen und ein Bänklein
drein stellte und Winden drumherum säte! Wolltest du mit darin sitzen, Sali?» «Ja, Vreeli, besonders, wenn die Winden aufgewachsen wären!»
«Was stehen wir noch?» sagte Vrenchen. «Nichts
hält uns mehr zurück!» «So komm und schließ das
Haus zu! Wem willst du denn den Schlüssel übergeben?» Vrenchen sah sich um. «Hier an die Hel-
bart wollen wir ihn hängen; sie ist über hundert
Jahr in diesem Hause gewesen, habe ich den Vater
oft sagen hören, nun steht sie da als der letzte
Wächter!» Sie hingen den rostigen Hausschlüssel
an einen rostigen Schnörkel der alten Waffe, an
welcher die Bohnen rankten, und gingen davon.
Vrenchen wurde aber bleicher und verhüllte ein
Weilchen die Augen, daß Sali es führen mußte, bis
sie ein Dutzend Schritte entfernt waren. Es sah aber
nicht zurück. «Wo gehen wir nun zuerst hin?»
fragte es. «Wir wollen ordentlich über Land ge-

hen», erwiderte Sali, «wo es uns freut den ganzen
Tag, uns nicht übereilen, und gegen Abend werden
wir dann einen Tanzplatz finden!» «Gut!» sagte
Vrenchen, «den ganzen Tag werden wir beisammen sein und gehen, wo wir Lust haben. Jetzt ist
mir aber elend, wir wollen gleich im andern Dorf
einen Kaffee trinken!» «Versteht sich!» sagte Sali.
«Mach nur, daß wir aus diesem Dorf wegkom-
men!»

Bald waren sie auch im freien Felde und gingen still nebeneinander durch die Fluren; es war
ein schöner Sonntagmorgen im September, keine
Wolke stand am Himmel, die Höhen und die Wälder waren mit einem zarten Duftgewebe bekleidet,
welches die Gegend geheimnisvoller und feierli-
cher machte, und von allen Seiten tönten die Kir-
chenglocken herüber, hier das harmonische tiefe
Geläute einer reichen Ortschaft, dort die geschwät-
zigen zwei Bimmelglöcklein eines kleinen armen
Dörfchens. Das liebende Paar vergaß, was am
Ende dieses Tages werden sollte, und gab sich
einzig der hoch aufatmenden wortlosen Freude
hin, sauber gekleidet und frei, wie zwei Glückliche,
die sich von Rechts wegen angehören, in den
Sonntag hineinzuwandeln. Jeder in der Sonntags-
stille verhallende Ton oder ferne Ruf klang ihnen
erschütternd durch die Seele; denn die Liebe ist eine
Glocke, welche das Entlegenste und Gleichgültig-
ste widertönen läßt und in eine besondere Musik
verwandelt. Obgleich sie hungrig waren, dünkte
sie die halbe Stunde Weges bis zum nächsten Dorfe
nur ein Katzensprung lang zu sein, und sie betraten
zögernd das Wirtshaus am Eingang des Ortes. Sali

bestellte ein gutes Frühstück, und während es bereitet wurde, sahen sie mäuschenstill der sicheren und freundlichen Wirtschaft in der großen Gaststube zu. Der Wirt war zugleich ein Bäcker, das eben Gebackene durchduftete angenehm das ganze Haus, und Brot aller Art wurde in gehäuften Körben herbeigetragen, da nach der Kirche die Leute hier ihr Weißbrot holten oder ihren Frühschoppen tranken. Die Wirtin, eine artige und saubere Frau, putzte gelassen und freundlich ihre Kinder heraus, und sowie eines entlassen war, kam es zutraulich zu Vrenchen gelaufen, zeigte ihm seine Herrlichkeiten und erzählte von allem, dessen es sich erfreute und rühmte. Wie nun der wohlduftende starke Kaffee kam, setzten sich die zwei Leutchen schüchtern an den Tisch, als ob sie da zu Gast gebeten wären. Sie ermunterten sich jedoch bald und flüsterten bescheiden, aber glückselig miteinander; ach, wie schmeckte dem aufblühenden Vrenchen der gute Kaffee, der fette Rahm, die frischen, noch warmen Brötchen, die schöne Butter und der Honig, der Eierkuchen und was alles noch für Leckerbissen da waren! Sie schmeckten ihm, weil es den Sali dazu ansah, und es aß so vergnügt, als ob es ein Jahr lang gefastet hätte. Dazu freute es sich über das feine Geschirr, über die silbernen Kaffeelöffelchen; denn die Wirtin schien sie für rechtliche junge Leutchen zu halten, die man anständig bedienen müsse, und setzte sich auch ab und zu plaudernd zu ihnen, und die beiden gaben ihr verständigen Bescheid, welches ihr gefiel. Es ward dem guten Vrenchen so wählig zumut, daß es nicht wußte, mochte es lieber wieder ins Freie, um allein mit

seinem Schatz herumzuschweifen durch Auen und
Wälder, oder mochte es lieber in der gastlichen
Stube bleiben, um wenigstens auf Stunden sich an
einem stattlichen Orte zu Hause zu träumen. Doch
Sali erleichterte die Wahl, indem er ehrbar und
geschäftig zum Aufbruch mahnte, als ob sie einen
bestimmten und wichtigen Weg zu machen hätten.
Die Wirtin und der Wirt begleiteten sie vor das
Haus und entließen sie auf das wohlwollendste
wegen ihres guten Benehmens, trotz der durch-
scheinenden Dürftigkeit, und das arme junge Blut
verabschiedete sich mit den besten Manieren von
der Welt und wandelte sittig und ehrbar von hin-
nen. Aber auch als sie schon wieder im Freien
waren und einen stundenlangen Eichwald betraten, gingen sie noch in dieser Weise nebeneinander
her, in angenehme Träume vertieft, als ob sie nicht
aus zank- und elenderfüllten vernichteten Häusern
herkämen, sondern guter Leute Kinder wären,
welche in lieblicher Hoffnung wandelten. Vrenchen senkte das Köpfchen tiefsinnig gegen seine
blumengeschmückte Brust und ging, die Hände
sorglich an das Gewand gelegt, einher auf dem
glatten feuchten Waldboden; Sali dagegen schritt
schlank aufgerichtet, rasch und nachdenklich, die
Augen auf die festen Eichenstämme geheftet, wie
ein Bauer, der überlegt, welche Bäume er am
vorteilhaftesten fällen soll. Endlich erwachten sie
aus diesen vergeblichen Träumen, sahen sich an
und entdeckten, daß sie immer noch in der Haltung
gingen, in welcher sie das Gasthaus verlassen, erröteten und ließen traurig die Köpfe hängen. Aber
Jugend hat keine Tugend; der Wald war grün, der

119

Himmel blau und sie allein in der weiten Welt, und sie überließen sich alsbald wieder diesem Gefühle. Doch blieben sie nicht lange mehr allein, da die schöne Waldstraße sich belebte mit lustwandelnden Gruppen von jungen Leuten sowie mit einzelnen Paaren, welche schäkernd und singend die Zeit nach der Kirche verbrachten. Denn die Landleute haben so gut ihre ausgesuchten Promenaden und Lustwälder wie die Städter, nur mit dem Unterschied, daß dieselben keine Unterhaltung kosten und noch schöner sind; sie spazieren nicht nur mit einem besondern Sinn des Sonntags durch ihre blühenden und reifenden Felder, sondern sie machen sehr gewählte Gänge durch Gehölze und an grünen Halden entlang, setzen sich hier auf eine anmutige fernsichtige Höhe, dort an einen Waldrand, lassen ihre Lieder ertönen und die schöne Wildnis ganz behaglich auf sich einwirken; und da sie dies offenbar nicht zu ihrer Pönitenz tun, sondern zu ihrem Vergnügen, so ist wohl anzunehmen, daß sie Sinn für die Natur haben, auch abgesehen von ihrer Nützlichkeit. Immer brechen sie was Grünes ab, junge Burschen wie alte Mütterchen, welche die alten Wege ihrer Jugend aufsuchen, und selbst steife Landmänner in den besten Geschäftsjahren, wenn sie über Land gehen, schneiden sich gern eine schlanke Gerte, sobald sie durch einen Wald gehen, und schälen die Blätter ab, von denen sie nur oben ein grünes Büschel stehenlassen. Solche Rute tragen sie wie ein Szepter vor sich hin; wenn sie in eine Amtsstube oder Kanzlei treten, so stellen sie die Gerte ehrerbietig in einen Winkel, vergessen aber auch nach den ernstesten Verhandlungen nie, dieselbe säuberlich wieder mitzunehmen und unversehrt nach Hause zu tragen, wo es erst dem kleinsten Söhnchen gestattet ist, sie zugrunde zu richten. – Als Sali und Vrenchen die vielen Spaziergänger sahen, lachten sie ins Fäustchen und freuten sich, auch gepaart zu sein, schlüpften aber seitwärts auf engere Waldpfade, wo sie sich in tiefen Einsamkeiten verloren. Sie hielten sich auf, wo es sie freute, eilten vorwärts und ruhten wieder, und wie keine Wolke am reinen Himmel stand, trübte auch keine Sorge in diesen Stunden ihr Gemüt; sie vergaßen, woher sie kamen und wohin sie gingen, und benahmen sich so fein und ordentlich dabei, daß trotz aller frohen Erregung und Bewegung Vrenchens niedlicher einfacher Aufputz so frisch und unversehrt blieb, wie er am Morgen gewesen war. Sali betrug sich auf diesem Wege nicht wie ein beinahe zwanzigjähriger Landbursche oder der Sohn eines verkommenen Schenkwirtes, sondern wie wenn er einige Jahre jünger und sehr wohlerzogen wäre, und es war beinahe komisch, wie er nur immer sein feines lustiges Vrenchen ansah, voll Zärtlichkeit, Sorgfalt und Achtung. Denn die armen Leutchen mußten an diesem einen Tage, der ihnen vergönnt war, alle Manieren und Stimmungen der Liebe durchleben und sowohl die verlorenen Tage der zarteren Zeit nachholen als das leidenschaftliche Ende vorausnehmen mit der Hingabe ihres Lebens.

So liefen sie sich wieder hungrig und waren erfreut, von der Höhe eines schattenreichen Berges ein glänzendes Dorf vor sich zu sehen, wo sie Mittag halten wollten. Sie stiegen rasch hinunter,

betraten dann aber ebenso sittsam diesen Ort, wie
sie den vorigen verlassen. Es war niemand um den
Weg, der sie erkannt hätte; denn besonders Vrenchen war die letzten Jahre hindurch gar nicht unter
die Leute und noch weniger in andere Dörfer
gekommen. Deshalb stellten sie ein wohlgefälliges
ehrsames Pärchen vor, das irgendeinen angele-
gentlichen Gang tut. Sie gingen ins erste Wirtshaus
des Dorfes, wo Sali ein erkleckliches Mahl bestellte; ein eigener Tisch wurde ihnen sonntäglich gedeckt, und sie saßen wieder still und bescheiden
daran und beguckten die schön getäfelten Wände
von gebohntem Nußbaumholz, das ländliche, aber
glänzende und wohlbestellte Büffet von gleichem
Holze und die klaren weißen Fenstervorhänge. Die
Wirtin trat zutulich herzu und setzte ein Geschirr
voll frischer Blumen auf den Tisch. «Bis die Suppe
kommt», sagte sie, «könnt ihr, wenn es euch gefällig ist, einstweilen die Augen sättigen an dem
Strauße. Allem Anschein nach, wenn es erlaubt ist
zu fragen, seid ihr ein junges Brautpaar, das gewiß
nach der Stadt geht, um sich morgen kopulieren zu
lassen?» Vrenchen wurde rot und wagte nicht aufzusehen, Sali sagte auch nichts, und die Wirtin fuhr
fort: «Nun, ihr seid freilich beide noch wohl jung,
aber jung geheiratet lebt lang, sagt man zuweilen,
und ihr seht wenigstens hübsch und brav aus und
braucht euch nicht zu verbergen. Ordentliche Leute können etwas zuwege bringen, wenn sie so jung
zusammenkommen und fleißig und treu sind.
Aber das muß man freilich sein, denn die Zeit ist
kurz und doch lang, und es kommen viele Tage,
viele Tage! Je nun, schön genug sind sie und amü-

sant dazu, wenn man gut haushält damit! Nichts
für ungut, aber es freut mich, euch anzusehen, so
ein schmuckes Pärchen seid ihr!» Die Kellnerin
brachte die Suppe, und da sie einen Teil dieser
Worte noch gehört und lieber selbst geheiratet
hätte, so sah sie Vrenchen mit scheelen Augen an,
welches nach ihrer Meinung so gedeihliche Wege
ging. In der Nebenstube ließ die unliebliche Person
ihren Unmut frei und sagte zur Wirtin, welche dort
zu schaffen hatte, so laut, daß man es hören konnte:
«Das ist wieder ein rechtes Hudelvölkchen, das,
wie es geht und steht, nach der Stadt läuft und sich
kopulieren läßt, ohne einen Pfennig, ohne Freunde,
ohne Aussteuer und ohne Aussicht als auf Armut
und Bettelei! Wo soll das noch hinaus, wenn solche
Dinger heiraten, die die Jüppe noch nicht allein anziehen und keine Suppe kochen können? Ach, der
hübsche junge Mensch kann mich nur dauern, der
ist schön petschiert mit seiner jungen Gungeline!»
«Bscht! Willst du wohl schweigen, du hässiges
Ding!» sagte die Wirtin. «Denen lasse ich nichts
geschehen! Das sind gewiß zwei recht ordentliche
Leutlein aus den Bergen, wo die Fabriken sind;
dürftig sind sie gekleidet, aber sauber, und wenn
sie sich nur gern haben und arbeitsam sind, so
werden sie weiterkommen als du mit deinem bösen Maul! Du kannst freilich noch lang warten, bis
dich einer abholt, wenn du nicht freundlicher bist,
du Essighafen!»

So genoß Vrenchen alle Wonnen einer Braut,
die zur Hochzeit reist: die wohlwollende Ansprache und Aufmunterung einer sehr vernünftigen
Frau, den Neid einer heiratslustigen bösen Person,

welche aus Ärger den Geliebten lobte und bedauerte, und ein leckeres Mittagsmahl an der Seite eben dieses Geliebten. Es glühte im Gesicht wie eine rote Nelke, das Herz klopfte ihm, aber es aß und trank nichtsdestominder mit gutem Appetit und war mit der aufwartenden Kellnerin nur um so artiger, konnte aber nicht unterlassen, dabei den Sali zärtlich anzusehen und mit ihm zu lispeln, so daß es diesem auch ganz kraus im Gemüt wurde. Sie saßen indessen lang und gemächlich am Tische, wie wenn sie zögerten und sich scheuten, aus der holden Täuschung herauszugehen. Die Wirtin brachte zum Nachtisch süßes Backwerk, und Sali bestellte feinern und stärkern Wein dazu, welcher Vrenchen feurig durch die Adern rollte, als es ein wenig davon trank; aber es nahm sich in acht, nippte bloß zuweilen und saß so züchtig und verschämt da wie eine wirkliche Braut. Halb spielte es aus Schalkheit diese Rolle und aus Lust, zu versuchen, wie es tue, halb war es ihm in der Tat so zumut, und vor Bangigkeit und heißer Liebe wollte ihm das Herz brechen, so daß es ihm zu eng ward innerhalb der vier Wände und es zu gehen begehrte. Es war, als ob sie sich scheuten, auf dem Wege wieder so abseits und allein zu sein; denn sie gingen unverabredet auf der Hauptstraße weiter, mitten durch die Leute, und sahen weder rechts noch links. Als sie aber aus dem Dorfe waren und auf das nächstgelegene zugingen, wo Kirchweih war, hing sich Vrenchen an Salis Arm und flüsterte mit zitternden Worten: «Sali! Warum sollen wir uns nicht haben und glücklich sein?» «Ich weiß auch nicht warum!» erwiderte er und heftete seine Augen an den milden Herbstsonnenschein, der auf den Auen webte, und er mußte sich bezwingen und das Gesicht ganz sonderbar verziehen. Sie standen still, um sich zu küssen; aber es zeigten sich Leute, und sie unterließen es und zogen weiter. Das große Kirchdorf, in dem Kirchweih war, belebte sich schon von der Lust des Volkes; aus dem stattlichen Gasthofe tönte eine pomphafte Tanzmusik, da die jungen Dörfler bereits um Mittag den Tanz angehoben, und auf dem Platz vor dem Wirtshause war ein kleiner Markt aufgeschlagen, bestehend aus einigen Tischen mit Süßigkeiten und Backwerk und ein paar Buden mit Flitterstaat, um welche sich die Kinder und dasjenige Volk drängten, welches sich einstweilen mehr mit Zusehen begnügte. Sali und Vrenchen traten auch zu den Herrlichkeiten und ließen ihre Augen darüber fliegen; denn beide hatten zugleich die Hand in der Tasche, und jedes wünschte dem andern etwas zu schenken, da sie zum ersten und einzigen Male miteinander zu Markt waren; Sali kaufte ein großes Haus von Lebkuchen, das mit Zuckerguß freundlich geweißt war, mit einem grünen Dach, auf welchem weiße Tauben saßen und aus dessen Schornstein ein Amörchen guckte als Kaminfeger; an den offenen Fenstern umarmten sich pausbäckige Leutchen mit winzig kleinen roten Mündchen, die sich recht eigentlich küßten, da der flüchtige praktische Maler mit einem Kleckschen gleich zwei Mündchen gemacht, die so ineinander verflossen. Schwarze Pünktchen stellten muntere Äuglein vor. Auf der rosenroten Haustür aber waren diese Verse zu lesen:

Tritt in mein Haus, o Liebste!
Doch sei Dir unverhehlt:
Drin wird allein nach Küssen
Gerechnet und gezählt.

Die Liebste sprach: «O Liebster,
Mich schrecket nichts zurück!
Hab alles wohl erwogen:
In Dir nur lebt mein Glück!

Und wenn ich's recht bedenke,
Kam ich deswegen auch!»
Nun denn, spazier mit Segen
Herein und üb den Brauch!

Ein Herr in einem blauen Frack und eine Dame mit
einem sehr hohen Busen komplimentierten sich
diesen Versen gemäß in das Haus hinein, links und
rechts an die Mauer gemalt. Vrenchen schenkte
Sali dagegen ein Herz, auf dessen einer Seite ein
Zettelchen klebte mit den Worten:

Ein süßer Mandelkern steckt in dem Herze
hier,
Doch süßer als der Mandelkern ist meine Lieb
zu Dir!

Und auf der anderen Seite:

Wenn Du dies Herz gegessen, vergiß dies
Sprüchlein nicht:
Viel eh'r als meine Liebe mein braunes Auge
bricht!

Sie lasen eifrig die Sprüche, und nie ist etwas Ge-
reimtes und Gedrucktes schöner befunden und
tiefer empfunden worden als diese Pfefferkuchen-
sprüche; sie hielten, was sie lasen, in besonderer
Absicht auf sich gemacht, so gut schien es ihnen
zu passen. «Ach», seufzte Vrenchen, «du schenkst
mir ein Haus! Ich habe dir auch eines und erst das
wahre geschenkt; denn unser Herz ist jetzt unser
Haus, darin wir wohnen, und wir tragen so unsere
Wohnung mit uns, wie die Schnecken! Andere
haben wir nicht!» «Dann sind wir aber zwei
Schnecken, von denen jede das Häuschen der andern trägt!» sagte Sali, und Vrenchen erwiderte:
«Desto weniger dürfen wir voneinander gehen,
damit jeder seiner Wohnung nah bleibt!» Doch
wußten sie nicht, daß sie in ihren Reden eben
solche Witze machten, als auf den vielfach geformten Lebkuchen zu lesen waren, und fuhren fort,
diese süße einfache Liebesliteratur zu studieren, die
da ausgebreitet lag und besonders auf vielfach ver-
zierte kleine und große Herzen geklebt war. Alles
dünkte sie schön und einzig zutreffend; als Vrenchen auf einem vergoldeten Herzen, das wie eine
Lyra mit Saiten bespannt war, las: «Mein Herz ist
wie ein Zitherspiel, rührt man es viel, so tönt es
viel!», ward ihm so musikalisch zumut, daß es
glaubte, sein eigenes Herz klingen zu hören. Ein
Napoleonsbild war da, welches aber auch der Träger eines verliebten Spruches sein mußte, denn es
stand darunter geschrieben: «Groß war der Held
Napoleon, sein Schwert von Stahl, sein Herz von
Ton; meine Liebe trägt ein Röslein frei, doch ist ihr
Herz wie Stahl so treu!» – Während sie aber beider-

seitig in das Lesen vertieft schienen, nahm jedes die Gelegenheit wahr, einen heimlichen Einkauf zu machen. Sali kaufte für Vrenchen ein vergoldetes Ringelchen mit einem grünen Glassteinchen und Vrenchen einen Ring von schwarzem Gemshorn, auf welchem ein goldenes Vergißmeinnicht eingelegt war. Wahrscheinlich hatten sie den gleichen Gedanken, sich diese armen Zeichen bei der Trennung zu geben.

Während sie in diese Dinge sich versenkten, waren sie so vergessen, daß sie nicht bemerkten, wie nach und nach ein weiter Ring sich um sie gebildet hatte von Leuten, die sie aufmerksam und neugierig betrachteten. Denn da viele junge Burschen und Mädchen aus ihrem Dorfe hier waren, so waren sie erkannt worden, und alles stand jetzt in einiger Entfernung um sie herum und sah mit Verwunderung auf das wohlgeputzte Paar, welches in andächtiger Innigkeit die Welt um sich her zu vergessen schien. «Ei seht!» hieß es, «das ist ja wahrhaftig das Vrenchen Marti und der Sali aus der Stadt! Die haben sich ja säuberlich gefunden und verbunden! Und welche Zärtlichkeit und Freundschaft, seht doch, seht! Wo die wohl hinaus wollen?» Die Verwunderung dieser Zuschauer war ganz seltsam gemischt aus Mitleid mit dem Unglück, aus Verachtung der Verkommenheit und Schlechtigkeit der Eltern und aus Neid gegen das Glück und die Einigkeit des Paares, welches auf eine ganz ungewöhnliche und fast vornehme Weise verliebt und aufgeregt war und in dieser rückhaltlosen Hingebung und Selbstvergessenheit dem rohen Völkchen ebenso fremd erschien wie in

seiner Verlassenheit und Armut. Als sie daher endlich aufwachten und um sich sahen, erschauten sie
nichts als gaffende Gesichter von allen Seiten; niemand grüßte sie, und sie wußten nicht, sollten sie
jemand grüßen, und diese Verfremdung und Un-
freundlichkeit war von beiden Seiten mehr Verlegenheit als Absicht. Es wurde Vrenchen bang und
heiß, es wurde bleich und rot, Sali nahm es aber bei
der Hand und führte das arme Wesen hinweg, das
ihm mit seinem Haus in der Hand willig folgte,
obgleich die Trompeten im Wirtshause lustig
schmetterten und Vrenchen so gern tanzen wollte.
«Hier können wir nicht tanzen!» sagte Sali, als sie
sich etwas entfernt hatten. «Wir würden hier wenig Freude haben, wie es scheint!» «Jedenfalls»,
sagte Vrenchen traurig, «es wird auch am besten
sein, wir lassen es ganz bleiben, und ich sehe, wo
ich ein Unterkommen finde!» «Nein», rief Sali,
«du sollst einmal tanzen, ich habe dir darum Schuhe gebracht! Wir wollen gehen, wo das arme Volk
sich lustig macht, zu dem wir jetzt auch gehören,
da werden sie uns nicht verachten; im Paradies-
gärtchen wird jedesmal auch getanzt, wenn hier
Kirchweih ist, da es in die Kirchgemeinde gehört,
und dorthin wollen wir gehen, dort kannst du zur
Not auch übernachten.» Vrenchen schauerte zusammen bei dem Gedanken, nun zum ersten Mal
an einem unbekannten Ort zu schlafen; doch folgte
es willenlos seinem Führer, der jetzt alles war, was
es in der Welt hatte. Das Paradiesgärtlein war ein
schöngelegenes Wirtshaus an einer einsamen Berghalde, das weit über das Land wegsah, in welchem
aber an solchen Vergnügungstagen nur das ärmere

Volk, die Kinder der ganz kleinen Bauern und Tagelöhner und sogar mancherlei fahrendes Gesinde verkehrte. Vor hundert Jahren war es als ein kleines Landhaus von einem reichen Sonderling gebaut worden, nach welchem niemand mehr da wohnen mochte, und da der Platz sonst zu nichts zu gebrauchen war, so geriet der wunderliche Landsitz in Verfall und zuletzt in die Hände eines Wirtes, der da sein Wesen trieb. Der Name und die demselben entsprechende Bauart waren aber dem Hause geblieben. Es bestand nur aus einem Erdgeschoß, über welchem ein offener Estrich gebaut war, dessen Dach an den vier Ecken von Bildern aus Sandstein getragen wurde, so die vier Erzengel vorstellten und gänzlich verwittert waren. Auf dem Gesimse des Daches saßen ringsherum kleine musizierende Engel mit dicken Köpfen und Bäuchen, den Triangel, die Geige, die Flöte, Zimbel und Tamburin spielend, ebenfalls aus Sandstein, und die Instrumente waren ursprünglich vergoldet gewesen. Die Decke inwendig sowie die Brustwehr des Estrichs und das übrige Gemäuer des Hauses waren mit verwaschenen Freskomalereien bedeckt, welche lustige Engelscharen sowie singende und tanzende Heilige darstellten. Aber alles war verwischt und undeutlich wie ein Traum und überdies reichlich mit Weinreben übersponnen, und blaue reifende Trauben hingen überall in dem Laube. Um das Haus herum standen verwilderte Kastanienbäume, und knorrige starke Rosenbüsche, auf eigene Hand fortlebend, wuchsen da und dort so wild herum wie anderswo die Holunderbäume. Der Estrich diente zum Tanzsaal; als Sali mit Vrenchen daherkam, sahen sie schon von weitem die Paare unter dem offenen Dache sich drehen, und rund um das Haus zechten und lärmten eine Menge lustiger Gäste. Vrenchen, welches andächtig und wehmütig sein Liebeshaus trug, glich einer heiligen Kirchenpatronin auf alten Bildern, welche das Modell eines Domes oder Klosters auf der Hand hält, so sie gestiftet; aber aus der frommen Stiftung, die ihm im Sinne lag, konnte nichts werden. Als es aber die wilde Musik hörte, welche vom Estrich ertönte, vergaß es sein Leid und verlangte endlich nichts, als mit Sali zu tanzen. Sie drängten sich durch die Gäste, die vor dem Hause saßen und in der Stube, verlumpte Leute aus Seldwyla, die eine billige Landpartie machten, armes Volk von allen Enden, und stiegen die Treppe hinauf, und sogleich drehten sie sich im Walzer herum, keinen Blick voneinander abwendend. Erst als der Walzer zu Ende, sahen sie sich um; Vrenchen hatte sein Haus zerdrückt und zerbrochen und wollte eben betrübt darüber werden, als es noch mehr erschrak über den schwarzen Geiger, in dessen Nähe sie standen. Er saß auf einer Bank, die auf einem Tische stand, und sah so schwarz aus wie gewöhnlich; nur hatte er heute einen grünen Tannenbusch auf sein Hütchen gesteckt, zu seinen Füßen hatte er eine Flasche Rotwein und ein Glas stehen, welche er nie umstieß, obgleich er fortwährend mit den Beinen strampelte, wenn er geigte, und so eine Art von Eiertanz damit vollbrachte. Neben ihm saß noch ein schöner, aber trauriger junger Mensch mit einem Waldhorn, und ein Buckliger stand an einer Baßgeige. Sali erschrak auch, als er den Geiger erblickte; dieser grüßte sie aber auf das freundlichste und rief: «Ich habe doch gewußt, daß ich euch noch einmal aufspielen werde! So macht euch nur recht lustig, ihr Schätzchen, und tut mir Bescheid!» Er bot Sali das volle Glas, und Sali trank und tat ihm Bescheid. Als der Geiger sah, wie erschrocken Vrenchen war, suchte er ihm freundlich zuzureden und machte einige fast anmutige Scherze, die es zum Lachen brachten. Es ermunterte sich wieder, und nun waren sie froh, hier einen Bekannten zu haben und gewissermaßen unter dem besondern Schutze des Geigers zu stehen. Sie tanzten nun ohne Unterlaß, sich und die Welt vergessend in dem Drehen, Singen und Lärmen, welches in und außer dem Hause rumorte und vom Berge weit in die Gegend hinausschallte, welche sich allmählig in den silbernen Duft des Herbstabends hüllte. Sie tanzten, bis es dunkelte und der größere Teil der lustigen Gäste sich schwankend und johlend nach allen Seiten entfernte. Was noch zurückblieb, war das eigentliche Hudelvölkchen, welches nirgends zu Hause war und sich zum guten Tag auch noch eine gute Nacht machen wollte. Unter diesen waren einige, welche mit dem Geiger gut bekannt schienen und fremdartig aussahen in ihrer zusammengewürfelten Tracht. Besonders ein junger Bursche fiel auf, der eine grüne Manchesterjacke trug und einen zerknitterten Stohhut, um den er einen Kranz von Ebereschen oder Vogelbeerbüscheln gebunden hatte. Dieser führte eine wilde Person mit sich, die einen Rock von kirschrotem weißgetüpfelten Kattun trug und sich einen Reifen von Rebenschossen

um den Kopf gebunden, so daß an jeder Schläfe
eine blaue Traube hing. Dies Paar war das ausge-
lassenste von allen, tanzte und sang unermüdlich
und war in allen Ecken zugleich. Dann war noch
ein schlankes hübsches Mädchen da, welches ein
schwarzseidenes abgeschossenes Kleid trug und
ein weißes Tuch um den Kopf, daß der Zipfel über
den Rücken fiel. Das Tuch zeigte rote, eingewobe-
ne Streifen und war eine gute leinene Handzwehle
oder Serviette. Darunter leuchteten aber ein Paar
veilchenblaue Augen hervor. Um den Hals und auf
der Brust hing eine sechsfache Kette von Vogel-
beeren auf einen Faden gezogen und ersetzte die
schönste Korallenschnur. Diese Gestalt tanzte fortwährend allein mit sich selbst und verweigerte
hartnäckig, mit einem der Gesellen zu tanzen.
Nichtsdestominder bewegte sie sich anmutig und
leicht herum und lächelte jedesmal, wenn sie sich
an dem traurigen Waldhornbläser vorüberdrehte,
wozu dieser immer den Kopf abwandte. Noch
einige andere vergnügte Frauensleute waren da mit
ihren Beschützern, alle von dürftigem Aussehen,
aber sie waren um so lustiger und in bester Ein-
tracht untereinander. Als es gänzlich dunkel war,
wollte der Wirt keine Lichter anzünden, da er
behauptete, der Wind lösche sie aus, auch ginge der
Vollmond sogleich auf, und für das, was ihm diese
Herrschaften einbrächten, sei das Mondlicht gut
genug. Diese Eröffnung wurde mit großem Wohlgefallen aufgenommen; die ganze Gesellschaft
stellte sich an die Brüstung des luftigen Saales und
sah dem Aufgange des Gestirnes entgegen, dessen
Röte schon am Horizonte stand; und sobald der

Mond aufging und sein Licht quer durch den Estrich des Paradiesgärtels warf, tanzten sie im Mondschein weiter, und zwar so still, artig und seelenvergnügt, als ob sie im Glanze von hundert Wachskerzen tanzten. Das seltsame Licht machte alle vertrauter, und so konnten Sali und Vrenchen nicht umhin, sich unter die gemeinsame Lustbarkeit zu mischen und auch mit andern zu tanzen. Aber jedesmal, wenn sie ein Weilchen getrennt gewesen, flogen sie zusammen und feierten ein Wiedersehen, als ob sie sich jahrelang gesucht und endlich gefunden. Sali machte ein trauriges und unmutiges Gesicht, wenn er mit einer anderen tanzte, und drehte fortwährend das Gesicht nach Vrenchen hin, welches ihn nicht ansah, wenn es vorüberschwebte, glühte wie eine Purpurrose und überglücklich schien, mit wem es auch tanzte. «Bist du eifersüchtig, Sali?» fragte es ihn, als die Musikanten müde waren und aufhörten. «Gott bewahre!» sagte er, «ich wüßte nicht, wie ich es anfangen sollte!» «Warum bist du denn so bös, wenn ich mit andern tanze?» «Ich bin nicht darüber bös, sondern weil *ich* mit andern tanzen muß! Ich kann kein anderes Mädchen ausstehen, es ist mir, als wenn ich ein Stück Holz im Arm habe, wenn du es nicht bist! Und du? Wie geht es dir?» «Oh, ich bin immer wie im Himmel, wenn ich nur tanze und weiß, daß du zugegen bist! Aber ich glaube, ich würde sogleich tot umfallen, wenn du weggingst und mich da ließest!» Sie waren hinabgegangen und standen vor dem Hause; Vrenchen umschloß ihn mit beiden Armen, schmiegte seinen schlanken zitternden Leib an ihn, drückte seine glühende Wange, die von heißen Tränen feucht war, an sein Gesicht und sagte schluchzend: «Wir können nicht zusammen sein, und doch kann ich nicht von dir lassen, nicht einen Augenblick mehr, nicht eine Minute!» Sali umarmte und drückte das Mädchen heftig an sich und bedeckte es mit Küssen. Seine verwirrten Gedanken rangen nach einem Ausweg, aber er sah keinen. Wenn auch das Elend und die Hoffnungslosigkeit seiner Herkunft zu überwinden gewesen wären, so war seine Jugend und unerfahrene Leidenschaft nicht beschaffen, sich eine lange Zeit der Prüfung und Entsagung vorzunehmen und zu überstehen, und dann wäre erst noch Vrenchens Vater dagewesen, welchen er zeitlebens elend gemacht. Das Gefühl, in der bürgerlichen Welt nur in einer ganz ehrlichen und gewissenfreien Ehe glücklich sein zu können, war in ihm ebenso lebendig wie in Vrenchen, und in beiden verlassenen Wesen war es die letzte Flamme der Ehre, die in früheren Zeiten in ihren Häusern geglüht hatte und welche die sich sicher fühlenden Väter durch einen unscheinbaren Mißgriff ausgeblasen und zerstört hatten, als sie, eben diese Ehre zu äufnen wähnend durch Vermehrung ihres Eigentums, so gedankenlos sich das Gut eines Verschollenen aneigneten, ganz gefahrlos, wie sie meinten. Das geschieht nun freilich alle Tage; aber zuweilen stellt das Schicksal ein Exempel auf und läßt zwei solche Äufner ihrer Hausehre und ihres Gutes zusammentreffen, die sich dann unfehlbar aufreiben und auffressen wie zwei wilde Tiere. Denn die Mehrer des Reiches verrechnen sich nicht nur auf den Thronen, sondern zuweilen auch in den niedersten Hütten und langen ganz am entgegengesetzten Ende an, als wohin sie zu kommen trachteten, und der Schild der Ehre ist im Umsehen eine Tafel der Schande. Sali und Vrenchen hatten aber auch noch die Ehre ihres Hauses gesehen in zarten Kinderjahren und erinnerten sich, wie wohlgepflegte Kinderchen sie gewesen und daß ihre Väter ausgesehen wie andere Männer, geachtet und sicher. Dann waren sie auf lange getrennt worden, und als sie sich wiederfanden, sahen sie in sich zugleich das verschwundene Glück des Hauses, und beider Neigung klammerte sich nur um so heftiger ineinander. Sie mochten so gern fröhlich und glücklich sein, aber nur auf einem guten Grund und Boden, und dieser schien ihnen unerreichbar, während ihr wallendes Blut am liebsten gleich zusammengeströmt wäre. «Nun ist es Nacht», rief Vrenchen, «und wir sollen uns trennen!» «Ich soll nach Hause gehen und dich allein lassen?» rief Sali. «Nein, das kann ich nicht!» «Dann wird es Tag werden und nicht besser um uns stehen!»

«Ich will euch einen Rat geben, ihr närrischen Dinger!» tönte eine schrille Stimme hinter ihnen, und der Geiger trat vor sie hin. «Da steht ihr», sagte er, «wißt nicht wo hinaus und hättet euch gern. Ich rate euch, nehmt euch, wie ihr seid, und säumt nicht. Kommt mit mir und meinen guten Freunden in die Berge, da braucht ihr keinen Pfarrer, kein Geld, keine Schriften, keine Ehre, kein Bett, nichts als euern guten Willen! Es ist gar nicht so übel bei uns, gesunde Luft und genug zu essen, wenn man tätig ist; die grünen Wälder sind unser

Haus, wo wir uns liebhaben, wie es uns gefällt, und im Winter machen wir uns die wärmsten Schlupfwinkel oder kriechen den Bauern ins warme Heu. Also kurz entschlossen, haltet gleich hier Hochzeit und kommt mit uns, dann seid ihr aller Sorgen los und habt euch für immer und ewiglich, solange es euch gefällt wenigstens; denn alt werdet ihr bei unserm freien Leben, das könnt ihr glauben. Denkt nicht etwa, daß ich euch nachtragen will, was eure Alten an mir getan! Nein! Es macht mir zwar Vergnügen, euch da angekommen zu sehen, wo ihr seid; allein damit bin ich zufrieden und werde euch behilflich und dienstfertig sein, wenn ihr mir folgt.» Er sagte das wirklich in einem aufrichtigen und gemütlichen Tone. «Nun, besinnt euch ein bißchen, aber folgt mir, wenn ich euch gut zum Rat bin! Laßt fahren die Welt und nehmt euch und fragt niemandem was nach! Denkt an das lustige Hochzeitbett im tiefen Wald oder auf einem Heustock, wenn es euch zu kalt ist!» Damit ging er ins Haus. Vrenchen zitterte in Salis Armen, und dieser sagte: «Was meinst du dazu? Mich dünkt, es wäre nicht übel, die ganze Welt in den Wind zu schlagen und uns dafür zu lieben ohne Hindernis und Schranken!» Er sagte es aber mehr als einen verzweifelten Scherz denn im Ernst. Vrenchen aber erwiderte ganz treuherzig und küßte ihn: «Nein, dahin möchte ich nicht gehen, denn da geht es auch nicht nach meinem Sinne zu. Der junge Mensch mit dem Waldhorn und das Mädchen in dem seidenen Rock gehören auch so zueinander und sollen sehr verliebt gewesen sein. Nun sei letzte Woche die Person ihm zum ersten Mal untreu geworden, was

ihm nicht in den Kopf wolle, und deshalb sei er so
traurig und schmolle mit ihr und mit den andern,
die ihn auslachen. Sie aber tut eine mutwillige
Buße, indem sie allein tanzt und mit niemandem
spricht, und lacht ihn auch nur aus damit. Dem
armen Musikanten sieht man es jedoch an, daß er
sich noch heute mit ihr versöhnen wird. Wo es aber
so hergeht, möchte ich nicht sein, denn nie möcht
ich dir untreu werden, wenn ich auch sonst noch
alles ertragen würde, um dich zu besitzen!» Indessen aber fieberte das arme Vrenchen immer heftiger an Salis Brust; denn schon seit dem Mittag, wo
jene Wirtin es für eine Braut gehalten und es eine
solche ohne Widerrede vorgestellt, lohte ihm das
Brautwesen im Blute, und je hoffnungsloser es
war, um so wilder und unbezwinglicher. Dem Sali
erging es ebenso schlimm, da die Reden des Geigers, sowenig er ihnen folgen mochte, dennoch
seinen Kopf verwirrten, und er sagte mit ratlos
stockender Stimme: «Komm herein, wir müssen
wenigstens noch was essen und trinken.» Sie gingen in die Gaststube, wo niemand mehr war als die
kleine Gesellschaft der Heimatlosen, welche bereits um einen Tisch saß und eine spärliche Mahlzeit hielt. «Da kommt unser Hochzeitpaar!» rief
der Geiger. «Jetzt seid lustig und fröhlich und laßt
euch zusammengeben!» Sie wurden an den Tisch
genötigt und flüchteten sich vor sich selbst an denselben hin; sie waren froh, nur für den Augenblick
unter Leuten zu sein. Sali bestellte Wein und reich-
lichere Speisen, und es begann eine große Fröhlichkeit. Der Schmollende hatte sich mit der Un-
treuen versöhnt, und das Paar liebkoste sich in

138

begieriger Seligkeit; das andere wilde Paar sang und trank und ließ es ebenfalls nicht an Liebesbezeugungen fehlen, und der Geiger nebst dem buckligen Baßgeiger lärmten ins Blaue hinein. Sali und Vrenchen waren still und hielten sich umschlungen; auf einmal gebot der Geiger Stille und führte eine spaßhafte Zeremonie auf, welche eine Trauung vorstellen sollte. Sie mußten sich die Hände geben, und die Gesellschaft stand auf und trat der Reihe nach zu ihnen, um sie zu beglückwünschen und in ihrer Verbrüderung willkommen zu heißen. Sie ließen es geschehen, ohne ein Wort zu sagen, und betrachteten es als einen Spaß, während es sie doch kalt und heiß durchschauerte.

Die kleine Versammlung wurde jetzt immer lauter und aufgeregter, angefeuert durch den stärkern Wein, bis plötzlich der Geiger zum Aufbruch mahnte. «Wir haben weit», rief er, «und Mitternacht ist vorüber! Auf! Wir wollen dem Brautpaar das Geleit geben, und ich will vorausgeigen, daß es eine Art hat!» Da die ratlosen Verlassenen nichts Besseres wußten und überhaupt ganz verwirrt waren, ließen sie abermals geschehen, daß man sie voranstellte und die übrigen zwei Paare einen Zug hinter ihnen formierten, welchen der Bucklige abschloß mit seiner Baßgeige über der Schulter. Der Schwarze zog voraus und spielte auf seiner Geige wie besessen den Berg hinunter, und die andern lachten, sangen und sprangen hintendrein. So strich der tolle nächtliche Zug durch die stillen Felder und durch das Heimatdorf Salis und Vrenchens, dessen Bewohner längst schliefen.

Als sie durch die stillen Gassen kamen und an

ihren verlorenen Vaterhäusern vorüber, ergriff sie
eine schmerzhafte wilde Laune, und sie tanzten mit
den andern um die Wette hinter dem Geiger her,
küßten sich, lachten und weinten. Sie tanzten auch
den Hügel hinauf, über welchen der Geiger sie
führte, wo die drei Äcker lagen, und oben strich
der schwärzliche Kerl die Geige noch einmal so
wild, sprang und hüpfte wie ein Gespenst, und
seine Gefährten blieben nicht zurück in der Ausge-
lassenheit, so daß es ein wahrer Blocksberg war auf
der stillen Höhe; selbst der Bucklige sprang keuchend mit seiner Last herum, und keines schien
mehr das andere zu sehen. Sali faßte Vrenchen
fester in den Arm und zwang es still zu stehen;
denn er war zuerst zu sich gekommen. Er küßte es,
damit es schweige, heftig auf den Mund, da es sich
ganz vergessen hatte und laut sang. Es verstand ihn
endlich, und sie standen still und lauschend, bis ihr
tobendes Hochzeitgeleite das Feld entlang gerast
war und, ohne sie zu vermissen, am Ufer des
Stromes hinauf sich verzog. Die Geige, das Gelächter der Mädchen und die Jauchzer der Burschen
tönten aber noch eine gute Zeit durch die Nacht,
bis zuletzt alles verklang und still wurde.

«Diesen sind wir entflohen», sagte Sali, «aber
wie entfliehen wir uns selbst? Wie meiden wir
uns?»

Vrenchen war nicht imstande zu antworten und
lag hoch aufatmend an seinem Halse. «Soll ich dich
nicht lieber ins Dorf zurückbringen und Leute
wecken, daß sie dich aufnehmen? Morgen kannst
du ja dann deines Weges ziehen, und gewiß wird es
dir wohl gehen, du kommst überall fort!»

«Fortkommen, ohne dich!»

«Du mußt mich vergessen!»

«Das werde ich nie! Könntest denn du es tun?»

«Darauf kommt's nicht an, mein Herz!» sagte Sali und streichelte ihm die heißen Wangen, je nachdem es sie leidenschaftlich an seiner Brust herumwarf. «Es handelt sich jetzt nur um dich; du bist noch so ganz jung, und es kann dir noch auf allen Wegen gutgehen!»

«Und dir nicht auch, du alter Mann?»

«Komm!» sagte Sali und zog es fort. Aber sie gingen nur einige Schritte und standen wieder still, um sich bequemer zu umschlingen und zu herzen. Die Stille der Welt sang und musizierte ihnen durch die Seelen, man hörte nur den Fluß unten sacht und lieblich rauschen im langsamen Ziehen.

«Wie schön ist es da rings herum! Hörst du nicht etwas tönen, wie ein schöner Gesang oder ein Geläute?»

«Es ist das Wasser, das rauscht! Sonst ist alles still.»

«Nein, es ist noch etwas anderes, hier, dort hinaus, überall tönt's!»

«Ich glaube, wir hören unser eigenes Blut in unsern Ohren rauschen!»

Sie horchten ein Weilchen auf diese eingebildeten oder wirklichen Töne, welche von der großen Stille herrührten oder welche sie mit den magischen Wirkungen des Mondlichtes verwechselten, welches nah und fern über die weißen Herbstnebel wallte, welche tief auf den Gründen lagen. Plötzlich fiel Vrenchen etwas ein; es suchte in seinem Brustgewand und sagte: «Ich habe dir noch ein

Andenken gekauft, das ich dir geben wollte!» Und es gab ihm den einfachen Ring und steckte ihm denselben selbst an den Finger. Sali nahm sein Ringlein auch hervor und steckte ihn an Vrenchens Hand, indem er sagte: «So haben wir die gleichen Gedanken gehabt!» Vrenchen hielt seine Hand in das bleiche Silberlicht und betrachtete den Ring. «Ei, wie ein feiner Ring!» sagte es lachend. «Nun sind wir aber doch verlobt und versprochen, du bist mein Mann und ich deine Frau, wir wollen es einmal einen Augenblick lang denken, nur bis jener Nebelstreif am Mond vorüber ist oder bis wir zwölf gezählt haben! Küsse mich zwölfmal!»

Sali liebte gewiß ebenso stark als Vrenchen, aber die Heiratsfrage war in ihm doch nicht so leidenschaftlich lebendig als ein bestimmtes Entweder-Oder, als ein unmittelbares Sein oder Nichtsein, wie in Vrenchen, welches nur das *eine* zu fühlen fähig war und mit leidenschaftlicher Entschiedenheit unmittelbar Tod oder Leben darin sah. Aber jetzt ging ihm endlich ein Licht auf, und das weibliche Gefühl des jungen Mädchens ward in ihm auf der Stelle zu einem wilden und heißen Verlangen, und eine glühende Klarheit erhellte ihm die Sinne. So heftig er Vrenchen schon umarmt und liebkost hatte, tat er es jetzt doch ganz anders und stürmischer und übersäte es mit Küssen. Vrenchen fühlte trotz aller eigenen Leidenschaft auf der Stelle diesen Wechsel, und ein heftiges Zittern durchfuhr sein ganzes Wesen, aber ehe jener Nebelstreif am Monde vorüber war, war es auch davon ergriffen. Im heftigen Schmeicheln und Ringen begegneten sich ihre ringgeschmückten Hände und faßten sich

fest, wie von selbst eine Trauung vollziehend, ohne
den Befehl eines Willens. Salis Herz klopfte bald
wie mit Hämmern, bald stand es still, er atmete
schwer und sagte leise: «Es gibt eines für uns,
Vrenchen, wir halten Hochzeit zu dieser Stunde
und gehen dann aus der Welt – dort ist das tiefe
Wasser – dort scheidet uns niemand mehr, und wir
sind zusammengewesen – ob kurz oder lang, das
kann uns dann gleich sein.»

Vrenchen sagte sogleich: «Sali – was du da sagst,
habe ich schon lang bei mir gedacht und ausgemacht, nämlich daß wir sterben könnten und dann
alles vorbei wäre – so schwör mir es, daß du es mit
mir tun willst!»

«Es ist schon so gut wie getan, es nimmt dich
niemand mehr aus meiner Hand als der Tod!» rief
Sali außer sich. Vrenchen aber atmete hoch auf,
Tränen der Freude entströmten seinen Augen; es
raffte sich auf und sprang leicht wie ein Vogel über
das Feld gegen den Fluß hinunter. Sali eilte ihm
nach; denn er glaubte, es wolle ihm entfliehen, und
Vrenchen glaubte, er wolle es zurückhalten. So
sprangen sie einander nach, und Vrenchen lachte
wie ein Kind, welches sich nicht will fangen lassen.
«Bereust du es schon?» rief eines zum andern, als
sie am Flusse angekommen waren und sich ergriffen. «Nein! Es freut mich immer mehr!» erwiderte
ein jedes. Aller Sorgen ledig gingen sie am Ufer
hinunter und überholten die eilenden Wasser, so
hastig suchten sie eine Stätte, um sich niederzulassen; denn ihre Leidenschaft sah jetzt den Rausch
der Seligkeit, der in ihrer Vereinigung lag, und der
ganze Wert und Inhalt des übrigen Lebens drängte

sich in diesem zusammen; was danach kam, Tod und Untergang, war ihnen ein Hauch, ein Nichts, und sie dachten weniger daran, als ein Leichtsinniger denkt, wie er den andern Tag leben will, wenn er seine letzte Habe verzehrt.

«Meine Blumen gehen mir voraus», rief Vrenchen, «sieh, sie sind ganz dahin und verwelkt!» Es nahm sie von der Brust, warf sie ins Wasser und sang laut dazu: «Doch süßer als ein Mandelkern ist meine Lieb zu dir!»

«Halt!» rief Sali, «hier ist dein Brautbett!»

Sie waren an einen Fahrweg gekommen, der vom Dorfe her an den Fluß führte, und hier war eine Landungsstelle, wo ein großes Schiff, hoch mit Heu beladen, angebunden lag. In wilder Laune begann er unverweilt die starken Seile loszubinden. Vrenchen fiel ihm lachend in den Arm und rief: «Was willst du tun? Wollen wir den Bauern ihr Heuschiff stehlen zu guter Letzt?» «Das soll die Aussteuer sein, die sie uns geben, eine schwimmende Bettstelle und ein Bett, wie noch keine Braut gehabt! Sie werden überdies ihr Eigentum unten wiederfinden, wo es ja doch hin soll, und werden nicht wissen, was damit geschehen ist. Sieh, schon schwankt es und will hinaus!»

Das Schiff lag einige Schritte vom Ufer entfernt im tiefern Wasser. Sali hob Vrenchen mit seinen Armen hoch empor und schritt durch das Wasser gegen das Schiff; aber es liebkoste ihn so heftig ungebärdig und zappelte wie ein Fisch, daß er im ziehenden Wasser keinen Stand halten konnte. Es strebte, Gesicht und Hände ins Wasser zu tauchen, und rief: «Ich will auch das kühle Wasser versuchen! Weißt du noch, wie kalt und naß unsere Hände waren, als wir sie uns zum ersten Mal gaben? Fische fingen wir damals, jetzt werden wir selber Fische sein und zwei schöne große!» «Sei ruhig, du lieber Teufel!» sagte Sali, der Mühe hatte, zwischen dem tobenden Liebchen und den Wellen sich aufrecht zu halten. «Es zieht mich sonst fort!» Er hob seine Last in das Schiff und schwang sich nach; er hob sie auf die hochgebettete weiche und duftende Ladung und schwang sich auch hinauf, und als sie oben saßen, trieb das Schiff allmählig in die Mitte des Stromes hinaus und schwamm dann, sich langsam drehend, zu Tal.

Der Fluß zog bald durch hohe dunkle Wälder, die ihn überschatteten, bald durch offenes Land; bald an stillen Dörfern vorbei, bald an einzelnen Hütten; hier geriet er in eine Stille, daß er einem ruhigen See glich und das Schiff beinah stillhielt, dort strömte er um Felsen und ließ die schlafenden Ufer schnell hinter sich; und als die Morgenröte aufstieg, tauchte zugleich eine Stadt mit ihren Türmen aus dem silbergrauen Strome. Der untergehende Mond, rot wie Gold, legte eine glänzende Bahn den Strom hinauf, und auf dieser kam das Schiff langsam überquer gefahren. Als es sich der Stadt näherte, glitten im Froste des Herbstmorgens zwei bleiche Gestalten, die sich fest umwanden, von der dunklen Masse herunter in die kalten Fluten.

Das Schiff legte sich eine Weile nachher unbeschädigt an eine Brücke und blieb da stehen. Als man später unterhalb der Stadt die Leichen fand und ihre Herkunft ausgemittelt hatte, war in den Zeitungen zu lesen, zwei junge Leute, die Kinder zweier blutarmen zugrunde gegangenen Familien, welche in unversöhnlicher Feindschaft lebten, hätten im Wasser den Tod gesucht, nachdem sie einen ganzen Nachmittag herzlich miteinander getanzt und sich belustigt auf einer Kirchweih. Es sei dies Ereignis vermutlich in Verbindung zu bringen mit einem Heuschiff aus jener Gegend, welches ohne Schiffleute in der Stadt gelandet sei, und man nehme an, die jungen Leute haben das Schiff entwendet, um darauf ihre verzweifelte und gottverlassene Hochzeit zu halten, abermals ein Zeichen von der um sich greifenden Entsittlichung und Verwilderung der Leidenschaften.

CONRAD FERDINAND MEYER
—

Das Leiden eines Knaben

Der König hatte das Zimmer der Frau von Maintenon betreten und, luftbedürftig und für die Witterung unempfindlich wie er war, ohne weiteres in
seiner souveränen Art ein Fenster geöffnet, durch
welches die feuchte Herbstluft so fühlbar eindrang,
daß die zarte Frau sich fröstelnd in ihre drei oder
vier Röcke schmiegte.

Seit einiger Zeit hatte Ludwig der Vierzehnte
seine täglichen Besuche bei dem Weibe seines Alters zu verlängern begonnen, und er erschien oft
schon zu früher Abendstunde, um zu bleiben, bis
seine Spättafel gedeckt war. Wenn er dann nicht
mit seinen Ministern arbeitete, neben seiner diskre-
ten Freundin, die sich aufmerksam und schweigend in ihren Fauteuil begrub; wenn das Wetter
Jagd oder Spaziergang verbot; wenn die Konzerte,
meist oder immer geistliche Musik, sich zu oft
wiederholt hatten, dann war guter Rat teuer, wel-
chergestalt der Monarch vier Glockenstunden lang
unterhalten oder zerstreut werden konnte. Die

dreiste Muse Molières, die Zärtlichkeiten und Ohnmachten der Lavallière, die kühne Haltung und die originellen Witzworte der Montespan und so manches andere hatte seine Zeit gehabt und war nun gründlich vorüber, welk wie eine verblaßte Tapete. Maßvoll und fast genügsam wie er geworden, arbeitsam wie er immer gewesen, war der König auch bei einer die Schranke und das Halbdunkel liebenden Frau angelangt.

Dienstfertig, einschmeichelnd, unentbehrlich, dabei voller Grazie trotz ihrer Jahre, hatte die Enkelin des Agrippa d'Aubigné einen lehrhaften Gouvernantenzug, eine Neigung, die Gewissen mit Autorität zu beraten, der sie in ihrem Saint-Cyr unter den Edelfräulein, die sie dort erzog, behaglich den Lauf ließ, die aber vor dem Gebieter zu einem bescheidenen Sichanschmiegen an seine höhere Weisheit wurde. Dergestalt hatte, wann Ludwig schwieg, auch sie ausgeredet, besonders wenn etwa, wie heute, die junge Enkelfrau des Königs, die Savoyardin, das ergötzlichste Geschöpf von der Welt, das überallhin Leben und Gelächter brachte, mit ihren Kindereien und ihren trippelnden Schmeichelworten aus irgendeinem Grunde wegblieb.

Frau von Maintenon, welche unter diesen Umständen die Schritte des Königs nicht ohne eine leichte Sorge vernommen hatte, beruhigte sich jetzt, da sie dem beschäftigten und unmerklich belustigten Ausdrucke der ihr gründlich bekannten königlichen Züge entnahm: Ludwig selbst habe etwas zu erzählen, und zwar etwas Ergötzliches.

Dieser hatte das Fenster geschlossen und sich in

einen Lehnstuhl niedergelassen. «Madame», sagte er, «heute mittag hat mir Père Lachaise seinen Nachfolger, den Père Tellier, gebracht.»

Père de Lachaise war der langjährige Beichtiger des Königs, welchen dieser, trotz der Taubheit und völligen Gebrechlichkeit des greisen Jesuiten, nicht fahrenlassen wollte und sozusagen bis zur Faden-scheinigkeit aufbrauchte; denn er hatte sich an ihn gewöhnt, und da er – es ist unglaublich zu sagen – aus unbestimmten, aber doch vorhandenen Be-fürchtungen seinen Beichtiger in keinem andern Orden glaubte wählen zu dürfen, zog er diese Ruine eines immerhin ehrenwerten Mannes einem jüngern und strebsamen Mitgliede der Gesellschaft Jesu vor. Aber alles hat seine Grenzen. Père La-chaise wankte sichtlich dem Grabe zu, und Lud-wig wollte denn doch nicht an seinem geistlichen Vater zum Mörder werden.

«Madame», fuhr der König fort, «mein neuer Beichtiger hat keine Schönheit und Gestalt: eine Art Wolfsgesicht, und dann schielt er. Er ist eine geradezu abstoßende Erscheinung, aber er wird mir als ein gegen sich und andere strenger Mann empfohlen, welchem sich ein Gewissen übergeben läßt. Das ist doch wohl die Hauptsache.»

«Je schlechter die Rinne, desto köstlicher das darin fließende himmlische Wasser», bemerkte die Marquise erbaulich. Sie liebte die Jesuiten nicht, welche dem Ehebunde der Witwe Scarrons mit der Majestät entgegengearbeitet und kraft ihrer weiten Moral das Sakrament in diesem königlichen Falle für überflüssig erklärt hatten. So tat sie den from-men Vätern gelegentlich gern etwas zuleide, wenn

sie dieselben im stillen krallen konnte. Jetzt
schwieg sie, und ihre dunklen mandelförmigen,
sanft schwermütigen Augen hingen an dem Munde des Gemahls mit einer bescheidenen Aufmerksamkeit.

Der König kreuzte die Füße, und den Demant-
blitz einer seiner Schuhschnallen betrachtend, sagte er leichthin: «Dieser Fagon! Er wird unerträglich! Was er sich nicht alles herausnimmt!»

Fagon war der hochbetagte Leibarzt des Königs
und der Schützling der Marquise. Beide lebten sie
täglich in seiner Gesellschaft und hatten sich auf
den Fall, daß er vor ihnen stürbe, Asyle gewählt, sie
Saint-Cyr, er den botanischen Garten, um sich hier
und dort nach dem Tode des Gebieters einzuschlie-
ßen und zu begraben.

«Fagon ist Euch unendlich anhänglich», sagte
die Marquise.

«Gewiß, doch entschieden, er erlaubt sich zu
viel», versetzte der König mit einem leichten halb
komischen Stirnrunzeln.

«Was gab es denn?»

Der König erzählte und hatte bald zu Ende
erzählt. Er habe bei der heutigen Audienz seinen
neuen Beichtiger gefragt, ob die Tellier mit den Le
Tellier, der Familie des Kanzlers, verwandt wären?
Doch der demütige Père habe dieses schnell ver-
neint und sich frank als den Sohn eines Bauern in
der untern Normandie bekannt. Fagon habe unweit in einer Fensterbrüstung gestanden, das Kinn
auf sein Bambusrohr gestützt. Von dort, hinter
dem gebückten Rücken des Jesuiten, habe er unter der Stimme, aber vernehmlich genug, herge-

flüstert: «Du Nichtswürdiger!» «Ich hob den Finger gegen Fagon», sagte der König, «und drohte ihm.»

Die Marquise wunderte sich. «Wegen dieser ehrlichen Verneinung hat Fagon den Pater nicht schelten können, er muß einen andern Grund gehabt haben», sagte sie verständig.

«Immerhin, Madame, war es eine Unschicklichkeit, um nicht mehr zu sagen. Der gute Père Lachaise, taub wie er endlich doch geworden ist, hörte es freilich nicht, aber mein Ohr hat es deutlich vernommen, Silbe um Silbe. ‹Niederträchtiger!› blies Fagon dem Pater zu, und der Mißhandelte zuckte zusammen.»

Die Marquise schloß lächelnd aus dieser Variante, daß Fagon einen derbern Ausdruck gebraucht habe. Auch in den Mundwinkeln des Königs zuckte es. Er hatte sich von jung an zum Gesetze gemacht, wozu er übrigens schon von Natur neigte und was er dann bis an sein Lebensende hielt, niemals, auch nicht erzählungsweise, ein gemeines oder beschimpfendes, kurz ein unkönigliches Wort in den Mund zu nehmen.

Der hohe Raum war eingedämmert, und wie der Bediente die traulichen zwei Armleuchter auf den Tisch setzte und sich rücklings schreitend verzog, siehe, da wurde ein leise eingetretener Lauscher sichtbar, eine wunderliche Erscheinung, eine ehrwürdige Mißgestalt: ein schiefer, verwachsener, seltsam verkrümmter kleiner Greis, die entfleischten Hände unter dem gestreckten Kinn auf ein langes Bambusrohr mit goldenem Knopfe stützend, das feine Haupt vorgeneigt, ein weißes

Antlitz mit geisterhaften blauen Augen. Es war Fagon.

«‹Du Lump, du Schuft!› habe ich kurzweg gesagt, Sire, und nur die Wahrheit gesprochen», ließ sich jetzt seine schwache, vor Erregung zitternde Stimme vernehmen. Fagon verneigte sich ehrfürchtig vor dem Könige, galant gegen die Marquise. «Habe ich einen Geistlichen in Eurer Gegenwart, Sire, dergestalt behandelt, so bin ich entweder der Niedertracht gegenüber ein aufbrausender Jüngling geblieben, oder ein würdiges Alter berechtigt, die Wahrheit zu sagen. Brachte mich nur das Schauspiel auf, welches der Pater gab, da sich der vierschrötige und hartknochige Tölpel mit seiner Wolfsschnauze vor Euch, Sire, drehte und krümmte und auf Eure leutselige Frage nach seiner Verwandtschaft in dünkelhafter Selbsterniedrigung nicht Worte genug fand, sein Nichts zu beteuern? ‹Was denkt die Majestät?›» – ahmte Fagon den Pater nach –, «‹verwandt mit einem so vornehmen Herrn? Keineswegs? Ich bin der Sohn eines gemeinen Mannes! eines Bauern in der untern Normandie! eines ganz gemeinen Mannes!...› Schon dieses nichtswürdige Reden von dem eigenen Vater, diese kriechende, heuchlerische, durch und durch unwahre Demut, diese gründliche Falschheit verdiente vollauf schuftig genannt zu werden. Aber die Frau Marquise hat recht: es war noch etwas anderes, etwas ganz Abscheuliches und Teuflisches, was ich gerächt habe, leider nur mit Worten: eine Missetat, ein Verbrechen, welches der unerwartete Anblick dieses tückischen Wolfes mir wieder so gegenwärtig vor das Auge stellte,

152

daß die karge Neige meines Blutes zu kochen begann. Denn, Sire, dieser Bösewicht hat einen edeln Knaben gemordet!»

«Ich bitte dich, Fagon», sagte der König, «welch ein Märchen!»

«Sagen wir: er hat ihn unter den Boden gebracht», milderte der Leibarzt höhnisch seine Anklage.

«Welchen Knaben denn?» fragte Ludwig in seiner sachlichen Art, die kurze Wege liebte.

«Es war der junge Boufflers, der Sohn des Marschalls aus seiner ersten Ehe», antwortete Fagon traurig.

«Julian Boufflers? Dieser starb, wenn mir recht ist», erinnerte sich der König, und sein Gedächtnis täuschte ihn selten, «17** im Jesuitencollegium an einer Gehirnentzündung, welche das arme Kind durch Überarbeitung sich mochte zugezogen haben, und da Père Tellier in jenen Jahren dort Studienpräfekt sein konnte, hat er allerdings, sehr figürlich gesprochen», spottete der König, «den unbegabten, aber im Lernen hartnäckigen Knaben in das Grab gebracht. Der Knabe hat sich eben übernommen, wie mir sein Vater, der Marschall, selbst erzählt hat.» Ludwig zuckte die Achseln. Nichts weiter. Er hatte etwas Interessanteres erwartet.

«Den unbegabten Knaben ...», wiederholte der Arzt nachdenklich.

«Ja, Fagon», versetzte der König, «auffallend unbegabt, und dabei schüchtern und kleinmütig, wie kein Mädchen. Es war an einem Marly-Tage, daß der Marschall, welchem ich für dieses sein

ältestes Kind die Anwartschaft auf sein Gouverne-
ment gegeben hatte, mir ihn vorstellte. Ich sah, der
schmucke und wohlgebildete Jüngling, über dessen Lippen schon der erste Flaum sproßte, war
bewegt und wollte mir herzlich danken, aber er
geriet in ein so klägliches Stottern und peinliches
Erröten, daß ich, um ihn nur zu beruhigen oder
wenigstens in Ruhe zu lassen, mit einem ‹Es ist gut›
geschwinder, als mir um seines Vaters willen lieb
war, mich wendete.»

«Auch mir ist jener Abend erinnerlich», ergänzte die Marquise. «Die verewigte Mutter des Knaben war meine Freundin, und ich zog diesen nach
seiner Niederlage zu mir, wo er sich still und
traurig, aber dankbar und liebenswert erwies,
ohne, wenigstens äußerlich, die erlittene Demüti-
gung allzu tief zu empfinden. Er ermutigte sich
sogar zu sprechen, das Alltägliche, das Gewöhnliche, mit einem herzgewinnenden Ton der Stimme,
und – meine Nähe schaffte ihm Neider. Es war ein
schlimmer Tag für das Kind, jener Marly. Ein
Beiname, wie denn am Hofe alles, was nicht Ludwig heißt, den seinigen tragen muß» (die feinfüh-
lige Marquise wußte, daß ihr gerades Gegenteil,
die brave und schreckliche Pfälzerin, die Herzogin-
Mutter von Orléans, ihr den allergarstigsten gegeben hatte), «einer jener gefährlichen Beinamen, die
ein Leben vergiften können und deren Gebrauch
ich meinen Mädchen in Saint-Cyr auf strengste
untersagt habe, wurde für den bescheidenen Knaben gefunden, und da er von Mund zu Munde lief,
ohne viel Arg selbst von unschuldigen und blühenden Lippen gewispert, welche sich wohl dem hüb-

schen Jungen nach wenigen Jahren nicht versagt haben würden.»

«Welcher Beiname?» fragte Fagon neugierig.

««Le bel idiot›... und das Zucken eines Paares hochmütiger Brauen verriet mir, wer ihn dem Knaben beschert hat.»

«Lauzun?» riet der König.

«Saint-Simon», berichtigte die Marquise. «Ist er doch an unserem Hofe das lauschende Ohr, das spähende Auge, das uns alle beobachtet» – der König verfinsterte sich –, «und die geübte Hand, die nächtlicherweile hinter verriegelten Türen von uns allen leidenschaftliche Zerrbilder auf das Papier wirft! Dieser edle Herzog, Sire, hat es nicht verschmäht, den unschuldigsten Knaben mit einem seiner grausamen Worte zu zeichnen, weil ich Harmlose, die er verabscheut, an dem Kinde ein flüchtiges Wohlgefallen fand und ein gutes Wort an dasselbe wendete.» So züngelte die sanfte Frau und reizte den König, ohne die Stirn zu falten und den Wohlklang ihrer Stimme zu verlieren.

«Der schöne Stumpfsinnige», wiederholte Fagon langsam. «Nicht übel. Wenn aber der Herzog, der neben seinen schlimmen auch einige gute Eigenschaften besitzt, den Knaben gekannt hätte, wie ich ihn kennenlernte und er mir unvergeßlich geblieben ist, meiner Treu! der gallichte Saint-Simon hätte Reue gefühlt. Und wäre er wie ich bei dem Ende des Kindes zugegen gewesen, wie es in der Illusion des Fiebers, den Namen seines Königs auf den Lippen, in das feindliche Feuer zu stürzen glaubte, der heimliche Höllenrichter unserer Zeit – wenn die Sage wahr redet, denn niemand hat ihn an seinem Schreibtische gesehen – hätte den Knaben bewundert und ihm eine Träne nachgeweint.»

«Nichts mehr von Saint-Simon, ich bitte dich, Fagon», sagte der König, die Brauen zuammenziehend. «Mag er verzeichnen, was ihm als die Wahrheit erscheint. Werde ich die Schreibtische belauern? Auch die große Geschichte führt ihren Griffel und wird mich in den Grenzen meiner Zeit und meines Wesens läßlich beurteilen. Nichts mehr von ihm. Aber viel und alles, was du weißt, von dem jungen Boufflers. Er mag ein braver Junge gewesen sein. Setze dich und erzähle!» Er deutete freundlich auf einen Stuhl und lehnte sich in den seinigen zurück.

«Und erzähle hübsch bequem und gelassen, Fagon», bat die Marquise mit einem Blick auf die schmucken Zeiger ihrer Stockuhr, welche zum Verwundern schnell vorrückten.

«Sire, ich gehorche», sagte Fagon, «und tue eine untertänige Bitte. Ich habe heute den Père Tellier in Eurer Gegenwart mißhandelnd mir eine Freiheit genommen und weiß, wie ich mich aus Erfahrung kenne, daß ich, einmal auf diesen Weg geraten, an demselben Tage leicht rückfällig werde. Als Frau von Sablière den guten – oder auch nicht guten – Lafontaine, ihren Fabelbaum, wie sie ihn nannte, aus dem schlechten Boden, worein er seine Wurzeln gestreckt hatte, ausgrub und wieder in die gute Gesellschaft verpflanzte, willigte der Fabeldichter ein, noch einmal unter anständigen Menschen zu leben, unter der Bedingung jedoch, jeden Abend das Minimum von drei Freiheiten – was er so Freiheiten hieß – sich erlauben zu dürfen. In ähnlicher und verschiedener Weise bitte ich mir, soll ich meine Geschichte erzählen, drei Freiheiten aus . . .»

«Welche ich dir gewähre», schloß der König.

Drei Köpfe rückten zusammen: der bedeutende des Arztes, das olympische Lockenhaupt des Königs und das feine Profil seines Weibes mit der hohen Stirn, den reizenden Linien von Nase und Mund und dem leicht gezeichneten Doppelkinne.

«In den Tagen, da die Majestät noch den größten ihrer Dichter besaß», begann der Leibarzt, «und dieser, während schon der Tod nach seiner kranken Brust zielte, sich belustigte, denselben auf der Bühne nachzuäffen, wurde das Meisterstück ‹Der Kranke in der Einbildung› auch vor der Majestät hier in Versailles aufgeführt. Ich, der ich sonst eine würdige mit Homer oder Virgil verlebte Stunde und den Wellenschlag einer antiken Dichtung unter gestirntem Himmel den grellen Lampen und den verzerrten Gesichtern der auf die Bühne gebrachten Gegenwart vorziehe, ich durfte doch nicht wegbleiben, da wo mein Stand verspottet und vielleicht, wer wußte, ich selbst und meine Krücke» – er hob sein Bambusrohr, auf welches er auch sitzend sich zu stützen fortfuhr –, «abbildlich zu sehen waren. Es geschah nicht. Aber hätte Molière mich in einer seiner Possen verewigt, wahrlich, ich hätte es dem nicht verargen können, der sein eigenes schmerzlichstes Empfinden komisch betrachtet und verkörpert hat. Diese letzten Stücke Molières, nichts geht darüber! Das ist die souveräne Komödie, welche freilich nicht nur das Verkehrte, sondern in grausamer Lust auch das Menschlichste in ein höhnisches Licht rückt, daß es zu grinsen beginnt. Zum Beispiel, was ist verzeihlicher, als daß ein Vater auf sein Kind sich etwas einbilde, etwas eitel auf die Vorzüge und etwas blind für die Schwächen seines eigenen Fleisches und Blutes sei? Lächerlich freilich ist es und fordert den Spott heraus. So lobt denn auch im ‹Kranken in der Einbildung› der alberne Diafoirus seinen noch albterneren Sohn Thomas, einen vollständigen Dummkopf. Doch die Majestät kennt die Stelle.»

«Mache mir das Vergnügen, Fagon, und rezitiere sie mir», sagte der König, welcher, seit Familienverluste und schwere öffentliche Unfälle sein Leben ernst gemacht, sich der komischen Muse zu enthalten pflegte, dem die Lachmuskeln aber unwillkürlich zuckten in Erinnerung des guten Gesellen, den er einst gern um sich gelitten und an dessen Masken er sich ergötzt hatte.

«‹Es ist nicht darum›», spielte Fagon den Doctor Diaforius, dessen Rolle er seltsamerweise auswendig wußte, «‹weil ich der Vater bin, aber ich darf sagen, ich habe Grund, mit diesem meinem Sohne zufrieden zu sein, und alle, die ihn sehen, sprechen von ihm als von einem Jüngling ohne Falsch. Er hat nie eine sehr tätige Einbildungskraft, noch jenes Feuer besessen, welches man an einigen wahrnimmt. Als er klein war, ist er nie, was man so heißt, aufgeweckt und mutwillig gewesen. Man sah ihn immer sanft, friedselig und schweigsam. Er sprach nie ein Wort und beteiligte sich niemals an den sogenannten Knabenspielen. Man hatte schwere Mühe, ihn lesen zu lehren, und mit neun Jahren kannte er seine Buchstaben noch nicht. Gut›, sprach ich zu mir, ‹die späten Bäume tragen die besten Früchte, es gräbt sich in den Marmor schwerer als in den Sand›... und so fort. Dieser langsam geträufelte Spott wurde dann auf der Bühne zum gründlichen Hohn durch das unsäglich einfältige Gesicht des Belobten und zum unwiderstehlichen Gelächter in den Mienen der Zuschauer. Unter diesen fand mein Auge eine blonde Frau von rührender Schönheit und beschäftigte sich mit den langsam wechselnden Ausdrücken dieser einfachen Züge; zuerst demjenigen der Freude über die gerechte Belobung eines schwer, aber fleißig lernenden Kindes, so unvorteilhaft der Jüngling auf der Bühne sich ausnehmen mochte, dann dem andern Ausdrucke einer traurigen Enttäuschung, da die Schauende, ohne jedoch recht zu begreifen, inne wurde, daß der Dichter, der es mit seinen schlichten Worten ernst zu meinen schien, eigentlich nur seinen blutigen Spott hatte mit der väterlichen Selbstverblendung. Freilich hatte Molière, der großartige Spötter, alles so naturwahr und sachlich dargestellt, daß mit ihm nicht zu zürnen war. Eine lange und mühsam verhaltene, tief schmerzliche Träne rollte endlich über die zarte Wange des bekümmerten Weibes. Ich wußte nun, daß sie Mutter war und einen unbegabten Sohn hatte. Das ergab sich für mich aus dem Geschauten und Beobachteten mit mathematischer Gewißheit.

Es war die erste Frau des Marschalls Boufflers.»

«Auch wenn du sie nicht genannt hättest, Fagon, ich erkannte aus deiner Schilderung meine süße Blondine», seufzte die Marquise. «Sie war ein Wunder der Unschuld und Herzenseinfalt, ohne

Arg und Falsch, ja ohne den Begriff der List und Lüge.»

Die Freundschaft der zwei Frauen, welche der Marquise einen so rührenden Eindruck hinterließ, war eine wahre und für beide Teile wohltätige gewesen. Frau von Maintenon hatte nämlich in den langen und schweren Jahren ihres Emporkommens, da die still Ehrgeizige mit zähester Schmiegsamkeit und geduldigster Konsequenz, immer heiter, überall dienstfertig, sich einen König und den größten König der Zeit eroberte, mit ihren klugen Augen die arglose Vornehme von den andern ihr mißgünstigen und feindseligen Hofweibern unterschieden und sie mit ein paar herzlichen Worten und zutulichen Gefälligkeiten an sich gefesselt. Die beiden halfen sich aus und deckten sich einander mit ihrer Geburt und ihrem Verstand.

«Die Marschallin hatte Tugend und Haltung», lobte der König, während er einen in seinem Gedächtnis auftauchenden anmutigen Wuchs, ein liebliches Gesicht und ein aschenblondes Ringelhaar betrachtete.

«Die Marschallin war dumm», ergänzte Fagon knapp. «Aber wenn ich Krüppel je ein Weib geliebt habe – außer meiner Gönnerin», er verneigte sich huldigend gegen die Marquise, «und für ein Weib mein Leben hingegeben hätte, so war es diese erste Herzogin Boufflers.

Ich lernte sie dann bald näher kennen, leider als Arzt. Denn ihre Gesundheit war schwankend, und alle diese Lieblichkeit verlosch unversehens wie ein ausgeblasenes Licht. Wenige Tage vor ihrem letzten beschied sie mich zu sich und erklärte mir mit den einfachsten Worten von der Welt, sie werde sterben. Sie fühlte ihren Zustand, den meine Wissenschaft nicht erkannt hatte. Sie ergebe sich darein, sagte sie, und habe nur *eine* Sorge: die Zukunft und das Schicksal ihres Knaben. ‹Er ist ein gutes Kind, aber völlig unbegabt, wie ich selbst es bin›, klagte sie mir bekümmert, aber unbefangen. ‹Mir ward ein leichtes Leben zuteil, da ich dem Marschall nur zu gehorchen brauchte, welcher nach seiner Art, die nichts aus den Händen gibt, auch wenn ich ein gescheites Weib gewesen wäre, außer dem einfachsten Haushalte mir keine Verantwortung überlassen hätte – du kennst ihn ja, Fagon, er ist peinlich und regiert alles selber. Wenn ich in der Gesellschaft schwieg oder meine Rede auf das Nächste beschränkte, um nichts Unwissendes oder Verfängliches zu sagen, so war ihm das gerade recht, denn eine Witzige oder Glänzende hätte ihn nur beunruhigt. So bin ich gut durchgekommen. Aber mein Kind? Der Julian soll als der Sohn seines Vaters in der Welt eine Figur machen. Wird er das können? Er lernt so unglaublich schwer. An Eifer läßt er es nicht fehlen, wahrlich nicht, denn es ist ein tapferes Kind... Der Marschall wird sich wieder verheiraten, und irgendeine gescheite Frau wird ihm anstelligere Söhne geben. Nun möchte ich nicht, daß der Julian etwas Außerordentliches würde, was ja auch unmöglich wäre, sondern nur, daß er nicht zu harte Demütigungen erleide, wenn er hinter seinen Geschwistern zurückbleibt. Das ist nun deine Sache, Fagon. Du wirst auch zusehen, daß er körperlich nicht übertrieben werde. Laß das nicht aus dem Auge, ich bitte dich! Denn der

161

Marschall übersieht das. Du kennst ihn ja. Er hat
den Krieg im Kopf, die Grenzen, die Festungen...
Selbst über der Mahlzeit ist er in seine Geschäfte
vertieft, der dem König und Frankreich unentbehrliche Mann, läßt sich plötzlich eine Karte holen, wenn er nicht selbst danach aufspringt, oder
ärgert sich über irgendeine vormittags entdeckte
Nachlässigkeit seiner Schreiber, welchen man bei
der um sich greifenden Pflichtvergessenheit auch
nicht das Geringste mehr überlassen dürfe. Geht
dann durch einen Zufall ein Täßchen oder Schälchen entzwei, vergißt sich der Reizbare bis zum
Schelten. Gewöhnlich sitzt er schweigend oder
einsilbig zu Tische, mit gerunzelter Stirn, ohne sich
mit dem Kinde abzugeben, das an jedem seiner
Blicke hängt, ohne sich nach seinen kleinen Fort-
schritten zu erkundigen, denn er setzt voraus: ein
Boufflers tue von selbst seine Pflicht. Und der
Julian wird bis an die äußersten Grenzen seiner
Kräfte gehen... Fagon, laß ihn keinen Schaden
leiden! Nimm dich des Knaben an! Bring ihn heil
hinweg über seine zarten Jahre! Mische dich nur
ohne Bedenken ein. Der Marschall hält etwas auf
dich und wird deinen Rat gelten lassen. Er nennt
dich den redlichsten Mann von Frankreich ... Also
du versprichst es mir, bei dem Knaben meine Stelle
zu vertreten ... Du hältst Wort und darüber hinaus ...›

Ich gelobte es der Marschallin, und sie starb
nicht schwer.

Vor dem Bette, darauf sie lag, beobachtete ich
den mir anvertrauten Knaben. Er war aufgelöst in
Tränen, seine Brust arbeitete, aber er warf sich

nicht verzweifelnd über die Tote, berührte den entseelten Mund nicht, sondern er kniete neben ihr, ergriff ihre Hand und küßte diese, wie er sonst zu tun pflegte. Sein Schmerz war tief, aber keusch und enthaltsam. Ich schloß auf männliches Naturell und früh geübte Selbstbeherrschung und betrog mich nicht. Im übrigen war Julian damals ein hübscher Knabe von etwa dreizehn Jahren, mit den seelenvollen Augen seiner Mutter, gewinnenden Zügen, wenig Stirn unter verworrenem blonden Ringelhaar und einem untadeligen Bau, der zur Meisterschaft in jeder Leibesübung befähigte.

Nachdem der Marschall das Weib seiner Jugend beerdigt und ein Jahr später mit der Jüngsten des Marschalls Grammont sich wiederverehlicht hatte, dem rührigen, grundgescheiten, olivenfarbigen, brennend magern Weibe, das wir kennen, beriet er aus freien Stücken mit mir die Schule, wohin wir Julian schicken sollten; denn seines Bleibens war nun nicht länger im väterlichen Hause.

Ich besprach mich mit dem geistlichen Hauslehrer, welcher das Kind bisher beaufsichtigt und beschäftigt hatte. Er zeigte mir die Hefte des Knaben, die Zeugnis ablegten von einem rührenden Fleiß und einer tapfern Ausdauer, aber zugleich von einem unglaublich mittelmäßigen Kopfe, einem völligen Mangel an Kombination und Dialektik, einer absoluten Geistlosigkeit. Was man im weitesten Sinne Witz nennt, jede leidenschaftliche – warme oder spottende – Beleuchtung der Rede, jede Überraschung des Scharfsinns, jedes Spiel der Einbildungskraft waren abwesend. Nur der einfachste Begriff und das ärmste Wort standen dem

Knaben zu Gebote. Höchstens gefiel dann und wann eine Wendung durch ihre Unschuld oder brachte zum Lächeln durch ihre Naivetät. Seltsamer- und traurigerweise sprach der Hausgeistliche von seinem Zögling unwissentlich in den Worten Molières: ‹ein Knabe ohne Falsch, der alles auf Treu und Glauben nimmt, ohne Feuer und Einbildungskraft, sanft, friedfertig, schweigsam und› setzte er hinzu – ‹mit den schönsten Herzenseigenschaften.›

Der Marschall und ich wußten dann – die Wahl war nicht groß – keine bessere Schule für das Kind als ein Jesuitencollegium; und warum nicht das in Paris, wenn wir Julian nicht von seinen Standes- und Altersgenossen sondern wollten? Man muß es den Vätern lassen: sie sind keine Pedanten, und man darf sie loben, daß sie angenehm unterrichten und freundlich behandeln. Mit einer Schule jansenistischer Färbung konnten wir uns nicht befreunden: der Marschall schon nicht als guter Untertan, der Euer Majestät Abneigung gegen die Sekte kannte und Euer Majestät Gnade nicht mutwillig verscherzen wollte, ich aus eben diesem Grunde» – Fagon lächelte – «und weil ich für den durch seine Talentlosigkeit schon überflüssig gedrückten Knaben die herbe Strenge und die finstern Voraussetzungen dieser Lehre ungeeignet, die leichte Erde und den zugänglichen Himmel der Jesuiten dagegen hier für zuträglich oder wenigstens völlig unschädlich hielt, denn ich wußte, das Grundgesetz dieser Knabenseele sei die Ehre.

Dabei war auf meiner Seite die natürliche Voraussetzung, daß die frommen Väter nie von dem

164

Marschalle beleidigt würden, und das war in keiner Weise zu befürchten, da der Marschall sich nicht um kirchliche Händel kümmerte und als Kriegsmann an der in diesem Orden streng durchgeführten Subordination sogar ein gewisses Wohlgefallen hatte.

Wie sollte aber der von der Natur benachteiligte Knabe mit einer öffentlichen Klasse Schritt halten? Da zählten der Marschall und ich auf zwei verschiedene Hilfen. Der Marschall auf das Pflichtgefühl und den Ehrgeiz seines Kindes. Er selbst, der nur mittelmäßig Begabte, hatte auf seinem Felde Rühmliches geleistet, aber kraft seiner sittlichen Eigenschaften, nicht durch eine geniale Anlage. Ohne zu wissen oder nicht wissen wollend, daß Julian jene mittlere Begabung, welche er selbst mit eisernem Fleiße verwertete, bei weitem nicht besitze, glaubte er, es gebe keine Unmöglichkeit für den Willenskräftigen und selbst die Natur lasse sich zwingen, wie ihn denn seine Galopins beschuldigen, er tadle einen während der Parade über die Stirn rollenden Schweißtropfen als ordonnanzwidrig, weil er selbst nie schwitze.

Ich dagegen baute auf die allgemeine Menschenliebe der Jesuiten und insonderheit auf die Berücksichtigung und das Ansehen der Person, wodurch diese Väter sich auszeichnen. Ich beredete mich mit mehreren derselben und machte sie mit den Eigenschaften des Knaben vertraut. Um ihnen das Kind noch dringender an das Herz zu legen, sprach ich ihnen von der Stellung seines Vaters, sah aber gleich, daß sie sich daraus nichts machten. Der Marschall ist ausschließlich ein Kriegsmann, dabei

tugendhaft, ohne Intrige, und die Ehre folgt ihm
nach wie sein Schatten. So hatten die Väter von
ihm nichts zu hoffen und zu fürchten. Unter diesen Umständen glaubte ich Julian eine kräftigere
Empfehlung verschaffen zu müssen und gab den
frommen Vätern einen Wink...» Der Erzähler
stockte.

«Was vertuschest du, Fagon?» fragte der König.

«Ich komme darauf zurück», stotterte Fagon
verlegen, «und dann wirst du, Sire, mir etwas zu
verzeihen haben. Genug, das Mittel wirkte. Die
Väter wetteiferten, dem Knaben das Lernen zu
erleichtern, dieser fühlte sich in einer warmen Atmosphäre, seine Erstarrung wich, seine kargen
Gaben entfalteten sich, sein Mut wuchs, und er war
gut aufgehoben. Da änderte sich alles gründlich in
sein Gegenteil.

Etwa ein halbes Jahr nach dem Eintritt Julians
bei den Jesuiten ereignete sich zu Orléans, in dessen
Weichbild die Väter Besitz und eine Schule hatten,
welche beide sie zu vergrößern wünschten, eine
schlimme Geschichte. Vier Brüder von kleinem
Adel besaßen dort ein Gut, welches an den Besitz
der Jesuiten stieß und das sie ungeteilt bewirteten.
Alle vier dienten in Eurem Heere, Sire, verzehrten,
wie zu geschehen pflegte, für ihre Ausrüstung und
mehr noch im Umgang mit reichen Kameraden
ihre kurze Barschaft und verschuldeten ihre Felder.
Nun fand es sich, daß jenes Jesuitenhaus durch
Zusammenkauf dieser Pfandbriefe der einzige
Gläubiger der vier Junker geworden war und ihnen
aus freien Stücken darüber hinaus eine abrundende
Summe vorschoß, drei Jahre fest, dann mit jähriger

Kündigung. Daneben aber verpflichteten sich die Väter den Junkern gegenüber mündlich aufs feierlichste, die ganze Summe auf dem Edelgute stehenzulassen; es sei eben nur ein rein formales Gesetz ihrer Ordensökonomie, Geld nicht länger als auf drei Jahre auszutun.

Da begab es sich, daß die Väter jenes Hauses unversehens in ihrer Vollzahl an das Ende der Welt geschickt wurden, wahrhaftig, ich glaube nach Japan, und die an ihre Stelle tretenden begreiflicherweise nichts von jenem mündlichen Versprechen ihrer Vorgänger wußten. Der dreijährige Termin erfüllte sich, die neuen Väter kündigten die Schuld, nach Jahresfrist konnten die Junker nicht zahlen, und es wurde gegen sie verfahren.

Schon hatte sich das fromme Haus in den Besitz ihrer Felder gesetzt, da gab es Lärm. Die tapfern Brüder polterten an alle Türen, auch an die des Marschalls Boufflers, welcher sie als wackere Soldaten kannte und schätzte. Er untersuchte den Handel mit Ernst und Gründlichkeit nach seiner Weise. Der entscheidende Punkt war, daß die Brüder behaupteten, von den frommen Vätern nicht allein mündliche Beteuerungen, sondern, was sie völlig beruhigt und sorglos gemacht, zu wiederholten Malen auch gleichlautende Briefe erhalten zu haben. Diese Schriftstücke seien auf unerklärliche Weise verlorengegangen. Wohl fänden sich in Briefform gefaltete Papiere mit gebrochenen, übrigens leeren Siegeln, welche den Briefen der Väter zum Verwundern glichen, doch diese Papiere seien unbeschrieben und entbehren jedes Inhalts.

Dergestalt fand ich, eines Tages das Kabinett des

Marschalls betretend, denselben damit beschäftigt, in seiner genauen Weise jene blanken Quadrate umzuwenden und mit der Lupe vorn und hinten zu betrachten. Ich schlug ihm vor, mir die Blätter für eine Stunde anzuvertrauen, was er mir mit ernsten Augen bewilligte.

Ihr schenktet, Sire, der Wissenschaft und mir einen botanischen Garten, der Euch Ehre macht, und bautet mir im Grünen einen stillen Sitz für mein Alter. Nicht weit davon, am Nordende, habe ich mir eine geräumige chemische Küche eingerichtet, die Ihr einmal zu besuchen mir versprachet. Dort unterwarf ich jene fragwürdigen Papiere wirksamen und den gelehrten Vätern vielleicht noch unbekannten Agentien. Siehe da, die erblichene Schrift trat schwarz an das Licht und offenbarte das Schelmstück der Väter Jesuiten.

Der Marschall eilte mit den verklagenden Papieren stracks zu deiner Majestät» – König Ludwig strich sich langsam die Stirn – «und fand dort den Pater Lachaise, welcher aufs tiefste erstaunte über diese Verirrung seiner Ordensbrüder in der Provinz, zugleich aber deiner Majestät vorstellte, welche schreiende Ungerechtigkeit es wäre, die Gedankenlosigkeit weniger oder eines einzelnen eine so zahlreiche, wohltätige und sittenreine Gesellschaft entgelten zu lassen, und dieser einzelne, der frühere Vorsteher jenes Hauses, habe überdies, wie er aus verläßlichen Quellen wisse, kürzlich in Japan unter den Heiden das Martyrium durch den Pfahl erlitten.

Wer am besten bei dieser Wendung der Dinge fuhr, das waren die vier Junker. Die Hälfte der

Schuld erließen ihnen die verblüfften Väter, die andere Hälfte tilgte ein Großmütiger.»

Der König, der es gewesen sein mochte, veränderte keine Miene.

«Dem Marschall dankte dann Père Lachaise insbesondere dafür, daß er in einer bemühenden Sache die Herstellung der Wahrheit unternommen und es seinem Orden erspart habe, sich mit ungerechtem Gute zu belasten. Dann bat er ihn, der Edelmann den Edelmann, den Vätern sein Wohlwollen nicht zu entziehen und ihnen das Geheimnis zu bewahren, was sich übrigens für einen Marschall Boufflers von selbst verstehe.

Der geschmeichelte Marschall sagte zu, wollte aber wunderlicherweise nichts davon hören, die verräterischen Dokumente herauszugeben oder sie zu vernichten. Es fruchtete nichts, daß Père Lachaise ihn zuerst mit den zartesten Wendungen versuchte, dann mit den bestimmtesten Forderungen bestürmte. Nicht daß der Marschall im geringsten daran gedacht hätte, sich dieser gefährlichen Briefe gegen die frommen Väter zu bedienen; aber er hatte sie einmal zu seinen Papieren gelegt, mit deren Aufräumen und Registrieren er das Drittel seiner Zeit zubringt. In diesem Archive, wie er es nennt, bleibt vergraben, was einmal drinne liegt. So schwebte kraft der Ordnungsliebe und der genauen Gewohnheiten des Marschalls eine immerwährende Drohung über dem Orden, die derselbe dem Unvorsichtigen nicht verzieh. Der Marschall hatte keine Ahnung davon und glaubte mit den von ihm geschonten Vätern auf dem besten Fuße zu stehn.

Ich war anderer Meinung und ließ es an dringenden Vorstellungen nicht fehlen. Hart setzte ich ihm zu, seinen Knaben ohne Zögerung den Jesuiten wegzunehmen, da der verbissene Haß und der verschluckte Groll, welchen getäuschte Habgier und entlarvte Schurkerei unfehlbar gegen ihren Entdecker empfinden, sich notwendigerweise über den Orden verbreiten, ein Opfer suchen und es vielleicht, ja wahrscheinlich in seinem unschuldigen Kinde finden würden. Er sah mich verwundert an, als ob ich irre rede und Fabeln erzähle. Geradeheraus: entweder hat der Marschall einen kurzen Verstand, oder er wollte sein gegebenes Wort mit Prunk und Glorie selbst auf Kosten seines Kindes halten.

‹Aber, Fagon›, sagte er, ‹was in aller Welt hat mein Julian mit dieser in der Provinz begegneten Geschichte zu schaffen? Wo ist da ein richtiger Zusammenhang? Wenn ihm übrigens die Väter ein bißchen strenger auf die Finger sehen, das kann nichts schaden. Sie haben ihn nicht übel verhätschelt. Ihnen jetzt den Knaben wegnehmen? Das wäre unedel. Man würde plaudern, Gründe suchen, vielleicht die unreinliche Geschichte ausgraben, und ich stünde da als ein Wortbrüchiger.› So sah der Marschall nur den Nimbus seiner Ehre, statt an sein Kind zu denken, das er vielleicht, solange es lebte, noch keines eingehenden Blickes gewürdigt hatte. Ich hätte ihn für seinen Edelmut mit dieser meiner Krücke prügeln können.

Es ging dann, wie es nicht anders gehen konnte. Nicht in auffallender Weise, ohne Plötzlichkeit und ohne eigentliche Ungerechtigkeit ließen die Väter

Professoren den Knaben sinken, in welchem sie
den Sohn eines Mannes zu hassen begannen, der
den Orden beleidigt habe. Nicht alle unter ihnen,
die bessern am wenigsten, kannten die saubere
Geschichte, aber alle wußten: Marschall Boufflers
hat uns beschämt und geschädigt, und alle haßten
ihn.

Eine feine Giftluft schleichender Rache füllte die
Säle des Collegiums. Nicht nur jedes Entgegen-
kommen, sondern auch jede gerechte Berücksichtigung hatten für Julian aufgehört. Das Kind litt.
Täglich und stündlich fühlte es sich gedemütigt,
nicht durch lauten Tadel, am wenigsten durch
Scheltworte, welche nicht im Gebrauche der Väter
sind, sondern fein und sachlich, einfach dadurch,
daß sie die Armut des Blondkopfes nicht länger
freundlich unterstützten und die geistige Dürftigkeit nach verweigertem Almosen beschämt in
ihrer Blöße dastehen ließen. Jetzt begann das Kind,
von einem verzweifelnden Ehrgeiz gestachelt, seine Wachen zu verlängern, seinen Schlummer gewalttätig abzukürzen, sein Gehirn zu martern, seine Gesundheit zu untergraben – ich mag davon
nicht reden, es bringt mich auf...»

Fagon machte eine Pause und schöpfte Atem.

Der König füllte dieselbe, indem er ruhig bemerkte: «Ich frage mich, Fagon, wieviel Wirklichkeit alles dieses hat. Ich meine diese stille Ver-
schwörung gelehrter und verständiger Männer
zum Schaden eines Kindes und dieser brütende
Haß einer ganzen Gesellschaft gegen einen im
Grunde ihr so ungefährlichen Mann, wie der Marschall ist, der sie ja überdies ganz ritterlich behan-

171

delt hatte. Du siehst Gespenster, Fagon. Du bist hier Partei und hast vielleicht, wer weiß, gegen den verdienten Orden neben deinem ererbten Vorurteil noch irgendeine persönliche Feindschaft.»

«Wer weiß?» stammelte Fagon. Er hatte sich entfärbt, soweit er noch erblassen konnte, und seine Augen loderten. Die Marquise wurde ängstlich und berührte heimlich den Arm ihres Schützlings, ohne daß er die warnende Hand gefühlt hätte. Frau von Maintenon wußte, daß der heftige Alte, wenn er gereizt wurde, gänzlich außer sich geriet und unglaubliche Worte wagte, selbst dem Könige gegenüber, welcher freilich dem langjährigen und tiefen Kenner seiner Leiblichkeit nachsah, was er keinem andern so leicht vergeben hätte. Fagon zitterte. Er stotterte unzusammenhängende Sätze, und seine Worte stürzten durcheinander, wie Krieger zu den Waffen.

«Du glaubst es nicht, Majestät, Kenner der Menschenherzen, du glaubst es nicht, daß die Väter Jesuiten jeden, der sie wissentlich oder unwissentlich beleidigt, hassen bis zur Vernichtung? Du glaubst nicht, daß diese Väter weder wahr noch falsch, weder gut noch böse kennen, sondern nur ihre Gesellschaft?» Fagon schlug eine grimmige Lache auf. «Du *willst* es nicht glauben, Majestät!

Sage mir, König, du Kenner der Wirklichkeit», raste Fagon abspringend weiter, «da die Rede ist von der Glaubwürdigkeit der Dinge, kannst du auch nicht glauben, daß in deinem Reiche bei der Bekehrung der Protestanten Gewalt angewendet wird?»

«Diese Frage», erwiderte der König sehr ernsthaft, «ist die erste deiner heutigen drei Freiheiten. Ich beantworte sie. Nein, Fagon. Es wird, verschwindend wenige Fälle ausgenommen, bei diesen Bekehrungen keine Gewalt angewendet, weil ich es ein für allemal ausdrücklich untersagt habe und weil meinen Befehlen nachgelebt wird. Man zwingt die Gewissen nicht. Die wahre Religion siegt gegenwärtig in Frankreich über Hunderttausende durch ihre innere Überzeugungskraft.»

«Durch die Predigten des Père Bourdaloue!» höhnte Fagon mit gellender Stimme. Dann schwieg er. Entsetzen starrte aus seinen Augen über *diesen* Gipfel der Verblendung, *diese* Mauer des Vorurteils, *diese* gänzliche Vernichtung der Wahrheit. Er betrachtete den König und sein Weib eine Weile mit heimlichem Grauen.

«Sire, meine nicht», fuhr er fort, «daß ich Partei bin und das Blut meiner protestantischen Vorfahren aus mir spreche. Ich bin von einer ehrwürdigen Kirche abgefallen. Warum? Weil ich, Gott vorbehalten, von dem ich nicht lasse und der in meinen alten Tagen mich nicht verlassen möge, über Religionen und Konfessionen samt und sonders denke, wie jener lucrezische Vers...»

Weder der König noch Frau von Maintenon wußten von diesem Verse, aber sie konnten vermuten, Fagon meine nichts Frommes.

«Kennt Ihr den Tod meines Vaters, Sire?» flüsterte Fagon. «Er ist ein Geheimnis geblieben, aber Euch will ich es anvertrauen. Er war ein sanfter Mann und nährte sich, sein Weib und seine Kinder, deren letztes und sechstes ich Verwachsener war, in Auxerre von dem Verkaufe seiner Latwergen redlich und kümmerlich; denn Auxerre hat eine gesunde Luft und ein Schock Apotheken. Die glaubenseifrigen Einwohner, die meinen Vater liebten, wollten ihm alles Gute und hätten ihn gern der Kirche zurückgegeben, aber nicht mit Gewalt, denn Ihr habet es gesagt, Sire, man zwingt die Gewissen nicht. Also verbrüderten sie sich, die calvinistische Apotheke zu meiden. Mein Vater verlor sein Brot, und wir hungerten. Die Väter Jesuiten taten dabei, wie überall, das Beste. Da wurde sein Gewissen in sich selbst uneins. Er schwur ab. Weil aber die scharfen calvinistischen Sätze ein Gehirn, dem sie in seiner Kindheit eingegraben wurden, nicht so leicht wieder verlassen, erschien sich der Ärmste bald als ein Judas, der den Herrn verriet, und er ging hin wie jener und tat desgleichen.»

«Fagon», sagte der König mit Würde, «du hast den armen Père Tellier wegen einer geschmacklosen Rede über seinen Vater beschimpft und redest selber so nackt und grausam von dem deinigen. Unselige Dinge verlangen einen Schleier!»

«Sire», erwiderte der Arzt, «Ihr habet recht und seid für mich wie für jeden Franzosen das Gesetz in Dingen des Anstandes. Freilich kann man sich von gewissen Stimmungen hinreißen lassen, in dieser Welt der Unwahrheit und ihr zum Trotz von einer blutigen Tatsache, und wäre es die schmerzlichste, das verhüllende Tuch unversehens wegzuziehen ...

Aber, Sire, wie vorzeitig habe ich die erste meiner Freiheiten verbraucht, und wahrlich, mich gelüstet, gleich noch meine zweite zu verwenden.»

174

Die Marquise las in den veränderten Zügen des Arztes, daß sein Zorn vorüber und nach einem solchen Ausbruche an diesem Abend kein Rückfall mehr zu befürchten sei.

«Sire», sagte Fagon fast leichtsinnig, «habt Ihr Euern Untertan, den Tiermaler Mouton, gekannt? Ihr schüttelt das Haupt. So nehme ich mir die große Freiheit, Euch den wenig hoffähigen, aber in diese Geschichte gehörenden Künstler vorzustellen, zwar nicht in Natur, mit seinem zerlöcherten Hut, den Pfeifenstummel zwischen den Zähnen – ich rieche seinen Knaster –, hemdärmelig und mit hangenden Strümpfen. Überdies liegt er im Grabe. Ihr liebet die Niederländer nicht, Sire, weder ihre Kirmessen auf der Leinwand noch ihre eigenen ungebundenen Personen. Wisset, Majestät: Ihr habt einen Maler besessen, einen Picarden, der sowohl durch die Sachlichkeit seines Pinsels als durch die Zwanglosigkeit seiner Manieren die Holländer bei weitem überholländerte.

Dieser Mouton, Sire, hat unter uns gelebt, seine grasenden Kühe und seine in eine Staubwolke gedrängten Hämmel malend, ohne eine blasse Ahnung alles Großen und Erhabenen, was dein Zeitalter, Majestät, hervorgebracht hat. Kannte er deine Dichter? Nicht von ferne. Deine Bischöfe und Prediger? Nicht dem Namen nach. Mouton hatte kein Taufwasser gekostet. Deine Staatsmänner, Colbert, Lyonne und die andern? Darum hat sich Mouton nie geschoren. Deine Feldherrn, Condé mit dem Vogelgesicht, Turenne, Luxembourg und den Enkel der schönen Gabriele? Nur den letztern, welchem er in Anet einen Saal mit Hirschjagden

175

von unglaublich frecher Mache füllte. Vendôme mochte Mouton, und dieser nannte seinen herzoglichen Gönner in rühmender Weise einen Viehkerl, wenn ich das Wort vor den Ohren der Majestät aussprechen darf. Hat Mouton die Sonne unserer Zeit gekannt? Wußte er von deinem Dasein, Majestät? Unglaublich zu sagen: den Namen, welcher die Welt und die Geschichte füllt – vielleicht hat er nicht einmal deinen Namen gewußt, wenn ihm auch, selten genug, deine Goldstücke durch die Hände laufen mochten. Denn Mouton konnte nicht lesen, so wenig als sein Liebling, der andere Mouton.

Dieser zweite Mouton, ein weiser Pudel mit geräumigem Hirnkasten und sehr verständigen Augen, über welche ein schwarzzottiges Stirnhaar in verworrenen Büscheln niederhing, war ohne Zweifel – in den Schranken seiner Natur – der begabteste meiner drei Gäste: so sage ich, weil Julian Boufflers, von dem ich erzähle, Mouton der Mensch und Mouton der Pudel oft lange Stunden vergnügt bei mir zusammensaßen.

Ihr wisset, Sire, die Väter Jesuiten sind freigebige Ferienspender, weil ihre Schüler, den vornehmen, ja den höchsten Ständen angehörend, öfters zu Jagden, Komödien oder sonstigen Lustbarkeiten, freilich nicht alle, nach Hause oder anderswohin gebeten werden. So nahm ich denn Julian, welcher von seinem Vater, dem Marschall, grundsätzlich selten nach Hause verlangt wurde, zuweilen in Euern botanischen Garten mit, wo Mouton, der sich unter Pflanzen und Tieren heimisch fühlte, mich zeitweilig besuchte, irgendeine gelehrte Eule

oder einen possierlichen Affen mit ein paar ent-
schiedenen Kreidestrichen auf das Papier warf und
wohl auch, wenn Fleiß und gute Laune vorhielten,
mir ein stilles Zimmer mit seinen scheuenden Pferden oder saufenden Kühen bevölkerte. Ich hatte
Mouton den Schlüssel einer Mansarde mit demjenigen des nächsten Mauerpförtchens eingehändigt,
um dem Landstreicher eine Heimstätte zu geben,
wo er seine Staffeleien und Mappen unterbringe.
So erschien und verschwand er bei mir nach seinem Belieben.

Einmal an einem jener kühlen und erquicklichen
Regensommertage, jener Tage stillen, aber schnellen Wachstumes für Natur und Geist, saß ich in
meiner Bibliothek und blickte durch das hohe
Fenster derselben über einen aufgeschlagenen Folianten und meine Brille hinweg in die mir gegen-
überliegende Mansarde des Nebengebäudes, das
Nest Moutons. Dort sah ich einen blonden schmalen Knabenkopf in glücklicher Spannung gegen
eine Staffelei sich neigen. Dahinter nickte der derbe
Schädel Moutons, und eine behaarte Hand führte
die schlanke des Jünglings. Außer Zweifel, da wurde eine Malstunde gegeben. Mouton der Pudel saß
auf einem hohen Stuhle mit rotem Kissen daneben,
klug und einverstanden, als billige er höchlich diese
gute Ergötzung. Ich markierte mein Buch und
ging hinüber.

In meinen Filzstiefeln wurde ich von den lustig
Malenden nicht gehört und nur von Mouton dem
Pudel wahrgenommen, der aber seinen Gruß, ohne
das Kissen zu verlassen, auf ein heftiges Wedeln
beschränkte. Ich ließ mich still in einen Lehnstuhl

nieder, um dem wunderlichsten Gespräche beizu-
wohnen, welches je in Euerm botanischen Garten,
Sire, geführt wurde. Zuerst aber betrachtete ich aus
meinem Winkel das Bild, welches auf der Staffelei
stand, den Geruch einatmend, den die flott und
freigebig gehandhabten Ölfarben verbreiteten. Was
stellte es dar? Ein Nichts: eine Abendstimmung,
eine Flußstille, darin die Spiegelung einiger auf-
gelöster roter Wölkchen und eines bemoosten
Brückenbogens. Im Flusse standen zwei Kühe, die
eine saufend, die andere, der auch noch das Wasser
aus den Maulwinkeln troff, beschaulich blickend.
Natürlich tat Mouton das Beste daran. Aber auch
der Knabe besaß eine gewisse Pinselführung, welche nur das Ergebnis mancher ohne mein Wissen
mit Mouton vermalten Stunde sein konnte. Wie
viel oder wenig er gelernt haben mochte, schon die
Illusion eines Erfolges, die Teilnahme an einer
genialen Tätigkeit, einem mühelosen und glücklichen Entstehen, einer Kühnheit und Willkür der
schöpferischen Hand, von welcher wohl der Phan-
tasielose sich früher keinen Begriff gemacht hatte
und die er als ein Wunder bestaunte, ließ den
Knaben nach so vielen Verlusten des Selbstgefühls
eine große Glückseligkeit empfinden. Das wärmste Blut rötete seine keuschen Wangen, und ein
Eifer beflügelte seine Hand, daß nichts darüber
ging und auch ich eine helle väterliche Freude
fühlte.

Inzwischen erklärte Mouton dem Knaben die
breiten Formen und schweren Gebärden einer
wandelnden Kuh und schloß mit der Behauptung,
es gehe nichts darüber als die Gestalt des Stieres.

Diese sei der Gipfel der Schöpfung. Er sagte wohl, um genau zu sein, der Natur, nicht der Schöpfung, denn die letztere kannte er nicht, weder den Namen noch die Sache, da er verwahrlost und ohne Katechismus aufgewachsen war.

Wenig Glück genügte, die angeborene Heiterkeit wie eine sprudelnde Quelle aus dem Knaben hervorzulocken. Die Achtung Moutons vor dem Hornvieh komisch findend, erzählte Julian unschuldig: ‹Père Amiel hat uns heute morgen gelehrt, daß die alten Ägypter den Stier göttlich verehrten. Das finde ich drollig!›

‹Sapperment›, versetzte der Maler leidenschaftlich, ‹da taten sie recht. Gescheite Leute das, Viehkerle! Nicht wahr, Mouton? Wie? Ich frage dich, Julian, ist ein Stierhaupt in seiner Macht und drohenden Größe nicht göttlicher – um das dumme Wort zu gebrauchen – als ein Dreieck oder ein Tauber oder gar ein schales Menschengesicht? Nicht wahr, Mouton? Das fühlst du doch selber, Julian? Wenn ich sage: fades Menschengesicht, so rede ich unbeschadet der Nase deines Père Amiel. Alle Achtung!› Mouton zeichnete, übrigens ohne jeden Spott, mit einem frechen Pinselzug auf das Tannenholz der Staffelei eine Nase, aber eine Nase, ein Ungeheuer von Nase, von fabelhafter Größe und überwältigender Komik.

‹Man sieht›, fuhr er dann in ganzem Ernste fort, ‹die Natur bleibt nicht stehen. Es würde sie ergötzen, zeitweilig etwas Neues zu bringen. Doch das ist verspätet: die Vettel hat ihr Feuer verloren.›

‹Père Amiel›, meinte der Knabe schüchtern, ‹wird der Natur nicht für seine Nase danken, denn

sie macht ihn lächerlich, und er hat ihrethalber viel
von meinen Kameraden auszustehen.›

‹Das sind eben Buben›, sagte Mouton großmütig, ‹denen der Sinn für das Erhabene mangelt.
Aber beiläufig, wie kommt es, Julian, daß ich,
neulich in deinem Schulhaus einen Besuch machend, um dir die Vorlagen zu bringen, dich unter
lauter Kröten fand? dreizehn- und vierzehnjähri-
gen Jüngelchen? Paßt sich das für dich, dem der
Flaum keimt und der ein Liebchen besitzt?›

Dieser plötzliche Überfall rief den entgegengesetzten Ausdruck zweier Gefühle auf das Antlitz
des Jünglings: eine glückliche, aber tiefe Scham
und einen gründlichen Jammer, der überwog. Julian seufzte. ‹Ich bin zurückgeblieben›, lispelte er
mit unwillkürlichem Doppelsinne.

‹Dummheit!› schimpfte Mouton. ‹Worin zurückgeblieben? Bist du nicht mit deinen Jahren gewachsen und ein schlanker und schöner
Mensch? Wenn dir die Wissenschaften widerste-
hen, so beweist das deinen gesunden Verstand.
Meiner Treu! ich hätte mich als ein Bärtiger oder
wenigstens Flaumiger nicht unter die Buben setzen
lassen und wäre auf der Stelle durchgebrannt.›

‹Aber Mouton›, sagte der Knabe, ‹der Marschall, mein Vater, hat es von mir verlangt, daß ich
noch ein Jahr unter den Kleinen sitzen bleibe. Er
hat mich darum gebeten, ihm diesen Gefallen zu
tun.› Er sagte das mit einem zärtlichen Ausdruck
von Gehorsam und ehrfürchtiger Liebe, der mich
ergriff, obschon ich mich zu gleicher Zeit an dem
die kindliche Verehrung mißbrauchenden Marschall ärgerte und auch darüber höchst mißmutig

180

war, daß Julian, gegen mich und jedermann ein
hartnäckiger Schweiger, einem Mouton Vertrauen
bewies, einem Halbmenschen sich aufschloß. Mit
Unrecht. Erzählen doch auch wir Erwachsenen
einem treuen Tiere, welches uns die Pfoten auf die
Kniee legt, unsern tiefsten Kummer, und ist es
nicht ein vernünftiger Trieb aller von der Natur
Benachteiligten, ihre Gesellschaft eher unten zu
suchen als bei ihresgleichen, wo sie sich als Ge-
schonte und Bemitleidete empfinden?

‹Weißt du was›, fuhr Mouton nach einer Pause
fort, und der andere Mouton spitzte die Ohren
dazu, ‹du zeichnest dein Vieh schon jetzt nicht
schlecht und lernst täglich hinzu. Ich nehme dich
nach dem Süden als meinen Gesellen. Ich habe da
eine Bestellung nach Schloß Grignan. Die Dingsda
– wie heißt sie doch? das fette lustige Weibsbild?
richtig: die Sévigné! – schickt mich ihrem Schwiegersohn, dem Gouverneur dort herum. Du gehst
mit und nährst dich ausgiebig von Oliven, bist ein
freier loser Vogel, der flattert und pickt, wo er will,
blickst dein Lebtag in nichts Gedrucktes und auf
nichts Geschriebenes mehr und lässest den Marschall Marschall sein. Auch dein blaues kühles
vornehmes Liebchen bleibt dahinten. Meinst, ich
hätte dich nicht gesehen, Spitzbube, erst vorge-
stern, da der alte Quacksalber in Versailles war, vor
den Affen stehen, mit der alten Kräuterschachtel
und der großen blauen Puppe? Für diese wird sich
schon ein brauner sonneverbrannter Ersatz finden.›

Dieses letzte Wort, welches noch etwas zyni-
scher lautete, empörte mich, wiewohl es den Knaben, wie ich ihn kannte, nicht beschädigen konnte.

Jetzt räusperte ich mich kräftig, und Julian erhob sich in seiner ehrerbietigen Art, mich zu begrüßen, während Mouton, ohne irgendeine Verlegenheit blicken zu lassen, sich begnügte in den Bart zu murmeln: ‹Der!› Mouton war von einer gründlichen Undankbarkeit.

Ich nahm den Knaben, während Mouton lustig fortpinselte, mit mir in den Garten und fragte ihn, ob ihn wirklich der Zyniker in seinem Collège aufgesucht hätte, was mir aus naheliegenden Gründen unangenehm war. Julian bejahte. Es habe ihn etwas gekostet, sagte er aufrichtig, unter seinen Mitschülern im Hofraum den Händedruck Moutons zu erwidern, dem die nackten Ellbogen aus den Löchern seiner Ärmel und die Zehen aus den Schuhen geguckt hätten, ‹aber›, sagte er, ‹ich tat es und begleitete ihn auch noch über die Straße; denn ich danke ihm Unterricht und heitere Stunden und habe ihn auch recht lieb, ohne seine Unreinlichkeit›.

So redete der Knabe, ohne weiter etwas daraus zu machen, und erinnerte mich an eine Szene, die ich vor kurzem aus den obern, auf den Spielplatz blickenden Arkaden des Collège, wohin man mich zu einem kranken Schüler gerufen, beobachtet hatte und von welcher ich mich lange nicht hatte trennen können. Unten war Fechtstunde, und der Fechtmeister, ein alter benarbter Sergeant, der lange Jahre unter dem Marschall gedient hatte, behandelte den Sohn seines Feldherrn, welcher kurz vorher neben Kindern auf einer Schulbank gesessen, mit fast unterwürfiger Ehrerbietung, als erwarte er Befehl, statt ihn zu geben.

Julian focht ausgezeichnet, ich hätte fast gesagt:

182

er focht edel. Der Knabe pflegte in den langen Stunden des Auswendiglernens das Handgelenk mechanisch zu drehen, wodurch dasselbe ungewöhnlich geschmeidig wurde. Dazu hatte er genauen Blick und sichern Ausfall. So wurde er, wie gesagt, ein Fechter erster Klasse, wie er auch gut und verständig ritt. Es lag nahe, daß der überall Gedemütigte diese seine einzige Überlegenheit seine Kameraden fühlen ließ, um ein Ansehen zu gewinnen. Aber nein, er verschmähte es. Die in dieser Körperübung Geschickten und Ungeschickten behandelte er, ihnen die Klinge in der Hand gegenüberstehend, mit der gleichen Courtoisie, ohne jemals mit jenen in eine hitzige Wette zu geraten oder sich über diese, von welchen er sich zuweilen zu ihrer Ermutigung großmütig stechen ließ, lustig zu machen. So stellte er auf dem Fechtboden in einer feinen und unauffälligen Weise jene Gleichheit her, deren er selbst in den Schulstunden schmerzlich entbehrte, und genoß unter seinen Kameraden zwar nicht einen durch die Faust eroberten Respekt, sondern eine mit Scheu verbundene Achtung seiner unerklärlichen Güte, die freilich in ein der Jugend sonst unbekanntes aufrichtiges Mitleid mit seiner übrigen Unbegabtheit verfloß. Die Ungunst des Glückes, welche so viele Seelen verbittert, erzog und adelte die seinige.

Ich war mit Julian in Euerm Garten, Sire, lustwandelnd zu den Käfigen gelangt, wo Eure wilden Tiere hinter Eisenstäben verwahrt werden. Eben hatte man dort einen Wolf eingetan, der mit funkelnden Augen und in schrägem, hastigem Gange seinen Kerker durchmaß. Ich zeigte ihn dem Kna-

ben, welcher nach einem flüchtigen Blick auf die
ruhelose Bestie sich leicht schaudernd abwen-
dete. Der platte Schädel, die falschen Augen, die
widrige Schnauze, die tückisch gefletschten Zähne
konnten erschrecken. Doch ich war die Furcht an
dem Knaben, der schon Jagden mitgemacht hatte,
durchaus nicht gewohnt. ‹Ei, Julian, was ist dir?›
lächelte ich, und dieser erwiderte befangen: ‹Das
Tier mahnt mich an jemand –›, ließ dann aber die
Rede fallen, denn wir erblickten auf geringe Entfernung ein vornehmes weibliches Paar, das unsere
Aufmerksamkeit in Anspruch nahm: eine purzlige
Alte und ein junges Mädchen, die erstere die Gräfin
Mimeure – Ihr erinnert Euch ihrer, Sire, wenn sie
auch seit Jahrzehnten den Hof meidet, nicht aus
Nachlässigkeit, denn sie verehrt Euch grenzenlos,
sondern weil sie, wie sie gesagt, mit ihren Runzeln
Euern Schönheitssinn nicht beleidigen will. Gar-
stig und witzig und wie ich an einem Krückenstock
gehend, ein originelles und wackeres Geschöpf,
war sie mir eine angenehme Erscheinung.

‹Guten Tag, Fagon!› rief sie mir entgegen. ‹Ich
betrachte deine Kräuter und komme dich um ein
paar Rhabarbersträuche zu bitten für meinen Garten zu Neuilly; du weißt, ich bin ein Stück von
einer Ärztin!›, und sie nahm meinen Arm. ‹Begrü-
ßet euch, ihr Jugenden! Tun sie, als hätten sie sich
nie gesehen!›

Julian, der schüchterne, begrüßte das Mädchen,
welches ihm die Fingerspitzen bot, ohne große
Verlegenheit, was mich wunderte und freute.
‹Mirabelle Miramion›, nannte sie mir die Gräfin,
‹ein prächtiger Name, nicht wahr, Fagon?› Ich

betrachtete das schöne Kind, und mir fiel gleich jenes ‹blaue Liebchen› ein, mit welchem Mouton den Knaben aufgezogen. In der Tat, sie hatte große blaue, flehende Augen, eine kühle, durchsichtige Farbe und einen kaum vollendeten Wuchs, der noch nichts als eine zärtliche Seele ausdrückte.

Mit einer kindlichen, glockenhellen Stimme, welche zum Herzen ging, begann sie, da mich ihr die Gräfin als den Leibarzt des Königs vorstellte, folgendermaßen: ‹Erster der Ärzte und Naturforscher, ich verneige mich vor Euch in diesem weltberühmten Garten, welchen Euch die Huld des mächtigsten Herrschers, der dem Jahrhundert den Namen gibt, in seiner volkreichen und bewundernswerten Hauptstadt gebaut hat.› Ich wurde so verblüfft von dieser weitläufigen verblühten Rhetorik in diesem kleinen lenzfrischen Munde, daß ich der Alten das Wort ließ, welche gutmütig verdrießlich zu schelten begann: ‹Laß es gut sein, Bellchen. Fagon schenkt dir das übrige. Unter Freunden, Kind – denn Fagon ist es und kein Spötter –, wie oft hab’ ich dich schon gebeten in den drei Wochen, da ich dich um mich habe, von diesem verwünschten gespreizten provinzialen Reden abzulassen. So spricht man nicht. Dieser hier ist nicht der erste der Ärzte, sondern schlechthin Herr Fagon. Der botanische Garten ist kurzweg der botanische Garten, oder der Kräutergarten, oder der königliche Garten. Paris ist Paris und nicht die Hauptstadt, und der König begnügt sich damit, der König zu sein. Merke dir das.› Der Mund des Mädchens öffnete sich schmerzlich, und ein Tränchen rieselte über die blühende Wange.

Da wendete sich zu meinem Erstaunen Julian in großer Erregung gegen die Alte. ‹Um Vergebung, Frau Gräfin!› sprach er kühn und heftig. ‹Die Rhetorik ist eine geforderte, unentbehrliche Sache und schwierig zu lernen. Ich muß das Fräulein bewundern, wie reich sie redet, und Père Amiel, wenn er sie hörte →›

‹Père Amiel!› – die Gräfin brach in ein tolles Gelächter aus, bis sie das Zwerchfell schmerzte –, ‹Père Amiel hat eine Nase! aber eine Nase! eine Weltnase! Stelle dir vor, Fagon, eine Nase, welche die des Abbé Genest beschämt! Was ich im Collège zu schaffen hatte? Ich holte dort meinen Neffen ab – du weißt, Fagon, ich habe die Kinder von zwei verstorbenen Geschwistern auf dem Halse – meinen Neffen, den Guntram – armer, armer Junge! – und wurde, bis Père Tellier, der Studienpräfekt, zurückkäme, in die Rhetorik des Père Amiel geführt. O Gott! o Gott!› Die Gräfin hielt sich den wackelnden Bauch. ‹Hab' ich gelitten an verschlucktem Lachen! Zuerst das sich ermordende römische Weibsbild! Der Pater erdolchte sich mit dem Lineal. Dann verzog er süß das Maul und hauchte: ‚Paete, es schmerzt nicht!‘ Aber was wollte das heißen gegen die sterbende Cleopatra mit der Viper! Der Père setzte sich das Lineal an die linke Brustwarze und ließ die Äuglein brechen. Daß du das nicht gesehen hast, Fagon! . . . Ih!› kreischte sie plötzlich, daß es mir durch Mark und Bein ging, ‹da ist ja auch Père Tellier!›, und sie deutete auf den Wolf, von welchem wir uns nicht über zwanzig Schritte entfernt hatten. ‹Wahrhaftig, Père Tellier, wie er leibt und lebt! Gehen wir weg von deinen

garstigen Tieren, Fagon, zu deinen wohlriechen-
den Pflanzen! Gib mir den Arm, Julian!›

‹Frau Gräfin erlauben›, fragte dieser, ‹warum
nanntet Ihr den Guntram einen armen Jungen, ihn,
der jetzt den Lilien folgt, wenn er nicht schon die
Ehre hat, die Fahne des Königs selbst zu tragen?›

‹Ach, ach!› stöhnte die Gräfin mit plötzlich ver-
ändertem Gesichte, und den Tränen des Gelächters
folgten die gleichfarbigen des Jammers, ‹warum
ich den Guntram einen armen Jungen nannte? Weil
er gar nicht mehr vorhanden ist, Julian, weggeblasen! Dazu bin ich in den Garten gekommen, wo ich
dich vermutete, um dir zu sagen, daß Guntram
gefallen ist, denke dir, am Tag nach seiner Ankunft
beim Heer. Er wurde gleich eingestellt und führte
eine Patrouille so tollkühn und unnütz vor, daß ihn
eine Stückkugel zerriß, nicht mehr nicht weniger
als den weiland Marschall Turenne. Stelle dir vor,
Fagon: der Junge hatte noch nicht sein sechzehntes
erreicht, strebte aber aus dem Collège, wo er rasch
und glücklich lernte, wachend und träumend nach
der Muskete. Und dabei war er kurzsichtig, Fagon,
du machst dir keinen Begriff! So kurzsichtig, daß
er auf zwanzig Schritte nichts vor sich hatte als
Nebel. Natürlich haben ich und alle Vernünftigen
ihm den Degen ausgeredet – nutzte alles nichts,
denn er ist ein Starrkopf erster Härte. Ich stritt
mich mütterlich mit dem Jungen herum, aber eines
schönen Tages entlief er und rannte zu deinem
Vater, Julian, der eben in den Wagen stieg, um
sein niederländisches Commando zu übernehmen.
Dieser befragte das Kind, wie er mir jetzt selbst
geschrieben hat, ob es unter einem väterlichen

Willen stünde, und als der Junge verneinte, ließ ihn
der Marschall in seinem Reisezuge mitreiten. Nun
fault der kecke Bube dortüben› – sie wies nördlich
– ‹in einem belgischen Weiler. Aber die schmalen
Erbteile seiner fünf Schwestern haben sich ein
bißchen gebessert.›

Ich las auf dem Gesichte Julians, wie tief und
verschiedenartig ihn der Tod seines Gespielen bewegte. Jenen hatte der Marschall in den Krieg
genommen und sein eigenes Kind auf einer ekeln
Schulbank sitzen lassen. Doch der Knabe glaubte
so blindlings an die Gerechtigkeit seines Vaters,
auch wenn er sie nicht begriff, daß die Wolke rasch
über die junge Stirn wegglitt und einem deutlichen
Ausdruck der Freude Raum gab.

‹Du lachst, Julian?› schrie die Alte entsetzt.

‹Ich denke›, sagte dieser bedächtig, als kostete er
jedes Wort auf der Zunge, ‹der Tod für den König
ist in allen Fällen ein Glück.›

Diese ritterliche, aber nicht lebenslustige Maxi-
me und der unnatürlich glückliche Ton, in welchem der Knabe sie aussprach, beelendete die gute
Gräfin. Ein halbverschluckter Seufzer bezeugte,
daß sie das Leiden des Knaben und seine Mühe zu
leben wohl verstand. ‹Begleite Mirabellen, Julian›,
sagte sie, ‹und geht uns voraus, dorthin nach den
Palmen, nicht zu nahe, denn ich habe mit Fagon zu
reden, nicht zu fern, damit ich euch hüte.›

‹Wie schlank sie schreiten!› flüsterte die Alte
hinter den sich Entfernenden. ‹Adam und Eva!
Lache nicht, Fagon! Ob das Mädchen Puder und
Reifrock trägt, wandeln sie doch im Paradiese, und
auch unschuldig sind sie, weil eine leidenvolle

Jugend auf ihnen liegt und sie die reine Liebe empfinden läßt, ohne den Stachel ihrer Jahre. Mich beleidigt nicht, was mir sonst mißfällt, daß das Mädel ein paar Jahre und Zolle› – sie übertrieb – ‹mehr hat als der Junge. Wenn *die* nicht zusammengehören!

Es ist eine lächerliche Sache mit dem Mädchen, Fagon, und ich sah, wie es dich verblüffte, da du von dem schönen Kinde so geschmacklos angeredet wurdest. Und doch ist dieser garstige Höcker ganz natürlich gewachsen. Meine Schwester, die Vicomtesse, Gott habe sie selig, sie war eine Kostbare, eine Précieuse, die sich um ein halbes Jahrhundert verspätet hatte, und erzog das Mädchen in Dijon, wo ihr Mann dem Parlamente und sie selbst einem poetischen Garten vorsaß, mit den Umschreibungen und Redensarten des weiland Fräuleins von Scudéry. Es gelang ihr, dem armen folgsamen Kinde den Geschmack gründlich zu verderben. Ich wette› – und sie wies mit ihrer Krücke auf die zwei, welche, aus den sich einander zärtlich, aber bescheiden zuneigenden Gestalten zu schließen, einen seligen Augenblick genossen –, ‹jetzt plaudert sie ganz harmlos mit dem Knaben, denn sie hat eine einfache Seele und ein keusches Gemüt. Die Luft, die sie aushaucht, ist reiner als die, welche sie einatmet. Aber geht sie dann morgen mit mir in Gesellschaft und kommt neben ein großes Tier, einen Erzbischof oder Herzog, zu sitzen, wird sie von einer tödlichen Furcht befallen, für albern oder nichtig zu gelten, und behängt ihre blanke Natur aus reiner Angst mit dem Lumpen einer geflickten Phrase. So wird die Liebliche unter uns, die wir klar und kurz reden, gerade zu dem, was sie fürchtet, zu einer lächerlichen Figur. Ist das ein Jammer, und werde ich Mühe haben, das Kind zurecht zu bringen! Und der Julian, der dumme Kerl, der sie noch darin bestärkt!

Uff!› keuchte die Gräfin, die das Gehen an der Krücke ermüdete, und ließ sich schwer auf die Steinbank nieder in dem Rondell von Myrten und Lorbeeren, wo, Sire, Eure Büste steht.

‹Von dem Knaben zu reden, Fagon›, begann sie wieder, ‹den mußt du mir ohne Verzug von der Schulbank losmachen. Es war empörend, ich sage dir, empörend, Fagon, ihn unter den Jungen sitzen zu sehen. Der Marschall, dieser schreckliche Pedant, würde ihn bei den Jesuiten verschimmeln lassen! Nur damit er seine Klassen beendige! Bei den Jesuiten, Fagon! Ich habe dem Père Amiel auf den Zahn gefühlt. Ich kitzelte ihn mit seiner Mimik. Er ist ein eitler Esel, aber er hat Gemüt. Er beklagte den Julian und ließ dabei einfließen, sehr behutsam, doch deutlich genug: der Knabe wäre bei den Vätern schlecht aufgehoben. Diese seien die besten Leute von der Welt, nur etwas empfindlich, und man dürfe sie nicht reizen. Der Marschall sei ihnen auf die Füße getreten: der neue Studienpräfekt aber lasse mit der Ehre des Ordens nicht spaßen und gebe dem Kinde die Schuld des Vaters zu kosten. Dann erschrak er über seine Aufrichtigkeit, blickte um sich und legte den Finger auf den Mund.

Ich nahm die Knaben mit: den Guntram, unsern Julian, der mit ihm irgendein Geheimnis hatte, und noch einen dritten Freund, den Victor Argenson, diesen zu meiner eigenen Ergötzung, denn er ist voller Mutwille und Gelächter.

An jenem Abend trieb er es zu toll. Er und Guntram quälten Mirabellen, die ich schon zu Mittag für eine ellenlange Phrase gezankt hatte, bis aufs Blut. ,Schön ausgedrückt, Fräulein Mirobolante', spotteten sie, ,aber noch immer nicht schön genug! Noch eine Note höher!' und so fort. Julian verteidigte das Mädchen, so gut er konnte, und vermehrte nur das Gelächter. Plötzlich brach die Mißhandelte in strömende Tränen aus, und ich trieb die Rangen in den großen Saal, wo ich mit ihnen ein Ballspiel begann. Nach einer Weile Julian und Mirabellen suchend, fand ich sie im Garten, wo sie auf einer stillen Bank zusammensaßen: Amor und Psyche. Sie erröteten, da ich sie überraschte, nicht allzusehr.

Merke dir's, Fagon, der Julian ist jetzt mein Adoptivkind, und wenn du ihn nicht von den Vätern befreiest und ihm ein mögliches Leben verschaffst, meiner Treu! dann stelze ich an dieser Krücke nach Versailles und bringe trotz meiner Runzeln die Sache an den hier!›, und sie wies auf deine lorbeerbekränzte Büste, Majestät.

Die Alte plauderte mir noch hundert Dinge vor, während ich beschloß, sobald sie sich verabschiedet hätte, mit dem Knaben ein gründliches Wort zu reden.

Er und das Mädchen erschienen dann wieder, still strahlend. Der Wagen der Gräfin wurde gemeldet, und Julian begleitete die Frauen an die Pforte, während ich meine Lieblingsbank vor der Orangerie aufsuchte. Ich labte mich an dem feinen

Dufte. Mouton, einen lästerlichen Knaster dampfend und die Hände in den Taschen, schlenderte ohne Gruß an mir vorüber. Er pflegte seine Abende außerhalb des Gartens in einer Schenke zu beschließen. Mouton der Pudel dagegen empfahl sich mir heftig wedelnd. Ich bin gewiß, das kluge Tier erriet, daß ich seinen Meister gern dem Untergang entrissen hätte, denn Mouton der Mensch soff gebranntes Wasser, was zu berichten ich vergessen oder vor der Majestät mich geschämt habe.

Der Knabe kam zurück, weich und glücklich. ‹Laß mich einmal sehen, was du zeichnest und malst›, sagte ich. ‹Es liegt ja wohl alles auf der Kammer Moutons.› Er willfahrte und brachte mir eine volle Mappe. Ich besah Blatt um Blatt. Seltsamer Anblick, diese Mischung zweier ungleichen Hände: Moutons freche Würfe von der bescheidenen Hand des Knaben nachgestammelt und – leise geadelt! Lange hielt ich einen blauen Bogen, worauf Julian einige von Mouton in verschiedenen Flügelstellungen mit Hilfe der Lupe gezeichnete Bienen unglaublich sorgfältig wiedergegeben. Offenbar hatte der Knabe die Gestalt des Tierchens liebgewonnen. Wer mir gesagt hätte, daß die Zeichnung eines Bienchens den Knaben töten würde!

Zuunterst in der Mappe lag noch ein unförmlicher Fetzen, worauf Mouton etwas gesudelt hatte, was meine Neugierde fesselte. ‹Das ist nicht von mir›, sagte Julian, ‹es hat sich angehängt.› Ich studierte das Blatt, welches die wunderliche Parodie einer ovidischen Szene enthielt: jener, wo Pentheus rennt, von den Mänaden gejagt, und Bacchus, der grausame Gott, um den Flüchtenden zu verderben, ein senkrechtes Gebirge vor ihm in die Höhe wachsen läßt. Wahrscheinlich hatte Mouton den Knaben, der zuweilen seinen Aufgaben in der Malkammer oblag, die Verse Ovids mühselig genug übersetzen hören und daraus seinen Stoff geschöpft. Ein Jüngling, unverkennbar Julian in allen seinen Körperformen, welche Moutons Malerauge leichtlich besser kannte als der Knabe selbst, ein schlanker Renner, floh, den Kopf mit einem Ausdrucke tödlicher Angst nach ein paar ihm nachjagenden Gespenstern umgewendet. Keine Bacchantinnen, Weiber ohne Alter, verkörperte Vorstellungen, Ängstigungen, folternde Gedanken – eines dieser Scheusale trug einen langen Jesuitenhut auf dem geschorenen Schädel und einen Folianten in der Hand – und erst die Felswand, wüst und unerklimmbar, die vor dem Blicke zu wachsen schien, wie ein finsteres Schicksal!

Ich sah den Knaben an. Dieser betrachtete das Blatt ohne Widerwillen, ohne eine Ahnung seiner möglichen Bedeutung. Auch Mouton mochte sich nicht klargemacht haben, welches schlimme Omen er in genialer Dumpfheit auf das Blatt hingeträumt hatte. Ich steckte dasselbe unwillkürlich, um es zu verbergen, in die Mitte der Blätterschicht, bevor ich diese in die Mappe schob.

‹Julian›, begann ich freundlich, ‹ich beklage mich bei dir, daß du mir Mouton vorgezogen hast, ihn zu deinem Vertrauten machend, während du dich gegen mein Wohlwollen, das du kennst, in ein unbegreifliches Schweigen verschlossest. Fürchtest du dich, mir dein Unglück zu sagen, weil ich imstande bin, dasselbe klar zu begrenzen und richtig zu beurteilen, und du vorziehst, in hoffnungslosem Brüten dich zu verzehren? Das ist nicht mutig.›

Julian verzog schmerzlich die Brauen. Aber noch einmal spielte ein Strahl der heute genossenen Seligkeit über sein Antlitz. ‹Herr Fagon›, sagte er halb lächelnd, ‹eigentlich habe ich meinen Gram nur dem *Pudel* Mouton erzählt.›

Dieses artige Wort, welches ich ihm nicht zugetraut hätte, überraschte mich. Der Knabe deutete meine erstaune Miene falsch. Er glaubte sich mißredet zu haben. ‹Fraget mich, Herr Fagon›, sagte er, ‹ich antworte Euch die Wahrheit.›

‹Du hast Mühe zu leben?›

‹Ja, Herr Fagon.›

‹Man hält dich für beschränkt, und du bist es auch, doch vielleicht anders, als die Leute meinen.› Das harte Wort war gesprochen.

Der Knabe versenkte den Blondkopf in die Hände und brach in schweigende Tränen aus, welche ich erst bemerkte, da sie zwischen seinen Fingern rannen. Nun war der Bann gebrochen.

‹Ich will Euch meine Kümmernis erzählen, Herr Fagon›, schluchzte er, das Antlitz erhebend.

‹Tue das, mein Kind, und sei gewiß, daß ich dich jetzt, da wir Freunde sind, verteidigen werde wie mich selbst. Niemand wird dir künftig etwas anhaben, weder du noch ein anderer! Du wirst dich wieder an Luft und Sonne freuen und dein Tagewerk ohne Grauen beginnen.›

Der Knabe glaubte an mich und faßte mit hoffenden Augen Vertrauen. Dann begann er sein

Leid zu erzählen, halb schon wie ein vergangenes: ‹Einen schlimmen Tag habe ich gelebt, und die übrigen waren nicht viel besser. Es war an einem Herbsttage, daß ich mit Guntram zu seinem Ohm, dem Comtur, nach Compiègne fuhr. Wir wollten uns dort im Schießen üben, für uns beide ein neues Vergnügen und eine Probe unserer Augen.

Wir hatten ein leichtes Zweigespann, und Guntram unterhielt mich in einer Staubwolke von seiner Zukunft. Diese könne nur eine militärische sein. Zu anderem habe er keine Lust. Der Comtur empfing uns weitläufig, aber Guntram hielt nicht Ruhe, bis wir auf Distanz vor der Scheibe standen. Keinen einzigen Schuß brachte er hinein. Denn er ist kurzsichtig wie niemand. Er biß sich in die Lippe und regte sich schrecklich auf. Dadurch wurde auch seine Hand unsicher, während ich ins Schwarze traf, weil ich sah und zielte. Der Comtur wurde abgerufen, und Guntram schickte den Bedienten nach Wein. Er leerte einige Gläser, und seine Hand fing an zu zittern. Mit hervorquellenden Augen und verzerrtem Gesichte schleuderte er seine Pistole auf den Rasen, hob sie dann wieder auf, lud sie, lud auch die meinige und verlor sich mit mir in das Dickicht des Parkes.

Auf einer Lichtung hob er die eine und bot mir die andere. ‚Ich mache ein Ende!‘ schrie er verzweifelt. ‚Ich bin ein Blinder, und die taugen nicht ins Feld, und wenn ich nicht ins Feld tauge, will ich nicht leben! Du begleitest mich! Auch du taugst nicht ins Leben, obwohl du beneidenswert schießest, denn du bist der größte Dummkopf, das Gespötte der Welt!‘ ‚Und Gott?‘ fragte ich. ‚Ein

195

hübscher Gott', hohnlachte er und zeigte dem
Himmel die Faust, ,der mir Kriegslust und Blindheit und dir einen Körper ohne Geist gegeben hat!'
Wir rangen, ich entwaffnete ihn, und er schlug sich
in die Büsche.

Seit jenem Tage war ich ein Unglücklicher,
denn Guntram hatte ausgesprochen, was ich wußte, aber mir selbst verhehlte, so gut es gehen wollte.
Stets hörte ich das Wort Dummkopf hinter mir
flüstern, auf der Straße wie in der Schule, und
meine Ohren schärften sich, das grausame Wort zu
vernehmen. Es mag auch sein, daß meine Mitschü-
ler, über welche ich sonst nicht zu klagen habe,
wenn sie sich außer dem Bereiche meines Ohres
glauben, kürzehalber mich so nennen. Sogar das
Semmelweib mit den verschmitzten Runzeln, die
Lisette, welche vor dem Collège ihre Ware vertreibt, sucht mich zu betrügen, oft recht plump,
und glaubt es zu dürfen, weil sie mich einen Dummen nennen hört. Und doch hangt an der Mauer
des Collège Gott der Heiland, der in die Welt
gekommen ist, um Gerechtigkeit gegen alle und
Milde gegen die Schwachen zu lehren.› Er schwieg
und schien nachzudenken.

Dann fuhr er fort: ‹Ich will mich nicht besser
machen, Herr Fagon, als ich bin. Auch ich habe
meine bösen Stunden. Bei keinem Spiele würde ich
Sonne und Schatten ungerecht verteilen, und wie
kann Gott bei dem irdischen Wettspiel einem einzelnen Bleigewichte anhängen und ihm dann zurufen: ,Dort ist das Ziel: lauf mit den andern!' Oft,
Herr Fagon, habe ich vor dem Einschlafen die
Hände gefaltet und den lieben Gott brünstig an-

gefleht, er möge, was ich eben mühselig erlernt, während des Schlafes in meinem Kopfe wachsen und erstarken lassen, was ja die bloße Natur den andern gewährt. Ich wachte auf und hatte alles vergessen, und die Sonne erschreckte mich.

Vielleicht›, flüsterte er scheu, ‹tue ich dem lieben Gott Unrecht. Er hülfe gern, gütig wie er ist, aber er hat wohl nicht immer die Macht. Wäre das nicht möglich, Herr Fagon? Wurde es dann allzu arg, besuchte mich die Mutter im Traum und sagte mir: ,Halt aus, Julian! Es wird noch gut!'›

Diese unglaublichen Naivetäten und kindischen Widersprüche zwangen mich zu einem Lächeln, welches ein Grinsen sein mochte. Der Knabe erschrak über sich selbst und über mich. Dann sagte er, als hätte er schon zu lange gesprochen, hastig, nicht ohne einige Bitterkeit, denn die Zuversicht hatte ihn im Laufe seiner Erzählung wieder verlassen: ‹Nun weiß jedermann, daß ich dumm bin, selbst der König, und diesem hätte ich es so gerne verheimlicht› – Julian mochte auf jenen Marly anspielen –, ‹einzig meinen Vater ausgenommen, der nicht daran glauben will.›

‹Mein Sohn›, sagte ich und legte die Hand auf seine schlanke Schulter, ‹ich philosophiere nicht mit dir. Willst du mir aber glauben, so trage ich dich durch die Wellen. Wie du bist, ich werde dich in den Port bringen. Zwar du wirst trotz deines schönen Namens kein Heer und keine Flotte führen, aber du wirst auch keine Schlacht leichtsinnig verlieren zum Schaden deines Königs und deines Vaterlandes. Dein Name wird nicht wie der deines Vaters in unsern Annalen stehen, aber im Buche

der Gerechten, denn du kennst die erste Seligprei-
sung, daß das Himmelreich den Armen im Geiste
gehört.

Merk auf! Der erste Punkt ist: du gehst ins Feld
und kämpfst in unsern Reihen für den König und
das jetzt so schwer bedrohte Frankreich. Im Kugel-
regen wirst du erfahren, ob du leben darfst. Daß du
bald hineinkommst, dafür sorge ich. Du bleibst
oder du kehrst heim mit dem Selbstvertrauen eines
Braven. Ohne Selbstvertrauen kein Mann. Niemand wird dir leicht ins Angesicht spotten. Dann
wirst du ein einfacher Diener deines Königs und
erfüllst deine Pflicht aufs strengste, wie es in dir
liegt. Du hast Ehre und Treue, und deren bedarf die
Majestät. Unter denen, die sie umgeben, ist kein
Überfluß daran. Marstall, Jagd oder Wache, ein
Dienst wird sich finden, wie du ihn zu verrichten
verstehst. Deine Geburt wird dich statt des eigenen
Verdienstes vor andern begünstigen: das mache
dich demütig. Die Majestät, wenn sie sich im Rate
müde gearbeitet hat, liebt es, ein zwangloses Wort
an einen Schweigsamen und unbedingt Getreuen
zu richten. Du bist zu einfach, um dich in eine
Intrige zu mischen; dafür wird dich keine Intrige
zugrunde richten. Man wird, wie die Welt ist, hinter deinem Rücken höhnen und spotten, aber du
blickst nicht um. Du wirst gütig und gerecht sein
mit deinen Knechten und keinen Tag beendigen
ohne eine Wohltat. Im übrigen: verzichte!›

Der Knabe blickte mich mit gläubigen Augen
an. ‹Das sind Worte des Evangeliums›, sagte er.

‹Verzichtet nicht jedermann›, scherzte ich, ‹selbst
deine Gönnerin, Frau von Maintenon, selbst der

König auf einen Schmuck oder eine Provinz? Habe ich, Fagon, nicht ebenfalls verzichtet, vielleicht bitterer als du, wenn auch auf meine eigene Weise? Verwaist, arm, mit einem elenden Körper, der sich gerade in deinen Jahren von Tag zu Tag verwuchs und verbog, habe ich nicht eine strenge Muse gewählt, die Wissenschaft? Glaubst du, ich hatte kein Herz, keine Sinne? Ein zärtliches Herzchen, Julian! – und entsagte ein für allemal dem größten Reiz des Daseins, der Liebe, welche deinem schlanken Wuchse und deinem leeren Blondkopf nur so angeworfen wird!›»

Fagon trug, was ihn vielleicht in seiner Jugend schwer bedrängt hatte, mit einem so komischen Pathos vor, daß es den König belustigte und der Marquise schmeichelte.

«Ich begleitete Julian bis an die Pforte und zog ihn mit Mirabellen auf. ‹Ihr habt rasch gemacht›, sagte ich. ‹Es ist so gekommen›, antwortete er unbefangen. ‹Man hat sie mit dem Geiste gequält, sie weinte, und da faßte ich ein Vertrauen. Auch gleicht sie meiner Mutter.›

Eine Arie aus irgendeiner verschollenen Oper meiner Jugendzeit trällernd, die einzige, deren ich mächtig bin, kehrte ich zu meiner Bank vor der Orangerie zurück. ‹Er muß gleich ins Feld›, sagte ich mir. Wenig fehlte, ich schlug ihm vor: ohne weiteres eines meiner Rosse zu satteln und stracks an die Grenze zum Heere zu jagen; aber dieser kühne Ungehorsam hätte den Knaben nicht gekleidet. Überdies wußte man, daß der Marschall für einmal nur die Grenzen sicherte und die Festungen in Flandern instand setzte, um vor einer entscheidenden Schlacht nach Versailles zurückzukehren und die endgültigen Befehle deiner Majestät zu empfangen. Dann wollte ich ihn fassen.

Als ich, die liegengebliebene Mappe noch einmal öffnend, den Inhalt zurechtschüttelte, da, siehe! lag der Pentheus mit der grausigen Felswand obenauf, den ich geschworen hätte in die Mitte der Blätter geschoben zu haben...

Wenig später begab es sich, daß Mouton der Pudel, in dem Gedränge der Rue Saint-Honoré seinen Herrn suchend, verkarrt wurde. Er schläft in deinem Garten, Majestät, wo ihn Mouton der Mensch unter einer Catalpa beerdigte und mit seinem Taschenmesser in die Rinde des Baumes schnitt: ‹II Moutons›.

Und wirklich lag er bald neben seinem Pudel. Es war Zeit. Der Trunk hatte ihn unterhöhlt, und sein Verstand begann zu schwanken. Ich beobachtete ihn mitunter aus meinem Bibliothekfenster, wie er in seiner Kammer vor der Staffelei saß und nicht nur vernehmlich mit dem Geiste seines Pudels plauderte, sondern auch mit hündischer Miene gähnte oder schnellen Maules nach Fliegen schnappte, ganz in der Art seines abgeschiedenen Freundes. Eine Wassersucht zog ihn danieder. Es ging rasch, und als ich eines Tages an sein Lager trat, in der Hand einen Löffel voll Medizin, drehte er seinem Wohltäter mit einem unaussprechlichen Worte den Rücken, kehrte das Gesicht gegen die Wand und war fertig.

Es begab sich ferner, daß der Marschall aus dem Felde nach Versailles zurückkehrte. Da sein Aufenthalt kein langer sein konnte, ergriff ich den

200

Augenblick. Ich war entschlossen, Julian an der Hand, vor ihn zu treten und ihm die ganze Wahrheit zu sagen.

Ich fuhr bei den Jesuiten vor. In der Nähe der Hauptpforte hielt das von den Dienern kaum gebändigte feurige Viergespann des Marschalls, Julian erwartend, um den Knaben rasch nach Versailles zu bringen. Das Tor des Jesuitenhauses öffnete sich, und Julian wankte heraus, in welchem Zustande! Das Haupt vorfallend, den Rücken gebrochen, die Gestalt geknickt, auf unsichern Füßen, den Blick erloschen, während die Augen Victor Argensons, welcher den Freund führte, loderten wie Fackeln. Die verblüfften Diener in ihren reichen Livreen beeiferten sich, ihren jungen Herrn rasch und behutsam in den Wagen zu heben. Ich sprang aus dem meinigen, den Knaben von einer tückischen Seuche ergriffen glaubend.

‹Um Gottes willen, Julian›, schrie ich, ‹was ist mit dir?› Keine Antwort. Der Knabe starrte mich mit abwesendem Geiste an. Ich weiß nicht, ob er mich kannte. Ich begriff, daß der sonst schon Verschlossene jetzt nicht reden werde, und da überdies der Stallmeister drängte: ‹Hinein, Herr, oder zurück!›, denn die ungeduldigen Rosse bäumten sich, so ließ ich das Kind fahren, mir versprechend, ihm bald nach Versailles zu folgen. Schon hatte sich um die aufregende Szene vor dem Jesuitenhause ein Zusammenlauf gebildet, dessen Neugierde ich zu entrinnen wünschte, und Victor erblickend, welcher mit leidenschaftlicher Gebärde dem im Sturm davongetragenen Gespielen nachrief: ‹Mut, Julian! Ich werde dich rächen!›, stieß ich den Knaben vor mich in meinen Wagen und stieg ihm nach. ‹Wohin, Herr?› fragte mein Kutscher. Bevor ich antwortete, schrie das geistesgegenwärtige Kind: ‹Ins Kloster Faubourg Saint-Antoine!›

In dem genannten Kloster hat sich, wie Ihr wisset, Sire, Euer Ideal von Polizeiminister einen stillen Winkel eingerichtet, wo er nicht überlaufen wird und heimlich für die öffentliche Sicherheit von Paris sorgen kann. ‹Victor›, fragte ich durch das Geräusch der Räder, ‹was ist? was hat sich begeben?›

‹Ein riesiges Unrecht!› wütete der Knabe. ‹Père Tellier, der Wolf, hat Julian mit Riemen gezüchtigt, und er ist unschuldig! Ich bin der Anstifter! Ich bin der Täter! Aber ich will dem Julian Gerechtigkeit verschaffen, ich fordere den Pater auf Pistolen!› Diese Absurdität, mit dem Geständnisse Victors, das Unglück verschuldet zu haben, brachte mich dergestalt auf, daß ich ihm ohne weiteres eine salzige Ohrfeige zog. ‹Sehr gut!› sagte er. ‹Kutscher, du schleichst wie eine Schnecke!› Er steckte ihm sein volles Beutelchen zu. ‹Rasch! peitsche! jage! Herr Fagon, seid gewiß, der Vater wird dem Julian Gerechtigkeit verschaffen! Oh, er kennt die Jesuiten, diese Schurken, diese Schufte, und ihre schmutzige Wäsche! Ihn aber fürchten sie wie den Teufel!› Ich hielt es für unnötig, das rasende Kind weiter zu fragen, da er ja seine Beichte vor dem Vater ablegen würde und die fliegenden Rosse schon das schlechte Pflaster der Vorstadt mit ihren Hufen schlugen, daß die Funken spritzten. Wir waren angelangt und wurden sogleich vorgelassen.

Argenson blätterte in einem Aktenstoß. ‹Wir überfallen, Argenson!› entschuldigte ich.

‹Nicht, nicht, Fagon›, antwortete er mir die Hand schüttelnd und rückte mir einen Stuhl. ‹Was ist denn mit dem Jungen? Er glüht ja wie ein Ofen.› ‹Vater –› ‹Halt das Maul! Herr Fagon redet.›

‹Argenson›, begann ich, ‹ein schwerer Unfall, vielleicht ein großes Unglück hat sich zugetragen. Julian Boufflers› – ich blickte den Minister fragend an (‹Weiß von dem armen Knaben›, sagte er) – ‹wurde bei den Jesuiten geschlagen, und der Knabe fuhr nach Versailles in einem Zustande, der, wenn ich richtig sah, der Anfang einer gefährlichen Krankheit ist. Victor kennt den Hergang.›

‹Erzähle!› gebot der Vater. ‹Klar, ruhig, umständlich. Auch der kleinste Punkt ist wichtig. Und lüge nicht!›

‹Lügen?› rief der empörte Knabe, ‹werde ich da lügen, wo nur die Wahrheit hilft? Diese Schufte, die Jesuiten –›

‹Die Tatsachen!› befahl der Minister mit einer Rhadamanthusmiene. Victor nahm sich zusammen und erzählte mit erstaunlicher Klarheit.

‹Es war vor der Rhetorik des Père Amiel, und wir steckten die Köpfe zusammen, welchen Possen wir dem Nasigen spielen würden. ‚Etwas Neues!' rief man von allen Seiten, ‚etwas noch nicht Dagewesenes! eine Erfindung!' Da fiel uns ein –›

‹Da fiel *mir* ein›, verbesserte der Vater.

‹– mir ein, Julian, der so hübsch zeichnet, zu bitten, uns etwas mit der Kreide an die schwarze Tafel zu malen. Ich legte ihm, der auf seiner Bank über den Büchern saß, eine Lektion einlernend – er lernt so unglaublich schwer –, den Arm um den Hals. ‚Zeichne uns etwas!‘ schmeichelte ich. ‚Ein Rhinoceros!‘ Er schüttelte den Kopf. ‚Ich merke‘, sagte er, ‚ihr wollt damit nur den guten Pater ärgern, und da tue ich nicht mit. Es ist eine Grausamkeit. Ich zeichne euch keine Nase!‘

‚Aber einen Schnabel, eine Schleiereule, du machst die Eulen so komisch!‘

‚Auch keinen Schnabel, Victor.‘

Da sann ich ein wenig und hatte einen Einfall.› Der Minister runzelte seine pechschwarze Braue. Victor fuhr mit dem Mute der Verzweiflung fort: ‹‚Zeichne uns ein Bienchen, Julian‘, sagte ich, ‚du kannst das so allerliebst!‘ ‚Warum nicht?‘ antwortete er dienstfertig und zeichnete mit sorgfältigen Zügen ein nettes Bienchen auf die Tafel.

‚Schreibe etwas bei!‘

‚Nun ja, wenn du willst‘, sagte er und schrieb mit der Kreide: ‚abeille.‘

‚Ach, du hast doch gar keine Einbildungskraft, Julian! Das lautet trocken.‘

‚Wie soll ich denn schreiben, Victor?‘

‚Wenigstens das Honigtierchen, bête à miel.‘› Der Minister begriff sofort das alberne Wortspiel: bête à miel und bête Amiel. ‹Da hast du etwas dafür!› rief er empört und gab dem Erfinder des Calembourgs eine Ohrfeige, gegen welche die meinige eine Liebkosung gewesen war.

‹Sehr gut!› sagte der Knabe, dem das Ohr blutete.

‹Weiter! und mach es kurz!› befahl der Vater, ‹damit du mir aus den Augen kommst!›

‹– In diesem Augenblick trat Père Amiel ein, schritt auf und nieder, beschnüffelte die Tafel, verstand und tat dergleichen, der Schäker, als ob er nicht verstünde. Aber: ‚Bête Amiel! dummer Amiel!' scholl es erst vereinzelt, dann aus mehreren Bänken, dann vollstimmig, ‚bête Amiel! dummer Amiel!'

Da – Schrecken – wurde die Tür aufgerissen. Es war der reißende Wolf, der Père Tellier. Er hatte durch die Korridore spioniert und zeigte jetzt seine teuflische Fratze.

‚Wer hat das gezeichnet?'

‚Ich', antwortete Julian fest. Er hatte sich die Ohren verhalten, seine Lektion zu studieren fortfahrend, und verstand und begriff, wie er ja überhaupt so schwer begreift, nichts von nichts.

‚Wer hat das geschrieben?'

‚Ich', sagte Julian.

Der Wolf tat einen Sprung gegen ihn, riß den Verblüfften empor, preßte ihn an sich, ergriff einen Bücherriemen und –› Dem Erzählenden versagte das Wort.

‹Und du hast geschwiegen, elende Memme?› donnerte der Minister. ‹Ich verachte dich! Du bist ein Lump!›

‹Geschrieen habe ich wie einer, den sie morden›, rief der Knabe, ‹‚ich war es! ich! ich!' Auch Père Amiel hat sich an den Wolf geklammert, die Unschuld Julians beteuernd. Er hörte es wohl, der Wolf! Aber mir krümmte er kein Haar, weil ich dein Sohn bin und dich die Jesuiten fürchten und achten. Den Marschall aber hassen sie und fürchten ihn nicht. Da mußte der Julian herhalten. Aber ich will dem Wolf mein Messer› – der Knabe langte in die Tasche – ‹zwischen die Rippen stoßen, wenn er nicht –›

Der gestrenge Vater ergriff ihn am Kragen, schleppte ihn gegen die Türe, öffnete sie, warf ihn hinaus und riegelte. Im nächsten Augenblicke schon wurde draußen mit Fäusten gehämmert, und der Knabe schrie: ‹Ich gehe mit zum Père Tellier! Ich trete als Zeuge auf und sage ihm: ,Du bist ein Ungeheuer!‹›

‹Im Grunde, Fagon›, wendete sich der Minister kaltblütig gegen mich, ohne sich an das Gepolter zu kehren, ‹hat der Junge recht: wir beide suchen den Pater auf, ohne Verzug, fallen ihn mit der nackten Wahrheit an, breiten sie wie auf ein Tuch vor ihm aus und nötigen ihn, mit uns zu Julian zu gehen, heute noch, sogleich, und in unsrer Gegenwart dem Mißhandelten Abbitte zu tun.› Er blickte nach einer Stockuhr. ‹Halb zwölf. Père Tellier hält seine Bauerzeiten fest. Er speist Punkt Mittag mit Schwarzbrot und Käse. Wir finden ihn.›

Argenson zog mich mit sich fort. Wir stiegen ein und rollten.

‹Ich kenne den Knaben›, wiederholte der Minister. ‹Nur eines ist mir in seiner Geschichte unklar. Es ist Tatsache, daß die Väter damit anfingen, ihn zu hätscheln und in Baumwolle einzuwickeln. Seine Kameraden, auch mein Halunke, haben sich oft darüber aufgehalten. Ich begreife, daß die Väter, wie sie beschaffen sind, das Kind hassen, seit der Marschall das Mißgeschick hatte, sie zu entlarven. Aber warum sie, denen der Marschall gleichgültig war, einen Vorteil darin fanden, das Kind zuerst über die dem Schwachen gebührende Schonung hinaus zu begünstigen, das entgeht mir.›

‹Hm›, machte ich.

‹Und gerade das muß ich wissen, Fagon.›

‹Nun denn, Argenson›, begann ich mein Bekenntnis – auch dir, Majestät, lege ich es ab, denn dich zumeist habe ich beleidigt –, ‹da ich Julian bei den Vätern um jeden Preis warm betten wollte und ihm keine durchschlagende Empfehlung wußte – man plaudert ja zuweilen ein bißchen, und so erzählte ich den Vätern Rapin und Bouhours, die ich in einer Damengesellschaft fand, Julians Mutter sei dir, dem Könige, eine angenehme Erscheinung gewesen. Die reine Wahrheit. Kein Wort darüber hinaus, bei meiner Ehre, Argenson!› Dieser verzog das Gesicht.

Du, Majestät, zeigest mir ein finsteres und ungnädiges. Aber, Sire, trage ich die Schuld, wenn die Einbildungskraft der Väter Jesuiten das Reinste ins Zweideutige umarbeitet?

‹Als sie dann›, fuhr ich fort, ‹den Marschall zu hassen und sich für ihn zu interessieren begannen, lauschten und forschten sie nach ihrer Weise, erfuhren aber nichts, als daß Julians Mutter das reinste Geschöpf der Erde war, bevor sie der Engel wurde, der jetzt über die Erde lächelt. Leider kamen die Väter zur Überzeugung ihres Irrtums gerade, da das Kind desselben am meisten bedurft hätte.› Argenson nickte.»

«Fagon», sagte der König fast strenge, «das war deine dritte und größte Freiheit. Spieltest du so leichtsinnig mit meinem Namen und dem Rufe eines von dir angebeteten Weibes, hättest du *mir*

wenigstens diesen Frevel verschweigen sollen,
selbst wenn deine Geschichte dadurch unverständ-
licher geworden wäre. Und sage mir, Fagon: hast
du da nicht nach dem verrufenen Satze gehandelt,
daß der Zweck die Mittel heilige? Bist du in den
Orden getreten?»

«Wir alle sind es ein bißchen, Majestät», lächelte
Fagon und fuhr fort: «Mitte Weges begegneten wir
dem Père Amiel, der wie ein Unglücklicher um-
herirrte und, meinen Wagen erkennend, sich so
verzweifelt gebärdete, daß ich halten ließ. Am
Kutschenschlage entwickelte er seine närrische
Mimik und war im Augenblicke von einem Kreise
toll lachender Gassenjungen umgeben. Ich hieß ihn
einsteigen.

‹Der Mutter Gottes sei gedankt, daß ich Euch
finde, Herr Fagon! Dem Julian, welchen Ihr be-
schützet, ist ein Leid geschehen, und unschuldig ist
er, wie der zerschmetterte kleine Astyanax!› dekla-
mierte der Nasige. ‹Wenn Ihr, Herr Fagon, den
seltsamen Blick gesehen hättet, welchen der Knabe
gegen seinen Henker erhob, diesen Blick des Grauens und der Todesangst!› Père Amiel schöpfte
Atem. ‹Flöhe ich über Meer, mich verfolgte dieser
Blick! Begrübe ich mich in einen finstern Turm, er
dränge durch die Mauer! Verkröche ich mich –›

‹Wenn Ihr Euch nur nicht verkriechet, Professor›, unterbrach ihn der Minister, ‹jetzt, da es gilt,
dem Père Tellier – denn zu diesem fahren wir, und
Ihr fahret mit – ins Angesicht Zeugnis abzulegen!
Habt Ihr den Mut?›

‹Gewiß, gewiß!› beteuerte Père Amiel, der aber
merklich erblaßte und in seiner Soutane zu schlot-

tern begann. Père Tellier ist selbst in seinem feinen
Orden als ein Roher und Gewaltsamer gefürchtet.

Da wir am Profeßhause ausstiegen, Père Amiel
den Vortritt gebend, sprang Victor vom Wagen-
brett, wo er neben dem Bedienten die Fahrt aufrecht mitgemacht hatte. ‹Ich gehe mit!› trotzte er.
Argenson runzelte die Stirn, ließ es aber zu, nicht
unzufrieden, einen zweiten Zeugen mitzubringen.

Père Tellier verleugnete sich nicht. Argenson
bedeutete den Pater und den Knaben, im Vorzim-
mer zurückzubleiben. Sie gehorchten, jener erleichtert, dieser unmutig. Der Pater Rektor bewohnte eine dürftige, ja armselige Kammer, wie
er auch eine verbrauchte Soutane trug, Tag und
Nacht dieselbe. Er empfing uns mit gekrümmtem
Rücken und einem falschen Lächeln in den unge-
schlachten und wilden Zügen. ‹Womit diene ich
meinen Herren?› fragte er süßlich grinsend.

‹Hochwürden›, antwortete Argenson und wies
den gebotenen Stuhl, der mit Staub bedeckt war
und eine zerbrochene Lehne hatte, zurück, ‹ein
Leben steht auf dem Spiel. Wir müssen eilen, es zu
retten. Heute wurde der junge Boufflers im Collegium irrtümlich gezüchtigt. Irrtümlich. Ein durch-
triebener Range hat den beschränkten Knaben etwas auf die Tafel zeichnen und schreiben lassen,
das sich zu einer albernen Verspottung des Père
Amiel gestaltete, ohne daß Julian Boufflers die
leiseste Ahnung hatte, wozu er mißbraucht wurde.
Es ist leicht zu beweisen, daß er der einzige seiner
Klasse war, der solche Possen tadelte und nach Kräf-
ten verhinderte. Hätte er den fraglichen Streich in
seinem Blondkopfe ersonnen, dann war die Züch-

209

tigung eine zweifellos verdiente. So aber ist sie eine fürchterliche Ungerechtigkeit, die nicht schnell und nicht voll genug gesühnt werden kann. Dazu kommt noch etwas unendlich Schweres. Der mißverständlich Gezüchtigte, ein Kind an Geist, hatte die Seele eines Mannes. Man glaubte einen Jungen zu strafen und hat einen Edelmann mißhandelt.›

‹Ei, ei›, erstaunte der Pater, ‹was Exzellenz nicht alles sagen! Kann eine einfache Sache so verdreht werden? Ich gehe durch die Korridore. Das ist meine Pflicht. Ich höre Lärm in der Rhetorik. Père Amiel ist ein Gelehrter, der den Orden ziert, aber er weiß sich nicht in Respekt zu setzen. Unsre Väter lieben es nicht, körperlich zu züchtigen, aber das konnte nicht länger gehn, ein Exempel mußte statuiert werden. Ich trete ein. Eine Sottise steht auf der Tafel. Ich untersuche. Boufflers bekennt. Das übrige verstand sich.

Unbegabt? beschränkt? Im Gegenteil, durchtrieben ist er, ein Duckmäuser. Stille Wasser sind tief. Was ihm mangelt, ist die Aufrichtigkeit, er ist ein Heuchler und Gleisner. Hat's geschmerzt? O die zarte Haut! Ein Herrensöhnchen, wie? Tut mir leid, wir Väter Jesu kennen kein Ansehn der Person. Auch hat uns der Marschall selbst gebeten, sein Kind nicht zu verziehn. Ich war älter als jener, da ich meine letzten und besten Streiche erhielt, im Seminar, vierzig weniger einen wie Sankt Paulus, der auch ein Edelmann war. Bin ich draufgegangen? Ich rieb mir die Stelle, mit Züchten geredet, und mir war wohler als zuvor. Und ich war unschuldig, von der Unschuld dieses Verstockten aber überzeugt mich niemand!›

‹Vielleicht doch, Hochwürden!› sagte Argenson und rief die zwei Harrenden herein.

‹Victor›, bleckte der Jesuit den eintretenden Knaben an, ‹du hast es nicht getan! Für dich stehe ich. Du bist ein gutartiges Kind. Ein Dummkopf wärest du, dich für schuldig zu erklären, den niemand anklagt!›

Victor, der in trotzigster Haltung nahte, schaute dem Unhold tapfer ins Gesicht, aber der Mut sank ihm. Sein Herz erbebte vor der wachsenden Wildheit dieser Züge und den funkelnden Wolfsaugen.

Er machte rasch. ‹Ich habe den Julian verleitet, der nichts davon verstand›, sagte er. ‹Das schrie ich Euch in die Ohren, aber Ihr wolltet nicht hören, weil Ihr ein Bösewicht seid!›

‹Genug!› befahl Argenson und wies ihm die Türe. Er ging nicht ungern. Er begann sich zu fürchten.

‹Père Amiel›, wandte sich der Minister gegen diesen, ‹Hand aufs Herz, konnte Julian das Wortspiel erfinden?›

Der Pater zauderte, mit einem bangen Blick auf den Rektor. ‹Mut, Pater›, flüsterte ich, ‹Ihr seid ein Ehrenmann!›

‹Unmöglich, Exzellenz, wenn nicht Achill eine Memme und Thersites ein Held war!› beteuerte Père Amiel, sich mit seiner Rhetorik ermutigend. ‹Julian ist schuldlos wie der Heiland!›

Das erdfarbene Gesicht des Rektors verzerrte sich vor Wut. Er war gewohnt, im Collegium blinden Gehorsam zu finden, und ertrug nicht den geringsten Widerspruch.

‹Wollt Ihr kritisieren, Bruder?› schäumte er.

‹Kritisiert zuerst Euer tolles Fratzenspiel, das Euch
dem Dümmsten zum Spotte macht! Ich habe den
Knaben gerecht behandelt!›

Diese Herabwürdigung seiner Mimik brachte
den Pater gänzlich außer sich und ließ ihn für einen
Augenblick alle Furcht vergessen. ‹Gerecht?› jammerte er. ‹Daß Gott erbarm'! Wie oft hab' ich Euch
gebeten, dem Unvermögen des Knaben Rechnung
zu tragen und ihn nicht zu zerstören! Wer antwortete mir: ,Meinethalben gehe er drauf!', wer hat das
gesprochen?›

‹Mentiris impudenter!› heulte der Wolf.

‹Mentiris impudentissime, pater reverende!›
überschrie ihn der Nasige, an allen Gliedern zitternd.

‹Mir aus den Augen!› herrschte der Rektor, mit
dem Finger nach der Türe weisend, und der kleine
Pater rettete sich, so geschwind er konnte.

Da wir wieder zu dreien waren: ‹Hochwürden›,
sprach der Minister ernst, ‹es wurde der Vorwurf
gegen Euch erhoben, den Knaben zu hassen. Eine
schwere Anklage! Widerlegt und beschämt dieselbe, indem Ihr mit uns geht und Julian Abbitte tut.
Niemand wird dabei zugegen sein als wir zwei.› Er
deutete auf mich. ‹Das genügt. Dieser Herr ist der
Leibarzt des Königs und um die Gesundheit des
Knaben in schwerer Sorge. Ihr entfärbet Euch?
Laßt es Euch kosten und bedenket: der, dessen
Namen Ihr traget, gebietet, die Sonne nicht über
einem Zorne untergehen zu lassen, wieviel weniger über einer Ungerechtigkeit!›

Ein Unrecht bekennen und sühnen! Der Jesuit
knirschte vor Ingrimm.

‹Was habe ich mit dem Nazarener zu schaffen?› lästerte er, in verwundetem Stolze sich aufbäumend, und der Häßliche schien gegen die Decke zu wachsen wie ein Dämon. ‹Ich bin der Kirche! Nein, des Ordens! . . . Und was habe ich mit dem Knaben zu schaffen? Nicht ihn hasse ich, sondern seinen Vater, der uns verleumdet hat! verleumdet! schändlich verleumdet!›

‹Nicht der Marschall›, sagte ich verdutzt, ‹sondern mein Laboratorium hat die Väter – verleumdet.›

‹Fälschung! Fälschung!› tobte der Rektor. ‹Jene Briefe wurden nie geschrieben! Ein teuflischer Betrüger hat sie untergeschoben!›, und er warf mir einen mörderischen Blick zu.

Ich war betroffen, ich gestehe es, über diese Macht und Gewalt: Tatsachen zu vernichten, Wahrheit in Lüge und Lüge in Wahrheit zu verwandeln.

Père Tellier rieb sich die eiserne Stirn. Dann veränderte er das Gesicht und beugte sich vor dem Minister halb kriechend, halb spöttisch: ‹Exzellenz, ich bin Euer gehorsamer Diener, aber Ihr begreift: ich kann die Gesellschaft nicht so tief erniedrigen, einem Knaben Abbitte zu leisten.›

Argenson wechselte den Ton nicht minder gewandt. Er stellte sich neben Tellier mit einem unmerklichen Lächeln der Verachtung in den Mundwinkeln. Der Pater bot das Ohr.

‹Seid Ihr gewiß›, wisperte der Minister, ‹daß Ihr den Sohn des Marschalls gegeißelt habt, und nicht das edelste Blut Frankreichs?›

Der Pater zuckte zusammen. ‹Es ist nichts daran›, wisperte er zurück. ‹Ihr narrt mich, Argenson.›

‹Ich habe keine Gewißheit. In solchen Dingen gibt es keine. Aber die bloße Möglichkeit würde Euch als – Ihr wißt, was ich meine und wozu Ihr vorgeschlagen seid – unmöglich machen.›

Ich glaubte zu sehen, Sire, wie Hochmut und Ehrgeiz sich in den düstern Zügen Eures Beichtvaters bekämpften, aber ich konnte den Sieger nicht erraten.

‹Ich denke, ich gehe mit den Herren›, sagte Père Tellier.

‹Kommt, Pater!› drängte der Minister und streckte die Hand gegen ihn aus.

‹Aber ich muß die Soutane wechseln. Ihr seht, diese ist geflickt, und ich könnte in Versailles der Majestät begegnen.› Er öffnete ein Nebenzimmer.

Argenson blickte ihm über die Schulter und sah in einen niedern Verschlag mit einem nackten Schragen und einem wurmstichigen Schreine.

‹Mit Vergunst, Herren›, lispelte der Jesuit schämig, ‹ich habe mich noch nie vor weltlichen Augen umgekleidet.›

Argenson faßte ihn an der Soutane. ‹Ihr haltet Wort?›

Père Tellier streckte drei schmutzige Finger gegen etwas Heiliges, das im Dunkel einer Ecke klebte, entschlüpfte und schloß die Tür bis auf eine kleine Spalte, welche Argenson mit der Fußspitze offenhielt.

Wir hörten den Schrank öffnen und schließen. Zwei stille Minuten verstrichen. Argenson stieß die Türe auf. Weg war Père Tellier. Hatte er der

Einflüsterung Argensons nicht geglaubt und nur
die Gelegenheit ergriffen, aus unserer Gegenwart
zu entrinnen? Oder hatte er sie geglaubt, der eine
Dämon seines Ordens aber den andern, der Stolz
den Ehrgeiz überwältigt? Wer blickt in den Abgrund dieser finstern Seele?

‹Meineidiger!› fluchte der Minister, öffnete den
Schrein, erblickte eine Treppe und stürzte sich
hinab. Ich stolperte und fiel mit meiner Krücke
nach. Unten standen wir vor den höchlich erstaunten Mienen eines vornehmen Novizen mit den
feinsten Manieren, welcher auf unsre Frage nach
dem Pater bescheiden erwiderte, seines Wissens
sei derselbe vor einer Viertelstunde in Geschäften
nach Rouen verreist.

Argenson gab jede Verfolgung auf. ‹Eher
schleppte ich den Cerberus aus der Hölle, als dieses
Ungeheuer nach Versailles!... Überdies, wo ihn
finden in den hundert Schlupfwinkeln der Gesellschaft? Ich gehe. Schickt nach frischen Pferden,
Fagon, und eilet nach Versailles. Erzählt alles der
Majestät. Sie wird Julian die Hand geben und zu
ihm sprechen: ,Der König achtet dich, dir geschah
zu viel!‘ Und der Knabe ist ungegeißelt.› Ich gab
ihm recht. Das war das Beste, das einzig gründlich
Heilsame, wenn es nicht zu spät kam.»

Fagon betrachtete den König unter seinen bu-
schigen greisen Brauen hervor, welchen Eindruck
auf diesen die ihm entgegengehaltene Larve seines Beichtigers gemacht hätte. Nicht daß er sich
schmeichelte, Ludwig werde seine Wahl wider-
rufen. Warnen aber hatte er den König wollen vor
diesem Feinde der Menschheit, der mit seinen Dä-

monenflügeln das Ende einer glänzenden Regierung verschatten sollte. Allein Fagon las in den Zügen des Allerchristlichsten nichts als ein natürliches Mitleid mit dem Lose des Sohnes einer Frau, die dem Gebieter flüchtig gefallen hatte, und das Behagen an einer Erzählung, deren Wege wie die eines Gartens in einen und denselben Mittelpunkt zusammenliefen: der König, immer wieder der König!

«Weiter, Fagon», bat die Majestät, und dieser gehorchte, gereizt und in verschärfter Laune.

«Da die Pferde vor einer Viertelstunde nicht anlangen konnten, trat ich bei einem dem Profeßhause gegenüber wohnenden Bader, meinem Klienten, ein und bestellte ein laues Bad, denn ich war angegriffen. Während das Wasser meine Lebensgeister erfrischte, machte ich mir die herbsten Vorwürfe, den mir anvertrauten Knaben vernachlässigt und seine Befreiung verschoben zu haben. Nach einer Weile störte mich durch die dünne Wand ein unmäßiges Geplauder. Zwei Mädchen aus dem untern Bürgerstande badeten nebenan. ‹Ich bin so unglücklich!› schwatzte die eine und kramte ein dummes Liebesgeschichtchen aus, ‹so unglücklich!› Eine Minute später kicherten sie zusammen. Während ich meine Lässigkeit verklagte und eine zentnerschwere Last auf dem Gewissen trug, schäkerten und bespritzten sich neben mir zwei leichtfertige Nymphen.

In Versailles –»

König Ludwig wendete sich jetzt gegen Dubois, den Kammerdiener der Marquise, der, leise eingetreten, flüsterte: «Die Tafel der Majestät ist gedeckt.» «Du störst, Dubois», sagte der König, und der alte Diener zog sich zurück mit einem leisen Ausdrucke des Erstaunens in den geschulten Mienen, denn der König war die Pünktlichkeit selber.

«In Versailles», wiederholte Fagon, «fand ich den Marschall tafelnd mit einigen seiner Standesgenossen. Da war Villars, jeder Zoll ein Prahler, ein Heros, wie man behauptet und ich nicht widerspreche, und der unverschämteste Bettler, wie du ihn kennst, Majestät; da war Villeroy, der Schlachtenverlierer, der nichtigste der Sterblichen, der von den Abfällen deiner Gnade lebt, mit seinem unzerstörlichen Dünkel und seinen großartigen Manieren; Grammont mit dem vornehmen Kopfe, der mich gestern in deinem Saale, Majestät, und an deinen Spieltischen mit gezeichneten Karten betrogen hat, und Lauzun, der unter seiner sanften Miene gründlich Verbitterte und Boshafte. Vergib, ich sah deine Höflinge verzerrt im grellen Lichte meiner Herzensangst. Auch die Gräfin Mimeure war geladen und Mirabelle, die neben Villeroy saß, welcher dem armen Kinde mit seinen siebzigjährigen Geckereien angst und bange machte.

Julian war von seinem Vater zur Tafel befohlen und bleich wie der Tod. Ich sah, wie ihn der Frost schüttelte, und betrachtete unverwandt das Opfer mit heiliger Scheu.

Das Gespräch – gibt es beschleunigende Dämonen, die den Steigenden stürmisch emporheben und den Gleitenden mit grausamen Füßen in die Tiefe stoßen? – das Gespräch wurde über die Disziplinarstrafen im Heere geführt. Man war verschiedener Meinung. Es wurde gestritten, ob überhaupt

217

körperlich gezüchtigt werden solle, und wenn ja, mit welchem Gegenstande, mit Stock, Riemen oder flacher Klinge. Der Marschall, menschlich wie er ist, entschied sich gegen jede körperliche Strafe, außer bei unbedingt entehrenden Vergehen, und Grammont, der falsche Spieler, stimmte ihm bei, da die Ehre, wie Boileau sage, eine Insel mit schroffen Borden sei, welche, einmal verlassen, nicht mehr erklommen werden könne. Villars gebärdete sich, wenn ich es sagen soll, wie ein Halbnarr und erzählte, einer seiner Grenadiere habe, wahrscheinlich ungerechterweise gezüchtigt, sich mit einem Schusse entleibt, und er – Marschall Villars – habe in den Tagesbefehl gesetzt: Lafleur hätte Ehre besessen auf seine Weise. Das Gespräch kreuzte sich. Der Knabe folgte ihm mit irren Augen. ‹Schläge›, ‹Ehre›, ‹Ehre›, ‹Streiche› scholl es hin- und herüber. Ich flüsterte dem Marschall ins Ohr: ‹Julian ist leidend, er soll zu Bette.› ‹Julian darf sich nicht verwöhnen›, erwiderte er. ‹Der Knabe wird sich zusammennehmen. Auch wird die Tafel gleich aufgehoben.› Jetzt wendete sich der galante Villeroy gegen seine schüchterne Nachbarin. ‹Gnädiges Fräulein›, näselte er und spreizte sich, ‹sprecht, und wir werden ein Orakel vernehmen!› Mirabelle, schon auf Kohlen sitzend, überdies geängstigt durch das entsetzliche Aussehen Julians, verfiel natürlich in ihre Gewöhnung und antwortete: ‹Körperliche Gewalttat erträgt kein Untertan des stolzesten der Könige: ein so Gebrandmarkter lebt nicht länger!› Villeroy klatschte Beifall und küßte ihr den Nagel des kleinen Fingers. Ich erhob mich, faßte Julian und riß ihn weg. Dieser Aufbruch blieb fast unbemerkt. Der Marschall mag denselben bei seinen Gästen entschuldigt haben.

Während ich den Knaben entkleidete – er selbst kam nicht mehr damit zustande –, sagte er: ‹Herr Fagon, mir ist wunderlich zumute. Meine Sinne verwirren sich. Ich sehe Gestalten. Ich bin wohl krank. Wenn ich stürbe –› Er lächelte. ‹Wisset Ihr, Herr Fagon, was heute bei den Jesuiten geschehen ist? Lasset meinen Vater nichts davon wissen! nie! nie! Es würde ihn töten!› Ich versprach es ihm und hielt Wort, obgleich es mich kostete. Noch zur Stunde ahnt der Marschall nichts davon.

Den Kopf schon im Kissen, bot mir Julian die glühende Hand. ‹Ich danke Euch, Herr Fagon... für alles... Ich bin nicht undankbar wie Mouton.›

Deine Majestät zu bemühen, war jetzt überflüssig. In der nächsten Viertelstunde schon redete Julian irre. Prozeß und Urteil lagen in den Händen der Natur. Die Fieber wurden heftig, der Puls jagte. Ich ließ mir ein Feldbett in der geräumigen Kammer aufschlagen und blieb auf dem Posten. In das anstoßende Zimmer hatte der Marschall seine Mappen und Karten tragen lassen. Er verließ seinen Arbeitstisch stündlich, um nach dem Knaben zu sehen, welcher ihn nicht erkannte. Ich warf ihm feindselige Blicke zu. ‹Fagon, was hast du gegen mich?› fragte er. Ich mochte ihm nur nicht antworten.

Der Knabe phantasierte viel, aber im Bereiche seines lodernden Blickes schwebten nur freundliche und aus dem Leben entschwundene Gestalten. Mouton erschien, und auch Mouton der Pudel sprang auf das Bette. Am dritten Tage saß die Mutter neben Julian.

Drei Besuche hat er erhalten. Victor kratzte an die Türe und brach, von mir eingelassen, in ein so erschütterndes Wehgeschrei aus, daß ich ihn wegschaffen mußte. Dann klopfte der Finger Mirabellens. Sie trat an das Lager Julians, der eben in einem unruhigen Halbschlummer lag, und betrachtete ihn. Sie weinte wenig, sondern drückte ihm einen brünstigen Kuß auf den dürren Mund. Julian fühlte weder den Freund noch die Geliebte.

Unversehens meldete sich auch Père Amiel, den ich nicht abwies. Da ihn der Kranke mit fremden Augen anstarrte, sprang er possierlich vor dem Bette herum und rief: ‹Kennst du mich nicht mehr, Julian, deinen Père Amiel, den kleinen Amiel, den Nasen-Amiel? Sage mir nur mit einem Wörtchen, daß du mich lieb hast!› Der Knabe blieb gleichgültig. Gibt es elysische Gefilde, denke ich dort den Père zu finden, ohne langen Hut, mit proportionierter Nase, und Hand in Hand mit ihm einen Gang durch die himmlischen Gärten zu tun.

Am vierten Abende ging der Puls rasend. Ein Gehirnschlag konnte jeden Augenblick eintreten. Ich trat hinüber zum Marschall.

‹Wie steht es?›

‹Schlecht.›

‹Wird Julian leben?›

‹Nein. Sein Gehirn ist erschöpft. Der Knabe hat sich überarbeitet.›

‹Das wundert mich›, sagte der Marschall, ‹ich wußte das nicht.› In der Tat, ich glaube, daß er es nicht wußte. Meine Langmut war zu Ende. Ich sagte ihm schonungslos die Wahrheit und warf ihm vor, sein Kind vernachlässigt und zu dessen

Tode geholfen zu haben. Das Golgatha bei den Jesuiten verschwieg ich. Der Marschall hörte mich schweigend an, den Kopf nach seiner Art etwas auf die rechte Seite geneigt. Seine Wimper zuckte, und ich sah eine Träne. Endlich erkannte er sein Unrecht. Er faßte sich mit der Selbstbeherrschung des Kriegers und trat in das Krankenzimmer.

Der Vater setzte sich neben seinen Knaben, der jetzt unter dem Druck entsetzlicher Träume lag. ‹Ich will ihm wenigstens›, murmelte der Marschall, ‹das Sterben erleichtern, was an mir liegt. Julian!› sprach er in seiner bestimmten Art. Das Kind erkannte ihn.

‹Julian, du mußt mir schon das Opfer bringen, deine Studien zu unterbrechen. Wir gehen miteinander zum Heere ab. Der König hat an der Grenze Verluste erlitten, und auch der Jüngste muß jetzt seine Pflicht tun.› Diese Rede verdoppelte die Reiselust eines Sterbenden... Einkauf von Rossen... Aufbruch... Ankunft im Lager... Eintritt in die Schlachtlinie... Das Auge leuchtete, aber die Brust begann zu röcheln. ‹Die Agonie!› flüsterte ich dem Marschall zu.

‹Dort die englische Fahne! Nimm sie!› befahl der Vater. Der sterbende Knabe griff in die Luft. ‹Vive le roi!› schrie er und sank zurück wie von einer Kugel durchbohrt.»

Fagon hatte geendet und erhob sich. Die Marquise war gerührt. «Armes Kind!» seufzte der König und erhob sich gleichfalls.

«Warum arm», fragte Fagon heiter, «da er hingegangen ist als ein Held?»

221

CARL SPITTELER

Das Bombardement von Åbo

Erzählung
nach einem historischen Vorgang
der Neuzeit

Daß Ströme weit von ihrer Mündung aufwärts
noch gewaltige Meerschiffe tragen können, weiß
jedermann. Wer aber solche Ungeheuer in einem
kleinen Bach landeinwärts will fahren sehen, der
muß sich nach Åbo bemühen. Freilich hat der
betreffende Bach einen Namen, das verdient er,
und zwar, wenigstens wenn er mit südländischem
Akzent gesprochen wird, einen wohlklingenden,
nämlich Aura. Die Aura ist nicht so breit wie die
Straße eines deutschen Landstädtchens, aber von
beneidenswerter Tiefe und überdies in ihrem stillen Wandel durch die alte Hauptstadt Finnlands
mit massiven Terrassen von echtem finnischen
Marmor geschmückt, auf welchen sich zur Markt-
stunde die Käufer gruppieren, während die Verkäufer mit ihren Booten das ganze Wasser bedek-
ken. Die Brücke dient als Korso für die Spaziergänger, links und rechts liegen die Holzhäuser, welche
trotz ihrer Ärmlichkeit nicht bescheiden dürfen

222

genannt werden, da sie auf den Namen einer Stadt Anspruch erheben. Etwas weiter draußen, aber immer noch im Stadtbach, ankern die großen Stockholmfahrer. Das Meer ist mit Schären wie mit schwimmenden Wäldern viele Stunden hin angefüllt, eine Riesenlagune, die bis zu einem Drittel des Weges nach Stockholm reicht. Auf der entgegengesetzten Seite, landeinwärts, wo die Aura herkommt, erblickt man auf einem niedern Hügel die älteste Kirche Finnlands, welche schon dastand, als Stockholm noch ein kleines Fischerdorf war.

Während des Krimkrieges, als die englischen Kriegsschiffe den Finnischen und den Bottnischen Meerbusen unsicher machten, wurde dem Gouverneur von Åbo, General Baraban Barabanowitsch Stupjenkin, eine russische Besatzung geliehen; zwei Regimenter stark, wie man in Petersburg glaubte, in Wirklichkeit jedoch anderthalb Bataillone, mit einem in Helsingfors abwesenden Palkownik* an der Spitze, an dessen Stelle der Major Balvan Balvanowitsch kommandierte, gewaltig im Kartenspiel, daneben, trotz seiner beträchtlichen Faulheit, ein vollendeter Reiter, im übrigen, außer seiner sprichwörtlichen Dummheit, ohne hervorstechende kriegerische Eigenschaften. Der Dienst, nachdem einmal die Küstenwachen eingerichtet waren, ließ vollauf Zeit zu der jedem Russen unentbehrlichen Langeweile, welche bekanntlich vom Schöpfer ausdrücklich zu dem Zweck geschaffen wurde, damit man sie durch Karten-

---

* Oberst

223

spiel vertreiben könne. So gestaltete sich das Societätshüß, dieses unvermeidliche Grandhotel aller
finnischen Städte, allmählich zum Generalquartier
der russischen Besatzung, wo sich außer den Offizieren auch der Gouverneur mit seiner Frau ein-
fand, die schon seit fünf Jahren Tag für Tag das
erbärmliche Nest nach allen erdenklichen Gegenden Sibiriens verwünschten, denn in Sibirien ist
man wenigstens seiner Whistpartie sicher. Außerdem die wenigen russischen Schreiber und Zivil-
beamten, welche sich in dieser Wüstenei auftrei-
ben ließen. Hier wurde dann, «um die goldene Zeit
nicht zu verlieren», wie sich der Gouverneur witzig ausdrückte, im Gesellschaftssaal von mittags
ein Uhr bis abends spät Karten gespielt, auch nicht
übel getrunken, sogar schwedischer Punsch, auf
welchen sich die Abneigung der Russen gegen
Schweden und Engländer nicht ausdehnte, und
während des Kartenmischens politisiert, das heißt
auf die Groß- und Kleinmächte Europas weidlich
geschimpft und auf die kaiserliche Regierung von
Petersburg gestichelt. Die Gouverneurin ließ sich
in den Pausen, oder wenn sie wenig Trümpfe in der
Hand hatte, von den jüngern Offizieren den Hof
machen, und der Gouverneur kümmerte sich darum «wie um das Jahr vierzig».

Die Soldaten trieben sich inzwischen in den
Wirtshäusern herum, mit den Finnen Bruderschaft
trinkend, oder machten sich auf dem Markte unnütz, wo sie mit den Verkäuferinnen wie mit russischen Bauerndirnen zu schäkern versuchten, aber
statt schelmischer Antworten nur ein entrüstetes
sittliches Grunzen erhielten.

So standen die Dinge, als eines Morgens, eben als der Markt sich füllte, ein Kosak von der Küstenwache mit vorgebeugtem Oberkörper über das Pflaster sprengte.

«Birigis-jah!»* schrie er aus vollem Halse, da die Hufe des kleinen, leichtsinnigen Tierchens nur einen gedämpften Ton erweckten, welcher in dem allgemeinen Geschwätz verhallte.

«Was gibt's?» fragten ihn einige Soldaten.

«Bumbardirovka», lautete die kurze, flüchtige Antwort, darauf war er schon über die Brücke.

Das Wort ging von Munde zu Munde: «Bumbardirovka» und «Bumbardirowanje» riefen die Soldaten einander zu, und die intelligentern unter den Finnen, welche zwar nicht die Endungen, wohl aber das «Bum» begriffen, übersetzten «Pummi» und «Tulipummi».

Im Nu verwandelte sich das friedliche Marktvolk in eine empörte, grunzende, fauchende und grölende Masse, anzusehen wie ein Hornissenschwarm und anzuhören wie ein Rudel Wölfe, die über ein Pferd herfallen. Die Weiber kreischten nicht wie andere Menschenweiber; tiefe, fürchterliche Töne stießen sie heraus, die Männer aber knirschten in einem fort: «Satanaperrkele.»**

Jetzt ertönte Trommelwirbel und Horngetute, worauf sich die Soldaten im Laufschritt entfernten.

«Gott ist gnädig», schrien sie im Laufen, «endlich schickt er uns etwas zu arbeiten.»

Auf der Brücke oben erschien zwischen vier

---

  * «Achtung»
** «Satansteufel»

berittenen Kosaken der Gouverneur Baraban Barabanowitsch, glänzend ausstaffiert, wie man ihn
noch nie gesehen: auf dem Kopfe einen vergoldeten Helm mit rotweißem Federbusch, der grüne
Rock mit schweren goldenen Epauletten und
einem Magazin funkelneuer Orden geschmückt,
darüber ein sechs Zoll breites Rosaband schräg
über die Schulter bis zum Degen geschlungen, die
Hosen zündrot zum weithin leuchtenden Zeichen
des Generalsranges. Aber er war zu Fuß, weil er
seinen Rappen dem Major Balvan Balvanowitsch
verkauft hatte, was ihm neben der anständigen
Kaufsumme noch den Vorteil eintrug, daß er das
Geld, welches ihm die Regierung jährlich für zwei
Laufpferde nebst Knecht und Hafer zugute schrieb,
zu nützlichen Zwecken verwerten konnte. Bei seinem ehrfurchtgebietenden Anblick verstummte
das Volk und lauschte mit entblößtem Haupte. Der
Gouverneur hielt eine Ansprache. Mit weithin
schallender Stimme erinnerte er die Anwesenden
an ihre Untertanenpflicht, an ihr Glück und Gedeihen, seit sie von den Schweden befreit worden, an
die Vatergüte des milden Kaisers Nikolaj Pawlo-
witsch, welcher die Finnen ganz besonders in sein
Herz geschlossen, also daß er einmal auf der Parade
zu Wiborg mit höchsteigenem Munde «Kaksi»*
gesprochen. Dann ging er zu den Schilderungen
des Feindes über, beschrieb das Heidentum und die
entsetzlichen Gebräuche der Engländer, wie sie
weder Völkerrecht noch Eid und Verträge achte-
ten, und malte ihnen das gräßliche Schicksal ihrer

---

* «Zwei»

Frauen und Kinder aus, wenn der Feind aus den dunkeln Höhlen der Schiffe an die heilige Küste Finnlands steigen sollte. Schließlich ermahnte er sie zum Widerstand bis aufs Messer, rief die jungen Männer zum freiwilligen Beistand auf und – bei diesen Worten wurde seine Stimme weicher – erklärte sich bereit, freiwillige Spenden auf dem Altar des Vaterlandes, also auf seinem Schreibtisch, entgegenzunehmen.

«Urrah», schrien die Kosaken aus Leibeskräften, als die Rede zu Ende war, und die Menge ließ ein beistimmendes Gemurmel hören. Der Gouverneur verschwand wieder, die Gruppen scharten sich um den Bürgermeister und den Apotheker, und allmählich sammelte sich die junge Mannschaft und zog auf die Höhe über der Stadt, um sich Waffen geben und in den Hantierungen unterrichten zu lassen.

Als der Gouverneur, nach Hause zurückkehrend, die Treppe seines Holzpalastes hinanstieg, fand er die Küchentür offen. Sogleich dämpfte er den Tritt und sah wie zufällig hinein. Agafia, die kleine, zierliche, braune Köchin mit den schönen kleinrussischen Mandelaugen, war um den Herd beschäftigt, in einiger Entfernung von ihr stand ein junger, flachshaariger Finne.

«Was tust du hier? Wie heißest du?» fuhr ihn der General an.

«Tullela», lautete die kurze, doch bescheidene Antwort.

«Faulpelz! Du tätest auch besser, dein Vaterland zu verteidigen, als in der Küche herumzulungern. Fort, zum Teufel! Und Gott mit dir.»

227

Der Finne wich zögernd vom Platze, verlegen die Mütze in der Hand drehend. Agafia aber brauchte ihre Zunge.

«Erlauben Sie, daß ich Ihnen sage, Exzellenz: das Vaterland ist etwas Kleines, Exzellenz! Aber der Finne da ist mein Bräutigam.»

«Dumme Gans!» schnurrte der Gouverneur, «bist du verrückt? Einen Finnen heiraten?»

Agafia blickte den Zornigen schelmisch blinzelnd an, dann entgegnete sie munter lachend: «Sie sind neidisch auf ihn, Exzellenz?» Und als der Gouverneur aufbrausen wollte, fügte sie rasch hinzu, die Hände über dem Knie zusammenschlagend: «Wie Sie schön sind heute! Exzellenz! Wie gut Ihnen die große Form* steht!» Dann schreckte sie plötzlich zusammen: «Die Herrin kommt!» flüsterte sie hastig, worauf jener sogleich die Küche verließ.

Agafia aber nahm jetzt den Finnen, der noch immer wie der heilige Alexander Newskij in der Isaakskirche unbeweglich dastand, leidenschaftlich um den Hals und versetzte ihm einige herzhafte Küsse, die derselbe nicht zu erwidern wagte.

Die Gouverneurin lag auf dem Sofa und rauchte.

«Hast du die ärgerliche Nachricht schon vernommen?» rief sie ihrem Manne mit ihrer langgezogenen, stets klagend tönenden Stimme entgegen.

«Nun, was ist da dabei? Es bleibt noch immer die Frage, ob die Kugeln der Engländer so weit reichen.»

---

* Uniform

«Was Engländer! Was kümmern mich die Engländer! Die Engländer, das ist etwas Kleines! Gott mit ihnen! Aber weißt du denn nicht, daß Agafia heiraten will und mir den Dienst gekündet hat?»

«Nicht möglich!»

«Nun, du hast ja doch den langen Bengel von Finnen in der Küche gesehen. Du brauchst dich nicht zu verstellen; ich habe gar wohl gemerkt, daß du Agafia gerne siehst. Das ist auch natürlich: sie ist hübsch, und sie weiß es. Aber das ist jetzt alles Nebensache. Jedenfalls lasse ich Agafia nicht fort. In diesem elenden finnischen Nest ist sie die einzige, die Batwinia* zu kochen versteht. Was nützen mir die schönsten Lachse ohne Batwinia? Tu mir den einzigen Gefallen, und steh nicht so gleichgültig da; es geht dich an.»

«Mein Gott! Nichts Leichteres als das: zahl ihr den Lohn nicht aus! Du hast ihn doch hoffentlich zurückbehalten?»

«Keine Gefahr! Du meinst doch nicht, ich werde so dumm gewesen sein, ihr den Lohn auszuzahlen! Sie hat vierzehn Monate bei mir stehen. Allein ihr Liebhaber ist reich, die große neue Ziegelbrennerei oben am Strand hinter der Stadt gehört ihm. Kannst du ihr nicht den Paß verweigern?»

Baraban Barabanowitsch seufzte.

«Wir wohnen hier nicht in Rußland. Die Finnländer sind Deutsche; die glauben an keinen Gott und achten kein Gesetz! Auf diesem Wege läßt sich nichts machen.»

---

* Fischsuppe

«Auf welchem Wege du willst. Das ist deine Sache.»

In diesem Augenblick erschien ein Kosak unter der Tür, welche nach russischer Sitte offenstand.

«Zum Teufel!» schrie ihn der Gouverneur an, sobald er ihn erblickte.

«Ich gehorche», erwiderte der Kosak höflich, blieb indessen stehen.

«Zum Teufel! – Verstehst du mich nicht?»

«Ich gehorche. Aber verzeihen Sie, Exzellenz, Balvan Balvanowitsch schickt mich zu Ihnen. Es seien keine Gewehre in der Kaserne.»

«Der Halunke wird sie verkauft haben; schicke ihn zum Teufel!»

«Ich gehorche, Exzellenz. Allein wir können keine Kugeln finden.»

«So ladet Butter und Salzgurken.»

«Ich gehorche. Allein verzeihen Sie, Exzellenz, wir haben nur noch ganz wenig Pulver.»

«Was geht mich das alles an? Das ist die Sache des Majors. Pack dich! Gehorchst du?»

«Ich gehorche.»

«Das ist eine Bande!» seufzte der General und stellte sich ans Fenster.

Bei seinem Anblick nahm das Volk draußen auf dem Platze die Mützen herunter und schrie «Urrah!».

«Ich gebe zu», bestätigte die Gouverneurin mit ihrer tiefen, wohlklingenden und ewig lamentierenden Altstimme, «jeder nimmt, was er kann dafür hat man ja den Staat und die Regierung Nicht umsonst ist er Major und hat eine Kasse zu verwalten. Aber man muß immerhin bescheiden

230

sein und dafür sorgen, daß die andern auch etwas erhalten. Und vor allem darf das Vaterland nicht darunter leiden. Du hast doch hoffentlich nach Petersburg wegen Zigaretten geschrieben? Nein? Da hört doch alles auf. Ich habe ja nur noch ein einziges Kistchen! Was sollten wir um Gottes willen hier anfangen, wenn wir keine Zigaretten mehr hätten? – Um aber auf die Agafia zurückzukommen, was meinst du?»

Der General zuckte ratlos die Achseln.

«Ich will sie einmal rufen», fügte sie hinzu und klatschte in die Hände.

Sogleich erschien Agafia auf der Schwelle.

«Sie haben mich befohlen, Herrin?» fragte sie höflich.

«Ja, um dir zum letztenmal zu erklären, daß ich dir niemals gestatte, zu heiraten.»

Agafia verbeugte sich.

«Erlauben Sie, Gebieterin, erlauben Sie mir, Ihnen zu sagen, daß das etwas Kleines ist, was Sie gestatten oder nicht gestatten. Wenn es Gottes Wille ist, so werde ich, wenn Sie es erlauben, heiraten. Soll ich das Auerhuhn – verzeihen Sie, daß ich frage – mit einer schwedischen Sauce bereiten wie das letzte Mal?»

«Erbarme dich, Närrin! Wie kannst du so dumm fragen? Wer kocht einen Wildvogel in einer russischen Sauce! Aber komm jetzt einmal her und sage mir offen, hast du dich über mich zu beklagen, daß du durchaus heiraten willst?»

«Erbarmen Sie sich, Gebieterin, ich mich über Sie beklagen? Solch eine gnädige, gute, liebe Gebieterin, die mir noch zu Ostern ein neues Kleid

geschenkt, und was für eins! Ich schäme mich, es
anzuziehen, so prächtig sieht es aus. Ich mich über
Sie beklagen? Da müßte ich undankbarer sein als
ein Tatar!»

Während dieser Worte eilte sie hurtig zu der
Gouverneurin und küßte ihr wiederholt die Hand.

«Nun also, warum willst du denn heiraten? Du
wirst mir doch nicht weismachen wollen, daß du in
den blödsinnigen Finnen verliebt bist? Ein so hübsches Mädchen wie du! Du kannst noch weiß was
für einen Mann bekommen. Hat dir denn nicht
der Kosakenhetman einen Heiratsantrag gemacht?
Und mein Klavierlehrer aus Helsingfors, dem hast
du es auch angetan. Du brauchst nur zu wählen,
nicht wahr, Baraban Barbanowitsch? – Zudem bist
du so jung, daß es mit dem Heiraten durchaus
keine Eile hat. Warte, bis mein Mann nach Petersburg versetzt wird, dort will ich dir einen Bräutigam aussuchen, auf den du stolz sein darfst.»

Agafia seufzte.

«Ich weiß ja, Gebieterin, daß Sie es gut mit mir
meinen und daß ich nur eine einfältige unverzeih-
liche Gans bin. Und mein Tullela, das muß man ihm
auch lassen, ist dumm wie ein Rentier. Glauben
Sie, er sei imstande, einen einzigen Satz im Zusammenhang zu sprechen? Glauben Sie, er sage mir
jemals, wie ich hübsch sei oder wie gut mir mein
Kleid stehe? Nichts. Einfach nichts. Nur das Maul
aufsperren kann er und mich stundenlang angaf-
fen, als wenn ich aus Zucker wäre und statt Blut
Johannisbeerbranntwein in den Adern hätte. Aber
sehen Sie, Gebieterin, ich weiß nicht, warum: er ist
so jung und ganz allein, ohne Eltern, ohne Ge-

232

schwister, allein in der Welt, wie eine Drossel, die aus dem Neste gefallen ist. Und liebt mich, sag' ich Ihnen, liebt mich, liebt mich, Gebieterin, es ist nicht zu glauben, wie ein Hund, einfach wie ein Hund, weiter nichts. Und da muß ich ihn halt auch gern haben. Was ist da zu machen?»

«So heirate ihn denn meinetwegen; aber das braucht doch nicht gleich zu geschehen, und du hast auch deswegen nicht nötig, aus meinem Dienste zu treten.»

«O du gütiger Gott, Gebieterin, da kennen Sie die Finnen nicht! Die sind nicht so gut wie die Rechtgläubigen. Eifersüchtig sind sie! Eifersüchtig, daß einem ganz angst wird. Und warten will er auch nicht länger, sonst hätte ich Ihnen doch nicht die Verlegenheit bereitet. Aber verzeihen Sie, Gebieterin, ich muß in die Küche, ich habe den Lachs in der Pfanne.»

«Um Gottes willen, das sagst du mir jetzt erst? Und du stehst da und schwatzest das unnützeste Zeug! Spute dich! Erbarm dich! Schneller!»

Unter der Tür drehte sich Agafia nochmals um: «Erlauben Sie mir, Gebieterin, nach dem Essen ein wenig mit Tullela spazieren zu gehen?»

«Was fällt dir ein? Es ist doch heute kein Festtag.»

«Sie sagen alle, es sei heute ein großer Festtag; die Engländer machten eine Bumbardirovka! Es soll sehr lustig werden!»

«Meinetwegen! Gott mit dir! Aber sieh dich vor, daß dich keine Bombe trifft.»

«Ich danke», erwiderte Agafia mit einem freudigen Knicks.

«Es würde auch kein großer Schaden sein», knurrte der General ungnädig.

«Ich danke», wiederholte Agafia lächelnd, indem sie sich gegen den Gouverneur verbeugte. Schon war sie im Begriff davonzueilen, da kehrte sie sich noch einmal verlegen um: «Verzeihen Sie mir, Gebieterin», versetzte sie mit unsicherer Stimme, «würden Sie vielleicht die Güte haben, mir eine Kleinigkeit von meinem Lohn zu schenken?»

Das Gesicht der Generalin verfinsterte sich.

«Wieviel brauchst du?» fragte sie mißmutig.

«Glauben Sie, ein Rubel wäre unbescheiden?»

«Warum nicht gar! Ein Rubel! Du bist nicht bei Trost! Was um alles in der Welt wolltest du mit einem Rubel anfangen? Du hast doch nichts nötig. Vierzig Kopeken reichen vollständig aus.»

Dabei stand sie langsam und widerwillig auf, um sich nach dem Schreibtisch zu bemühen.

«Gib doch dem dummen Ding den Rubel», rief der Gouverneur, «und sie soll lieber nach dem Lachs sehen.»

«Um Himmels willen! Gut, daß du mich erinnerst. Ja! Schnell in die Küche!»

Der Gouverneur streckte dem Mädchen einen Rubel entgegen. Diese küßte ihm zweimal die Hand zum Dank und ebenso der Generalin, dann hüpfte sie mit dem Rubel freudestrahlend nach der Küche, woher man sie alsogleich das Lied vom «roten Sarafan» singen hörte.

«Schade um das Mädchen», murmelte der General.

«Sie dauert mich, sie wird verlorengehen», bestätigte die Generalin mitleidig. «Aber was ist da eigentlich mit dem Engländer? Solltest du nicht vielleicht doch ein bißchen nachsehen?»

«Das fehlte noch! Das geht den Major an. Ich bin hier auf meinem Posten!»

Jetzt hörte man auf dem Platze einen ungewöhnlichen Lärm, welcher sofort verstummte, als der Gouverneur das Fenster aufriß.

«Was gibt es?» rief er mit seiner prächtigen Heroldstimme.

«Sie bringen einen englischen Parlamentär, Exzellenz», gab ein Soldat zur Antwort, die Hand an den Helm legend.

«Sagt ihm, ich sei beschäftigt, und laßt ihn auf der Straße warten.»

«Ich gehorche, Exzellenz.»

Nach einer Weile aber erschien ein Offizier unter der Tür und meldete: «Exzellenz, es fällt Regen.»

«Daran bin ich nicht schuld.»

«Ich meine, ob wir nicht vielleicht den Parlamentär unter Dach bringen sollen?»

«Wozu? Die Engländer können es für eine Gnade halten, daß Gottes Regen auf sie herunterfällt. Es wird ihnen nicht schaden. Sie lieben ja das Wasser. Was ist es übrigens für eine Sorte von Kerl?»

«Ein Marineoffizier, Exzellenz.»

«Siehst du? Habe ich dir's nicht gesagt? Laßt ihn nur ruhig stehen.»

Nicht lange darauf erschien ein zweiter Offizier.

«Exzellenz, das Volk wird immer zahlreicher und wütender; wir fürchten, sie werden dem Parlamentär etwas Unangenehmes antun.»

«Wäre auch kein Schade. Geh mit Gott!»

Kaum war indessen der Offizier verschwunden, so bereute der Gouverneur das unbesonnene Wort.

«Warte!» rief er dem Abziehenden nach, «führt den Halunken in mein Empfangszimmer. Ich will doch wissen, was er eigentlich von mir begehrt, wenn schon alles erlogen ist, was diese Heuchler vorbringen.»

Nach einigen Minuten hörte man tastende Schritte im Erdgeschoß, und der Gouverneur, nachdem er noch einige Zeit hatte auf sich warten lassen, wollte sich eben zum Empfang bequemen, da zog ein bewaffnetes Peloton im Taktschritt die Treppe herauf, ohne Offizier, nur von einem Feldweibel geführt.

«Was wollt ihr, Hunde?» herrschte der General.

Die Soldaten grüßten ehrerbietig und freundlich.

«Wir möchten Eure Exzellenz untertänigst um eine Gnade bitten», begann der Feldweibel bescheiden.

«Was für eine?»

«Ein bißchen töten», erwiderte jener schmeichelnd.

«Wen töten?»

«Nur den Engländer», lautete die Antwort in kosendem Tone.

Ein Faustschlag erstickte die letzte Silbe des Sprechers.

«Tötet ein Russe einen Parlamentär?» schrie der General bleich vor Wut. «Sind wir Tataren, Deutsche und Türken? Sind wir keine Rechtgläubigen? Jeden, der dem Engländer ein Leid oder nur einen

Schimpf antut, lasse ich knuten und erschießen. Hört ihr?»

«Wir hören und gehorchen.»

Damit kehrten sie rechtsum; der Feldweibel aber blieb zurück, richtete sich gerade in die Höhe, während sein ganzer Körper vor Angst zitterte.

«Exzellenz, verzeihen Sie mir; ich glaubte Gott und dem Kaiser zu dienen, indem ich die Welt von einem Engländer reinigte. Man hat mir gesagt, sie töten die kleinen Kinder. Und ich habe selbst Kinder.»

«Was die Engländer tun, dafür wird sie Gott strafen; ein Russe aber hat einen Glauben und tötet keinen Wehrlosen und keinen Parlamentär. Verstehst du?»

«Ich verstehe und gehorche. Verzeihen Sie mir, Exzellenz.»

«Geh zum Teufel!»

Tief aufatmend vor Glück und Dank über den gnädigen Bescheid legte der Feldweibel die Hand an die Stirn und marschierte mit leuchtenden Blikken ab. Der Gouverneur aber ging, den Parlamentär zu empfangen.

«Weißt du, Pelageja Iwanowna, was der Kerl will?» rief er seiner Gemahlin zornig entgegen, als er nach einer halben Stunde wieder erschien. «Wir sollen ein Haus zum Bombardement auswählen!»

«Entweder ist er verrückt, oder er stellt dir eine Falle. Wie sollten sie auch das Haus aus der Ferne erkennen?»

«An einer roten Fahne, die er uns da aufstecken heißt. Ich glaube, es ist ihm ernst mit der Sache; du

weißt ja, den Engländern kann man das Verrückte-
ste am ehesten glauben.»

Nachdem sie noch eine Weile über die Engländer gespottet, erhellte sich plötzlich das Gesicht der
Gouverneurin.

«Mir kommt ein Gedanke: laß ihn die lutheri-
sche Kirche bombardieren, das wäre zugleich ein
nützliches und ein Gott wohlgefälliges Werk.»

«Das ist ein Gedanke.»

Nach einer Weile aber kam der General mit dem
Bescheid zurück: «Sie weigern sich, auf eine Kirche
zu schießen, die Heuchler!»

«Weißt du was, mein Täuberich, gib ihnen unsern Palast zum Bombardieren. Der Staat wird uns
entschädigen, daß wir nichts dabei verlieren. Denn
was man auch im übrigen der Regierung vorwer-
fen kann, das muß man ihr lassen, daß sie großmütig zahlt. Zum Ausziehen bleibt uns Frist genug.»

«Das ist wieder ein Gedanke.»

Nach einer Weile aber kam er wütend zurück.

«Siehst du, was das für Halunken sind? Sie
behaupten, das wäre zu gefährlich; der Palast stehe
zu dicht an den Häusern, es könnte eine Bombe
nebenan fliegen. Wir sollten ein Haus aussuchen,
das abseits steht.»

«Jetzt kommt mir eine Offenbarung: gib ihnen
die Ziegelhütte, dann kommt Tullela um sein Vermögen und kann Agafia nicht heiraten.»

«Den Gedanken hat dir die heilige Mutter Gottes von Kasan eingegeben.»

Als er nach einer Weile zurückkehrte, rieb er sich
die Hände.

«Gut! Abends um zehn Uhr soll's losgehen.»

Während des Nachmittags hörte der Regen auf, und ein warmer Sonnenschein zerstreute die Wolken. Jetzt gedachte Agafia von ihrem Urlaub Gebrauch zu machen, um mit ihrem Bräutigam das Bombardement anzusehen. Davon, daß dasselbe erst abends beginnen und daß es dem Hause ihres Liebsten gelten sollte, wußte sie natürlich nichts, so wenig wie die übrigen Einwohner der Stadt; denn das blieb Staatsgeheimnis, das gehörte zur höhern Politik. Zwei Kleider hingen in ihrem Schrank, jedes ihre Augen verlockend. Das eine war ihr rotes kleinrussisches Kostüm, es stand ihr schön, darüber konnte kein Zweifel walten, man hatte es ihr oft genug gesagt; das andere aber, das Geschenk von der Gouverneurin, mit seiner blaßblauen Farbe, sah vornehmer aus; die Gouverneurin hatte es ja selbst am Ball getragen, was brauchte es eines bessern Beweises? Und eine Schleppe hatte es! eine Schleppe! Wenn sie mit dieser Schleppe spazieren ginge, so würde der Major Balvan Balvanowitsch ihr den Arm reichen und sie «Madame» heißen. Die Schleppe entschied, und mit kindlichem Selbstbewußtsein rauschte sie in die Küche, um die Huldigung ihres Geliebten zu empfangen. Tullela nahm vor Verlegenheit die Mütze ab und zog sich einen Schritt zurück.

«Fürchte dich nicht vor mir», flüsterte Agafia gnädig, indem sie ihn küßte, «für dich bleibe ich dennoch deine kleine Agafia.»

Dann zogen sie auf die Straße, Arm in Arm, und Agafia, die den Sonnenschirm beständig hin und her bewegte wie einen Fächer, genoß die Befriedigung, daß sie Aufsehen erregte. Die Finnen wichen

239

scheu und ehrerbietig zurück, die Soldaten legten die Hand an die Stirn, und selbst die Offiziere und Beamten, nachdem sie den Begleiter spöttisch betrachtet, bequemten sich zu einem mehr oder weniger freiwilligen Gruße. Die Schleppe tat ihren Dienst. Nur eines fehlte ihr noch zur Vornehmheit: die Zigarette. Doch sie besaß ja einen Rubel, und eine Schenke war nicht weit. Hurtig wie ein Eichhörnchen huschte sie die ihr wohlbekannten drei Stufen zum Wirtshaus hinan, ihren Liebsten stehenlassend, und kaufte sich ein Päckchen La Ferme. Dann erschien sie wieder, in eine Rauchwolke gehüllt, laut hustend und die Zigarette zwischen zwei Fingern weit von sich streckend. Jede halbe Minute hatte sie ein Stück zu Ende geraucht, worauf sie den nächsten besten Vorübergehenden, am liebsten einen Beamten, um Feuer bat. Der verbeugte sich höflich und galant, legte die Hand an die Mütze und gewährte ihr das Verlangte.

Unwillkürlich nahm sie den Weg nach dem Hafen. Dort war alles in wildester Bewegung, weil das englische Kriegsschiff eben zwischen den Schären angekommen war und in nicht allzu großer Entfernung sichtbar und bedrohlich ankerte. Man konnte sogar die zwei Kanonenreihen unterscheiden, und die bauschenden Segel überragten die Tannen der Inseln.

«Wie hübsch! Was für ein Festtag!» rief Agafia aus, lustig in die Hände klatschend.

Allein diese ästhetische Billigung mißfiel dem Volke, welches wilde Drohrufe ausstieß.

«Tut mir doch den Gefallen, Freunde, und

fürchtet euch nicht!» begütigte Agafia lachend.
«Kanonen haben sie freilich, die Engländer, ob
aber auch Pulver und Kugeln dazu, das ist die
große Frage! Glaubt mir, seht, ich denke, es wird
wohl bei ihnen gehen wie bei den andern auch.
Anfangs, wenn sie von zu Hause fortfahren, da
besitzen sie alles; aber England ist weit, und das
Leben auf dem Schiff ist langweilig. Heute verkauft der Admiral ein Kügelchen und morgen der
Kapitän eins für einen Damenhut oder ein Korsett
oder ein Paar Schnürstiefelchen; und die Matrosen
tauschen das Pulver gegen Schnupftabak und Zigaretten – natürlich – was wollten sie auch mit dem
Pulver anfangen? Und Branntwein haben sie ja
auch nötig, die Armen, wenn sie schon Engländer
sind und keine Rechtgläubigen! Seht, sie verkaufen
nur immer eine Handvoll jeden Tag; aber wenn
dann das Jahr um ist – begreift ihr? – und es einmal
zum Totschießen kommt, was bleibt dann den
Armen an Pulver und Kugeln übrig? Nichts! einfach nichts, sage ich euch! Platz!»

Den Finnen leuchtete das dunkel ein, so daß sie
besänftigt knurrten. Aber einige Zornköpfe vermochten doch den Anblick des hölzernen Unge-
tüms, welches die Stadt Åbo zu bombardieren
kam, schlechterdings nicht zu ertragen. Sie bestiegen einen kleinen Küstendampfer und fuhren unter
dem wilden Jubelgrölen ihrer Landsleute zum Angriff in die See. Auf dem Engländer geschahen
Zeichen mit Flaggen und Wimpeln; plötzlich
leuchtete ein prächtiges Rot von der Breitseite des
Schiffes, umhüllt von graublauen Wolken; dann
erscholl ein weicher, doch kräftiger Donner.

«Pummi», schrien am Ufer die Finnen und purzelten mit Wutgeheul durcheinander.

Allmählich, als weiter nichts geschah, erholten sie sich und erkundigten sich nach den Toten. Niemand war nur verwundet, auch wurde eine Kugel weder gehört noch gesehen.

«Was habe ich euch gesagt?» rief Agafia triumphierend. «Seht ihr jetzt, daß ich recht hatte! Sie haben keine Kugeln.»

Eine Stafette, die wie ein Wirbelwind durch die Stadt dahergaloppierte, machte fernern Angriffsgelüsten mit strengem Verbot ein Ende.

«Komm, mein Täuberich», schmeichelte Agafia, «hier gibt es nichts mehr. Wir wollen der Küste nach zu den Kosaken. Dort geht es lustig her. Bei den Kosaken ist immer Festtag.»

Unterwegs, in der Henriksgasse, die unmerklich, dorfähnlich nach der Landschaft verläuft, machte sich Agafia auf Schritt und Tritt unnütz, indem sie bald wie ein Wiesel ihr Näschen durch die offenen Fenster steckte, die Alten neckend und die Kinder zärtlich herzend, bald hoch aufgerichtet wie ein Pfau das zartblaue Ballkleid mitten durch die Straße schleppte, den vorübergehenden Männern einen jener Flammenblicke seitwärts zuschleudernd, welche sie den französischen Sängerinnen aus dem Societätshüß abgelauscht hatte, in der Meinung, hiemit der feinsten hauptstädtischen Lebensart teilhaftig zu werden. Tullela aber, der nicht wußte, wie ihm geschah, schritt ehrerbietig an ihrer Seite und ließ sich alles gefallen.

Draußen vor der Stadt, auf einer Wiese, sahen sie den Major Balvan Balvanowitsch, wie er die Infan

terie musterte. Der gute Mann, jählings aus seinem
Kartenspiel aufgeschreckt und durch ein Schreiben
des Gouverneurs niedergedonnert, das ihm mit
dem Kriegsgericht wegen der Waffenunterschleife
drohte, hatte vollkommen den Kopf verloren; um
denselben wiederzufinden, galoppierte er unaufhörlich um die kleine Truppe, die Soldaten be-
schimpfend, die Offiziere in höflichem Jammerton
verblümt anklagend und dabei kreuz und quer die
fürchterlichsten Flüche ausstoßend, daß selbst ein
Samojede sich darob würde entsetzt haben. Während dieses ungestümen Zorngewitters rauchten
die Offiziere gleichgültig ihre Zigaretten, die Soldaten hingegen standen in untadelhafter, steifer
Stellung ruhig da, und wer von ihnen kein Gewehr
besaß, führte mit einer imaginären Flinte trotz
seinem bewaffneten Nebenmanne alle Exerzitien
vorschriftsmäßig aus. Von Zeit zu Zeit verging
Balvan Balvanowitsch der Atem; dann ritt er gegen einen kleinen Erdhügel, auf welchem Mademoiselle Titi und Mademoiselle Fifi, die Sterne des
Societätshüß, thronten, die Musterung mit ihrer
Gegenwart beehrend. Vor diesen pustete er tief
aufatmend, rieb sich mit dem Taschentuch den
Schweiß von der Stirn und beklagte bitter sein
Schicksal, welches ihn verdammt, eine solche «barbarische, brutale russische Bande» zu befehligen,
statt ihn, wie es doch seinen Talenten angemes-
sen gewesen wäre, zum Feldherrn Napoleons III.
gebären zu lassen, für welchen er eine schwärme-
rische Begeisterung an den Tag legte. Nachdem
er den Damen noch galanterweise eine Flasche
echten Wiborger Kognak hatte vorsetzen lassen,

243

entblößte er sein Haupt, verbeugte sich anmutig, setzte dem Rappen beide Sporen in die Weichen und begann das Donnerwetter von neuem.

Agafia, stolz in dem Bewußtsein ihres seidenen Prachtkleides, spazierte vor den Truppen langsam der Front entlang, ihren Bräutigam nach sich ziehend. Sie hielt ihre Privatparade. Nachdem sie dieselbe beendet und alles nach Wunsch befunden hatte, pflanzte sie sich neben Fifi und Titi auf und machte sich nunmehr ein Geschäft daraus, die Pariserinnen aus Brabant zu überstrahlen und gelb zu ärgern. Kein Stellung ist so theatralisch und keine Verrenkung so graziös, daß sie dieselbe nicht versucht hätte, und da es einem bildhübschen weiblichen Geschöpf auch bei den redlichsten Bemühungen schlechterdings unmöglich wird, unvorteilhaft auszusehen, so erreichte sie ihre Absicht gegenüber ausgedienten Gartensängerinnen ohne Verzug. Das gab nun ein wechselseitiges Sichbrüsten und ein Achselzucken, wie wenn drei Truthennen sich um einen Hahn streiten. Daß beide Parteien die Reden der andern nicht verstanden, diente nicht zum Frieden, da nun jedes seine ganze Meinung auskrähte, der Gegner aber dieselbe an der Mienensprache erriet.

«Seht», lachte Agafia vergnügt, indem sie mit beiden Händen lebhaft gestikulierte, «was euch ärgert, das ist bloß der Neid. Weil ich jetzt eine feine Dame bin, weil ich La Ferme rauche, weil ich einen Bräutigam habe, einen jungen, einen hübschen, einen reichen, einen, der mir gehorcht, der mir meinen Schafpelz nachträgt, der mir am Sonntag Rosinen schenkt, einen ganzen Sack voll,

und mir alle Tage das Holz in die Küche hinauf-
schleppt. Gelt, den möchtet ihr haben? Aber da
bemüht ihr euch umsonst, denn er ist mir treu und
liebt mich; liebt mich, sage ich euch, wie ein Baron;
liebt mich, als wenn wir schon fünfzig Jahre verheiratet wären und Großkinder hätten; liebt mich
wie Elias der Donnerer, wenn er gleich nur ein
Ungläubiger ist.»

In diesem Augenblick sprengte Balvan Balvanowitsch heran, in unbestimmter Ehrfurcht, angezogen von dem weithin leuchtenden Volantkleid
Pariser Schnittes. Agafia verübte eine tiefe, an-
spruchsvolle Verbeugung, dann blinzelte sie schelmisch und schwatzte mit kameradschaftlicher Ver-
traulichkeit: «Kennen Sie mich, Balvan Balvanowitsch? Wie gefalle ich Ihnen? – Aber warum denn
so zornig? Heute ist doch Festtag! Sie müssen sich's
nicht zu Herzen nehmen, wenn Ihnen etwa Baraban Barabanowitsch etwas Unfreundliches gesagt
hat. Er meint es nicht so böse; ich kenne ihn genau;
er ist im Grunde ein seelenguter Herr, ob er schon
zuweilen ein bißchen barsch spricht. Er kommt alle
Tage zu mir in die Küche und plaudert und spielt
oft stundenlang mit mir wie ein Kind, nicht im
mindesten hochmütig; faßt mich um den Hals und
küßt mich, ganz wie ein einfacher Soldat; sitzt auf
den Herd wie ein Schwabenkäfer und nimmt es
nicht übel, wenn ich ihm Wasser angieße. Und
singen kann er, sage ich Ihnen, singen, Sie glauben
es nicht, wie ein Kosak. Nur den einzigen Fehler
hat er, daß er ein bißchen eifersüchtig ist. Aber das
sollten Sie ihm doch nicht übelnehmen. Er ist ja der
Herr im Lande.»

In der Tat glätteten sich die Züge des Majors, und sein Blick erhellte sich, während er den koketten Bewegungen des anmutigen Mädchens folgte. Als er ihr jedoch eine Flasche Kornbranntwein anbot und Miene machte, vom Pferde zu steigen, wehrte sie ihm mit erheuchelter Geschäftigkeit eifrig ab.

«Entschuldigen Sie, Balvan Balvanowitsch, die Zeit fehlt mir; ich muß meinen Bräutigam den Kosaken vorstellen; sie kennen ihn noch nicht. Und dort ist Musik; wohl möglich, daß es zum Tanzen kommt. Und was die Engländer betrifft, so fürchten Sie sich nur nicht im mindesten vor ihnen. Sie haben keine Kugeln, ich weiß es; und auf dem Lande, so sagen alle, Sie können fragen, wen Sie wollen, verstehen sie sich gar nicht zu bewegen. Gott hat ihnen die Beine versagt.»

Hiemit knickste sie und schwänzelte, nachdem sie erst noch dem Bataillon mit dem Taschentuch Abschied zugewinkt, wohlgemut von dannen, froh über den Sieg, den sie über Fifi und Titi davongetragen.

Weil sie aber bemerkte, daß Tullela in Eifersucht dunkelrot geworden war, begann sie ihn sanft, doch nachdrücklich zu ermahnen.

«Schau, Tullela, mein Täuberich, du bist dumm wie ein Rentier, nimm mir's nicht übel. Man kann dir's übrigens nicht verargen, da du ja kein Rechtgläubiger bist und deshalb nicht weißt, was sich schickt. Erstens, wenn man mit einer Dame geht, so schleicht man nicht hinter ihr drein, sondern man legt die eine Hand auf ihre Achsel. – So! – Dann geht man im Takt, die Fußspitzen hübsch

246

auswärts. – So! – Und guckt nicht auf den Boden, sondern im Kreise herum, damit man sich versichern kann, ob die andern einen auch sehen. Und dann sagt man mir ‹Mignon›, auf französisch, das ist vornehm. Sag ‹Mignon›. Gut; nicht übel; du bist nicht so ungeschickt, wie du aussiehst, man muß dich nur ein bißchen erziehen. Und weißt du», flüsterte sie zärtlicher, «wenn wir einmal verheiratet sind, dann will ich dir eine gute, liebe Frau sein und nie mit dir zanken. Und den ganzen Tag sitzen wir zusammen auf der Schaukel, Arm in Arm, und rauchen Zigaretten, und abends lassen wir uns Kosaken kommen, daß sie uns Ziehharmonika vorspielen. Und des Sonntags kaufe ich dir Wachskerzen beim Popen, damit er für dich betet und du nicht in die Hölle kommst.»

Allmählich, durch die Abwesenheit von Menschen und den Anblick der trauten Landschaft ermutigt, taute auch Tullela auf und wurde erst einsilbig, hierauf gesprächig, schenkte ihr allerlei Kosenamen, bald «Lachs», bald «Butterballe», und malte ihr vor, wie er sein neues Haus, die Ziegelbrennerei, für sie eingerichtet habe, mit funkelnagelneuen Möbeln, daß ihr nichts fehle, schönen, breiten Betten und einer geräumigen, taghellen Küche. Bei dieser Beschreibung leuchteten seine Augen, und seine Arme, von der Erinnerung an die Arbeit beseelt, führten einige linkische Bewegungen aus. Agafia lächelte hocherfreut und nickte von Zeit zu Zeit. Plötzlich blieb sie stehen.

«Aber Zucker», fragte sie mit jähem Eifer, «Zucker hast du doch hoffentlich nicht vergessen für den Tee? – Wir sind ja reich. Da können wir die ganze Tasse anfüllen bis oben hinaus und brauchen nicht bloß die Stückchen zwischen die Zähne zu klemmen und den Tee hindurchzuschlürfen wie die Bauern und Kaufleute. Und wenn uns Gott Kinder schenkt, so müssen die Knaben Baron studieren wie die Deutschen; die Mädchen aber große, große Damen, damit der Kaiser, wenn er nach Finnland kommt, fragt: ‹Was sind das für Leute?› und ich antworte: ‹Das sind meine, Eure Majestät, meine!›»

Unter solchen Gesprächen gelangten sie zum ersten Wachtposten der Kosaken.

«Was tust du hier, Faulpelz!» fragte Agafia den langhaarigen Kerl, der neben seinem Pferde der Länge nach ausgestreckt auf dem Boden lag, «warum bist du nicht beim Tanz?»

«Heute gibt's keinen Tanz», antwortete der Mann mürrisch, «heute gibt's Engländer.»

«Die Engländer sind eine Kleinigkeit; was kümmern mich die Engländer. Ich bin reich, ich habe einen Rubel bekommen, ich bezahl's. Wo sind deine Brüder?»

Der Kosak warf seinen Arm in der Richtung nach einem Landesvorsprung in die Luft und kehrte sich ab, ohne seine Beine einzuziehen.

Im Kosakenlager bewirkte Agafias Staatskleid Staunen und ehrerbietige Bewunderung, so daß selbst ihre vertrauten Tänzer und Schnapsfreunde vom Boden aufschnellten, um sie förmlich, mit einer Verneigung, zu begrüßen. Das ließ sie sich denn gnädig gefallen, raunte jedoch im Vorbeitrippeln dem einen und andern ermutigend ein trauliches Scherzwort zu.

«Was tut ihr eigentlich hier, Brüder?» hub sie an,

indem sie sich ohne weitere Umstände auf das nasse Gras setzte, in dem Volantgewühl ihres Schleppkleides halb verschwindend, wie die Henne in einem Neste.

«Was wir tun, Agafia, was wir tun? Nun, was werden wir tun? Nun, ich denke, wir tun wie gewöhnlich. Wie es Gottes Wille ist. Am Vormittag – nichts; und am Nachmittag – ich weiß nicht was. Was sollten wir anderes tun? – Aber du, was bringst du für eine Neuigkeit?»

«Was ich für eine Neuigkeit bringe? Ich? Was wollt ihr, daß ich für eine bringe? Eine gute bringe ich. Festtag bringe ich. – Da!»

Hiemit kramte sie in der Tasche und ließ ein Kupferstück auf den Boden springen. Die Kosaken warfen sich leidenschaftlich darüber her und katzbalgten sich. Von dem Schauspiel belustigt, nickte Agafia beifällig mit dem Kopfe; dann griff sie mit feierlichster Miene zum zweiten Male in die Tasche, hierauf zum dritten und vierten Mal und so weiter, bis sie sich des letzten Kopeken entledigt hatte. Einige Augenblicke später rückten drei Flaschen Branntwein und zwei alte, dicke, bestaubte, in allen Irisfarben schillernde Gläser heran. Agafia winkte ihrem Bräutigam, sich an ihrer Seite niederzulassen.

«Erlaubt, Brüder», sprach sie mit großem Ernst, «daß ich euch meinen Bräutigam vorstelle: einen braven, einen treuen, einen reichen, und ihr mögt lachen oder nicht, es ist wahr, so wahr wie ich da bei euch sitze: niemals betrinkt er sich; nicht am Sonntag, ja nicht einmal zu Ostern, so fein und vornehm ist er.»

Die Kosaken betrachteten den Mann, der sich niemals betrank, mit unwillkürlicher Hochachtung, während zugleich seine ungelenke finnische Haltung ihre Spottlust reizte.

«Rührt ihn nicht an, sage ich euch», ergänzte Agafia bestimmt, «wenn er schon nur ein Finne ist. Denn er liebt mich und ist mein.»

Hierauf kredenzte sie kokett das eine Glas, überreichte es Tullela mit verliebten Blicken, goß den ganzen Rest auf einen Zug die Gurgel hinunter, mit den Fingern dazu schnippend, ließ sich das Glas nochmals füllen und hielt es mit wichtiger Miene dem nächsten Kosaken hin.

«Auf deine Gesundheit, Bruder!»

Dieser verbeugte sich tief, so daß die Haarsträhnen ihm über das Gesicht fielen, und antwortete mit umständlicher Höflichkeit: «Auf die deine, Agafia! Entschuldige, daß ich so frei bin.»

Und so ging es weiter durch die ganze Reihe.

«Was!!» schnurrte jetzt eine erzürnte Stimme in den Haufen hinein, und der Kosakenhetman musterte mit finsterm Blick die Zecher.

«Nun, was ‹was›? Euer Hochwohlgeboren!» erscholl es mit schmeichelnden, bittenden Tönen im Chor, «was wird es ‹was› sein? Ein bißchen Festtag.»

Und zwei Gläser schoben sich einladend an seine Lippen. Zugleich bedeutete Agafia dem Hetman mit herablassender Handbewegung, sich ins Gras zu setzen.

«Genieren Sie sich nicht, Euer Hochwohlgeboren! Platz genug! – Oder», fügte sie mit schelmischen Blicken bei, «ist Ihnen vielleicht meine Nachbarschaft unangenehm?»

250

Der Hetman widerstand dem Pariser Ballkleid
nicht, seine Mienen glätteten sich, sein munteres
Kosakenauge fing an mutwillige Blicke zu blitzen,
endlich setzte er sich frisch und frank neben die
schöne Agafia, während ein Donnergebrüll ehr-
fürchtigen Beifalls seinen Entschluß belobte.

Agafia kredenzte ihm schmachtend das Glas,
steckte eine Zigarette in den Mund und bohrte ihm
dieselbe zwischen die Lippen mit einem Lächeln,
welches hingereicht hätte, alle Kosaken vom Don
bis zum Kaukasus zu entflammen. Nachher schlang
sie ihm einen Arm um den Leib und flüsterte:
«Ein bißchen tanzen, Euer Hochwohlgeboren.»

Der Hetman schüttelte mürrisch den Kopf und
spuckte die Zigarette weit von sich.

«Nein», erwiderte er barsch; «heute ist es verboten.»

«Aber warum?»

«Darum.»

«Ah! ich weiß, warum Sie das Tanzen nicht
erlauben wollen!» rief Agafia entrüstet, weit von
dem Hetman wegrückend. «Ich weiß! Nichts anderes als wegen den Engländern. Ich begreife,
begreife! Sie fürchten sich vor ihnen, Euer Hochwohlgeboren, aufs Tüpfchen genau wie Balvan
Balvanowitsch! Erbarmen Sie sich! Tun Sie mir
den Gefallen! – Sich vor den Engländern fürchten!
Ha! ha! ha! Eine große Herrlichkeit, die Engländer!
– Ihr glaubt also hier im Lager auch an die Bumbardirovka? Erlaubt mir, euch zu sagen, Brüder, daß
ich euch lächerlich finde. Bumbardirovka! Ihr wißt
eben nicht! Aber ich weiß! Und ich will's euch
sagen. Ich, Agafia.»

251

Nach diesen Eingangsworten setzte sie sich in gewählter Haltung zurecht und hielt mit lauter Stimme und geläufiger Zunge eine Rede, überzeugt und siegesgewiß.

«Sehr ihr, Brüder, die Sache verhält sich so: Ihr wißt die Krim, dort unten, weit, weit, weit, weit? Und noch weiter als die Krim das Meer und noch weiter als das Meer der Kavkas* und noch weiter als der Kavkas Jevropa: Tataren und Türken und Konstantinopel und Parisch und Stockgolm und alles. Und Napun Leonowitsch, der deutsche Zar in Parisch? Und Jevgenia Napunleonowna, seine Frau, behaupten sie.»

«Europi ist dort!» unterbrach Tullela verbessernd mit knurrender Stimme, indem er den Arm nach Westen warf.

«Stilleschweigen, Täuberich!» befahl Agafia zärtlich, doch bestimmt. «Stilleschweigen, aufmerken und lernen! – Also, was ich sagen wollte, Brüder: seht, Brüder, wißt ihr, Jevropa ist böse und glaubt nicht an Gott und will nicht, daß Christen leben sollen; darum hilft es den Türken. Weil aber Rußland eine Insel ist –»

«Rußland ist keine Insel», murrte Tullela ärgerlich.

«Wenn du nicht endlich Frieden hältst, mein Schatz, so wird man dich fortgehen heißen. Stilleschweigen! hat man dir gesagt, begreifst du?»

«Stilleschweigen!» bestätigte der Chor drohend.

«Erbarmet euch, Brüder! Keine Insel! behauptet er. Keine Insel! Warum keine Insel? Wieso keine

---

* Kaukasus

252

Insel? Aber Augen, Tullela, Augen hast du doch?
Nun, was? Dort, zwischen den Schären, was ist
denn das? Ich denke doch, das Meer. Oder was
sonst? Jedenfalls keine Suppe und keine Tinte! Und
das Schiff der Engländer, was meinst du, Tullela,
ist es etwa auf der Eisenbahn von Moskau nach
Petersburg hergekommen oder auf einer dreispän-
nigen Telega? Und in Helsingfors ist auch das
Meer, ich habe es selbst gesehen, und in Wiborg
ebenfalls und in Archangelsk, wie sie sagen, wieder
das Meer und bei Nowaja Semlja das Meer, alle
sagen es, und bei Astrachan und bei Kamtschatka,
überall, überall, überall! Und darum müssen die
Deutschen von Jevropa Schiffe bauen, die Armen,
wenn sie Rußland angreifen wollen, große, große
und viele, viele, viele. Doch das hilft ihnen alles
nichts, gar nichts, nicht einen Mundvoll, nicht ein
Schnapsgläschen, nicht ein Tröpfchen. Denn Gott
und der Zar sind Freunde. Und Gott ist schlau, ihr
habt gar keinen Begriff davon. Wie soll ich's euch
erklären? Halt, ich hab's. Seht ihr, Brüder, wißt ihr?
Denkt euch einen Tataren. Ist er nicht imstande,
drei Kosaken zu überlisten? Und ein Kosak über-
listet doch sechs Russen, und ein Russe zwölf Deutsche und Engländer. Ein einziger Engel aber ist
pfiffiger als hundert Tataren von den schlauesten.
Engel aber gibt es viele, viele Millionen, mehr als
Mücken und Heu und Krähen. Und die Engel
haben wieder ihre Palkowniki*, welche die Engel
hintergehen, und die Palkowniki ihre Minister,
von denen sie betrogen werden, und doch ist Gott

---

* Obersten

für sich allein imstande, alle Engel miteinander zu täuschen. Begreift ihr's jetzt? Seht ihr jetzt endlich ein, daß die Deutschen und Europäer alle miteinander umkommen müssen, die Armen, weil sie den Gottlosen helfen?»

«Aber dort in der Krim, sagen sie, geht es nicht gut», wagte ein Kosak einzuwenden.

«Schlecht geht es», brummte der Hetman.

Agafia lachte aus vollem Halse und klatschte in die Hände.

«Wie ihr doch eigentlich dumm seid, Brüder, erlaubt mir, daß ich's euch sage, verzeiht mir's, nehmt mir's nicht übel. Begreift ihr denn gar nichts? Natürlich, das kann man doch mit Händen fassen, stellt ihnen Gott eine Falle. Ich habe euch ja gesagt, er ist schlau. Paßt auf, wie er sich die Sache denkt: Erst lockt er sie alle nach Sewastopol, immer mehr, immer mehr, bis schließlich nichts zu Hause bleibt als Frauen und Kinder. Dann, wenn er sie alle beisammen hat, macht er hinten die Klappe zu. Patz! Gefangen! – Wißt ihr, was ich glaube?» munkelte sie, einen verstohlenen Seitenblick nach dem Meere werfend, «was das Kriegsschiff betrifft, das ihr dort seht, das ist das letzte; Gott hat ihnen erlaubt, aus der Falle zu entwischen. Und in ihrer Angst vor den Russen sind sie mit dem Schiff von der Krim fortgelaufen, um Rußland herum, gelaufen, gelaufen, gelaufen in einem fort, ohne Aufenthalt, Tag und Nacht bis nach Åbo. So steht's. Punktum. – Branntwein gebt mir, bitte, Brüder, wenn es erlaubt ist.»

Ein Beifallsgemurmel belohnte die politische Belehrung. Der Hetman, von dem anmutigen,

254

wohllautenden Geplapper betört, wollte einen Arm um Agafia schlingen.

«Nein, Euer Hochwohlgeboren», wehrte Agafia flüsternd, doch ernsthaft, die Stirn runzelnd. «Das ist verboten. Sie müssen nämlich wissen, mein Bräutigam glaubt nicht an Gott: er ist eifersüchtig. Zwar sagt er nicht das mindeste. Doch ehe man sich's versieht, ritsch, hat er das Messer in der Hand. Wahrhaftig. Bei Gott. Ehrenwort. – Ein bißchen spazierengehen, Euer Hochwohlgeboren!»

Hiemit stand sie gravitätisch auf, ließ das Seidenkleid um sich rauschen, warf sich in die Brust, neigte den Hals wie ein verliebter Schwan zur Seite, schwang die gespreizten Arme rudernd hin und her und schwänzelte nach dem Meere zu, alles bestaunend, was ihr vor Augen geriet, denn es war ja Festtag, die spärlichen Maßliebchen im Grase, die glitzernden Steinchen am Ufer, das feindliche Schiff neben der Schäre. Dazwischen liebkoste sie die ruppigen Pferdchen der Kosaken mit überschwenglicher Zärtlichkeit.

«Aber wißt ihr was, Brüder?» rief sie, plötzlich belustigt sich umsehend, «spielen wir ein bißchen mit den Engländern! Stellt die Pferde an den Strand, das Hinterteil gegen die Engländer gedreht, damit sie sich ärgern.»

Die Kosaken, allezeit zu jedem Schabernack aufgelegt, setzten ohne weiteres den Einfall ins Werk, führten die klugen Rößlein unter Schmeichelworten und freundlichem Zungenschnalzen an die Küste, stellten sie in die Reihe, die Köpfe landeinwärts, und kniffen sie in die Ohren, daß sie hoch ausschlugen.

«Gut, ihr Jungen! Brav, Brüder!» lobte Agafia
ernsthaft. «Helden! einfach Helden! Weiter nichts!»

Der Hetman, welcher die hübsche Agafia schon
lange nicht mehr aus den Augen gelassen, schlich
jetzt heran, versetzte ihr einen vertraulichen Stoß
mit dem Ellbogen und flüsterte: «Tanzen? Was?
Agafia? Tanzen?»

Agafia verzog schnippisch die Mundwinkel.

«Nein! ich danke.»

«Aber warum nicht?»

«Ich mag nicht. Ich bin müde.»

«Dummheiten!» riefen die Kosaken. «Spute
dich, Agafia! Komm tanzen!»

Verächtlich wie eine Baronin und gelangweilt
wie eine Königin kehrte ihnen Agafia den Rücken,
während die Kosaken, ohne sich im mindesten um
ihre Weigerung zu kümmern, einen Kreis bildeten
und eine Ziehharmonika hervorkramten.

Tullela hatte bei alledem vergessen und versto-
ßen abseits gestanden, trübselig zu Boden blik-
kend. Jetzt hüpte Agafia flink wie ein Reh an ihn
heran.

«Werde nur nicht böse, mein Täuberich! Sei
doch nicht traurig, meine Seele! Ein bißchen sich
lustig machen, darüber braucht man doch nicht
traurig zu sein. Ein bißchen Tanzen, weiter nichts.
Lieben tue ich dich ja dennoch. Und dann werden wir uns heiraten. Willst du? Aber komm in
die vorderste Reihe, damit du mich bewundern
kannst, wie ich tanze. Mach die Augen auf, denn du
bekommst etwas zu sehen.»

Nachdem sie ihm hurtig und verstohlen einige
Küsse appliziert, zerrte sie ihn unter die Soldaten.

256

Die Harmonika quiekte einen Mollakkord, die
Kosaken hefteten die Blicke stier und ausdruckslos
auf ihre Stiefel, wie es der Festtag erheischte, und
begannen mit plärrendem Geschrei eine der unsäg-
lichen und unendlichen Klageweisen im Presto
furioso, welche dort unten am Dnjepr der Menschheit zum Symbol des Jubels dienen. Der Hetman,
den schwarzen Butterkübel kühn über das linke
Ohr gestülpt, den Riemen kokett mit den Zähnen
zernagend, nahm Agafia unter dem Arm, auf französisch, stolzierte mit ihr in die Mitte des Krei-
ses, entließ sie mit einer Verbeugung aus dem Zeitalter Ludwigs XIV., dann gab er ihr seine Künste
zum besten, wie besessen um sie herumtobend,
bald auf dem Boden kauernd und die gestiefelten
Beine nach allen Richtungen herumschleudernd,
bald hoch aufschnellend wie ein Teufel aus einer
Schachtel, bald in Cancanschritten, den Säbel in
der Rechten, gegen sie anstürmend, als gälte es
Mauern zu überspringen und Schanzen zu erobern;
während dieser Arbeit lief ihm der Schweiß in
Strömen über die Stirn, und die langen Haare
blieben ihm im Gesicht kleben. Agafia ihrerseits
wand und drehte sich wie eine Schlange, mit dem
Taschentuch in den Lüften fuchtelnd, um die Grazie einer vornehmen Dame zu erreichen, alles würdig und feierlich, die Blicke selbstgefällig vorn und
seitwärts und rückwärts an ihrer Gestalt herum-
schickend, bis schließlich der wahnsinnige Takt
des unaufhörlich fortplärrenden Liedes über ihre
Ziererei siegte, worauf sie wie ein Kobold mit
Riesenschritten auf ihren Küchenstiefeln canca-
nierte, daß das Wehen des Gazekleides den Sängern

257

den Atem zu rauben drohte. Und so oft sie an Tullela vorübersauste, jagte sie ihm einen durchbohrenden Liebesblick zu.

Tullela aber, obschon im Grunde nicht wenig stolz auf die Künste und Triumphe seiner Braut, schielte mißtrauisch von einem Kosaken zum andern und murmelte von Zeit zu Zeit halblaut vor sich hin: «Das ist meine.»

Abends gegen zehn Uhr, also noch bei hellem Tage, fuhr das Kriegsschiff mit vollen Segeln zwischen den Schären hindurch und legte sich auf Schußweite vor Anker. Eine ungeheure Aufregung bemächtigte sich bei diesem Anblick der Bürger, die von der Abmachung zwischen dem Gouverneur und den Engländern nichts wußten. In den Straßen wimmelte es wie in einem Ameisenhaufen; die wehrfähigen Männer, mit Messern, Sensen, Angelhaken und Dreschflegeln bewaffnet, eilten kampfesmutig entweder zum Hafen oder nord- und südwärts der Stadt nach dem Strand, wilde Verwünschungen ausstoßend; der furchtsamere Teil der Bevölkerung versteckte sich in die Keller oder in die Kirchen; einige beherzte Frauen sammelten Wasser in Kesseln, Kübeln und Eimern, um für den Brandschaden gerüstet zu sein, denn eine Feuerwehr hatte Åbo damals noch nicht. Abordnungen der Finnen und Schweden lösten einander ab, um dem Gouverneur bald diese, bald jene Maßregel zu empfehlen; die beiden lutherischen Pfarrer aber samt dem Bürgermeister stellten ihm den unersetzlichen Wert von dreißigtausend Menschenleben vor Augen, von welchen er

258

dereinst am Jüngsten Gericht Rechnung werde ablegen müssen, und heischten die Übergabe der Stadt, mit eifriger Beteuerung ihrer unverbrüchlichen Anhänglichkeit an den Kaiser. Der Gouverneur hielt für alle diese Zumutungen stets dieselbe Antwort bereit. «Gut, Freunde! Ausgezeichnet! Das Vaterland dankt Ihnen. Übrigens: das geht mich an. Bemühen Sie sich daher nicht weiter.» Als jedoch die Pfarrer und der Bürgermeister Miene machten, die säugenden Mütter und die unmündigen Kinder herbeizuholen, entwich ihm jählings die Geduld.

«Mein Palast ist keine Hebammenanstalt. Meinetwegen können Sie, wenn Sie Kindervorstellungen geben wollen, die Komödie im Sozietätshaus aufführen oder in der Kirche oder wo Sie sonst wollen. Genug. Steigen Sie mir gefälligst den Bukkel hinauf. Ich habe die Ehre, meine Herren.»

Er hatte die Truppen verteilen lassen, Kompanie von Kompanie weit getrennt, meistens im Süden der Stadt, landeinwärts, in der Gegend des Schlosses, möglichst von der Ziegelhütte entfernt, damit sie nicht störten. Nur eine Batterie von vier Kanonen hatte er in der Nähe der Ziegelei aufgepflanzt, ansehenshalber. Er selbst mit seiner Frau, begleitet von Balvan Balvanowitsch, dem Generalstabe und einer halben Kompanie finnischer Garden, begab sich ans Ziel der Bumbardirovka, einen kleinen Hügel nordwärts der Stadt, auf welchem Tullelas Haus und Schuppen stand, hart über der See, genau dort, wo gegenwärtig das Hôtel de l'Océan mit seinen gemalten Marmorpfeilern aus Lärchenholz in falschem Glanze prunkt. Am Fuße des Hügels, in einer Versenkung des Bodens, wurde Stellung genommen; man war dort einigermaßen entfernt und geschützt, während man zu gleicher Zeit sowohl das Schiff als die Fahne beobachten konnte, die der Gouverneur auf das Dach der Ziegelei hatte stecken lassen, damit der Feind das Ziel ja nicht verfehle. Balvan Balvanowitsch, beständig von Visionen des Kriegsgerichts geplagt, kauerte mit gedankenlosem Blicke auf seinem hohen Rappen; der Helm schien seine niedere Stirn noch tiefer herunterzudrücken, und alle seine Bemühungen, mit dem Gouverneur ein kameradschaftliches Gespräch anzuknüpfen, trugen ihm bloß verächtliche Mienen und wegwerfende Bemerkungen ein. Jetzt versuchte er es mit der Gouverneurin, vor welcher er seine ungeschlachte Galanterie, die er bisher einzig an Cafésängerinnen und Badedienerinnen geübt, hervorkramte und mit größter Anstrengung sammelte.

«Ich bitte», hub er an, «Pelageja Iwanowna, hier sind Sie den Kugeln ausgesetzt. Ist Ihnen nicht vielleicht gefällig, daß ich Sie weiter gegen die Stadt hin begleite? Ich werde Ihnen eine Kompanie für Ihre Sicherheit zur Verfügung stellen.»

«Nein, ich danke», lautete die ungnädige Antwort, «ich liebe die Kugeln.»

«In diesem Falle stehe ich Ihnen zu Diensten. Darf ich Sie den Hügel hinaufführen?»

«Nein, auf dem Hügel zieht es.»

«Zieht es? Sie sind doch hoffentlich nicht unwohl, Pelageja Iwanowna?»

«Gott im Himmel! Was für ein zudringlicher Mensch! – Ich fühle Schmerzen auf der Brust.»

«Auf welcher, wenn es zu fragen erlaubt ist, auf der linken oder auf der rechten?»

«Durak!»* zischte die Gouverneurin wütend.

Allein er ließ nicht ab.

«Ihre zarten, samtnen Beine, Pelageja Iwanowna, werden müde werden, ewig so dazustehen. Darf ich Ihnen vielleicht mein Pferd anbieten?»

Die Generalin betrachtete das schöne, feurige Tier unwillkürlich mit Wohlgefallen. Schon war Balvan Balvanowitsch dienststeifrig auf die Füße gesprungen und nötigte sie zum Aufsitzen.

«Ich bitte», sprach er artig, den Steigbügel hinhaltend.

Pelageja Iwanowna warf einen Blick auf ihr Kleid – es war kein Reitkleid –, einen zweiten auf die Truppe und zauderte.

Balvan Balvanowitsch erriet ihre Bedenken.

«Die Offiziere hinter die Front!» kommandierte er angelegentlich.

Nachdem sie sich versichert, daß dem Befehl Folge geleistet worden, schwang sie sich behend in den Sattel, rittlings, nach Männerart, und ihre faule Haltung verwandelte sich plötzlich zu amazonenhafter kühner Grazie. Ihre Augen leuchteten, und der Rappe, der leichten Last und der ebenso weichen wie sichern Zügelführung froh, begann zu tänzeln, zu schnauben und mit dem Schweife zu peitschen.

«Gut!» erklärte die Gouverneurin, mit gnädigem Kopfschütteln dem Major dankend.

Dieser atmete tief auf, keuchend und pustend im Gefühl der entschwundenen Angst.

---

* Dummkopf

261

«Da! Gott sei Dank! Jetzt kann alles wieder gut werden!» brummte er getröstet; «eine Generalin, jung und glatt und sauber, das ist das beste Mittel gegen ein Kriegsgericht.»

Die Fregatte trieb eine Rakete in die Luft, dann eine zweite und eine dritte.

«Es fängt an», polterte der Major gleichgültig.

Aus der ersten Schiffsluke links in der obersten Reihe kräuselte ein blaues Wölklein, sausend und zischend pfiff etwas in den Birkenbusch unten am Bach hinter der Brennerei, die Äste zerschleißend, und aus der Ferne krachte ein dumpfer Schuß.

«Fehlgetroffen!» markierte ein Artillerist ruhig, und die übrigen wiederholten nachlässig: «Fehlgetroffen!»

Eine zweite Rauchwolke folgte der ersten aus der Nachbarluke. Auf der Meeresfläche tänzelte eine Kugel, lustig auf und ab springend, Schaum und Gischt um sich spritzend. Die Soldaten wurden mutwillig.

«Aber jetzt paßt auf, Brüder!» sprach überlegen und ernsthaft der Offizier, «jetzt kommt's richtig!»

Allerdings platzte die dritte Granate hart vor dem Hause, auf dem Wege Rasenstücke und Lehm herumschleudernd bis hinunter in die Versenkung, die Dortstehenden mit Staub und Schmutz besprengend. Ein fröhliches Gelächter begrüßte die Bescherung, und der Major benützte die Gelegenheit, um das Kleid der Generalin zu reinigen, eifrig schüttelnd und blasend.

«Schadet nichts! Hat nichts zu sagen!» beteuerte diese freundlich. «Bemühen Sie sich nicht, Balvan Balvanowitsch. Es ist ein ganz altes Kleid. Natür-

262

lich, Sie begreifen doch, zu einer Bumbardirovka putzt man sich nicht wie zu einem Ball, obschon nach meiner Meinung ein hübsches, sauberes, gewaschenes Granätchen, das am richtigen Ort platzt, unterhaltender ist als manche lange Masurka mit Knallbonbons.»

Die vierte Kugel schlug die Signalstange auf dem Dach entzwei, daß die Fahne heruntertorkelte.

«Bravo!» riefen die Soldaten. «Ein Held! Ein Jüngling! Ein Offizier! Diese Granate! Die versteht's!»

Und einer aus der finnischen Garde trat schüchtern aus dem Glied, die Hand grüßend an den Helm gelegt.

«Euer Hochwohlgeboren», stotterte er gegen den Major. «Bitte! Erlauben! Die Fahne wieder aufstecken!»

«Durak!» brüllte dieser. «Schweigen und stillestehen!»

Mit tiefem Bedauern schlich der Infanterist wieder in die Reihe zurück, als wäre ihm ein Urlaub verweigert worden.

Jetzt aber hüllte sich das ganze Schiff in dunklen Rauch, so daß allein der Hauptmast aus der Wolke hervorragte. Ein höllisches Knistern, Prasseln und Wettern in der Ziegelhütte, ein dichter Hagel von Steinen, Scherben und Splittern, ein gewaltiger, langdauernder Knall – und aus dem ganzen Dachgefüge loderten die hellen Flammen empor. Ein grimmiger Zornruf entfuhr den Soldaten, und ehe man sich's versah und es wehren konnte, stürmte die Garde den Hügel hinan, aufgelöst, ohne Befehl und Ordnung. Ihnen nach mit fürchterlichen Verwünschungen der Major, so schnell es ihm seine ansehnliche Beleibtheit gestattete.

«Wollt ihr gleich rückwärts? Ihr Viehstücke! Was habt ihr dort oben zu suchen! Schnaps gibt es dort keinen. Oder meint ihr etwa, die Engländer säßen auf ihren Kugeln wie der Baron von Münchhausen! Da könnt ihr lange umsonst warten. Das sind Feiglinge. Die schießen bloß, wenn sie sich in Sicherheit wissen!»

«Das heißt, wenn sie wissen, daß der Feind die Kugeln verkauft hat», ergänzte der Gouverneur trocken.

Der Gouverneur erhielt übrigens ebenfalls der Arbeit genug, denn vom Schlosse her eilten die Truppen herbei, dem Befehl zuwider, von dem Knall der Kanonen unwiderstehlich angezogen. Es dauerte eine geraume Weile, bis alles wieder in Ordnung zusammengeschimpft war, und mancher Offiziersfluch erscholl noch vereinzelt zur Vorsorge, um einer Wiederholung der Auflösung vorzubeugen.

Eine Breitseite nach der andern knallte das Schiff in rascher Folge ab, so daß binnen kurzem die Lohe aus allen Fugen und Fenstern züngelte, über den Dächern zu einer Flammensäule sich vereinigend und eine riesige Wolke von Qualm bald hierhin, bald dorthin wälzend, je nachdem der Wind eben blies. Der Rappe der Generalin drehte sich um seine eigene Achse, bäumte sich und schlug aus, so oft die Granaten pfiffen oder das Gewölk seine Nüstern erreichte. Balvan Balvanowitsch, die Zügel festhaltend und immer bemüht, sich angenehm

264

zu machen, wagte einen Spaß, da er bemerkte, wie die Gouverneurin gierig den Qualm und Pulverdampf einsog.

«Die Bumbardirovka», schmunzelte er, «schenkt Ihnen eine Accompagnirowanje von Parfümirowanje.»

Pelageja Iwanowna geruhte den Spaß nach ihrem Geschmack zu finden.

«Was ist Ihnen nur heute passiert, Balvan Balvanowitsch? Sind Sie krank? Sie machen mir Sorgen. Wenn das so weitergeht, so steht zu befürchten, daß Sie schließlich noch geistreich werden. Sie müssen das pflegen, Balvan Balvanowitsch; das darf man nicht einreißen lassen.»

«Ich bitte um die Gefälligkeit, Pelageja Iwanowna, bitte dringend! Seien Sie mein Arzt! Einen weicheren und saubereren könnte ich in ganz Rußland unmöglich finden.»

«Lassen Sie die Galanterie! Tun Sie mir den Gefallen! Sie sind so täppisch wie ein Marineoffizier. Halten Sie mich denn wirklich für so dumm, daß ich einen andern von Geist heilen könnte?»

Balvan Balvanowitsch ließ den Mund hangen. Die Generalin aber, von jähem Übermut der Gefahr erfaßt, wie er den Russen eigen ist, schrie plötzlich befehlend: «Lassen Sie die Zügel los!»

Und als der Major gehorchte, sprengte sie gestreckten Galopps den Hügel hinan mitten in die Feuerlinie vor das brennende Gebäude. Ein donnernder Jubelruf der Soldaten belohnte ihre Tapferkeit, und vergeblich bemühte sich der eifrig ihr nachhumpelnde Major, sie wieder herunter zu beschwören.

265

«Lassen Sie sie nur laufen, die Närrin!» mahnte der Gouverneur gleichgültig. «Wenn sie durchaus getroffen werden will, das ist ihre Sache.»

So behielt Pelageja Iwanowna ihren Willen. Freilich, auf dem Hügel standzuhalten, erlaubte ihr der Rappe nicht. Von Sinnen vor Todesangst, bäumte er sich hoch auf, trug sie, auf den Hinterbeinen stelzend, rückwärts bis nahe an die Flammen, so daß die Glut ihre Locken ansengte, bis daß die Funken auf das Hinterteil des Gauls regneten, worauf dieser dann einige Male im Kreise herumwirbelte und in rasendem Lauf den Hügel hinabsauste, unaufhaltsam flüchtend bis tief in die Stadt und über die Brücke, während die Gouverneurin umsonst mit blitzschnellem Zügeldruck bald links, bald rechts zu wenden versuchte.

«Wie herrlich! wie köstlich! was für ein prächtiges Pferd!» rief sie im Vorüberrasen ihrem Mann mit erstickter Stimme zu.

Nach einigen Minuten kehrte sie aus der Stadt zurück, seitwärts traversierend, das angstvolle, an allen Gliedern zitternde, dampfende und mit weißem Schaum bedeckte Tier Schritt für Schritt im Zickzack den Rain hinanzwingend. Oben begann das Kreiselspiel von neuem, und wenige Augenblicke später kam sie wieder den Berg heruntergerast.

«Aber wir», fragte der Artilleriekapitän, «wir, Balvan Balvanowitsch, werden wir nicht auch schießen?»

«Schießen? Ich bitte Sie, womit schießen? Kugeln gibt es keine.»

«Genau wie in der Krim!» murmelte der Kapi-

266

tän finster vor sich hin. «Gott gewähre Rußland Galgen!»

Dann verkündete er seinen Leuten: «Geduld, Brüder! Gott hat Kugeln verboten.»

Diese ließen die Arme hangen und schauten traurig vor sich hin.

Indessen, irgend etwas mußte man doch tun, um die Bumbardirovka zu begrüßen. Als daher einmal eine Granate, das Ziel verfehlend, in der Nähe der Batterie mit zischendem Zünder zu Boden fiel, rief einer der Gunteroffiziere*, ein flotter junger Kerl aus der Gegend von Kiew, der Lustigmacher der Garnison: «Was willst du denn hier, Täuberich? Was zischest du so begehrlich? So jemand wie dich kann ich gerade brauchen. Zigaretten hab' ich, aber leider keine Streichhölzchen! Brüder! Heute ist Festtag, der Feind schenkt uns Streichhölzchen!»

Hiemit lief er eilends der Granate zu; umsonst schrien ihm die Offiziere von weitem entgegen, das ganze reichhaltige russische Schimpfwörterbuch erschöpfend, um ihn zu retten.

«Macht nichts! Macht durchaus nichts! Brüder! Gott ist gnädig!» begütigte er höflich, hielt gemütlich die Zigarette an das fauchende Ungetüm und kehrte befriedigt zurück mit Gebärden, als ob er schmauchte und paffte. Ein schwacher, puffender Knall, eine kleine rot und blaue Lichtgarbe, nach drei Seiten blitzend – der Gunteroffizier warf seinen Kopf zurück, griff mit beiden Händen an seinen Rücken, stieß ein jämmerliches Geschrei aus

---

* Unteroffiziere

und stürzte rücklings zu Boden, sich wälzend und sich windend wie eine Weinrebe.

Fluchend eilten die Offiziere herbei. Einige Kameraden aber faßten ihn an Armen und Beinen, wie es eben kam, ohne seiner Schmerzen zu achten. Dabei trösteten sie ihn auf ihre Weise.

«Schrei doch nicht so, du Hund!» rief der eine. «Man könnte meinen, was geschehen wäre. Ein Soldat mehr oder weniger auf der Welt, darauf kommt es doch nicht an. Der Kaiser hat ihrer noch genug.»

Und ein anderer sagte: «Nun, was? Bruder? Was? Ein bißchen sterben, weiter nichts. Was ist da Großes dabei? Dafür sind wir Soldaten.»

So schleppten sie ihn nach der Stadt.

Das Gebäude war beinahe auf den Grund verbrannt, die Kugeln schwiegen, da stürzte ein junger Bauer im grauen finnischen Kittel aus der Nikolajstraße daher, beide Arme mit Steinen beladen, mit verzerrtem Angesicht, wutschnaubend und von Zeit zu Zeit ein grimmiges «Satanaperrkele» zwischen den Zähnen hervorstoßend. Ihm nach, an seinem Rock sich festhaltend und mühsam mitgaloppierend, halb von dem Wütenden geschleift, ein Dämchen in blauseidenem Ballkleid, die Schleppe beschmutzt und zerrissen, das Haar in wilden Strähnen aufgelöst über die Schultern fliegend, Strümpfe und Busentuch in loser Unordnung.

«So warte doch, mein Täuberich! Was läufst du so wie ein Rentier!» keuchte Agafia weinend und scheltend. «Gott im Himmel! Halt doch ein wenig!»

Doch Tullela, beim Anblick seines zerstörten

Eigentums, rannte nur noch schneller, ab und zu im Laufe noch einen Stein aufhebend.

«Was ist das für ein Kerl? Was will er?» herrschte der Gouverneur, und einige Bajonette versperrten dem Eilenden den Weg.

«Ach, mein Herr! Euer Exzellenz! Baraban Barabanowitsch!» flennte Agafia, ihren Bräutigam festhaltend und ihm Stein für Stein mit sanfter Gewalt zu Boden werfend, «Sie wissen nicht! Der Arme! Der Unglückliche! Das ist sein Haus, das der Feind verbrannt hat. Sein Haus! Und wir wollten nächste Woche heiraten. Was jetzt machen? was anfangen?»

Ein Murmeln des Bedauerns durchlief die Reihen der Soldaten, und tiefgefühlte Verwünschungen wurden gegen die Deutschen, Türken und Engländer wegen ihrer unmenschlichen Grausamkeit laut.

Der Gouverneur, zuerst etwas verlegen, gewann rasch seine Fassung. Mit pathetischer Gebärde erst auf das qualmende Gebäude, dann auf Tullela weisend, brandmarkte er in kurzen, kräftigen Worten die ruchlose, der Menschlichkeit und des Völkerrechts spottende Untat des Feindes; hierauf fing er an, Tullela zu bearbeiten.

«Schaut hin, Brüder!» rief er den Soldaten zu. «Seht ihn an, diesen jungen, unscheinbaren Finnen in seinem armen Kittel, ohne Bildung, ohne Glauben, ohne Amt und Stellung, und doch könnte er manchem, der hochmütig mit seinem Rang und Reichtum prunkt, zum Beispiel dienen. Schaut ihn an, den Helden, wie er ohne Murren, freudig und freiwillig sein Liebstes für Kaiser und Vaterland opfert! Wie er strahlt in dem Bewußtsein, durch den Verlust seines Eigentums die Stadt vom Verderben gerettet zu haben!»

Und mit militärischem Schritt auf das unglückliche Opfer zutretend, klopfte er ihm zärtlich auf die Schulter und fuhr mit sanfter, gerührter Stimme fort: «Wie heißest du, braver Mann? Schäme dich deines Namens nicht, denn du hast ihn zu einem Ehrennamen in Rußland gemacht!»

Tullela ließ die letzten Steine fallen, schwieg eine Weile, mißtrauisch umherblickend, ob man sich nicht über ihn lustig machte; endlich polterte er mit plötzlicher Anstrengung seinen Namen hervor. Der General erhob wieder die Stimme zur pathetischen Rede.

«Tullela!» rief er; «Tullela! empfange aus meinem Munde die Anerkennung deines Kaisers! Tullela! das heilige Rußland spendet dir seinen Dank und Segen! Tullela! fahre fort auf diesem Wege, den du betreten! Beharre auch ferner in deiner löblichen opfermutigen Gesinnung, so wird Finnland stolz darauf sein können, dich erzeugt, geboren, gesäugt und erzogen zu haben. Tullela! das Haus, das dir der Feind zerstört, in deinem Herzen findest du es wieder, schöner und größer, als wenn es in plumper leiblicher Gestalt roh und greifbar vor dir stände. Ein kostbarerer Besitz als Geld und Gut und Reichtum ist Tugend und Rechttun. Eine Ziegelbrennerei hast du verloren – einen Tempel des Bewußtseins hast du gewonnen; und wo ehemals dein Herd stand, da thront jetzt der Altar des Vaterlandes! – Uff! ich ersticke! – Ist das lang, solch eine Rede! Ist das mühselig! ist das dumm! –

270

Genug! Der Halunke wird mich noch umbringen!»

Hierauf löste er feierlich einen seiner vierundzwanzig Orden von der Brust und heftete das Kinkerlitzchen an Tullelas Kittel.

«Urrah!» schrien die Soldaten, und die Trommeln wirbelten.

Aber trübe stierte Tullela bald auf seine Verzierung, bald auf sein zerstörtes Haus.

«Weine nicht, zürne nicht, mein Süßer!» schmeichelte Agafia, kosend seinen Arm ergreifend und seine Faust lösend, welche noch immer einen Stein krampfhaft umklammert hielt. «Du hast ja jetzt einen Mandeli*. Da grüßen dich die Gendarmen, wenn du vorübergehst, und du darfst bei der Parade in der vordersten Reihe stehen. Und in der Butterwoche**, wenn du betrunken am Boden liegst, sprechen die Gendarmen zueinander: ‹Rühr den nicht an, er ist ein Bruder des Kaisers›, so daß du ruhig bis zum andern Morgen liegenbleiben kannst. Und weißt du, wenn der Kaiser erfährt, daß der Feind dir dein Haus zerstört hat, so läßt er dir ein neues bauen aus Marmor und Gold und Lapislazuli, wie die Isaakskirche; er ist ja so reich, man bekommt ganz Angst davor, daran zu denken, wie reich. Und eine Schaukel wird dir der Kaiser schenken und eine Mütze mit Pfauenfedern ringsum, und ein Badezimmer mit einem hohen Ofen, um darauf zu klettern, und Tee und Zuckerkandel und eine große, gelbe, angorene Katze, und

---

* Medaille
** Fastnachtwoche

271

du wirst ein Baron sein und ein hoher Offizier, daß
du alle kujonieren kannst und, wenn es dir gefällt,
nach Sibirien schicken, geraden Weges über Moskau.»

«Aber Hausknecht, was meinst du, Tullela,
Hausknecht, willst du Hausknecht bei mir werden?» fragte der General.

Tullela schwieg.

«Natürlich, ja! Natürlich!» erwiderte Agafia
statt seiner. «Das heißt, bis zu der Zeit, daß das
Haus fertig ist, welches ihm der Kaiser bauen
wird.»

Baraban Barabanowitsch lachte verächtlich.

«Gans, dumme! Der Kaiser hat andere Katzen zu
peitschen, als dem Schatz einer Köchin Häuser zu
bauen.»

«Wieso, Euer Exzellenz? – Aber Geld wird er
ihm doch wenigstens geben zur Entschädigung.»

«Ich glaube, du bist verrückt. Wen's trifft, den
trifft's. Wofür hat man denn sonst den Krieg? –
Spute dich jetzt und schaffe zu Hause schnell den
Tee für die Herrin. Denn es ist kühl.»

Agafia war verblüfft, doch ihre leichtsinnige
Natur ließ keinen Schmerz in ihr aufkommen.

«Einerlei», tröstete sie, indem sie ihren Bräutigam mit sich heimzog; «weißt du, Schatz, von nun
an wohnst du bei mir in der Küche und schläfst auf
dem Herde! Ich zünde dir ein großes Feuer an,
damit du warm liegst, und abends spielen wir
Karten und singen bis Mitternacht das Lied vom
Gemüsegarten: ‹Agarot, Agarot! Turilili, Turilila!›
Köstlich wird es sein, sage ich dir, eine wahre
Lustbarkeit, ein Festtag, ein Spaziergang!»

Unterwegs holte der Major Balvan Balvanowitsch die beiden ein, stieß den Finnen mit militärischer Grobheit einfach beiseite und wollte Agafia am Arm führen. Agafia wehrte sich eifrig.

«Wagt das nicht, Balvan Balvanowitsch, denn der Gouverneur ist eifersüchtig und –», fügte sie schelmisch lächelnd hinzu, «möglicherweise die Gouverneurin auch.»

Balvan Balvanowitsch seufzte. Das Kriegsgericht stellte sich wieder vor seiner Phantasie ein. Agafia hatte recht, sein Platz war in der nächsten Zeit an der Seite der Generalin. Froh, nicht bemerkt worden zu sein, eilte er daher hastig wieder von dannen, um seinen Posten einzunehmen.

Allein der Gouverneur mit seiner Frau befand sich ebenfalls schon auf dem Heimweg, in ehelicher Traulichkeit sich zankend.

«Durak!» stöhnte die Generalin mit ihrer zauberhaft wohlklingenden und volltönigen Stimme. «Einfach Durak, weiter nichts! Wie kann ein Mensch so dumm sein, den Liebhaber der Köchin in Dienst zu nehmen?»

«Wieso? Es schickt sich doch immerhin, den Hundesohn, nachdem man ihm sein Haus zusammengebrannt, nicht auf der Straße liegenzulassen.»

«Was sich schickt, ist eine Kleinigkeit. Aber der Liebhaber meiner Köchin gehört nicht in meine Küche. Einfach. Sie wird zerstreut sein, sie wird jede Sauce verderben. Und wenn du auch nur ein Fünkchen gesunden Menschenverstandes besäßest, so würdest du begreifen, daß es auch deinem eigenen Vorteile zuwider ist, wenn Agafias Schatz beständig um sie herumkriecht.»

«Geduld! meine Seele! Geduld! Erzürne dich
doch nicht! Wer sagt denn, er werde bleiben? Es ist
ja nur für den Anfang, damit es doch eine Art hat,
damit die Leute sehen, daß man auch ein Herz hat.
Morgen wird sich schon ein Anlaß geben, den
Halunken fortzujagen. Gott ist gnädig.»

Unter solchen Gesprächen mündeten sie in den
Hausgang des Palastes ein.

Am folgenden Morgen hatte das Kriegsschiff seinen drohenden Standpunkt verlassen und sich wieder hinter die Schären zurückgezogen. Darob ungeheure freudige Erregung in der Stadt Åbo. Denn
wenn schon noch nicht alle Gefahr vorüber war –
die Bumbardirovka konnte ja am Abend wieder
beginnen –, so sah man doch ein, daß in dem
Gebaren des Feindes überlegte Regelmäßigkeit
wohnte, welche vor unliebsamen Überraschungen
schützte und das stillschweigende Versprechen zu
enthalten schien, die Bevölkerung zu schonen.
Wozu sonst die warnenden Raketen, ehe die Kugeln flogen? Das war nicht die wilde, barbarische,
aller Menschlichkeit ledige Mord- und Brandlust,
die man ihnen geschildert hatte. Sich an einer Stelle
vor Anker zu legen, wo man mit Leichtigkeit die
ganze Stadt hätte in Brand stecken können, um sich
schließlich mit einer einsam stehenden Ziegelhütte
zu begnügen, das bekundete Absichtlichkeit, und
zwar wohlwollende Absichtlichkeit. Wollte der
Feind bloß seine Macht symbolisch andeuten, oder
handelte es sich um einen originellen, echt englischen Narrenstreich? Über diese Frage wurde jetzt
eifrig gestritten, doch nicht mehr in erbitterter

Stimmung, sondern mit dem Gefühl der Befriedigung, ja der Hochachtung. Die Neugier, wie sich die Bumbardirovka wohl weiter abwickeln werde, mischte überdies eine gewisse Freude in den Zweifel, denn etwas Abwechslung in dem langweiligen, abgelegenen Küstennest konnte nichts schaden.

Inzwischen spektakelte der Gouverneur mit seiner Frau den unnützen Tullela zum Hause hinaus, was nicht schwerhielt, denn der Gouverneur hatte recht: Gott war gnädig. Behufs dieses Werkes wußte Pelageja Iwanowna Klagetöne anzustimmen, daß man hätte meinen können, nicht Tullela, sondern sie selber würde vertrieben. Agafia weinte dabei in Strömen, wie die Katzen am Grabe des Struwwelpeterpaulinchens: sie wäre auch ohne weiteres ihrem Bräutigam gefolgt, hätte sie nicht die Besorgnis um ihren Jahreslohn zurückgehalten. Dieser Lohn bedeutete ja jetzt das ganze Vermögen der beiden Liebenden. Indessen gegen ihre hübsche, junge Gesundheit, ihre frivole Gotteszuversicht, ihre Gewohnheit, andere zu trösten, hielt ihre Traurigkeit nicht lange stand. Wohl schluchzte sie mit Tullela um die Wette, während sie ihn die Treppe hinunterbegleitete; doch kaum befand sich der letztere auf der Straße, so lächelte sie ihn lustig an, um ihm anzubefehlen, sie ja noch am selben Tage abends heimlich zu besuchen, beteuernd, sie werde ihm einen guten Bissen beiseite legen und den Samowar warm halten. Dann steckte sie ihm mit ihrem feinen, weichen Tätzchen hurtig eine Faust voll Zucker in den Mund.

«Jetzt küß mich! Täuberich!» heischte sie. «Noch einmal! Noch!»

Hierauf gab sie ihm ihre feierlichste Verbeugung zum besten und hüpfte kokett mit Kichern und Lachen die Treppe hinauf.

Tullela guckte die Straße auf, die Straße ab und blieb ratlos stehen. Da flog über ihm ein Fenster auf.

«Zum Teufel!» brüllte die Stimme des Gouverneurs, und augenblicklich schloß sich klirrend das Fenster.

Tullela wackelte langsam zum Pfarrer.

«Pappi!» begann er kleinlaut, die Mütze zwischen den Daumen drehend, «gib mir eine Stelle.»

Der Pfarrer, welcher das unverschuldete Unglück Tullelas kannte, empfand Mitleid mit ihm.

«Was für eine Art Stelle würdest du vorziehen?»

«Ich weiß nicht.»

«Was kannst du, und was weißt du?»

«Nichts.»

«Aber lesen und schreiben kannst du doch?»

«Ja.»

«Und wahrscheinlich verstehst du Schwedisch?»

«Ja.»

«Und Deutsch?»

«Ein bißchen.»

«Und Russisch?»

«Ein bißchen.»

«Was weiter noch?»

«Nichts.»

«Gar nichts?»

«Was man so in der Schule lernt.»

Der Pfarrer pröbelte ein wenig mit Fragen an ihm herum, dann klopfte er ihm freundlich auf die Schultern.

«Du bist ein braver Bursch, Tullela! Du hast fleißig gelernt, wie ein echter Finne. Halt jetzt den Kopf gerade in die Höhe wie Gustav Wasa am Reichstag von Westerås und sing mir Nummer Sechzehn aus dem Gesangbuch, so laut als du vermagst. Ich hoffe doch, du kannst das Gesangbuch auswendig?»

«Ja», versetzte Tullela.

Danach stellte er sich aufrecht, hielt beide Arme krumm vom Körper entfernt, guckte den Pfarrer steif an und hub mit dröhnender Stimme an zu singen, so daß die Wände zitterten.

«Brav!» verkündete der Pfarrer, nachdem sämtliche Strophen zu Ende waren. «Willst du in meiner Gemeinde den Kantor machen?»

«Ja.»

«So gebe der Allmächtige seinen Segen dazu. Wir halten eben heute morgen einen Gottesdienst zum Dank für die Erlösung der Stadt aus den Händen der Feinde, und wir singen das sechzehnte Lied.»

Eine halbe Stunde später spazierte Tullela im schwarzen Chorrock hinter seinem Pappi nach der Kirche.

Pelageja Iwanowna, froh darüber, daß es ihr gelungen, Agafia in ihrem Dienst zu behalten, und angenehm angeregt durch die Strapazen einer zu Pferde durchwachten Nacht – denn dergleichen war ihrer Stimmung zuträglicher als Essen und Schlafen –, suchte ihren Mann im Arbeitszimmer auf, um ihm eine kleine Strafpredigt zu halten, der Übung wegen.

«Sage mir doch, ich bitte, was soll das bedeuten?

Ist das Lebensart? Jetzt, da alles über Wunsch gut gegangen, könntest du wahrlich deiner Frau auch einige Augenblicke gönnen.»

«Geht nicht, mein Täubchen, geht durchaus nicht. Ein Schrecken, wie viel ich zu tun habe.»

«Dummheiten! Das kannst du jemand anders weismachen. Ein Gouverneur hat niemals etwas zu tun.»

«Aber um Himmels willen, so bedenke doch, meine Seele, ich muß nach Petersburg wegen der Bumbardirovka Bericht erstatten. Du hast, denk' ich, schwerlich etwas dagegen, wenn ich für die erlittenen Verluste Entschädigung erhalte. Oder? Hoffentlich setzt es zugleich eine Belohnung und Beförderung ab. Jedenfalls versuchen schadet nichts.»

«Das hättest du mir gleich sagen sollen, mein Freund! Das ist etwas ganz anderes. Natürlich, natürlich mußt du eine Entschädigung verlangen. Und um Gottes willen sei nur nicht wieder so bescheiden wie die letzten Male; das ist dein größter Fehler. Wer dankt dir's? Der Kuckuck. Du weißt ja, wie sie sind in Petersburg. Begehrt ein Beamter nicht unaufhörlich Geld, daß sie nicht wissen, wo ihnen der Kopf steht, so meinen sie, er habe nichts geleistet. Also nur kräftig drauflosgeknallt. Eine kleine, hübsche, saubere, runde, gewaschene Null dazu. Geniere dich nicht. Wozu hat man denn sonst den Staat? Die Ziegelbrennerei für sich allein ist wenigstens zweimal hunderttausend Rubel wert; dazu der Verbrauch von Waffen und Munition, die Entschädigung der Opfer, die Gehaltsaufbesserung der Offiziere und Unteroffiziere, die sich ausgezeichnet, die Schanzen, die wir errichten müssen, um einem ähnlichen Überfall vorzubeugen, und die Angst, die ich ausgestanden und wegen derer ich mich noch jahrelang werde einer Kur unterziehen müssen und so weiter und so weiter. Ohne Pferde können wir auf die Länge ebenfalls nicht auskommen. Man muß doch seinem Amte Ehre machen; das geht den Kaiser ebensogut an wie uns.»

«Aber Pferde, meine Teuerste, Pferde kosten Geld, Pelageja Iwanowna! Da heißt es einen Kutscher kaufen und Hafer und Stroh. Und der Stall ist auch nicht mehr in Ordnung. Der muß repariert werden.»

«Erbarme dich, Baraban Barabanowitsch, du bist doch kein Kind. Wer sagt denn, wir müßten die Pferde behalten? Das fehlte noch. Für wen? Für die paar Schwedinnen, welche wie Köchinnen gekleidet gehen? Oder etwa für die lutherischen Seelsorger? Dafür dank' ich. Das einzige Erträgliche an diesem verwünschten deutschen Nest ist, daß man wenigstens Ersparnisse machen kann. Balvan Balvanowitsch wird dir die Pferde schon abkaufen. Er hat solche dringend nötig. Erst letzte Woche schrieb er wieder darum nach Petersburg. Übrigens, weil wir eben von Balvan Balvanowitsch sprechen, weißt du, Schatz, im Grunde bleibt er doch ein herzensguter Kerl, obwohl ein bißchen roh und ungebildet; du wirst doch nicht etwa so dumm sein, ihn zu verklagen wegen der paar lumpigen Unregelmäßigkeiten?»

«Keine Gefahr, meine kleine Seele, fällt mir nicht ein. Was geht dergleichen überhaupt die Petersburger an? Ich werde ihm ein wenig den Kopf waschen. Voilà tout!»

Als der Gouverneur seinen Bericht beendet und den Adjutanten mit demselben spediert hatte, rieb er sich die Hände.

«Dumme Kerle, die Engländer!» sprach er spöttisch vor sich hin. «Die haben mit Rubeln bombardiert. Ist es Ihnen vielleicht gefällig, meine Herren, nochmals anzufangen? Stehe zu Ihren Diensten! Bitte sehr, Sie werden mich damit verpflichten!»

Hierauf stolzierte er aufgeräumt nach der Wohnung des Majors, schimpfte denselben, der noch tief in den Federn lag, wach und redete mit unterdrückter Stimme so lange drohend auf ihn ein, bis dieser so gefügig wurde wie ein Ballhandschuh und heilig versprach, nie in seinem Leben wieder für seine Privatrechnung allein stehlen zu wollen.

«Aber Zigarren, Euer Exzellenz», schloß der Major seine Beteuerung, «Zigarren erlauben Sie mir Ihnen anzubieten?»

Der Gouverneur staunte.

«Zigarren? Wieso Zigarren? Woher Zigarren?»

Schmunzelnd erklärte der Major: «Echte! Von Tenkado am Newskij-Prospekt. Durch eine Stafette gestern erhalten. Feuer, Baraban Barabanowitsch? Wollen Sie Feuer? Da! – Erweisen Sie mir die Ehre! Und für Pelageja Iwanowna ließ ich zweitausend Stück Zigaretten kommen, gestoßene, La Ferme, starke; diesen Nachmittag, wenn Sie erlauben, werde ich mir das Vergnügen gestatten, dieselben persönlich zu überreichen.»

«Was für ein liebenswürdiger Kavalier Sie im Grunde doch sind, Balvan Balvanowitsch. Immer aufmerksam. Immer galant. Meine Frau sehnt sich schon lange nach Zigaretten. Denken Sie sich, ich bitte Sie, Sie glauben es gar nicht, sie hat nur noch achtzig Stück. Und bei dem Krieg, wo soll man da in der Eile neue schaffen? Man hat gut reden, es bleibt doch oft eine recht unangenehme Sache, so ein Krieg. Ich habe die Ehre, Balvan Balvano-witsch! – Auf das Vergnügen!»

Als der Gouverneur gegen seinen Palast zurück-kehrte, gewahrte er zu seiner Überraschung eine Menge Volk vor demselben.

«Nun, was, Bruder?» fragte er einen Soldaten.

«Ein englischer Parlamentär, Euer Exzellenz.»

«Wie? Fängt etwa die Geschichte von neuem an?»

«Haarscharf genau, Exzellenz, wie Sie sagen. Von neuem fängt sie an, scheint es. Das heißt, wenn Sie es befehlen, Exzellenz.»

Lachend eilt der General in seinen Palast und rief dem Parlamentär schon von weitem entgegen: «Eine zweite Bumbardirovka? Ich stehe zu Ihren Diensten.»

Der Engländer antwortete nach kurzem, steifem Gruß phlegmatisch: «Nein, Exzellenz, wir fahren heute weiter; ich bin gekommen, den Schaden abzuschätzen und zu vergüten.»

Baraban Barabanowitsch glaubte im ersten Au-genblick sich verhört zu haben. Doch da er für das Bezahlen anderer stets offene Ohren und einen aufgeweckten Sinn hatte, schickte er sich mit wah-rer Genialität blitzschnell in die neue Lage und begann sofort mit dem Schrauben der Entschädi-gungssumme.

«Der Spaß kostet Sie sechshunderttausend Rubel, meine Herren, keinen Kopeken weniger. Sie können den Preis für ein Geschenk halten. Eine ganz neue, prächtige Ziegelei, erst vor vier Monaten aufgebaut mit Wohnhaus und Scheune und Garten und funkelnagelneuen Möbeln. Ein wahres Schmuckkästchen, sage ich Ihnen. Sechshunderttausend Rubel auf die Hand, oder wir lassen Ihr Schiff in die Luft sprengen. Sie müssen wissen, daß Sie sich in einer Mausefalle befinden. Auf den Schären haben wir maskierte Batterien rings um Sie herum, und der ganze Meeresboden ist unterminiert.»

Allein der Engländer bestand darauf, den Schaden selber abzuschätzen. Man verband ihm die Augen und führte ihn unter fortwährendem Drauf- und Dreinreden an die Brandstätte, und mit jedem Schritte wurde der Schaden größer.

«Vierhunderttausend Rubel», erklärte ruhig der Parlamentär, nachdem er die Ruinen gemustert.

Ein Murmeln des Erstaunens, ja der Bewunderung begrüßte die Summe, welche den Verlust um das Sechsfache übertraf. Bloß der Gouverneur nahm mit verzweifelten Gebärden alle Heiligen diesseits und jenseits des Ural zum Zeugen, daß er elendiglich bestohlen werde. Endlich, als der Parlamentär sich anschickte abzuziehen, seufzte er: «Sie zählen auf die russische Gutmütigkeit, mein Herr! Sie wissen, daß der Russe ein Kind ist, dem man alles bieten darf. Nun, Sie haben recht, von diesem Fehler werden wir uns niemals gänzlich befreien, wenn wir auch noch so oft deshalb von Europa übervorteilt werden. In Gottes Namen denn, geben Sie her, wenn es nicht anders sein kann, um des lieben Friedens willen.»

«Wo ist der Eigentümer?» heischte der Engländer.

Der Gouverneur wurde totenblaß.

«Wieso der Eigentümer?» knirschte er; «meinen Sie etwa, ich wollte die Summe unterschlagen?»

Der Parlamentär beharrte auf seinem Begehren und blieb gelassen eine halbe Stunde lang stehen wie eine Schildwache, bis Tullela in der Kirche aufgefunden und in seinem Chorrock dahergebracht wurde. Jetzt verlangte jedoch der Engländer überdies den Bürgermeister als Zeugen, und als dieser anrückte, mußte er wieder heim, weil er vergessen hatte, seine Schärpe anzuziehen. Dann hatte er die Schärpe über die linke Schulter gehängt statt über die rechte. Die Spannung wurde immer größer, und schon argwöhnten die Bürger, diese Verzögerungen möchten bloß einen Vorwand abgeben, um schließlich die Zahlung zu verweigern; da ließ der Parlamentär sein «alles in Ordnung» vernehmen, und ohne weiteres öffnete er seine mit Banknoten gefüllte Briefmappe.

«Ich glaube, Sie sind verrückt», schnaubte der Gouverneur; «Sie werden doch dem Hundesohn für seine elende, lumpige, verschimmelte Baracke nicht vierhunderttausend Rubel auszahlen! Der Kerl bestiehlt Sie auf die empörendste Weise. Nicht vierzigtausend, nicht zwanzigtausend, nicht zehntausend ist sie wert. Geben Sie dem Halunken ein Trinkgeld und einen Tritt in den Rücken, und Gott mit ihm.»

Der Engländer kehrte sich nicht im mindesten

an die Wut des Generals, sondern zählte Tullela das Geld in die Hand und ließ sich vom Bürgermeister einen Schein dafür ausstellen. Hierauf erklärte er seine Mission für beendet, winkte, daß man ihm die Augen verbinde, und marschierte blindlings nach dem Hafen, geführt von einem Soldaten und begleitet von einer ungeheuren, stets wachsenden Volksmenge, welche ehrerbietig die Mütze in der Hand trug.

Am Nachmittag, während die Fregatte eben zur Abfahrt nach Björneborg die Anker lichtete, schaukelte ein halbes Dutzend Fischerboote mit weißen Flaggen durch die Schären. Einzeln wurde die Mannschaft aufs Verdeck zugelassen, mit Beachtung aller Vorsichtsmaßregeln und Pedanterien. Es waren biedere finnische Bauern, unbewaffnet, verlegen und nicht wissend, was sie sagen sollten, die Mütze in der Hand drehend. Endlich begann der Führer: «Erre Majori, wir wohnen auf der zweiten Schäre, dort gegenüber der Flußmündung. Das Leben ist schwer in diesen Zeiten, Erre Leutenanti! Nach Tukholmi* verkaufen können wir nicht wegen des Krieges, und in Finnland ist kein Geld. Und so haben wir gedacht, Erre Kapitäni, weil wir doch beide Lutheraner sind, Erre Kennerali, ein bißchen – Sie wissen, Pummi, Tulipummi, Pumpartirowaniri unser Dorf, Erre Atmirali, wenn Sie so gut sein wollen, bitten wir.»

Ähnlich lautete das Begehren der übrigen Deputationen. Und auf dem ganzen Wege nach Björneborg erging es ihnen gleich. Vor Björneborg aber,

---

* Stockholm

außerhalb der Schären, lag eine ganze Flotille bereit, so daß die Engländer, entsetzt über den übermächtigen Bombardementseifer, eilends nach Süden abschwenkten, in der Hoffnung, um Helsingfors eine etwas zugänglichere, feindseligere Bevölkerung zu treffen.

Es mochten ungefähr drei Wochen nach dem Abzug der Engländer verflossen sein, Agafia hatte hochzeitshalber trotz allen Bitten und Drohungen ihren Dienst verlassen, ihrem Lohn entsagend, den sie übrigens nachträglich aus Gnaden doch zugesandt erhielt, da ging es eines Morgens im Arbeitszimmer des Gouverneurs unheimlich zu. Baraban Barabanowitsch und Balvan Balvanowitsch saßen kleinlaut in der Mitte des Zimmers, bleich, wie zwei arme Sünder, immerfort nach Luft und Ausreden hustend. Am Tisch aber schrieb ein feiner, vornehmer Junge im elegantesten Zivilanzug, eine Zigarette paffend. Von Zeit zu Zeit führte er eine nachlässige, drehende Handbewegung aus, guckte über seine Schulter halb rückwärts und richtete mit dünner, scharfer Stimme eine Frage an den einen oder den andern oder auch an beide zugleich.

«Am 2. Juni, meine Herren, haben wir Ihnen auf Ihr Verlangen dreitausend Gewehre zugeschickt. Ist es Ihnen vielleicht nicht unangenehm, mir mitzuteilen, was aus denselben geworden ist?»

Der General und der Major husteten vergebens nach einer Ausrede.

«Gut. Ich begreife. Ich danke Ihnen. Geben Sie sich weiter keine Mühe. Aber vielleicht wollen Sie mir jetzt gefälligst Auskunft darüber erstatten, wenn ich Ihnen damit nicht allzu viel Mühe zumute, warum die Schanzen zum Schutz der Küste, für welche Sie seit zwei Jahren Geld und Material bezogen haben, noch nicht in Angriff genommen worden sind?»

«Wieso nicht in Angriff genommen worden!» pustete Balvan Balvanowitsch mit erkünsteltem Zorn. «Sie können ja den Graben dort beim Schlosse sehen, Feodor Grigorowitsch! Mit eigenen Augen können Sie ihn sehen, Feodor Grigorowitsch! Bitte, bemühen Sie sich, ich will Ihnen denselben zeigen.»

Hiemit erhob er sich.

«Ganz unnötig, Balvan Balvanowitsch! Ich möchte Ihnen nicht die Unbequemlichkeit veranlassen. Bitte, nehmen Sie wieder Platz. Ich setze nicht den mindesten Zweifel in die Wahrheit Ihrer Behauptungen. Der Graben befindet sich beim Schlosse. Sie sagen es, darum glaube ich es. Ich glaube es um so mehr, als er schon seit sechsundzwanzig Jahren dort steht und bereits fünfmal von uns bezahlt worden ist, wie ich Ihnen aus meinen Papieren beweisen kann, wenn Sie sich die Mühe nehmen wollen, sich davon zu überzeugen.»

In diesem Stil ging es weiter, lange, unendlich lange Stunden, den ganzen Vormittag. Umsonst spähten die unglücklichen Offiziere nach der Tür, ob kein Retter eintrete. Der unheimliche junge Herr hatte den Schlüssel von innen umgedreht. Endlich um halb zwei Uhr steckte Feodor Grigorowitsch eine frische Zigarette in Brand, klappte seine Mappe sorgfältig zu, stand auf, verbeugte sich und verkündete mit verbindlichem Lächeln

«Gut! Meine Herren, ich danke Ihnen, wir sind fertig! Verzeihen Sie mir, daß ich gezwungen wurde, Sie so lange zu bemühen. Erlauben Sie mir jetzt, Sie zum Schlusse anzufragen, ob es Ihnen nicht vielleicht möglich wäre, mich sogleich nach dem Frühstück nach Petersburg zu begleiten? Man ist dort weit weniger unbequem, und im Kriegsministerium arbeitet sich's leichter.»

Die beiden Schuldigen, die sich ebenfalls erhoben hatten, schwankten bei diesem Bescheid, daß sie sich an der Stuhllehne festhalten mußten. Jetzt, vor der unmittelbar drohenden Strafe, verloren sie sogar ihre Würde.

«Bitte, Feodor Grigorowitsch!» schmeichelte Balvan Balvanowitsch, sich an den Untersuchungsbeamten herandrückend, «was haben Sie schließlich davon, wenn wir degradiert und deportiert werden? Sie dienen ja selber dem Staate. Was würde aus unserm armen Vaterlande werden, wenn einer den andern verzeigen wollte?»

Der Beamte zuckte bedauernd die Achseln, ohne eine Miene zu verziehen.

«Erlauben Sie mir, Ihnen zu sagen», sprach Baraban Barabanowitsch mit einem Anflug von Rührung in seiner stolzen militärischen Stimme, «Sie sind ja, wie ich aus der Eleganz Ihrer Sprache und Kleidung schließen muß, ebenfalls in Paris gewesen und kennen daher die Gesetze der Galanterie. Ich habe eine Frau, Feodor Grigorowitsch; der Kummer über meine Schande würde sie töten.»

Feodor Grigorowitsch verbeugte sich.

«Mein Amt ist schmerzlich, da es mich zwingt,

eine Dame zu bekümmern; allein mir befiehlt meine Pflicht und mein Gewissen.»

Jetzt brauste der Major plötzlich auf.

«Pflicht und Gewissen?» brüllte er, «Pflicht und Gewissen? Erbarmen Sie sich! Und Sie wollen ein Russe sein, Feodor Grigorowitsch? Tun Sie mir den einzigen Gefallen und überlassen Sie die Heuchelei den Deutschen und Engländern!»

Feodor Grigorowitsch erbleichte, und seine Lippen bebten. Einen durchdringenden, stechenden Wolfsblick auf den Major werfend, herrschte er ihm feindselig zu: «Wohl möglich, Balvan Balvanowitsch, gar wohl möglich, daß es auch unter den Russen noch Pflicht und Gewissen gibt. Nicht alle sind Räuber und Spitzbuben, wenn es schon von solchen in unserm Staate wimmelt wie von Salamandern in einem Sumpf. Aber was mich betrifft, tun Sie mir die Ehre an, es zu glauben, ich will das Meinige dazu beitragen, den Sumpf zu reinigen, verlassen Sie sich darauf, Balvan Balvanowitsch, und sollte ich die Generäle, Obersten und Majore regimenterweise nach Sibirien spedieren müssen!»

«Erzürnen Sie sich doch nicht, Feodor Grigorowitsch, wegen eines unbedachten Wortes», wollte der Gouverneur beschwichtigen.

Allein jener stand schon an der Tür und drehte mit zitternder Hand den Schlüssel um, den Offizieren nur ein kurzes, verächtliches Kopfnicken zum Abschied gönnend. Als er die Tür öffnete, stutzte er und blieb regungslos stehen, während eine dunkle Röte sein bleiches, nervös zuckendes Gesicht überflog.

Vor der Tür nämlich stand die Gouverneurin in

288

schwarzen Samtkleid, schön wie ein Engel, verführerisch wie eine Polin und vornehm wie eine Russin. Ein geschmeidiges Lächeln glitt über ihre ganze Gestalt, während sie den bösen Gast begrüßte, und sowie sie die Überraschung bemerkte, welche ihre Schönheit bewirkte, fand sie sogleich die unbefangensten Töne auf dem Register ihrer Stimme.

«Wie bin ich froh, endlich die Ehre zu haben! Wissen Sie, meine Herren, daß ich schon eine Stunde an der Türe warte wie eine Odaliske des Sultans, um der Gnade teilhaftig zu werden, Sie alle zusammen zum Frühstück einzuladen. Galant sind Sie nicht, das müssen Sie selbst zugeben, daß Sie meine Nähe nicht im Herzen gespürt haben. Daran merkt man, wie man verheiratet ist und wie man alt wird. Mein Herr, ich bin Ihnen Dank schuldig, denn Sie müssen meinen Mann vorzüglich unterhalten haben, daß er so ganz das Frühstück vergaß; das widerfährt ihm sonst das ganze Jahr über nicht. Darf ich bitten, mir Ihren Arm zu leihen und mich ins Speisezimmer zu führen? Freilich, ich zittere; was werden Sie von mir denken, ich wage es Ihnen fast nicht zu gestehen, seit mir Agafia untreu geworden ist, habe ich nichts als eine finnische Gans zur Köchin; ich kann Ihnen daher, werden Sie mir's verzeihen können, nichts zum Frühstück bieten als Lachs und Braten und etwas Wildbret. Balvan Balvanowitsch, mit Ihnen brauche ich keine Umstände zu machen, Sie sind ja unser alter lieber Hausfreund. Sie werden jedenfalls mit uns speisen, dem seltenen Gast zu Ehren.»

Feodor Grigorowitsch, von dem Zauber der

Verführerin im Herzen getroffen, verteidigte sich gleichwohl tapfer.

«Madame, so schwer es mich ankommt», antwortete er stammelnd, doch entschlossen, «so muß ich doch dem Vergnügen entsagen, Ihre gütige Einladung anzunehmen. Ich bin nicht allein. Zwei Offiziere, Kameraden, aus Petersburg zugleich mit mir hier angekommen, erwarten mich im Gasthaus.»

Die Generalin nahm ihren ganzen Verstand zusammen.

«Wie schade!» klagte sie; «aber erlauben Sie, wie ist Ihr Name?»

«Feodor Grigorowitsch.»

«Wie schade, Feodor Grigorowitsch! Doch ich will mir natürlich nicht anmaßen, Ihren Willen zu beeinflussen. Ich darf Sie um so weniger nötigen, als Sie leider der Gesellschaft meines Mannes beim Frühstück entbehren müßten. Er hat heute ein dringendes Geschäft auf dem Schloß, wo er bis abends spät bleibt. Und Balvan Balvanowitsch, den kenne ich, der läßt sich niemals erweichen, eine Einladung anzunehmen, wie sehr man ihn darum bitten möge. Die Unterhaltung einer Dame allein aber, noch dazu einer Dame aus der Provinz, bietet für einen jungen Herrn aus Petersburg zu wenig Interesse, als daß ich ihm zumuten dürfte, sich mit derselben zu begnügen.»

Feodor Grigorowitsch hielt noch immer wacker stand, obschon schweigend und todesblaß mit der Lippen zuckend. Inzwischen hatte jedoch der General schon sein Zaudern benützt.

«Auf heute abend also!» sprach er offen und

natürlich, mit der ganzen Ritterlichkeit des Haus-
herrn. «Darf ich hoffen, daß Sie bis dahin meine
Abwesenheit entschuldigen werden?»

Und ehe man sich's versah, war er verschwunden.

Auch in Balvan Balvanowitschs niederer Stirn
dämmerte eine Ahnung davon, daß er gerettet
werden solle; nur bewirkte die Vorstellung des
Lachses und des Wildbrets einen harten Kampf in
seinem Innern, und es bedurfte unzweideutiger
Blicke der Gouverneurin, bis er sich zum Weichen
entschloß.

«Ich habe die Ehre», polterte er schließlich zum
Abschied hervor, fügte indessen zum Zeichen, daß
er nicht der dümmste sei, schalkhaft mit Augen-
zwinkern hinzu: «Wünsche Ihnen ein vergnügtes
Frühstück, Feodor Grigorowitsch!»

Dieser fuhr wie von einem Skorpion gestochen
in die Höhe, wurde aber sofort von Pelageja Iwanowna zuvorkommend besänftigt.

«Zürnen Sie ihm nicht, Feodor Grigorowitsch!»
bat sie, indem sie eine Hand auf seinen Arm legte;
«er ist ein ungebildeter, roher Soldat. Und wenn
jemand von seiner Unzartheit beleidigt worden ist,
so bin ich es doch wahrlich. Und nun wollen Sie
mich obendrein noch seine Taktlosigkeit entgelten
lassen? Was kann denn eine arme, verlassene Frau
dafür? Kommen Sie, Feodor Grigorowitsch, ich
freue mich wie ein Kind darauf, von Ihnen über
Petersburg und den Hof zu hören. Sie verkehren
gewiß viel in der großen Welt.»

Feodor Grigorowitsch machte eine Bewegung,
um seinen Arm zu befreien, und hielt seinen Schritt

zurück. Da küßte er plötzlich stürmisch die Hand der Generalin, ohne daß er selber wußte, wieso und warum. Die Gouverneurin lächelte ihm unbefangen Beifall zu.

«Da», sagte sie, «haben wir den wahren galanten Weltmann! Sie wissen, was guter Ton ist. Feodor Grigorowitsch, ich glaube, wir werden uns verstehen! Du lieber Himmel! Hier in diesem elenden Nest wird man mit Galanterien nicht verwöhnt. – Nein, Sie zuerst, ich bin hier zu Hause. – Nun, wenn Sie durchaus befehlen –»

Bald darauf erhielt der Gouverneur General Baraban Barabanowitsch Stupjenkin für seine heldenmütige Verteidigung der Stadt Åbo den Alexander-Newskij-Orden mit einer jährlichen Ehrenpension von zehntausend Rubeln, unbeschadet seiner Ernennung zum Generallieutenant und seiner Versetzung in eines der saftigsten Gouvernemente von Südrußland, wo Pelageja Iwanowna Gelegenheit fand, drei russische Köchinnen statt einer anzuwerben und sich die Wildhühner in schwedischer Sauce zubereiten zu lassen. Balvan Balvanowitsch aber wurde in Anbetracht seiner persönlichen Auszeichnung während des Bombardements zum Obersten befördert.

Tullela baute im künftigen Frühjahr eine gewaltige Schnapsbrennerei, groß genug, um den Durst von ganz Finnland zu stillen, in der Nähe von Wiborg, denn Agafia wollte durchaus an der russischen Grenze wohnen, damit sie des Winters auf den «Schweizer Bergen» von Petersburg kutschieren könne. Im Herbst, als die wohltätige Anstalt fertiggestellt war, hielten sie im Societätshüß vor

292

Åbo eine glänzende Hochzeit, wobei eine Unmasse von Mendali*, Rosinen, Haselnüssen, Nuga, Baba und Zuckerkandel vertilgt wurden. Balvan Balvanowitsch und der Bürgermeister waren Brautführer; während der Tafel spielte die Regimentsmusik, und nach der Mahlzeit erschienen sämtliche Kosaken der Garnison zu Gast, auf der Straße tanzend, plärrend und trinkend, bis sie haufenweise am Boden vor den Türen lagen, wie im Paradiese.

«Was habe ich dir gesagt, Tullela?» schmunzelte Agafia seelenvergnügt, als sie des Abends, die schimmernde Hochzeitskrone auf dem Kopf, über die Haufen der Betrunkenen auf die Straße stieg, dem Wagen zu. «Gott ist gnädig, habe ich dir gesagt; gestern Bumbardirovka, heute Hochzeit und Mendali. Das macht, daß er ein rechtgläubiger Gott ist, ein russischer, ein guter. Hörst du? – Weißt du, mein Täuberich, jetzt bist du ein großer, reicher Herr, der niemand untertan ist als dem Kaiser. Von jetzt an mußt du, wenn ich sage: ‹Hörst du?›, mir immer antworten: ‹Ich gehorche, wie ein gebildeter Herr.›»

«Ich gehorche», murmelte Tullela.

Danach bestiegen sie den zweirädrigen Karren und rasselten im Galopp landeinwärts auf die Hochzeitsreise nach Tammerfors.

«Wie lustig! wie köstlich!» jubelte Agafia, als sie in dem harten Karren hin- und hergeschleudert wurde wie die Spreu in einer Tenne, daß ihr die Knochen knackten, «aufs Haar wie in einer Telega!»

---

* Mandeln

Den Pfarrer von Åbo, welcher Tullela in höchster Not zum Kantor befördert hatte, ließ dieser aus Dankbarkeit zum Branntweininspektor des Distriktes Wiborg ernennen, denn Tullela gewann durch seinen Reichtum bald großen Einfluß in der Lokalverwaltung.

Aber bis auf den heutigen Tag sagen die Schweden von Åbo, wenn sie einen Menschen plötzlich Reichtum zur Schau tragen sehen: «Der Tausendkerl! Sieh einmal ‹auf› diesen! Alle Wetter von Stockholm! Entweder er hat von seinem Onkel, dem Teufel von Wexiö, geerbt, oder er ist bombardiert worden!»

JAKOB BOSSHART
—

Altwinkel

I

Ruhe lag auf den Bäumen, auf den Dächern und an der Berglehne, Stille in Wohnhaus, Scheune und Schuppen. Kein Wind blähte sich, die Wolken am Himmel ruhten sich aus, die Sonne stand auf halber Höhe still und überschaute gemächlich das Gehöfte. Die Hühner hatten sich unter dem Birnbaum in die trockene, frühlingswarme Erde vergraben und ließen dann und wann einen zufriedenen, halb träumerischen Laut hören. Der Hahn ragte abseits, auf einem Bein stehend, unbeweglich, kaum daß er ab und zu den Kopf leicht neigte oder drehte. Dann flackerte von seinem Kamm ein heißes Leuchten auf.

Diese Ruhe war aber auf den Altwinkel beschränkt, auf die Gruppe der drei ungleich großen Häuser, die in einer Muschel an der Halde eingeriedet waren.

Nicht weit davon gärte das Leben. Aus der Tiefe ließ sich eine andere Welt, die Stadt, vernehmen. Lokomotiven pfiffen, Wagenzüge ächzten ins Land hinaus, Tramwagen knarrten, Lastautos ratterten schwer dahin, die Turmuhren verkündeten jede Viertelstunde mit ernsten Mahnrufen die Flucht der Zeit. Und wenn sie gerufen hatten, rollten die Bahnzüge schneller, schrillten die Lokomotiven greller, dröhnte die Maschinenfabrik gewaltiger, ja, die ganze Stadt wuchtete dann mit dem Grimm einer fernen Schlacht. Nicht weit vom Altwinkel war tags zuvor ein Dachstuhl aufgerichtet worden. Nun wurden die Latten angeschlagen, mit acht, neun Hammerstreichen, die zahm begannen und zu Schüssen anschwollen.

Ein Riegel knarrte, das Tenntürchen drehte sich mühsam in seinen Angeln; ein Mann schob sich in die Öffnung und blickte etwas blöde, halb geblendet in den Tag hinaus. Die Hammerschläge auf dem Neubau erregten seine Aufmerksamkeit. Als hätte ihn einer der Streiche auf die Stirne getroffen, taumelte er ins Dunkel der Tenne zurück. Bald erschien er wieder, von der Neugier getrieben, und starrte lange nach dem werdenden Dach, das als gelbes Gerippe in den Himmel stieg. Die leicht gebeugte Gestalt des Mannes sank immer mehr in sich zusammen. Von einer Schwäche befallen, setzte er sich auf einen Scheitstock, der noch vom Winter her vor der Scheune stand.

Plötzlich kam Bewegung in das Gehöfte. Der Hahn schrie, daß die Luft zitterte, die Hennen quollen aus ihren Erdhöhlen hervor, schwangen sich den Staub aus ihren Federn und folgten dem Hahn, der sich steifbeinig in die Tiefe des Baumgartens zurückzog und seinen Hofstaat eindringlich zu Eile und Umsicht mahnte. Den Fußpfad herauf nahten harte Schritte. Der Briefbote stampfte heran, klappte den Deckel des Holztrögleins, in dem er seine Briefschaften trug, auf und streckte dem Bauern einen gelben Umschlag hin: «Etwas Amtliches, Herr Winkler.» Schon eilte er weiter, fluchtartig, als hätte er ein Unglück gebracht, dessen Wirkung er nicht mitansehen wollte.

Der Bauer wog das Papier unschlüssig in den Händen und las die Adresse mit totem Blick zwei-, dreimal durch: «An Herrn Hans Ulrich Winkler im Altwinkel.» Er machte eine Bewegung, als wollte er den Umschlag aufreißen, aber Mutlosigkeit sikkerte in seine Hände, und er ließ sich wieder klein auf den Scheitstock nieder. Wohl eine halbe Stunde saß er so, unbeweglich, sinnend. Auf einmal reckte er sich in die Höhe und schwang die geballte Faust gegen die Stadt: «Du Fluch, du Babel!»

Er schritt zum Wohnhaus hinüber, das hart neben der Scheune stand, und trat in den geräumigen Erm, wie man im Altwinkel den Hausgang nannte. Gleich an der Schwelle stieß er auf seine Schwester, die am Boden vor einem Haufen Kartoffeln kauerte, aus denen sie geeignete Stücke für die Saat herausschnitt.

Sie war etwas jünger als er, vielleicht dreiundsechzig, trug um den Kopf ein rotbedrucktes Tuch und war sonst ganz in Grau gekleidet. Die Sparsamkeit schaute ihr aus allen Falten des Rockes und allen Runzeln des Gesichtes. Sie sah nicht auf, als der Bruder eintrat, ihre Blicke hatten vollauf zu tun, die Augen der Saatkartoffeln zu zählen und auf einem Schnitz möglichst viele zu vereinigen. «Du bist keine Laterne, Hans Uli», sagte sie nach einer Weile trocken.

Er hatte erwartet, sie würde aufsehen, das gelbe Papier in seiner Hand entdecken und ihm die Eröffnungsworte ersparen. Um sie von ihren Kartoffeln abzulenken, warf er ihr schließlich zu: «Nun ist der Dachstuhl oben, Klephe, der Fluch verdeckt uns gerade den Petertum.»

«Ja, ja», entgegnete sie, «man wird uns noch den Himmel vermauern. Und der Herrgott läßt alles zu.»

«Es ist wieder ein gelber Brief gekommen», rückte Hans Ulrich endlich heraus.

Das wirkte. Sie wandte sich zu ihm: «Gerechter Gott, was schreiben sie?»

«Ich weiß es noch nicht. Da, schneid auf. Ich hab' kein Messer im Sack.» Er trug freilich eines bei sich.

Sie ergriff, ohne sich zu erheben, den Umschlag und schränzte ihn mit dem spitzen Kartoffelmesser auf. Mit ihren zerarbeiteten, knotigen Fingern zog sie das Schreiben heraus und durchging es langsam. Er sagte tonlos: «Nicht wahr, verloren? Der Rekurs ist abgewiesen?»

«Gerechter Gott! Ja!» klagte sie. «Und nun?»

«Jetzt kommt die neue Straße durch den Wingert.»

«Aber nur, wenn Gott will. Das dürfen sie doch nicht!» rief sie, «es ist doch unser Land.»

«Sie dürfen es nicht, aber sie tun's. Es sind ja Verbrecher!» Er hatte das Papier nun auch gelesen und schimpfte: «Die Gerichtskosten haben sie mir auch noch aufgeladen. Zweihundert Franken.»

«Gerechter Gott!» jammerte sie.

«Und dann kommt noch der Anwalt.»

Klephe war aufgestanden und las das Schreiben nochmals sorgfältig durch. «Hast du den Satz da gesehen?» fragte sie, als sie zu Ende war. «Die Enteignungssumme im Betrage von elftausend Franken kann auf der Gerichtskasse abgeholt werden.»

«Das habe ich freilich gelesen», erwiderte er, «aber ich hole das Geld nicht ab, es klebt Unrecht daran. Und wenn ich es nähme, so könnte man sagen, ich stelle mich unter den Spruch.» Er hatte seinen Rücken gestreckt und sprach wie ein Prophet: «Ich stelle mich aber nicht unter den Spruch der Ungerechten!» Sie stimmte ihm bei: «Nein, stelle dich nicht unter den Spruch der Ungerechten. Du mußt gleich zum Advokaten.»

«Es nützt nichts mehr, Klephe, ich habe alle Rechtsgänge abgelaufen, vom ersten bis zum letzten.»

Ihr wurden die Augen feucht, und sie ließ sich wieder zu ihrer Arbeit hinabsinken. Sie griff nach einer Kartoffel und wollte sie anschneiden, warf sie aber mitsamt dem Messer von sich und seufzte: «Wozu?»

Hans Ulrich trat von ihr weg ins Freie. Die Frage «Wozu?» brannte auch ihm in der Seele. Nein, arbeiten konnte er heute nicht. Wozu? Wozu? Die Schwalben sangen vom Scheunendach herüber. Er beneidete sie: «Ihr könnt hoch singen, ihr, euch stört man das Nest nicht.»

Von einem Zwang geleitet, stieg er zum Rebberg hinan, der sich an der Halde sonnte und fast bis zum Wohnhaus hinunterstreckte. Um den

Schein zu wahren, nahm er einen Karst auf die Schulter. Der Saft war bei der Wärme in den Rebstöcken schon lebendig geworden, drängte da und dort aus den Schnittwunden der Schosse heraus und sickerte an der Rinde hinunter, die davon ganz schwarz wurde. «Weint euch nur aus!» redete Hans Ulrich die Reben an, «ich täte es auch, wenn ich könnte, aber ich bin ein zu alter Stock.»

Oben, in einer Kammer – so nannte er die Stücke Rebland –, ließ er sich nieder und schaute über sein Heimwesen hin auf die Stadt. Als eine ungeheure, unabwendbare Gefahr erschien sie ihm, als ein Riese, der inmitten gewöhnlicher Menschen aufwächst, aufschwillt und alles, was er erlangen kann, in die Faust nimmt und erdrückt.

Als er ein Knabe war, hatte man vom Altwinkel aus von der Stadt fast nichts gesehen als die paar Türme, so klein war sie noch. Er hatte in der Schule gelernt, sie zähle zwanzigtausend Seelen, jetzt waren es zehnmal soviel. Waren es Seelen? Rings um den Stadtkern lagen damals locker gebaute Dörfer, durch die die Heu- und Erntewagen rollten und die Pflüge auf einem Gerät geschleift wurden, das die Form eines offenen Zirkels hatte. Wo waren die Erntewagen und Pflugschleifen hingekommen? Von der Stadt verschluckt. Und verschluckt die Obstgärten und Wiesen und Ackerstreifen, verschluckt die Weinberge und die kleinen lieben Dorfkirchlein, über die sich die neuen Kirchtürme protzenhaft erhoben, verschluckt die Bauern in Hemdärmeln und die Bäuerinnen mit den nackten braunen Armen, zu unstetem Stadtvolk geworden. Immer näher an den Altwinkel drängte sich die

Stadt heran. So mochte die Sintflut nach der Arche geleckt haben. Die Sintflut mußte die Arche emporheben, die Stadt aber würde den Altwinkel ertränken.

Hart tönten die Hammerschläge von dem neuen Dachgiebel herauf. Hans Ulrich zählte die Neubauten, die ihre kahlen, häßlichen Leiber greifbar nah aufrichteten. Es waren ihrer neun. Er maß die Fläche, die sie noch zu unterjochen hatten, bis sie den Altwinkel erreichten. Würde er noch leben, wenn es soweit war? Er war sechsundsechzig, sein Vater hatte es auf zweiundsiebzig gebracht. So rechnete er wehmütig. Und dann faßte ihn, wie heute schon einmal, die Wut gegen die Stadt, und er schwang zum zweitenmal die Fäuste über sie.

Vom Tal her dunkelte ein Wolkenschatten heran und legte sich langsam und kalt auf den Altwinkel. Hans Ulrich verfolgte seinen Schlich, sah, wie der Sonnenglanz auf den Kirschblüten, auf dem jungen hellen Rasen, auf den drei Dächern erlosch. «Das kommt und läßt sich nicht aufhalten», dachte er. Sein Blick fiel auf einen weißen Pfahl, der sich unten in der Wiese erhob und gegen dessen Leuchten der Schatten nichts vermochte. Andere Pfähle gleicher Art ragten weiter unten und weiter oben auf und bildeten eine lange Reihe, von der Landstraße, die in den Kanton hinausführte, herauf, durch Äcker, Wiesen und Gärten, bis zum Altwinkel, oben an den drei Häusern vorbei und mitten durch den Weinberg, einer Straßenschlange zu, die sich stadtwärts an der Berghalde emporwand. Die Pfähle gaben die Richtung der neuen Straße an, gegen die Hans Ulrich zwei Jahre lang einen verzweifelten Kampf geführt hatte. Die Straße zerschnitt nicht nur sein Land, sondern auch sein Leben, er wußte es, darum hatte er sich gegen sie gewehrt wie gegen den Tod. Sie zerstückelte seinen Gemüsegarten, die Bünt, wie er sagte, aus der er jeden Sommer ein hübsches Sümmchen gezogen hatte, sie zerschnitt seinen Baumgarten und würde ihm die schönsten Obstbäume niederlegen, sie schreckte vor dem, was ihm fast heilig war, seinem Wingert, nicht zurück. Aus dem Wein wurde seit Menschengedenken der Zins für den Altwinkel gelöst. Was war der Hof noch, wenn der Wingert verstümmelt war? Ein Körper ohne Blut, ein Leib ohne Kraft, etwas dem Tode Geweihtes! Daß das in der Zeit geschehen mußte, da er für den Hof verantwortlich war, nagte Hans Ulrich am Leben. Die Winkler hatten ihren Namen vom Winkel und saßen darin, seit dort ein Rebmesser geführt und eine Hacke geschwungen wurde. Als sich einst in der Nähe ein neues Gehöft erbaut hatte, nannte man es zur Unterscheidung Neuwinkel, und der Winkel wurde zum Altwinkel. Aber auch der Neuwinkel war nun ein fast hinfälliges Riegelwerk, trug doch ein Balken des Hauses die Jahreszahl 1630. Während im Neuwinkel die Besitzer alle zwei oder drei Geschlechter gewechselt hatten, fand man im Altwinkel immer noch den alten Stamm, freilich mit einem einzigen, seinem letzten, absterbenden Schoß. Er hatte im Laufe der Jahrhunderte seine Kraft verzehrt, der Boden, in dem er wurzelte, verlangte nach einer neuen Gattung, gerade so, wie der Obstgarten die alten Birn- und Apfelsorten aussterben ließ und neue forderte.

Durch ihre lange Seßhaftigkeit waren die Altwinkler seltsame Menschen geworden. Sie benahmen sich schon etwas alt und steif, wenn sie zur Schule gehen mußten, lachten selten, hatten wenig Glanz in den Augen, wenig Haar auf dem Scheitel, wußten von Übermut und Überschwang nicht einmal in ihren Träumen etwas. War die Schulzeit vorbei, so zogen sie sich ganz in den Altwinkel zurück, ließen die Welt ihren Weg trollen und wünschten nichts Besseres, als daß man ihre Uhr still ablaufen lasse. Ihre Gesichter wurden im Alter immer totenkopfähnlicher. Man spöttelte gelegentlich über sie, nannte sie als solche, die nur in ein Geschirr paßten, «einschirrig», aber man achtete sie doch, wie man gotische Truhen und Wandschränke und Sessel in Ehren hält. Man kannte sie schon an der Sprache, sie brauchten noch Wörter, die das aus der Stadt brodelnde, unruhig wechselnde Leben ringsum schon längst hinweggespült hatte. Die Wörter Erm, Wingert und Bünt brauchte in der Gegend niemand mehr als die Altwinkler; rühmte Hans Ulrich von einem Baume, er sei «fruotig», so wußten seine Nachbarn nicht, meinte er gesund oder krank, und sprach Klephe von ihrer «Almäli», so erriet man mühsam, daß sie den Küchenschrank im Sinne hatte.

Hans Ulrich starrte auf seinen Hof hin. Er sah seinen Vater und seinen Großvater um das Haus schreiten. Sie glichen sich ganz, nur daß der Großvater eine schwarze Zipfelmütze, der Vater einen schwarzen Schlapphut trug. Beide gingen stark gebückt, auf steifen Beinen, und hatten Arme, die sich in den Ellenbogen nicht mehr zu strecken

303

vermochten. Wie aus Latten zusammengesetzt sahen sie aus. Was würden sie sagen, wenn sie noch leibhaftig über ihren Grund gingen? Oh, sie hatten es gut, ihnen blieb der Kampf erspart, sie lebten noch in der gutmütigen Zeit! Der Großvater pflegte in seinem festen Glauben zu sagen: «Der Herrgott wird schon wissen», und der Vater in seinem Vertrauen auf die Gerechtigkeit auf Erden: «Es fährt immer wieder einer mit einem Strähl über die Welt.» Damit waren für sie Not und Bedrohung und Kummer aller Art ins Unwirkliche geschoben, und sie lebten getrost und gemächlich dahin. So konnten sie, so konnte er nicht mehr. Man ließ es nicht zu. Wer? Was? Dort von der Stadt her kam es, unaufhaltsam, bösartig, unvernünftig, den weißen Pfählen nach, die die Wegweiser waren. Kein Wunder, daß sie so in Ränken heranschlichen, sie mußten die gerade Richtung scheuen.

Eine Frage kam Hans Ulrich. Wann würden sie die Straße bauen? Sie würden doch warten, bis das Gemüse in der Bünt zeitig wäre, sie würden doch die Obstbäume, die jetzt die Knospen auftrieben, noch tragen lassen, sie würden doch die Reben im Wingert nochmals ihre Trauben gelb und blau färben lassen! Das andere wäre sündhaft, eine Tat gegen das werdende Leben.

Unaufhörlich tönten vom Neubau her die harten Schläge.

Der Hahn schrie wieder warnend auf und leitete seine Hennen aus dem Baumgarten den schützenden Häusern zu. Ein Mann in hellbraunem Anzug war von der Landstraße abgeschwenkt und ging von einem der weißen Pfähle zum andern. Von

304

Zeit zu Zeit stand er still, schaute sich um und maß und schätzte mit den Augen. Nun schien er Hans Ulrich entdeckt zu haben und stieg rasch heran, als einer, der auf die Minuten zu achten hat. Hans Ulrich wäre am liebsten geflohen, hinauf in den Wald oder hinein in den Erdboden, er wußte, daß der Versucher ihn anfechten würde wie auch schon. Der Braune grüßte, breitete sein Taschentuch auf dem Boden aus und setzte sich darauf neben den Bauern.

«So ist's recht, Herr Winkler», begann er, «man legt die Hacke zwischen die Rebstöcke, läßt sich ein bißchen nieder und freut sich der Sonne. Es ist ein herrlicher Tag. Zwar trau' ich dem Frühling noch nicht ganz, der Schnee ist immer noch zu nahe.» Er wies mit der Hand nach den Bergen, die sich jenseits der Stadt in immer höheren Reihen auflehnten und fast alle noch weiß waren. «Ich bin erstaunt», fuhr er fort, «daß die Reben schon treiben. Sie haben's zu eilig. Die Eisheiligen sind noch vor uns, die werden wieder einmal die Trauben im Mai schneiden. Die Bauern haben's wirklich mit dem Ungewissen zu tun. Was der Frost nicht verbrennt, das saugt der falsche Meltau aus den Beeren. Wie manchmal müßt ihr jetzt die Reben spritzen in einem Sommer?»

«Dreimal, Herr Stürmer! Dem Teufel sei's überbunden.»

«Ich würde sie ausreißen. Was soll dieser Kampf? Die Reben müssen im ganzen Land kaputtgehen, da hilft alles nichts.»

«Ich habe sie von meinem Vater und Großvater.»

«Oh, die konnten noch schnaufen, Herr Winkler! Sie schnitten die Schosse im Frühjahr und die Trauben im Herbst, und dazwischen war nicht viel zu tun.»

Hans Ulrich betrachtete den Braunen von der Seite, wie ein Erfahrener einen dummen Jungen mißt, der schwatzt, ohne recht Bescheid zu wissen. Stürmer wandte sich ihm vertraulich zu: «Ich meine es gut mit Ihnen! Hätten Sie mir vor zwei Jahren das Ohr aufgemacht, so hätten Sie nicht prozessieren und den Advokaten so viel Geld in den Dieb- und Feuerfesten schmeißen müssen, hätten nicht so viel Verdruß und Ärger und so viele schlechte Nächte gehabt! Ja, ja. Sie haben schlaflose Nächte durchgemacht, das sieht man Ihnen an, die zwei Jahre haben Ihnen zugesetzt. Man sieht's an den Haaren, man sieht's am Auge, man sieht's an der Haut. Schlagen Sie doch den Bettel los, ich zahle Ihnen mehr dafür, als was billig ist...»

Hans Ulrich richtete sich auf: «Den Bettel?»

«Ach, man sagt so! Das Heimwesen ist ein Bettel, verglichen mit dem Ärger, den es Ihnen und Ihrer Schwester macht. Sie haben keine Kinder, für wen wollen Sie es denn aufsparen? Etwa für Ihren Vettermann, den Düsler? Der nimmt Goldvögel und Bankscheine noch lieber als Land.»

«So steht die Sache für mich nicht. Ich bin im Altwinkel geboren und will nur tot vom Altwinkel lassen. Was soll ich tun, wenn ich mein Nest nicht mehr habe?»

«Die Straße nimmt Ihnen ja das beste Land weg.»

Nun fuhr es wild in Hans Ulrich auf: «Das ist es

306

ja! Die gottverfluchte Straße! Bis jetzt konnte ich auf dem Heimwesen leben, nun ist es zu klein! Die Straße frißt mir die schönsten Bäume, sie frißt mir ein Stück Wiesland, sie frißt mir die Bünt, sie frißt mir den schönsten Teil des Wingerts, die ‹Kammer› mit den Klevnern, sie nimmt mir jede Freude an der Arbeit!»

«Ja, sehen Sie!» rief Stürmer triumphierend.

«Woher nimmt man das Recht, mir mein Land zu stehlen, mich heimatlos zu machen wie einen Korber? Man erzählt, daß wir Winkler fünfhundert Jahre oder mehr auf diesem Grund wirtschaften, und nun kommt man diebsweise und vertreibt uns? Wer darf das?»

«Der Staat.»

«Der Staat? Ihr wollt sagen, die Spekulanten, die Herren Stürmer und Kompanie! Was wissen der Staat und die Regierung von Hans Ulrich Winkler? Aber die Spekulanten wissen von ihm und dem Altwinkel. Wem nützt die Straße, mir oder meinem Nachbarn im Neuwinkel? Wir haben es hundert und hundert Jahre ohne die Straße gemacht und haben sie wahrhaftig nicht begehrt. Nein, Ihnen nützt sie, wenn ich Ihnen das Heimwesen verkaufe. Nichts für ungut.»

Herr Stürmer hatte sich nun auch erhoben und suchte den eigensinnigen Bauern zu überreden: «Die Straße nützt Ihnen freilich. Sie nützt allen, die hier Land haben, Ihnen vor allem. Die Straße macht diese ganze Halde zu Bauland, von gestern auf heute ist jeder Quadratmeter im Preise gestiegen, Sie selber, Herr Winkler, sind über Nacht reicher geworden. Verstehen Sie denn das immer noch nicht? Ich werde dieser Veränderung Rechnung tragen, ich werde Ihnen einen schönen, sehr schönen Kaufschilling zahlen...»

«Meint ihr denn, Geld sei mehr wert als Grund und Boden? Pflastert einen Acker mit Fünflibern, sät Weizen darauf und vom besten und schaut, was für Brot das Geld trägt! Wir wollen nicht weiterreden, ich sage mein ‹Nein› und bleibe dabei.»

Er wollte gehen, der Spekulant hielt ihn zurück: «Sie müssen die Welt nehmen, wie sie gerade läuft. Sie haben den Hemmschuh für sie ebensowenig wie ich. Haben Sie schon einen Stein in einen Weiher oder in den See geworfen? Gut, so ist es hier. Um einen Punkt wächst Häuserkreis um Häuserkreis, immer weiter, immer weiter!» Er beschrieb mit dem Arm drei, vier Bogen und zuletzt einen Riesenkreis. «All dieses Land wird von der Stadt überflutet werden, da können Sie nichts dagegen, da kann ich nichts dafür. Das ist eine Allmacht. Ein Tor, wer dagegenarbeitet! Ein Kluger zieht seinen Nutzen daraus. Sehen Sie, dort unten wird ein neues Baugespann errichtet. Eben heben sie die erste Stange empor! Es ist Neuwinkler Boden. Ja, ja, der Neuwinkler ist ein Fuchs und riecht, wo der Zeit das Fett wächst.»

Hans Ulrich traute seinen Augen kaum. So nahe war das Verhängnis schon? Als ein riesiger Drohfinger erhob sich die Stange. «Verkaufen Sie!» tönte es eindringlich neben ihm, «verkaufen Sie, bevor es Sie überschwemmt.»

«Ich kann nicht!» erwiderte der Altwinkler. Und dann, als hätte er etwas Schwächliches gesagt, mit harter Stimme: «Ich will nicht.»

«Wir sehen uns wieder, Herr Winkler, wir sehen uns bald wieder. Verkaufen Sie nicht, bis Sie mit mir gesprochen haben. Adieu. Ich muß schnell nachsehen, wer da unten baut.» Stürmer griff flüchtig an den Hut und eilte abwärts. Hans Ulrich sah ihm böse nach. Ihm war, in dem braunen Gewand stecke der teuflische Geist, der all das Unheil anstiftete. Es zuckte in ihm, dem Davoneilenden nachzulaufen und ihn zu Boden zu schlagen, ihn unschädlich zu machen, aber er wußte wohl, daß ihn der andere mit einer Bewegung seines Armes hinschleudern würde, der Böse war jung und stark, und er war alt und abgehend.

In einem dumpfen Taumel schritt Hans Ulrich zu den Häusern hinunter. Die Kühe brüllten im Stall, es war Mittag geworden, und sie hatten Hunger. Er erinnerte sich an ein Wort seines Großvaters: «Brüllt eine Kuh im Stall, so hat der Bauer eine Sünde begangen.» Wirklich würgte ihn das Gewissen beim Anblick seiner zwei Tiere. Sie waren während des Winters abgemagert, hatte er doch am Heu sparen müssen. Angst erhob sich in ihm: «Ist einmal eine Straße da, so werde ich noch weniger Heu einbringen. Und dann? Entweder Heu kaufen oder eine der Kühe abtun! Heu kaufen? Womit? Wie mit einer einzigen Kuh leben?» Der Stall wurde ihm zu warm, zu eng, er eilte ins Wohnhaus hinüber zu Klephe. Sonst hatten die Geschwister fast wie zwei Taubstumme nebeneinander gehaust, jetzt suchte eines im andern Halt. Klephe machte ihrer Beklemmung Luft: «Hast du verkauft?»

«Wie kannst du so fragen!»

«Der Stürmer war doch bei dir oben.»

«Das geht nicht am Dampf», versuchte er zu scherzen, «aber wir müssen eine Kuh verkaufen im Herbst.»

Sie seufzte: «Eine Kuh – das ist zu ertragen! Nur nicht den Grund!»

«Aber wenn er gestohlen wird, von einem Dieb, den man nicht fassen kann?» klagte er und ließ sein Mittagessen stehen, um wieder nach seinen Kühen zu sehen. Stimmen stiegen im Baumgarten auf und drangen herüber. Es war ein Geometer, ein älterer Mann, mit zwei Gehilfen, die unter seinen Zurufen weiß und rote Stangen in den Boden steckten, während er mit einem Instrument visierte. Hans Ulrich belauerte ihn eine Weile und trat dann zu ihm hin. «Sie haben es eilig», sagte er halb erstickt.

«Muß wohl. Es ist Laufschritt kommandiert. Sind Sie etwa der Eigentümer? Sie hätten sich einige Mühe ersparen können. Wozu dieses Land noch mit Gemüse bepflanzen? Da wachsen keine Salat- und keine Kohlköpfe mehr. Und die Reben hätte man ungeschnitten so gut aushacken können wie geschnitten. Um die Bäume da ist es schad, aber das Gericht hat ihnen den Tod gesprochen, und nun hat der Scharfrichter zu handeln.»

Hans Ulrich fühlte, daß der Geometer ein Herz für die schönen Obstbäume hatte, und wurde in der Brust ganz aufgewühlt. Schon öffnete er die Lippen, um den Mann anzuflehen, die Bäume zu schonen, ein gutes Wort am rechten Ort für sie anzubringen, als ihm die Überlegung kam, der Beamte tue bloß, was man ihn heiße, er sei weiter nichts als ein Werkgerät, mit Geräten aber lasse sich nicht reden.

«Wie steht es mit den Bäumen und Reben?» fragte der Geometer, «wollen Sie sie selber wegräumen oder soll man die Arbeiter darauf loslassen?» Hans Ulrich besann sich und stotterte dann: «Soll es sein, so will ich es selber tun.»

«So verlieren Sie keine Zeit! Sobald ich die Straße genau abgesteckt habe, rücken die Arbeiter ein, eine ganze Kompanie.» Nun schnaubte Hans Ulrich seinen Grimm hinaus: «Die Ungerechtigkeit stößt oben am Himmel an! Wer darf das? Wer wagt das?»

«Das kann der Staat, selbstverständlich!» erwiderte der Geometer ruhig.

«So? Auch Sie sagen, der Staat! Und ich sage Ihnen, es sind die Spekulanten und Geschäftsjuden, der Stürmer und mein Vetter, die alles einsacken wollen. Wäre es aber der Staat, so wäre der Staat einer, der auf den Schwachen herumreitet und die Starken aufs Roß setzt.» Es war ihm unfaßlich, daß der Staat, den er immer für das Höchste nach Gott gehalten hatte, sein Feind sein sollte.

Ohne Gruß wandte er sich ab und schritt zum Hause zurück. Er trat in den Schuppen, in dem das Werkgerät verwahrt wurde, und prüfte die drei Äxte, die er besaß. Er wog sie in der Hand, er fuhr mit dem Finger über die Schärfe und sah nach, ob der Stiel auch fest im Öhr sitze. Eine nach der andern stellte er wieder hin und starrte nach der großen Waldsäge, die auf zwei Holznägeln an der Wand ruhte.

Den ganzen Nachmittag vertrödelte er mit seinen Äxten, er schliff sie, er polierte die Stiele mit Glasscherben, was durchaus überflüssig war, er rieb die Schärfe mit einer Speckschwarte ein und hätte kaum sagen können warum. Als er eine der Äxte probierte, schlug er so ungeschickt drein, daß sie statt in ein Stück Holz auf den gepflasterten Boden fuhr, ganz schartig wurde und ihm wieder mehr als eine Stunde Schleifarbeit gab. Er war mit den Äxten so beschäftigt, daß ihn am Abend die Schwester an das Vieh erinnern mußte. «Wenn du inskünftig den Kühen nichts zu fressen gibst, so brauchst du keine dem Metzger zu bringen und auch kein Heu zu kaufen», rief sie ihm aus dem Küchenfenster hart zu. Innerlich litt sie mit ihm.

Als die Nacht auf dem Lande lag und der halbe Mond sie notdürftig durchleuchtete, schlich Hans Ulrich aus dem Haus, holte sich im Schuppen die schwerste der Äxte und schlich schattenhaft nach dem Baumgarten. Niemand sollte ihm zusehen, wenn er seinen Bäumen das Leben nahm. Keiner sollte ihm dabei in die Augen blicken, keiner die Worte hören, mit denen er die sündhafte Arbeit begleiten würde, keiner die Klagen der verwundeten Stämme vernehmen. Den sie würden ihn anklagen, das wußte er.

Er fragte sich, welchen er zuerst angreifen sollte. Den schönsten natürlich, den liebsten, den «fruotigsten», lag der einmal am Boden, so mußte das übrige Werk leicht sein. Er erhob die Axt und legte in sie alle seine Kraft. Als die Schärfe mit hartem Ton in den Stamm fuhr, war ihm, er sei einem Menschen ans Leben gegangen und habe nun einen Gegenschlag zu fürchten. Er warf die Axt hin und eilte wie ein Mörder davon. Er hatte einst in der Schule von Glaubensboten gehört, die ihre Äxte gegen heilige Bäume schwangen, und er fühlte, daß es starke und freche Männer gewesen sein mußten. Er kam sich neben ihnen wie ein altes Weib vor. Er suchte sich eine Rebschere hervor und stieg in den Wingert hinauf. Knack! war der erste Rebstock hart über dem Boden durchschnitten, dann ein zweiter und ein dritter in fiebriger Folge. Er überlegte nicht, was er tat, nur die Schere war lebendig und wütete im Holz. Als er sich wieder besann, war er in Schweiß gebadet und zum Umsinken müde. Er sah nach seinen Händen und wunderte sich, daß sie nicht blutbefleckt waren. «Rebenblut!» sagte er laut vor sich hin. Er wankte zum Haus hinunter und wußte, daß er am Morgen das frevle Werk nicht fortsetzen konnte. Nur das Beispiel des heiligen Bonifazius hatte ihm in dieser Nacht Mut und Kraft zu der Untat gegeben. In der Stube saß Klephe und las in der Bibel. Sie schob, als er eintrat, die Brillengläser auf die Stirne hinauf und sagte mit seltsam bewegter Stimme: «Wir müssen nur fest an unsern Gott glauben, dann kann dem Heimwesen nichts geschehen.» Er nickte ihr gläubig zu und stieg in seine Kammer hinauf. In der Stube wogten noch lange die Bibelverse auf und ab, er hörte sie durch den Kammerboden heraufbeben, und seine Lippen gingen in einer unbewußten Bewegung mit.

Am folgenden Tag rückte das Verhängnis den Altwinklern noch näher vor die Augen. Im Verlauf des Vormittags schleppte sich ein Wagen heran, der mit Brettern beladen war. Die Bretter wurden abgeworfen und erschreckten das Land heftiger als Kanonenschüsse, wenn sie aufeinanderschlugen. Der Wagen rollte davon, Arbeiter blieben zurück und bauten eine Baracke für ihr Werkgerät und als Schutz gegen nasse Witterung.

Hans Ulrich wurde den ganzen Tag unruhig hin und her getrieben, er war zu keiner Handleistung fähig. Das Vieh brüllte vorwurfsvoll im Stall, er hörte es nicht. Gegen Abend überraschte er Klephe, als sie aus dem Wandkästlein ein altes, in Leder gebundenes Büchlein herauslangte.

«Was willst du damit?» fragte er etwas erschrocken.

«Lesen, so Gott will», gab sie mit schlechtem Gewissen zurück und schob das Büchlein wieder in sein Gelaß hinein.

«Laß das! Willst du lesen, so lies in der Bibel. Das wird Gott lieber wollen! – Ich sollte das Büchlein zu mir stecken und sie von der Torheit abhalten», dachte er bei sich, aber er brachte den Willen dazu nicht auf. Was würde es schaden? Worte vermochten nichts, wenn der Mensch nicht die Kraft hatte. Fetzen von Aberglauben schwebten ihm den ganzen Tag vor Augen. Er schob sie manchmal mit den Händen beiseite.

In der Nacht, als er noch angekleidet auf dem Bettrande saß und sich zum Niederlegen nicht entschließen konnte, tönten aus der Stube Klephes Bibelverse herauf. Dann verstummten sie, und Hans Ulrich hörte das Wandkästlein gehen. «Jetzt versucht sie's!» dachte er. Er wußte ganz sicher, daß es dummer Schabernack war, aber dennoch war ihm, es gehe etwas Todsündiges im Hause vor. Sollte er hinunterwettern und sie daran verhindern? «Und wenn es doch hülfe? Wenn sie den Hof rettete? Warum soll kein Zauber und Bann mehr Kraft haben?» Es kam eine große Unruhe über ihn, in der Dunkelheit der Kammer wurde der Aberglaube zu einer herrischen Macht. Hans Ulrich legte sich auf den Kammerboden und horchte mit klopfendem Herzen, wie in der Jugend, wenn eine gruselige Geschichte erzählt wurde. Von unten klang es geheimnisvoll herauf, mehr ein Gemurmel als ein Sprechen, nur am Schluß wurden die drei heiligen Namen und das Amen laut und eindringlich ausgestoßen. Nach einer kurzen Spanne begannen die Worte wieder zu steigen, etwas lauter diesmal. Wieder entstand nach dem Amen eine Pause, und dann schallte es zum drittenmal gebieterisch herauf: «Sant Petrus bind't, Sant Petrus bind't, Sant Petrus bind't mit einem Band, mit Jesu Schrift selbsteigener Hand, daß der Dieb muß stehen, nicht kann von dannen gehen. Die Erde sollst du haben zu einem Schuh, fest, den Himmel sollst du haben zu einem Hut, schwer! Bist du stärker als Gott, so gehe, bist du nicht stärker als Gott, so stehe! Stehe, stehe, bis ich dir mit meiner leiblichen Zungen Urlaub gebe! So gebiete ich bei Aglo, der aller Diebe und Diebinnen Meister ist! Das walte Gott, der Vater, das walte Gott, der Sohn, das walte Gott, der Heilige Geist. Amen!»

Hans Ulrich war nun ganz im Banne des Spruches. Der Schweiß rann ihm über den Leib. Er sprang auf und ballte die Fäuste. Ja, wenn sie gebannt würden, wenn sie stürben, alle die Diebe, die ihm an das Heimwesen wollten! Dann sollte er

gesegnet sein, der Hans Rudolf Winkler, der diesen
Spruch und andere mehr in das braune Büchlein
geschrieben hatte. Dann sollte sein Name, der
immer mit einer ängstlichen Scheu im Altwinkel
ausgesprochen worden war, gesegnet sein immer-
dar, dann sollte er im Altwinkel wie ein Heiliger
verehrt werden, dann sollte das Büchlein, in das er
vorn seinen Namen und die Jahrzahl 1714 gemalt
hatte, und das anzurühren nach ihm die Eltern immer den Kindern verboten hatten, wie die Heilige
Schrift gehalten sein. In diesen Gedanken sprang
Hans Ulrich in die Stube hinunter und starrte
Klephe, ohne zu sprechen, in wilder Verzückung
an. Sie streckte ihm das Büchlein entgegen und
stieß mit überhöhter Stimme hervor: «Du bist
Naboth! Alle sollen sterben, die uns an das Gut
wollen. Will's Gott!»

«Wer es angreifen will, soll kein Glied rühren
können!» rief er milder, aber ebenso überhöht.

«Es ist vielleicht Sünde, was wir tun», fuhr sie
fort, «aber wer Sünde sät, soll keinen Segen ern-
ten!»

«Wenn uns kein Gesetz hilft, müssen wir uns
selber helfen», beschwichtigte er seine und ihre
Unruhe. «Wer Gerechtigkeit sucht, sündigt nicht!»
Beide glaubten in diesem Augenblick fest an die
Wirkung des Bannspruches, so erregt waren sie.

«Das Werk ist getan, nun wollen wir, so Gott
will, schlafen», sagte Klephe und versorgte das
Büchlein wieder im Wandschränkchen. Sie gingen
zu Bett. Schlafen konnten sie nicht, von einer
Kammer zur andern hörte man die Unrast der
Strohsäcke und die Qual zweier Seelen.

Mitternacht war längst vorüber, als Hans Ulrich der Schwester durch die Wand hindurch zurief: «Ich halt's nicht aus! Mach ein End'! Geh und lös!»

Sie schien auf den Befehl gewartet zu haben: schon eilte sie in die Stube hinunter. Sie ließ wieder das Wandkästlein knarren und las so laut, daß der Bruder jedes Wort hören konnte, die Lösung: «Gott gebe dir Gnad', daß du nit mehr in den Bann fallest, darin du gewesen bist. Der große Gott segne mich und dich. Amen.»

Es wurde still im Haus.

Am nächsten Tag ergriffen die Arbeiter vom Altwinkel Besitz. Sie fällten die Bäume, sie hackten die Reben aus, sie zerstampften das Pflanzland und sangen und pfiffen und lachten. Hans Ulrich und Klephe sahen und hörten ihnen stumpf zu. Es war ein trauriger Tag.

II

Der Mai war über das Land gezogen. Im Altwinkel wurde gegraben, geschaufelt, gehackt, wurden Steine und Röhren zugefahren, Erdmassen abgetragen, Vertiefungen ausgefüllt. «Forza! Forza!» riefen die Italiener, wenn sie die schwerbeladenen Rollwagen vor sich herstießen. Rosse wieherten hinten im Baumgarten, aus dem Stall brüllte ihnen ängstlich eine Kuh entgegen. Hans Ulrich und Klephe war, man hacke und grabe an ihnen. Sie waren zu keiner dauernden Arbeit mehr fähig, sie verkrochen sich in Stube und Scheune, der Feind drohte ja ums Haus. Man sah ihre bleichen Gesichter stundenlang aus den Fensterscheiben nach

317

der Tätigkeit spähen, die ringsumher wühlte und lärmte.

Am Pfingstsonntag, da alles still war, schlich Hans Ulrich der Verwüstung nach und kam zu den gefällten Bäumen. Es war ein ergreifender Anblick für ihn. Die am Boden liegenden Baumkronen trieben ihr Blust hervor, so reich wie in ihrem schönsten Mai, während die andern es längst abgeschüttelt, ins Gras gestreut hatten. «Oh, ihr Tapfern, oh, ihr Fruchtbaren», klagte Hans Ulrich, «selbst im Tode wollt ihr mir noch Segen tragen! Der Herr hab' euch selig!» So betete er, wie einst an der Leiche seines Vaters, und fuhr mit der Hand liebreich über sie hin. Er fühlte die Tränen in seinen Bart schleichen, und der Zorn brach in ihm auf, Ingrimm gegen den Frevel, der ihn so schwach und weinerlich machte. Das Bild seines Vorfahrs Hans Rudolf stieg vor ihm auf. Man erzählte sich im Altwinkel, er habe einmal ein Hagelwetter gebannt, indem er es, unter dem Scheunentor stehend, eine Viertelstunde lang starr angesehen habe. Scheu, wie ein wildes Tier, das den menschlichen Blick nicht erträgt, sei es erst stillgestanden und dann feige nach links, den Bergen zu, ausgewichen. Hätte er diesen Blick! Er würde sich am Morgen hinter das Haus stellen und die Eindringlinge bannen und vertreiben, in die Stadt hinunter, den Schneebergen zu und darüber hinaus, mochte dort Italien oder die Hölle sein.

«Wo ist die Gerechtigkeit hingekommen?» stöhnte er, «wo hat der die Augen, an dem die Ungerechten zuschanden werden?»

Das war's, was ihn in allen Tiefen zerrüttete: Im

318

Altwinkel wurde ein furchtbares Unrecht verübt, und jedermann schien es gutzuheißen. Hatte es da noch einen Sinn zu arbeiten? War es vernünftig, Bäume zu pflegen, wenn ihre unschuldigen Brüder von rohen Gesellen hingemordet wurden, Reben zu hätscheln, wenn ihre köstlichen Schwestern in braunen, kläglichen Haufen, keinem zum Nutzen und jedermann zum Ärgernis, an der Halde verfaulten? Nein, wo ein solches Unrecht aufging, da mochte zugleich mit den Geopferten alles andere niedergehen. So ließ Hans Ulrich alles, was er noch zu verwalten hatte, verlottern. Mochte das Unkraut im Wingert Herr werden, mochte die Bünt zu einer Graswüste verwildern, mochten die Mäuse und Engerlinge im Bungert sich an den Wurzeln fettfressen, mochten die Kühe hungern und die Hennen vom Habicht verzehrt werden!

Während Hans Ulrich sich solchermaßen verhärtete, floh Klephe, die in früheren Jahren pietistische Versammlungen besucht hatte, zu der Bibel und ihrem Gebetbuch. Sie verweilte gerne bei Stellen, die ein nahendes Strafgericht oder das Weltende vor Augen führten und deren Schrecknisse feuerrot hinmalten. Sie vergaß sich dabei manchmal so sehr, daß sie den ganzen Tag das Kochen versäumte. Dann hungerte Hans Ulrich geduldig; was war ihm Entbehrung, verglichen mit dem andern!

Einmal, als er unversehens in die Stube trat, erhob sich Klephe langsam und wie halb erstarrt von ihrer Bibel, breitete prophetisch die Hände über sein Haupt und sprach oder sang die Verheißung: «Deine Hand wird über deine Feinde erhoben werden, daß alle deine Widersacher ausgerottet werden sollen!» Sie starrte ihm lange ins Auge und schloß mit dem Wunschfluche: «Du wirst sie eines Tages unter deine Schuhe nehmen und in die Hölle stampfen. So Gott will!» Darauf faßten sich die beiden Geschwister bei den Händen, so krampfhaft, daß beide vor Schmerz bebten, und sie wußten sich in diesem Augenblick eins, wie in ihrem ganzen Leben noch nie. «Wir müssen uns wehren», sagte er, und sie: «Du hast recht. Uns selber wehren! Der Herr hat das Land verlassen und siehet den Greuel nicht.»

An einem Sonntag tauchte Hans Ulrichs Vetter Felix Düsler auf, den man in der Gegend den Düslerfek nannte. Er war der nächste Verwandte der Altwinkler und galt als ihr einziger Erbe. Er setzte sich zu Hans Ulrich unter den Zipartenbaum ins Gras und fing an zu schwatzen, von den Ernteaussichten, von den Milch- und Gemüsepreisen und endlich von den Vorteilen der Straße und dem großen Mehrwert des Grundes im Altwinkel. Hans Ulrich stellte sich, als höre er ihn nicht, und blickte nach einer Henne, die mit einer Schar Küchlein gluckernd einherkam und durch das hohe, schnittreife Gras eine breite Bahn niedertrat.

«Gehört die Gluckerin dir?» fragte der Düslerfek.

«Nein, dem Neuwinkler.»

«Warum jagst du sie denn nicht fort, zum Donner? Sie tritt dir ein halbes Fuder Heu zu Dreck.»

«Mag sie!» gab Hans Ulrich gelassen zurück Der Düslerfek sprang auf, holte sich eine Handvoll Steine und trieb das Hühnervolk wetternd aus dem Gras und dem Neuwinkel zu. Dann stellte er sich hoch über Hans Ulrich und redete ihm eindringlich zu: «So geht es nicht weiter, Hans Uli! Ich habe ja hier nichts verloren und nichts zu suchen, aber die ganze Nachbarschaft hält sich darüber auf, wie du dein Heimwesen verluderst. Wann willst du das Heu einbringen? Wenn es auf den Wurzeln verfault ist? Es ist ein Jammer um das Gras! Und erst der Rebberg! Derlei sieht man im ganzen Kanton nicht. Die Schosse flattern wie Spatzen auseinander, und das Unkraut ragt bald über die Stöcke hinaus. Gespritzt hast du die Reben auch noch nicht und solltest es bald zum zweitenmal tun. Ich rate dir vetterlich, morgen früh das grüne Tänslein auf den Rücken zu nehmen, sonst fliegt dir der Bußenzettel ins Haus.»

«Ich hab' kein Vitriol und kein Geld für Vitriol!» Weiter ließ sich Hans Ulrich nicht auf die Sache ein. Der Düslerfek wurde auf einmal eitel Wohlwollen und Vetterlichkeit. «Hör, Hans Uli, ich kaufe dir den Altwinkel ab, so bleibt er in der Verwandtschaft, und du bist den ewigen Ärger los. Über den Preis werden wir einig werden, unter Vettern heischt man ja nicht zu viel und feilscht man nicht zu viel. Was sagst du dazu?» – «Ich sage dir, daß ich eben meinte, den Stürmer zu hören. Ihr zwei kauft wohl die Worte beim gleichen Händler?»

«Jedenfalls tragen wir keine Schellenkappe!» erwiderte der Düslerfek und entfernte sich, einen Fluch zwischen den Zähnen breitdrückend.

Was der Vetter vorausgesagt hatte, geschah. In

der gleichen Woche erschien ein Polizist im Altwinkel und überreichte Hans Ulrich den Bußenzettel. Ein Faustschlag hätte Hans Ulrich nicht
mehr aus dem Gleichgewicht gebracht. Seine Hände zitterten, als er das Blatt faßte, er fühlte sich mit
Schande bedeckt, aber er lachte die Schwester an:
«Da schau mich an, du hast nun einen feinen
Bruder, einen gebüßten Bruder. Siehst du das Zeichen auf der Stirne nicht? Ha, ha, ha!»

«Gerechter Gott», stöhnte sie, «lach nicht so!»
«Woher nehmen sie das Recht, mich zu büßen?
Wem gehören die Reben? Kann ich nicht damit
machen, was ich will? Wer will es mir wehren,
wenn ich sie ausreiße? Wer kann mich zwingen, im
Herbst die Trauben zu schneiden? Und im Frühjahr die Schosse? Wer will mich zwingen, das Laub
im Sommer dreimal zu spritzen? Sag, Klephe, wer
kann mich zwingen, wer?»

«Gott allein kann dich zwingen, Bruder Naboth.»

«Sie sagen mir alle, es sei der Staat. Ich glaub' es
halb, und halb glaub' ich's nicht. Und ist es der
Staat, so spuck' ich auf ihn und sage: ‹Jetzt erst
recht nicht!› Ich will sehen, wie du's anfangen
willst, lieber Staat!» Er stellte sich vor der Schwester keck, aber der Zettel brannte ihm nicht nur auf
den Fingern, sondern auch auf der Seele. Er war
ohne jegliche Mahnung durch ein langes Leben
gekommen, jetzt schickten sie ihm einen Polizisten
ins Haus, als wäre er ein Dieb oder Mörder oder
Halunke.

Ein paar Wochen später kam ein zweiter Bußenzettel. Hans Ulrich legte ihn entschlossen zum

ersten. Er wollte sehen, wie sie ihn zwingen konnten, Vitriol auf seine Reben zu spritzen. Er wußte, daß es einen Kampf galt, aber er war entschlossen, ihn aufzunehmen. Das Recht stand ja auf seiner Seite. Er hatte nun Morgen für Morgen ein geschlagenes Tagwerk vor sich. Er saß oder lag oder stand irgendwo und focht in Gedanken gegen seine Widersacher, die Menschen, den Staat. Er hielt lange Reden und Gegenreden, er widerlegte siegreich jeden Einwand und überzeugte sich immer fester von seinem Rechte. Man sah ihn etwa oben an seinen Reben entlanggehen und die Hände verwerfen, man hörte seine Stimme oft weithin; zuweilen, wenn ihm ein starker Beweisgrund eingefallen war, lachte er schadenfroh auf. Oft sagte er: «Das Recht kommt von Gott, was sollen mir diese Spitzbuben!»

Eines Tages geschah etwas Unerwartetes. Die Straßenarbeiter packten ihre Geräte in Eile und Aufregung zusammen und verschwanden. Am folgenden Morgen blieben sie aus. Eine Last war über Nacht vom Altwinkel weggehoben worden.

Klephe gestand verschmitzt lächelnd, daß sie vor ein paar Tagen wieder einmal zum Zauberbüchlein des Hans Rudolf gegriffen habe. Nun sei ihr der Bann endlich gelungen.

Hans Ulrich widersprach ihr: «Nein, Schwester, das Recht hat gesiegt, und der Allergerechteste hat sie aufs Haupt geschlagen!»

Im Verlauf des Tages erfuhr der Altwinkel, daß Krieg ausgebrochen sei, in der Stadt herrsche große Bestürzung, die Italiener seien in ihre Heimat abgewandert.

An jenem Abend saßen sich die Geschwister in der Stube gegenüber. Ihre faltigen Gesichter lächelten, ihre alten, sonst von Kummer eingerunzelten Augen glänzten sich zu. «Das Gewitter hat sich verkrochen», begann er, «wie einst unter dem starken Blick des Hans Rudolf.» – «Der ganze Altwinkel atmet auf», versicherte sie, «spürst du es, Bruder?»

«Wir müssen den Tag feiern», schlug er vor. «Hol die geschliffene Flasche und die Fußgläser.»

Sie suchte das Verlangte im Wandschrank zusammen. Er stieg in den Keller hinab, wo ein kleines Fäßchen mit Elferwein lag. Feierlich brachte er die mit dem rotschillernden Trank gefüllte Flasche in die Stube, und andächtig füllte er die Gläser. Ganz verliebt sah er in seinen Wein, sann eine Weile in ihn hinein und faßte das Glas: «Wir trinken auf Vater und Mutter im Kirchboden, Schwester.»

Sie stießen an und sahen sich glücklich und gerührt in die Augen. «Wie gut er ist!» schmunzelte er. Sie nickte und fuhr sich mit der Zunge über die Lippen, die unter dem Wein sich aufzufrischen schienen.

«Wir trinken wieder», sprach Hans Ulrich nach einer Weile. «Es gelte den guten, treuen Klevnerreben, die diesen Wein trugen und die nun verfaulen.» Sie stießen wieder an, traurig wegen der Reben, glücklich über den Wein. Klephe sagte: «Die Reben sind tot, und ihr Wein lebt. Ist das nicht sonderbar?»

«Wie Eltern und Kinder», erklärte er.

«Wir müssen auch an die lieben Birn- und Ap-

felbäume denken», mahnte er, und sie stießen zum
drittenmal an. Der Wein löste ihnen die Zungen,
sie begannen zu plaudern, von der Kindheit, von
den Eltern, von den glücklichen Altwinkeltagen.
Es geschah einmal, daß sie lachten, ganz laut. Sie
erschraken leicht darüber und wurden wieder
ernst. «Wir müssen auch auf den anstoßen, der
allzeit zum Rechten sieht», meinte Hans Ulrich,
mit dem Finger nach oben weisend. Ihr dünkte, es
wäre unfromm, auf den Herrgott anzustoßen, und
sie unterließen es. Aber sie stießen auf den guten,
lieben Altwinkel an und wurden im Gedanken an
all das, was sie ihm verdankten, wieder ganz heiter.
In Klephe begann der Wein zu wirken, sie geriet in
ein beständiges Lächeln und Schwatzen und sah
fast aus wie in ihren jungen Tagen. Hans Ulrich
freute sich über ihre Munterkeit und trank mit
Bedacht Freude in sich hinein, bis auch ihm der
Kopf etwas neblig wurde. «Man hat Glück im
Keller und holt es nicht herfür», scherzte er, und
sie: «Wir wollen uns mehr solche Tage gönnen.
Nun aber ist es Zeit zum Schlafen, sonst mußt du
mich in die Kammer tragen.»

So wurde im Altwinkel der Kriegsausbruch aufgenommen und gefeiert.

Am folgenden Tag schritt Hans Ulrich mit noch
etwas durchwärmtem Kopf die nun verlassene neue
Straße ab. Kläglich wand sie sich an der Halde
hinan. Kein Stück war fertig, die Granitsteine für
den Gehweg lagen ohne Ordnung am Straßenrand
ausgestreckt, Zementröhren schleppten ihre Bäuche durch einen aufgerissenen Graben, eine verges-
sene Schaufel stak in einem Haufen Kies; im untern

Teil war das Steinbett gelegt, im obern türmten sich die Kiesel zu hohen Wällen auf. Hans Ulrich frohlockte, als er auf dem gelben, von der Hitze rissig gewordenen Straßendamm hinanschritt. Ihm war nicht anders, als zertrete er mit den Schuhen eine Schlange, die ihn tagelang bedroht, nächtelang schlaflos gelegt hatte, und die nun elend verreckt war. «Du wirst sie eines Tages unter deine Schuhe nehmen», klang es ihm in den Ohren. Als er aber oben stand und den Blick über das ganze wüste Straßenband wandern ließ, wurde er traurig und zornig zugleich. Was hatte nun die Verwüstung genützt? Den Schaden sah man, wo aber war der Nutzen? Wozu hatte man ihn so gequält? Aber gleichviel! Jetzt, nachdem der Feind abgezogen war, konnte er ja wieder an die Arbeit gehen. Er tat in Freuden einen Schritt in die Reben. Da war ihm, er sehe sie seit dem Frühjahr zum erstenmal. So waren die Armen ohne Pflege verlottert! Hoch standen die Mattdisteln. Sie hatten verblüht und streuten ihre Samen mit den weißen Flugsternen bei jedem Windstoß in großen Schwärmen aufs Land. Das Reblaub war vom falschen Meltau krebsig zerfressen; die spärlichen Trauben hatten die meisten Beeren blutarm und grün fallen lassen; die Schosse schwankten verwildert durcheinander, die Ranken des einen Stockes verklammerten sich hungrig im Holz des nächsten, als wollten sie es aussaugen, oder sie tasteten wie die Hände eines Blinden ratlos nach irgendeinem Halt ...

«Für dies Jahr verloren!» sagte sich Hans Ulrich und sank wieder in sich zusammen, «die Verwüstung wird bleiben, und der Kampf geht weiter.»

Der am Abend genossene Wein legte sich ihm nun schwer auf die Seele.

Zu Hause fand er auf dem Tisch ein ganzes Büschel Briefschaften vor. Es waren Rechnungen oder Androhungen von Zahlungsbefehlen. Jetzt, da durch die Kriegsgefahr alles unsicher geworden war, suchte ein jeder in die Obhut seines Geldschrankes zu retten, was zu retten war. Am dringlichsten und bedrohlichsten war, wie es seinem Berufe entsprach, der Advokat. Er setzte Hans Ulrich auseinander, daß seine Zahlsaumseligkeit nichts als Hinterhältigkeit sei, denn er habe ja auf der Gerichtskasse eine beträchtliche Summe liegen, die ihm auf Verlangen jederzeit ausgeliefert werde. Bezahle er nicht innerhalb acht Tagen, so werde er Pfändung anstreben.

«Es könnte ihm passen, daß ich das Geld von der Kasse hole», sagte Hans Ulrich bissig zu Klephe, «eher verdorrt mir die Hand.» Sie sprang auf, wie um das bindende Wort noch abzufangen. Er wiederholte es: «Eher verdorrt mir die Hand, als daß ich sie nach dem Sündengeld ausstrecke. Hast du vergessen?»

«Wie willst du es machen?» hielt sie ihm ängstlich entgegen. «Sie werden wieder solche Briefe schicken, es ist schrecklich!»

«Ich lasse alles kommen», entgegnete er starr.

«Will's Gott, wird's gut», seufzte sie, gewillt, es wie er über sich ergehen zu lassen.

Sie ließen wirklich alles kommen: die Mahnungen, die Drohungen, die Zahlungsbefehle, den Gerichtsdiener. Auf Betreiben des Advokaten wurde ihnen eine Kuh gepfändet, die bessere der beiden.

Daß es die bessere war, freute Hans Ulrich, denn so blieb sie ihm im Stall. Er legte der andern einen Strick um die Hörner, streichelte sie über den Rücken, gab ihr ein paar gute Kläpse auf die Schulter und führte sie dem Metzger zu. Daß ihm Klephe still weinend nachsah, wollte er nicht merken, sonst hätte er den schweren Gang nicht vollbracht.

Die dringendsten Gläubiger wurden aus dem Erlös der Kuh bezahlt, die zahmeren mochten warten. Im Altwinkel nistete sich allmählich die Not ein. Die Kuh war trächtig und schenkte nur wenig Milch, die Bünt, die in früheren Jahren manchen Franken abgeworfen hatte, lag wüst und zum großen Teil verstampft da, die Obstbäume waren geizig in jenem Jahre, als wollten sie ihre toten Brüder rächen, der Ertrag des Wingerts fiel kläglich aus. Doch die Geschwister trugen alles stumpf wie Steinpfeiler. Sie wußten, daß Not jetzt zu ihrem Lebtag gehörte, daß sie nur in Not die Ehre, wie sie sie auffaßten, sich erhalten konnten.

Einmal wollten sie wieder Freude im Keller holen, aber sie erfuhren, daß zum guten Wein die gute Stunde gehört, und die fehlte ihnen. Die Gläser leerten sich nur zur Hälfte, sie enthielten Traurigkeit statt Freude.

Ende November kam ein neues Mißgeschick über die alten Leute. In einer Nacht brach ein heftiger Sturm los, wie man ihn etwa erlebt, wenn das letzte welke Laub von den Bäumen flattert und sich hinter einem Hag zur Ruhe legen möchte. Sei es, daß der Sturm viel stärker einherkam als gewöhnlich, sei es, daß er ungehemmter wüten konnte, seit die wehrhaften

Bäume im Bungert gefallen waren: er stürzte sich
mit seinen Fäusten über das Scheunendach her und
richtete es übel zu. Schauerlich tönte es die ganze
Nacht im Altwinkel. Die Bäume ächzten und
stöhnten, die Ziegel klirrten zu Boden, der Regen
platschte schwer gegen Mauern und Fenster und
stürzte sich wild rauschend von den hölzernen
Dachkenneln. Klephe war aufgeblieben und las
laut in der Bibel, Hans Ulrich lag wach im Bett
und machte sich seine Gedanken: «Wie, wenn
alles weggeblasen, weggetragen, verwüstet würde?
Dann hätte ich Ruhe, dann wäre der Kampf ausgefochten, und ich wäre nicht meinen Feinden,
sondern Gott unterlegen, und das wäre keine
Schande.»

Am Morgen besah er sich den Schaden. Was
sollte er tun? Hundert und mehr neue Ziegel kaufen? Das Dach umdecken lassen? Er dachte an die
Rechnungen, die wieder wie Schneeflocken heran-
wirbeln würden, und er konnte sich nicht entschließen, zum Dachdecker zu gehen. «Kommen
lassen!» Er stellte eine Leiter ans Scheunendach,
suchte Brettstücke zusammen und flickte die Löcher, so gut er es vermochte. Als er auf dem Dach
herumkroch und hinauf zum First gelangte, schaute er um sich. Er sah die Stadt in der vom Regen
gewaschenen Luft ganz nah: Babel, die Stadt des
Unrechts! Wie hoch stand er über ihr! Das gab ihm
ein überlegenes Gefühl. Leute, Nachbarn, Müßiggänger blickten zu ihm hinauf. Er erriet, daß sie
über ihn lächelten und spöttelten. «Nur gewitzelt,
ihr Verblendeten!» Er hatte in seiner Höhe fast
Mitleid mit ihnen. Merkten die Schwachsinnigen

nicht, daß er ihrer aller Sache verfocht, wie einst der Tell, als er dem Vogte trotzte? Daß er auch ihr Recht hochhielt, wenn er das seine hochhielt? Merkten sie nicht, daß es nichts Höheres gibt als die Gerechtigkeit? «Gott ist mit mir, denn Gott ist die Gerechtigkeit», sagte er sich und stieg fast frohgemut von seinem schwerverwundeten Dach herab.

Der Winter kam und ging. Not und Gram waren nun im Altwinkel fest eingesessen. An einem regnerischen Frühlingstag stellte sich der Düslerfek wieder ein. Er prüfte unter seinem Schirm hervor das ganze Heimweisen, Ackerland, Wiesen, Bünt, Weinberg, trat, als wäre er der Besitzer, ohne Umstände in die Scheune, ging durch den Stall, betupfte die Kuh und stieg auf die Diele hinauf. Er griff mit der Hand in den stark zusammengeschmolzenen Futtervorrat und riß eine Handvoll Heu heraus. Damit trat er zu Hans Ulrich hin, der auf einer Zementröhre oben an der Straße saß und abwartete.

«Das ist Heu von deinem Stock», begann der Düsler. «Es ist faul. Wenn nämlich Regen einen Winter lang auf Heu fällt, so pflegt es zu faulen, Vetter. Das wissen wohlberatene Leute.»

«Das weiß auch ich, Vetter Fek.»

«Aber du tust nichts dagegen! Man muß sich schämen, zu deiner Verwandtschaft zu zählen. Die ganze Gegend lacht über dich. Die Städter machen an Sonntagen Spaziergänge da hinauf, um sich an deinem verlotternden Heimweselein zu erlustigen und Witze zu reißen. Ringsherum ist jeder Fuß Land gepflegt, kein Herrschaftsgarten ist es besser, und mitten in diesem Paradies hockst du in einer Wüste, im Unkraut, im Schmutz, in der Wildnis, in der Fäulnis. Man sollte dich vogten, man sollte dich ins Narrenhaus stecken! Ich, für mein Teil, kann nicht länger zusehen.»

«Mach dir keine unnütze Mühe, Vetter Fek, sonst könnten böse Leute meinen, du würdest dich nur deshalb so ärgern, weil du mein Sächelchen jetzt schon als dein Eigentum ansiehst und fürchtest, es könnte sich vor meinem Ableben ein bißchen mindern. Nur Ruh'! Du bekommst einmal noch mehr, als deine Vetterschaft wert ist. Und ein Testament kann man auch machen.»

«Du bist verrückt mit deinem Argwohn. Glaubst du, ich brauche deinen elenden Bettel? Ich könnte ihn mit Banknoten überkleben! Aber daß ich durch dich zum Gespött werde, wurmt mich, und ich mach' ein Ende!»

«Nur langsam, Vetter Fek! Du vergissest die Gerechtigkeit! Ist es meine oder deine Sache, wenn etwas im Altwinkel zugrunde geht?»

«Ach, du verstehst ja von allem nichts!» entgegnete der Düslerfek mit gezwungener Ruhe. «Ich will dir das nächste Mal das Gesetzbuch mitbringen, dann magst du daran riechen.» Mit harten Schritten ging er davon. Hans Ulrich sah ihm halb höhnisch, halb ängstlich nach. Das Wort Gesetzbuch hatte ihn erschreckt, es stand bei ihm in schlechtem Ansehen, seit er seine Prozesse verloren hatte.

Bald war es offenbar, daß etwas gegen ihn unternommen wurde. Es erschienen zwei Herren im Altwinkel, Mitglieder der Vormundschaftsbehör-

331

de, wie sie sagten, und sahen sich alles genau an, fast als hätte ihnen der Düslerfek die Wegweisung gegeben. Kurz darauf erhielt Hans Ulrich eine Vorladung.

In entschlossener Haltung begab er sich aufs Amtshaus. Er wollte den Herren einmal erklären, was Gerechtigkeit sei, er wollte dem Düslerfek die Maske vom Gesicht reißen. Nachdem er im Wartezimmer eine Bank heißgesessen hatte, wurde er in ein Bureau gerufen und von einem der Herren, die den Altwinkel in Augenschein genommen hatten, gewichtig auf einen Stuhl verwiesen, während ein Schreiber schon die Feder ins Tintenfaß tauchte und die Ohren spitzte. Er bekam nun wieder zu hören, in was für einen mißlichen Zustand sein Gütchen verfallen sei, wie er in seinen Vermögenssachen rückwärts hause und sich samt seiner ebenso geschäftsfremden Schwester bald in größter Not befinden werde. Mit besonderem Nachdruck verwies ihm der Rat seine Saumseligkeit im Bezahlen der Steuern, Rechnungen, Bußen, Prozeßkosten und setzte ihm mit väterlichen Worten auseinander, wie unvernünftig, ja geradezu unverständlich es im Hinblicke auf seine beständige Geldverlegenheit sei, die Vergütung für die Landenteignung immer noch auf einer Gerichtskasse liegenzulassen, wo sie keine Zinsen trage, anstatt sie in sicheren Obligationen anzulegen, wie es jeder umsichtige und verständige Mann an seiner Stelle längst getan hätte. Er sei offenbar gar nicht mehr imstand, seine Geschäfte zweckmäßig zu besorgen und sich vor Verarmung zu schützen, und werde schließlich noch der Armenpflege zur Last fallen.

Es sei deshalb allen Ernstes zu erwägen, ob man ihm nicht die große Wohltat eines amtlichen Beirates zubilligen sollte. Was er zu erwidern habe?

Hans Ulrich hatte sich tagelang auf diese Aussprache vorbereitet, die Kuh im Stall, die Bäume hinter dem Haus, die Bettstatt kannten seine Gründe alle. Jetzt aber, nachdem der Rat ihm so mancherlei an den Kopf geplänkelt hatte, wußte er nicht, wo beginnen, und brachte seine Sache etwas verworren vor: Man habe kein Recht, ihm in seine Dinge zu reden, sein Vetter Felix Düsler sei immer ein hinterhältiger und geldsüchtiger Mensch gewesen und suche auch jetzt nur seinen eigenen Vorteil. Er, Hans Ulrich Winkler, habe nie etwas vom Armengut bezogen, so wenig wie seine Vorfahren, und wolle auch nie etwas von ihm; auch seine Schwester sei noch niemandem zur Last gefallen als höchstens sich selber, denn sie sei eine alte bresthafte Frau. Er begehre nichts als Gerechtigkeit, und zur Gerechtigkeit gehöre, daß man ihn in Ruhe auf dem Seinen lasse, wie auch er die Welt in Ruhe lasse. Ob es nicht eine Sünde sei, ihm die Freude an der Arbeit und an seinem Heimwesen zu verderben? Wäre die gottverdammte Straße und der Diebstahl an seinem Lande nicht gekommen, so stände alles noch gut. Er und seine Schwester hätten ihr Auskommen und wären bei ihrer Arbeit zufrieden, wie sie es sechzig Jahre lang gewesen seien. Er habe die Straße nicht verlangt, darum sei er auch nicht verantwortlich für all das Unrecht, für all die Verwüstung und Verlotterung, die sie gebracht habe. Verantwortlich für alles seien diejenigen, die die Straße auf Zwängen von ein paar

Spekulanten machen wollten. Man sage ihm, das sei der Staat. Sei dem so, so sei der Staat zur Ungerechtigkeit geworden, jedenfalls stelle er sich auf die Seite des Unrechts und säge einen alten Mann über der Wurzel ab, wie die italienischen Arbeiter seine schönsten Bäume im Bungert abgesägt hätten. Daß die Straße nicht nötig sei, sehe ein Blinder. Seit einem Jahr liege sie unfertig da, und kein Ehrenmann und kein Spitzbube frage darnach. Überall seien jetzt die Lebensmittel knapp, das sei kein Wunder in einem Lande, in dem die Behörden das frömmste Land wüst liegenlassen, nur weil man ein paar Spekulanten die Taschen mit Banknoten stopfen wollte. Er sei im Kopf noch nicht so blöd, um all das nicht zu sehen. Was ein amtlicher Berater sei, wisse er nicht und begehre es auch nicht zu wissen. Seinen Beirat habe er immer unter der eigenen Kappe getragen.

Der Rat setzte ihm wohlmeinend auseinander, seine Rechtsauffassungen seien irrig und die Bedingungen, ihm einen Beirat zu geben, durchaus vorhanden. Denn nach dem Gesetze könne der Staat eine Person, die sich und die Ihren dem Notstand und der Verarmung aussetze, in ihrer Handlungsfreiheit einschränken, ja sogar bevormunden. So laute das Recht.

«Das Recht, das Recht! Aber die Gerechtigkeit?» schrie der Altwinkler ihn an.

Drei Wochen nachher erhielt Hans Ulrich die Mitteilung, daß die Vormundschaftsbehörde ihm einen Beirat gesetzt habe in der Person seines nächsten Verwandten, des Herrn Felix Düsler.

Nun entspann sich ein verbissener Kampf zwischen den beiden Vettern. Der Düslerfek spielte sich im Altwinkel sogleich als Herr und Meister auf, behandelte Hans Ulrich wie einen Knecht und Klephe wie ein schwachsinniges Kind. Die Geschwister stellten sich schwerhörig, arbeiteten noch weniger als zuvor und verrichteten nicht selten das Gegenteil von dem, was der Beirat befahl. Die früher so gutmütigen Leute wurden unter der ihnen unerträglichen Willensbeschränkung fast boshaft, und ein unglücklicher Zufall ließ sie sogar als teuflisch erscheinen. In seiner sorglosen Art hatte Hans Ulrich einmal den Deckel des Jauchetrogs nachlässig über die Öffnung geschoben. Gerade an jenem Tag stürmte der Düsler durch den Altwinkel, trat ahnungslos auf den Deckel und fiel mit ihm in die Jauche. Er war überzeugt, in eine Falle geraten zu sein, und beschloß, dem Spiel ein Ende zu machen. Auch hatte ihm Hans Ulrich wieder mit dem Testament gedroht. Am gleichen Abend schrieb er an die Behörde, er sei im Altwinkel mit seinem Witz zu Ende. Bei der Widersetzlichkeit und Bosheit der Geschwister Winkler vermöge er die Pflichten eines Beirates nicht zu erfüllen. Es gebe kein Mittel, den eigensinnigen und beschränkten alten Leuten zu helfen, als die Entmündigung, zu der er rate.

Nun wurde das Entmündigungsverfahren gegen die Geschwister eingeleitet. Der Boden begann Hans Ulrich unter den Füßen zu glühen. Entrechtet zu werden, erschien ihm als die höchste Schmach und das Übermaß des Unrechtes. Er hatte sich vorgenommen, nie mehr zu einem Advokaten zu laufen. Jetzt mußte er sich in seiner

Ratlosigkeit wieder zu dem sauren Gang bequemen. Der Advokat verlangte Vorschuß, und da
die Geschwister kein Geld hatten, mußten sie sich
entschließen, ihr Haus langsam auszuräumen. Sie
besaßen einige jahrhundertealte Möbel, die ihnen
ein Händler schon oft hatte abluchsen wollen, die
sie aber immer wie Familienheiligtümer geehrt
und bewahrt hatten. Jetzt ließen sie Stück um Stück
fahren, die alte Truhe, den Wandschrank, das Brot-
kästchen, die Wanduhr. Hans Ulrich lief sich die
Sohlen ab. Er suchte einzelne Richter auf, machte
sich in seiner Angst sogar an die Weibel heran,
sprach bei einem halben Dutzend Advokaten vor,
klopfte einmal beim Pfarrer, einmal sogar bei
einem Regierungsrat an. Er hatte einst von einem
Hausierer gelesen, der im Rausch seine Seele an
einen Unbekannten verkauft hatte und dann ruhelos im Land herumirrte, um sein bestes Teil wiederzufinden. So kam er sich jetzt selber vor.

Im Büchlein des Hans Rudolf Winkler stand
eine Anweisung, wie ein Feind zu «vernageln» sei.
An Fronfasten, um Mitternacht, schlug Hans Ulrich im Baumgarten, unter Anrufung der höchsten
Namen, drei Nägel in ein junges Apfelbäumchen.
Der Feind lief nachher so geschäftig und gesund
herum wie zuvor. Jeder Zauber war machtlos,
jeder Gang, jedes Opfer umsonst. Nach Monat
und Tag kam der letzte, unwiderrufliche Entscheid
des Gerichtes: Der Düslerfek war als Vormund
über die beiden Geschwister gesetzt.

«Gerechter Gott!» klagte Klephe.

«Nein», schrie Hans Ulrich und schlug wild auf
den Tisch. «Gerechter Gott ist ein Lug! Nie wieder

sprich dieses einfältige Wort aus! Bete von nun an zu deinem Vogt! Unser Vogt ist jetzt unser allmächtiger Herr! Ein Vogt im Altwinkel! Vogt! Vogt! Vogt! Bet ihn an, Klephe!»

«Versündige dich nicht», flehte die Schwester.

«Bete den Düsler an!» schrie er mit verzerrtem Mund.

Am Wort Vogt klebte von alters her etwas wie Unrat, wie Verbrechen und Fluch. Und ein Vogt hatte jetzt im Altwinkel zu befehlen, und Gott ließ es zu! Hans Ulrich verkroch sich an jenem Abend früh in seine Kammer. Er kam sich selber wie ein Fremder vor. Es war heute mit ihm etwas Furchtbares vorgegangen, man hatte ihm die Ehre, den Mann aus dem Leib gerissen. In ein paar Tagen würde sein Name als der eines Entrechteten im Amtsblatt zu lesen sein. Er stand nun in einer Reihe mit Verschwendern, Schwachsinnigen, Trunkenbolden, Geisteskranken, Lotterbuben und Halunken. Und warum? Weil er sich für sein Recht gewehrt hatte. Seine Selbstachtung war dahin, seine Manneswürde auf einen Spitzbuben übertragen. Was hatte er jetzt noch auf der Welt zu schaffen? Wollte er die Kuh im Stall verkaufen, so kam der Düslerfek und klopfte ihm auf die Schulter: «Das geht dich nichts mehr an, alter Schwachkopf! Meine Sache!» Er durfte seinen Namen nicht mehr unter eine Quittung setzen, er konnte keine Klage erheben, wenn ihn der Fek beschimpfte oder ins Gesicht schlug. Brauchte er ein paar Franken Geld, für Schuhe, für ein Hemd, einen Hut, so mußte er mit einem Bettlergesicht zum Fek laufen, die Augen vor seiner hochmütigen Nase niederschlagen und die Hand hinhalten. Würde die arme Schwester sterben, so würde sie der Vogt begraben. Durfte er, Hans Ulrich, auch noch selber sterben? Ein frevler Gedanke fiel ihn an. Wenn er einen totschlüge, etwa den Fek, wer käme dann ins Zuchthaus? Ja, da müßte er schon selber die Suppe ausfressen, aber der Verantwortung für die Kuh im Stall enthob man ihn, dazu war er zu schwach im Kopf. Die Lumpen entrechteten ihn ja nur, wo Geld in Frage stand, was kümmerte sie das andere?

Unten in der Stube hörte er die Schwester eindringlich in der Bibel lesen. Die Worte Gott und Herr, Herr, erhoben sich wie Windstöße. Über diesen hohen Worten begann nun Hans Ulrich seinen fürchterlichsten Prozeß, den gegen Gott. Nachdem er das Vertrauen in die Menschen und in die Obrigkeit verloren hatte, war ihm als letztes Fundament Gott geblieben. Waren die Menschen und der Staat ungerecht, so mußte auf Gott noch guter Verlaß sein. War Gott nicht die Gerechtigkeit selber, war er es nicht, der die Waage hielt, die Gesetze eingab, das Gute hochhob und das Böse niedertrat? Ja, tat er denn das? Wie denn hatte er es zulassen können, daß einer, der nichts als sein Recht suchte, in Schande und Schmach und Elend kam, und daß Habsucht und Gemeinheit über ihn jauchzten? Er, Hans Ulrich, hatte jeden Morgen und jede Nacht zu ihm um Gerechtigkeit gebetet, seit Jahren, und statt Erhörung war nun Ehrlosigkeit gekommen! Konnte man noch zu einem solchen Gott aufsehen? Wäre er nicht imstande, die Guten in die Hölle zu stoßen und die Teufel in den obersten Himmel zu erheben? Die irdischen Richter waren Menschen, schwach und blind, er aber war allmächtig und allwissend. Was hinderte ihn daran, der Gerechtigkeit zum Siege zu verhelfen? Es fehlte ihm am guten Willen, es fehlte ihm selber an Gerechtigkeit. Das war's. Es war nicht mehr der Gott, zu dem Naboth aufsah. Es war ein von sich abgefallener Gott. Fort mit ihm! – Hans Ulrich hatte sich im Bett halb aufgerichtet. Er faßte die Pfosten der Bettstatt und rüttelte sie in wildem Wahnsinn. Hatte er die Menschheit in den Fäusten, hatte er den Staat in den Fäusten, hatte er Gott Vater in den Fäusten? Er lachte wild: «Gott Vater, Vater Gott!»

Durch das Toben erschreckt, kam seine Schwester aus der Stube herauf. «Es gibt keine Gerechtigkeit!» schrie er ihr entgegen, «es gibt keinen Gott mehr!»

«Versündige dich nicht schon wieder am Höchsten!» mahnte sie verängstigt.

Er stöhnte: «Und ich bleibe dabei! In Ewigkeit, Amen.»

Sie trat hart an sein Bett heran, faßte nach seiner Hand und suchte ihn zu trösten: «Ich habe heute abend wohl fünfzigmal einen Bibelvers gelesen, und er hat mir leichter gemacht. Ich will ihn dir sagen. Er heißt: ‹Wir erwarten aber, nach deiner Verheißung, einen neuen Himmel und eine neue Erde, in denen Gerechtigkeit wohnet!›»

Er lachte wieder heraus, entwand ihr seine Hand und deckte sich ganz mit der Decke zu. Weinend verließ sie die Kammer, und bald las sie unten wieder ihre Verse in unermüdlichem Steigen und Fallen der Worte. Und als sie müde war und nicht

mehr konnte, legte sie noch ein Wort für den
Bruder ein. Er selber dankte in jener Nacht dem
Himmel zum erstenmal nicht für den vollendeten
Tag.

III

Der Düslerfek stürmte mit seiner Machtbefugnis
nicht so ungestüm ins Haus wie das erstemal. Er
hatte jetzt die Geschwister Winkler und alles, was
sie besaßen, fest in der Hand und brauchte seine
Allmacht nicht durch hartes Auftreten und Ein-
schüchterung vorzutäuschen. Ein Testament war
nicht mehr zu fürchten. Er ließ fast alle Arbeit in
Feld und Weinberg durch seine Knechte und Mägde verrichten und machte sich für diese Hilfe aus
der Enteignungssumme bezahlt, die nun auf einer
Bank lag und in durchaus einwandfreier Weise
allmählich in seine Taschen bröckelte. Das besser
bewirtschaftete Gehöft warf, da die Bodenerzeug-
nisse immer mehr im Preise stiegen, so viel ab, daß
die Kapitalzinsen bezahlt, kleinere Reparaturen in
Haus und Scheune ausgeführt und die Geschwister
ausgehalten werden konnten. Denn Hans Ulrich
und Klephe bedurften zum Unterhalt fast nichts,
ihre ausgetrockneten Leiber hielten sich am Leben
wie etwa ein Baum im Gebirge, der auf dem
nackten Fels sitzt und doch nicht dem Hungertod
verfällt.

Der Vögtling Hans Ulrich war ein sehr schweig-
samer, in sich verbissener Greis geworden. Den
Nachbarn wich er aus, und wenn sich eine Begegnung nicht vermeiden ließ, so stahl sich sein
Blick an ihnen vorbei oder bohrte sich in den

Boden. Er ging nun ganz gebückt, die Schande, die er auf seinen Schultern trug, krümmte ihm das Rückgrat, sein Bart war weiß geworden, und der Hände bemächtigte sich ein greisenhaftes Zittern. Auch sein Gehör nahm ab. Oft verließ er heimlich den Altwinkel und humpelte auf wenig begangenen Pfaden in den Wald hinauf, wo er ein Stück Rottannen sein eigen nannte oder früher sein eigen genannt hatte. Dann hielt er Zwiesprache mit den Bäumen, die mit ihm fast gleichen Alters waren. Er pries sie wegen ihrer Gesundheit und Stärke und wegen des frischen Grüns ihrer Nadeln, er beneidete sie, weil sie nur unter dem Himmel und seiner Sonne standen und vor keinem Vogt buckeln mußten. Er bewunderte sie, wenn sie den Föhnsturm mit den Wipfeln fingen und mächtig mit dem wilden Gesellen spielten, ihn plötzlich losließen und sich wieder still ins Lot stellten, als wäre nichts geschehen. Ja, die ließen sich durch keinen Zank oder Prozeß oder Fek unterkriegen. Stieß er, von seinen Tannen kommend, etwa auf den Düsler, so brachen aus ihm harte Worte hervor, auf die aber der Vogt kaum antwortete. Hans Ulrich war für ihn jetzt ein Wesen ohne Willen, fast ohne Seele, eine Art Haus- oder Feldgerät, und weniger nütze als ein Karren oder ein Melkstuhl.

Während Hans Ulrich über seinen Groll nicht hinwegkam, ja, sich immer tiefer in ihn hinabwühlte, wurde Klephe von Jahreszeit zu Jahreszeit ergebener. Haderte er in seinen schlaflosen Nächten mit Gott, so vergrub sie sich immer mehr ins Wort, nicht wie früher, um Stellen der Rache, des Strafgerichtes, des richterlichen Zornes zu suchen,

341

sondern Worte der Hoffnung auf eine gerechtere, friedsamere, versöhnlichere Welt. Fuhr der Düsler sie an, so nahm sie seinen Tadel wortlos gelassen hin und dachte an ein Reich, in dem es keine Vögte gibt. Im Anfang der Vogtschaft hatte sie zuweilen versucht, auch den Bruder zur Milde zu stimmen, aber da er durch diese Bekehrungsversuche nur noch grimmiger und unglücklicher wurde, ließ sie ihn gewähren, und so lebten die beiden Altwinkler wieder dahin wie früher, wie zwei Bäume im Bungert, im gleichen Tageslicht, in der gleichen Luft, auf dem gleichen Erdreich, aber ohne sich zu berühren, ohne viel voneinander zu erfahren.

Im dritten Kriegsjahr begann der Vogt dem Altwinkel eine auffallende Aufmerksamkeit zu schenken. Geometer erschienen auf dem Hof, schoben ihre Meßlatten nach allen Richtungen hin und her und entwarfen Pläne. Der Düsler hatte sich eine Rechnung aufgestellt. Der Krieg könne nicht mehr lange dauern, überlegte er, dann würde die Bautätigkeit, die jetzt völlig eingeschlafen war, ins Fieber geraten, wuchs doch die Wohnungsnot in der Stadt infolge des Zudrangs fremden Volkes von Tag zu Tag und mußte bis zum Ende des Krieges ein unerträgliches Maß erreichen. Dann galt es, bereit zu sein. Der Altwinkel wurde auf dem Papier in Bauplätze eingeteilt und konnte, war die Zeit erfüllt, zu unerhörten Preisen verkauft werden. Wer ausersehen war, die Geschwister Winkler, die ja zusehends zerfielen, zu beerben, hatte Grund, sich in unbeobachteten Augenblicken die Hände zu reiben.

Kaum waren die Geometer mit ihrer Arbeit zu

Ende, als Zimmerleute und Schreiner auf dem Hof erschienen und sich daranmachten, die zwei Hinterkammern, die seit langen Jahren leergestanden hatten, etwas wohnlicher herzurichten. Hans Ulrich erfuhr von ihnen, daß man ihm Mieter ins Haus setzen wolle, und geriet in eine furchtbare Unruhe. Er stellte den Düsler zur Rede und drohte, er werde das Haus anzünden, wenn man fremdes Gesindel bei ihm einquartiere. Der Vogt ließ ihn schnauben und erklärte, das sei nun einmal so, es gäbe jetzt eine neue Großmacht, die Mietamt heiße. Sie spüre alle leeren Wohnräume auf und verfüge selbstherrlich darüber. Und mit Recht, denn schließlich könne jeder Mensch beanspruchen, nachts ein Dach über dem Kopfe zu haben. Soviel sollte ein Gutgesinnter einsehen. Die Sache habe übrigens noch eine wohlklingende Seite: Bis jetzt seien die beiden Kammern unnützer gewesen als ein Rad an einem Schlitten, kämen Mieter, so würde man ihnen einen braven Zinsbatzen abnehmen, der in diesen schweren Zeiten nicht zu verschmähen sei.

Eine Woche später klapperte ein Fuhrwerklein, mit allerhand alten Möbeln und Gerümpel beladen, in den Altwinkel hinauf. Ein untersetzter Mann mit frechem schwarzen Schnurrbart, eine schlampige Frau und ein etwa siebenjähriger Junge folgten dem Wagen.

«Wir sind die neuen Vögel für dieses alte Nest», kündete der Mann patzig an. Es hätte dieses Wortes nicht bedurft, um in Hans Ulrich einen grimmigen Haß gegen den Mieter zu entfachen. Er war zuerst entschlossen gewesen, das Hausrecht zu wahren, aber der schwarze Teufel drohte ihm gleich mit der Polizei und flößte ihm auch sonst Furcht ein. So verkroch er sich in seine Stube, während Klephe die Mieter eingeschüchtert in ihre Kammern wies.

Das Haus verwandelte sich in eine Tischlerwerkstatt, Bettladen wurden zusammengeklopft, Nägel eingehämmert, der Tisch, die Kommode, der Schrank hin- und hergerutscht. Es war ein Gepolter ohne Ende. Wintsch, so hieß der Mann, erteilte lärmend seine Befehle, seine Frau kreischte und keifte, der Junge lachte und stürmte wild treppauf und treppab. Er fand die dröhnende tannene Treppe seinen Zwecken sehr entsprechend.

Die Wintsch benahmen sich gleich wie die Gebieter im Haus, sie hatten nicht lange gebraucht, um die Wehr- und Hilflosigkeit der Geschwister Winkler zu erkennen, und da sie den Schutz des Mietamtes im Rücken hatten, hielten sie jede Rücksicht für Verschwendung. In der Küche war Klephe nur noch ein mürrisch geduldetes Insekt und kroch verängstigt den Wänden nach, Hans Ulrich hielt sich meistens im Stall auf, aus Furcht, Wintsch zu begegnen, der nur heftiger Bewegungen und Worte fähig schien und immer den langen Stiel eines Hammers aus der Tasche des Kittels schauen ließ.

Hans Ulrich hatte in den letzten Jahren viel erfahren, was er in seinem alten Kopf nicht einordnen konnte. Aber daß man ihm fremdes, ungeschlachtes Volk als eine feindliche Einquartierung ins Haus pflanzte, erschien ihm als die Übertrumpfung aller Gewalttätigkeit. «Früher hatte man Landvögte, jetzt etwas viel Schlimmeres», grollte er «die Landvögte konnte man verjagen, die neuen Peiniger sieht man nicht, und man ist schlimmer dran als ein Hund an der Kette. Der darf doch bellen.»

Als er eines Morgens brütend hinter der Scheune stand, wurde er angerufen: «Wie geht's, wie steht's, Winkler?» Es war der Bauunternehmer Stürmer. Er sagte jetzt nicht mehr «Herr Winkler», er paßte sich den Umständen an. Hans Ulrich war von seinem Kummer so erfüllt, daß er ihm hemmungslos über die Lippen floß. Stürmer lachte: «Ja, so was passiert jetzt mehr als einem. Hab's auch erfahren! Kriegssegen, Winkler! Neuer Zeitlauf, neuer Dreck! Jetzt ist alles im Rutschen! Trösten Sie sich damit. Es ist freilich zum Haarausreißen! Früher, wenn einem ein Fremder ins Haus kam und den Lümmel herauskehrte, hat man ihm eigenmächtig frische Luft verordnet, jetzt ist der Mieter der Herr, und der Eigentümer der Prügeljunge. Sie dürfen sich übrigens nicht beklagen, Winkler. Sie haben sich ihren Brei selber eingerührt! Hätten Sie damals auf mich gehört, so wären Sie den Teufelswinkel los, hätten so viel Geld wie jetzt Verdruß und könnten selber den Mieter und Grobian spielen und andere gelb ärgern. Adieu! Ich muß mir das Bauland wieder einmal ansehen. Übers Jahr richte ich hier irgendwo Gerüststangen auf, oder der Teufel muß drei Hörner haben.»

Hans Ulrich rief ihm nach: «Kann man denn nichts machen?» Stürmer kehrte sich im Gehen halb zurück: «Machen? Was?»

«Gegen das freche Pack.»

«Nichts oder – totschlagen!» Lachend enteilte

der Spekulant. Hans Ulrich wußte genau, daß das Wort totschlagen im Spaß gebraucht war, aber es verfolgte ihn doch den ganzen Tag. Wenn er den schlanken Hammerstiel aus der Tasche des Mieters drohen sah, fielen ihm die derben Helme seiner Äxte ein, und er zitterte leis. Etwas Dunkles dämmerte in ihm auf: Hatte er nicht einmal in der Schule gehört, man dürfe einen Eindringling, der sich frech benimmt, zwischen seinen vier Wänden erschlagen? «Und mit der Axt hab' ich ihm 's Bad gesegnet.» Wohl sagte er sich: «Das war früher so!» Es half nichts, die den Störenfried richtende Axt drängte immer seinen Händen entgegen. In der Nacht schoß er einmal jäh empor. Er hatte Klephe im Traum ihr Küchenbeil fegen sehen. Es gerann Blut daran, und sie wischte es mit ihrem weißen, dünnen Bart ab. Denn sie trug einen Bart, worüber er sich gar nicht verwunderte. Erwacht, beruhigte er sich rasch. Nein, die Schwester Klephe würde nichts Gewalttätiges unternehmen, sie las ihre Bibel und schützte sich so vor der Welt. Auch sich selber traute er nichts Böses zu. Seine Hände waren so zitterig geworden, daß sie der Kuh kaum die Milch aus dem Euter zu ziehen vermochten, wie hätten sie noch eine Axt geschwungen? Und auch sonst: Die Altwinkler waren nie Gewaltmenschen gewesen, sie führten nicht einmal eine Peitsche im Stall. Sie versuchten alles mit Worten und Sprüchen.

Die folgenden Tage verliefen ruhiger. Wintsch ging in die Fabrik, der Junge in die Schule, und die Frau hatte ihre Herrschaft in der Küche am ersten Tage so fest begründet, daß sie einstweilen vor

Macht gesättigt und wunschlos war. Erst der Sonntag brachte neue Aufregung. Die Mieter hatten sich zum Ausgang herausgeputzt und drangen alle drei in die Wohnstube der Geschwister ein. Wintsch erklärte, er werde wahrscheinlich erst spät in der Nacht heimkehren und müsse einen Hausschlüssel haben. Hans Ulrich hielt ihm entgegen, es gebe im Altwinkel seit alters her nur einen Hausschlüssel und der gehöre natürlich dem Besitzer. Man könne ihm doch nicht zumuten, ihn aus der Hand zu geben. Doch, das mute er ihm zu, erwiderte Wintsch. In der ganzen Welt habe der Mieter Anspruch auf einen Hausschlüssel; sei keiner für ihn vorhanden, so sei das eine Versäumnis des Vermieters, der denn auch für Abhilfe zu sorgen habe.

«Das werden wir sehen!» trotzte Hans Ulrich. Er erhob sich von seinem Stuhl und langte nach dem Schlüssel, der an einem Nagel an der Seitenwand des Wandschränkchens hing. Entschlossen steckte er ihn in die Tasche seines Kittels. «Nun müßt Ihr mich schon selber mitnehmen, wenn Ihr den Hausschlüssel wollt!»

Wintsch stieg das Blut in den Kopf, denn er war von jäher Art. «Macht keine Späße, alter Bruder, oder ich rede proletarisch mit Euch. Heraus mit dem Schlüssel!»

Klephe, die Unheil kommen sah, flehte: «Gib nach, Hans Uli! Selig die Sanftmütigen!»

Hans Ulrich versteifte sich: «Das verstehst du nicht! Der Schlüssel ist die Hausmacht, und die Hausmacht gibt man erst im Tod aus der Hand.»

«Bläh dich nicht so auf», polterte Wintsch, «du

und Hausmacht?» Er lachte höhnisch heraus, und
Frau und Kind stimmten ein.

Hans Ulrich stürmte das Blut in den Kopf. So
gröblich hatte ihm noch keiner seine Schande ins
Gesicht gespien. Er stand auf und hielt Wintsch
seine zitternden Fäuste vor die Augen: «Es kommt
dir wohl, daß ich ein alter Mann bin, sonst würde
ich dich ohrfeigen, du Lausbube.»

Wintsch, der riesenstark war, mußte des Ohn-
mächtigen lachen. Er packte ihn an den Schultern
und drückte ihn mit leichter Mühe auf den Stuhl
zurück. «Und nun den Schlüssel her, alter Tröler!»

Hans Ulrich keuchte und bebte vor Aufregung.
Er schob seine Rechte in die Tasche des Kittels und
umklammerte den Schlüssel. Kurz entschlossen
drehte ihn Wintsch herum, riß ihm von hinten den
Kittel vom Leib und entwand ihm die Hausmacht
ohne große Anstrengung. Nachdem er seine Überlegenheit vor Frau und Kind in so glänzender
Weise dargetan hatte, wurde er großmütig-freund-
lich: «Sehen Sie, Meister Winkler, man soll den
Stärkern nicht reizen, das führt nur zu Verdruß. Ich
nehme jetzt den Schlüssel mit. Sie und Ihre Schwester gehen ja doch nicht aus, also werden Sie ihn
auch nicht vermissen. Morgen lasse ich einen Abdruck davon machen, und in ein paar Tagen hat
jeder von uns seinen Hausschlüssel. Natürlich
geht's auf Ihre Kosten, und nun vergnügten Sonntag beiderseits!»

Klephe saß klein und traurig auf der Ofenbank
und wagte den Bruder, der so schimpflich behandelt worden war, aus Erbarmen nicht anzusehen.
Hans Ulrich schlich sich in die Scheune hinübe

348

und ließ sich hinfallen. Und der Greis schluchzte, daß es ihn krümmte, über den Fladen Schmach, den man ihm in dieser unseligen Stunde angeworfen hatte. Am Abend schleuderte er den Kittel, der ihm vom Leib gezerrt worden war, ins Feuer, er hätte ihn nicht mehr tragen oder auch nur ansehen können. Alt- und Neuwinkel stanken ein paar Stunden lang von dem schweren Rauch des Tuches.

Am folgenden Tag benahmen sich die Wintsch, wie wenn nichts vorgefallen wäre. Hans Ulrich dagegen kam nicht mehr über den Schimpf hinweg. Jedes Geräusch, jeder Ton aus den Hinterkammern brachte ihn auf. Nachts machte ihn der Gedanke, Wand an Wand mit seinen Widersachern liegen zu müssen, schlaflos, und er beschloß, sich im Stall ins Stroh zu betten. Aber nun war Klephe unglücklich. Sie hatte Angst vor den Wintsch und brachte die Nacht in der Wohnstube zu. Am Morgen fand Hans Ulrich sie über ihrem Bibelbuch eingeschlafen. Er mußte also wieder in seine Kammer zurückkehren. In dieser Beklemmung entschloß er sich zu einem Bittgang. Er wollte den Vogt erweichen. Dreimal kehrte er um, bevor er den Weg zu Ende ging, und als er endlich vor dem Düslerfek stand, brachte er, um seine Ohnmacht und sein Elend zu verschleiern, sein Begehren so polternd vor, daß der Vogt aufbrauste: «Was? Ich soll nach vierzehn Tagen den Wintsch wieder hinausschmeißen? Das kann ich nicht und will ich nicht, das Mietamt würde hundert Hände über ihn halten. Du verstehst von allem nichts mehr, drum reiß nicht immer an deiner Kette, du Unvernünftiges! Du bringst es noch dahin, daß ich dich in ein Narrenhaus sperre.»

Die Hände weit verwerfend und laut vor sich hin zürnend und klagend, taumelte Hans Ulrich in den Altwinkel zurück. Er stand lange still, bevor er den Fuß in das Haus schob. Es war ihm zur Fremde, zum Elend geworden. In der Stube kam ihm Klephe geheimtuerisch entgegen und flüsterte ihm etwas zu. In seinem Mißmut fuhr er sie an: «Was hast du mir ins Ohr zu reden? Bin ich etwa so schwerhörig geworden? Oder sind wir so weit, daß wir im eigenen Haus nicht mehr laut sprechen dürfen?» Sie raunte ihm zu, der Wintsch bediene sich an ihrem Weinfäßchen, sie habe das Knarren des Weinhahnens schon ein paarmal gehört, wenn eins von oben in den Keller gegangen sei. Heut sei die Wintschin mit einem Krüglein unter der Schürze hinabgestiegen, und die Sache sei nun ganz sicher. Er solle aber ja nicht Händel anfangen.

«Wie kommen sie in den Keller?» fuhr der Bruder sie an.

Sie gestand kleinlaut: «Sie haben doch den Schlüssel.»

«Welchen Schlüssel?»

«Nun unsern, unsern Kellerschlüssel. Sie haben am Freitag ein paar Säcke Kartoffeln und Rüben eingekellert und...»

«Und du hast mir nichts gesagt?»

«Es hätte wieder Zank gegeben und doch nichts genützt», klagte sie. Hans Ulrich wollte gleich in den Keller steigen und nachsehen. Sie hielt ihn zurück und stotterte: «Ich hole dir gleich den Schlüssel, er ist oben.»

«Wo oben?»

«Bei der Wintschin. Sie trägt ihn doch herum, und ich muß ihn von ihr verlangen, wenn ich...»

«Du allmächtiger Strohsack, wärst du voll Heu!» hohnlachte er und warf seinen Hut zornig in die Ecke. «Gute Nacht, Elfer! Es hat keinen schlechten Geschmack, das Pack! Hätte ich Gift, ich würde es in ...» Er vollendete den Satz nicht, an seinem göttlichen Elferwein zu freveln, war ihm selbst in Gedanken unmöglich. Er wartete, bis die Mieter schliefen, und schlich dann hinter das Haus, wo das Kellerfenster mündete. Er sprengte mit einem Stemmeisen ein Fensterflügelchen auf und kroch, mit den Füßen voran, durch die enge Öffnung. Unten angelangt, pochte er den Boden des Fäßchens ab, aufmerksam, wie ein Arzt eine Brust beklopft. Er schien noch im Zweifel zu sein. Er zündete eine Kerze an, griff von einem Gestell ein langes dünnes Stäbchen herab und hob den Spundzapfen, der nur lose eingetrieben war, weg. Er tauchte sein Meßzeug lotrecht ein und zog es behutsam wieder heraus. Mit dem Sackmesser bezeichnete er die Stelle, wo der nasse und der trockene Teil des Stäbchens zusammenstießen. Nach drei Tagen nahm er die zweite Messung vor. Kein Zweifel, die Weindecke war gesunken. Aber er wollte seiner Sache ganz sicher sein und wartete wieder drei Tage. Nun hatte er volle Gewißheit. Lange sann er nach, wie er die Mieter warnen könnte, denn eine offene Aussprache scheute er. Endlich schrieb er mit Bleistift auf ein Blatt Papier die Worte: «Das ist kein Wirtshaus, wer Wein braucht, der hole ihn über der Gasse.» Mit einem

Schuhnagel schlug er den Zettel an der Haustüre an. Am Abend stellte Wintsch sich breit und bedrohlich in die Stube der Geschwister und verlangte zu wissen, was das Blatt zu bedeuten habe, es könne nur auf ihn gehen.

«Es verstehe jeder die Schrift, wie er muß», erwiderte Hans Ulrich hinter dem Tisch hervor.

«So steckt eine Gemeinheit dahinter», lärmte Wintsch, «wie kommt man zu einer solchen Verdächtigung?»

«Unsereiner kann messen», stotterte Hans Ulrich.

«Aha!» schrie Wintsch. «Aber warte, ich mache dir den Prozeß. Du magst dann dem Gericht etwas vormessen, du Vögtling du!»

«Das paßt in diese Zeit!» zeterte Hans Ulrich. «Die Diebe klagen an, und die Bestohlenen sitzen auf der Anklagebank.»

Wintsch sprang an den Tisch heran und erhob die Hand gegen den sich Duckenden: «Sagst du's noch einmal, so hau' ich dich unter den Tisch und gehe morgen zum Richter!» Furchtbar donnerte er ab.

«Er bringt dich noch ins Zuchthaus», seufzte Klephe von der Ofenbank her.

Hans Ulrich trotzte: «Zuchthaus hin, Zuchthaus her! Schlimmer kann das Zuchthaus nicht sein als der Altwinkel jetzt!»

In der Nacht kamen ihm Bedenken. Hatte er denn einen klaren Beweis, wenn der Wintsch klagte? Sollte er ihm Unrecht getan haben? Nein, Unrecht wollte er um alles in der Welt nicht tun. Er geriet in den folgenden Tagen in eine immer größere Unruhe. Der Stand des Weines änderte sich nämlich nicht mehr, und doch behauptete Klephe, sie höre das Knarren des Faßhahns fast jeden Tag. Täuschte sie sich? Hatte sie sich schon vorher getäuscht? Und er, hatte er etwa ungenau gemessen? Dann hatte er Wintsch gekränkt und mußte ihm Abbitte leisten, wie bitter es auch wäre. Er beschloß, nun selber in den Keller zu horchen, aber da er schwerhörig war, mußte er sich schließlich doch wieder auf die Ohren der Schwester verlassen.

In einer Nacht, als er wieder voll Zweifel vor seinem Fäßlein stand, hatte er einen Einfall: Er schob von dem Unschlitt, das er zum Dichten der Faßtürchen brauchte, ein Stücklein in die Öffnung des Hahns. Würde Wein gezogen, so müßte es herausgeschwemmt werden. Am folgenden Tage war das Unschlitt wirklich verschwunden. Nun war ihm alles klar: Die Wintsch zapften immer noch Wein ab, gossen aber, seit sie gewarnt waren, jeweilen die gleiche Menge Wasser zu. Drum sank der Spiegel im Faß nicht mehr. «Dann ist der Wein zugrunde gerichtet!» stieg es jäh in Hans Ulrich auf. Da kein Glas im Keller war, hielt er die hohle Hand unter den Hahn und drehte ihn. Trübe floß es heraus, Hefe und Weinblume hatten sich mit dem Wein gemengt und ihn in eine Art Jauche verwandelt. Dem alten Weinbauern riß der Anblick die Seele in Stücke. Die schärfste seiner Äxte zuckte vor ihm auf und ab. Er hob den Fuß, stieß ihn mit seiner ganzen Kraft gegen den Hahn und schlug ihn hart am Faßboden ab. Der geschändete Wein schoß hinaus und verwandelte den Kellerboden in einen Tümpel. «Leb wohl, Elfer!» klagte Hans Ulrich. Er war außer sich. Der Schuft hätte ihm nichts Lieberes zerstören können.

Die ganze Nacht brütete er Rachegedanken aus. Er wollte den Wintsch am Morgen zur Rede stellen und ihm einen Weindieb ins Gesicht schleudern. Aber es war, wie wenn der Mieter gerochen hätte, was ihm bevorstand, er verließ gegen seine Gewohnheit das Haus durch die hintere Türe, und zum Mittagessen erschien er nicht. Ohnmächtig zürnend trieb sich Hans Ulrich den ganzen Tag in Scheune und Schuppen herum. Ein solches Leben ertrug er nicht mehr. Sich lieber an einen Ast hängen! Als er mit dem spießartigen Heuhaken, dem Lücher, Futter für die Kuh aus dem Heustock zupfte, stieß er das spitze Gerät mit dem blanken Widerhaken tief hinein und preßte hervor: «Da hast du's, du Weindieb.»

Wintsch blieb den ganzen Tag unsichtbar, dafür machte sich seine Frau im Hause breit. Sie stellte sich einmal vor Klephe hin und lachte mit ihrem flachen Gesicht: «Jetzt wird der Topf ausgeleert, jetzt wird man's der Bagage zeigen! Alles wird über den Haufen geworfen!» Sie machte Miene, Klephe mit ihren dicken Händen in eine Ecke zu schleudern. Klephe verstand nichts von ihren Drohungen und suchte in ihrer Verschüchterung bei Hans Ulrich Rat. Er wußte auch nichts Bestimmtes, das aber sei sicher, daß der Teufel von der Kette sei, schon zweimal hätten diesen Morgen die Trommeln geschlagen, und es seien unten auf der Landstraße Soldaten nach der Stadt gezogen. Er lachte heiser: «Ja, sie sollen nur unten zu ober machen, schlechter kann die Welt nachher nicht sein.»

«Gerechter Gott», seufzte sie, «was soll aus uns werden?»

«Was haben wir zu befürchten? Kann es uns noch schlimmer gehen? Nein, und das eben ist das Elend.»

Am Abend kam Wintsch in großer Eile nach Hause. Hans Ulrich stellte sich ihm im Hausgang in den Weg. Er mußte sich Luft machen, mochte ihn der Schelm totschlagen. Was lag ihm noch am Leben?

«Wie ist's mit dem Wein?» stieß er stotternd hervor.

«Was wollen Sie schon wieder mit Ihrem verfluchten Wein?»

«Du hast davon getrunken und Wasser nachgeschüttet! Das ist Unflätterei! Warum hast du mich nicht verklagt, sag? Wirst wissen, warum!»

Wintsch stellte sich erstaunt. «Ich verstehe von allem nichts. Wer hat Wein getrunken? Wer hat Wasser nachgeschüttet?»

«Du oder dein Weib.»

«Ihr seid verrückt, einfach verrückt! Und wär's auch! Jetzt wird die Gesellschaft auf den Kopf gedreht. Warum sollt ihr Wein haben und ich nicht? Man wird euch jetzt zeigen, wer Meister im Land ist.»

«Ich weiß es schon!» schrie Hans Ulrich. «Die Schelme, die Weinschelme!» Er spuckte Wintsch vor die Füße.

Wintsch verlor die Fassung. Er packte den alten Mann am Kittel und stieß ihn vor sich hin auf die

Hofstatt und in die Nacht hinaus. Dann riß er die Haustüre zu und drehte den Schlüssel um.

Schattenhaft irrte Hans Ulrich in jener Nacht im Altwinkel umher. In sein Haus, aus dem ihn ein Fremder geworfen hatte, mochte er nicht mehr eintreten. Klephe schaute zum Fenster hinaus und rief nach ihm. Er gab ihr keinen Bescheid. Die tollsten Pläne fuhren ihm durch den Kopf. Er wollte das Haus niederbrennen, mit einer Axt in die Hinterkammern eindringen, die Mieter alle drei kaltmachen und sich dann selber entleiben. Er hörte, daß Wintsch das Haus wieder verließ, und schlich ihm im Dunkeln nach, bis er in den Häusern der Stadt verschwand.

Es war eine grausige Novembernacht. Etwas Unheimliches beschwerte die Luft und die Menschen. Von der Stadt her vernahm man ein Brausen, ein An- und Abschwellen von Wogen. Trommelschläge wurden heraufgeweht, Autos fauchten durch das Dunkel, ganz nah klapperten die harten Hufe einer Reiterabteilung. Nun fiel ein Schuß, ein zweiter, ein dritter, das Brausen rollte dumpf von der Stadt heran und an der Berglehne empor. Der Stundenschlag der Stadtkirchen hob an, oder war es Sturmgeläut? Wieder fielen Schüsse, einer schien den andern zu entzünden, ein Schrei oder ein Kommandoruf schoß auf, eine ganze Schlacht mußte zwischen den Mauern der Stadt toben. Sie verstummte eine Weile und setzte wieder ein, noch grimmiger.

Hans Ulrich fror bei dem wilden Geknatter, und doch horchte er aufmerksam, erwartungsvoll, heimlich erfreut in die Nacht. Er wäre nicht er-

356

staunt gewesen, wenn der Erdboden geborsten wäre und das Sündenbabel in Feuerflammen verschluckt hätte. Wie gerne wäre er selber untergegangen, wenn nur das an ihm begangene Unrecht auch umkam. «Ja, laßt nur das Pulver knallen! Es ist ja die Nacht der Abrechnung, der Vergeltung!» Abrechnen wollte auch er. Er wußte nur noch nicht wie. Er näherte sich dem Haus und überlegte: «Er muß zur vordern Tür herein, zur hintern hat er keinen Schlüssel. Ich stelle mich hinter dem Brunnenstock auf, und wenn er vorbeigeht, zahle ich ihm seinen Lohn aus.» Durch die hellen Fensterscheiben sah er die Schwester am Tische sitzen. Das große Buch lag unter ihrer Brille, ihre Lippen bewegten sich heftig, sie las, wie immer, laut. Er freute sich, daß sie an dem Buche eine so feste Handhabe hatte. Über sich und sein weiteres Schicksal dachte er nicht nach. Nach dem, was sich über ihn gewälzt hatte, war alles nichtig, wenn er nur noch einmal die Gerechtigkeit hochhalten konnte. Ja, die Gerechtigkeit! Er dachte an seine Äxte, aber er erinnerte sich, daß man Schweine mit Äxten schlug und daß man dazu stark sein müsse. Das gab seinen Gedanken eine andere Richtung. Der Heuhaken mit seinem blanken Spitz und Zack paßte besser für ihn und die Schlacht. Denn es war ja eine Schlacht, die in dieser höllischen Nacht ausgefochten wurde. Er schlich zur Scheune hinüber, öffnete behutsam das Törchen, um ja keinen Argwohn zu wecken, und holte den Heuspieß von der Diele herunter. Er stieß ihn nochmals, wie zur Übung, fest in den Heustock. Dann suchte er seinen Standort am Brunnen wieder auf.

Es schlug elf Uhr. In der Nachbarschaft war nun alles still, während drunten immer noch einzelne Schüsse ins Dunkel schlugen. Um Mitternacht war auch unten alles verstummt oder der Lärm so schwach geworden, daß er nicht bis zum Altwinkel drang. Hans Ulrich klopfte das Herz, er wußte, daß jede Minute die Tat herantragen konnte.

Immer noch saß die Schwester bei ihrer Bibel und las für sich so andächtig, als stände er nicht draußen am Brunnen, mit dem Lücher bewaffnet. Ginge sie doch zu Bett, er könnte es leichter vollbringen! Eine halbe Stunde, so rechnete er, würde sein Wille noch standhalten, länger nicht, dann mußte er es aufgeben. Heimlich hoffte er, daß ihm die Kraft ausginge, blieb sie ihm, so mußte er töten. Nur die Ohnmacht konnte die Tat noch verhindern.

Da wuchs plötzlich ein Schatten auf ihn zu, ohne daß er Schritte gehört hätte, sein Geist war bei der Schwester gewesen. Er überlegte nicht, er wußte nachher nicht mehr, wie es geschehen, sein Spieß tat einen wilden Sprung, so drückte er sich vor Gericht aus. Ein Schrei oder Fluch drang in die Nacht, und etwas Schweres taumelte zu Boden. Hans Ulrich warf den Heuspieß in den Brunnentrog und kniete neben seinem Opfer nieder. Er hörte ein Fenster klappen und die Schwester in die Nacht hinausrufen. «Komm», raunte er, «ich hab' ihn erstochen! Ach Gott!» Klephe kam herzu und fing laut zu klagen an. Ein fremder Mann stapfte nach einer Weile herauf und verlangte Aufschluß. Wintsch keuchte schwer: «Der Hund hat mich in die Seite gestochen.»

«Da ist Sanität und Polizei nötig!» rief der Fremde und eilte davon. Nach einiger Zeit stürmte Frau
Wintsch aus dem Haus und erhob einen großen
Lärm. Klephe zitierte Bibelverse aus dem Gedächtnis, während Hans Ulrich wie betäubt am Boden
kauerte und beständig vor sich hin stammelte: «Es
ist Gerichtstag, es ist Gerichtstag! Ach Gott!»

Ohne Widerstand zu leisten ließ er sich abfüh-
ren. Obschon die Polizisten sie mit rauhen Worten
heimschicken wollten, folgte ihm Klephe nach, bis
sich eine Tür hinter ihm schloß.

IV

An einem trüben Dezembertag wurde Hans Ulrich
Winkler vor seine Richter geführt. Auf der Zeu-
genbank saßen der Düslerfek, Frau Wintsch, Klephe und ein paar Nachbarsleute aus dem Neuwinkel. Der Düsler machte einen überaus günstigen
Eindruck auf die Richter, seine Aussagen waren
klar und verbreiteten vollständige Helle über den
Fall. Frau Wintsch pries überschwenglich ihren
guten Mann, der nun schon sechs Wochen im
Spital liege und vielleicht einen bleibenden Nach-
teil davontragen werde. Dann entfesselte sie ein so
wildes Wortfeuer gegen die Geschwister Winkler,
daß der Präsident sie mehrmals zur Mäßigung
anhalten mußte. Klephe fand ihre Worte kaum,
und man erriet aus ihrer zerhackten Rede nur,
daß Hans Ulrich sein Leben lang ein friedfertiger
Mensch gewesen sei, immer das Rechte gewollt
und nie eine Kuh mit dem Geißelstecken angerührt
habe. Er sei Naboth, er sei ein zweiter Naboth.

Der öffentliche Ankläger hatte eine leichte Aufgabe, er war seiner Sache sicher und verzichtete auf großen Aufwand. Er führte aus, wie Hans Ulrich Winkler von Jugend auf ein schrullenhafter Mensch gewesen sei und wie sich seine das Krankhafte streifende Anlage mit zunehmendem Alter verschlimmert habe, dermaßen, daß er schließlich ein ausgesprochener Querulant geworden sei. An sozialem Sinn habe es diesem Letztling immer gefehlt, keine staatliche Autorität habe er anerkennen wollen und sich fortwährend in seiner Rechtssphäre bedroht und verletzt gefühlt. Vor allem sei ihm jedes Verständnis für den modernen Staat, seine Aufgaben und Machtbefugnisse abgegangen, er habe in einer andern Zeit, in einer andern Welt, quasi auf dem Monde gelebt. Seit der Bevormundung habe er sich noch weiter in der falschen Richtung bewegt, aus dem asozialen Altwinkler sei ein antisozialer geworden, ein offener Feind der Gesellschaft und eine Gefahr für seine Mitmenschen. Mit der Folgerichtigkeit eines Naturgesetzes habe es zu dem unseligen Anschlag auf den Andreas Wintsch kommen müssen, der ihn vielleicht ab und zu durch sein derbes Wesen gereizt, aber niemals etwas gegen ihn unternommen habe, das einen Mordanschlag verständlich machen, geschweige denn entschuldigen oder rechtfertigen könnte. Das, worauf der Angeklagte das größte Gewicht lege, der Frevel am Wein, sei unerwiesen. Schwer ins Gewicht falle, daß Hans Ulrich Winkler seine Tat aus dem Hinterhalt und mit Vorbedacht ausgeführt habe. Das Gutachten des Psychiaters schließe eigentliche Geisteskrankheit und Unzurechnungsfähigkeit aus und spreche sogar von einer gewissen Konsequenz des Denkens. Zur Milde könnte deshalb höchstens das Alter und der gebrechliche Zustand des Angeklagten stimmen.

Zum amtlichen Verteidiger war ein junger, noch etwas unerfahrener Jurist bestellt worden. «Die Winkler», so führte er aus, «sitzen seit vielleicht fünfhundert Jahren in ununterbrochener Folge auf ihrem Heimwesen. Sie sind mit Haus und Boden in für andere Leute unfaßlicher Weise verwachsen, fester und länger verwachsen als der Baum im Bungert, das Gras auf der Wiese, die Rebe im Weinberg, sie sind zu vergleichen mit dem Stein und der Scholle im Acker, mit dem Grund selber. Die jahrhundertealte Seßhaftigkeit hat durch Erleben und Vererben in ihnen eine ganz besondere Anschauung vom Getriebe dieser Welt erzeugt. Uns andern heißt Leben Wandel, ihnen heißt Leben Bestand. Nie haben sie ihr Nest für mehr als einen Tag verlassen, ihre Gedankenwelt ging nicht über den Altwinkel hinaus, höchstens daß in der letzten Zeit die anwachsende Stadt manchmal ihren Blick nach dem Häusermeer lenkte und die Ahnung einer großen Gefahr, eines Unterganges in ihnen aufbangen ließ. Ihre ganze Arbeitskraft wandten sie ihrem Boden zu, gerade wie dreißig arbeitsame Generationen vor ihnen. Sie wußten, daß der Grund sie erhalten würde, und wußten auch, daß sie ihm dafür Dankbarkeit und Treue schuldeten. Sie fühlten sich vor den Menschen frei und nur von Gott abhängig. Ihr Sinnen und Fühlen war in dem langen, gleichmäßigen Zeitablauf erstarrt. Das dauerte so lange ohne schwere Folgen, als der Altwinkel eine eingesponnene Abgeschiedenheit blieb. Die Lage änderte sich mit einem Schlag, als die Großstadt ihre Krallen nach der stillen Insel ausstreckte. Da erwies es sich, daß sich die Altwinkler der veränderten Umwelt nicht mehr anzupassen vermochten. Ihr Unglück begann. Wie sollten sie, denen es an Rechtsbelehrung fehlte, einsehen, daß eine ihnen fremd gebliebene Macht, der Staat, ein Recht besaß, die Hand auf ihren alten Grund zu legen? Ein Stück davon abzureißen, die ihnen fast verbrüderten Stämme zu fällen? Wie sollten sie die Notwendigkeit einer Straße einsehen, die ihr bestes Land und die Reben zerschnitt und ihnen so viel Grund wüst legte, daß sie sich auf dem Rest nicht mehr erhalten konnten? Sollten sie sich für ihr Land und für ihre Familienüberlieferung nicht wehren, sie, die Letzten ihres Geschlechts? Sollten sie nicht ihre Ehre dareinsetzen, das alte Erbe so lange zusammenzuhalten, als ihnen Atem blieb? Meine Herren Richter, Sie müssen sich in die ganz einfache, uns aber völlig fremd gewordene Gedankenwelt des Angeklagten versetzen. Man stellt ihn jetzt als Querulanten dar, ohne zu bedenken, daß er über sechzig Jahre alt wurde, ehe er den Weg zu einem Advokaten suchte. Wer ein Tröler ist, fängt sein Treiben früher an! Außer seinem Erdgrund hatte er noch einen andern Boden, auf dem er stand und der ihm noch wichtiger war: den Boden der Gerechtigkeit. Es ist rührend zu hören, wie der alte Mann von der Gerechtigkeit spricht. Sie ging ihm über alles, sie erschien ihm als die Grundlage des Lebens, sie war ihm das Hauptkennzeichen seines Gottes. Im Namen der Gerechtigkeit, also auch im Namen seines Gottes führte er seine Prozesse, ja, er meinte als Vorkämpfer der andern Menschen zu handeln. Sind ein solcher Glaube und ein solches Vertrauen in die Gerechtigkeit nicht etwas Großes? Selbst wenn sie auf falschen Voraussetzungen beruhen? Kann sich der Staat über Unzufriedenheit seiner Bürger beklagen, wenn er selber solche Grundlagen des Daseins und des Glückes zerstört? Braucht man ein Altwinkler zu sein, um zu erkennen, daß der Staat, wenn er sich überbaut und übertürmt und zum Selbstzweck macht, aus einer Wohltat eine Plage wird?» Der Präsident räusperte sich durch den ganzen Saal vernehmlich. «Begreift man jetzt», fuhr der Verteidiger fort, «daß Hans Ulrich Winkler zu sagen pflegte, früher habe man Landvögte gehabt, jetzt aber etwas viel Rücksichtsloseres; früher habe man sich frei fühlen können, jetzt sei man elender daran als ein angeketteter Hund? Seinen Glauben verlor Hans Ulrich Winkler stückweise. Zuerst den an die Menschen, denn er meinte zu sehen, daß es irgendein Eigennutz, irgendeine Verschmitztheit war, die nach seinem Boden griff. Er hoffte auf den Staat, die Obrigkeit, an deren Gerechtigkeit er früher nie gezweifelt. Die Obrigkeit entschied gegen sein Rechtsempfinden. Es menschelte also, nach seinem Gefühl, auch in ihr. Nun blieb ihm nur noch Gott. Aber auch der half nicht, und so stürzte schließlich auch der Glaube an die göttliche Gerechtigkeit in dem Angeklagten furchtbar zusammen. Nun war er ganz auf sich gestellt, haltlos. Wäre ich ein Philosoph, so würde ich sagen, haltlos wie die ganze jetzige Menschheit, die ja auch in einer überstürzten Entwicklung ihre Grundstützen verloren hat. Hier wie dort mußte der Weg zum Verbrechen führen.»

Der Präsident mahnte den Verteidiger zu größerer Sachlichkeit, und der Redner fuhr fort: «Ich weiß, was man mir erwidern wird: Der Mensch ist ein Mitglied der Gesellschaft, wird er ihr gefährlich, verstößt er sich gegen ihre Gesetze, so muß man ihn strafen, unter Umständen einsperren. Das ist grobes Werk! Der Staat bringt seinen Angehörigen den Glauben bei, das Gesetz sei etwas Festes, Unwandelbares, Heiliges! Aber die Seele des Gesetzes ist die Wandlung. In gewöhnlichen Zeiten wandelt sie sich langsam, in bewegten, wie wir sie durchhasten, rasch, fast vom Abend zum Morgen, und wenn ein alter Mann da nicht zu folgen vermag, so nenne man ihn nicht gleich einen Verbrecher. Ich nehme das frappanteste Beispiel: Bis jetzt war ich Herr in meinem Hause, niemand konnte mich zwingen, einen Menschen, der mir nicht behagte, unter meinem Dache aufzunehmen. Und jetzt! Es ist ein Amt da, das hundert Teufel in meinem Hause ansiedeln könnte, ohne daß ich dagegen schnaufen dürfte. Wie soll sich da ein im alten Zustand erstarrter Mann, ein Hans Ulrich Winkler zurechtfinden? Wie kann er im Zwangsmieter etwas anderes erblicken als einen Einbrecher in sein gutes, altverbürgtes Recht? In diesem Punkt wurde an dem alten Manne schwer gesündigt. Ich richte meinen Vorwurf vor allem gegen seinen Vormund, der ja sonst gewiß ein rechtlich denkender, uneigennütziger, durchaus ehrenhafter Mann sein mag. Aber was nötigte ihn, das Mietamt auf die leeren Kammern im Altwinkel aufmerksam zu machen? Denn das tat er. Die Gründe will ich nicht untersuchen. Er kannte die Gereiztheit seines Schutzbefohlenen, und mit etwas Ahnungsvermögen hätte er das Unglück, das eintreten mußte, voraussehen und also verhüten können. Und warum ist man gerade auf einen Mieter von der wilden Gebärde des Andreas Wintsch verfallen? Der den Angeklagten tagtäglich reizte, in seinem Selbstgefühl verletzte, ihm seinen lieben Elfer trank und verjauchte, ihn an dem verhängnisvollen Tage aus seinem eigenen Haus warf? Mußten da in dem durch die Geschehnisse und Vergewaltigungen der letzten Zeit verwirrten Kopf des Greises nicht böse Gedanken, Rachepläne auftauchen? Und ist es so schwer zu begreifen, daß er, der den Glauben an die göttliche und irdische Gerechtigkeit verloren hatte, zur Selbsthilfe griff? Ich meine also, meine Herren Richter, es sei Grund genug vorhanden, dem Angeklagten mildernde Umstände zuzubilligen.»

Der Staatsanwalt wies in seiner Entgegnung nochmals auf den gesellschaftsfeindlichen Charakter des Angeklagten hin und auf die stundenlangen, kalten Überlegungen, die zugestandenermaßen dem Mordanschlag vorausgingen, und verlangte Unschädlichmachung eines Subjektes, dem das Rechtsgefühl seiner Zeit etwas völlig Fremdes sei. Das Rechtsempfinden wandle sich in der Gegenwart, wie der Verteidiger richtig bemerkt habe, in raschem Tempo, und wer da nicht zu folgen vermöge, könne, wie in casu, zu einer Gefahr für seine Umgebung werden und müsse unschädlich ge-

365

macht werden, gleicherweise wie man ein reißen-
des Tier einsperre, so sympathisch es einem emp-
findsamen, romantischen Gemüte auch sein möge.
Eine feste Hand, ein Tierbändiger, müsse in der
Rechtspflege vorhanden sein. Als er zum Schluß
eindringlich sein «Caveant consules» in den Saal
rief, las er auf den Gesichtern der Richter, daß sie
ihm zustimmten.

Was der Verteidiger in seinem letzten Worte
vorbrachte, hatte für sie nichts Entscheidendes
mehr. Der Herr Staatsanwalt, so führte er aus, gebe
zu, das Recht sei im Fluß begriffen, dennoch verlange er, daß nach dem erstarrten Buchstaben gerichtet werde. Das sei ein Widerspruch. Er gebe
sich als Beschützer der Gesellschaft, der Gemeinschaft, aber er lasse außer Betracht, daß die Grundlage der Gemeinschaft nicht nur das Recht, sondern auch die Liebe sei, diese schließe aber eine
drakonische Anwendung des Gesetzes aus. Es sei
kein Kunststück, einen im Grunde nicht unrechtli-
chen Menschen von der Gemeinschaft auszuschlie-
ßen und moralisch zu vernichten, aber es sollte
allmählich als Kunststück empfunden werden, die
Verantwortung für eine solche Rechtspflege zu
tragen.

Nach kurzer Beratung wurde Hans Ulrich
Winkler zu drei Jahren Zuchthaus verurteilt. Er
nahm den Spruch scheinbar dumpf, wie eine
alltägliche Redewendung hin. Nach einiger Zeit
wandte er aber das Gesicht nach dem Stuhl, auf
dem seine Schwester saß und weinte. Da erhob sich
die alte Frau, ging bebend auf ihn zu und streckte
ihm ihre gelben, abgemagerten Hände hin. Er

stand auf, und die beiden Händeknäuel gingen nun
heftig zitternd wohl zehnmal auf und ab. Die Polizisten, die auf beiden Seiten Hans Ulrichs standen,
mahnten zur Eile. Da blickte Klephe dem Bruder
nochmals in die Augen und sagte laut, allen ver-
nehmbar: «Wir erwarten aber, nach seiner Verheißung, einen neuen Himmel und eine neue Erde, in
denen Gerechtigkeit wohnet.»

«Einen neuen Himmel, Klephe», sagte er, «nur
wenigstens einen neuen Himmel.» Niemand verstand, wie er es meinte. Er wurde rasch abgeführt.

Als Klephe auf der Straße dahintastete, die aus
der Stadt ins Land hinaus und nah am Altwinkel
vorbeiführte, rollte ein grüner Wagen an ihr vorüber. Sie ahnte nicht, daß darin ihr Bruder nach der
Zuchthauszelle gefahren wurde.

Klephe hauste nun, da die Wintsch ausgezogen
waren, ganz einsam im Altwinkel. Man sah sie
tagsüber nie, der Düslerfek wollte sie ein paarmal
aufsuchen, fand aber das Haus immer geschlossen.
Nur nachts erkannte man, daß Klephe noch lebte.
Durch die erhellten Scheiben sah man sie am Tische vor ihrer Bibel sitzen. Eines Tages, Anfang
März, verließ sie das Haus, trippelte zur Kantons-
straße hinunter und folgte ihr landauswärts. Sie
besuchte den Bruder im Gefängnis. Die beiden
sahen sich lange an und wußten sich nicht viel zu
sagen. Sie waren ja beide tot.

Es war ein kalter Tag, der Nordwind drang
durch die Kleider und blies gefrorenen Staub über
die Straße hin. Klephe kämpfte auf dem Heimweg
mühsam gegen den Wind an. Einmal setzte sie sich
ermüdet auf den Wegrand und nickte ein. Frö-

stelnd erwachte sie. Es dämmerte, als man sie im Neuwinkel zu ihrem kalten Haus hinaufsteigen sah. Man kümmerte sich weiter nicht um sie, sie begehrte ja auch die Nähe der Menschen nicht. Eine Woche später fiel es einer Nachbarin ein, man habe, wie ihr scheine, seit Tagen kein Licht mehr im Altwinkel gesehen, ob wohl etwas geschehen sei? Man wartete die Nacht ab und schlich an den Altwinkel heran. Er blieb dunkel. Man schöpfte Verdacht. Die Polizei schloß das Haus auf und fand Klephe tot in ihrem Bett. Am Boden stand ein Wasserkrug, den sie halb ausgetrunken hatte. Der Arzt erklärte, wahrscheinlich habe eine fiebrige Krankheit, vielleicht eine Lungenentzündung, sie rasch verzehrt.

Ein paar Wochen später ließ der Düslerfek, der unumschränkte Gebieter und baldige Besitzer des Altwinkels, durch den Bauunternehmer Stürmer oben im Rebberg ein Baugespann aufrichten. Nicht, daß er schon hätte bauen wollen, dazu lud die Zeit noch nicht ein, aber die hochragenden Stangen sollten verkünden, daß im Altwinkel jetzt der Fortschritt herrsche und daß man nun dort wisse, was aus reifem Bauland zu schaffen sei. Wäre der Krieg einmal zu Ende und die eingeschlummerte Baulust endlich wieder erwacht, so sollte die Stadt ihre steinerne Pranke, ohne auf Widerstand zu stoßen, auf den Altwinkel legen können.

HEINRICH FEDERER

Das letzte Stündlein des Papstes Innocenz des Dritten

Der große Innocenz lag am Nachmittag des heißen
16. Juni 1216 im erzbischöflichen Palast von Perugia, auf erhöhten Lagern, bei offenen Fenstern in
den letzten Zügen. Jäh war es über den blühenden
Herrn gekommen und hatte ihn aus großen Plänen
und einem Tisch voll noch nasser, weltregierender
Diktate ins Sterben geworfen. Eine Orange zur
Unzeit, Fieber, verwirrter Medikus und der Tod,
das ging in einen halben Tag.

Er sah vom Kissen aus das Tibertal zu den
Gesimsen heraufleuchten und drüben die kleinen
Stadtnestlein Assisi, Spello, Foligno und Trevi von
den Gebirgshängen winken. Aber reden, schreiben, auch nur noch mit dem Finger deuten konnte
der Sterbende nicht mehr. Steif und still lag er da.
Unter den Fenstern auf dem Pflaster hörte er die
Rosse trampeln, Wagen vorfahren, Eilboten im
Galopp den Hügel hinunter nach Rom rasen. Er
hörte die Ärzte arabische Phrasen gegeneinander
schimpfen und dazu mit ihren langen Röcken rau-

schen. Und das Hofgesinde und die Prälaten hörte
er flüstern: «Er ist aus reichem Haus und ein großer
Sparer gewesen. Wer kennt sein Testament? Was
vermacht er uns?» – Und übel klang dazu, wie man
sich schon um die Schlüssel zu dieser und jener
Truhe sorgte. Aber noch viel übler war das fromme, ängstliche Durcheinander anzuhören: «Gott,
was wird aus unserer heiligen Kirche? – So jung der
Kaiser, so furchtbar der Muselman, so nötig unser Papst wie die Sonne am Himmel! Wer soll
seinen Stuhl füllen? Die Welt fällt auseinander.» –
Das und alle die tausend Geräusche, die das Abtre-
ten eines Großen und das Kommen des Nachfol-
gers begleiten, hörte er mit dem so feinen Ohr der
Sterbenden. Aber er lachte in seine große Seele
hinein. Ach, was war doch dies alles für Torheit!
Drüben glänzt Assisi. Dort lebt der Mann, der für
diesen Augenblick allein noch paßt. Wo ist Franciscus, der Bettler? Franciscus her! Ach, wenn er ihn
doch rufen könnte!

Der stand einmal vor seinem Stuhl in Rom
und fragte demütig: «Herre Papst, dürfen wir arm
sein?»

Der junge Papst schüttelte damals verwundert
seinen lockenbraunen Kopf. Die Hofschranzen
aber spotteten laut.

«Dürfen wir von der Armut leben?» wiederholte Franz.

Innocenz lächelte fein. Was war das für eine
Speise, die Armut? Was für ein neuer Reichtum,
das Nichtshaben?

«Herre Papst, so meine ich's: Darf ich eine Familie gründen aus lauter Freiern? Aber nicht aus

370

Freiern um adelige Töchter oder um Bischofsmützen oder um Baronate! Ach nein, aus Freiern um die schöne, reine, selige Frau Armut. Dürfen wir vom Almosen leben? Und daneben wie die Vögel und die Eichhörnchen im Walde hausen, die bequeme liebe Erde zu Stuhl und Tisch und Bett und Studierpult und Futterplatz nehmen? und das Summen und Brummen der Tierlein zur Musik und das Wasser zum Spiel? Und dürfen wir uns so sorgenlos der Natur und ihres Bauherrn freuen? Und weil ganz gewiß so eine Armut allein der wahre Reichtum ist: dürfen wir unser köstliches Freiertum auch andern predigen? etwa den Schwitzenden und den Belasteten? den Verdrossenen und den Geizhälsen und den Schlemmern? Damit alle einfach werden? Denn einfach sein, ist wie das Evangelium sein, ist selig sein. Dürfen wir, Herre Papst, sag, dürfen wir?»

Das sang und drang in des Heiligen Vaters Herz wie mit Vogelstimmen. Es war vor wenigen Jahren. Wie gut weiß er es noch! Und wie sieht er noch immer deutlich jenen blassen, jungen sonnigen Mönch in der staubigen Kutte mit seinen zwitschernden Gesellen vor ihm stehen und so fröhlich betteln, als hätte er den blauen Himmel im Auge und einen Engel auf der Zunge.

«Aber ihr fallet den Menschen zur Last mit euerem Betteln und leidet dann Not und haltet es nicht lange aus!»

«Lasset uns nur machen, Herre Papst, es wird schon gehen. Wenn es den unwissenden Vögeln gelingt, so einem Spatz und Gimpel sogar, warum nicht auch uns schlau-einfältigen Geschöpfen?»

Da ließ Innocenz sie gewähren. Und als die Mindern Brüder mit ihrem herrlichen Wald- und Harzgeruch aus dem Marmorsaal des Lateran hinausgesprungen waren und nur noch ein leises blaues Wolkendüftlein von ihnen an der Diele hing und still verschwebte: da fühlte der Heilige Vater zum erstenmal wieder, seit er die weiße Papstseide trug, daß es noch Größeres gibt als die grelle Glorie seiner Regierung: Einfachheit der Seele, Franzens, des heiligen Habenichts, Einfachheit.

Jetzt aus all der verschachtelten und verwinkelten Krämerwelt hinaus in die Nähe des Todes gerückt, fühlt er wie Heimweh einen Hauch dieser Einfachheit über sich kommen. Sehnsüchtig blickt er über die Bettpfosten am Fußende hinaus und hinüber nach Assisi, wo der Heilige nun schon jahrelang mit den Vögeln und Füchsen und Jüngern lebt und wirkt, der Adam einer neuen Schöpfung.

Wenn doch jetzt dieser arme Franz da wäre und zu ihm ein Wort vom Frieden der Seele reden wollte, jetzt in diesen paar so wichtigen letzten Minuten!

Die Umgebung sieht, wie der Schweiß aus der kühlen, bleichen Stirne des Papstes rinnt und wie sein Auge quälerisch etwas sucht. Was möchte er wohl?

Ob er kühles Wasser wolle oder den Erzbischof Baldi oder seinen treuen Hofkaplan?

Nein, nein, nein, nichts dergleichen. Ach, könnte er nur den einen Namen rufen!

Ob man ihm etwas vorbeten solle?

Seine schwarzen großen Campagnaaugen sagen

ja. Aber vorbeten sollte der große heilige Bettler.
Das wäre ein Gebet wie von einem Riesen.

Man betet mit brennenden Kerzen ums Bett aus
den alten gewaltigen Psalmen. Wie das dröhnt
beim hundertsten Satz: «Nimm mich nicht aus der
Mitte meiner Tage weg!» – Und wieder beim
neunzehnten: «Die kommen mit Wagen und die
mit Rossen – ich aber im Namen des Herrn!»

Oh, das alles erlöst nicht. Innocenz möchte eine
mildere Sprache, er möchte das Wort Figliuolo
hören, wie es Franz von Assisi so süß sagen kann,
und Padre und Patria, wie er allein es so heimatlich
ausspricht. Unbefriedigt irren seine Blicke umher
und haften dann immer wieder an den fernen,
schimmernden Mauern von Assisi.

Da fällt endlich einem Kleriker ein, daß der
wunderbare Franz von dort drüben zurzeit in Perugia weile. Man hat ihn noch am Vormittag mit
Bettlern auf der Piazza spielen sehen. Er ist ein
Narr und ein Heiliger. Vielleicht könnte der noch
helfen. Und vielleicht ist es das, was der Sterbende
sucht. «Soll man den Poverello holen, Heiligkeit?»

Innocenzens Augen leuchteten vor Freude. Und
ein Erzpriester von San Lorenzo rennt hinaus und
sucht nach Franz durch alle Schnörkel der Stadt.
Umsonst! Er läuft in alle Schenken! Torheit! Endlich findet er den Bruder hinten im Spitalhof, wie
er einem Siechen Suppe schöpft und zu jeder Kelle
ein prachtvolles Sprüchlein weiß.

«Saget dem Papst», wendet sich Franz heiter
gegen den Prälaten, «ich könne nicht kommen.
Ich müsse der Kranken warten. – Unser großer
Papst hat hundert Diener. Aber Nazaro hier, der

Blinde, hat niemand, der ihm gut und höflich
servierte.»

Der Heilige Vater nickte leise mit den Augen auf
diesen Bescheid und wartete geduldig. Als er dachte, Franzens blinder Krüppel sei nun wohl gut und
höflich serviert, sandte er wieder hin. Und diesmal
ging ein Erzbischof.

Wieder suchte man lange auf und ab. Endlich
traf man den Heiligen an der alten Stadtmauer zur
Porta Nella hinunter in einem Rudel Gassenkinder.
Franz teilte ihnen zusammengebettelte Orangen
und Feigen und Brötchen aus und erzählte, während sie mit großen, weißen Zähnen alles appetit-
lich aßen, Geschichtlein auf Geschichtlein von hohen und mächtigen Kindern der Bibel, also vom
gewaltigen Hirtenbuben und Schleuderer David,
vom übermächtigen Knaben Simson, der Löwen
mit bloßer Hand erwürgt; dann vom viel feine-
ren, hübschen und unsinnig schlauen Daniel und
von den hellhaarigen, großartigen sieben Söhnen
der Makkabäerin, die über Feuer und Messer wie
über ein dummes Spielzeug lachten. – Und immer
klatschten die kleinen Zuhörer in die schmutzigen
Hände, schrien: «Bravo Davide! bravo Daniele!
bravissimo piccolo figlio Maccabeo!» und flehten
dann: «Noch ein Geschichtlein, nur noch eines,
Bruder Franz! Es ist so schön, was du da alles
weißt. Wir wollen es nachmachen, sicher! Also
denn, was war's mit dem kleinen Krausebürschlein
Giovanni Battista?»

«Saget dem Papst», unterbrach jetzt Franz seine
Kinder und verneigte sich ehrsam vor dem Erz-
bischofe, «ich könnte wirklich nicht kommen. Ich

müsse Kinder lehren. Unser Heiliger Vater ist ja weiser als alle Kinder und Greise. Er braucht keinen Lehrer. Er ist der Lehrer der Lehrer. Und wenn er sich doch einen klugen Spruch will sagen lassen, so hat er ja ein Dutzend Doktoren von Paris und Bologna um sich. – Und nun, ihr lieben losen Jungen, gebt acht, was ich euch vom kleinen Battista...»

Schmerzlich verzog Innocenz den feinen Mund auf diese Meldung und wartete, bis Franz alle Geschichtlein von mächtigen, heiligen Kindern den Perugierschlingeln unten an der Mauer erzählt hatte. Er galt dem heiligen Bruder also weniger als ein Blinder im Spital oder als irgendein ungehobelter Gassenbengel! Das war sehr betrübend. Aber Innocenz demütigte sich und glaubte, Franz tue recht. Und als er meinte, die Kinder hätten nun alle schönen Geschichtlein gehört, da sandte er, fast gar schon ohne Atem und Herzschlag, noch einmal dringend hin. Franz möge jetzt doch um alles kommen! Der Papst sterbe, wenn er zögere. Es sei doch etwas Großes, wenn ein Papst rufe. – Diesmal waren es zwei Kardinäle in langen, brennendroten Purpurschleppen.

Doch Franz befand sich schon nicht mehr bei den Kindern, sondern war durch den Garten des reichen Baglioni spaziert, als wäre der sein Gut. Und da fand man ihn mitten im Weglein zwischen den hohen Rebstangen stehen und eine Spinne trösten, der er unachtsam die silberne Hängebrücke von einem Busch zum andern zerrissen hatte. Nun flatterten die Reste traurig im Winde.

Franz zog aus seinen zerfaserten Ärmeln so

lange dünne Fäden, als er nur konnte, und suchte mit Bedacht und Fleiß sie zu verschlingen und mit den Enden zu verknüpfen und der Kreuzspinne so den Weg hinüber wieder ordentlich zu flicken.

«Saget dem Papst, ich müsse doch wahrhaft dem Spinnlein den zugefügten Schaden wiedergutmachen. Der Heilige Vater hat mich nicht so nötig. Hundert Nachfolger warten auf sein Sterben, um gleich an seinem großen Faden das Netz Petri weiter zu spinnen. Oder zu flicken, wie es ihnen gut scheint. – Aber du, zierlich gesprenkeltes Spinnlein, hast wohl Hunderte, die dein Gewebe zerstören; aber niemand, der es wieder flickt. Da muß schon der dumme Franz herhalten.»

Und er fuhr fort, sehr feine Fasern aus dem Ärmel zu zupfen und zu verknüpfen und über das Laub zu ziehen, indessen die Spinne mit ihren hundert dankbaren, schwarz funkelnden Augen dem seltsamen Gehilfen vom gezahnten Rand eines Blattes auf jeden Finger sah und sich an dieser menschlichen Plumpheit köstlich ergötzte.

Diesmal wagten die Boten nicht heimzukehren und zu sagen, Franz habe ein garstiges Ungeziefer dem heilig und dreifach Gekrönten vorgezogen. Sie warteten also, indem sie bald an der seidenen Schleppe zogen, wenn eine Schnecke darüber kriechen wollte, oder eine Fliege abwehrten, die auf ihr goldenes Brustkreuz sich geradwegs hinsetzte, weil es so funkelte in der süßen, gelben, umbrischen Vespersonne. Dann horchten sie wieder gegen San Lorenzo hinauf, ob dort vom Schalloch die Totenglocke immer noch nicht anschlage.

Endlich war Franz mit seiner Feinweberei fertig.

Die Spinne bedankte sich durch ein munteres Gezappel der Füße und durch ein gewaltiges Gefunkel der hundert Äuglein.

«Gehen wir jetzt», sagte Franz fröhlich, nachdem er ringsum weder einen Krüppel noch ein Kind, noch ein Tierlein oder sonst was Bedürftiges sah, dem er etwas zulieb tun könnte.

Indessen lag Innocenz hochauf in den Kissen, dem Fenster und den Bergen von Assisi zugewandt. Und es fiel gerade die Sechsuhrsonne, die tiefgelbe, umbrische, auf die päpstliche Krone zu Häupten des Bettes. Das Geschmeide flammte auf wie eine zweite Sonne und tauchte das ganze Gemach bis in die hinterste Ecke in einen seltsamen, goldig-dunkeln Dunst.

Der Papst horchte auf jeden Tritt über das Straßenpflaster unter dem Fenster. Plötzlich öffnete er die Augen weit und lächelte. Von allen andern Füßen unterschied er das leichte Holzschuhgeklapper des Bruders Habenichts. Er atmete schon den Wald- und Heideduft und das Paradieslüftchen dazu, das von Franz ausging. Seine feinen, bleichen, seidigen Lippen öffneten sich leise wie zum Grüßen.

Aber auf der Schwelle blieb Franz jählings stehen und hielt die Hände wie geblendet vor das Gesicht und sagte: «Herre Papst, da kann ich nicht hinein.»

Man rief, drängte, stieß. Was soll nun das? Warum spielte er jetzt wieder den Sonderling? Ist dies die Demut des Gottesknechtes, sich so zu gebärden? Warum, warum doch kann er nicht hinein?

377

«Mich blendet die Erde allhier», antwortete der Poverello einfach.

Da hoben sie die Krone weg, und es wurde dämmerig im Saal, und Franz konnte hereinkommen. Er kniete vor den Papst auf beide Knie nieder wie ein Kind. Und Innocenz lächelte so zufrieden, wie er seit der Siegeskunde von Tolosa nie mehr gelächelt hatte. Ihm war, es knie ein Cherubim an seiner Seite. Franz aber begann: «Vielglücklicher, Heiliger Vater, nun sagt Ihr: Fahr wohl, Welt! Aber da knistert und rauscht und schmeichelt sie noch immer um Euch, so daß der Himmel nicht recht herzu kann.»

Sprach's und zog dem Papst, der immer fröhlicher dreinsah, das seidene Schulterröcklein und die goldene Kette und sogar die breite, golddurchwirkte, schwere Stola ab. Alles sah zu und entrüstete sich und wagte doch keine Widerrede. Aber Franz warf seinen braunen, von so vielen Bettelreisen verstaubten und von so vielen Gassenbuben verunglimpften Mantel ab und legte ihn dem Papst über Brust und Schulter.

Dann blickten sich die zwei lange in die Augen und durch diese offenen Fenster in die tiefste, heimlichste Seele, der oberste Gebieter und der unterste Knecht auf Erden – und beide verstanden sich.

«Rede doch mit ihm», gebot der Kardinalbischof von Ostia. «Deinen Trost will er haben.»

«Von der Schlacht bei Navas de Tolosa sag ihm! Hunderttausend tote Heiden! sag das!» schrie der Graf von Benevent.

«Oder vom Kreuzzug nach Byzanz!» meinte ein flämischer Baron.

Aber Franz zog ein paar Spinnfäden mit höflichen und feinen Fingern aus seinem Bart und zog sie dem Papst über das noch immer braune, krause und jetzt vom Sterben ganz nasse Haar. So andächtig tat er das, als wären diese grauen Fäden das Köstlichste der Welt.

«Seht, Herre Papst», sprach er dann munter, «es bleibt Euch nichts von allem Rom und Weltreich. Ja, von allem großen Spinnen und Weben und Sorgen über Alpen und Meere hin bleibt Euch weniger als meiner Schwester Spinne drüben in den Weinlauben.»

«Nicht so mußt du reden», schalt da der ritterliche Bischof von Pisa. «Von den Bannstrahlen sag ihm lieber, die über den Gotthard in den deutschen Schnee flogen; von den getrösteten Königinnen zu Paris und Leon, und solches mehr! Das klingt fürs Leben und Sterben schön.»

«Und doch», fuhr Franz fröhlich fort, ohne im geringsten auf den Hoftroß zu achten, «ist Euch etwas Köstliches geblieben und das Beste von allem, Herre Papst: die reine Armut! Da nehmt dieses Fetzlein Spinnfaden! So arm seid Ihr. Ein Bettler in Trastevere ist dagegen ein Krösus.»

«Basta... vom Konzil im Lateran erzähle!» mahnt der Statthalter von Spoleto.

«Vom Krieg gegen die Ketzer!» eifert Montforts junger Vetter.

Aber Franz sah die vermehrte Freudigkeit des Heiligen Vaters wie einen hellen Sonntag über die Stirne ausgebreitet und plauderte unverdrossen weiter: «Vergesset das alles, was Eure guten Herren da fabulieren. Und kehrt lieber zurück in Euere

Jugend. – Da hast du», begann er den Papst mit einem Mal zu duzen, «ein Büchlein geschrieben, lieber Bruder, weißt du noch?»

Jetzt lag nichts Politisches und Staatsmännisches mehr im Papstgesicht. Ein junges, weiches Lächeln überzog alle Härte dieses Marmorkopfes. Wie ein Kind sah der große Innocenz aus.

Denn er sah sich als feurigen, frühreifen Knaben, vom Wein und von der Minnemusik im elterlichen Palast hinauslaufen in die tiefen Rebenstauden des Schloßhügels von Segni und nachdenken, was mehr sei als so ein erhobener Becher und so ein geharfnetes Liebeslied und so ein bunter und doch schwermütiger Campagnertanz. Und wieder sah er sich nachts im Bücherzimmer seines Vaters sitzen und über dem Ekklesiastes studieren, wenn der Docht schon heruntergebrannt war und seine Adelsgenossen sich zechmüde nach Hause trollten – sah sich da sitzen im Finstern und nachsinnen über das, was das Genie aller Zeiten nie Größeres lehrte: einfach sein! Und der Sterbende besann sich gut, wie er damals voll stürmischer Begeisterung anfing, rauhe Kleider zu tragen und das Wenigste und Gewöhnlichste zu essen und zu trinken, was durchaus zum Leben gehört; und die hochlehnigen, weichen Stühle zu fliehen und ein Werklein zu schreiben: De contemptu mundi*. Ah, er weiß jetzt, daß er nie so glücklich war wie damals beim heißen, herzklopfenden Niedergekritzel jener wenigen Blätter. Sie machen ihn jetzt glücklicher als die gebogenen königlichen und kaiserlichen Knie

---

* Über die Geringschätzung des Irdischen

seines ruhmvollen Pontifikats. Es war schon nicht mehr irdische Heiterkeit, es war eine andere, erdfremde Sonne, die auf seinem erblassenden Antlitz leuchtete.

«Bei allen Söhnen der Armut und bei allen Töchtern der heiligen Einfachheit», sagte Franz, «wird dein Büchlein gelten. Deine Staatspapiere lärmen sich bald aus und liegen stumm in den Archiven wie Leichen im Sarg. Aber das Büchlein bleibt, solange der Weg vom Staub zum Geist und von der Erde zum Himmel durch das heilige Tor der Armut geht!»

Innocenz lag wie in Verzückung.

«So vollende denn diesen Königsweg, Herre Papst und Herre Bettler. Geh im Frieden! Um dieses Büchleins und seiner Stille willen wird dir viel Lärm verziehen werden.»

Damit faßte Franz die schon erkaltete Hand des Papstes, so wie man den Freund, der eine weite, gar stattliche Reise unternimmt, an der Hand faßt, als sollte er uns doch um der Bruderliebe willen aus dieser winkligen Langeweile heraus mitnehmen in seine helle, tapfere, wunderbare Straße hinaus.

Die schlanke Gestalt des Papstes tat einen leisen, feinen Ruck vom Kopf bis zu den Füßen des Bettes, daß es wie ein silbernes Leuchten durchs Zimmer ging, und öffnete den Mund und ließ fröhlich das letzte Lüftchen entgleiten. Und niemand hätte seiner hellen Miene den Tod angesehen und an einen Leichnam geglaubt, wenn sich Franz nicht zu den Versammelten gewendet und beinahe lustig gesagt hätte: «Seht einmal da unsern lieben Herrn Papst! Er hat seinem Nachfolger nichts hinterlassen als

381

dieses Lächeln auf der Stirne und diese paar Spinnfäden im Haar. Aber das ist genug.»

Und mit der gleichen Heiterkeit und den feinen, höflichen Händen, womit er vorher dem blinden Nazaro serviert, die Rangen gestreichelt und das Spinnlein bedient hatte, schloß er dem Heiligen Vater den offengebliebenen Mund und scherzte noch: «Bleib nun still! Du hast genug gelärmt!»

Verwirrung und Gewoge im Palast und in der Stadt Perugia. Über die Leiche hin geht Posaunenstoßen und Roßgetrappel und das schwere, erhitzende Geschäft einer neuen Papstwahl. Und in diesem großen Getöse merken nur ein paar leise, fromme Menschen das Flattern einer weißen unbekannten Taube, die sich zu Häupten des aufgebahrten Papstes in San Lorenzo niederläßt, wie damals, als man den Jüngling zum Papst erkor.

Als Franz spät am Abend in die Klosterstube zu Assisi trat, sagte er: «Unser lieber Bruder Innocenz ist soeben drüben in Perugia in diesem Mantel gestorben und hat den Frieden gewonnen!»

Da liefen die Brüder herzu und küßten das braune, grobe Tuch und wollten alsogleich das Requiem aeternam für den Toten anstimmen.

Aber Franz vollendete: «Betet also für die arme Seele des – neuen Papstes!»

382

ROBERT WALSER

—

Kleist in Thun

Kleist hat Kost und Logis in einem Landhaus auf
einer Aareinsel in der Umgebung von Thun gefunden. Genau weiß man ja das heute, nach mehr als
hundert Jahren, nicht mehr, aber ich denke mir, er
wird über eine winzige, zehn Meter lange Brücke
gegangen sein und an einem Glockenstrang gezogen haben. Darauf wird jemand die Treppen
des Hauses herunterzueidechseln gekommen sein,
um zu sehen, wer da sei. «Ist hier ein Zimmer zu
vermieten?» Und kurz und gut, Kleist hat es sich
jetzt in den drei Zimmern, die man ihm für erstaunlich wenig Geld abgetreten hat, bequem gemacht. «Ein reizendes Bernermeitschi führt mir
die Haushaltung.» Ein schönes Gedicht, ein Kind,
eine wackere Tat, diese drei Dinge schweben ihm
vor. Im übrigen ist er ein wenig krank. «Weiß der
Teufel, was mir fehlt. Was ist mir? Es ist so schön
hier.»

Er dichtet natürlich. Ab und zu fährt er per
Fuhrwerk nach Bern zu literarischen Freunden und

liest dort vor, was er etwa geschrieben hat. Man
lobt ihn selbstverständlich riesig, findet aber den
ganzen Menschen ein bißchen unheimlich. Der
«Zerbrochene Krug» wird geschrieben. Aber was
soll alles das? Es ist Frühling geworden. Die Wiesen um Thun herum sind ganz dick voller Blumen,
das duftet und summt und macht und tönt und
faulenzt, es ist zum Verrücktwerden warm an der
Sonne. Es steigt Kleist wie glühendrote betäuben-
de Wellen in den Kopf hinauf, wenn er am Schreibtisch sitzt und dichten will. Er verflucht sein Handwerk. Er hat Bauer werden wollen, als er in die
Schweiz gekommen ist. Nette Idee das. In Pots-
dam läßt sich so etwas leicht denken. Überhaupt
denken die Dichter sich so leicht ein Ding aus. Oft
sitzt er am Fenster.

Meinetwegen so gegen zehn Uhr vormittags. Er
ist so allein. Er wünscht sich eine Stimme herbei,
was für eine? Eine Hand, nun, und? Einen Körper,
aber wozu? Ganz in weißen Düften und Schleiern
verloren liegt da der See, umrahmt von dem unna-
türlichen, zauberhaften Gebirge. Wie das blendet
und beunruhigt. Das ganze Land bis zum Wasser
ist der reine Garten, und in der bläulichen Luft
scheint es von Brücken voll Blumen und Terrassen
voll Düften zu wimmeln und hinunterzuhängen.
Die Vögel singen unter all der Sonne und unter all
dem Licht so matt. Sie sind selig und schläfrig.
Kleist stützt seinen Kopf auf den Ellbogen, schaut
und schaut und will sich vergessen. Das Bild seiner
fernen, nordischen Heimat steigt ihm auf, er kann
das Gesicht seiner Mutter deutlich sehen, alte Stimmen, verflucht das – er ist aufgesprungen und in

den Garten des Landhauses hinabgelaufen. Dort steigt er in einen Kahn und rudert in den offenen morgendlichen See hinaus. Der Kuß der Sonne ist ein einziger und fortwährend wiederholter. Kein Lüftchen. Kaum eine Bewegung. Die Berge sind wie die Mache eines geschickten Theatermalers, oder sie sehen so aus, als wäre die ganze Gegend ein Album, und die Berge wären von einem feinsinnigen Dilettanten der Besitzerin des Albums aufs leere Blatt hingezeichnet worden, zur Erinnerung, mit einem Vers. Das Album hat einen blaßgrünen Umschlag. Das stimmt. Die Vorberge am Ufer des Sees sind so halb und halb grün und so hoch, so dumm, so duftig. La, la, la. Er hat sich ausgezogen und wirft sich ins Wasser. Wie namenlos schön ihm das ist. Er schwimmt und hört Lachen von Frauen vom Ufer her. Das Boot macht träge Bewegungen im grünlich-bläulichen Wasser. Die Natur ist wie eine einzige große Liebkosung. Wie das freut und zugleich so schmerzen kann.

Manchmal, besonders an schönen Abenden, ist ihm, als sei hier das Ende der Welt. Die Alpen scheinen ihm der unerklimmbare Eingang zu einem hochgelegenen Paradiese zu sein. Er geht auf seiner kleinen Insel, Schritt für Schritt, auf und ab. Das Meitschi hängt Wäsche zwischen den Büschen auf, in denen ein melodiöses, gelbes, krankhaftschönes Licht schimmert. Die Gesichter der Schneeberge sind so blaß, es herrscht in allem eine letzte, unanrührbare Schönheit. Die Schwäne, die zwischen dem Schilf hin und her schwimmen, scheinen von Schönheit und abendlichem Licht verzaubert. Die Luft ist krank. Kleist wünscht sich

385

in einen brutalen Krieg, in eine Schlacht versetzt, er
kommt sich wie ein Elender und Überflüssiger vor.

Er macht einen Spaziergang. Warum, fragt er
sich lächelnd, muß gerade er nichts zu tun, nichts
zu stoßen und zu wälzen haben? Er fühlt, wie die
Säfte und Kräfte in ihm leise wehklagen. Seine
ganze Seele zuckt nach körperlichen Anstrengungen. Er steigt zwischen hohen, alten Mauern, über
deren grauem Steingebröckel sich der dunkelgrüne
Efeu leidenschaftlich niederschlingt, zum Schloß-
hügel hinauf. In allen hochgelegenen Fenstern
schimmert das Abendlicht. Oben am Rand des
Felsenabhanges ist ein zierlicher Pavillon, dort sitzt
er und wirft seine Seele in die glänzend-heilig-stille
Aussicht hinunter. Er wäre jetzt erstaunt, wenn er
sich wohl fühlen könnte. Eine Zeitung lesen? Wie
wär's? Ein dummes politisches oder gemeinnützli-
ches Gespräch mit irgendeinem wohlangesehenen,
offiziellen Schafskopf führen? Ja? Er ist nicht unglücklich, er hält im stillen diejenigen für selig, die
trostlos sein können: natürlich und kraftvoll trostlos. Mit ihm steht es um eine kleine, gebogene
Nuance schlimmer. Er ist zu feinfühlend, zu gegenwärtig mit all seinen unschlüssigen, vorsichti-
gen, mißtrauischen Empfindungen, um unglücklich zu sein. Er möchte schreien, weinen. Gott im
Himmel, was ist mit mir, und er rast den dunkeln-
den Hügel hinunter. Die Nacht tut ihm wohl. In
seinen Zimmern angekommen, setzt er sich, entschlossen, bis zur Raserei zu arbeiten, an den
Schreibtisch. Das Licht der Lampe nimmt ihm das
Bild der Gegend weg, das stimmt ihn klar, und er
schreibt jetzt.

An Regentagen ist es entsetzlich kalt und leer. Die Gegend fröstelt ihn an. Die grünen Sträucher winseln und wimmern und regentröpfeln nach Sonnenschein. Schmutzige, ungeheuerliche Wolken gleiten den Köpfen der Berge wie große, freche, tötende Hände um die Stirnen. Das Land scheint sich vor dem Wetter verkriechen zu wollen, es will zusammenschrumpfen. Der See ist hart und düster, und die Wellen sprechen böse Worte. Wie ein unheimliches Mahnen saust der Sturmwind daher und kann nirgends hinaus. Er schmettert von einer Bergwand zur anderen. Dunkel ist es und klein, klein. Es ist einem alles auf der Nase. Man möchte Klötze nehmen und damit um sich herumhauen. Weg da, weg.

Dann ist wieder Sonne, und es ist Sonntag. Glocken läuten. Die Leute treten aus der hochgelegenen Kirche heraus. Die Mädchen und Frauen in engen, schwarzen, silbergeschmückten Schnürbrüsten, die Männer einfach und ernst gekleidet. Gebetbücher tragen sie in der Hand, und die Gesichter sind so friedlich und schön, als wären alle Sorgen zerflossen, alle Falten des Kummers und Zankes geglättet und alle Mühen vergessen. Und die Glocken. Wie sie daherschallen, daherspringen mit Schällen und Tonwellen. Wie es über das ganze, sonntäglich umsonnte Städtchen glitzert, leuchtet, blaut und läutet. Die Menschen zerstreuen sich. Kleist steht, von sonderbaren Empfindungen angefächelt, auf der Kirchtreppe und verfolgt die Bewegungen der Hinuntergehenden. Da ist manch Bauernkind, das wie eine geborene, an Hoheit und Freiheit gewöhnte Prinzessin die Stufen hinunter-

schreitet. Da sind schöne, junge, kräftestrotzende
Burschen vom Land, und von was für einem Land,
nicht Flachland, nicht Burschen von Ebenen, sondern Burschen, hervorgebrochen aus tiefen, wunderlich in die Berge eingehöhlten Tälern, eng
manchmal, wie der Arm eines etwas aus der Art
geschlagenen, größeren Menschen. Das sind Burschen von Bergen, wo die Äcker und Felder steil in
die Einsenkungen hinabfallen, wo das duftende,
heiße Gras auf winzigen Flächen dicht neben
schauervollen Abgründen wächst, wo die Häuser
wie Tupfe an den Weiden kleben, wenn einer unten
auf der breiten Landstraße steht und hoch hinauf-
sieht, ob es etwa da oben noch Menschenwohnun-
gen geben könne.

Die Sonntage hat Kleist gern, auch die Markt-
tage, an denen alles von blauen Kitteln und Bäue-
rinnentrachten wimmelt und gramselt auf der
Straße und in der Hauptgasse. Dort, in der Hauptgasse, sind unter dem Bürgersteig, in steinernen
Gewölben und in leichten Buden Waren aufgesta-
pelt. Krämer schreien bäuerlich-kokett ihre billigen Kostbarkeiten aus. Meistens scheint ja an solch
einem Markttag die hellste, wärmste, dümmste
Sonne. Kleist läßt sich von dem lieben, bunten
Menschengetümmel hin und her schieben. Überall
duftet's nach Käse. In die besseren Kaufläden treten
die ernsthaften, bisweilen schönen Landfrauen bedächtig ein, um Einkäufe zu machen. Viele Männer
haben Tabakspfeifen im Mund. Schweine, Kälber
und Kühe werden vorübergezogen. Einer steht da
und lacht und treibt sein rosafarbenes Schweinchen
mit Stockschlägen zum Gehen. Es will nicht, da

nimmt er es unter den Arm und trägt's weiter. Die
Menschen duften zu ihren Kleidern heraus, zu den
Wirtschaften heraus tönt Lärm von Zechenden,
Tanzenden und Essenden. All die Geräusche und
all die Freiheit dieser Töne! Fuhrwerke können
manchmal nicht durchfahren. Die Pferde sind ganz
von handelnden und schwatzenden Menschen um-
zingelt. Und die Sonne blendet so exakt auf den
Gegenständen, Gesichtern, Tüchern, Körben und
Waren. Alles bewegt sich, und das sonnige Blen-
den muß sich so schön natürlich mit fortbewegen.
Kleist möchte beten. Er findet keine majestätische
Musik schöner und keine Seele feiner als Musik
und Seele dieses Menschentreibens. Er hätte Lust,
sich auf einen der Treppenabsätze zu setzen, die
in die Gasse hinunterführen. Er geht weiter, an
Weibern mit hoch aufgerafften Röcken vorbei, an
Mädchen, die Körbe ruhig und fast edel auf den
Köpfen tragen, wie Italienerinnen ihre Krüge, wie
er's kennt aus Abbildungen, an Männern, die grö-
len, und an Betrunkenen, an Polizisten, an Schul-
jungens, die ihre Schulbubenabsichten mit sich
herumtragen, an schattigen Flecken, die kühl duften, an Seilen, Stöcken, Eßwaren, falschen Ge-
schmeiden, Mäulern, Nasen, Hüten, Pferden,
Schleiern, Bettdecken, wollenen Strümpfen, Wür-
sten, Butterballen und Käsebrettern vorüber, zu
dem Gewimmel hinaus, bis an eine Aarebrücke,
an deren Geländer gelehnt er stehenbleibt, um
in das tiefblaue, herrlich dahinströmende Wasser
zu schauen. Über ihm glitzern und strahlen die
Schloßtürme wie flüssig-bräunliches Feuer. Es ist
ein halbes Italien.

Zuweilen, an gewöhnlichen Werktagen, scheint ihm das ganze Städtchen von Sonne und Stille verzaubert zu sein. Er steht still vor dem seltsamen, alten Rathaus mit der scharfkantigen Jahreszahl im weißschimmernden Gemäuer. So verloren ist alles, wie die Gestaltung irgendeines Volksliedes, das die Leute vergessen haben. Wenig Leben, nein, gar keins. Er steigt die holzbedeckte Treppe zum vormals gräflichen Schloß hinauf, das Holz duftet nach Alter und vorübergegangenen Menschenschicksalen. Oben setzt er sich auf eine breite, geschweifte, grüne Bank, um Aussicht zu haben, aber er schließt die Augen. Entsetzlich, wie verschlafen, verstaubt und entlebendigt das alles aussieht. Das Nächstliegende liegt wie in weiter, weißer, schleierhafter, träumender Ferne. Es ist alles in eine heiße Wolke eingehüllt. Sommer, aber was eigentlich für Sommer? Ich lebe nicht, schreit er und weiß nicht, wohin er sich mit Augen, Händen, Beinen und Atem wenden soll. Ein Traum. Nichts da. Ich will keine Träume. Schließlich sagt er sich, er lebe eben viel zu einsam. Er schaudert, empfinden zu müssen, wie verstockt er sich verhält der Mitwelt gegenüber.

Dann kommen die Sommerabende. Kleist sitzt auf der hohen Kirchhofsmauer. Es ist alles ganz feucht und zugleich ganz schwül. Er öffnet das Kleid, um die Brust frei zu haben. Unten, wie von einer mächtigen Gotteshand in die Tiefe geworfen, liegt der gelblich und rötlich beleuchtete See, aber die ganze Beleuchtung scheint aus der Wassertiefe heraufzulodern. Es ist wie ein brennender See. Die Alpen sind lebendig geworden und tauchen ihre

Stirnen unter fabelhaften Bewegungen ins Wasser. Seine Schwäne umkreisen dort unten seine stille Insel, und Baumkronen schweben in dunkler, singender und duftender Seligkeit darüber. Worüber? Nichts, nichts. Kleist trinkt das alles. Ihm ist der ganze dunkelglänzende See das Geschmeide, das lange, auf einem schlafenden großen, unbekannten Frauenkörper. Die Linden und Tannen und Blumen duften. Es ist ein stilles, kaum vernehmbares Geläute da, er hört's, aber er sieht's auch. Das ist das Neue. Er will Unfaßliches, Unbegreifliches. Unten im See schaukelt ein Boot. Kleist sieht es nicht, aber er sieht die Lampen, die es begleiten, hin und her schwanken. Er sitzt da, vorgebeugten Antlitzes, als müsse er zum Todessprung in das Bild der schönen Tiefe bereit sein. Er möchte in das Bild hineinsterben. Er möchte nur noch Augen haben, nur noch ein einziges Auge sein. Nein, ganz, ganz anders. Die Luft muß eine Brücke sein und das ganze Landschaftsbild eine Lehne, zum Daranlehnen, sinnlich, selig, müde. Es wird Nacht, aber er mag nicht hinuntergehen, er wirft sich an ein unter Sträuchern verborgenes Grab, Fledermäuse umschwirren ihn, die spitzen Bäume lispeln mit leise daherziehenden Windzügen. Das Gras duftet so schön, unter dem die Skelette der Begrabenen liegen. Er ist so schmerzlich glücklich, zu glücklich, deshalb so würgend, so trocken, so schmerzlich. So allein. Warum kommen die Toten nicht und unterhalten sich auf eine halbe Stunde mit dem einsamen Manne? In einer Sommernacht muß einer doch eine Geliebte haben. Der Gedanke an weißlich schimmernde Brüste und Lippen jagt

Kleist den Berg hinunter, ans Ufer, ins Wasser, mit den Kleidern, lachend, weinend.

Wochen vergehen. Kleist hat eine Arbeit, zwei, drei Arbeiten vernichtet. Er will höchste Meisterschaft, gut, gut. Was da. Gezaudert? Hinein in den Papierkorb. Neues, Wilderes, Schöneres. Er fängt die Sempacherschlacht an mit der Figur des Leopold von Österreich im Mittelpunkt, dessen sonderbares Geschick ihn reizt. Dazwischen erinnert er sich des Robert Guiscard. Den will er herrlich haben. Das Glück, ein vernunftvoll abwägender, einfach empfindender Mensch zu sein, sieht er, zu Geröll zersprengt, wie polternde und schmetternde Felsblöcke den Bergsturz seines Lebens hinunterrollen. Er hilft noch, es ist jetzt entschieden. Er will dem Dichterunstern gänzlich verfallen sein: Es ist das beste, ich gehe möglichst rasch zugrunde!

Sein Schaffen zieht ihm die Grimasse, es mißlingt. Gegen den Herbst wird er krank. Er wundert sich über die Sanftheit, die jetzt über ihn kommt. Seine Schwester reist nach Thun, um ihn nach Hause zu bringen. Tiefe Gruben liegen in seinen Wangen. Sein Gesicht hat die Züge und die Farbe eines in der ganzen Seele Zerfressenen. Seine Augen sind lebloser als die Augenbrauen darüber. Die Haare hängen ihm in dicken, spitzen Klumpen von Strähnen in die Stirne, die verzerrt ist von all den Gedanken, die ihn, wie er sich einbildet, in schmutzige Löcher und Höllen hinabgezogen haben. Die Verse, die ihm im Gehirn tönen, kommen ihm wie Rabengekrächze vor, er möchte sich das Gedächtnis ausreißen. Das Leben möchte er ausschütten, aber die Schalen des Lebens will er zuerst zertrümmert haben. Sein Grimm gleicht seinem Schmerz, sein Hohn seinen Klagen. Was fehlt dir, Heinrich, liebkost ihn die Schwester. Nichts, nichts. Das hat noch gefehlt, daß er sagen soll, was ihm fehlt. Auf dem Boden des Zimmers liegend die Manuskripte wie von Vater und Mutter scheußlich verlassene Kinder. Er gibt seiner Schwester die Hand und begnügt sich, sie lange und stillschweigend anzuschauen. Es gleicht bereits einem Glotzen, und das Mädchen schaudert.

Dann reisen sie. Das Meitschi, das Kleist die Wirtschaft geführt hat, sagt ihnen Adieu. Es ist ein strahlender Herbstmorgen, der Wagen rollt über Brücken, an Leuten vorbei, durch grobpflastrige Gassen, Leute schauen zu Fenstern heraus, oben im Himmel, unter Bäumen ist gelbliches Laub, sauber ist alles, herbstlich, was weiter? Und der Fuhrmann hat eine Pfeife im Mund. Es ist alles wie immer. Kleist sitzt in eine Ecke des Wagens gedrückt. Die Türme des Thuner Schlosses verschwinden hinter einem Hügel. Später, in weiter Ferne, sieht die Schwester Kleistens noch einmal den schönen See. Ein bißchen kühl ist es jetzt schon. Landhäuser kommen. Nanu, solche vornehme Landsitze in einer solchen Berggegend? Weiter. Alles fliegt und sinkt vor den Seitenblicken nach rückwärts, alles tanzt, kreist und schwindet. Vieles ist schon in herbstliche Schleier gehüllt, und ein bißchen vergoldet ist alles von einem bißchen Sonne, die aus Wolken herausscheint. Solches Gold, wie das schimmert, und wie man's doch nur im Dreck auflesen kann. Höhen, Felswände, Täler, Kirchen, Dörfer, Gaffer, Kinder, Bäume, Wind,

Wolken, ei was? Ist's was Besonderes? Ist's nicht
das Weggeworfen-Gewöhnlichste? Kleist sieht
nichts. Er träumt von Wolken und Bildern und ein
bißchen von lieben, schonenden, streichelnden
Menschenhänden. Wie ist dir? fragt die Schwester.
Kleist zuckt mit dem Mund und will ihr ein wenig
zulächeln. Es geht, aber mühsam. Es ist ihm, als
habe er vom Mund einen Steinblock wegräumen
müssen, um lächeln zu können.

Die Schwester wagt vorsichtig von baldiger
Inangriffnahme einer praktischen Betätigung zu
reden. Er nickt, er ist selber der Überzeugung. Ihm
flimmern musizierende, helle Scheine um die Sinne. Eigentlich, wenn er es sich aufrichtig gesteht,
ist ihm jetzt ganz wohl; weh, aber zugleich wohl.
Es schmerzt ihn etwas, ja, in der Tat, ganz recht,
aber nicht in der Brust, auch nicht in der Lunge,
nicht im Kopf, was? Wirklich? Gar nirgends?
Ja doch, so ein bißchen, irgendwo, daß es ja
sei, daß man's nicht genau sagen kann. Item, die
Sache ist nicht der Rede wert. Er sagt etwas, und
dann kommen Momente, wo er geradezu kindlich
glücklich ist, und da natürlich macht das Mädchen
gleich eine etwas strenge, strafende Miene, um
ihm's denn doch auch ein bißchen zu zeigen, wie
sonderbar er eigentlich mit seinem Leben spiele.
Das Mädchen ist eben eine Kleistin und hat Erzie-
hung genossen, das, was der Bruder über den
Haufen hat werfen wollen. Sie ist natürlich seelen-
froh, daß es ihm besser geht. Weiter, hei, hei, ist das
eine Wagenfahrt. Aber zu guter Letzt wird man ihn
laufen lassen müssen, den Postwagen, und zualler-
letzt kann man sich ja noch die Bemerkung erlau-

394

ben, daß an der Front des Landhauses, das Kleist
bewohnt hat, eine marmorne Tafel hängt, die darauf hindeutet, wer da gelebt und gedichtet hat.
Reisende mit Alpentourenabsichten können's lesen, Kinder aus Thun lesen und buchstabieren es,
Ziffer für Ziffer, und schauen einander dann fragend in die Augen. Ein Jude kann's lesen, der
Christ auch, wenn er Zeit hat und nicht etwa der
Zug schon im Abfahren begriffen ist, ein Türke,
eine Schwalbe, inwiefern sie Interesse daran hat,
ich auch, ich kann's gelegentlich auch wieder einmal lesen. Thun steht am Eingang zum Berner
Oberland und wird jährlich von vielen tausenden
Fremden besucht. Ich kann die Gegend ein bißchen
kennen, weil ich dort Aktienbierbrauereiangestell-
ter gewesen bin. Die Gegend ist bedeutend schöner, als wie ich sie hier habe beschreiben können,
der See ist noch einmal so blau, der Himmel noch
dreimal so schön, Thun hat eine Gewerbeausstel-
lung gehabt, ich weiß nicht, ich glaube vor vier
Jahren.

REGINA ULLMANN

Der ehrliche Dieb

Auf dem Polizeiamt einer größeren Stadt wurde in
jüngster Zeit im Fundbüro eine silberbeschlagene
Tasche mit einem unwahrscheinlich hohen Dollar-
inhalt abgegeben. Das Männlein, das von einem
Schutzmann freundlich bis zu dem Schalter hin-
geführt wurde, an welchem man solcherlei Gegenstände annahm (allein würde es nie zu dieser Amts-
stelle hingefunden haben), dieses Männlein hatte
eine Zipfelmütze auf und darüber einen Hut gestülpt, einen Stock mit Horngriff in der einen, eine
Schiefertafel in der andern Hand, und hielt nach der
ersten Frage, die es schon nicht verstand, diesen
Schulgegenstand dem Beamten unter die Nase.
«Wo haben Sie das gefunden?» schrieb der Beamte
darauf und wartete, bis das Männlein mit seiner
Altersschrift in großen Buchstaben die Antwort
niedergeschrieben haben würde. «Im Schnee, am
Barbaratag», stand nun auf der Tafel. «So, vor-
gestern? Warum haben Sie den Gegenstand dann
nicht gleich abgeliefert?» Da fing es mit seinem

396

zahnlosen Munde an, etwas von einer späten Abendstunde zu erzählen und wie das Hinterrad über die Tasche hinweggefahren sei. Und dann berichtete er etwas von einer Frau «im Pelzkittel», welche ihm, ehe er das Ding da gefunden, eine ganze Weile schon nachgelaufen sei und ihn rein geschüttelt habe, weil sie offenbar im Glauben gewesen, daß er die Tasche gesehen haben müsse. Aber als er sie ein paar Meter weiter vorne wirklich gefunden, sei die Fremde schon längst fortgewesen. Und den Bub auf dem Bock oben habe er schier nicht aus dem Schlaf rütteln können, sei er doch wegen der Fütterung der Pferde schon seit drei Uhr auf den Beinen gewesen. Er habe ihn dann aber schließlich doch aufwecken müssen, damit er sie einstecke, diese Tasche da, weil sie bei ihm selber keinen Platz habe. Das erzählte das Männlein als etwas in diesem Augenblick Erlebtes. Aber nach Art mancher alter Bäuerlein machte er sich nicht sonderlich viel daraus, als ihn einige der Mitzuhörenden gar nicht, andere ihn nur halb begriffen hatten. Die Hauptsache war wohl für ihn, daß er den Gegenstand einliefere. Sein ganzes Wesen sprach aber für seine Ehrlichkeit, seine Rechtschaffenheit, ja, er schien nicht einmal etwas von dem Mißtrauen zu ahnen, welches man zunächst an diesem Orte auch einem Finder entgegenbrachte. Währenddessen rann der Schnee in kleinen, geschmolzenen Rinnsälchen von seinen Schultern, von seiner doppelten Hauptbedeckung, und er schien es bereits als alter «Diensten», der er war, an der Zeit zu finden, wieder weiterzutrotten. Da hielten sie ihn noch einmal an seiner Mantelpelerine fest. Wie er heiße? Keiner verstand, aber auch nicht einer. So nahm er, nachdem man auf seine Tafel gedeutet, diese umständlich abermals unter dem Mantelumhang hervor und schrieb, daß ihm ein Stück Kreide davonsprang: «Gottfried Xaver Präh...», aber das übrige konnte man nicht lesen. Es war ein Tröpflein von oben darauf gefallen. Wo er wohne. «Walpertsh...», und damit bog die Schrift wie ein verschneiter Ast gleichsam in die Erde hinein. Keiner hätte es vermocht, den Alten dazu zu bringen, es noch einmal und besser zu machen. Ob das ein Dorf sei? «Eine Einöd'.» Die Beamten verlangten auch, daß er mit Tintenstift einen Schein unterschreibe, auf dem die Summe verzeichnet war, welche er gefunden hatte. Aber um die Brauchbarkeit dieses Schriftstückes stand es fast noch schlimmer. «Am Ende müssen wir ihn hierbehalten, den alten Großvater da, wenn er auf keine Weise seine Adresse sagen kann und auch mit seiner Schreiberei nichts los ist. Denn wenn wir auch zehnmal hinschreiben auf die Tafel, er solle wiederkommen und seinen Finderlohn abholen, was bedeutet ihm das schon? Er kann's inzwischen doch längst vergessen haben. Ja, da er so alt zu sein scheint, kann er auch inzwischen schließlich gestorben sein.» So verhandelten sie über ihn, als ob es nicht vorhanden sei, dieses Bäuerlein da, welches ganz vergnügt und arglos in ihrer Mitte stand. Ja, sich manchmal um sich selber drehte in der Art von Kindern, wenn sie verlorengegangen sind und es aber, von Beratenden umgeben, selber noch nicht gespannt haben. Und überall, wo er hintrampelte, da tropfte es von seinem Erstlingsschnee.

Und zu ihm schien auch jenes hohle Geräusch, das Holzschuhtragende verursachen und das an den Hufschlag von Rössern erinnert, zu gehören. Wer aber seine frühe Morgenstunde solcherweise in eine Amtsstube bringt, seine Armut, sein hohes Alter als etwas ihm Beschiedenes, der hat auf jene zarte Rücksicht Anspruch, die auch der am Leben Erkaltende in sich erwachen fühlt. Und so sagte einer, von dem man's am wenigsten erwartete und der kaum hingehört zu haben schien: «So stopft ihm halt die Pfeife unten in der Wachstube und gebt ihm was Warmes.» Und trommelte an die Scheiben, verfolgte mit den Augen das Niederfallen des Schnees und das Arbeiten der Schaufler, denen der heilige Michael eben aus nächster Nachbarschaft das herniederwarf, was auf seiner erznen Waffe sich angesetzt und an den Fledermausflügeln des höllischen Drachens. Es schien den Mann da nichts mehr auf dieser Welt, wo alles unterging in Lug und Trug, zu interessieren, selbst nicht der alte Großvater da, der Pulswärmer anhatte, schafwollene Überstrümpfe, und dem die Fäustlinge an einer Schnur über die Achsel herunterbaumelten. Der, je länger es währte, um so weniger zu verstehen schien und bald im eigenen Sinnen versank wie in ein Schläfchen, ebenso plötzlich aber und unvermittelt aufbrechen wollte, als gingen ihn die Leute da rein nichts an, und er habe für seinen Teil mehr als genug getan. Sein rosa Näschen war wie ein Kindernäschen, seine Augen, noch ein wenig geblendet vom Schnee, mochten durch einen Kalender, der an der Wand hinter einem Gummibaum hing und auf dem so recht anschaulich Akkerpferde dargestellt waren, auf ihre eigenen Gedanken gekommen sein. Er winkte dem Wachhabenden wie ein Nikolaus mit dem Finger und wollte, daß der mit ihm in den Hof hinuntergehe. Unverzüglich, als habe das nun große Eile, oder er trage Sorge, den glücklich gefundenen Gedanken ebenso rasch wieder entschwinden zu sehen. «Ja nun», sagte jener von ihm Bevorzugte (er hatte rote Backen und sah aus, als ob er vom Lande herstamme), «wir können ihn dann immer noch in Gewahrsam tun, wenn bei seinem Spaziergang dahinunter in den Hof nichts Gescheiteres als bisher sich herausstellen sollte. Und wir werden es wohl auch, wenn wir nicht gar auf ein paar Tage ihn einem Asyl übergeben müssen. Mögen sich dann die, welchen er abgehen muß, melden und uns Aufklärung verschaffen. Schließlich hat er ja das viele Geld da gebracht und soll nicht planlos und allein in der Stadt herumlaufen. Im besten Fall noch würde man ihn uns in einer Stunde schon zurückbringen.» Mit diesen Worten kehrte der Bauernsohn in Uniform der winterlichen Amtsstube den Rücken, mußte aber den alten Vater untern Arm fassen, weil der eigenmächtig alle Augenblicke stehenblieb, bald im Begriffe stand, die Schultafel fallen zu lassen, dann aber wieder einem nachschauen mußte, der Handschellen anhatte und sehr wohl als sein verjüngtes Spiegelbild gelten konnte. Worauf er Nebel in die Augen bekam und mit seinen Holzschuhen beinahe hingefallen wäre. Hatten sich nun noch Schneerestchen zwischen die Schuhnägel eingeklemmt, oder war ihm der Boden, auf welchem er sich da be-

wegen mußte, vollständig neu: er erlebte auf ihm
die schreckhaftesten Überraschungen. Suchte nach
dem bereits abgelieferten Funde und sah tiefsinnig ein zweites Sacktuch an, welches er mitsamt
seinem alten Schneuztüchlein eingesteckt haben
mußte. Schließlich aber kam ein Hustenanfall, der
ihm das Augenwasser über die Bäcklein rollen ließ
und, ihn bald nach vorwärts, bald nach rückwärts
biegend, ein vielfaches Echo in den gewölbten
Gängen erzeugte. Aber war er nun mit den Beschwerden seines Alters allzu lange schon bekannt
(wie eine Säge zitterte er), so machte er doch von
der Langmut seines jungen Freundes keinen aus-
giebigeren Gebrauch als den, welcher nötig war,
das Gleichgewicht wiederzugewinnen. Glaubte
wohl selber, daß ihm das Gläslein Branntwein,
welches er sich in der Küchelbäckerei vergönnt
hatte, in den Kopf gestiegen sei, kam aber doch
schließlich dahin, wo er wollte. Wo Fahrräder und
Handwagen eingestellt werden konnten und auch
zwei Rösser mit falben Mähnen, in ländlichem
Schmuck, vor einen Leiterwagen gespannt waren,
wohl zugedeckt und in ihre Habersäcke hinein-
schauend, sie hie und da schüttelnd, damit sie
ergiebiger seien. Daneben wartete zwar nicht ein
Bub, wie der Alte so anschaulich gemeldet hatte,
sondern ein ernster, hochbeiniger Mann, welcher
das Sichgedulden als einen Teil seines Tagewerks
betrachtete, ein Fuhrmann alten Schlags.

Im ersten Augenblick sahen sich die beiden
Männer ein wenig stutzig über die Mähnen ins
Gesicht. Dann mochte es aber beiden Erleichte-
rung, raschere Abfertigung bedeuten, daß sie nun

voreinander standen. Man hätte es wahrlich wissen können, daß der Altknecht – wenn er überhaupt noch so genannt werden konnte – mitsamt seiner Schultafel nirgends mehr zurechtkam. Aber wer wäre denn bei den Pferden geblieben? Sollte man sie allein lassen? Der Schutzmann brummte etwas, was etwa heißen konnte, daß vor dem Tod beim Bauern das Roß komme. Ja nun, er mußte es schließlich ebensogut wissen wie sein Gegenüber. Aber gleich danach war der verbissene Ausdruck wieder aus seinem Gesicht gewichen, er war im besten Sinne wieder Schutz-Mann, Schutzmann eines alten, tauben Männlis, denn er fand sich in Wirklichkeit nicht von ihm getäuscht und nutzlos in die Irre geführt, vielmehr hing wahrhaftig eine kleine Tafel hinten an dem Leiterwagen, und auf ihr war der Hofname und der Ortsname verzeichnet. Das stellte der amtliche Begleiter nun erleichtert fest und beugte sich herunter, um sie unverzüglich abzuschreiben. Und indem er die Berufsschärfe, die er in der Amtsstube an den Tag zu legen hatte, ablegte und offensichtlich zufrieden damit schien, zwei so redlich-unbekümmerten Gestalten gegenüberstehen zu können, frug er: «Ist das Ihr Großvater, Mann?» – «Nein, das nicht, aber wir sind von einem Hof. Er ist da im Austrag, ißt das Gnadenbrot.» – «Da hat er aber Glück gehabt mit seinem Fund. Kommt es nämlich heraus, wem er gehört, dann kriegt er einen Lohn, der mehr so etwas wie ein Großes Los ist. Und meldet sich niemand, nun, dann fällt ihm oder seinen Erben nach einem Jahr die ganze Summe zu. Aber darum müssen wir auch jetzt alle seine Daten haben.» –

«So ...», erwiderte der Bauernknecht, aber mit einem Gleichmut, der einen aus der Fassung bringen konnte. «Ja, braucht er's denn nicht?» forschte der Beamte von neuem, ein wenig ärgerlich werdend, denn man konnte doch nicht den ganzen Tag so fortmachen, indem man ein Rätsel aus dem anderen herauszog! «O mei», entgegnete der Knecht, seine Sprache dem Schriftdeutsch anpassend: «Wer so alt ist, der braucht kein Geld mehr! Wir haben's ihm schon erklären wollen, aber er behielt nichts von allem. Nur daß wir heute von der Schrannenhalle noch daher müßten, war abgemachte Sache. Anders hätt' er's nicht getan.» Aber gleichsam, um seinen ganzen Stand damit zu entschuldigen und nicht auf ihm liegenzulassen, daß ein Bauernknecht so ein dummer Tropf sei, der nicht einmal mit einem Finderlohn mehr was anzufangen wisse, ergänzte er: «Ja, wenn ihm das vor zwanzig oder gar vor vierzig Jahren widerfahren wäre, denk' ich mir, hätt' er schon zugegriffen! Selb ist sicher. Ich denke halt, daß die Gemeinde ihn beerben wird, manche meinen auch, der Bauer, denn Verwandte hat er keine mehr. Aber wir glauben das nicht.» Man sah, sie hatten dort in der Einöde ihre Köpfe zusammengesteckt, aber die Rechtlichkeit mußte für sie selbst mehr sein als eine Handvoll brauner Dollarscheine. All das fühlte der Beamte, und es war ihm wie in einer Kirche zumute. Wer indessen mit der Obrigkeit zu tun hat, muß drauf gefaßt sein, daß er seine Sache zwei- und dreimal zu erzählen hat. Wie er hinter einem Tor den Alten habe vom Bock heben müssen, weil er vor Kälte ganz steif geworden, und wie er dann

nach seiner Gewohnheit neben dem Wagen her-
getrottet, bis er anscheinend müde geworden oder
ihm sonst was untergekommen sei. Bei der gefällten Pappel habe er wieder aufsitzen wollen und
gleich als erstes die Tasche vorgewiesen. «Die
müsse er wohl inzwischen im Schnee gefunden
haben», meinte der Knecht in jenem einfachen
Gleichmut, dem man Freud und Leid und Anteilnahme nicht so leicht anmerken kann. «Und die
Frau?» forschte der Beamte. «Welche Frau? Ja,
richtig, er hat was von einer Frau gesagt. Von einer
Frau im ‹Pelzjanker›. Aber unsereiner sieht sich
halt nicht immer um. Ist aber schon möglich, denn
er ist die längste Zeit hinterdrein getrottet.» Und
als er ein den alten Knecht kränkendes Mißtrauen
zu bemerken glaubte, fügte er eifrig hinzu: «Ist
rechtschaffen, und die fünfunddreißig Jahre, die ich
nun schon selber auf dem Hof bin, hat er nie was
gesagt, was nicht bis aufs I-Tüpfelchen gestimmt
hätte.» Das war ein ungeschriebenes, aber ehren-
geachtetes und ein glaubhaftes Zeugnis dazu. Um
es aber noch zu besiegeln, fügte der Knecht hinzu:
«Aber auch unsere Leut' daheim» (daheim meinte er
den Bauern, bei dem er diente) «sind nur rechtschaffen und wahrhaft christlich. Kann nichts anderes
von ihnen sagen.» Und damit zog er die Pferde-
decke von den Rössern herunter und lockerte die
Geißel und hob den Alten wie ein Kind auf den
Bock. Ja, wie sein Kind, denn er wickelte ihn auch
noch ein, stopfte allenthalben besorgt an ihm herum. Denn für ihn war jetzt die Sache erledigt, mehr
wußte er nicht, mehr fragen konnte man ihn darum auch nicht. Und wie er so die Rösser für das

Sichere nahm und einstweilen für mehr hielt als gefundenes Geld und der Beamte mit seinem Notizbuch allein wieder unter Fahrrädern und Handkarren stand, war diesem fast zumute, als ob er geträumt habe. Nichts ist den Leuten aber lieber, als auch einmal so von ganzem Herzen Respekt haben zu dürfen. Und so redete sich denn in fünf Minuten unter den Beamten «das Märchen» herum. «Eine Legende ist's, wenn's wirklich wahr ist», sagte einer unter ihnen feierlich (obwohl es jetzt auch schon längst Mode geworden war, Märchen und Heiligenlegenden in einen Sack zu stecken). Und damit ging das Suchen in den Akten an; denn man hielt es für selbstverständlich, daß der unglücklich Verlierende seinen Verlust noch zur selben Stunde gemeldet habe. Aber da kam man recht mit dieser selbstverständlichen Vermutung: Nichts stand in den Akten, aber auch rein nichts.

Das legte einen Schatten auf die Geschichte: «Wie alt war der Finder?» frug nun der Polizeidirektor, der bereits mit Erstaunen das Ereignis zur Kenntnis genommen. «Weit in den Achtzigern, der Fuhrknecht wußte es auch nicht.» – «Papiere?» – «Hatte er keine, und es ging doch auch nicht an, daß wir einem Ehrlichen die Taschen durchsuchten. Aber der Knecht hat seinen Ausweis in Ordnung gebracht und für ihn noch einmal unterzeichnet.» Der Polizeidirektor sann der Sache nach, und der rotbackige Schutzmann sann ihr nach. Denn das Männlein, das in seiner Freude zum Schluß wie aus Honigteig geglänzt und ihm noch die Hände geschüttelt hatte, als ob es da was zu bedanken gäbe, wollte dem Behelmten gar nicht aus dem

Sinn gehen. Ganz wie sie waren, sah man sie vor sich, selbst die Rösser in ihrer innig-stillen Tierfreundschaft. Schließlich aber, als schon jemand anders mehrmals vergeblich an die Amtstüre geklopft hatte, sagte der Vorgesetzte zu seinen Untergebenen: «Vorerst zehn Verlustjahre dieses Datums nachprüfen. Und wenn keine neue Meldung vorliegt und keine einläuft in den nächsten Tagen, noch weiter zurückforschen, bis ihr's gefunden habt, wem dieses Geld gehört. Das muß irgendeinmal eingetragen worden sein, jetzt oder ehedem.» Und damit kehrte er den erstaunten Untergebenen den Rücken, tat, als schreibe er schon wieder. Und abermals klopfte es, und der Schutzmann ging durch den langen Hausflur und sagte im stillen nur immer wieder vor sich hin: «Zehn Jahre, heiliger Bimbam! Was der sich vorstellt...» So war's halt, wenn man eine Sache nicht mit eigenen Augen gesehen hatte. Und kaum konnte er erwarten, bis er bei seinen Kollegen war, um ihnen die Weisung seines Vorgesetzten zu erzählen. Die saßen noch beisammen und lausten der Zeit ihren zottigen Pelz. Aber in drei Tagen ist noch nicht so schrecklich viel Staub darin, daß eine solche Verlustmeldung nicht doch noch einem in die Hände geriete. Nur erstaunlich war, daß wirklich keine Meldung einlief und daß man sich an die Arbeit machen mußte, die besagten Jahrgänge zurückzublättern. Aber entweder konnten die gesunden jungen Leute es nun nicht erwarten, bis sie glaubten, sich über einen Vorgesetzten mit Recht lustig machen zu dürfen, oder aber sie hatten inzwischen Vertrauen zu dieser amtlichen Verfügung gewonnen: denn sie saßen allesamt über Stößen und Stößen und hatten dabei zuweilen auch ihren Spaß an alten, verblichenen Eintragungen. Nur einer, der nicht für vergebliche Arbeit eingenommen zu sein schien, räsonierte über dem Lesen hinweg: «Hätte er doch nur bei der Gemeinde anfragen müssen, was das eigentlich für Leute sind, diese Einödbauern da, die die zwei in die Stadt geschickt haben. Aber nein: lieber suchen!» Und wenn man sie sah, die Regenschirme, die Handtäschchen, die Aktenmappen und was sonst noch die Leute alles verlieren, mit Zetteln versehen, die Vergeblichkeit des Suchens darstellend, ein Arsenal der Schwermut, die totgeglaubte Gegenstände sogleich annehmen, wenn sie einmal da eingeliefert worden sind, dann konnte man auch dem Beamten beistimmen, der nicht Lust zu haben schien, auch noch die Monate, Jahre, ja Jahrzehnte nach rückwärts zu forschen. Und noch dazu vergeblich ... Nein, nicht vergeblich! Denn noch in diesen Satz hinein rief gedämpft, mit sichtlicher Überwindung, das Gefundene nun vorlesen zu müssen, jener, der den Alten geführt: «Jetzt habe ich's. Am 4. November 1904.» (Hier unterbrach er sich, weil er vorauslas, und sagte dazwischen, nicht ohne ein wenig zu frösteln: «Der Bericht ist indirekt abgefaßt, weil es sich offenbar um die Nachricht einer Ausländerin gehandelt, deren Verlustaussage man verdolmetscht hatte.») «Am 4. November meldete eine Amerikanerin, die in der Pension X.X. abgestiegen, daß sie eine silberne Tasche mit soundso viel Dollar verloren habe, und zwar auf dem Wege zur Bahn, um soundso viel Uhr, im Schnee, nach einem Tor, dessen Namen sie nicht wußte. Sie habe auch einen Fuhrmann in den Fünfzigerjahren, neben dem ein halbwüchsiger Bube auf dem Bocke geschlafen, grad noch beim Aufsteigen am Mantel erwischt und ihn nach dem Verbleib der Tasche gefragt. Der Knecht sei aber anscheinend taub gewesen und jemand anders aber doch schwerlich als Finder um diese frühe Stunde in Frage gekommen. Schließlich habe sie aber von ihm ablassen müssen und sich gesagt, daß einer nicht so seelenruhig und unbekümmert seines Weges gehen könne, wenn er eben so was eingesteckt habe. Den Mann könne sie noch heute wiedererkennen mit seiner Zipfelmütze und dem Hut, den er drüber gestülpt habe.»

Alle hielten den Atem an, bis einer sagte: «Du meine Güte, das ist ja ein Märchen! Nach fast dreißig Jahren! So lange muß es ihn gereut haben! Ist das auch des Lebens wert? Und reißt es nicht an, das Geld, nicht einen Heller davon, und gibt es aber auch nicht zurück? Hat es höchstwahrscheinlich unter einem Strohsack verborgen gehalten, wie das so zu sein pflegt. Was in so einem Einödhof alles vor sich gehen kann und hinter einer so einfachen Stirne. Ein ehrlicher Dieb muß mir das sein, bei meiner Seel'! Und wird doch manchmal Anlaß gehabt haben und in die Versuchung geraten sein, seines Weges zu gehen, seinem Dienst zu entlaufen, um anderswo den reichen Mann spielen zu können.» Und einer der Beamten dachte dabei an ein herbes Mädel, der andere an einen Bauernhof mit falben Rössern, ein dritter an die Fahrt übers Meer, die mancher Schelm schon unfreiwillig gewählt

hatte. Ein anderer aber, der auf seine Menschen-
kenntnis große Stücke hielt, schüttelte bedenklich
das Haupt. Ihm sei die Sache klar, mochte man
manches auch nicht mehr so genau nach so vielen
Jahren noch in der Heimat wissen. Und wenn
man's auch nicht gern hörte, so durfte man's doch
nicht von der Hand weisen, was er dem Knecht auf
den Kopf zusagen wollte. Daß er sich nämlich nie
getraut habe, den großen Schein zu wechseln, denn
jeder einzelne habe in seiner Hand etwas wie ein
Vermögen dargestellt. Und man hätte wohl oder
übel von ihm fordern müssen, daß er sich über die
Rechtlichkeit seines Besitztums auch ausweisen
könne. Aber wie wäre das je möglich gewesen?
Nein, nein, von Ehrlichkeit könne da nicht die
Rede sein, das sei ein leerer Traum.

«Aber», meinte neuerdings jener, dessen
Schützling der Alte gewesen, «wenn die Zeit schon
so langsam mahlt, so kann es ja noch anders gewesen sein: er kann jedesmal, wenn er in die Stadt
fuhr, die Tasche zu sich gesteckt haben, um sie bei
uns abzugeben, und nie den Mut dazu gefunden
haben: weil es nämlich schon zu spät dafür war.
Acht Stunden zu spät, acht Tage zu spät, acht
Monate zu spät, acht Jahre und achtundzwanzig
Jahre zu spät. So daß er bald wie gebannt an dieser
Kirchenmauer drüben stand, bald den Ort mied
wie die Hölle selber, Geld vertrank, aber später es
reumütig abarbeitete. Und bei diesem Wechselfie-
ber der Reue und Habgier allmählich auch noch
um den Schatz seiner Fröhlichkeit gekommen sei.
Weil es doch im Grunde nur die Wahl gibt: eines
oder das andere. Ja, während er sich mitsamt sei-

409

nem geheimen Schatze mehr und mehr allein ge-
lassen wußte und keiner doch die Ursache seiner
Verwandlung erkannte, hätte er aus schlaflosen
Nächten wie aus einem alten Buche den Fluch des
Geldes herauszulesen vermocht. Seht ihr es vor
euch, dieses Leben aus Habsucht und Reue und
Vorstellung, wo auch noch die Ewigkeit auf dem
Spiel stand? Aber natürlich», unterbrach sich der
Rotwangige, «das könnt ihr euch nur schwer denken, daß ein Mensch vor dem Herrgott selber, der
in ihm noch nicht tot zu sein braucht, glaubt, einen
Meineid schwören und aufrechterhalten zu müssen. Bis er alt wurde, bis ihn die Sünde geschwächt
hatte und er schließlich nur noch den Jahres-
tag seines Finderglückes im Gedächtnis behalten
konnte. So daß er an einem solchen Tag, an dem er
sich neben dem Fuhrwerk warm laufen wollte,
vermeinte, den Gegenstand eben erst gefunden zu
haben. Und nicht mehr warten konnte, geläutet,
wie er durch die Reue, diese Hölle auf Erden war,
und gleich am nächsten Markttag, wie er sicher
und heilig glaubte, zu uns kam.» Es herrschte
plötzlich Stille in dem Amtsraum, eine Stille, die
nicht von außen her entstanden. Denn schließlich
durfte man ja annehmen, daß es so war, wie sein
junger Beschützer es sich gedacht und auszuspre-
chen den Mut gefunden hatte. Ja, daß das Geständ-
nis gleichsam in allen seinen Umrissen rein sich
losgelöst vom Gemäuer der Zeiten und zur Erde
gefallen war. Wo wir es denn fanden und auf
unsere Weise betrachten konnten.

Freilich wäre diesem Alterstraum ein jähes Erwachen kaum erspart geblieben, denn die Geset-

zeswacht fordert Ordnung und Klarheit. Und die Amtsuhr geht anders als die des Gewissens. Aber der Schützling war bereits vor ihrem Stundenschlag geborgen. So sei vergönnt, es in diesem Falle auszulegen. Daß der Mann das Geld gefunden und bei den Behörden unangetastet eingeliefert hatte, darüber konnte wohl kaum mehr ein Zweifel herrschen oder aufkommen. Daß er es mit einer so gewaltigen Verzögerung getan, hätte ihn vielleicht um das Eigentumsrecht seines späten Finderlohnes bringen können. Darum mutete es wie die Inschrift an, die einer jener marmornen Grabesengel uns hinhält, wenn auf die Nachforschungen der Behörden ein kurzes Schreiben mit dem Wortlaut eines alten Pfarrherrn einlief, der besagte, daß der greise, ehrengeachtete Knecht durch Gottes Gnade in den ewigen Frieden eingegangen sei. Was aber vom Bürgermeister jenes weltabgelegenen Kirchensprengels noch dahin ergänzt wurde, daß man im Hinblick auf diese Tatsache die Wahrung der Erbrechte einstweilen übernehme und die hohen Behörden hiermit ersuche, nach abgelaufener Frist sich wieder an die Gemeinde zu wenden.

CÉCILE LAUBER

—

Das schreckliche Kalb

Es schneite seit mehreren Tagen. Die Kastanien, die die Straße säumten, dunkelten unter ihren Lasten. Sie standen als unförmige Wolken vor den Fenstern, so daß die finsteren Tapeten noch düsterer wurden. Die lieben, alten Möbel rückten zusammen. Graue Glanzlichter lagen auf ihren stumpfen Polituren. Wände, Stühle und Tische, alles rückte zusammen, wurde enger und traulicher.

In der behaglichen Wärme des Kachelofens auf einem Stuhl stand ich, eben vom Mittagsschlaf aufgenommen, noch etwas verblüfft, aber schon durchdrungen von der spannenden Neugier des Ungewissen, das ich vor mir fühlte. Meine Mutter aber lief plaudernd hin und her. Sie holte ein weißes Wollmäntelchen aus dem Schrank. Es hatte schwarze Tupfen und ein rotes Flanellfutter, und indem sie es mir überzog, meinte sie erstaunt: «Sieh, sieh, wie du groß wirst, bald ist auch das dir zu klein!»

Dann rief sie: «Hermine» – und steckte meine

Hände in Fausthandschuhe, die an einer Kordel um meinen Hals gehängt wurden. Sie hob mich auf die Arme und eilte rasch hinter einem langen und mageren Mägdebild her, das mit Tüchern und einem blauen Schlitten bepackt im Türrahmen inzwischen aufgetaucht war. Und alles dies kam mir neu, großartig und merkwürdig vor, so, als erlebte ich mein Leben zum erstenmal.

Ich wurde durchs Treppenhaus auf das Brücklein hinaus getragen, das wie eine schwebende Leiter zwischen Haus und Garten hing. Mutter zeigte mir ein Kätzchen, das, die Pfoten hochziehend, weit unter uns im Höfchen über das Dach der Waschküche tappte. Und plötzlich entdeckte ich auch den Garten, auf dessen schneeverwehten Wegen einsame Fußspuren eingezeichnet waren. Die Zäune verschwanden unter ihren überhängenden Kappen. Büsche und Sträucher standen gespreizt in undurchdringlicher Wirrnis, und die schwer verschneiten Tannen und Akazien strebten in riesenhafte Höhen. Auch sie hatten sich zu einem Wald verdichtet, aus dem die hohe, graue Gartenmauer stummen Ernstes herauslief und unbekannte, erlebnisreiche Gegenden für mich abschnitt. Man hörte dort draußen einen Wagen rumpeln, und das Geräusch erschreckte mich.

Ich wurde in den Schlitten gepackt, dessen Strick Hermine in die Hand nahm, und es ging lange lautlos und wunderbar eine dunkle Straße hinunter, die einem Waldweg glich; bis plötzlich das Schlittengeleise knirschte, weil es über ein reingekehrtes Scheibenfensterchen hinstrich, das im Boden eingelassen war.

413

Und schon stand die hagere Magd still und
bedeutete mir flüsternd:

«Hier wohnt der Koch,
Der Peter Bloch.»

Ich beugte mich vornüber. Da sah ich ihn mit
seiner großen weißen Mütze unter der Scheibe
kleben, wie er mit gestrecktem Finger schaurig
und geheimnisvoll ans Fensterchen tippte. Aber
Hermine gab nun auch das ganze Sprüchlein zum
besten:

«Ilse, Bilse,
Niemand will se,
Da kommt der Koch,
Der Peter Bloch,
Und nimmt sie doch –»

Nun bildete ich mir ein, er risse plötzlich die Türe
auf, stürze mit weiten Beinen heraus, packe die Ilse
Bilse und schleppe sie fort. – Ich begehrte weiter, es
wurde mir unheimlich, und wieder ging es lautlos
bergab auf finsterer Straße; aber plötzlich bogen
wir in eine Helle, wo Schlitten mit Pferden bespannt vorüberklingelten. Sie führte uns auf der
vorderen Seite zu unserem Haus zurück.

Meine Mutter kam die Treppe herunter und
trug mich in die Stube hinauf. Da saßen schon
meine beiden Schwestern Alice und Lucie, von der
Schule heimgekehrt, am Tisch hinter einem Teller
brotzelnder Bratäpfel. Und auch meine Finken
rochen darnach, als man sie rauchend vor Wärme
aus dem Ofenkästchen zog. Ich bekam meine
Milch und biß noch mit Behagen an einer Brot-

414

rinde herum, als die Schwestern schon berieten, was jetzt zu unternehmen sei.

Schließlich brachen wir alle drei auf nach der Kinderstube. Sie befand sich am anderen Ende eines ungeheuer langen Korridors, im unbewohnten Teil unserer Doppelwohnung, die in der Mitte von einer feuerfesten Eisentüre getrennt und abgeschlossen werden konnte. Für gewöhnlich stand die Türe offen.

In dieser stillen und warmen Stube, deren Fenster auf den Garten zeigten, standen und lagen unsere Spielsachen beisammen, was sie besonders traulich machte. Rechts und links von ihr gab es zwei Reihen unbewohnter, gänzlich verlassener Räume, zumeist Schlafzimmer, die im Sommer ausgemietet wurden, und eine Küche war dabei, in der allerlei Gerümpel und eine riesige Auswindmaschine aufbewahrt wurden.

Auf dem grünen Tisch in der Kinderstube, der wie ein Buch auseinandergeklappt werden konnte, bauten wir unsere Städte, Burgen und Räuberschlösser. Neben dem Fenster befand sich das selbstgezimmerte Theater, meist mit aufgezogener Waldszenerie. Das Hexenhaus rauchte, und Hänsel und Gretel standen ziemlich ratlos herum, während aus der Kiste mit Pappfiguren der Teufel blöde herausglotzte.

In einer Ecke waren unsere Puppenbettchen, Stühlchen und Tischchen aufgestellt, und auch ein Kanapeechen war da. Ein großer plumper Elefant hockte darauf. Er hatte die Eingeweide mit Sägemehl gefüllt, was ihn besonders gutmütig stimmte, so daß er jedermann auf sich reiten ließ, obwohl

415

dabei seine kurzen Beine erbärmlich nach auswärts knickten.

Unsere Puppen aber besaßen jede ihren bestimmten Charakter für sich.

Lilli und Helene, die meiner Schwester Alice gehörten, waren immer sehr zierlich und sauber gekleidet, mit Schuhchen, Muffen, Pelzchen und Käppchen, die Alice auf einer richtiggehenden kleinen Puppennähmaschine selbst anfertigte; ja, Lilli besaß sogar eine Zigeuner- und Helene eine Bauernmädchentracht.

Lucies Veronika sah schon viel lumpiger aus. Ohne abgerissene Knöpfe ging es bei ihr nicht. Auch war sie etwas kränklich. Dafür besaß sie entschieden Originalität und eine Vergangenheit, weil ihr gleich am ersten Weihnachtstag der Kopf in Stücke ging, später vom Christkind gütig wieder geheilt worden war. Es blieb davon eine gewisse geheimnisvolle Weisheit und Unberechenbarkeit an ihr zurück. Man saß da und erwartete etwas von ihrem starren Lächeln; vielleicht, daß sie den Mund auftun und singen oder sonst etwas Merkwürdiges von sich geben würde; ähnlich ihrer Besitzerin, Lucie, die auch mancherlei Seltsamkeiten fertigbrachte. Wenn sie zum Beispiel auf einem Spaziergang unversehens unterm Gehn einschlief und sich dazu kaltblütig weiterbewegte, ganz als befände sie sich wachen Sinnes unter uns, oder nachts im Traum aus dem Bette sprang, so war das nichts Ungewohntes. Es kam auch vor, daß sie aus einer großen Stummheit heraus mit todernstem Gesicht unversehens ein Witzwort schleuderte, das alle unbändig zum Lachen reizte.

416

Meine Puppe, «Ännchen», war noch ein Windelkind und deshalb nichts Bedeutendes. Sie besaß lange, wunderschöne weiße Gespensterhände aus Porzellan, die sich kühl anfühlten, und einen Kopf aus Wachs, dem zahllose Fingernägelabdrücke das Aussehen von Pockennarben gegeben hatten. Das schönste aber: sie hatte Gewicht. Ännchen war so unförmig schwer, daß ich sie nur an einem Arm oder Bein nachschleppen konnte.

Es begann auch diesmal wie gewöhnlich damit, daß wir die Puppen aus- und anzogen. Dann kamen wir gegenseitig zu Besuch.

Als dann das Spiel öde zu werden begann, erzählte Alice ein Märchen. Sie tat es gern und unaufgefordert, weil sie es hübsch fand, sich selbst zuzuhören.

Man wußte nie recht, welches sie gerade meinte. Es konnte ebensogut das Schneewittchen wie das Dornröschen sein, denn sie fügte reichlich eigene Zutaten hinzu. Ihre Märchen waren durchwegs lang, endeten traurig, und die Hexen verdoppelte sie regelmäßig. Man bekam Herzklopfen und heiße Augen, und es wurde einem unsäglich bang dabei.

Als sie doch an ein Ende gelangte, saßen wir stumm und steif auf dem Kanapeechen, die Puppen ans Herz gedrückt. Es war dunkel geworden. Die Bäume des Gartens wuchsen zu plumpen Ungeheuern empor, mit Bärten und stachligen Schnäuzen, aus denen sich schwarze Schatten ausstreckten. Schnee fiel in dichten Flocken immerzu, immerzu, lautlos und zögernd an den Scheiben vorüber.

Die Stille fiel uns schwer auf die Seele. Wir

417

dachten mit würgender Sehnsucht an unsere Mutter, die jetzt am Herde stand, um das Nachtessen zu kochen. Aber die Küche war nicht leicht zu erreichen; sie lag drüben im bewohnten Teil der Wohnung, wo es Stimmen und Lichter, Menschen und Sicherheit gab. Um hinzukommen, mußten wir an all den leeren, gespenstischen Stuben vorüber, in denen es knisterte und krachte, in denen es Mäuse gab; wo vor gardinenlosen Fenstern fremde Möbel grau herumstanden, wo vielleicht ein gelbes Gesicht plötzlich in einem Bette schlief.

«Erzähl jetzt du», wisperte Alice und stieß Lucie an. Furcht stand auf ihrem Gesicht.

Lucie saß regungslos vornübergebeugt mit hängenden Armen und gesenkten Lidern. Große Tränen liefen lautlos über ihre Wangen und sammelten sich in ihrem Schoß. Aber ihr Mund lächelte sonderbar dazu, und sie sagte rasch, ohne sich zu besinnen, aber mit stockender Stimme: «Es war einmal ein Kalb. – Das war, das war – ein schreckliches Kalb. Es hatte glühende Augen, so groß wie Kaffeetassen –»

Die Laterne jenseits der Gartenmauer wurde angezündet. Das Licht sprühte auf und lief hüpfend durch den Schnee.

Eines von uns flüsterte: «Zur Mama, schnell zur Mama!»

Da standen wir schon, wimmernd vor Angst, krallten uns aneinander, stoben zur Tür und stürzten hinaus.

Ich weiß nicht, wie es kam, daß sie meine Händchen fahren ließen. Sie liefen wie von Sinnen. Ich stolperte schreiend hintendrein.

418

Schon sah ich den Flackerschein der offenen Küchentüre weit vorn über den Korridor laufen. Aber plötzlich verschwand er wie verschluckt. Gleichzeitig gab es einen Knall, und ich taumelte gegen ein Hindernis. Ich schlug ein paarmal mit dem Kopf daran und trommelte mit den Fäusten dagegen. Als es blechern tönte, begriff ich, daß die Schwestern die eiserne Türe zugeschlagen hatten. Ich war allein in der mit Grauen gefüllten, leeren Wohnung.

Meine Hand konnte die Falle nicht erreichen, auch hätte ich die Kraft nicht besessen, die Türe ohne Hilfe aufzuziehen.

Entsetzen schnitt mir den Schrei vom Munde. Ich schloß die Augen und sperrte sie rasch wieder auf. Schatten hingen wie Spinngewebe von der Decke herunter.

Ich kehrte mich zögernd um.

Da stand am andern Ende des Korridors, von wo wir soeben hergekommen waren, das schreckliche Kalb mit Feueraugen. Es stand gespreizt, auf krummen Beinen, plump und mächtig, und hatte den Schwanz vor Wut bis zur Decke erhoben.

Und plötzlich hob es ein Bein – dann das andere Bein. – Aber ich wartete nicht, bis es näher kam, ich sah nicht mehr hin. Wie ein gefangenes Tier lief ich winselnd den Wänden entlang. Ich fand eine Spalte, bohrte mich hinein und stürzte in weiche Finsternis.

Jetzt fühlte ich mich nicht mehr, ich war gestorben.

Lange später erweckten mich Rufe und Stimmenlärm. Es brannte Licht im Korridor, und das

Gesicht meiner Mutter stand über mir wie ein Traumgebilde. Sie hob mich heraus, sie legte mich behutsam in ihre guten Arme. Ich hörte, wie sie voll Liebe fragte: «Wie in aller Welt bist du in den Wäscheschrank hineingeraten?»

Ich wußte es nicht.

Sie sagte noch: «Wir haben dich überall voll Sorge gesucht.»

Ich erinnerte mich allgemach meines Schreckens und spähte furchtsam nach dem Kalb. Der Spuk war verschwunden. An seiner Stelle spreizte sich der Immerbrennerofen mit seinem hoch geschwungenen Rohr. Aber Alice und Lucie sah ich mit verweinten Gesichtern sich in einer Ecke herumdrücken.

Ich wurde in die Küche gebracht, Kleidchen und Strümpfchen von mir abgestreift. Man steckte mich in ein Badewännchen, das auf zwei Stühlen stand. Jemand gab mir voll Mitleid eine Orange in die Hand. Sie glänzte wie eine gelbe Kugel vom Weihnachtsbaum, und eine unsägliche Behaglichkeit, Wärme und Wohlsein umspülten mich mit dem lauen Wasser.

Ich bekam meine Milch auf Mutters Knien aus dem Fläschchen zu trinken und wurde von ihr in ihr großes Bett gesteckt, wo ich gleich in die Ecke kroch und meine Füße in das warme Kirschkernsäcklein bohrte. Mutter betete noch für mich und küßte mich dann mit jener Innigkeit, von der mir scheint, daß ich mein Leben lang Spuren davon an mir herumtrage.

Ich hörte sie aus dem Zimmer schleichen. Sie legte die Türe lose an und mahnte in der Stube drüben die Geschwister, leise zu sprechen, worauf die Stimmen zum Flüsterton herabsanken.

Der Schlaf kam gleich. Einen Schlitten hörte ich vorüberläuten, die Wand ging zur Seite, und ich sah das Schneewittchen darin sitzen, mit seinen Wänglein so weiß wie Schnee und so rot wie Blut; sein blauer Schleier flatterte weit zurück im Winde. Aber es bog sein liebliches Gesicht geängstigt nach hinten, wo eine weiße Gestalt mit hoher Mütze in mächtigen Sätzen dem Schlitten nacheilte und mit dunkler Stimme drohend rief: «Es kommt, es kommt der Peter Bloch!»

MEINRAD INGLIN

—

Die Furggel

Der Vater wanderte mit seinem zwölfjährigen
Sohne im grauen Frühlicht eines Septembermorgens gegen Osten durch ein leicht ansteigendes
Bergtal hinauf. Über dem Flüßchen, das hier zwischen Erlengebüschen und krautigen Wiesen noch
breit und ruhig dahinzog, schwebte ein dünner
Nebel, den die Wandernden als kühlen Hauch im
Gesichte spürten, wenn der Weg sie in die Nähe des
Wassers oder über eine Holzbrücke auf das andere
Ufer führte. Die dunklen Waldhänge aber sah man
auch durch den Nebel auf beiden Talseiten steil
gegen den blaßblauen Morgenhimmel steigen.

Der Knabe durfte den Vater zum erstenmal in
eine Gegend begleiten, die nächstens für die Gemsjagd freigegeben wurde, und wartete mit froher
Spannung auf alles, was ihm dieser lang ersehnte
Tag bescheren würde. Er konnte mit dem großen
stattlichen Manne noch nicht Schritt halten, doch
hätte er niemals zugegeben, daß man deshalb auch
nur um Fingersbreite mäßiger ausgeschritten wäre.

Mühelos und freudig aufgeregt blieb er neben ihm, schaute mit dem klugen Gesicht, in dem sich schon die kräftig bestimmten väterlichen Züge abzeichneten, neugierig nach allen Seiten, hörte mit wachen Ohren auf jedes Wort und folgte mit raschem Blick jedem Hinweis. Auf einer kurzen ebenen Strecke pfiff der Vater einen Marsch und ging nun doch etwas kürzer, weil der Junge, weit ausholend, durchaus im Takte bleiben wollte. Als der Marsch bei der nächsten Steigung zu Ende war und jeder wieder in sein eigenes Schrittmaß fiel, blickten sie einander lachend an; sie waren gute Kameraden.

Bald kamen sie an den Fuß eines bewaldeten Rückens, wo das Tal sich in zwei Täler gabelte, das Flüßchen in zwei Bäche, die Bergstraße in einen schmalen Fahrweg und einen Fußpfad. Während sie den Pfad einschlugen, der nach Südosten in das engere, steilere Tal hinaufführte, deutete der Vater in den Waldrand hinein auf einen mannshohen, von Efeu, Moos und Bärlapp überwachsenen Felsblock. «Von jener grünen Kanzel herab», sagte er, «hab' ich den großen Fuchs geschossen, den jetzt die Mutter als Pelz trägt. Er wog achtzehn Pfund.»

«Das ist viel, nicht?»

«Ja, sehr viel. Gewöhnlich wiegen unsere Füchse hier etwa zwölf bis vierzehn Pfund, wenn sie ausgewachsen sind.»

«Aber gelt, es kommt mehr darauf an, ob ein Fuchs in den Haaren gut ist, als wieviel er wiegt?»

«Richtig! Und dieser Bergfuchs war gut, er hatte schon das schöne lange Winterhaar, darum hat Mutter ihn auch bekommen. Am schönsten war er freilich, als er flüchtig aus dem dunklen Tannenwald herabkam, in raschem Trab, gespannt, lautlos, und dann da unten zwischen entlaubten Buchen in der Sonne auf einmal prächtig rotgelb aufleuchtete, oder als er überhaupt noch lebend in diesen Wäldern herumstrich.»

«Ja, das glaub' ich . . . Aber ich hätte ihn auch geschossen.»

Der Vater lachte. «Da siehst du! Viele Menschen verstehen nicht, daß man an den wildlebenden Tieren die größte Freude haben und sie dennoch erlegen kann. Das sei ein Widerspruch. Kann sein, daß es einer ist, aber das Leben hat viele Widersprüche, man kann nicht alle lösen, und es ist trotzdem schön.»

Indessen stiegen sie rüstig den steilen Weg hinan, blieben auf einer schmalen Brücke im frischen Luftzug, der den stiebenden Bach begleitete, eine Weile stehen und schauten in die Tiefe des Haupttales hinaus, wo das Flüßchen unter den längst hinter ihnen zurückgebliebenen dünnen Nebelschwaden in vielen Windungen westwärts zog. Es war ihr letzter Blick ins Tal, der Weg führte sie gleich darauf schattenhalb einer Berglehne entlang, die wenig Aussicht mehr bot. Manchmal aber sahen sie zwischen Tannenwipfeln hindurch im Hintergrund einen langen, gegen Süden aufsteigenden Felsriegel, der Vater wies darauf hin und sagte: «Wenn wir dort oben sind, sehen wir die Alp und hinter ihr den Furggelgrat, wo wir hinauf wollen.»

«Warum heißt er so?»

«Wegen seiner Form. Furggel, oder auch Furkel,

Furka, Forke, ist ein altes Wort für Gabel; in den Bergen bedeutet es einfach Gabelung...»

Er brach ab und blickte aufmerksam den Weg entlang. Sie hörten durch das Rauschen des Baches Hundegebell, Viehglocken und das «hoi, hoi» des Hirten, der eine Herde von der abgeweideten Alp zu Tale trieb. Ein junges Mädchen kam voraus, das ging scheu an ihnen vorbei, ihm folgten hintereinander etwa dreißig Rinder und Jährlinge, von denen manche mit einem neugierigen Blick auf die beiseite getretenen Wanderer stehenblieben.

Der Vater trat auf ein Rind zu, strich ihm mit den Fingern vom einen Horn über die krause Stirn hinweg zum andern und erklärte: «Das hier ist auch eine Furggel, das ist die Form.»

Das Rind wurde vom nächsten weitergedrängt; das übernächste wich mutwillig trabend aus der Reihe und begann dann Kräuter zu rupfen, als ob es allein wäre, aber schon rannte der schwarzweiße Treibhund von hinten her und hetzte es bellend auf den Weg zurück. Zuletzt kam der bärtige Hirt, eine Traggabel auf dem Rücken, eine silberbeschlagene Pfeife im Mundwinkel, von einem Älpler oder Holzer begleitet, der ein Gewehr umgehängt hatte.

«Der mit dem Gewehr ist der Wildhüter», erklärte der Vater dem Knaben noch rasch, dann begrüßte er die beiden, die ihn kannten und heiteren Angesichtes stehenblieben. Der Hirt wußte, warum dieser Mann da unterwegs war, und begann unaufgefordert von den Gemsen zu reden, die während des Sommers bald auf der Furggel, bald weiter hinten im Stotzigen Band oder auf der Karrenweid gewesen seien. Auf Fragen nach ihrer ungefähren Anzahl, ihren Böcken, ihrem Erscheinen bei einer gewissen Salzlecke und nach dem vermutlichen Stand und Wechsel eines anderen Rudels gab er Auskunft, soviel er eben wollte oder konnte. Der Vater fragte darauf den Wildhüter, der schweigend zugehört hatte, ob er ihm für die bevorstehende Jagd einen Träger wisse, und sagte dann, da der Mann nachdachte: «Vielleicht fällt Euch einer ein; ich komme nachmittags auf dem Rückweg deswegen bei Euch vorbei, es liegt mir ja am Weg. Zählt darauf!»

Der Hirt und der Wildhüter nahmen mit einem Händedruck Abschied und liefen eilig der Herde nach, der Vater stieg mit dem Sohne weiter bergauf und erreichte bald die Waldgrenze. Hier oben lief der Weg unter einem wolkenlosen blauen Himmel zwischen steinigen Höckern hin und bog dann in eine kurze felsige Enge, die sich unvermutet gegen Osten öffnete und den Blick auf die lichterfüllte, von höheren Bergen rings umgebene grüne Alp freigab. Vater und Sohn blieben schweigend stehen. Die Sonne blitzte ihnen entgegen. Es war ganz still.

Der Knabe blickte mit freudigem Staunen in diese mächtige, heitere Hochwelt hinein, er sah den Vater an, der ihm froh bewegt zunickte, er schaute von neuem und atmete tief und glücklich auf.

Nach einer Weile, als sie auf die ebene Alpweide hinausschritten, sagte der Vater: «Der Bergsattel dort hinten ist die Furggel, wo der Rinderhirt Gemsen gesehen hat.»

«Meinst du, werden wir sie sehen?»

«Möglich, wenn sie noch dort sind. Aber ein

Hirt weiß nicht immer so genau Bescheid. Der Wildhüter hätte schon mehr erzählen können.»

«Warum hast du ihn nicht gefragt?»

«Weil er der Wildhüter ist, der die Gemsen hier das ganze Jahr beobachtet und vor Frevlern bewacht, der sie kennt und gern hat; ich hätte ihn um Auskunft bitten können und wahrscheinlich manches erfahren, er ist ein aufrichtiger Mann, und wir kommen gut miteinander aus. Aber das will ich ihm ersparen, er soll mir seine Schützlinge nicht verraten müssen. In den Revieren ist es anders, dort wird der Wildhüter von den Jägern angestellt und sagt ihnen, was er weiß, aber hier haben wir noch die freie Jagd, hier muß der Jäger rechtzeitig die Augen und Ohren selber auftun, wenn er nachher ein Tier antreffen will.»

Sie durchwanderten die verlassene Alp und stiegen der östlichen Berglehne entlang gegen die Furggel hinauf. Manchmal blieben sie stehen, und der Vater suchte mit dem Fernglas Hänge und Felsbänder ab. Als sie die Furggel erreichten, einen breiten Gratsattel zwischen zwei Bergkuppen, krochen sie auf Händen und Füßen über das schieferige lose Gestein und die spärlichen Rasenplätze leise zum jenseitigen Grathang vor. Hier blieben sie spähend liegen, und die Augen des Knaben funkelten vor Spannung, doch sahen sie keine Gemsen.

Sie standen auf, und erst jetzt sah der Knabe erstaunt, daß hier gegen Osten schon wieder eine andere Bergwelt vor ihnen lag, von der sie auf dem ganzen Wege nichts bemerkt hatten. Der Vater erklärte, daß eben dies auch ein Merkmal der Furggeln sei. «Es gibt in unseren Alpen viele Furggeln,

427

die so oder ähnlich heißen. Manchmal fallen sie mit
einer Grenze zusammen, und fast immer sind es
Paßübergänge, oft auch Wasserscheiden; die be-
kannteste und eine der größten ist die Furkapaß-
höhe. Den Bergsteigern sind die Furggeln so bekannt wie die Gipfel. Man wandert und steigt und
schwitzt, dann steht man belohnt auf der Paßhöhe,
man hat einen wichtigen Abschnitt hinter sich und
schaut in eine neue Welt hinein. Das kommt auch
im menschlichen Leben vor. Das Leben ist wie eine
Wanderung, und ein paarmal steht man auch auf so
einer Furggel, die zwei Abschnitte trennt, zum
Beispiel an wichtigen Examenstagen, an einem
Hochzeits- oder einem Todestag... Aber komm,
jetzt wollen wir etwas essen!»

Sie suchten einen bequemen Platz und setzten
sich hinter die Rucksäcke. Während sie Brot und
Käse aßen, nannte der Vater noch die Namen der
Berge, die von hier aus zu sehen waren, und sagte
dann: «Hier mußt du nun auf mich warten. Es wird
da hinten etwas schwieriger, man muß stellenwei-
se klettern, und ich habe der Mutter versprochen,
dich nicht an solche Orte mitzunehmen. Du würdest zwar schon durchkommen, du bist gewandt
genug und auch schwindelfrei, aber ich habe es
versprochen. Es ist auch mir selber recht, daß du
dableibst, ich möchte nämlich gern wissen, ob auf
dem breiten Band dort links oben Gemsen hinüberwechseln. Das kann aber noch zwei, drei Stunden dauern, bis sie allenfalls kommen, je nach dem
Standort, wo ich sie antreffe, und du brauchst nicht
besonders darauf zu achten; nur wenn du etwa
Steinchen von dort herabrieseln hörst, dann bleib

428

ganz still und paß auf. Sonst aber treib dich hier
herum, wie es dich gelüstet. Du kannst zum Beispiel da vorn rechts auf den Hang hinüber, nur
darfst du nicht zu weit in die Karren hinein; und gib
acht auf die Kanten, manche sind messerscharf.
Oder du kannst da nach links zurück an den Sonnenhang, vielleicht siehst du Munggen, sie haben
ein paar Baue dort. Und wenn ich um Mittag noch
nicht zurück bin, dann iß etwas! Ich nehme auch
etwas zu essen mit, für alle Fälle, aber den Rucksack lasse ich da.»

Er nickte dem Knaben zu wie einem Freunde,
der mit unseren Gedanken und Absichten ganz
vertraut ist, und ging auf dem Grate bis zum
schroff ansteigenden Fuß der nördlichen Kuppe.
Dort hielt er mehr rechts und stieg über eine
abschüssige Geröllhalde in ein Rasenband ein, das
sich am steilen Osthang der Kuppe gegen Norden
hinzog. Er wandte sich nach dem Sohne um, der
ihm bis zur Geröllhalde gefolgt war und ihn nun
gleich aus dem Blick verlieren mußte, nickte ihm
noch einmal zu und schritt dann aufrecht wie auf
einer sicheren Brücke dem Abgrund entlang. Hier
war noch gemäht, doch weiter hinten, wo das
Band eine immer stärkere Neigung bekam und
der Wildheuer beim Sensenschwung wohl keinen
richtigen Stand mehr gefunden hätte, lag das lange
Gras dicht und glatt auf den schrägen Planken und
hing wie ungeschorene Pferdemähnen noch über
den Rand ins Leere hinaus.

Der Mann ging vorsichtig darüber hin, indem er
zu seinem Halt mit beiden Händen Büschel um
Büschel packte, bis er den breiten alten Geröllkegel

sah, den er zum Abstieg erreichen wollte, und auf seinem grün überwachsenen mittleren Buckel Gemsen entdeckte. Er kauerte sich an den Hang und griff zum Fernglas, wie der Jäger es ohne weitere Überlegung zu tun gewohnt ist, rutschte dabei aber sofort wuchtig ab und stürzte, ausgerissenes Gras in den Fäusten, lautlos in die Tiefe.

Der Knabe stand indessen auf dem Furggelgrat und schaute bald die nahe, bald die fernere Umwelt an, hochgestimmt wie ein junger Erbprinz, der das väterliche Reich übernommen hat und vom einsamen Throne aus davon Besitz ergreift. Gegen Osten fiel die Furggel mit einem schiefergrauen, bröckelnden Hang in eine weite, von grobem Schutt erfüllte Mulde hinab, an die Mulde schloß sich eine mannigfach gestaffelte hellgrüne Alpweide, die hinten zu dunkelgrünen Hügeln anstieg, und über diesen Hügeln hob ein Gebirgszug gleißende Sättel und Schneegipfel in den blauen Himmel hinein. Die lange Alpweide wurde rechts vom weißgrau schimmernden nackten Rücken der Karrenwüste begrenzt, links fiel sie zur Waldgrenze hinab; über den obersten Saum der dunklen Tannengipfel hinweg aber stürzte der Blick haltlos in die gähnende Tiefe eines Tales, um sich jenseits an steilen Waldhängen wieder aufzurichten, hinauf zu bräunlichen Wildheuplanken und zu einer Kette von Weidebergen, die auf gleicher Höhe wie die Furggel grün in der leuchtenden Bläue standen.

Der Knabe schaute dies alles an, ließ unersättlich den Blick auch immer wieder in die Runde kreisen und fand es über alle Worte großartig, einsam da oben mitten in dieser gewaltigen Welt zu stehen und sie anzuschauen, als ob sie ihm allein gehörte. Er schritt den Grat nach beiden Seiten ab, ging dann auf den Sonnenhang zurück und fand dort wirklich ein Munggenloch, den offenen Eingang zur unterirdischen Wohnung von Murmeltieren. Nachdem er ihn untersucht hatte, legte er sich hinter einen Höcker und wartete mit großer Geduld, ob nicht so ein nußbrauner Pelzknäuel aus dem Loche schliefen wollte. Als ihm dies verleidete, ging er über den Grat hinweg gegen die Karrenwüste hinaus und betrachtete verwundert den nackten Felsboden, den das Eis der Urzeit zerpflügt, glatt geschliffen und messerscharf gezackt hatte.

Um Mittag kehrte er auf den Grat zurück, aß etwas und legte sich hin, um das breite Band an der Ostkuppe zu beobachten, denn jetzt war es wohl so weit, daß dort oben Gemsen hinüberwechseln konnten. Er beobachtete es aufmerksam und lange, um sich nichts entgehen zu lassen, und wurde am Ende schläfrig. Manchmal schloß er die Augen, doch hielt er die Ohren offen und meinte, daß er es hören müßte, wenn Steinchen aus dem Band herabrieselten.

Halbwach und träumerisch fühlte er, wie die Sonne immer weiter gegen Westen wanderte und das Licht auf Stein und Rasen wärmer, goldener wurde, er schlief ein wenig ein und sah im Traum den Vater über die Geröllhalde zurückkehren, er wachte wieder halbwegs auf und merkte, daß er geträumt hatte.

Plötzlich aber hob er den Kopf und blickte verwundert um sich. Das warme Licht war erloschen, die Welt sah anders aus. Er stand auf, rieb sich die Augen und schaute herum. Die Sonne war untergegangen. Unsagbar still und klar standen ringsum alle Berge im ruhigeren Blau des Abendhimmels, doch die nahen Felshänge, Karren und Matten waren schon ohne Glanz und Farbe wie von dunklen Schatten überhaucht.

Er blieb lange stehen und regte sich kaum, dann begann er zu warten; das hatte er bis jetzt nicht, oder nicht nur getan, jetzt tat er nur noch das, er wartete auf den Vater und wollte von nichts anderem mehr wissen.

Der Abend rückte vor, das Licht wich aus der Himmelsbläue, die Alpweiden versanken da unten in der Dämmerung. Es wurde auf einmal kühl, die Tageswärme war wie weggeblasen. Die Dunkelheit nahm rasch zu, die Nacht brach an, im ungeheuren schwarzblauen Gewölbe begann es zu glitzern.

Der Knabe ging zur Geröllhalde und spähte, horchend und wartend, unablässig darüber hin. Ihm schien, die Stille werde immer noch stiller, der Himmel über ihm immer weiter, die Erde immer unscheinbarer. So großartig ihm bei Tag zumute gewesen war, so klein und verlassen fühlte er sich jetzt.

Es wurde kalt und kälter, je weiter die Nacht fortschritt, es war September, und auf dieser Höhe konnte es schon beim nächsten Wetterumsturz schneien wie im Winter. Der Knabe war nicht allzu warm gekleidet, er hätte ja mit dem Vater am Abend rechtzeitig daheim sein sollen, er fror und begann auf dem Grate hin und her zu laufen, um sich zu erwärmen. Einmal blieb er mitten im Laufe stehen und starrte auf die Geröllhalde hinüber, sein Herz klopfte rascher, und die Erwartung verschlug ihm den Atem. Auf der Halde bewegte sich etwas, eine kleine graue Gestalt kam eilig daher und wuchs zu Mannesgröße auf und – und blähte sich und war der verwehende Kopf einer dicken grauen Nebelschlange. Grausam betrogen sah er zu und wurde zornig, nicht auf den Nebel, so töricht war er nicht, sondern einfach darüber, daß er in seiner furchtbar ernsten und dringenden Erwartung genarrt werden durfte. Mit düsterer Miene wandte er sich ab, und da entdeckte er noch eine Nebelzunge, die aus der finstern Tiefe des Tales da draußen hoch in die Dämmerung hinauffleckte. Während er dorthin schaute, stieg es nah vor ihm wie dichter Rauch empor und hüllte ihn rasch und lautlos ein. Er stand in schwarzgrauer Dunkelheit und sah nichts mehr, und da er wußte, wie leicht man im Nebel sich schon nach kurzen Gängen verirren oder doch in der Himmelsrichtung täuschen kann, blieb er stehen. Von Zeit zu Zeit rief er, eher zuversichtlich als ängstlich, so wie man etwa im Walde einem Begleiter ruft, den man eben noch gesehen hat: «Halloh!» Er besaß eine helle, kräftige, noch ungebrochene Stimme, doch ihm schien, die Finsternis schlucke ihm den Ruf vom Munde weg, und so rief er lauter.

Nach einer unbestimmten Frist wehte der Nebel auf einmal in Schleiern auseinander und gab den Blick zum besternten Himmel frei, dann quoll er wieder heran, blieb für eine Weile und wich abermals. Das war im Herbst nichts Ungewöhnliches,

433

es geschah bei Tag und Nacht in den Bergen häufig, doch dies andauernd gleichgültige und gespensterhaft ergebnislose Huschen und Verwehen rührte dem einsam Wartenden mit kalten Schauern an die Seele. Als aber nach einer weiteren unbestimmten Frist die Nebel unter einem geheimen Druck wieder talwärts wichen, begann ihn auch die klare Gebirgsnacht selber zu ängstigen. Das bleiche Schimmern der Karrenwüste, das geisterhaft in der Dämmerung schwebende Weiß der Schneeberge, die dunkel gähnende Taltiefe und das nahe, starke Glitzern der doch so trostlos fernen Sterne, dies alles erschien ihm immer unheimlicher, je länger es dauerte, und sein lebenswarmes, banges Kinderherz begann zu verzagen. Er rief jetzt nicht mehr, es war ja nutzlos, aber nach einer Weile sagte er kleinlaut, mit einem leisen Ton des Vorwurfs, wie ein Kind, das sich im Dunkeln ängstigt: «Vater!»

Zwischen Mitternacht und Tagesgrauen erschrak er beim dröhnenden Schrei einer fremden Stimme, einem anrufenden rauhen Jauchzerschrei; gleich darauf hörte er vom Westhang der Furggel her knirschende Schritte. Er horchte und rief «Halloh!», der Mann antwortete und kam rasch herauf.

Es war der Wildhüter; er blickte den Knaben an, sah sich auf dem Grate um und fragte: «Wo ist der Vater?»

Der Knabe gab Auskunft.

Der Wildhüter schwieg einen Augenblick, dann sagte er: «Ja... warte du hier! Es kommen noch zwei Mannen herauf, denen sagst du, sie sollen hier auf mich warten.» Er verstummte und schien noch etwas zu bedenken. «Die Mutter hat im Tal unten anfragen lassen», erklärte er darauf ruhig, mit einer Bewegung des Gesichtes gegen den Knaben hin, um anzudeuten, von welcher Mutter die Rede sei. «So geh' ich jetzt nachschauen», schloß er und ging weg und stieg über die Geröllhalde ins Rasenband ein, wo er die Laterne anzündete, die er mitgebracht hatte, und mit dem schwankenden Lichte verschwand.

Er kehrte bald zurück und löschte die Laterne, kam aber nicht auf den Grat, sondern stieg die Halde hinab. Seine rutschenden Schritte knirschten im nachgiebigen Steingeröll, dann wurden sie fester und entfernten sich unten dem Fuße der Ostwand entlang.

Über den Schneebergen graute die Morgenfrühe, als wiederum ein heftig anrufender Jauchzer von der westlichen Alp her klang. Der Knabe gab mit fast versagender Stimme Antwort, und die zwei Mannen kamen herauf. Einer von ihnen war der Hirt, der gestern früh die Herde zu Tal getrieben hatte. Sie nahmen den Bericht des Knaben entgegen, nickten und warteten.

Als der Wildhüter zurückkam, begann es über den östlichen Bergen schon goldhell zu tagen. Er kam über die Geröllhalde, die zwei Mannen gingen ihm entgegen und blieben bei ihm stehen. Der Knabe war ihnen ein paar Schritte gefolgt und sah zu, wie die drei Männer leise miteinander sprachen, er sah, wie sie forschend auf ihn blickten und wie sie mit gedämpfter Stimme zu beraten begannen. Er stand da, bis sie langsam auf ihn zukamen, und seine Knie zitterten.

435

«Es ist am besten, wenn du jetzt heimgehst», sagte der Wildhüter. «Du kannst grad mit ihm da gehen.» Er deutete mit dem Kopf auf den Rinderhirten. «Er muß auch hinab... ihr habt den gleichen Weg.»

Der Knabe starrte dem Wildhüter ins Gesicht und schwieg wie gewürgt, dann ging er langsam zwischen den Männern hindurch, blieb regungslos stehen und blickte keinen mehr an.

Der Hirt forderte ihn auf, nun mitzukommen, und der Wildhüter sprach ihm auch zu, aber er wandte sich nur weg.

Die Männer berieten noch einmal, dann ging der Hirt ohne den Knaben, er entfernte sich eilig mit sprunghaften Schritten gegen die Alp hinunter. Der Wildhüter aber sagte: «Wenn du dableiben willst... verbieten kann ich dir das nicht, doch wäre es besser, wenn du etwa allgemach heimzu gingest. Die Mutter wartet ja auf dich... Wir müssen jetzt wieder da hinab.»

Der Knabe brachte kein Wort heraus, er stand da und blickte mit weit geöffneten Augen entsetzt ins Leere. Als aber die zwei Männer in die Geröllhalde hinabgestiegen waren, folgte er ihnen unversehens. Der Wildhüter hörte es und erwartete ihn am Fuße der Ostwand. «Du darfst nicht mitkommen!» erklärte er. «Es ist ganz gewiß besser für dich, wenn du nicht mitkommst.» Da der Knabe stumm und wie erstarrt vor ihm stehenblieb, legte er ihm den Arm um die Schultern und fuhr mit gedämpfter Stimme gütig fort: «Du mußt dich jetzt ein bißchen zusammennehmen und vernünftig sein! Du bist ja kein Kind mehr. Und such es halt in Gottes Namen zu ertragen, man kann's nicht ändern.»

Der Knabe entzog sich dem Arm des Mannes und kehrte ihm den Rücken, ein ungeheurer Schmerz zerriß sein Gesicht, und Tränen stürzten ihm aus den Augen.

«Laß uns allein!» bat der Wildhüter. «Denk an die Mutter, sie braucht dich jetzt und wartet auf dich. Leb wohl, du!» Er entfernte sich langsam der Felswand entlang.

Der Knabe wußte nun, was geschehen war, aber er konnte es nicht fassen, er wurde wie von einer mächtigen Faust umklammert und geschüttelt und ging nicht vom Fleck. Langsam sank er da nieder, wo er stand, blieb mit gekrümmtem Rücken liegen und konnte kaum mehr atmen vor Schluchzen.

Der Wildhüter sah das noch, er schüttelte den Kopf und kehrte mitleidig um.

Als aber der Knabe merkte, daß jemand auf ihn zukam, blickte er auf, erhob sich rasch, mit einem Ausdruck von Trotz im schmerzverzerrten Gesicht, und stieg die Halde hinan. Auf der Furggel ging er zu den Rucksäcken, hängte sich beide an den Rücken, zuerst den kleineren, dann den größeren, in dem sich noch ein Kochgeschirr und Eßwaren befanden und der ihm bis an die Beine hinabhing. Er stieg den Westhang hinunter, immer weinend, ging über die verlassene Alpweide und kam zu der felsigen Enge, die vor ihm aufleuchtete wie ein goldenes Tor. Hier, wo sich gestern zur selben Stunde vor seinen beglückten Augen diese mächtige Hochwelt aufgetan hatte, schaute er noch einmal zurück. Die Sonne blitzte ihm entgegen. Er sah

437

die Furggel, ein wilder Schmerz riß an seinem Gesichte, und von einem bitteren Schluchzen geschüttelt, wandte er sich ab.

Er stieg in den Wald hinunter und kam zu der Stelle, wo sie der Herde begegnet waren und der Vater mit dem Rinderhirten gesprochen hatte, dann zur schmalen Brücke über den stiebenden Bach, wo sie in die Tiefe des Haupttales hinausgeschaut und zum letztenmal das Flüßchen gesehen hatten, das auch jetzt unter dünnen Nebelschwaden in vielen Windungen westwärts zog. Er erkannte das alles wieder, aber nun war er allein; mit einem abweisenden Blick seiner nassen Augen ging er weiter.

Als er jedoch im Waldrand den grün überwachsenen Block sah, von dem herab der Vater den großen Fuchs geschossen hatte, überwältigte es ihn von neuem. Dasselbe geschah ihm auf der kurzen ebenen Strecke, wo der Vater einen Marsch gepfiffen, wo sie im Takte gegangen und einander lachend angeblickt hatten. Es stand so nach jeder bangen Atempause gewalttätig auf und wälzte sich auf ihn wie im Traum das unfaßbar Bedrohliche, unter dem man an Leib und Seele wehrlos zu ersticken meint, nur daß er es jetzt als etwas Wirkliches wach erdulden mußte.

Er verweilte aber nirgends und sah bald das kleine Bauerndorf vor sich, das sie gestern bei Tagesgrauen verlassen hatten. Am Dorfeingang begegnete er dem Rinderhirten, der, von müßig herumstehenden Leuten aufgehalten, mit irgendeinem Traggerät schon wieder unterwegs war. Der Hirt trat auf ihn zu und wollte mit ihm reden. «Wir haben dann heimberichtet», sagte er gedämpft. Der Knabe hielt nicht an, er ging mit dem abweisenden eigensinnigen Trotz, mit dem er sich jetzt zu panzern begann, erhobenen Hauptes weiter. Die Leute traten schweigend beiseite und blickten ihn an. Zwischen den paar Hütten und Häusern begegnete er andern Dorfbewohnern, die mitleidig zusahen, wie er verweint und grimmig verschlossen mit seinem viel zu großen Rucksack daherkam, und aus dem Gasthaus, wo er mit dem Vater übernachtet hatte, rief ihm die Wirtin zu, er könne heimfahren, er möge doch um Gottes willen hereinkommen und einen Augenblick warten. Er sah weder rechts noch links, er wanderte eilig talaus, das weh und trotzig gespannte Gesicht erhoben, den tränenfeuchten Blick in die Ferne gerichtet; er wanderte in das nächste größere Dorf geradenwegs zur Mutter, die ihn erwartete, und sein leidenschaftlicher Schmerz stürzte in ihre tiefe Erschütterung wie nach einem Ungewitter der wild schäumende Bergbach in den trüb und mächtig strömenden Fluß, der ihn einem größeren Ziel entgegenführt.

TRAUGOTT VOGEL

Der Erbteil

Die Geschichte, die ich hier erzähle, hat sich sozusagen vor meinen Fenstern zugetragen, und ich
brauche bis kurz vor deren Ende nichts von mir
Erfundenes dazuzutun, sondern habe eher einiges,
das sich am Rande zugetragen hat, gelegentlich
wegzulassen, damit ihr Verlauf durch die Jahre
übersichtlich bleibe und in uns sich jene Befriedigung einstelle, die einem so wohltut und schmeichelt, wenn man vom erhöhten Standorte herab
aus gemäßigtem Abstande teilnehmend einem unseligen oder seligen Lebenskampfe zu folgen vermag und sich dabei einbilden darf, sich in ähnlicher
Lage sicherlich würdiger oder zumindest einsichti-
ger entschieden zu haben.

Der für unsere Geschichte wichtigste Mensch,
der das Geschehen trägt und die Ereignisse in Fluß
bringt, ist eine Frau, von der ich mir einbilde, daß
ich sie und ihre Art einigermaßen zu verstehen
vermöge; ich habe mit ihr zuweilen am Zaun ihres
Gartens gesprochen und mich über ihre Sorgen

und Hoffnungen unterhalten. Sie muß in jungen
Jahren ein geradezu auffallend und herausfordernd
stattliches Mädchen gewesen sein, wurde geliebt
und hat sich lieben und begehren lassen, liebte
selbst aber kaum, höchstens ihre Tochter – in
dieser jedoch sich selbst. Heute ist sie eine ver-
grämte Witfrau, leidet an Wassersucht und offenen
Beinen, die sie dicht eingebunden trägt, geht mühsam wie eine Greisin und bückt sich mit Schmerzen zum Unkraut hinab, wenn sie gelegentlich
hinterm Eisenhag ihren kleinen Vorgarten mu-
stert.

Sie heißt Karolina, wird aber Karline oder Frau
Kägi genannt, und sie selbst hat mir erzählt, sie sei
seinerzeit als arme Dienstmagd in das Haus gekommen, das inzwischen mit allem Drumunddran das
ihre geworden ist. Beide Söhne des Hauses hätten
ihr damals nachgestellt; anfänglich auch der alte
Vater, der Bauer. Bäuerin zu werden, sei nie ihr
Wunsch gewesen; sie hatte die Lehre als Verkäu-
ferin in einem Lebensmittelgeschäft der Stadt be-
standen und war als Aushilfe hierher gekommen,
wo man die Hausfrau entbehrte, die man eben zu
Grabe getragen hatte. Sie willigte dann in die Heirat mit einem der Söhne ein, weil der mit Drängen
nicht abließ und in ihr wohl einen Ersatz für die
entbehrte Mutter sah. Auch darum gab sie nach
und wählte den ältern der beiden Brüder, weil man
verzeihlicherweise von zwei Übeln das mindere
wählt – und als Übel waren sie beide ihr vorgekommen: der ältere ein gutmütiger Weichling und
Träumer, der andere ein Bär. Tatsächlich blieb
dann der Erwählte zeit seines Lebens ihr scheuer,

441

anhänglicher Verehrer. Er hieß Albert oder Bertel und erwies sich gar nicht als plumper Bauernklotz, sondern war ein versonnener, blonder, frommer Schwärmer, bald etwas kränkelnd, aber ohne bedürftig und anspruchsvoll zu werden, stets derselbe, der nicht eigentlich alterte, da er nie jung war.

Der Kägihof ist ein bäuerliches Heimwesen, wie man viele ähnliche auf unsern Dörfern und Weilern finden kann. Seine Lage knapp vor der Stadt und auf der breiten Höhe über unserem See zeichnet ihn jedoch vor andern Liegenschaften aus. Durch die große Stadterweiterung der zwanziger Jahre wurde er mitsamt der kleinen Dorfgemeinde, zu der er gehörte, zum Stadtbann geschlagen, und mit jenem städtischen Zugriffe hat unsere langsam wachsende Geschichte eine von außen kommende Beschleunigung erfahren. Nicht daß sich die Dinge erst und einzig durch die Eingemeindung zum Tragischen gewendet hätten, nein, die Anlage war von Anfang an, sozusagen von Natur aus, gefährlich, ja unglücklich; das Heranrücken der Stadt hat indes einen unseligen Ausgang geradezu herausgefordert.

Was sich auf diesem Hofe vor und über unserer Stadt herangebildet und zugetragen hat, kennzeichnet unsere Zeit und die schwierige Lage, in der sich ein kleines europäisches Land befindet, dessen Städte unentwegt wie kochende Töpfe brodeln und auf die wehrlose Landschaft überfließen ... – Unsere Erzählung ist wahr; und die Sorgen ihrer Gestalten sind unsere Sorgen. Ich erzähle, weil ich mich mitteilen muß und Mitwisser und bedenkende Teilnehmer gewinnen möchte. Teilnahme allein schon ist tröstlich, weil sie Abhilfe bedenkt und damit vorbereitet.

Was ich nun des Nähern zu berichten habe, erfuhr ich nicht in der gleichen Folge, in der damals die Ereignisse eintrafen; erst in jüngster Zeit und im Rückschauen gewann ich genaue Einsicht und klärte sich hinterher viel bisher Unbegreifliches ab. Ich erzähle jedoch, als seien wir dabeigewesen, habe indessen Namen, Umstände und Orte verändert, damit keiner darauf verfalle, auf die Suche nach meinen Vorbildern zu gehen. Ich stelle mir vor, ich säße auf der Friedhofmauer des Kirchhügels und sähe in die Stuben und in die Herzkammern des vom Steinstrome der Stadt bedrohten Dorfes und seiner Menschen.

Jener Übergriff der Stadt bewirkte Verwandlungen verschiedenster Art, sichtbare, aber auch solche, die nicht sogleich zutage traten und dennoch wirksam wurden. Es gab beispielsweise keinen Gemeindevorsteher und keine eigene Schreiberei mehr – nun, damit fand man sich ab; mehr Beschwerden bereitete den Leuten, sich in die Tatsache zu finden, daß man als Bauer im großen städtischen Verbande als Ausnahme zu gelten habe und als Minderheit nur noch geduldet sei. Es ließ sich absehen, daß man in Bälde entweder vor der geschäftigen Übermacht weichen oder als Fremdling seine überlieferten, aber ungeschriebenen Rechte ertrotzen müsse: denn bereits sah man alte Wegrechte und Lasten in Frage gezogen und wurde einem vorgeschrieben, wann und wo Jauche zu führen sei und daß die Kühe ohne Glocken auf die

Weide getrieben werden müßten. – Nun war man auf dem Kägihofe freilich keineswegs darauf versessen, sich ländlich zu verhärten oder mit altem, halbvergessenem Bauerntrotz zu protzen. Der Störrischste unter ihnen, der alte Kägi, war kurz vor der Eingemeindung gestorben; die drohende Verstädterung war ihm als Gewalttat der einen und erbärmliche Selbstaufgabe der andern erschienen, und sein rascher Tod glich einer Flucht vor der Übermacht; seine beiden Söhne hingegen, der schwächliche blonde Bertel und dessen jüngerer struppiger Bruder Bernhard, lebten damals derart im Banne der jungen Karline, daß ihnen verwehrt war, eine Wirklichkeit zu erkennen, die über Kammer, Stall und Feld hinausreichte. Beide wußten sie von der Vernarrtheit des andern; aber keiner war darob dem Bruder ernstlich gram, und der stumpf brünstige, dunkle Bernhard fand sich denn auch knirschend damit ab, daß Karline endlich den zahmen Bertel ihm vorzog und bald ein zierliches Mädchen zur Welt brachte, das er täppisch liebte, als sei er mehr als nur dessen Onkel und Pate. Vermutlich hat Frau Karline dieses Doppelverhältnis zu den beiden ungleichen Brüdern nicht nur geduldet, sondern geschickt gepflegt und genutzt – aus Gründen, die ihrer etwas eigensüchtigen Art entsprachen, also aus Berechnung. Es mußte ihr daran gelegen sein, das schöne Besitztum des Kägihofes vor dem Aufteilen in zwei wenig wirtschaftliche Erbhälften zu bewahren und es möglichst unbelastet sich selbst und ihrem Kinde als Erbgut zu erhalten.

Wir vermögen nicht genau zu erkennen, welcher Mittel sie sich vornehmlich bediente, um den lauernden und immerfort gierigen Werber Bernhard zu mäßigen und in ihm dennoch die Hoffnung auf endliche Erfüllung seiner Wünsche zu nähren; tatsächlich verstand sie es, ihn jahrelang hinzuhalten, seine Ergebenheit zu nützen und ihn wie einen Knecht arbeiten zu lassen; ja, sie brachte den von Natur Gutmütigen dahin, daß er ihr die Vollmacht verschrieb, seinen Erbanteil zu verwalten und also seine Person vor dem Grundbuchamte zu vertreten. Und als Bertel, ihr Mann, ernstlich erkrankte, wird sie in Bernhard die Begehrlichkeit nicht sonderlich gedämpft haben, so daß er dem Tode des Bruders ungeduldig entgegenwartete.

Der Bruder starb, als das Kind Lina noch die Vorortsschule besuchte. Diese Lina war im Leiblichen die neuerstandene Mutter, im Gemüte jedoch sanft, willfährig und abwartend und glich darin dem Vater. Und des Mädchens Trachten ging still dahin, es dem Verstorbenen gleichzutun, den es auf Wagen, Maschinen und Pferderücken so gerne aufs Feld begleitet hatte. – Fürs erste war nicht zu erkennen, welchem der beiden weiblichen Wesen der bauzige Onkel Bernhard tiefer und heftiger zugetan war, ob der Mutter oder ihrem Kinde. Es besteht für uns kein Zweifel, daß mit dem frühen Tode Bertels die Sternstunde gekommen war, die eine Wende zum Guten geboten hat: Hätte Frau Karline den ungestümen Freier zu besänftigen – oder gar zu erhören vermocht, wäre ihr künftighin eine Sturzwelle von Enttäuschung und Prüfung erspart geblieben. Vielleicht wäre sie bereit gewesen, ihre Abneigung gegen den Dränger zu über-

winden, wenn sie keinen andern Weg gefunden
hätte, der sie zum Ziele führte: zum Alleinbesitze
des Hofes! Wir wollen bedenken, daß sie das arme
Kind eines Bremsers war und ihre frühen Prinzes-
sinnenträume in Magazinen und am Film genährt
hat! Dann ließ sie sich vom Bauerntölpel küssen
und hat dafür dieses Königreich geerbt: einen herr-
schaftlichen Hof mit Feldern, die über die weichen
Hügel an die Sonne hangen, mit Wald, Rebgelände
und Fruchtbäumen, einer eigenen Kiesgrube; und
ihr zu Füßen lag der blitzende See und dessen
Bucht, in der sich die große Brücke und die Türme
der Stadt spiegelten ...

Aber es waren nicht die dichten Ährenfelder und
die schweren Äcker, und nicht die warmen, sanften
Weidetiere, denen ihr Herz gehörte! Was sie erhob
und betörte und beinahe schwindeln machte, das
waren die greifbaren, offen am Lichte liegenden
Bodenschätze, die man nur aufzuheben und zu
horten hatte: Man brauchte nur einem der flüstern-
den Makler das Ohr zu leihen – und das Geld fiele
wie herbstliches Laub! Jeder Schuh trüge Boden
seinen baren Fünfliber ein! Kaum abzusehen und
auszufühlen, welche Mittel einem gegeben waren,
und damit welche Macht! – Einmal bereits hat sie
die knisternde Fülle und die metallene Schwere in
der eignen Hand gewogen, als ihr von der Stadt-
gemeinde ein Landabtausch vorgeschlagen wurde,
der es ermöglichte, einen öffentlichen Straßenzug
günstiger zu führen. Sie brauchte nichts als ein
steiniges, unfruchtbares Dreieck abzutreten, um
als Gegenwert ein etwas kleineres, aber ertrag-
reiches Stück Ackerland einzutauschen und oben-

446

drein eine erstaunliche Zahl blauer und rötlicher
Scheine und einige blanke Goldstücke entgegenzunehmen. Von den Noten überließ sie zwei oder
drei dem Schwager, dessen ewiges halb unterdrücktes Winseln sie mit solcher Abfindung gänzlich zu dämpfen suchte. Er ist damit hingegangen,
hat sich Mut angetrunken und versuchte in derselben Nacht im Rausche in ihre Kammer einzudringen, wie ein Tier. Er drückte die Tür ein und hätte
ihr Gewalt angetan, wäre nicht Lina dazugekom-
men, die im weißen, langen Nachthemdchen, das
Kerzenlicht wie eine feurige Kugel vor sich her
tragend, unter der zersplitterten Tür erschien. Das
Kind muß ihn wie ein himmlischer Bote berührt
haben, wenigstens hat er sogleich von seinem Opfer abgelassen und sich kraftlos zu winden begonnen. Wie ein geschlagenes Tier ist er auf allen
vieren an der Erscheinung vorbei hinausgekro-
chen.

Die nächsten Tage und Wochen ist Bernhard
Kägi von Stube und Küche ferngeblieben und hat
sich im Stalle aufgehalten und auch dort genäch-
tigt. Offensichtlich bereute er den Überfall. Wenigstens benahm er sich wie ein Büßer, schien in
Schwermut gefallen, aß und trank nur wenig und
wich jedermann aus. Einzig Lina nahm sich seiner
an und sorgte dafür, daß er nicht völlig verkam in
Schmutz und Kälte. Und als das Mädchen ihn so
weit gebracht hatte, daß er sich wieder am Brunnen wusch, seinen Bart scheren ließ und bei Tisch
erschien, war er derart abgemagert, daß selbst Frau
Karline eine Art Rührung für den Reumütigen
empfand und ihn ohne Schelte in ihrer Nähe dul-

dete. Ja, sie stellte mit einigem Befremden fest, daß er sich in der Prüfung gereinigt und sich mit sich selbst ausgesöhnt hatte; denn sein bisheriges so widerliches sprungbereites Gehaben war einer stalltierhaften Sanftheit gewichen. Sie entdeckte sogar neue Züge in seinem früher so einfältig wulstigen Gesichte, die sie neugierig, aber auch argwöhnisch machten, besonders da ihr nicht entging, daß die Tochter Anteil an der Verwandlung nahm, ja die befremdliche Einkehr auf ihre unschuldige Weise erwirkt hatte.

Wir wollen gerecht sein; Gerechtigkeit ist das erste Gebot, dem sich der Erzähler verpflichtet. Wir wollen Frau Karline nicht verdächtigen und ihr nicht nachreden, sie habe aus purer Eigensucht den widerlichen Mann vertrieben, der ihr so hartnäckig entgegentrat, als sie unterwegs zum Glücke war. Gerecht ist, wenn hier gesagt wird, daß sie bis tief hinein erschrak, als sie am Schwäher jene Besserung gewahrte, die ihr wie das Ergebnis teuflischen Zaubers vorkam, mit der sie und ihr Kind hätten getäuscht werden sollen. Sie sann auf Mittel, sich seiner zu erwehren.

Zunächst galt es, sich ruhig zu verhalten und ebenfalls arglos zu erscheinen, damit er nicht stutzig werde und sich nicht hinter neue Listen verstecke. Von Zeit zu Zeit willigte sie – entgegen den Verwahrungen und Bitten der Tochter – in kleine Landverkäufe ein, händigte Bernhard größere und geringere Beträge aus und vermerkte befriedigt, daß er das Geld in einfältigen und bald in ausschweifenden Unternehmungen rasch vertat – und also zeitweilig die Maske des Heuchlers fallenließ.

448

Es waren keine bedeutenden Bodenverluste, die man in Kauf nehmen mußte; waren sie für Frau Karline dennoch schmerzhaft, so blieb ihr der Trost, daß sie dergestalt den zähen Partner und Miterben in Schach zu halten vermochte.

Frau Karlinens Benehmen braucht von uns nicht gerichtet zu werden; ob sie sich tugendhaft und ehrenwert verhalten hat, wagen wir nicht zu entscheiden. Sie fürchtete eben den wilden Hausgenossen, den sie für sich den «Ungewaschenen» nannte; sie hätte sich entweder an ihn verkaufen sollen, um sich die Ruhe und die ungeteilte Erbschaft zu erhalten – oder mußte ihn besiegen. Ihr Zielen ging allein dahin, ihn zu besiegen, sei es durch Vertreiben oder Beseitigen. Vorerst beschloß sie, ihn zu entfernen. Die sinnliche Entfernung schien bereits vollzogen; denn statt sie zu begehren, fing er an, sie zu hassen, und dies stellte sie mit hämischer Befriedigung fest. Auch war zu erkennen, daß er fortan den Kägihof verlassen und meiden würde, wenn nicht das Mädchen gewesen wäre, für das er unentwegt ein väterliches Empfinden bezeugte; und zudem war er ja auf die Geldgaben angewiesen, die Karline ihm nie vorenthielt, sobald er nur andeutete, ihrer bedürftig zu sein. Seit Jahren lag er nämlich keiner geregelten Tätigkeit mehr ob, ging entweder auf die Jagd oder war mit dem Motorrad unterwegs, und in den Wirtschaften tat er mit Frauenbekanntschaften groß.

Somit benahm er sich nach den heimlichen Wünschen seiner Schwägerin und trieb wankend dorthin, wohin sie ihn lockte: in die Verkommenheit. Er wurde ein Säufer und Raufbold und be-

449

schloß nicht selten seine Abende in einer Gosse der
Stadt oder auf einem Miststocke des Vororts; und
trieb er gegen den Morgen grölend heim, fand er
die Haustür verschlossen, polterte und wetterte
unflätig – und kroch schließlich im Stalle unter.
Einmal in der Nacht, als er in seinem elenden
Zustande ins Eis der Abwassergrube eingebrochen
war und in der Brühe zugrunde gegangen wäre,
wenn ihm nicht die wachsame Lina herausgeholfen
hätte, vergriff er sich vor lauter trunkener Dankbarkeit an der lieblichen Retterin, worüber das
Mädchen derart erschrak, daß es aufschrie, ohne
eigentlich um Hilfe rufen zu wollen... Die Folge
war, daß der Verkommene von der empörten
Mutter sogleich und mit Gewalt aus dem Hause
entfernt wurde – und dies geschah an einem klirr-
kalten Wintermorgen bei verbleichendem Monde.

Lina, die in ihre Kammer hinauf geflohen war,
hörte die Mutter drunten die Türen schlagen und
vernahm die strauchelnden, kollernden Schritte
des Onkels über die vereiste Steintreppe hinunter.
Das eingeschüchterte Mädchen wagte nicht, sein
Fenster zu öffnen, um dem Sündhaften im rosig-
grünen Frühdämmer nachzublicken. Es stand im
Nachthemd am Fenster, die Hände vor der pulsen-
den Brust, und hauchte in die Eisblumen der Scheibe ein rundliches Guckloch, konnte jedoch nur an
die kahlen, mit Eiskrusten gepanzerten Zweige des
Nußbaumes sehen, unter denen es den Unbegreif-
lichen vorhin dem Verderben entzogen hatte...
und es lauschte den schlurfenden Schritten nach.
Das Eis der Wagengeleise knackte unter seinem
Schuh, und es war, als breche die Erdkruste mit.

Das bebende Mädchen wußte, daß er verloren war – mit ihm aber auch vieles, das ihm zugehörte. Er würde mit erstorbenem, erkaltetem Herzen in den Untergang wanken, und am Tage träfe die Nachricht ein, er sei erfroren aufgefunden worden, mit den dunklen Augen ins Tageslicht starrend, die Hände durch die Hosentaschen hindurch um sein Geschlecht gelegt, das ihm so viel zu schaffen gemacht und das er umsonst im Trunke zu meistern versucht hatte.

Aber Bernhard Kägi ist in jener Nacht nicht erfroren; es geschah später, daß er umkam, und nicht unter Umständen, die von Frau Karline verantwortet werden mußten. Für diesmal entging er dem Verderben, da vermutlich noch ein Rest von Bestimmung in ihm wirksam war, die ihn am Leben erhielt. Auch wollte er sich an ihr rächen.

Und die Rache ist ihm gelungen; sie gelang wie ein Kunststück. Uns will scheinen, die ganze Begegnung zwischen der armen, einst so anmutigen und begehrenswerten Prinzessin Karolina und dem pelzigen, triebhaften, erdenschweren, schweißigen Schweinehirten Bernhard sei einzig zu dem Zwecke angeordnet worden, um uns die Gültigkeit des strengen, heiligen Wortes wieder einmal bildhaft und greifbar vorzuführen, nach welchem dem Menschen nicht geholfen wäre, wenn er die ganze Welt gewönne und nähme dabei Schaden an seiner Seele.

Bernhard Kägi ist damals noch rechtzeitig in Gewahrsam genommen worden, als er durch den kalt stehenden Wintermorgen schwankte. Es kam ein Wagen mit Schneeketten gefahren, dem er vor

die Räder taumelte. Er wurde eingeladen und mit-
geführt. Es war eine Wirtin aus dem Unterland, die
ihn erst dann als den Kägihof-Miterben erkannt
haben will, als sie ihn daheim ausgeladen und als
äußerst pflegebedürftig befunden hatte. Es kam zu
einer Lungenentzündung, die er im Gastzimmer
ihrer Wohnung überstand, und als er nach vielen Stunden zu sich kam, untersagte er entschieden, daß man nach Hause Nachricht von ihm
gebe.

Es war aber ein Sohn im Hause, der als Student
der Medizin fast alltäglich mit dem kleinen Wagen
der Mutter zur Stadt fuhr. Er hat dem halb erfrorenen seltsamen Gaste der Mutter die erste Hilfe
zuteil werden lassen und betreute ihn weiterhin mit
der andächtigen Ernsthaftigkeit des Anfängers. Er
hieß Erich.

Es ist nicht wahrscheinlich, daß sich ein noch so
arg geschändetes und sich gekränkt fühlendes Herz
mit Hassen und Trotzen zu genügen vermag; auch
in Bernhards mißhandeltem Gemüte – er selbst hat
es auch mißhandelt! – muß damals ganz im Ver-
borgenen noch ein Winkel vor dem großen, zerstö-
renden Frost bewahrt worden sein, sonst wäre es ja
wie Glas erstarrt und zerbrochen. An jene Stelle,
die heil geblieben war und die bisher Lina eingenommen hatte, muß der helfende Student Erich
gesetzt worden sein!

Erich war ohne Vater. Seine unternehmende
Mutter ließ jedermann wissen, der nach ihrem
guten Sohne fragte, daß sie ihn als Pfand eines
stürmischen Mannes empfangen hatte, ehe der ihr
in den Krieg entlaufen war, in jenen sündhaft aus

Übermut vom Zaune gebrochenen Krieg, den ein südlicher Abenteurer seiner aufgescheuchten nationalen Jugend als Sommerspaß angeboten hatte. Ihr Stürmer sei im Lande Äthiopien verdurstet, sagte die Wirtin; doch was immer er im blutigen Irrtume verübt habe, werde bald der Junge mit Bewußtheit und Andacht gutmachen.

Frau Karline auf dem Kägihofe erfuhr von der wundersamen Errettung des Vertriebenen und vom Unterschlupf, den er bei der Wirtin gefunden hatte, erst viel später, als nämlich eines Tages das erste Schreiben eines städtischen Rechtsanwaltes eintraf, mit welchem ihr im Auftrage des Kunden Bernhard Kägi eröffnet wurde, jene Vollmacht werde zurückgezogen und gelte fortan nicht mehr. Dieser Zuschrift folgten bald weitere; man forderte von ihr Belege über den Vermögensstand, man lud sie zu Verhandlungen vor; doch nie bekam sie es weder mit dem Ausgestoßenen noch mit jener Wirtin selbst zu tun, hinter der sie eine Art Erbschleicherin vermutete, sondern sah sich immerzu kühlen, sachlichen Angestellten gegenüber, die ohne Anteilnahme, aber auch ohne Drohung forderten und mit dem Instrumente ihrer Amtlichkeit, die sie als Rechtsmittel ausgaben, nach ihrem Herzen griffen. Und ihr Herz, dessen müssen wir uns versehen, war eins mit dem Hofe – nicht eins mit Dach und Grund, Viehhabe und Baumbestand, nein, nur mit dessen Werten, die sich errechnen und als Guthaben in Besitz nehmen ließen und die von einer allmächtigen Stadt aus dem stillen Wurzelgrunde an die Oberfläche befördert worden waren.

Ich bin Frau Karline damals wiederholt begegnet; es war nicht allein Neugier, die mich an den neu erstandenen Wohnblöcken vorbei übers Feld zum Kägihof hinüber getrieben hat; nein, nicht Neugier allein, obgleich ich nicht zu leugnen wage, daß eines Erzählers Grundtrieb der Menschenhunger ist, die Lust, sich am Lebensabenteuer der nähern und fernern Nachbarn und Zeitgenossen zu beteiligen; diesmal suchte ich den Hof auf, weil mich die Sorge um die beiden einsamen Frauen bewegte und ich redlich an ihrem Geschick teilnahm, nicht nur am Ergehen der Mutter, die sich erbärmlich in die Enge getrieben sah, sondern auch am Befinden der Tochter Lina, die inzwischen zu einer anmutsvollen Jungfrau herangewachsen war, dem landwirtschaftlichen Betriebe tätig vorstand, sich bäurisch hatte ausbilden lassen und in der etwas vom rührigen Geiste der Kägisippe neu erstand. – Einmal im letzten Sommer hatte ich ihr nachgeschaut, wie sie auf der Wendmaschine über die Heuwiese fuhr, wippend im eisernen Sitze, als säße sie in einem Boote auf bewegter See, und mit einer Gerte wehrte sie dem Pferde die Bremsen ab, die ihm zusetzten und es auf ihre zudringliche Weise derart frech stachelten, daß man fürchten mußte, das Tier verliere endlich Geduld und Verstand vor lauter Pein. Aber das Mädchen meisterte mit Zügelzug und sanftem Zuspruch sein erhitztes Pferd, und als das Gefährt klappernd gegen meinen Feldweg kam, zog ich den Hut vor solch schöner, gesunder Hoheit, und sie nickte mir zu, eine fürstliche Erbin – und ich sah ihre ruhigen, wartenden Augen.

Drüben am eisernen Zaun traf ich letzthin die Mutter. Ihre Gestalt zu sehen, die verkümmert und zerfällt, tut weh. Nicht etwa, daß sie in sich fiele und so an Form verlöre; im Gegenteil: sie hat derart an schwellender Fülle gewonnen, daß in dem unmäßigen Leibe die einst so kecke Anmut versinkt. Und erst ihr ins Gesicht zu schauen, ließ mich erschrecken! Denn da stand zu lesen, daß sie verfolgt werde und sie sich fürchte, aus freien Augen in die drohende, feindliche Welt hinauszusehen, die ihr abgesprochen und entzogen werden sollte.

Sie stand schwer und dunkel bei den Winterastern, die allein im Garten noch zu blühen wagten, und sammelte mit geschwollenen Händen die erfrorenen Zweige des Sommerflors. Ihr Auge achtete nur auf das Verdorbene und Verwelkte. – Man habe ihr angeboten, das gesamte Heimwesen an die Stadt abzutreten, die hier einen Friedhof plane, und sie hätte Lust, alles fahrenzulassen, wofür sie ein Leben lang sich gemüht habe, gleichgültig zu welchem Preise, wenn man ihr und Lina darin nur ein Grab zusicherte. Lina aber sträube sich.

Ich wagte nicht zu fragen, welches denn die Ursache ihres ungewöhnlichen Kleinmuts und Überdrusses sei, wußte ich doch, daß sie sich tatsächlich um ihre Lebensbeute betrogen fand und daß ihr mit der Beute der Lebenssinn entglitt. Sie war ganz gewiß nie fähig gewesen, mit Bernhard zu teilen, weder Bett noch Heimwesen. Sie hat gekämpft und durchgehalten, und mußte sich nun dennoch geschlagen geben?

«Denken Sie», sagte sie mit schwerem Atem und stützte die eine Hand in die Hüfte; in der andern hielt sie das erfrorene Gesträude wie einen traurigen Blumenstrauß, «denken Sie, er hat dieses Weibsbild geheiratet und setzt ihren Bankert als Erben ein!»

Was ein Bankert ist, konnte ich erraten; daß jener Erich aber kein ehrloser Nutznießer sei und Bernhards Racheakt mir keineswegs als Ungeheuerlichkeit vorkomme, das durfte ich ihr jetzt nicht entgegenhalten. Sie tat mir leid; dennoch empfand ich durch das Mitleid hindurch ein Gefühl der Erleichterung: Es ist noch etwas wie Gerechtigkeit wirksam hienieden! Und mir war, die verzweifelnde, geschlagene Frau sei in jenem Augenblick zugleich mit mir von einem Wissen wie von einem kalten Anhauche berührt worden: daß Vergeltung sei! Leise und weinerlich sagte sie: «Wenn es noch ein Recht gibt, kommt es nicht so weit, daß der Lump gewinnt und mir den Fußtritt versetzt, der ihm gehört!»

Sie sprach vom Recht, nicht von Gerechtigkeit und Vergeltung! Mein Gott, mir fror. Es gibt ein Recht, und das ist möglicherweise auf ihrer Seite. Und es gibt darüber hinaus eine Gerechtigkeit, in deren Dienst das Recht zu stehen hat; und diese Gerechtigkeit? wie wird nach ihr entschieden? Fällt der Spruch ohne unser Dazutun? Oder ist uns gewährt, nach unserem Empfinden und Meinen unser Wort einzulegen? Vor dem Richter spräche und zeugte ich für sie und gegen den Verführer, der sie hat böse werden lassen.

Nicht damals am Eisenzaune habe ich mir solches überlegt; zum Besinnen kam ich erst hinterher. Frau Karline hatte mich nämlich gebeten, ja sie

456

hat mich fast genötigt, ich möchte an ihrer Statt und der Tochter zuliebe eine Vermittlung oder einen Vergleich anstreben, sie sei sonst wahrhaftig bereit, den Hof zu einem Friedhof werden zu lassen. – Obschon mir klargeworden war, daß dieses nicht viel mehr als leeres Drohen sein konnte, da ihr ja kein uneingeschränktes Verfügungsrecht mehr zustand, willigte ich ein, nach solchen Möglichkeiten Umschau zu halten, trat zu ihr in den Garten und half ihr ins Haus hinein.

Ich bin dann in die Stadt gefahren und traf mit der Gegenpartei zusammen. Ja, es gelang etwas, wovon ich nur ungern erzähle, weil ich mich dem Verdachte aussetze, mir zum Ruhme reden zu wollen. Dennoch werde ich davon berichten, so knapp als möglich, um diese Erzählung zu beschließen. Ich füge diesen Schluß bei, weil ich damit meiner Überzeugung, ja meinem Lebensglauben Ausdruck verleihen will und zugleich mein Erzählen zu rechtfertigen vermag.

Bernhard Kägi hat sich nicht bekehrt; nichts an ihm und in ihm hat sich von Grund auf verändert; o nein, er blieb auch als Gatte jener unternehmenden Wirtin ein «Ungewaschener», und der häufige Aufenthalt in der Wirtsstube hat dazu beigetragen, daß er um so eiliger versank und völlig verkam. Eines Winterabends dann, als er zu lange ausblieb, ging Erich ihm entgegen und fand die Stapfen des Betrunkenen abseits im Schnee; er war über das Geländer des dörflichen Feuerweihers gestiegen und drüben eingebrochen und ertrunken.

An seinem Grabe trafen sich Erich und Lina, die beiden Erben des Kägihofes. Und Erich hat Lina im kleinen Wagen seiner Mutter zum Kägihof zurückgeführt. Ich war dabei und sah mit eigenen Augen, wie Erich ans Bett der erschöpften Frau Karline trat, schon etwas Ärztliches im sorgenden Gehaben. Sie hat gewußt, daß er der war, den sie Bankert schalt; dennoch ließ sie sich von ihm den Puls zählen, die Fieber messen und ein neues Mittel empfehlen. Vielleicht war sie des Glaubens, sie habe nun doch gesiegt, da sie den Widerpart überlebt hat.

Wir aber wissen, daß eine Macht über uns oder in uns wirkt, die wir als Gnade bezeichnen und die bestellt ist, unsere Verfehlungen und Irrtümer zum Guten zu wenden. Nicht Frau Karline hat gewonnen; gesiegt hat ihr Kind, und durch ihr Kind die Liebe.

Und nun meine Zugabe zur Geschichte: Erich und Lina haben ihre Erbteile und ihre Liebe vereint, und wenn sie vom Kommenden reden, entsteht vor ihrem Auge auf dem grünen Gelände des Kägihofes ein Krankenhaus, in dessen Sälen Erich und in dessen Gartenbeeten Lina ihre Pfleglinge warten.

ALBIN ZOLLINGER

Die Russenpferde

Noch in meiner Kindheit nannte man eine gewisse aschenfarbene Art schwerer Ackergäule beiläufig auch Russenpferde, ohne sich große Gedanken dabei zu machen; das Unbewußte freilich begeisterte sich an dem Geheimnis, und sehr viel später, nachdem die Umwege des Lebens mich wieder zu seinem Ausgang zurückgeführt hatten, verfehlte ich nicht, in jener Gegend ein wenig auch nach dem Ursprung des Namens zu forschen, von dem ich vermutete, daß er auf geschichtliche Dinge zurückging, ähnlich jenen, die man im Zusammenhang mit einem alten Wachstuch erzählt hatte, dessen ich mich aufs genaueste erinnerte.

Dieses Wachstuch, welches sehr brüchig und vor Alter mißfarben war, umhüllte den Kasten einer alten Hausiererin aus dem Dorf, der sogenannten Knopfbäbe, die ging auf den Höfen umher und versah sie mit ihrem Kram, mit Faden wie Roßhaar, mit Nesteln und Litzen und eben den Knopfwaren, die ihrer Firma das Schild gegeben hatten. Sie löste den Gurten mit ihren Gichtfingern und schälte das Tuch von der Kiste aus lottrigem Holz, das, im Gebrauch zerkratzt, klappbar in Etagen mit Schubladen und Schublädchen als ein wahres Wunderwerk auseinanderging, voll Silber und Gold, wie mir schien, perlmutterschillernd in einem Geruch, den ich ebenso haßte wie genoß. Sie verkaufte auch Pfeifchen daraus, kleine Messer für Knaben sowie Süßholz und Bärendreck, welche Lockmittel sie anbot, wenn nichts anderes verfangen wollte, was aber, durch die Gutherzigkeit der Bäuerinnen, nur selten vorkam. Die Stimmung von Dankbarkeit allerseits war recht dazu angetan, die Feierlichkeit zu ermöglichen, mit der wir uns zum Beschluß der Betrachtung des Wachstuchs hingaben, nachdem es fein säuberlich in die gewohnten Falten an seinen Ort gebracht war; der Packen sah nunmehr aus wie ein Altar, mein Fingerchen fuhr seiner Zeichnung nach, die Erwachsenen standen dabei und betrachteten auch die Schnörkel, von denen wir wußten, daß sie Russisch bedeuteten.

Der Zeitläufte überdrüssig und müde von Schmerzen, empfand ich auf einmal Verlangen, das verschollene Jugendland aufzusuchen, das jenseits eines Bergwaldes noch immer dalag, erstaunlicherweise; ich erinnerte mich seiner wie einer Liebe; Ungeduld packte mein Herz. Ich wollte es aber erwandern, von seiner Rückseite her, wie damals, auf verträumten Wegen durch Vogelbeerbäume und Heidekraut. Ich erblickte es von der Höhe der Forch im Gefunkel von Sommerwolken, mit denen der Greifensee seine Tiefe auspolsterte;

das Goßauer Ried lag hinabgedrückt in einem
pflaumenfarbenen Dunst und roch sozusagen herauf, mir schlug schon das Herz in Gedanken an
seine Schilfkolben und Seerosen, uralte Schauer
froren mir durch das Blut. In der Zwischenzeit
hatte ich Kenntnisse erworben, die sich jetzt mit
den Gefühlen vermischten; ich sah die Straße vor
meinen Füßen an, ich sah sie übersät von Trümmern des Russenheers, das ein Jahrhundert früher
denselben Weg genommen hatte nach der Katastrophe bei Zürich, ich sah seinen Zug bis in die
Oberländer Berge hinauf, das Licht dahinter war
wie eine Gebärde fragenden Schreckens stehen-
geblieben. Die Bäume, durch die ich wanderte,
hingen mit Heufetzen über mich, die Bauerndörfer
standen voll Schmuck der Geranien und Königs-
kerzen, das Volk verrichtete seine Arbeit auf eine
besinnliche, wissende Weise, die Felder trieben
krautig, die Obstgärten füllten sich in ihrem Laube
rötlich und golden; nicht eine Spur der Verwü-
stungen war geblieben, welche den Lauf des Stromes von Reitern und Karren und Kriegern in der
Landschaft bezeichnet hatten. Ich verträumte mich
in der Vorstellung dieser Horde schnauzbärtiger
Kosaken und des wunderlichen Jahrhunderts, das
mein Vaterland zum Schauplatz der Weltgeschich-
te genommen hatte in Auseinandersetzungen, wie
sie, gewitterhaft, auch in meinen Tagen wiederum
an den Horizonten lagerten. Die sonderbare Gegenwärtigkeit des Vergangenen versetzte mich
in einen Zustand der Verwirrung, Strömungen
schwemmten mich in das Geisterhafte zurück, es
war mir nicht anders, ein gläsernes Leben umtollte

mich mit unhörbarem Geschrei, mit Staub und mit Brandgeruch; ich trieb gestoßen und hinderlich wie in einem Traum mit der kopflosen Jagd des Heeres.

Die Schlacht war gleichsam geplatzt und floß hier aus in einem Getümmel, das über den Berg zähflüssig hinabstieß ins Ried voll entfernten Geschreis; die Kanonen versanken im Moor, die Frösche erkletterten Tschakos, die Teiche erblühten fremdländisch von Sterbeseufzern. Ich aber hatte als Kind hier gespielt, die Tiefe im Schatten des Floßes betrachtet; sie starrte mit Gräsern abgründig und traumhaft, Stabschrecken bewegten sich über ihren Boden, und Knospen entrollten sich grün in der Dämmerung. Ich suchte sie mit den Augen, die Büsche des Geheimnisses, die Straße ging mitten durchs Ried, die Kirche von Goßau stand auf der Höhe, zur Linken mein Großvaterhaus, aber nicht mehr in Reben, die Weinbergtreppe vergraste in Salbei, alles enttäuschte leise durch seine fast schmerzende Gegenwärtigkeit, alles erwies sich als überschaubar und enger.

Ich ging als ein Fremdling unter den Stätten der Kindheit umher, es war ein neues Geschlecht von Buben und Mägdlein, das mit Schulranzen und Körben daherkam, und andere Frauen bückten sich in den Gärten. Eine verzweifelte Art von Eifersucht quälte mich im Anblick des Giebelhauses, in welchem ich angeblich geschlafen hatte, damals, in dem unwirklichen Dasein vor Tag. Gewiß war kein Rest davon übrig geblieben; überall eher als hier fand ich Freundschaft.

Ich wollte dann traurig weiterziehen, als hinter

den Stauden hervor mich eine Stimme wie das
Gekrächze eines fernen Geiers anrief. Ein erstaun-
liches Wesen saß hier in der Sonne, umgeben von
einer Auslage dörrender Bohnenschoten, ein stein-
altes Weib, das auf dem Stocke vor sich zwei
knorpelige Hände liegen hatte. Ihre Schnabelnase,
zusammen mit dem Fransentuch, das ihr um die
Schultern gelegt war, gaben ihr das Aussehen eines
alten Indianers. Neugier eines überfälligen Lebens,
dessen Schärfe ihr in den Augen wie ein Salzsee
erglühte, funkelte mir winzig entgegen. Sie hatte
den Hexenmund mit dem Roßzahn, sie hatte
das Stoppelkinn aus dem Märchenbuch, und ich
forschte bereits in das Fenster nach den Geschwistern Hänsel und Gretel.

Ich hatte sie ein weniges ausgefragt, auch meine
Umstände verraten, ihr aber noch nicht meinen
Namen genannt, den sie jetzt zu erfahren wünsch-
te. Mir stieg es urplötzlich auf, daß ich in dieser
Greisin niemand anders als die Knopfbäbe vor mir
hatte, ich sprach sie daraufhin an und bekam die
Vermutung bestätigt; wir wurden beide sehr eifrig
und begrüßten uns nun erst mit Verstand.

Ihre Art und Weise, Schicksale auszugraben,
hatte wiederum etwas Steinernes an sich; es war
aber nicht Überheblichkeit, vielmehr die Höhe
ihres Alters, aus der sie herniederblickte in dieser
richterlich kühlen Gebärde. Ihr Wachstuch mit den
Russenbuchstaben fiel mir ein, es schien mir beinahe möglich, daß sie mit Korsakoff einmarschiert
war; ich wagte den Scherz, das zu sagen, hoffend,
der Feldherr möchte ihr nicht ebenso wie mein
Großvater vertraut sein.

Ich irrte hierin, nur unterbrach uns an der Stelle das Erscheinen eines jungen Mädchens, das vor das Haus herauskam, offenbar in Verwunderung darüber, mit wem sich die Muhme so angeregt unterhielte.

Ich hatte eine geschiedene Ehe hinter mir, ich hatte die Welt bereist in der Unrast des Herzens, ich hatte nicht mehr als die Höhe meiner Jahre und den schließlichen Verzicht erwandert – um, völlig absichtslos und im Gedanken an alles andere eher als die Liebe, so vor mein Schicksal zu laufen; denn in diesem Mädchen stand das Urbild meiner Träume vor mir.

Es verwirrte mich gründlich, und ich kam in der Zeit nicht zurecht, möglich auch, daß mich der Blick der Greisin ängstigte; ich raffte mich auf, um zu gehen, ich ging eine gute Stunde über das Dorf hinaus weiter in der Richtung zur Eisenbahn; innerlich aber wanderte ich stetsfort zurück, verschaffte mir die holdesten Erfüllungen in Zwiesprache und günstigen Fügungen, die ich mir ausmalte. Ich war von meinem Wege abgekommen und lief die Länge eines Abhangs dahin, über dessen Apfel- und Birnbäumen das bäuerliche Dorf mit dem Vogteischloß am Himmel lagerte. Ich lief rund um das Ried, um in seiner Nähe zu bleiben, ich ließ mich ermüdet in einem Beerenwäldchen nieder, von welchem aus ich die Kirche erblickte, die jetzt ihr berühmtes Geläute wie eine melodische Dämmerung über das Land ausbreitete. Es war, als ob eine Kathedrale da unten mit Glocken brummte, es war, als stünde ein Kriegsheer im Gesang des Moorgrundes auf; ich empfand wieder alles das, was mich im gewürfelten Bettzeug der Großmutter wollüstig bewegt hatte, wenn ich lag und auf das Bauernland voller Frösche, Hühner und Glocken lauschte.

Es war Nacht, als ich in das Dorf zurückkam, ich ging im Gasthof nach einer kleinen Mahlzeit sogleich zur Ruhe, müde wie ich war, und begierig auf die alten Beglückungen. Sie enttäuschten mich nicht, auch wenn keine Ahne mich mit dem Kerzenstumpf in die Kammer hinauf begleitete; wie ehedem verhüllte das Dunkel mich in seine herbsüße Phloxluft, ein laufender Brunnen plauderte, im Stalle murrten die Kühe mit ihrem wohligen Laut, die Stadt der Paläste war mir wie damals nah und entzückte mich, und in allem funkelte ein Zauber von Liebe.

Es war leicht, mein Verweilen mit der Andeutung eines gewissen Auftrags vor den Leuten zu begründen; sie mochten einen Landvermesser oder Geschichtsforscher oder Wasserbeamten in mir vermuten. Ich erlebte den ländlichen Sommermorgen mit seinem Vogelsang und Gegacker, seinen Windstillen und Träumereien, Melancholien, Brisen und Stundenschlägen. Ich bemerkte auch Russenpferde; sie hatten in der Sommerwärme ihre Plage mit den Bremsen, die ihnen büschelweise im zuckenden Fell standen, des Rauches ungeachtet, der aus einer mottenden Rolle Sacktuch an der Deichsel heraufstieg. Meine Finger färbten sich blutig an den Tieren; zusammen mit dem Geruch von Feuersbrunst erinnerten sie mich wieder an Korsakoff. Der Fuhrmann freilich, der nicht aus der Gegend war, lächelte zweifelnd zu meiner Be-

465

hauptung, daß diese Gattung auch Russenpferde
genannt würde.

Ich erhoffte mir, neben anderem, Aufschluß
darüber von der alten Knopfbäbe, doch blieb
sie, gleich ihrer Urenkelin, in dem Hause verborgen bis in die Nachmittagsstunden hinein. Dem
schlechten Gewissen war es so erschienen, als hielten die beiden Frauen sich vor meiner Zudringlich-
keit zurück; mein Herz klopfte, als ich mich ihrem
Garten näherte. Bärbchen saß mit vor dem Hause,
Gott sei gelobt; sie stickte Knopflöcher in ein
Herrenhemd, von dessen Art ein ganzer Stoß neben ihr auf der Bank lag. Sie war offenbar Weiß-
näherin. Das blendende Zeug beleuchtete von unten herauf ihr Gesicht im Verein mit dem Sommer
auf einer Ernte von Holzspulen, die heute an der
Stelle der Bohnen trocknete. Solcher Spulen erinnerte ich mich wohl aus der Zeit, sie hatten mich
mächtig angezogen; das war aber in einem andern
Dorfteil gewesen; der Drechsler stand mir lebhaft
vor Augen, umhangen von weißlichen Knob-
lauchkränzen, deren sein Estrich eine Menge enthielt. «Das war mein Schwiegersohn», sagte die
Greisin, wie liebte ich ihn dafür, hinterher!

Es bereitete mir Kummer, so selten ihre Augen
zu sehen; sie brauchte sie allzu ausdauernd für ihre
Arbeit, diese erstaunlichen schwarzen Augen, die
zu finden ich die Bemühungen längst aufgegeben
hatte. Ich übertrieb wohl ein wenig die Höflichkeit, mich an der Seite der Greisin nach ihren
Erzählungen vorzuneigen; mir schien, daß Bär-
chen sich auf ihrem Sitze zurückzog, ich selber
empfand es als beinah ungehörig, ihr also nahe zu

kommen, allein es zog mich mit Übermacht, ich verbrauchte die Selbstbemeisterung darin, meine Hand von ihrem unaussprechlich anmutigen Haarschopf zurückzuhalten. Es war von dem Braun des Meerschaums und wunderbar weich, mir wollten in seinem Anblick die Tränen kommen, weil ich in der Sanftheit dieses Scheitels all meine Vorstellungen von Frieden und lebenslänglicher Geborgenheit angesiedelt hatte. Das Gefühl meiner Rückkehr ins Angestammte auch dieser Erscheinung gab mir die Beruhigung des Besitzes; wenn je, so glaubte ich diesmal an das Schicksalhafte der Begegnung, ich hielt es durchaus für möglich, daß ich die Liebe eines früheren Daseins oder eines meiner Ahnen wieder aufnahm und fortführte. Es kostete mich die größte Anstrengung, mich zu verstellen und Bärbchen gegenüber nicht vertrauter zu werden, als die verhexte Bürgerlichkeit zwischen uns es vorerst erlaubte. Großer Gott, ihre Hände! Das Eigentum dieser Hände allein berauschte die Erwartung. Ich wurde es nicht müde, die Vollkommenheit der handelnden Natur an ihnen zu beobachten. Das Mindestmaß der Bewegungen gab den Fingern ihre lieblichste Lage ein. Der Koketterie auf ein Haar nahe, bewahrten sie den Adel des Absichtslosen, den Flaum der Unschuld.

Ich verträumte mich. Die alte Frau sah mich an. Das Wachstuch! «Haben Sie's nicht mehr? Ich möchte es in die Hand nehmen. Die Zeugnisse der Vergangenheit wirken mit einem wunderlichen Zauber auf mich; die Not der Ohnmacht, ihr Geheimnis im Gefühl auszuschöpfen, lockt mit dem Zwang aller Unstillbarkeit. Es ist verlorengegan-

gen? So versanden alle Spuren einmal. Ich bin von
da oben herabgewandert und mußte in einem fort
daran denken; nun sagen Sie mir, daß es das Stück
einer russischen Fourgondecke war, wie sie noch
lange im Lande verwendet wurden, nachdem die
Wagen und Monturen und Roßgeschirre des seltenen Strandgutes draufgegangen waren. Es heißt,
auch eine Kriegskasse wäre auf der Strecke geblieben, und wer weiß, wie mancher der Höfe hier
ohne sie nicht bestünde.»

«Die Kerle haben immerhin nicht bloß dagelas-
sen», erwiderte die Muhme mit einem fast drohenden Aufmerken ihrer sehr gegenwärtigen Augen,
«sie haben noch mehr mitgenommen!»

«Wissen Sie Persönliches auch davon? Außer
etwa den Früchten des Herbstes wird das arme
Land nicht mehr viel hergegeben haben. Davon
freilich kann ich mir denken, daß sie sie auf ihrer
überstürzten Flucht samt dem Laub von den Ästen
gefressen haben.»

«Sie selber erwähnten vorhin die Russenpferde.»

«Ach ja, das hat damit zu tun!»

«Das hat damit zu tun. Meine selige Mutter
wußte ein Lied davon zu singen, denn sie war noch
dabei, und was die Russenpferde anbetrifft, wissen
Sie, so führt die Bewandtnis damit auf unsere
Familiengeschichte zurück in die Zeit ihres Ansehens, von der ich Ihnen gern erzähle, sofern es
Sie nicht langweilt. Denn die Hausiererin, die
Sie kannten, hat bessere Tage gesehen, und noch
meine Generation sah in ihr nicht das Hudelweib,
sondern respektvoll die schuldlos Verarmte, die ihr

Schicksal mit Bewußtsein und Stolz ertrug. Ich hatte einen Notar zum Mann genommen, welcher das edelste Herz im Lande, aber zugleich ein Träumer und Spintisierer war; seine Patente, die nach und nach unsere Mittel verschlungen hatten, machten sich so wenig bezahlt wie die Werke eines guten Dichters. Nur mein amerikanischer Schwager ist davon reich geworden, und wenn er es zugeben wollte, säss' ich nicht hier in der Ärmlichkeit, die ich derweil nicht schelte, und das Kind da müßte nicht nähen. Kommt Zeit, kommt Rat; die Geschichte der Menschen geht in Wellen und bringt zu ihrer Zeit noch allemal die Gerechtigkeit wieder hoch. Auch der Erbhof, den der älteste meiner Brüder übernommen hatte, war nicht zu halten bei der Lebensweise der Enkel; Sie kennen ihn, die staatliche Zwangserziehungsanstalt ist heute darin untergebracht.»

«Sappermost, das feudale Gut auf dem Berge? Seine Treibhausfenster glänzten mir immer mit Rittmeistern und Hirschen in der Abendsonne herüber.»

«Nicht viel anders war die Wahrheit noch meiner Jugend. Nur starb der Vater ein Jahr nach meiner Ankunft, die in der Spätzeit seiner Ehe erfolgte; so habe ich keinen Rittmeister, aber die Rittmeisterin auf dem Schönenberg wirtschaften gesehen, in der etwas herben, ausschließlichen Weise einer Witfrau, die sehr geliebt hatte und in der Arbeit ihre Trauer verwand; wenn sie knauserig war, wenn sie die Bauern um ihre Zinsen plagte, so kam das weder aus Habgier noch Hartherzigkeit von ihr, es war ihre Weise, dem Ver-

ewigten Treue zu halten. Es war am Ende auch die
Anstrengung, ein ganz klein wenig schlechtes Gewissen wettzumachen, das ihr von ihrer Gatten-
wahl geblieben war, denn sie hatte ihren Balthasar
von der Straße geholt, nicht ohne tapferen Widerstand gegen das eigene Herz, und das eben ist die
Geschichte.»

Bärbchen, welchem sie geläufig sein mochte,
erhob sich bei der Gelegenheit, um hineinzugehen.
Meiner Aufmerksamkeit für die Erzählung war
das bekömmlicher als dem Bedürfnis, in ihrer süßen Nähe zu weilen. Das gute Kind hatte sich nicht
ohne beiläufige Fürsorge für die Urgroßmutter
entfernt, hatte die Kissen zurechtgerückt und an
dem Fransentuche gezupft, alles in steter Nichtach-
tung meiner, die mich leise schmerzte, wenn ich
gleich ihren Grund nur in der allerschönsten Mäd-
chenhaftigkeit sehen durfte.

Ich konnte nicht umhin, die Rede mit einem
Worte auf sie zu bringen; die Knopfbäbe sah mich
an und sagte: «Diese da hat die Artung Barbaras
und nicht zufällig auch ein verwandtes Geschick.
Sie tun gut und richtig, sich die Jungfrau, von der
wir sprechen, in ungefähr dieser Gestalt zu sehen;
ein wenig herrischer darf sie sein und verwöhnt,
etwas stattlicher von Wuchs, aber ebenso dunkel
und vor allem mit den großen Augen, aus denen
die Schönenberger, mit Ausnahmen wie mir, in die
Jahrhunderte blicken. Sie besaß einen schlanken
Schimmel, dessen Schweif in das Gras hinabhing,
wenn sie langsam aus den Tannenwäldern her-
vorritt, der Schimmel hatte dieselben schwarzen
Augen wie sie, und die beiden waren reichlich in-

470

einander verliebt; dafür reichte die Fähigkeit ihres
Herzens, von dem die Sage ging, daß es von Gold,
also unerweichlich und kalt war. Die zwei Dutzend
Lebensjahre, welche sie demnächst erreichte, entsprachen schätzungsweise der Zahl der Körbe, die
sie an heiratslustige Herrensöhne verteilt hatte; ein
weniger begehrtes Frauenzimmer in ihren Jahren
hätte allbereits Grund gehabt, sich zu beeilen. Barbara eilte es keineswegs. Sie besaß eine Freundin in
der Stadt, dies war die einzige Gesellschaft, die sie
sich für einige Wochen des Jahres holte, meist im
Weinmonat, wo sie dann entweder zu Pferd oder
im Landauer alle Straßen der Heimat absuchten
und im Bubikoner Ritterhaus ebenso wie beim
Kloster Wurmsbach am Obersee vorfuhren. Ein
Gerücht verlautete, das Herz des Fräuleins hätte
sich an einem Bruder der Zürcherin erschöpft,
einem jungen Patrizier, der vor den Franzosen gefallen war. Anders war ihr Verhältnis zu den Männern nicht wohl zu erklären. Auf dem Gutshofe
war es der Meisterknecht, der ihr für ihre Launen
herhalten mußte, als einziger, der seinem Stande
nach dafür in Frage kommen konnte. Ihren Vater
vergötterte sie, das Gesinde beehrte sie mit mehr
als einer mütterlichen Freundlichkeit nicht. Mit
dem Meisterknecht stritt sie sich gar über Politik,
in der Weise freilich, daß sie sie ihm als Leidenschaft verächtlich machte; er war eifriger Patriot,
also Revolutionär und Franzosenfreund, sie rieb
ihm die Wahrheit dessen, was die Befreier dem
Lande gebracht hatten, unter die Nase, berief sich
auf den Berner Staatsschatz, der nach Paris abgegangen war, ereiferte sich bis zu Tränen über das

arme Nidwalden und lehnte sich auf ganz allgemein gegen die gallische Gleichmacherei und Phra-
senseligkeit. Als das Weltheer sich um Zürich zusammenzog, befürchtete sie das Ende der Welt,
Balthasar aber eilte als Freiwilliger zur Helveti-
schen Legion, der Tränen ihres Zornes ungeachtet,
ohne Ahnung davon, was sie in diesen Wochen
um ihn ausstand. Nach seiner Rückkehr hänselte
sie ihn nicht allein mit der verlorenen Schlacht,
sie triumphierte mit dem Vergleich der beiden
Kriegsheere, von denen das österreichische des
Erzherzogs vor der verbündeten Räuberbande als
ein Vorbild der Zucht und Ritterlichkeit dastand.
Sie zählte ihm auf, was die französischen Requirie-
rungen in den Dörfern herum für Lücken geschlagen hatten, und führte ihn selber in den Stall, um
die Wirkung des Anblicks an ihm zu beobachten;
er bekam einen roten Kopf, obgleich er zu allem
stillschwieg, die leer herabhängenden Ketten klag-
ten ihn an, die Kälbchen drehten ihre Glotzaugen
nach ihm herum, wie um ihn sich anzusehen, den
Jakobiner, den hartnäckigen Jünger eines Evangeliums, welches sich solchermaßen auswirkte. Ganze
sechs Gäule der Zucht waren geblieben. Er kämpfte mit Tränen, Barbara sah es wohl, seine eckigen
Hantierungen verrieten deutlich, was er dachte.
Nun ist's aber genug! Schon wandte das Mädchen
die andere Seite ihres Spottes gegen ihn heraus, ihre
Eifersucht auf die Tiere, von denen sie sagte, er
hätte den Narren an ihnen gefressen, so sehr, daß
er allein um ihretwillen vorzeitig zurückgekehrt
sei. Das war das alte Thema zwischen ihnen, dem-
gegenüber er wehrlos schwieg in der Hilflosigkeit

zwischen ihrem Vorwurf und dem Bewußtsein, nur seine Pflicht in ihren Diensten zu erfüllen, wenn er mit ganzem Herzen dabei war. Wie er jetzt, hochgewachsen und stark, mit der Gabel in der Streue herumstach, wälzte er grollend den Gedanken, seinen Abschied zu nehmen, da er so wenig zu ihrer Zufriedenheit wirkte; aber er wußte zugleich, daß er das niemals zu leisten vermochte, er hatte in der Abwesenheit von alledem gerade genug an Martern des Heimwehs ertragen. Und Barbara selber, so sehr er ihr Wesen verwünschte – bei all seinem Revoluzzertum war er voll abergläubischer Demut, zu meinen, daß sie dazugehörte mit ihrer befehlshaberischen Jugend, mit ihrer Schimmelstute, mit den Büchern, die sie ins Heidekraut hinaustrug, mit der langen, langen Stille ihres Fehlens im Winter, für den ihr die Vaterstadt angewiesen war.

Diese leuchtete Ende September wiederum mit Feuersbrünsten des Krieges über den Berg herauf; man wußte nicht, was sich vorbereitete, es waren eines Tages die Russen von Osten heranmarschiert mit erschrecklichen Haufen einer Art Zigeuner auf struppigen Pferdchen, gutmütige Bärte, die, wohlversorgt mit Tausenden drolliger Proviantwagen, nichts von dem Lande verlangten außer ein wenig Brot, indem sie ‹Brud, Brud› sagten und ihre Lanzen darboten, damit man es ihnen draufspießte. Balthasar schaffte verbissen im Widerstreit seiner Gefühle, der Franzmänner überdrüssig und doch voll Sorge um den Ausgang des Handels. Zwei Tage lang dröhnten die Kanonaden, dann fingen die Scheunen auf der Höhe des

Pfannenstiels an zu brennen, und in der Nacht schwemmten die geschlagenen Russen herab mit ihrem viel zu vielen Troß, um den sie sich plagten. Die Bevölkerung packte der Schrecken, denn es hieß, die Tataren hausten jetzt in der Kopflosigkeit wie die Wölfe, die Brände bezeichneten einen sehr breiten Weg durch den Wald herab. Auf dem Schönenberg stand man auch vor dem Hause, dessen Fensterfront in dem Feuerschein geisterte. Barbara, welche des Vaters Hände auf ihren Schultern fühlte, schrie auf einmal auf und erbleichte; ihrer Meinung nach brannte es in den Kammern. Der Vater nahm seine Hände um ihren Hals zusammen, um sie zu beruhigen. ‹Da herauf kommen sie nicht, mein Kind›, sagte er. Balthasar stand mit gerunzelter Stirne. ‹Wenn sie kommen, kommen sie um Pferde›, befürchtete er, und ganz seiner Natur entgegen brach er in einen Redeschwall aus: ‹denn sie brauchen jetzt nichts so sehr wie Pferde, diese Völker der Ebene fühlen sich ohne sie wie ohne Füße, und dann diese Zelte, an die sie sich klammern, jeder siebente führt einen Karren, sie müssen heraus, bevor sie Masséna umzingelt!› Von Zeit zu Zeit ging er hinein zu den Pferden, wie um sich zu vergewissern, daß er sie noch hatte. Die Rinder, unruhig geworden, brüllten, der Knecht beschwor sie, den Ort nicht zu verraten.

Die Aufregung verhinderte nicht, daß Barbara schläfrig wurde, und alles lachte im Elend darüber, wie sie das Gähnen in ihrem trotzigen Gesichtchen verbiß. Der Vater ordnete den allgemeinen Zapfenstreich an und bestellte eine Ablösung von Wachtposten; es war sinnlos, das Schicksal mit

Warten herauszufordern. Freilich schliefen sie alle
wenig und stürzten verdächtig munter vors Haus
heraus, als im Morgengrauen tatsächlich ein Auf-
ruhr von Stiefeln und Stimmen unter den Fenstern
laut wurde. Es waren Kosaken da, gegen welche
sich Balthasar unter der Stalltür verteidigte. Sie
gingen nicht kriegerisch gegen ihn vor, sondern
eher lamentierend, mit freundlichen Gestikulatio-
nen, sich ihrer zu erbarmen; ihre Übermacht gab
ihnen Vertrauen, ohne die Waffe auskommen zu
können, mit der sie sich alle die Plagen auf den Hals
gezogen hatten. Barbara sah ihren Balthasar schon
erstochen; sie drückten ihn samt der Türe hinein,
und das Weitere entzog sich der Betrachtung. Die
Rotte im Freien deckte die Vorgänge, gelassen und
lachend; es war eine bunte Versammlung von
Hängeschnäuzen, in Pelzen und ulkigen Spitz-
hüten, fransig und dreckig; sie wendeten sich an
die Landleute mit gutmütigem Grinsen: ‹Brud,
bittschen, Brud!›

Der Gutsherr hatte sein Töchterchen in das
Haus zurückgedrängt und schickte nun Wein heraus. Indem die Banditen damit herumplanschten,
brachen endlich die Rosse aufs Pflaster hervor,
seltsam hoch und apokalyptisch mit gewitterlich
gleißendem Augenweiß. Sie schwangen die Nüstern und schnaubten, und es zog gewissermaßen
ein Steppenregen im Morgenfrost herauf; das Gesinde, in dem asiatischen Aufbruch erschauernd,
brach in Schluchzen aus, Gewalt des Mitleids er-
faßte Knechte und Mägde, sie versuchten, an die
Tiere heranzukommen, um sie ein letztes Mal zu
berühren; Gott mochte wissen, in welche mon-

475

golischen Verlorenheiten die Lieblinge sich zerstreuten!

Balthasar allein hatte sich noch keineswegs abgefunden. Bald tobte und drohte er, bald stand er in Sinnen verloren; er wechselte zwischen Versuchen der Gewalt und inständiger Überredung, sie beachteten weder das eine noch das andere, und unversehens setzte sich die Koppel mit einem Ruck in Bewegung, der Meisterknecht lief ihr zur Seite und vermochte es in der Tat, sie noch einmal zum Stehen zu bringen. Barbara war herausgeeilt, in Sorge nur noch um den Jüngling, welchen sie ihr gewiß in der Ungeduld schließlich erschlugen. Sie warf sich ihm an den Hals, flehentlich in tausend Tränen, was als eine Erstaunlichkeit für sich fast eine gewisse Beruhigung unter den Verzweifelten bewirkte.

Der junge Mann hatte Sinne nur für seinen Kampf. Er stand auf gespreizten Beinen, unbelehrbar und furchterregend; die Russen fing es an zu gaudieren, der Anblick der Tapferkeit erweckte ihr Wohlgefallen; Barbara verstand, daß sie auf den Tollwütigen einredeten, doch mitzureisen, wenn er sich von den Gäulen nicht trennen wollte.

Damit hieben sie diesen unter die Bäuche, und sie fuhren empor. Sie aufzuhalten gab es jetzt keine Mittel mehr, das sah der Meisterknecht ein. Er schwankte in der Ratlosigkeit noch einen Augenblick zwischen Barbara und den entschwindenden Pferden; als ihn die Russen daherlaufen sahen, hielten sie lachend an, er beanspruchte aber die Führung, schwang sich auf das Tier an der Spitze und fand, da der Morgen neblig war, auch nicht einmal mehr Gelegenheit, seine Leute durch eine fröhliche Gebärde aufzurichten.»

«So ein Teufelskerl!» sagte ich, mit meinen Gedanken wieder ganz bei der lebenden Barbara, welche über der Erzählung ein Tischchen vor uns aufgepflanzt und gedeckt hatte. Ich sah sie aus einer Neugierde an, die in ihr jene längst Verstorbene suchte; die Bemerkung fiel mir ein, durch die auch die Urgroßmutter eine Verwandtschaft im Schicksal der beiden angedeutet hatte; ich fragte danach, kaum daß Bärbchen noch einmal weggegangen war.

Die Knopfbäbe legte mir ihre Hand auf den Arm: «Jene frühere Barbara», sagte sie, «wartete auf ihren Roßknecht, diese auf einen jungen Flieger, der in Rußland verschollen war.»

Die gute Alte konnte nicht wissen, was sie mir damit eröffnete, sie fuhr unverweilt mit der Geschichte fort: «Barbara sank auf ihrem Platze zusammen. Den ersten Schmerz betäubte ihr ein wochenlanges Nervenfieber, in dessen Irresein sie die Wahrheit ihres Zustandes ausplauderte. So hatte sie sich ihrer Tränen nicht zu schämen, als sie endlich zum Bewußtsein erwachte; der Geliebte war noch keineswegs zurückgekehrt, dafür der Winter überm Lande, die leere Einöde des Schnees, der alle Vergangenheit noch immer tiefer überschüttete, die Brandruinen, die zerbrochenen Räder im Moor, die verwüsteten Weinberge und alles, was um Balthasar gewesen war – ihre Augen gaben Ströme von Tränen her.

Sie hat es uns Kindern oft und genau erzählt, und es ist mir so gegenwärtig, als wäre es mir selber

widerfahren: Sie schilderte mit besonderer Ein-
drücklichkeit diese Wartezeit, weil sie sie in einem
hellsichtigen Fieber und aus der Sehnsucht erlebt
hatte. Der frühe Winter taute noch einmal auf, und
Balthasars Ackerfurchen kamen zum Vorschein,
mit Veilchen und Schlüsselblumen, wollte ihr
scheinen, mit fremdländischen fernen Städten in
der Sonne; wenn sie weinte, weinte sie nicht mehr
aus Trauer, sie weinte aus Heimweh nach dem
Mann ihrer Liebe, von dem sie wußte, daß er lebte;
sie sah ihn ja, herumgehend auf den Märkten der
Morgenstädte, sie vernahm in der Nacht das Ge-
trabe seiner Koppel, die er zurückführte das lang-
gedehnte Tal der Donau herauf. Jeden Morgen und
Abend stand sie im Estrich an dem obersten spinn-
webverhangenen Fenster, um nach ihm auszu-
schauen. Diese unheimliche Gewohnheit und die
Ruhe, die sie zurückgewonnen hatte, erfüllte ihre
Leute mit Sorge; man hielt ihre Gläubigkeit für den
kindlichen Zustand der Geistesverwirrung. Das
liebe- und schonungsvolle Zureden des Vaters hatte nicht vermocht, sie von hier fort nach der Stadt
zu locken; die Freundin weilte ein paar Wochen
bei ihr, sie lasen miteinander in der winterlichen
Wohnstube voll Reisig- und Bratapfelgeruch, sie
blickten von ihren Büchern auf, wenn das Schnee-
treiben in den Vorhängen dunkelte, sie vernah-
men die Betzeitglocken, dieselben, die heute noch
schwingen, sie sahen die Holzfuhren im Hofe ankommen, sie aßen gedörrte Birnen und lauschten
auf das Flockenrascheln, in welchem das Land mit
allen Wäldern und Bergen heimlich erbrauste. An
Weihnachten war auch für den Meisterknecht ein

Gabentischchen gerichtet; die Sternnächte klirrten im Froste, und Barbara wollte daran verzweifeln, daß er sie überstand, da draußen unter dem Himmel. Täglich ging sie in ihren Träumereien all seine Wege mit; sie hatten Zugtiere gebraucht für ihre Kanonen, die sie dann doch verloren; sie rosteten in den Schluchten der Tößegg, der Frühling würde sie ausgraben wie Kadaver an der Straße zum Bodensee, im Frühling stand alles wieder auf. Indessen stieg sie täglich zu ihrem Ausguck hinauf; der März, der sehr warm hereinschien, erlaubte es, viele Stunden an dem heimeligen Orte zu verbringen, Barbara stöberte in Kasten und Truhen, die hier verstaubten, sie fand uraltes Spielzeug ihrer Ahnen, fand Brautkränze und Mieder und farbige Uniformen, fand Briefe und putzige Altärchen aus Papierblumen unter Glas.

Plötzlich eines Tages schreckte sie davon auf. Sie war sehr schmal und geisterhaft geworden; sie bestand gleichsam nur noch aus Augen. Sie lauschte zwei oder drei Herzschläge lang, mit den Händen an der Stirne, und raste sodann die Treppen hinab: ‹Er kommt!› schrie sie, ‹er kommt!›

Die Mägde brachen in Tränen aus beim Anblick ihres hellen Wahnsinns, der Vater schloß sie beruhigend an sein Herz und streichelte ihr übers Haar; sie flatterte im Schluchzen, sie hüpfte wie ein Kind, sie hatte Balthasar an seinem Geißelknallen erkannt, sie stand aber noch eine Stunde vor dem Gartenzaun, bis in der Tat ein Getrappel vieler Hufe vom Tale heraufklang und der Geliebte hoch zu Roß, in der Mitte frohen Gewiehers, mit dem ganzen Besitztum herandonnerte. Er mochte sich

479

in den Nachtstunden des Lagers seine Gedanken gemacht haben; trotzdem näherte er sich in seinen Stiefeln recht zaghaft, die Kappe lüftend und lächelnd, Barbara versagten die Füße; er wurde nicht sogleich klug darüber, was er von dem sturen Ausdruck ihres Gesichtchens zu halten hatte; sie taumelte ihm in die Arme.»

Wieder betrachtete ich Bärbchen, so als ob sie es gewesen wäre. Es war Abend geworden, die Bauern kehrten mit Wagen voll Kraut und Obst von den Feldern heim. Es war mir neu, überm Ried eine Fliegerstaffel wie früher die Störche kreisen zu sehen; Bärbchen ging ihr auch mit den Augen nach, ein Gefühl von Enttäuschung über sie, die ich allzu kindhaft eingeschätzt hatte, machte meine Schwermut voll; ich bedankte mich bei den beiden, ging in den Gasthof zurück und bezahlte. Ich wanderte den Weg zurück in tiefer Versonnenheit, die Dörfer läuteten mir zur Begleitung, die Frösche aber tauchten heimlich hinweg, sprangen von den Bördern mit einem schmatzenden Geräusch – ich wanderte weit in die tiefe Nacht hinein.

RUDOLF JAKOB HUMM

Das Schneckenhaus

In diesem Zeitalter der Tatsachenberichte möchte ich eine Geschichte erzählen, die vom ersten bis zum letzten Wort erfunden ist. Was in ihr sich abspielt, hat sich nie begeben und kann sich auch gar nicht begeben haben. Der in ihr beschriebene Dr. Cohn hat nie existiert, ebensowenig hat ein Fräulein Chlodetzky je gelebt. Was beiden widerfuhr, ist im höchsten Maße unwahrscheinlich, und dafür wird mein Leser mein bester Zeuge sein. Aber ich habe das Gefühl, es sei wieder an der Zeit, die Phantasie in ihre Rechte einzusetzen und das Publikum dort anzugreifen, wo es dies am wenigsten erwartet: bei seiner Einbildungskraft. Sonst schläft es inmitten seiner wahren Geschichten wie zwischen Sauerkraut- und Heringsfässern ein, hält das Unerhörteste für unerheblich und verliert jedes Kriterium für der Dinge wirkliche Wahrheit. Herrn Cohn nenne ich übrigens nur darum Cohn, weil Cohn ein allgemein jüdischer Name ist, und diesen jüdischen Namen lege ich ihm bei, weil nur ein Jude der bescheidene Held meiner unwahrscheinlichen Geschichte sein kann. Den Namen Chlodetzky, den es vermutlich gar nicht gibt, wählte ich aber seines polnischen Klanges wegen und weil ich ihn für ein österreichisches Fräulein passend fand, das von jenen adeligen, heute verarmten Familien abstammt, in denen der Mann zur Frau nicht sagt: «Hast du mich lieb?», sondern: «Hat Sie mich lieb?»

Ich lernte das Paar unter den ungewöhnlichsten Umständen kennen.

In Zürich gibt es eine Universität; dies ist übrigens nicht erfunden, sondern beruht auf Wahrheit. Ein solches Institut ist vorhanden und sogar bemerklich und ist in einem Bau untergebracht, der das Meisterwerk des verstorbenen Architekten Moser ist; einem Bau, den ich sehr liebe. Wie er in dem Zürcher Stadtgelände sich erhebt, auf freiem Plan das Tal und die Altstadt überragend, klar gegliedert in zwei Gebäude, die ein mittlerer Turm verbindet, überwölbt von helmhaubenähnlichen, braunen Dächern, die sanft chinesisch schwingen; und wie er dort auf der Höhe von zarten Pappeln und Birken umgeben ist und von kleinen Rasenflächen, in denen Sandsteinfiguren von der gleichen birkensanften Demut wie die Bäume stehen, ist mir der Bau immer das Sinnbild jener längst entschwundenen, gläubigen Zeit gewesen, wo durch das Weltbürgertum wie ein Zittern von Erlenblättern die staunende Vermutung zog, es könnte eine Epoche des ewigen Friedens mit ihm angebrochen sein – eine Vermutung, die im damaligen Kosmopolitismus, in der festen Verflechtung des Welt-

482

handels wurzelte, und die allerdings so schwach
und ungewiß war wie der Charakter dieses Welt-
bürgertums selbst. Die Ereignisse bewiesen nach-
mals, wie hilflos es den Tücken seiner Grundver-
fassung gegenüberstand. Es war eine Welt der Ver-
säumnisse. Aber diese zarte Gläubigkeit, dieser
freundliche Optimismus findet sich an dem Zürcher Universitätsgebäude und an seinem gebrechlichen Zierat von Pappel- und Birkenbäumen sowie in der ergebenen Neigung des Nackens so
mancher der dort knienden Figuren auf eine wun-
derhübsche, rührende Weise ausgedrückt. Dieser
Stil ist heute, wenige Jahrzehnte nach seinem Entstehen, schon nicht mehr nachzuahmen. Wie das
schöne Gebäude dort oben ragt, mit seinen Säulen,
die nichts tragen, und dem obersten Kronentürm-
chen, auf dem nie ein Mensch zu sehen ist, lächelt es
verhalten und heiter wie die freisinnige Welt. Etwas Nettes, Offenherziges ist an ihm, und nur
seine zu große Zartheit wird uns verdächtig. Der
Grazilität des Jünglings, der uns vorgibt, das Pferd
zu bändigen, traute ich schon als junger Student
nicht, als ich die Stufen der neuen Universität
erstmals emporstieg; sie machte mir die Zukunft,
in die ich hineinwachsen sollte, ungewiß: ich fühlte, der Gaul würde noch einmal durchbrennen und
vielmal wilder, als Kappeler ihn darstellt, über den
Planeten rasen.

Im westlichen Flügel des Universitätsgebäudes
ist das Zoologische Institut untergebracht, in dem
sich eine ansehnliche Sammlung befindet, die dem
Publikum zur Besichtigung offensteht. Und in
dieser Sammlung befand ich mich am Nachmittag

des von uns allen erlebten 8. Mai 1945. Es war der
Tag, den wir in der Schweiz den Tag der Waffen-
ruhe nannten, der aber in der Welt als der «victory-
day» gefeiert wurde. Ein wunderbarer, unwirk-
licher Tag! Wer erinnert sich nicht daran! Ein herr-
liches Wetter, die Kinder schulfrei, die Läden geschlossen, alles auf der Straße, der See voller Schiff-
chen und Segel; und diese wunderliche, innere
Umstellung, die sich langsam vollzog: zu wissen,
der Krieg sei vorbei, das Morden und jede Grausamkeit habe ein Ende. Langsam, ganz langsam
vollzog sich die herrliche Wandlung, gelangte man
zum Bewußtsein, daß in Europa kein Schuß mehr
fiel, kein Jude mehr vergast wurde; daß das Ge-
geifer, das uns zwölf Jahre lang verfolgt hatte, für
immer verstummt sei und daß ein menschliches
Wort wieder geredet werden könne. Noch tags
zuvor hatten die Sirenen aufgeheult; der Alarm
hatte zwei Stunden gedauert, so lange hatten meine
blauen Kameraden am Helvetiaplatz ein letztes
Mal unter der Erde gesessen, und so lange hatte es
gewährt, bis die Luft vom Mufti von Jerusalem
gereinigt war, der da oben herumkutschierte und
bei uns ein Asyl suchte, das er aber nicht fand, weil
er sofort wieder hinausbefördert wurde. Und nun
war alles endgültig fertig.

Ich war am Vormittag das Seeufer entlang
gegangen, wo lauter Menschen standen, saßen, gingen, in der gleichen weichen Stimmung wie ich.
Ich war Dr. Gridazzi vom Arbeitsamt begegnet,
der mit seinen zwei niedlichen Mädchen auf einer
Bank saß, auf der er sich einen friedlichen, vergnügten, amtsfreien Vormittag machte. Und als

ich dann weitergegangen war, hatten die Glocken
zu läuten angefangen; und selten habe ich schönere
Glocken gehört als diese vom 8. Mai. Es war in
diesen Glocken kein Überschwang, keine stürmi-
sche Freude; sie wehten über das Land wie ein
wohltätiger Wind; die Töne waren wie ein Meer
kleiner, farbiger Blumen; es waren so Margeriten-
töne, nicht wahr, mein Leser?

Diese Glocken gemahnten mich aus einem persönlichen Grund auch an das Meer; ich war vorhin,
nachdem ich Dr. Gridazzi verlassen hatte, einer
Dame begegnet, die mir Nachrichten von einem
Freund gegeben hatte, der im Ozeanologischen
Institut von Neapel angestellt war, jenem Institut
mit dem weltberühmten Aquarium, das ich unter
seiner sachkundigen Führung viele Jahre vorher
besichtigt hatte. Von diesem Freund, einem Italiener, hatte es geheißen, er sei während der Kämpfe
in Neapel gefallen; nun erzählte mir aber die Dame,
daß er nur verwundet worden war. Die Nachricht
war ein Geschenk mehr an diesem «victory-day»;
und ich hatte also an diesen Freund gedacht und
an die Wunder der Meerestiefen, die mir aus jenem neapolitanischen Aquarium entgegengeleuch-
tet hatten, als die Zürcher Glocken zu läuten anfingen, Blumen der Freude durch die Lüfte wirbelnd
und in meinen Untergründen eine Bewegung aus-
lösend, die mich sehnsüchtig in die Ferne warf.
Ach, wieder reisen, wieder das schöne, weite, warme
Meer jenseits der Berge sehen können!

Ich war dann weitergegangen, ziellos durch das
obere Seefeld, immer lauter glücklichen Menschen
begegnend, unter anderem einem Obersten, der

485

mit einem Freund spazierte und der mir einen Blick
zuwarf, wie ich ihn wohl nie von einem straffen,
alten Offizier sonst bekommen hätte, solch einen
glücklichen, gelösten Blick, der mir bedeutete:
Endlich ist's vorbei! Endlich bin ich à disposition,
mein Freund! Ich war ins Hottinger Viertel hinauf-
gewandert und dann in einem weiten Bogen bis
zum Universitätsgebäude gelangt, an dessen west-
lichem Eingang ich gerade vorbeiging, um nach
Hause zu gehen. Und sei es nun, weil ich mich
wieder jung fühlte wie in den Tagen, da ich ein
Semester in diesem Gebäude verbracht hatte, sei es,
daß ich mich erinnerte, die zoologische Sammlung
das letztemal vor Jahren mit meinem neapolitanischen Freund und meinem Sohn besucht zu haben,
als dieser noch ein kleiner Bub war, der kaum über
die Kasten hinwegsehen konnte, in denen das wunderbarste Muschelzeug ausgestellt lag; kurz, das
Tor, das zufällig offenstand, lud mich so freundlich ein, es zu betreten, daß ich über den kleinen
Platz zwischen den Fischweihern einschwenkte,
um die Sammlung wieder zu sehen, die aus zusam-
mengeklungenen Farben des Meeres bestand.

Der Wärter sagte mir, er erwarte zwar jeden
Augenblick die Weisung, das Tor zu schließen, um
sich ebenfalls einen freien Tag zu machen; doch
möge ich einstweilen eintreten. Und bald stand ich
vor den Glaskästen, auf deren Grund die schaum-
geborenen Wunder lagen. Da lagen sie, diese Spielzeuge der Nereiden, geronnen aus Kalk und Salz
und Klang der Wellen, jedes noch in seiner Form
das Fluten und Wogen des Meeresgrundes bewah-
rend; kleine Wiegen des Lebens auf Sand und

Felsen, von verwöhnten Bewohnern zeugend, die nur das Leuchtendste gewählt, ihre hübschen Gehäuse zu schmücken. Da waren sie, das an eine japanische Vase erinnernde Wolkenhorn, die Tigerschnecke, das lustig getupfte Chinesische Rechenbrett, die Harfenmuschel, das entzückende Wirbelhorn, das raffinierte Klöppelkissen, der kurze, rote Herzogsmantel (als ob für den Duc de Guise bestellt) und der mächtige, in Form einer chinesischen Dose sich verschließende Weiße Tiger, ein ganz seltenes Muschelporzellan! Dann das Silbermündchen, die rote Kammuschel, die Arche Noah mit ihrem braunen, südseeisch anmutenden Strichmuster; der wirre, phantastisch krause, in Weiß und Rosa ausschäumende Spanische Reiter; die in feinstem japanischen Stil rot auf weiß gezeichnete Nerite, die zackige Fußangel, der Babylonische Turm, das große, grüne, an einen deutschen Kachelofen erinnernde Knobelhorn, die Tabakpfeife, die gezackte Papstkrone, der Gebänderte Mohr, das niedliche Helmchen und das große und das kleine Argusweibchen. Dazu Trompeten und Kreisel und Buchstabenmuscheln aller Art.

Sie entzückten mich wie je; ich betrachtete sie alle lange, und ich dachte auch darüber nach, ob nicht der bleibende Eindruck dieser lustigen, klingenden Muscheln, ihr Buntes, Krauses und Geschnörkeltes mit dazu beigetragen habe, in meinem Jungen jenen Figuren- und Farbensinn zu entwickeln, den er damals noch an seine Marionetten wendete, die er alle selber schnitzte, bemalte und bekleidete. Damals, sage ich, denn heute treibt er erwachsenere Spiele.

Schließlich gelangte ich zu einem Kasten, in dem einige unansehnlichere Exemplare lagen und in den ich nur flüchtig einen Blick warf; aber der Name, der unter einer Landschnecke auf einem Zettel zu lesen stand, hemmte meinen Schritt: *Helix nemoralis burocratica.* Burocratica? dachte ich. Kurioser Name! Aber vielleicht legten die Zoologen dem Wort eine andere Bedeutung bei. Sie erfinden ja manchmal die wunderlichsten Namen; so hatte ich da schon einen «conus litteratus» und eine «haliotis asinina» gesehen. Ich wollte bereits weitergehen, als ich beim Michabwenden einen opalisierenden Glanz auf dem kleinen, grauen Gehäuse wahrnahm, als hätte sich das Licht des Fensters auf eine besondere Art schnell darin gespiegelt. Doch der Glanz bestand unter jedem anderen Winkel weiter; ja er wurde leuchtender, bald erstrahlte das Schneckenhaus in einem wunderbaren sanften Licht, als ob es phosphoreszierend geworden wäre. Ich trat näher heran, bückte mich darüber; das Leuchten nahm zu, und nicht nur schimmerte der kleine Kreisel im wunderhübschesten, perlmutterfarbigen Licht, sondern mit einemmal wippte er kaum merklich und doch sehr deutlich, und wippte noch einmal, als ob das Tier darin lebendig geworden wäre und sich nun anschickte, hervorzutreten. Was mochte das nur sein? In diesem Augenblick hörte ich Schritte hinter mir und erblickte einen alten Herrn, der in Hut und Mantel zum Ausgang schritt und den ich sofort als den Leiter des Zoologischen Institutes erkannte, zwar eben nicht, weil er der wirkliche Ordinarius gewesen wäre – dieser wird gern bezeugen, daß wir uns

488

nicht kennen und nie zusammentrafen –, sondern weil er akkurat der von mir zu diesem Institut für die Zwecke meiner phantastischen Geschichte erdichtete, traumwirre Institutsvorsteher war. Darum erkannte ich ihn sogleich. Dieser von mir erfundene Gelehrte, Professor A. (der richtige heißt Professor P.), ging eilig und zerstreut durch den Raum, bedeckt von einem schwarzen Kalabreserhut und vierfach in seinen Mantel gewickelt, als ob er ein großes Muschelhorn wäre. Er sah aus wie ein Zauberer, der seine Arbeit abgeschlossen hat und nun nach Hause geht. Ich warf noch einmal einen Blick auf das seltsam leuchtende Schneckenhaus, überzeugte mich, daß es wirkliches Licht ausstrahlte und dabei ganz leise wippte, dann trat ich entschlossen auf den in sich gedrehten bärtigen Gelehrten zu und fragte ihn, welche Bewandtnis es mit dieser Schnecke habe. Der krause Bartgreis wickelte sich aus seinem Mantel.

«Ach», lächelte er, und dabei glänzten seine Zähne wie Perlmutter. «Sie wundern sich wegen meiner Burocratica. Ein kleiner Scherz von mir. Die meisten Besucher beachten ihn kaum. Es ist eine gewöhnliche Hainschnecke, die ich spaßeshalber so getauft habe. Drüben können Sie auch einen echten Amtsschimmel sehen, und weiter hinten das herrlichste Kamel und ein durchaus überzeugendes Rhinozeros. Auch haben wir ein Krokodil, das echte Tränen weint.»

«Aber sie leuchtet!» sagte ich. «Und sie wippt! Ja, es ist etwas los mit Ihrer Schnecke; ich weiß nicht was, aber etwas Besonderes geht mit und in ihr vor!»

Wir waren beide vor den Kasten getreten, und ich merkte, daß der Institutsvorsteher nach Seegras roch.

«Wahrhaftig!» murmelte er. «Warten Sie einen Augenblick.»

Er verschwand in den Raum, aus dem er gekommen war, und erschien bald darauf mit einem Schlüsselbund. Er bewegte sich, als ob ein Wind um ihn wäre.

«Das werden wir gleich haben», sagte er.

Der Meergreis – er erinnerte mich wirklich an einen Meergreis – steckte den Schlüssel in das Schloß, hob den Glasdeckel und löste mit dem Taschenmesser das Schneckenhaus vorsichtig von der Unterlage, auf die es mit einem Tropfen Cementit geklebt war. Er hielt das leuchtende kleine Ding in der Hand und betrachtete es von allen Seiten. Das Gehäuse lag jetzt seitlich, und man sah deutlich, wie das Wintertürchen, das den Eingang verschloß, in einem fort zuckte, als ob ein Tierchen im kleinen Gebäude wäre, das mit großer Anstrengung das Türchen aufzudrücken suchte.

«Ist ein Leuchtkäfer in das Schneckenhaus hineingeraten?» fragte ich, denn ich konnte mir das Phosphoreszieren gar nicht anders erklären. Der Professor warf mir einen mitleidigen, perlenbleichen Blick zu.

«Leuchtkäfer!» sagte er. «Ich weiß nicht, ob Sie würdig sind, in die Intimitäten dieses Schneckenhauses eingeweiht zu werden. Können Sie schweigen?»

«Ich bin Schriftsteller!» erklärte ich.

Davon war aber der alte Herr nun gerade nicht begeistert.

490

«Hm!» knurrte er.

Ich nannte ihm meinen Namen, und darin war ich wohlberaten; denn seine Augen leuchteten meerblau auf, seine Stirne wurde korallenrot vor Freude. Er beteuerte, meine Zeitungsartikel oft gelesen zu haben und von ihnen entzückt zu sein; das Vertrauen, das ich ihm sofort einflößte, war erhebend. Er klopfte mir freundlich auf die Schulter, nannte mich einen braven Kerl und forderte mich auf, ihm in sein Kabinett zu folgen. Kurz, er benahm sich in allem wie ein gänzlich unwahrscheinlicher Professor, aber er tat es so köstlich, daß es mir wohltat, ihn in diese Geschichte eingeführt zu haben. Ich folgte ihm.

«Sie sollen jetzt das Wunderbarste erleben, das Ihnen je begegnet ist», sprach er, als er sich seines Mantels entledigt und sich an seinen Arbeitstisch gesetzt hatte. «Nehmen Sie dort den Stuhl und setzen Sie sich zu mir.»

Und indes er dies sagte, bückte er sich über das kleine Schneckenhaus, klopfte mit der Klinge des Taschenmessers behutsam ein paarmal an die Wandung, horchte daran, schüttelte vergnügt den Kopf, dann legte er die Schneide der Klinge vorsichtig an den feinen Spalt, der sich zwischen dem Gehäuse und dem Türchen öffnete. Im gleichen Augenblick erlosch das Licht, das vom Gehäuse ausging.

«Aha», lächelte der alte Herr. «Sie haben etwas gemerkt!»

Und mit freundlichem Knurren schob er die Klinge langsam tiefer in den Spalt; dann bog er sie langsam um und brachte das Türchen sanft zum

Aufschnappen. Nun lag das Schneckenhaus offen da. Der interessante Greis legte es auf den Tisch, die Öffnung uns zugekehrt und so, daß die umgekippte Türe wie eine Fallbrücke auf das grüne Löschblatt hinabführte, auf dem das Gebäudlein ruhte.

«Jetzt passen Sie auf!» sagte er. «Und halten Sie den Atem an. Am besten binden wir uns Taschentücher vor die Nase.»

Das taten wir, und nun starrten wir hinter der Vermummung, ohne ein Wort zu sprechen, auf die Öffnung. Es dauerte eine geraume Weile, bis ein winziges Ding darin sichtbar wurde. Ich traute meinen Augen nicht; das Ding zog sich schnell zurück, und ich dachte, ich hätte mich versehen.

«Dort drüben auf dem Tisch liegen einige Vergrößerungsgläser; die können wir brauchen», sagte mein Professor.

Ich holte sie; jeder von uns hielt eins vor die Augen; und als sich das Ding gleich darauf wieder zeigte, bestand für mich kein Zweifel: es war ein winziges weibliches Figürchen, das vorsichtig auf die Fallbrücke trat und mit einem minuskülen Fuß deren Festigkeit probierte; es wandte sich gegen die Höhlung zurück, in die es noch seinen Arm hineingestreckt hielt; und dann sahen wir, wie ein zweites Figürlein, genauso winzig wie das erste, und das dieses bei der Hand hielt, mit einigem Widerstreben ebenfalls den Fuß auf das umgekippte Türchen setzte. So gingen sie Schritt für Schritt über die Fallbrücke, sehr langsam, denn das zweite Figürchen rutschte öfters aus und schien etwas schwach auf den Beinen zu sein. Dieses zweite

Figürchen war aber nicht weiblichen Geschlechts; es trug schwarze Hosen, und der winzige Klecks, der sein Gesicht vorstellte, war entschieden bleich. Äußerst leise und vorsichtig schritten sie über den Deckel, wobei das Weiblein das Männlein bei der Hand führte, bis sie auf dem grünen Löschpapier angelangt waren, wo sich das Fräulein sofort niederließ und den kleinen Mann an sich zog, dessen Kopf, den er hängen ließ, als ob ihm miserabel wäre, es an sich drückte und streichelte. Der Ärmste schien wirklich übel dran zu sein. So saßen sie da wie ein Liebespaar auf einer grünen Wiese.

«Atem anhalten!» flüsterte der Professor. Dabei entfernte er behutsam das Schneckenhaus und versorgte es an einer andern Stelle des Tisches.

Die beiden winzigen Wesen saßen auf ihrem Löschblatt, als ob sie erst ihre Erlebnisse verdauen müßten. Dabei erwies sich der kleine Herr entschieden als weniger tüchtig als das Frauenzimmerchen; denn er mußte ausgiebig umarmt, gestreichelt und hie und da geküßt werden. Das kleine Fräulein tat sein Bestes, um den Kerl aufzumuntern, tätschelte sein Händchen, flüsterte ihm ins Ohr, bürstete sein Haar, benahm sich in allem, als ob er ein Dichter wäre. Etwas dichterisch Verkommenes hing dem Männchen zweifellos an; es hätte auch ein winziger Kaffeehausgeiger sein können. Aber schließlich schien es sich erholt zu haben; die kleine Frau wandte das Gesicht uns zu und winkte mit einem allerwinzigen Taschentuch.

«Bleiben Sie hier und beobachten Sie das Paar», raunte mir der Professor zu.

Er erhob sich, begab sich an den Wasserhahnen

493

und ließ Wasser sprudeln. Er kam kurz darauf mit einer kleinen Glasschale von der Größe eines Uhrglases zurück. Im Glas schwamm ein wenig Wasser. Er schnitt aus Papier einen Steg und legte ihn an die Schale an.

«Jetzt passen Sie auf», sprach er.

Die zwei ameisengroßen Menschlein erhoben sich und schritten über den Papierstreifen zum Rand der Glasschale hinauf. Dort angelangt, warf sich die Frau ohne weiteres ins Wasser, während der Mann erst den Finger darein tunkte, um seine Temperatur auszuprobieren. Dabei rutschte er aber aus und purzelte in den Behälter. Das Bad schien ihn zu erfrischen; die beiden nahmen sich bei den Händen und hüpften und sprangen in der kleinen Wasserlache, tauchten öfters unter, gossen Wasser über ihre Häupter und wurden zu meinem maßlosen Erstaunen dicker und größer. Als sie das Schwimmbecken verließen, waren sie bereits so groß wie ein Fingerhut, und der Papierstreifen bog sich merklich unter ihrem Gewicht. Dafür enthielt das Schälchen weniger Wasser als vorher.

Der seltsame Professor holte eine zweite, größere Schale herbei. Auch in dieser Schale schwammen und pantschten die Persönchen munter umher, und so ging es von Schale zu Schale fort, bis sie so groß waren wie Sandpilze und man sie deutlich wispern hörte. Sie hatten ganz feine, hohe Stimmchen, aber was sie sprachen, verstand man nicht. Zu den letzten Schalen hatte der Professor keinen Steg gebaut, sondern er hatte die Liliputaner einfach gehoben und in die Schale getaucht.

«So», sagte er schließlich, «jetzt kommen sie

in die Akkumulationszelle, bleiben Sie so lange hier.»

Er legte die beiden in einen flachen Korb und verfügte sich mit ihnen in einen andern Raum. Nach einer Viertelstunde kam er zurück und sagte, sie seien jetzt groß genug, selber die Hahnen zu drehen und den Strom zu regulieren, und er lud mich ein, in seinem Studierzimmer zu warten, bis sie fertig ausgewachsen wären. Wir setzten uns in zwei Korbstühle, der alte Herr bot mir eine furchtbar krause und verdrehte Zigarre an, die an den Gebänderten Mohren erinnerte, die aber gut schmeckte, und während wir pafften, erzählte er mir die traurige Geschichte der beiden in der Akkumulationszelle. Ja, das sei wirklich eine traurige Geschichte!

Der Mann, erzählte er, sei ein gewisser Dr. Cohn aus Wien und die Frau ein Fräulein Chlodetzky, ebenfalls aus Wien, und sie seien namenlos ineinander verliebt gewesen und hätten eine Familie gründen wollen, wie das so üblich sei. Am Tag vor ihrer Hochzeit sei aber das bekannte Nasobem – ein Tier, das nur in der Politik vorkomme – aus dem Tierkreisbild der Waage in jenes des Skorpions hinübergewandert, und das habe alle Verhältnisse in Österreich umgewälzt; dem Cohn sei verboten worden, die Chlodetzky zu heiraten oder auch nur anzugucken, und der Chlodetzky habe man angedroht, sie kahl zu scheren, wenn sie sich noch länger für seine Braut ausgebe. Kein Standesbeamter habe sie mehr trauen wollen, und auch die Geistlichen, alle schon nasobemisch bebändert, hätten versichert, der liebe Jesus sei jetzt nicht mehr dafür, daß sie ihre beiden sehr verschiedenen Nasen auf ein und dasselbe Kissen zum Schlafen niederlegten. Plötzlich sei das nämlich eine Rassenschande. Gut, sie seien nach der Schweiz gereist in der Hoffnung auf bessere Gesetze, aber auch hier habe kein Knochen sie kopulieren wollen! Auf den Standesämtern hielt man ihnen Staatsverträge vor, und in den Pfarrhäusern bedauerte man die Verlegenheit, in die man sich versetzt fand, weil sie aus Wien kein Leumundszeugnis bekommen konnten. Sie kehrten sich natürlich nicht daran, hielten sich für ausreichend verheiratet und lebten pflichtgemäß gewissenhaft zusammen, doch liebe Nachbarn zeigten das Verhältnis an, und die Sittenpolizei steckte die Nase in ihre Ehe und dann die beiden ins Gefängnis. «Leben wir nicht in einem lieblichen Jahrhundert?» knurrte mein Professor. Aus dem Gefängnis entlassen, fand man etwas Neues an ihnen heraus, nämlich daß sie Emigranten wären. Der Doktor mußte in ein Lager, Bäume zu fällen, und seine Frau ebenfalls in ein Lager, Socken für die Soldaten zu stricken. Beiden behagte aber die Arbeit nicht, begreiflich, denn sie hatten etwas anderes gelernt. Der Doktor war Zoologe, das Mädchen hatte das Klavierdiplom. Sie flohen aus dem Lager, wurden eingebracht und mußten ins Zuchthaus wandern, wo sie über das Nasobementum grübeln und Tüten kleben konnten. Hierauf kamen sie wieder in ein Lager. Der Doktor mußte Straßen planieren und das Fräulein Bibeln binden. Behagte ihnen ebenfalls nicht.

«Ihre Odyssee war noch lange nicht zu Ende!» seufzte der geheimnisvolle Alte. «Von Lager zu

Lager kamen sie endlich in zwei, die nicht weit
voneinander entfernt lagen; sie genossen das
Glück, einander über den Zaun zuwinken zu können, kamen auch einmal zusammen und beschlossen, nochmals zu fliehen, koste es, was es wolle,
und sich irgendwo zu verbergen, wo kein Nasobementum sie erreichen könne. Doch kaum zum
Lager heraus, war ihnen die Polizei schon wieder
auf den Fersen, und auf der Flucht vor dieser
rannten sie auch einmal den Zürichberg herunter
und witschten in mein Institut herein, weil sie
dachten, ein Zoologe würde einem andern vielleicht helfen. Und weiß Gott, ich hätte dem Kollegen geholfen, selbst wenn er bloß ein Botaniker
gewesen wäre, so leid taten mir die beiden!

Ich staffierte sie neu aus, denn sie waren völlig
abgerissen, und weil sie sich nirgends zeigen konnten, nahm ich sie zu mir ins Institut, wo ich den
Mann gut brauchen konnte, weil er doch Zoologe
war. In einem kleinen Zimmer mikrotomierte er
Schneckenhörner (jawohl, die haben manchmal so
einen komischen Schlauch als Parasiten), und für
sie stand im gleichen Zimmer ein Klavier, das ich
bei Jecklin gemietet hatte. Gehalt bezogen sie
keins, weil das nicht erlaubt war, da sie im verkehr-
ten Land geboren waren. Für Eheleute hielten sie
sich nach wie vor, und ich hatte nichts dagegen.
Doch kam der Polizei die Musik im Institut verdächtig vor, und sie fand bald heraus, daß es steck-
brieflich verfolgte Herrschaften waren. Obendrein
lebten sie von mir, was doch streng verboten war.
So wollte sie sie mir nehmen. Bevor sie sich aber
darüber schlüssig werden konnte, ob sie sie wieder

ins Lager, ins Gefängnis oder ins Zuchthaus stekken wollte, beschloß ich, sie an einen sicheren Ort zu bringen, wo bestimmt keine Polizei sie suchen würde. Ich reinigte also ein Schneckenhaus, desinfizierte es sorgfältig, kaufte Vorräte, die einige Jahre reichten; dann stellte ich sie unter meine Apparatur, verabschiedete mich von ihnen herzlich und reduzierte sie. Das ist die Geschichte dieser beiden armen Kreaturen.»

So schloß der Professor. Er schneuzte sich, dann begab er sich wieder in den andern Raum, und als er zurückkehrte, meinte er, die beiden würden jetzt wohl bald ihr Normalformat erreicht haben, doch würden sie tropfnaß sein, und zur Verhütung eines Schnupfens wäre es ratsam, sie mit trockenen Kleidern zu versorgen. So begab ich mich schnell nach Hause, wo ich zur Verwunderung meiner Familie, die um den Mittagstisch versammelt war, einen Anzug meines Sohnes und ein Kleid meiner Tochter verlangte sowie einige Unterwäsche, was ich alles in einen Koffer packte. Mit dem Koffer setzte ich mich in ein Taxi und fuhr ins Zoologische Institut hinauf.

Hier standen Dr. Cohn und Fräulein Chlodetzky bereits im Studierzimmer und zitterten, während unter ihnen sich Wasserlachen ansammelten. Sie nahmen die Kleider in Empfang, und während sie sich umzogen, erklärte mir der Professor, daß die guten Leutchen infolge ihrer Verwandlung noch etwas verängstigt seien und daß er ihnen vorhin ein Euphorie schaffendes Mittel verabreicht habe in Form zweier steifer Wacholderdestillate, vom Volk Steinhäger genannt. Kurz darauf hörten wir sie drüben lachen, und bald darauf erschienen sie wieder im Studierzimmer, beide strahlend vergnügt, namentlich Fräulein Chlodetzky, die sich dem Professor um den Hals warf und ihn stürmisch verküßte und dann auch ein bißchen weinte, während Dr. Cohn diesmal munterer war als sie, sich die Hände rieb und in einem fort sagte: «Prächtig! Prächtig!», was sich auf die herrliche Abwicklung der Retroreduktion bezog. Wir bekamen alle wieder ein Wacholderdestillat verabreicht, was die Euphorie ungeheuer befestigte (das sei wichtig, flüsterte mir der Professor zu) und auf Fräulein Chlodetzky die Wirkung tat, daß sie eine Menge neugieriger Fragen stellte, darunter die, ob sie das margeritchenähnliche Geläute heute morgen richtig gedeutet hätten und ob heute wirklich endlich «victory-day» sei. Was wir gern bestätigten. Dann erzählte sie viel Erheiterndes von Dr. Cohn, der seit zwei Jahren – so lange hatten sie im Schneckenhaus verbracht – seinen Kneifer und seine Sockenhalter vermisse. Im Schneckenhaus sei es im Winter manchmal bitter kalt gewesen, und Dr. Cohn habe dann und wann Turnübungen machen müssen, um sich zu erwärmen; im Sommer hätten sie auch manches Ungemach durch Milben ausgestanden, die, so groß wie Meerschweinchen, durch den Spalt in ihre Behausung eingedrungen seien. Interessant seien aber Dr. Cohns Untersuchungen über die Ultrabakterien und Viren, die er durch das reduzierte Mikroskop beobachtete, in dem sie so groß wie Maikäfer zu sehen waren; darüber habe er fünfhundert Seiten Manuskript geschrieben. Und überhaupt, die Einsamkeit sei herrlich gewesen, und sie hätten ein richtiges Eheleben geführt.

«Und jetzt wollen wir an die Luft und den ‹victory-day› feiern!» schloß das Mädchen. Dr. Cohn hatte eine einzige Bemerkung getan, weil er fast nicht zu Wort gekommen war.

So verfügten wir uns in die Wohnung des Professors, wo dieser telephonisch schon eine reiche Mahlzeit bestellt hatte, die aus allerhand Zoologika bestand, die der Professor, ein passionierter Jäger, zusammengeschossen und -gefischt hatte. Unter Scherzen und vielen Erzählungen, wozu Dr. Cohn einige veraltete jüdische Witze beisteuerte, verbrachten wir den Nachmittag, und gegen Abend begaben wir uns in meine Wohnung. Die Herrschaften hatten mich nämlich in ihr Herz geschlossen; Dr. Cohn brachte sogar die schmeichelhafte Bemerkung an, was er im Schneckenhaus am meisten entbehrt habe, seien meine Zeitungsartikel gewesen. Aber lassen wir das! Wir begaben uns also zu mir nach Hause.

Nun waren wir aber noch nicht in meiner Wohnung angelangt, als auf der Schifflände ein Gewirr von Stimmen und Gesänge und Gitarren laut wurden; der Platz war dicht voll Menschen, und durch die Menge zog sich eine Schlange von jungen Leuten, die alle einander bei den Schultern hielten und, sich mit einem lustigen Singsang begleitend, über den Platz und dann die Gassen hinauf und wieder hinunter und über die ganze Straßenbreite bis zur Limmat hin einhergingen; eine Schlange von vielen hundert freudigen Menschen, die alle drei Schritte vor und einen Schritt zurück taten und

500

sich als sangestrunkener Friedensfreundschafts-
wurm durch die stark belebten Zuschauer drängten. Das war ganz nach dem Geschmack unserer
Österreicher. Sofort mußten wir uns mit ihnen auf
den Platz hinunterbegeben und uns der Reihe an-
schließen, der Professor, seine Gattin, meine Frau,
mein Sohn, meine Tochter und ich. So wackelten
wir, immer drei Schritte vor und einen zurück,
bisweilen das linke, dann das rechte Bein hinaus-
streckend, über eine Stunde durch die Zürcher
Altstadt. Überall erklangen Gitarren und Hand-
harmonikas, und in den Türen der Kneipen standen die Gäste und boten uns mit Wein gefüllte
Gläser an. Singend und reichlich angesäuselt, zogen wir im Gänsemarsch einher, hielten alle Stra-
ßenbahnen auf und waren so ausgelassen, wie selten Schweizer sind, namentlich mein Professor,
der unter seinem Kalabreserhut wie ein Wilder
hopste und mir dann und wann zuraunte, er freue
sich, daß ich ihn erfunden habe, denn damit könne
er seine Universitätskollegen ein bißchen kompro-
mittieren.

So verbrachte ich den «victory-day».

Der Leser hat längst begriffen, wo meine Geschichte hinaus will. Er erlasse es mir, mit der
gleichen Ausführlichkeit die weiteren Schicksale
meines Pärchens zu berichten.

Es leuchten die Spielzeuge der Nereiden im
Meer; es schimmern die Blumen auf den Wiesen, es
glitzern die Sterne; doch auf der trockenen Erde
machen wir Menschen uns das Leben schwer; grau
in grau leben wir dahin, lassen uns bisweilen von
einem Künstler malen, erlauben ihm, eine Statue

zu errichten, eine Glocke zu gießen, ein Gebäude zu erheben; dann ziehen wir in dieses Gebäude ein, um darin Paragraphen zu schreiben.

Der «victory-day» war verklungen, der Alltag eingezogen. Unsere beiden Freunde waren staatenlos geworden, ihre Papiere taugten nichts, und sie hatten nach wie vor kein Geld. Von unseren Behörden hatten sie freilich nicht mehr viel zu erdulden; dafür stellten sich jetzt die ausländischen ein, um sie dienstbereit zu plagen. Wie, das mag sich der Leser selber ausmalen; ist er nicht ausreichend unterrichtet, so frage er einen Flüchtling. Von diesem aus gesehen, erstreckt sich die internationale Bürokratie wie eine riesengroße Koralle über die Erde, mit Stacheln, an deren jeder ein Herz blutet. Sie waren nichts als ein dummes Liebespaar. Alles, was im Amt saß, benahm sich, als ob sie nicht existierten, als ob sie rein erdichtet wären. So mußten sie wieder in die Dichtung eingehen.

Unvergeßlich wird mir der düstere Novembertag bleiben, wo ich mit meiner Familie und der Professor mit seiner Frau uns in dem Kabinett des Zoologischen Institutes einfanden. Hier verabschiedeten sich die beiden Liebenden herzlich und merkwürdigerweise ohne viel Groll von uns und begaben sich willig unter die Apparatur, wo wir sie zwischen Funken und bläulichem Knistern, ihnen zuwinkend und unsere Tränen kaum zurückhaltend, schnell und unter Entwicklung von Dampf zusammenschrumpfen sahen, bis sie wieder die winzigen Figürchen geworden, die sie am «victory-day» gewesen waren. Das Schneckenhaus war auch zur Stelle. Sie wanderten hinein; wir schlossen das Türchen und legten die kleine Wohnung an den einzigen sichern Ort, den sie auf dieser Erde finden konnte, in den Glaskasten der zoologischen Sammlung. Mit zitternder Hand schrieb der Professor auf ein neues Zettelchen: Helix nemoralis burocratica, und fügte darunter hinzu: et hominum inhumanitatis testis. Dann stülpte er sich den Hut so wütend auf den Kopf, daß er der Krempe einen breiten Schranz beibrachte.

Und dort liegt das niedliche Schneckenhaus noch heute, in Erwartung besserer Zeiten, die sich leider auf dieser Welt nicht so leicht erfinden lassen wie die geringen dichterischen Mittel, mit denen man sich als Literat gegen das Nasobementum der unseren zur Wehr setzt.

KURT GUGGENHEIM

##

Nachher

I

Eigentlich hätte es sich gehört, daß ich mich von ihnen verabschiede, dachte Ubald, vom Chef und den Kollegen, während er die ausgeräumte Schublade seines Pultes zurückschob und hernach auf dem Regal die Briefordner in die richtige Reihenfolge brachte. Er war klein gewachsen, und er mußte sich recken, um das oberste Brett zu erreichen. Ich bin der erste, der drankommt, in den Genuß der Rente eines Bundesbeamten. Seit zehn Jahren hatte er darum Eingaben geschrieben, Besprechungen abgehalten, die Kollegen bearbeitet, um der halbamtlichen Stelle endlich die Anerkennung als vollwertiges Organ im Verwaltungskörper der Eidgenossenschaft zu erringen. Während er mit seinen Buralien herumhantierte, sah er sich im Geist bereits vor Dr. Senns Pult stehen, der würde sich erheben. So, nun wären wir also soweit, und so weiter, und dann befände er sich bereits auf dem Rundgang von Tisch zu Tisch in der Kanzlei, die Kollegen warteten darauf. Doch je näher der

504

Augenblick rückte, um so blöder kam ihm dieser Augenblick vor.

Die Garderobeschränkchen standen im Korridor. Ubald ließ den aufgeschlagenen Ordner, den letzten, noch im Gebrauch stehenden, auf der Pultplatte liegen und schlenderte der Ausgangstüre zu, nicht anders, als begebe er sich hinaus, zu den Toiletten, um die Hände zu waschen. Die Zeit war unverfänglich, halb vier. Einmal draußen, tat er die paar Schritte zu seinem Schrank, hob den Hut und den Regenmantel vom Haken, dann bog er zum letztenmal um die Ecke des Korridors und schritt ohne Eile die Steintreppe hinab. Unter dem Portal stülpte er den Hut auf und schlüpfte in den Mantel. Eine Weile noch blickte er regungslos auf die freudlose Straße hinaus – Kunststein, Beton, rauher Verputz in erbsengroßer Körnung, zwischen der sich Ruß angesammelt hatte – der Genuß begann schon. Nun ja, anderthalb Stunden stahl er ihnen von seiner besoldeten Präsenz, überlegte er, indem er sich bemühte, möglichst unauffällig die paar Stufen zur Straße hinabzusteigen, ohne sich umzusehen, den Kragen hochstülpend. Vorbei. Der Groll war immer noch da, im ganzen Ausmaß, dies machte dieses Weggehen ohne Abschiedsgruß so schön und bedeutungsvoll. Keine Worte, eine Geste, eine Tat – besser konnte er ihnen nicht zeigen, was ihm all das gewesen war. Was von ihm zurückblieb, das war die erkämpfte Pension, von der über kurz oder lang auch die anderen profitieren würden, ohne eigenes Bemühen, sogar wider ihren Willen, zog Ubald in Erwägung, wie einige von ihnen sich gesträubt hatten, seine Eingaben zu unterschreiben, aus Angst, man könnte sie als Aufsässige und Unbequeme frühzeitig entlassen. Daß ich selbst in diesem Kampf um Gleichstellung mit den Bundesbeamten etliche Sprossen meiner Karriereleiter eingebüßt habe, daran würde sich keiner mehr erinnern.

Auf dem Boden des kleinen Stegs, der den Quai mit der Bauschänzli-Insel verbindet, lag ein Teppich von gelb und braun gefärbten Kastanienblättern. Ubald schritt über ihn hinweg durch die ausgeräumte Gartenwirtschaft bis hinüber zu der steinernen Brüstung. Das bekannte Bild: ein Mann im Regen blickt auf den Fluß hinaus, die Hände in den Taschen des Mantels, bewegungslos. Etwas Bedeutungsvolles soll dargestellt werden, Nachdenklichkeit am Ende eines Lebensabschnittes oder so. Aber davon war keine Rede. Er genoß einfach die Freiheit. Es läuft alles ab, wie er es sich gedacht hatte: die Altersgrenze, die Rente, das neue Leben, nach seinem Geschmack organisiert.

Kurze Zeit hernach stand er unter dem Vordach des Tramhäuschens am Paradeplatz. Zu dieser Stunde hatte er noch nie in diese Gegend hinausgeschaut. Da war er an seinem verdammten Pult gesessen über Formularen, die er ausfüllte oder mit anderen verglich. So also hatte es während dieser Zeit hier ausgesehen. Vornehm eigentlich. Lauter Leute, die nicht an Kanzleistunden gebunden waren. Keine Hektik. Kein Stoßverkehr. Hie und da lächelte sogar jemand. Die junge Frau, die so zierlich im kurzen Rock und nahtlosen Strümpfen über die Schwelle der Glastüre der Konditorei Sprüngli schritt, gemahnte an einen angenehmen und wohleinstudierten Auftritt.

Endlich gab er nach, blickte in die Poststraße hinein bis zum Portal der Fraumünsterkirche und hob dann das Kinn, bis das große Zifferblatt mit der vergoldeten Jahreszahl am Turm sichtbar wurde. Ubalds Herz pochte ein wenig rascher, und dann schritt er in veränderter Gangart seewärts. Es regnete nicht mehr, Blätter fielen von den Linden der Bahnhofstraße. Auf dem Asphalt, zwischen den Gleisen, wälzte sich ein Mann, bei näherem Zusehen war es eine Zeitung im Wind.

Das große Schaufenster war leer. Sie hatten Wort gehalten. Zwischen zwei Wagen im Ausstellungsraum erspähte Ubald hinten an der Wand den Döschwo, und tatsächlich, er trug bereits die Nummernschilder. Eine Glasscheibe noch trennte ihn von dem Gefährt. Der Schatten eines kleinen Mannes war da vor ihm auf der glatten Fläche, und hinter ihm zitterten die Wagen vorüber, in lockeren Kolonnen, und durch das Bild hindurch sah er die beiden blanken Limousinen, und zwischen ihnen, an der gelben Wand, weiß, matt glänzend, den 2 CV – seinen Wagen. Das war der Schock, wenn Gedachtes Wirklichkeit wird. Es wurde ernst, es galt ernst. Aus der heimlichen Gedankenwelt würde er nun in den Raum der harten Dinge treten.

«Alles in Ordnung, Herr Ubald», begrüßte ihn ein langbeiniger junger Mann zwischen seinen gewellten Backenlocken hervor. Er hielt ein paar Papierwische in der Hand, einen Briefumschlag. Ubald griff in die linke Brusttasche, zog sein Portefeuille, sie setzten sich an einen kleinen Tisch mit metallenen Beinen, tauschten Banknoten gegen Papiere. Irgend etwas war noch zu unterschreiben.

«Den Führerschein besitzen Sie ja. Wollen Sie den Wagen gleich?»

«Wann schließen Sie?»

«Um halb sieben. Hier ist der Schlüssel, wir stellen ihn in den Hof, den Radio eingebaut, aufgetankt.»

Ubald schaute noch zu, wie zwei Leute aus der Garagewerkstatt, rückwärts, zwischen den Gardinen des hinteren Ausgangs das Wägelchen davonschoben, es wankte ein wenig und glich einem jungen Zirkus-Elefanten auf dem Weg zurück in den Stall.

Der junge Mann hielt die Ladentüre, nickte einmal. Ubald blieb draußen stehen, knöpfte sich den Mantel zu, wartete, bis er das Schloß zuschnappen hörte. Der Aufschub war zu Ende. Was seit Monaten Gedankenspielerei gewesen war, eine Art Schreiberei mit der Kreide an der Wandtafel, den feuchten Schwamm auswischbereit in der Linken, wechselte hinüber in den Bezirk des Unumkehrbaren. Zwar, den Döschwo hätte er noch immer zurückgeben können, mit entsprechendem Einschlag natürlich, und auch die anderen mit dem Unterfangen zusammenhängenden Vorkehrungen wären schließlich noch zu vertuschen und die Auseinandersetzungen mit Camilla zu vermeiden gewesen – aber den Brief, die Botschaft im Kühlschrank, an den Emmentalerkäse gelehnt, heute, noch nach dem Mittagessen, vor seinem letzten Gang in die Verwertungsstelle, den würde sie wohl gefunden haben. Das war auch ein Grund für seine Eile, das Büro zu verlassen: einem telephonischen Anruf zuvorzukommen, so rasch als möglich in die Zone des Unerreichbaren einzutauchen. In das nicht mehr ungeschehen zu Machende, in das Unumkehrbare.

Ubald kniff die Lider hinter den konvexen Gläsern seiner Brille zusammen, als spähte er in der Umwelt nach einem Gleichnis zum Pathos seiner Empfindungen vor dem Schaufenster der Autofirma, aber es lief alles gräulich und problemlos dem Ende des Nachmittags zu. Ein paar frühe Lichter, der Regen hatte aufgehört, der Wind fand zwischen den Häusern wenig Bewegliches, über dem Üetliberg war noch ein Stück Himmelblau zwischen den rot angehauchten Wolkenballen zu sehen. Mit Genugtuung blickte Ubald auf die rotbraunen Boxcalfstiefel hinab, deren gekerbte Gummisohlen ihn um mindestens anderthalb Zentimeter größer machten. «Wozu brauchst du solche Schuhe!» hatte Camilla gerufen, als das Paket aus dem berühmten Versandhaus just zur Mittagszeit gegen Nachnahme eintraf. Ubald legte dem Pöstler die Scheine hin, schloß die Wohnungstüre. «Zum Wandern», antwortete er, während er am Leder der beiden Prachtstücke roch.

Niemandem, weder Camilla noch einem der Kollegen war es aufgefallen, daß er heute diese Schuhe trug. Die Hosen verdeckten die Schäfte, und der untere Teil saß angegossen, elegant nahezu, um seinen Fuß. Gut, daß er sich des Ausspruchs seines Feldweibels erinnert hatte. «Immer zuerst an die Schuhe denken. Die Schuhe sind der Standpunkt.» Am Abend würde sie ihn natürlich sogleich gefragt haben, weshalb er diese Fußbekleidung trage, aber dazu kam es ja nicht mehr.

Gewohnheitsmäßig blieb er noch vor dem Fenster des Optikerladens stehen, der Faszination erliegend, die Lupen und Feldstecher auf ihn ausübten, aber er war mit allem versehen, mit dem Zeiss 8 × 30 und der Bussole mit den Leuchtmarkierungen. Es fehlte nur noch der J.B.C.12, und um das zu erledigen, war er eben unterwegs, das Limmatquai hinabwandernd mit seinen guten Schuhen.

Mit Wohlgefallen, nicht ohne ein rascheres Pochen des Herzens, schaute er dem Angestellten zu, wie der das Gerät handhabe, den Aufnahmeschalter niederdrückte, den Aufnahmeknopf, lugte er in das Fensterchen, hinter dem sich das Band drehte.

«Eins, zwei, drei, vier» – zählte der junge Mann laut, dann knackte es, und nach einer Sekunde der Stille konnte Ubald aus dem Kästchen dasselbe hören: «Eins, zwei, drei, vier.» Nein, er müsse ihm weiter nichts erklären, beschwichtigte Ubald den Eifrigen, und dabei dachte er, das Entdecken der Möglichkeiten eines solchen Gerätes gehöre mit zum Vergnügen des Besitzes. Er konnte es kaum erwarten, das Kästchen von der Größe eines Buches an sich zu reißen und es in der ledernen Tragtasche zu versorgen. Der junge Mann konnte ja nicht wissen, daß dies der Mittelpunkt, das geistige Zentrum seines Unternehmens war.

«Hier das Mikrophon, da die beiden Halter, falls Sie den Apparat in Ihrem Wagen befestigen wollen.»

Der Kassetten wegen gab es noch ein Gespräch. Nein, keinerlei Musik, keiner besprochenen Kassetten bedürfe er, sagte Ubald, nur unbesprochener. Eine genüge, meinte der Verkäufer. Man könne sie immer wieder benützen. Aber die neue Besprechung lösche doch die alte? Natürlich. Das wolle er eben nicht. Er müsse die besprochenen Bänder haben. «Aha», nickte der Elektroniker. Schließlich packte er Ubald noch zehn Kassetten ein.

«So haben Sie nun, rechnet man beide Seiten, zusammen fünfzehnhundert Meter. Anderthalb Kilometer. Das sollte wohl reichen?»

«Das sollte wohl reichen», bestätigte Ubald.

Das Paket unter dem Arm, die Tragtasche am Riemen an die rechte Schulter gehängt, verließ er den Laden. Immerhin, nahezu fünfhundert Franken hatte er drinnen gelassen.

O Camilla! Mit Ungeduld erwartete er den Einbruch der Dämmerung. Es sah doch ein bißchen merkwürdig aus, wenn ein bestandener Herr mit einem schwarzen Tonbandgerät durch die Straßen dieser Stadt wanderte, so, als wollte er als ein Junger erscheinen. Doch die Lampen flammten alle zusammen schlagartig auf, und damit wurde es außerhalb ihres Lichtstrahls sogleich dunkel, gerade so, wie Ubald es sich wünschte. Er vergewisserte sich mit tastender Hand, durch den Stoff des Regenmantels hindurch, ob die Papiere, der Paß und die Brieftasche noch alle an ihrem Ort waren und strebte, nun eiligen Schrittes, dem Bahnhof zu.

Er hob den flachen Handkoffer – den «Gentleman», wie er und Camilla dieses Geschenk des Schwagers nannten – und die schwarze Ledertasche der Hightop-Sofortbildkamera aus dem Schließfach und begab sich, behängt mit den drei Stücken, sogleich zur Rolltreppe, unter dem Bahnhof hindurch zur Tramstation. Das war die Stunde, in der er normalerweise die Wohnungstüre an der Rosmarinstraße hätte aufschließen müssen, ein müder Heimkehrer in die Freizeit. «Zieh die Pantoffeln an, es ist frisch gewichst.» O Camilla!

Das Quartier war still geworden. Zwischen den zwei halb erleuchteten Schaufenstern des Kleiderladens «Prêt à porter» und dem Damenschuhgeschäft «New look» führte ein schwarzer Torweg durch den Hausblock hindurch in den Hinterhof. Zwei hohe Kandelaber beleuchteten ihn kümmerlich. Auf der Hinterseite der Automobilfirma, zwischen einem Kran und einem dunklen Personenwagen, entdeckte Ubald den Döschwo, mit der Rückseite zum Hof.

Es war ein großer Augenblick. Der Mann im stillen Hof unter bläulich-theatralischer Beleuchtung stand an der Seite des verglasten Kabinchens. Er stellte den Handkoffer nieder, ließ die Riemen der Geräte von der Schulter gleiten, griff nach dem Geldbeutel in der Hosentasche und fischte zwischen den Münzen die beiden flachen Schlüsselchen heraus, öffnete. Das Herz pochte, er zitterte, Feuchtigkeit verschleierte den Blick. Der ganze Organismus wußte, was los war. Doch dann schwollen sie immer dreister heran, die Schauer männlichen Glücks. Ubald hob die Heckscheibe, schob den «Gentleman» hinein, legte die Apparate darüber, entledigte sich des Mantels. Ohne Eile, mit Genuß, probierte er die Beleuchtung durch, die Abblende, den Scheibenwischer, dann drehte er das Schlüsselchen, und ohne Umstände antwortete der Motor. Bremse, Kuppelung, Handbremse, alles

normal. Zwei-, dreimal legte er die Schaltungen
ein, im Rückwärtsgang stellte er die Maschine ab,
dann löschte er das Licht, regungslos blickte er
über das Steuerrad hinweg durch die Scheibe, er
sah nichts als eine graue Hauswand und ein Fen-
stergesimse.

Er drückte auf das Kuppelungspedal, drehte den
Schlüssel, der Motor lief wieder an, die Lampen
warfen eine große Lichtfläche an die Wand, langsam ließ er das Pedal los, und folgsam schob sich
das Gefährt zwischen den beiden dunklen Gesellen
in den fahlen Schein der Kandelaber in der Mitte
des Hofes. Das dunkle Tor lockte, durch es hindurch gewahrte Ubald die vorüberfahrenden Wagen, eine Straßenbahn, Schaufenster, gegenüber
einen nicht unbeträchtlichen Verkehr. Ein wenig
zu manövrieren im Hof könnte nichts schaden. Er
lenkte das Gefährt rückwärts, bog ein und fuhr
dann, als wäre er in einem Zirkus, Hausmauern,
parkierten Wagen, Kisten und Kübeln entlang,
vorwärts, rückwärts, in den Hofdurchgang hinein,
zurück, und dann nochmals und nochmals, und auf
einmal stand er auf dem Trottoir, und ein Mensch
beugte sich herab und sagte offenbar etwas Uner-
freuliches, das er jedoch der geschlossenen Scheibe
wegen nicht verstehen konnte, dann war er schon
eingereiht in die Kolonne, die sich langsam dem
Bellevueplatz zu bewegte. Die Papiere, dachte er,
hoffentlich waren sie ihm nicht aus dem Mantel
gefallen, vorhin, im Halbdunkel. Dann stellte er
erleichtert fest, daß sie die Brusttasche seiner Jacke
buckelten.

Alle Lampen brannten schon, die Nacht war da,

die Lichtreklamen, das rote Licht, hinter ihm hupte es, ach ja, es war ja bereits Grün, ein wenig rumpelnd, im falschen Gang fuhr er an und überquerte den Platz, mit viel Gas, denn es kam ein mächtiger Straßenbahnzug die Rämistraße hinab. In der langsam sich bewegenden Wagenkolonne, im kleinen Gang, fühlte er sich geborgen, zum erstenmal lehnte er sich zurück, ruhiger, den Hut legte er neben sich, wischte über die feuchte Stirn. Wenn er seines Weges inmitten der vielen Baustellen und halb vollendeten Hochstraßen unsicher wurde, heftete er sich an den vor ihm fahrenden Wagen, und auf solche Weise überwand er den Wirrwarr am Escher-Wyß-Platz und fand sich auf der rechten Spur der westwärts führenden Autobahn.

Immer von neuem wiederholte er während des Fahrens die paar Griffe, verstellte er den Sitz, ließ er den Scheibenwischer pendeln, hupte auch einige Male zaghaft, fingerte am geteilten Fenster herum, machte in Gedanken Inventur über das Gepäck. Schließlich erinnerte er sich des kleinen Radioapparates, der unter dem Tablar eingebaut war, er fand den Knopf, drückte: langsam gliederte sich das Rauschen zu einer Melodie, dann zu gesprochener Prosa. Die Nachrichten. Der Gedanke, er könnte bereits auf Camillas Veranlassung über die Polizeimitteilungen heimberufen, heimgebeten, heimbeordert werden, streifte ihn einen Augenblick, aber dann bedachte er, daß das wohl noch zu früh sei, sie und da war er erst um diese Zeit heimgekommen. Dann durchzuckte es ihn: der Brief. Sie würde ihn gar nicht erwarten, wenn sie seine Mitteilung im Kühlschrank gelesen hatte. Er drückte die Lider zusammen, gab Gas, das erforderte seine Aufmerksamkeit und lenkte ihn von dem unangenehmen Komplex ab. Er ließ sich auch auf ein paar Manöverchen ein, drückte auf das Pedal, wenn ein Protz ihn überholen wollte, genoß die Genugtuung, ihm ein paar Sekunden lang das hintere Nummernschild gezeigt zu haben. «Ich habe dich ja gewarnt», flüsterte er vor sich hin, aber das hatte nichts mit dem Amerikanerwagen zu tun, es betraf die Frau mit dem Brief in der Hand, vor dem geöffneten Kühlschrank im ersten Stockwerk des Hauses an der Rosmarinstraße.

«Daran zu denken, ist jetzt nicht am Platze», sagte er laut vor sich hin, der Ton seiner Stimme erinnerte ihn an das Rekordergerät, das noch hinten im Kofferraum lag. Das mußte er noch befestigen, das Mikrophon in Reichweite, es hing mit seinem Plan zusammen. Das konnte er nicht während des Fahrens bewerkstelligen, außerdem verspürte er Hunger.

Quer über die Autobahn lief ein Betonbunker, darauf stand ein Haus, ein langes Gebäude mit Fenstern, das von einem Ende zum andern reichte, etwas Modernes, eine Rast- und Gaststätte aus der Reihe jener Unternehmen, die sie im Büro als gastronomische Volkshochschule zu bespötteln pflegten, in dieser Aufmachung über der Autobahn ferne an den Ponte Vecchio in Florenz erinnernd. Mit Camilla, ja, war er dort gewesen, aber jetzt Schluß damit, sie hat sich ja furchtbar verändert seither.

Er steuerte das Wägelchen aus der Autobahn hinaus, in ein Oval hinein, und fand den Parkplatz.

Sorgsam prüfte er, ob alles geschlossen sei, hinten, seitlich, vorn, dann schritt er über Marmorplatten, in einem orangegrellen Licht, eine teppichbelegte Treppe empor, durch eine Halle, an kleinen Butiken vorbei, in denen die Verkäufer nicht viel anders auf die Kunden warteten, wie damals auf der Brücke über den Arno.

Ja, der Herr wünscht zu speisen. Ubald studierte das Bilderbuch im Jugendstil, das ihm der württembergische Kellner gereicht hatte. Die Stehlampe auf dem Tisch ließ sein Gesicht im Dunkel und verschwendete ihren Zauber auf der gerissen angefertigten Speisekarte, mit aufklappbaren Fensterchen, die ausgesuchten Gerichten reserviert waren.

Während er sich über das graphische Kunstwerk beugte, kamen ihm sogleich alle jene Gerichte in den Sinn, die Camilla nicht essen konnte und die sie auch ihm abriet. «Nein, kein Fisch, die Gräten.» «Gebratenes? Nicht gut für die Leber.» «Was fällt dir ein, Hirn, puh!» «Leberschnitten, was noch sonst?» Ubald hörte diese Worte so deutlich an seinem rechten Ohr, daß er aufblickend den Kopf wandte, um seine Antwort zu geben. Aber er war ja allein. «Une cervelle au beurre noir.» Der Kellner notierte. «Zu trinken?» «Un quart de Vichy.» Schließlich fuhr er den repräsentativsten Wagen Frankreichs. Eine übermütige Stimmung kam in ihm auf. Paris Seizième. Jugend und Freiheit.

Er blickte der Schnur von blinkenden Scheinwerfern entgegen, die ganz weit in der Ferne begann und sich in einem Paternosterlauf unter dem Fenster verlor, unaufhörlich. Nur die blankgescheuerte Straße war sichtbar, die Leuchter, die

Wagen, die sich folgten, Spielzeugen gleich, durch ein weihnächtliches Schaufenster betrachtet, aus dem Dunkel heraus, den scharlachroten Lampenschirm neben sich. Kein Mensch war zu sehen weit und breit. Alles lief automatisch, lautlos, nahm er das Klappern von Geschirr aus, in der Küche hinter sich.

Die Zeit rückte, stellte er fest. Das Wetter hielt sich. Die Nacht würde nicht neblig sein. Ein wenig Dunst den Leitplanken entlang, gut für ihn, schlecht für ihn? Ach, was machte das schon aus. Das Hirnchen war delikat. «Nein, keinen Käse, aber einen Kaffee, einen Espresso.» Pläne? Was sollte er Pläne machen? Vorläufig fuhr er einfach weiter. Mit der flachen Hand prüfte er flüchtig, ob das Portefeuille und die Papiere noch buckelten. Sie taten es. Er zog die Bauchdecke ein. Das Essen hatte ihm gefehlt. Er hatte auch noch nicht den rechten Umgang mit der Freiheit. Kein Wunder nach siebenundzwanzig Jahren. Er verließ dieses Gedankengebiet, das kommt später. Das haben wir ja auch einprogrammiert. Aufschluß? Aufschluß würden die haben, die es interessierte. Der weiße Briefumschlag im Kühlschrank, den er an die Schnitte des Emmentalerkäses gelehnt hatte. Unübersehbar. Öffnete man die Türe, so war der Innenraum sogleich elektrisch erleuchtet. Halb zehn. Nun, jetzt würde Camilla den ersten Schock bereits hinter sich haben. Nein, ich will gar nicht wissen, was sie nun tut. Interessiert mich nicht. Hat je sich einer interessiert, was ich tue, seit über zehn Jahren am Pult? Wie? Wer? Niemand! Keine Seele. Das Salär, das ist interessant, aber der, der es verdient, der, der es heimbringt? Ein Geldbote, weiter nichts. Hauptsache, daß es ihm nicht etwa einfällt, etwas damit zu kaufen, unterwegs, so etwa, daß die monatliche Einlage auf dem Sparbüchlein unterlassen werden müßte, die Äufnung der eisernen Reserve. Eine gute Stimmung, den Motor anzulassen und auf das Gaspedal zu drükken. Was er denn auch tat.

Herrgott, daß es das gibt! Fährt nur an mir vorbei. Ich gondle auf meinem Döschwo dahin, den Leitplanken entlang, dem Gitter eueres Käfigs, im bläulichen Licht der Lampen, die mich weiterreichen, eine der anderen. Er murmelte diese Sätzchen vor sich hin. Auf einmal kam es ihm in den Sinn. Er spähte nach einem Parkplatz, aber nur Wäldchen und Gebüsch, so weit er vorausblicken konnte. Er mußte über zehn Minuten vergehen lassen, ehe er in einen hineinfahren konnte, der hell beleuchtet, doch leer an der Bahn lag.

«So, und nun wollen wir auch das noch besorgen.»

Er verließ den Wagen unter einer der Lichtduschen und kramte aus dem Kofferraum das Tonbandgerät hervor. Er setzte sich an das Steuer und versuchte den Apparat seitlich des Rückspiegels zu befestigen, aber das ging nicht. Er schob das kleine Kästchen in das Netz unter dem Kilometerzähler und bemühte sich, das Röhrchen des Mikrophons so zu führen, daß es vor seinen Mund zu hängen kam. Aber die Schnur reichte nicht aus. Schließlich gelang es ihm, den Sprechteil so zu befestigen, daß er, von der Kante des Ablegefachs gehalten, schräg aufwärts gegen ihn gerichtet war, mit einem Ab-

518

stand von zwei Handbreiten. Er drückte den Aufnahmeknopf nieder und zählte «eins, zwei, drei, vier», schaltete aus, ließ das Band zurücklaufen und hörte die eigene verfremdete Stimme «eins, zwei, drei, vier» sagen. Er stellte das Gerät ab und blieb sitzen. Auf der Autobahn lief die Lichtkette weiter, mit Unterbrüchen manchmal, zwei Förderbänder, die in der Gegenrichtung aneinander vorbeiglitten, das Geräusch war schwach, denn der Platz lag gut abseits, aber von Zeit zu Zeit fiel ihm doch ein greller Scheinwerferblitz auf das Gesicht, und im Rückspiegel konnte er sehen, wie der blasse Mann zusammenzuckte. Regungslos, gedankenlos, fühllos lauschte er dem schwachen Hämmern in den Schläfen. Es begann ihn ein wenig zu frösteln in der an eine verlassene Sänfte gemahnenden Kabine, dunkel wurde es draußen vor den Scheiben nie. Etwas hatte sich verändert. Ubald sah Nebelchen dem Waldrand entlangstreichen, dann merkte er, daß die Parkbeleuchtung erloschen war, und damit befand er sich in einer milchig milden Landschaft, durch die von Zeit zu Zeit, wenn die Wagen draußen um die große Kurve bogen, als Leuchtfeuer kreisten, wie in seiner Jünglingszeit im Hafen von Honfleur.

Er stieg aus, vertrat sich die Füße, öffnete die Klappe zum Kofferraum. Ein wenig umständlich, noch ungewohnt der problemlosen Handhabung der Sofortbildkamera – die geheime Erwerbung der vergangenen Woche –, zog er den Balg heraus und montierte das Blitzlicht. Durch den Sucher erkannte er nach einigem Hin und Her das Wägelchen. Es stand so merkwürdig da, weiß vor grau,

und es erinnerte an Bilder im Fernsehen in der Serie
«Der Kommissar», an den Tatort eines Verbre-
chens. Ubald tastete sich noch einige Schritte zurück, bis er den Saum der Baumwipfel im Bilde
hatte, drückte ab. Als der Blitz vorüber war, behielt er das heiße Lämpchen noch eine Weile in der
Hand, es brannte erst, dann wärmte es. Wieder im
Wagen, bei geschlossener Türe, bastelte er an dem
fremden Instrument herum, dann zog er kräftig
und laufend nach Vorschrift an dem Papierlappen.
Es funktionierte, er hätte es nicht für wahrscheinlich gehalten. Er zählte. Nach der vorgeschriebe-
nen Sekundenzahl löste er die Photographie von
der Schicht. Im Licht des Lämpchens am Armatu-
renbrett sah er: das hellglänzende Wägelchen vor
dem schwarzen Waldrand, ein paar Grasnarben im
Vordergrund, ein wenig Himmel über den Kronen. Er mußte gegen etwas ankämpfen, das sich
wie eine Art Schluchzen ankündigte. Es war unfaßbar, was dieses kleine Bild darstellte. Was er
sich erträumt, vorgestellt, ausgedacht hatte, war in
das Stadium getreten, wo man es photographie-
ren konnte. Das geheimste Schemen seiner Phantasie war abbildbar geworden, Physik, Wirklichkeit. Die Wirklichkeit, seine Wirklichkeit, aus den
Träumen ins feste Land gestiegen wie die Undine
aus den Wassern. Mit beiden Händen schlug er auf
das Lenkrad. «Undine», rief er, «du bist meine
Undine. Meine Undine.» Er flüsterte den Namen,
er schrie ihn. Wieder, wieder. Dann saß er still. Die
Verwandlung. Die Verwandlung. Abwesend bastelte er an dem Hörgerät im Schatten des Armatu-
renbrettes herum, betätigte den Rückwärtslauf, bis

die Apparatur stand, wechselte die Taste, hörte ein Krächzen, dann deutlich eine Stimme «eins, zwei, drei, vier», eine Pause, Krächzen, Pause und dann: «Undine, du bist meine Undine. Meine Undine.» Krächzen. Er knipste den Mechanismus ab. Etwas war geschehen. Es gab ein Bild. Er hielt es in der Hand. Es gab eine Stimme, einen Namen. Aufgebrochen aus dem Reiche der Vorstellung, eingebrochen in die wirkliche Welt.

II

Die Straße lief ihm entgegen, ein beleuchtetes Fließband, das unter den Rädern wegrollte. Wohl las er die weiße Schrift auf den blauen Tafeln, die auf ihn zukamen, manchmal zählte er auch die Kandelaber, unter denen er wie unter einem gleißenden Maßstab dahinfuhr, aber von dem Fahren und Dösen blieb am beharrlichsten die Empfindung, er sitze abgekapselt in der kleinen Kabine einer Seilbahn – es rüttelte, durch die Glasscheiben sah er eine schwarze Gegend an sich vorüberschweben.

Er versuchte zu pfeifen, dann summte er, und nach einiger Zeit beachtete er es, daß er zwischenhin Worte und kleine Sätze vor sich hersagte. Aha. Nun also war die Zeit gekommen, jener Teil des Unternehmens, der ihm von Anfang an unklar vorgeschwebt hatte. Er hob die rechte Hand vom Steuerrad und bastelte im Dunkeln am Gerät herum, drückte eine Taste herunter. Jetzt nur möglichst das Dingsda völlig vergessen. Es hemmt mich. Es macht mich unsicher. Es wirkt wie ein

kritischer Lauscher, und sein soll es ja nichts anderes als ein Mechanikum, ein Instrument, das Töne
aufnimmt, die es nicht versteht, und sie wiedergibt
an jene anderen, die die Menschensprache verstehen. Diesen letzten Satz hatte er schon laut gesprochen, und er mußte registriert sein, und er würde
ganz gut wirken, wenn sie dem lauschte, was das
abrollende Band von sich gab. Eine gewisse Unsi-
cherheit, eine Art Unbehagen störte ihn. Wo fängt
die Aufnahme an und wo hört mein innerer Mono-
log auf? Eigentlich sollte es da gar keinen Unterschied mehr geben. Bis in den letzten Winkel seines Denkens hinein sollte Camilla lauschen können, nein, müssen. Schluß endlich mit dem ewigen Verschleiern und Verhüllen der Gedanken, er
wollte sich selbst sein, sich zeigen wie er war,
ungeschminkt, ungeheuerlich, monströs meinetwegen, aber so wie er war, wirklich, ohne sich
fortwährend darum zu kümmern, wie es Dr. Senn,
wie es Camilla aufnehmen könnten. «Ja, schüttle
nur deinen Kopf, laß die Röllchen baumeln, so ist
es nun einmal, kein Mord, kein Betrug, kein Diebstahl, keine Hinterhältigkeit kommt zum Vorschein, aber ein Mann, ein höflicher Mann, der
dreißig Jahre Ranküne abschüttelt, in der Nacht,
auf der Autobahn Richtung Oensingerkreuz und
zum erstenmal in seinem Leben das Gefühl der
vollständigen Freiheit genießt. – Nein, nein, meine
Liebe, nichts von Begleitung, nichts von Johannis-
trieb, nichts von einer verständnisinnigen Seele,
nichts von Sex – da bist du auf dem falschen Weg.
Es geht um die Würde, die männliche Würde, um
den Ausbruch aus dem Matriarchat, aus eurer ver-

dammten Welt der Schlauheit und der Besitzsucht,
der Herrschsucht und der Dummheit, dem Mißtrauen.»

Ein ihn überholender Wagen gab ein Hupezei-
chen. Was wollte das besagen, mitten in der Nacht?
Aha, er war zu viel nach links geraten. Keine
Angst, Brüderchen, ich schlafe nicht. Mit größter
Wahrscheinlichkeit war ich noch nie so wohlauf
wie in dieser Stunde. Er überlegte. Nein, das habe
ich nicht gesprochen, das habe ich nur gedacht, das
ist noch nicht in der Sprachzone aufgetaucht. Das
hast du nicht mitbekommen, liebes Vögelchen am
Kühlschrank.

Am Kühlschrank? Was nur wollte das besagen?
Richtig, der Brief. Die Botschaft, die er im obersten Fach des «Arktis» an die Schnitte des Emmentalerkäses gelehnt hatte, und der Schrank leuchtete
sich von selbst aus, wenn man die Türe öffnete.
Das hast du nun schon ein paar Stunden hinter dir,
Camilla. Du bist im Bild. Du hast es gelesen. Du
wartest nicht mehr, bis ich hereinkomme, und
nicht mehr wirst du lispeln: «Hast du die Zeitung?»
Aber die Botschaft wirst du wohl noch immer
lesen, immer wieder. Kopfschüttelnd? Nein, das
glaube ich nicht. Eher so hart, stechenden Blicks.
Ja, es hat mich richtige Anstrengung gekostet, das
Dokument, ich leugne es nicht, ich wollte etwas
Handfestes zuwege bringen, ohne Sentimentalität,
ohne Vorwürfe. – Gedacht dies, gesprochen? – Ich
weiß es nicht, beim Himmel, spielt auch nicht die
geringste Rolle. Im Hemd stehe ich sowieso da.

Ubald sah die Botschaft vor sich. Das gute Papier aus der Luxuspapeterie, mit dem ihn Camilla

an Weihnachten überrascht hat. Ein Briefpapier, das er nie benützen konnte. Er kannte keinen Empfänger, der eines derartigen Luxus würdig gewesen wäre – nur solche, die hoch aufgelacht hätten, wenn sie so einen breiten, aber schmalen Briefumschlag aus so hartem Material in ihrer Post vorgefunden hätten. Schreibt mir ein Fürst? Aber für die Nachricht an Camilla geeignet, kein Zweifel. Feierlich. Den Text wußte er wahrhaftig auswendig.

«Die Vermögenslage kennst du. Herr Brandenberger von der Bankfiliale am Sonntagsplatz ist auf dem laufenden. Zusammen mit der AHV-Rente machen die Zinserträgnisse aus den Sparbüchlein und den Obligationen etwa dreieinhalbtausend aus im Monat. Damit kannst du sorglos leben. Für mein Unternehmen habe ich nichts von unserem Besitz weggenommen, sondern nur das kleine Erbteil meiner Schwester Huldi verwendet. Vom Ertrag beanspruche ich vorläufig nichts, du lässest ihn einfach auflaufen auf dem Konto, und wenn nötig, werde ich etwas beziehen mit einem Scheck, aber ich denke, das wird so rasch kaum erfolgen. Sorgen brauchst du dir um dich also nicht zu machen. Über meine Abwesenheit wirst du vor deinen Freundinnen rasch ein Alibi finden, wie ich dich kenne, und über mich mußt du auch nicht grübeln, Selbstmord oder so, lächerlich, aber fort, einfach nicht mehr da sein, ja, ja, und nochmals ja!»

Er hatte nun doch wieder ein wenig Herzklopfen, dachte er an diese Sätze, und wie damals – vor Tagen, als er sie niederschrieb – mußte er innehalten und versuchen, wieder ein bißchen an die Oberfläche zu kommen. Nur nicht tief, nur nicht tra-

gisch, pathetisch werden. Das sind verführerische
Weglein im Gartenlabyrinth, und plötzlich steht
man dann da unter einem lieblichen Amörchen,
dem Aufschluchzen nahe, an zarter Damenbrust.

Ja, und was stand denn noch darin, in dem Brief
im Kühlschrank, lässig an das Stück Emmentalerkäse gelehnt? Betroffen sann er vor sich hin. Er
flüsterte die Sätze und suchte nach der Fortsetzung
dieses Schicksalsbriefes, bis es weiß vor seinen
Augen wurde, weiß wie das Blatt – und dann
wußte er es wieder; nichts weiteres stand mehr
darauf, weiß war das Blatt unterhalb der paar
Zeilen, unterhalb des dritten «ja». Nicht einmal
den Namen hatte er hingesetzt.

Er räkelte sich in dem dahinsurrenden Kabinchen einmal mehr zurecht, voll eines sieghaften
Wohlbehagens. Das war nun doch schon immerhin etwas, daß er durch die Nacht fuhr, auf der
verdunkelten Hälfte der Erdkugel. Ein Mann
warst du längst nicht mehr, aber warst du noch ein
Mensch? Er blinzelte zu dem Apparätchen empor,
in dem diese bedeutungsvolle Frage festgehalten
wurde. Alles, sein Tiefstes, sein Verschwiegenstes
ward nun aufgezeichnet auf dem Magnetband, und
mochte geschehen, daß Camilla oder wer immer
das hörte, sie mußten sich sagen, hier ist ein
Mensch wiedergeworden, hat sich selbst gefunden, bedingungslos brechend mit allem, was ihn
daran gehindert hatte.

Nach einiger Zeit bemerkte er, daß er völlig
gedankenlos dahinfuhr. Das Fahrzeug steuerte er
mechanisch, den Motor und die Bremsen und die
Kuppelung und die Schaltung betätigte er reflex-

artig, als wäre er selbst ein Teil des Gefährts. Nicht anders, als wären es Scheinwerfer, bestrahlten seine Blicke, was in den Sehkreis kam und daraus verschwand. Oensingen, in Oensingen, am Kreuz in Oensingen fiel eine Entscheidung. So viel wußte er. Norden, nach Deutschland, ins Elsaß, nach Süden über den Gotthard nach Italien, Osten, zurück? Kommt natürlich nicht in Frage. Blieb der Westen. Wohin anders denn als nach Westen? Aber er hatte noch Zeit. Die blauen Tafeln zeigten noch nicht den Namen der Ortschaften. Er konnte sich gehenlassen. Er tat es auch. Fahren als Selbstzweck.

Fort. Einfach nicht mehr da sein. Das gibt es sonst nur in Todesfällen. Aber das heißt, der Natur in die Arme fallen. Das wollte er nicht. Im Gegenteil. Sie möge ihren Lauf nehmen. Alle die Kräfte, die ihn vorwärts schoben, hinaus in die Nacht, es waren keine übernatürlichen Kräfte, es waren die Kräfte der Natur, das Erdöl, das seine Maschine antrieb und schmierte, die Elektrizität, die die Lampen zum Leuchten, die Hupe zum Heulen, das Gas zum Explodieren, seine Worte auf Bänder brachten, die Schwerkraft der Erde, die seine Reifen auf den Beton drückten, unsichtbare, allgegenwärtige Kräfte, die Wärme, die Kälte, die Abkühlung – es gab einen Mann am schweizerischen Fernsehen, der lehrreich den klugen und über nichts staunenden Knaben der Generation die Geheimnisse der Natur erklärte, aber es waren die Alten, die von den neuen Erkenntnissen Übergangenen, Übersprungenen, die da lauschten, staunend, nickend. Nun ja, er, Ubald, war es, der staunte, Camilla nicht. Sie saß lediglich am Tischchen mit hochgezogenen Augenbrauen und wiegte manchmal ein wenig mit dem Kopf und blickte hinab auf ihn, der er in seinem Safarisessel saß, hingelegt lockeren Fleisches, und mit breit gespreizten Beinen, Füßen, die auf der Ferse ruhten – aber im Kopf, da arbeitete es, hinter den unbewegten staunenden Augen, da jagten sich die Veränderungen, bewegten sich die Gedanken in kolossalen Zusammenhängen. Als wäre er ihr Junge, so blickte Camilla zu ihm herab, er wußte es, ohne aufzusehen. Dann wandte sie sich wieder ihrem Haushaltungsbuche zu, studierte die Kassenzettelchen und sann über den Milchpreis nach. «Hast du die Coupons der Kassenobligationen eingelöst?» «Wie, was sagst du?» «Die Coupons?» «Ja, ja.» Jedesmal brodelte es ein wenig in ihm, wenn sie so etwas fragte. Er hatte dann ein wenig Mühe, sich dem Verhalten der Lorenzschen Gänseherde zuzuwenden, die der Mann am Bildschirm an Hand eines Schemas auf einer Wandtafel darstellte. Es handelte von Hierarchien, von Vorrechten des Pickens, von Alpha- und Betastellungen des Individuums in der Gesellschaft. Ähnliches hatte am vorigen Abend ein Schema des Instruktors am Bildschirm gezeigt, der über das Management berichtete, von Zielvorstellungen und Entscheidungsbeschlüssen. Ubald hatte vor ein paar Tagen aufgelacht, eben während so einer Sendung. Wer ist eigentlich das Alpha in unserer Ehe? Nach schweizerischem Zivilrecht, er, der Ehemann. Aber die Wirklichkeit, wie sah die aus? Mein Gott. Wie hatte Camilla darauf gedrungen, daß er sich melden solle bei der Verwertung.

Letzte Gelegenheit. Etwas Sicheres. Die Staatsstelle. Noch immer glaubte sie, es seien ihre Argumente gewesen, die ihn veranlaßt hätten, sich vorzustellen. Aber die Wirklichkeit: fort von Basel! Heraus aus der Privatbank! Das war das Schönste gewesen, als alles vorüber war. Die Stadt im Walde: Zürich. Die einsamen Wege über die Hügel, dem Albisgrat entlang, durch das Sihltal, über die Zimmerbergkette, den Käferberg, den Zürichberg, den Adlisberg, die Tobel hinunter. Die Bäche. Und Wälder. Immer wieder Laubwälder. Tannenforste. Lichtungen. Waldränder. Am Anfang gab es vielleicht noch Trampelwege mit leeren Zigarettenpäckchen am Bord, aber dann verloren sie sich zwischen den Stämmen, die Buchen wuchsen vorweg weiter in den fernen Himmelsfleck hinein, das dürre Laub raschelte unter seinen Schritten, es wurde ihm feierlich und zum Weinen beinahe zumute. «Große Gedanken und ein reines Herz, das ist's, was wir von Gott erbitten sollten.» Irgendwo in den so schwer lesbaren «Wanderjahren» rief Wilhelm Meister diese Worte aus, und just dieser Satz begleitete Ubald, wenn er nach Geschäftsschluß an Sommerabenden am Paradeplatz einen Tramwagen der Linie fünf bestieg und dann von der Endstation Fluntern weg in die Buchenwälder hineinstoffelte. In diesen sich lichtenden Wäldern und Wäldchen auf Zürichs Hügeln mußte dieses, sein besseres Sein, sein eigentliches Sein mit den großen Gedanken und dem reinen Herzen verborgen sein, und viele freie Stunden verbrachte er, seit sie an der Limmat wohnten, damit zu, es zu suchen, und zu hoffen, es zu finden.

Am Anfang hatte er Camilla von diesen Dingen erzählt. Sie fand diese Wanderungen gesund. Sie nickte dazu. Sie begutachtete das Vorhaben als günstig. Aber die Essenszeit müsse er einhalten, pünktlich, ein geordneter Betrieb sei sonst nicht möglich. Als er eines Abends, zugegeben mit einiger Verspätung, an seinem Domizil eintraf, saß Camilla mit blassen Nüstern und zugekniffenen Lippen vor einer leeren Kaffeetasse, starren Blicks. Eine Haltung, die mehr als einstudiert war, er wußte das, von früher her. Der böse Geist hatte von ihr Besitz ergriffen, dies war ein aussichtsloser Zustand. Nach Art der Männer hatte er mit Worten, Begründungen, mit Logik, mit Zugeben und Nachgeben, mit Entschuldigungen dagegen anzukämpfen versucht, und es hatte sehr lange gedauert, bis er verstand, daß dies ein Teil von ihr war, die Hinterseite des Mondes, die wir Erdenbewohner nie zu Gesicht bekommen, nimmt man die schmalen Ränder der sogenannten Libration aus, leise Schwankungen des Himmelskörpers, der so für kurze Zeit einen schmalen Streifen der abgewendeten Hälfte unserem Blick freigibt. Durch das Hin- und Herwiegen des Himmelskörpers bekommen wir etwa siebenundfünfzig Prozent seiner Oberfläche zu Gesicht, erinnerte sich Ubald des Satzes eines Astronomen am Fernsehen. Sieben Prozent, sieben Prozent der abgewandten Seite. Sieben Prozent, immerhin, des bösen Geistes. Und nicht nur zu sehen, zu spüren auch. «Merci denn!» rief er aus.

Seine Gedankenkette wurde allmählich matter. Auf der einsamen Betonstraße dahinsurrend, aus dem Dunkel des kleinen Käfigs in das Milchgrau des Verkehrswerkes hineinstarrend, hatte er immer deutlicher den Eindruck, er fahre im Kreise herum, im Innern eines riesigen Zirkus, unter einer schwarzen Kuppel, einem Zelt aus Beton. Als er gewahr wurde, daß er mit dem Kotflügel des rechten Vorderrades die Leitplanke gestreift hatte, während einiger Sekunden, bremste er und stellte den Motor ab. Der Wagen stand auf der sogenannten Kriechspur. Aus der Bewegung in den Stillstand der steinernen Nacht. Über die dunkle Ebene hin, jenseits der schimmernden Bahn wehte in unregelmäßigen Rhythmen das Sausen von Wagen heran, verklang und schwoll an, ein Gespräch zwischen Motoren, nebenbei, während sie ihre Arbeit verrichteten.

Ubald war hellwach und müde. Daß der Kabine Zittern und der Maschine Schnurren unter der Haube aufgehört hatte, war beruhigend und beängstigend zugleich. Das war ein Unfall, das wußte er als alter Fahrer nur zu gut. Für den Bruchteil einer Sekunde war die führende Kraft seines Armes und seiner Hand auf dem Steuer unterbrochen gewesen, ein dünnes Blatt Schlaf, eine Isolationsscheibe von Bewußtlosigkeit hatte sich eingeschoben. Es war kaum der Rede wert, aber im Leibe tobte der Alarm, das Herz schlug, der Bauch machte sich mit Schmerzen wichtig, die Bronchien hatten sich zusammengezogen. Ubald spähte vorwärts, durch die Windschutzscheibe, dann in den Rückspiegel. Kein Wagen war zu sehen, niemand machte Anstalten, sich zu erkundigen, was es gegeben habe und wie es abgelaufen war. Er lehnte sich zurück, hob den rechten Arm, fingerte an den

kleinen Tasten und Knöpfen herum und schaltete
die Anlage ein. Die kleine vergitterte Öffnung des
Mikrophons erinnerte ihn an Camillas Auge.

III

«Das wäre zu schade gewesen. Ein Ende, ohne alles
gesagt zu haben. Und irgendeiner hätte noch von
Verwirrung gesprochen, von psychischen Störun-
gen, Arteriosklerose. Ein Bettdeckchen der Krankheit säuberlich ausgebreitet über die Schuld. Ich
mag das verbogene Kotflügelein gar nicht ansehen.
Nichts von Belang. Es geht weiter, Camilla. Ampurias heißt das Ziel, in der Bucht der Costa Brava.
Genau! Dort, wo wir waren, vor Jahren, als du
noch nicht, oder sagen wir, noch nicht so häufig –
an das alles dachtest. Was ich meine, weißt du
schon.»

Es war ein wenig mehr als ein Flüstern. Aber
dem Band würde das genügen. Der Motor war ja
abgestellt, und auf der Bahn draußen herrschte die
kalte Stille.

«Heute wundere ich mich darüber, daß es so
lange dauerte, bis ich es merkte. Du hattest zwar
schon immer die Frage bereit: ‹Ist das wirklich
nötig?› Sie gefiel mir. Eine häusliche Frau, das ist
ein guter Hintergrund. Manchmal bot meine Antwort auch Anlaß zu einem Spaß: ‹Nötig nicht,
darum schön›, und das ließ dich zurückkriechen,
du blicktest so in die Ferne, und ich spürte, du
fandest mich leichtsinnig, mit einem Hang zu Verschwendung, der Lust des Geldausgebens zugewandt. Ich will es dir aber genau sagen, wann es

531

mir zum erstenmal aufgefallen ist. Ich genieße die Gelegenheit, ich kann sprechen ohne deine Einwürfe. Bei Waltinger war es. Vor drei Jahren. Im September. Der Zahnarzt hatte uns eben sein Haus gezeigt, uns beiden und den Bopps, die mit von der Partie waren. Und dann führte uns Rudi Waltinger grinsend, sich zum voraus an unserem Staunen weidend, in das Billardzimmer, Adi Bopp und mich, und ihr drei Frauen saßet um den runden Tisch in der Halle, deren Türen auf den Garten hinausführten, du, Camilla, die Priska Waltinger und Rosa Bopp, das Schlachtschiff. Während uns Waltinger die Handhabung der Billardstöcke als eine ausgezeichnete Übung für die den Bohrer führende Hand eines Dentisten erklärte, blickte ich zu euch drei Frauen hinüber, die an dem runden Tisch saßen und ihre Köpfe über etwas beugten, auf das die Frau Dr. Waltinger mit dem Zeigefinger hinwies und in ihrem Saarbrückener Dialekt etwas erläuterte. Es war ein Straßenkärtchen unseres Vorortes Goldingen. Offenbar erklärte sie die Lage des Grundstückes, auf dem das neue Haus stand. Einzigartig. ⟨Und das da hat er noch dazugekauft, damit wir nicht verbaut werden können. Es ist jetzt schon die Hälfte mehr wert.⟩ Zerstreut, ohne es zu wollen, hörte ich euch zu. Dazwischen vernahm ich das Geräusch der aneinander schlagenden Elfenbeinkugeln, Rudi und Adi spielten schon. Dann hörte ich Frau Dr. Waltinger erläutern: ⟨Und hier an der Ecke wohnt auch eine Witwe.⟩ Gerade als ich mich dem grünen Filz zuwenden wollte, traf es mich, ich sah das ernste nickende Gesicht der Frau Bopp, die Oberlippe ließ die Zähne frei, und dann dich, Camilla, neben ihr, die du auf das Kärtchen hinabschautest, stechenden Blicks, den Zeigefinger an der Unterlippe, wie es deine Gewohnheit ist. Aber es lag noch etwas mir Unbekanntes um dich herum, etwas Fremdes, nicht etwas, das ich noch nicht kannte, sondern etwas, das ich noch nicht kennen konnte, etwas, das du selbst noch nicht kennen konntest. Was es war, wußte ich nicht, bis zu dem Augenblick, da vor mir, wie im Fensterchen eines Computers, das Wort ‹auch› aufflimmerte. ‹Auch eine Witwe›, hatte sie gesagt. Ich wandte meine Augen den beiden Spielern zu, ihre Gesichter waren im Widerschein der Billardlampe von unten herauf beleuchtet, ich suchte nach einem Spiegel, um mein Gesicht zu sehen. ‹Auch?› Waren wir schon tot, wir drei Männer? Und dort, an dem runden Tischchen saßen unsere Witwen, sprachen von einer anderen, die auch Witwe war, und verzehrten dazu ihre Kuchenteile.»

Ubald flüsterte, rasch folgten sich die Worte, sein Atem ging heftig. So also ging es weiter, so sahen sie aus, die Frauen, nachher, so einen Gesichtsausdruck hatten sie, während sie weiterlebten, und sie blieben zurück, ausgestreckt auf einem Bett. So standen die Dinge? Nein, falsch. So *lagen* die Dinge!

«Ich will dir alles sagen. Den letzten Gedanken. Du hast zehn Jahre weniger als ich. In unserem Denken heißt das: zehn Jahre noch zu leben. Du rechnetest mit diesen zehn Jahren. Ich sah es dir an, ich sah es den beiden anderen Weibern, dem Schlachtschiff und der Saarländerin, an. Sie hatten sich abgefunden, im voraus, ihr hattet euch abgefunden, ihr hattet euch bereits auseinandergesetzt mit dem ‹Nachher›, ihr hattet es euch bereits organisiert. Die Lebensversicherung, die Rente, die Absicherung – die Freiheit. Und plötzlich kam es mir in den Sinn: Wir waren kinderlos, und die beiden anderen waren auch kinderlos. Ja, so waren eure Blicke, so war dein Gesichtsausdruck, Camilla, ernst, hart, entschlossen – und ganz darunter versteckt die angstvolle, rücksichtslose Lebensgier. Ich hatte nichts mehr damit zu tun, mit deinem Leben, nachher. Hör, höre nur zu, dieses Band wird vor dir ablaufen, in der Wohnung an der Rosmarinstraße, dafür werde ich sorgen. Vor dem Grenzübertritt werde ich es dir zusenden, eingeschrieben, mitsamt dem Kassettenrekorder, und da magst du dich dann amüsieren nach Wunsch und Wahl. Es ist ein Nachher, ein bißchen anders, als du es dir vorgestellt hast, aber du bist auch allein, du bist abgesichert, du kannst tun und lassen, was du willst – nur, tot ist er noch nicht, dein Ehemaliger, er lebt – und damit du es nur gleich weißt, er genießt seine Freiheit auf eine andere Art, als ihr Witwen in spe es tun werdet – in eurer Sorge um die Sicherheit, eurer Angst vor der Leere ...»

Ubald war heiser, ihn fröstelte, und dennoch war ihm heiß im Kopf, an der Stirn, an den Ohrläppchen, wie er sich mit einer gewohnheitsmäßigen Gebärde versicherte. Er dachte daran, aufzuhören mit Sprechen, die Apparatur abzustellen, den Motor anlaufen zu lassen, weiterzufahren. Aber er brachte das nicht zuwege. Das war die Stunde, die Gelegenheit, die er sich so oft gewünscht hatte.

Alles, alles sagen, sich ausleeren, sich enthüllen, abrechnen.

«Da wohnt auch eine Witwe.» Ha, ha, ha. Ein Theaterlachen. Ha, ha, ha. Wir sind alle mit Witwen in spe verheiratet. In aller Heimlichkeit bereiten sie sich auf ihre Rolle vor. Gewiß denken sie schon daran, wie sie es sich einrichten werden, in der Wohnung, nachher. Das violette Jäckchen kann ich sicher noch tragen mit den Hosen, den blauen Hosen. Wenn die Zeit vorbei ist. Übrigens ist man ja heute nicht mehr so, schwarz ist vorbei. Man trägt die Trauer im Herzen, nicht in den Kleidern. «Theaterlachen, Opernlachen, Operettenlachen. Borstenvieh und Schweinespeck, das ist mein idealer ganzer Lebenszweck. Reisen. Warum nicht. Es ist ja alles so einfach. Man muß die Karte lösen, und dann wird man spediert wie ein Paket. Und dann hat man ja Freundinnen, man trinkt Tee zusammen, trifft sich in der Konditorei. Man lebt gesund. Man geht turnen. Man befolgt die Regeln der Hygiene. Man wird noch lange leben.»

Ubald öffnete die Augen, blinzelte. Draußen von der Windschutzscheibe weg zog sich das breite graue Straßenband in die Ferne, ein grüner Waldrand, zwei Pfeiler stützten hoch oben einen Viadukt mit einem eisernen Zaun, hinter dem fortwährend Wagen vorüberfuhren. Es war kalt in der Kabine. Er wandte den Kopf, schaute in den Spiegel: ein blinkender Lichtkreisel drehte sich hinter ihm, hinter dem Döschwo, er sah es durch die Scheibe. Die Tür war offen neben ihm, darum war es so kalt.

«Haben Sie eine Panne?» fragte der Mann in

535

Uniform, seine Pelzmütze schob sich in das Kabinchen. «Haben Sie geschlafen?»

«Wie spät ist es?» Ubald konnte die Zeiger seiner Uhr nicht sehen.

«Es wird bald sechs sein. Ihr Fahrausweis, bitte.»

Während er die Papiere aus der Brusttasche hervorklaubte, begriff er die Lücke. Schräg über die Wiesen fiel ein gelblicher Lichtschimmer. Der Mann blätterte in den Dokumenten. Er streckte ihm den Paß und die Banknoten durchs Fenster, die Ubald ihm ebenfalls hinausgereicht hatte. Inzwischen hatte der andere Polizeimann sein blinkendes Fahrzeug verlassen, er hielt ein Notizbuch in der Hand, und Ubald sah, wie sie beide über seinen Wagenpapieren ihre Lappenmützen zusammensteckten.

«Das wäre so weit in Ordnung. Aber das wissen Sie, daß Sie auf der Kriechspur nicht parkieren, geschweige denn übernachten dürfen.»

«Machen Sie es kurz», sagte Ubald und blickte durch die Windschutzscheibe auf die sich immer mehr belebende Autobahn hinaus. «Was kostet das, ich habe es eilig.» Es winkten die Ruinen von Ampurias über dem preußischblauen Meer.

Die zwei Uniformierten wechselten Blicke. Ein wenig belustigt, wie es Ubald schien. Ein vorüberfahrender Wagenlenker verminderte sein Tempo und machte Anstalten anzuhalten, aber der eine der Polizisten gab ein ungeduldiges Zeichen, und der Mann gab wieder Gas. Der andere Polizeimann knetete an seiner Nase herum. «Wegen der Buße – wir müssen zuerst den Rapport machen. Sie erhalten Bericht.»

Aber dann, als Ubald nach dem Zündschlüssel

griff: «'s ist noch etwas. Sie werden vermißt, Herr Ubald.»

Er spürte, wie ihm die Hitze zu Kopf stieg, vom Rücken her herauf.

Der Polizeimann reichte ihm das Blatt hinein. «Vermißtanzeige. Ubald, Josef, 66 Jahre, 164 cm ... hat am... um 16.15 Uhr seinen Arbeitsplatz verlassen und ist nicht mehr nach Hause zurückgekehrt. Soll sich sofort mit seinen Angehörigen in Verbindung setzen. Um schonendes Anhalten wird gebeten.» Wirklich, die handgeschriebenen Worte tanzten ihm vor den Augen. «Das wurde soeben durch Funk durchgegeben –»

«Was? Am Radio, am Radio ist das gekommen?» Ubald erwachte endlich.

«Sie haben Glück, Herr Ubald, um sieben Uhr vor den Frühnachrichten hätte es durchgegeben werden sollen. Das ist nun nicht mehr nötig!»

«Wer, wer hat denn diesen ... diesen Unsinn?»

Der Mann lächelte amtlich, diskret. «Das werden Sie schon herausfinden.»

«Telephonieren Sie bitte, sogleich!»

Der Polizeimann deutete mit dem Daumen über die Achsel dem davongehenden Kollegen nach. «Wird bereits besorgt.» Er salutierte mit dem Zeigefinger an die Pelzmütze, und ein wenig später fuhr der Wagen mit dem Blinklicht am Döschwo vorbei. Ubald kam es vor, als ob die beiden grinsten unter ihren Lappenmützen.

Zwanzig Meter von der Haustüre war noch ein Parkplatz frei. Ubald schlüpfte in die Lücke, die Elfuhrglocken schlugen, einen Augenblick lang saß er noch da, das Herz pochte, sein Gesichtsausdruck war grimmig. Sorgfältig löste er den Kassettenrekorder aus der Halterung. «Darum kommst du nicht herum. Du sollst es wissen, alles. Alles! Sonst verstehst du die ganze Geschichte sowieso nicht.»

«Keine Vorwürfe», rief er und hob die Hand. Er stand vor Camilla, im Korridor, klein, einen halben Kopf kleiner als sie. Sie sah nicht böse aus. Aber auch nicht freundlich. Er kannte die Skala: Schuldlos, hieß das, ich muß leiden, das tut gut.

Die Stube war aufgeräumt. Sie standen voreinander, stumm, der Tisch zwischen ihnen. Ubald legte den Kassettenrekorder auf die gestickte Decke, zog seine Jacke aus, putzte die Brille mit dem Taschentuch, Camilla schaute ihm zu.

«Setz dich, da, setz dich auf den Diwan.» Sie setzte sich. «Du sollst alles wissen. Ich habe es in dieser Nacht auf das Band gesprochen. Das ist das einzige, das ich von dir erwarte, daß du es abhörst, da, mit mir, jetzt, sofort, und ... nachher.»

«Und nachher?» fragte Camilla. Es war das erste Wort, das sie sprach. Ubald hatte die Antwort bereit: «Eben darum geht es. Nachher?» Er sprach sie nicht aus. Er nestelte lediglich an den Riemen des Apparates herum. Dann drückte er auf die Taste.

Das Band lief. Es kam ein Rauschen, ein Krächzen und dann deutlich Ubalds Stimme. «Eins, zwei, drei, vier.» Pause. Krächzen. «Undine. Du bist meine Undine.» Krächzen. Pause. Das Band lief lautlos.

«Was das mit Undine heißt, das erkläre ich dir

dann nachher, wenn alles abgelaufen ist. Nur Geduld.»

Camilla zeigte keine Zeichen der Ungeduld. Sie saß da, das Haupt ein wenig gesenkt, und er konnte die Kopfhaut sehen. Sie hatte dünnes Haar.

Der Apparat lief, aber er gab keinen Ton von sich. Jetzt mußte es doch kommen. Gute zehn Minuten lebten sie so nebeneinander, sie sitzend, er stehend, und lauschten dem Geräusch des ablaufenden Tonbands. Ubald sprang auf, betätigte mit zitternden Fingern Tasten und Hebelchen, ließ das Band wieder rückwärts spulen, schaltete von neuem ein.

«Eins, zwei, drei, vier. Undine. Du bist meine Undine, meine Undine...» Ubald wischte den Rekorder vom Tisch, das Gerät fiel auf den Teppich.

«Undine», stotterte er. «Undine, das ist...» Er hielt ihr die Sofortbildaufnahme hin: das hellglänzende Wägelchen vor dem schwarzen Waldrand, ein paar Grasnarben im Vordergrund, ein wenig Himmel über den Kronen.

Die Frau schaute sich das Bildchen an, sorgfältig, gewissenhaft.

Zuerst konnte er sich die Leichtigkeit seines Atems nicht erklären, er schnaufte, zwei-, dreimal tief, nach Gymnastikart. Ein Defekt? Etwas falsch gemacht? Oder was war das für eine Hand gewesen, die das Band gelöscht hatte?

Eigentlich war die große Befreiung schon da, wartete auf ihn, aber er traute ihr noch nicht ganz. Das wurde einem doch gemeinhin nicht gewährt, daß man etwas, das man hinausgeschrien hatte, wieder zurücknehmen konnte, löschen, auslöschen, einfach so.

«Einen Wagen habest du dir gekauft, sagten sie.»

«Uns», berichtete Josef Ubald.

Sie schaute aus der Sofaecke schräg zu ihm empor mit ihren schütteren Haaren und leicht knitternder Gesichtshaut.

«Und wohin soll die Fahrt gehen?»

«Nach Ampurias.»

In diesem Augenblick hörten sie seine, Ubalds Stimme. «Das wäre zu schade gewesen. Ein Ende, ohne alles gesagt zu haben.»

Der Apparat am Boden lief wieder... Ubald hob den Fuß, und mit dem gekerbten Gummiabsatz seines Boxcalfstiefels machte er dem Spuk ein Ende.

ausgesucht hätte, nein! ein Gemütsdusler, zu weich für unsere Zeit, ein in sich und sein bißchen Welt Verkrochener, ein zu spät Verheirateter natürlich auch, der mit achtundfünfzig noch für drei Kinder sorgen muß von siebzehn bis zu elf – zu elf» – sie wiederholte das Wort «elf» fast scheu und zärtlich, und wieder, wie auf ein Stichwort, tastete sie in ihrer großen Tasche nach dem Lederkästchen mit dem Arztbesteck. «Er hat auch einen Beruf, der Alte», fuhr sie jedoch schnell fort, «so verloren und uneinträglich als möglich, er ist Blasinstrumenten-bauer oder schon fast mehr nur noch Ausbesserer und Flicker, hat sich mit dem vielen Blasen seiner Hörner, Trompeten, Fagotte und Klarinetten, die er unablässig ausprobieren muß, eine Herzerweite-rung anmusiziert, die sich sehen lassen kann, nebst allem Drum und Dran wie Herzmuskelschwäche und wohl auch einiger Brüchigkeit der Haupt-schlagader hier in der Brust.

Und nun muß dem Pechvogel noch widerfah-ren, daß das Haus, worin er mit seinem Völklein nistet, verkauft wird, einem wilden Spekulanten, der es alsbald einem noch wildern weiterverkauft, auf Abbruch – die Leutlein alle drin erhalten die Kündigung auf Ende Juni, auf jetzt in ein paar Tagen – es ist ein altes Haus, worin sie wohnen, die Wohnungen spottbillig und doch um keinen Rap-pen zu billig für Habenichtse – hei, und nun ging Hals über Kopf ihrer aller Jagd los auf die paar wenigen erschwinglichen Wohnungen in der Stadt, die wilde Jagd, die Hetzjagd, die unerbittliche – all die harmlosen Menschen in dem Abbruchhaus, die bisher vertraut zusammen gelebt und (wenn

sie auch zwischenhinein einmal einen Kritz oder
Span ausgefochten) einander in Not und Trübsal
treulich als Gefährten geholfen: sie alle liefen jetzt
plötzlich wie in einem Windhundrennen atemlos
um die Wette als unbarmherzige Mitbewerber und
Nebenbuhler, rannten, stiegen, fuhren von Haus-
besitzer zu -besitzer – und unser bröckeliger Trompetenbauer lief hintendrein, lief nicht – schleppte
sich.

Und stand er atemlos vor einem der Mächtigen,
die eine Wohnung zu vergeben hatten, so begann
alsbald das Verhör: ‹Was sind Sie von Beruf?›

‹Blasinstrumentenbauer.›

‹Wo haben Sie Ihre Werkstatt?›

‹Ich habe nur ein Zimmer als Werkstatt eingerichtet.›

‹In Ihrer Wohnung?›

‹Ja. Es ist ein sehr feingriffiger, stiller Beruf.›

‹Aber Sie hämmern doch?›

‹Nur sehr weiches Metall: Silber, Messing.›

‹Und müssen die Instrumente blasen?›

‹Grad so zur Prüfung – ganz zum Schluß – ein
paar Töne.›

‹Sind Sie verheiratet?›

‹Ja.›

‹Und Kinder?›

‹Drei. Von elf, sechzehn und siebzehn Jahren.›

‹Von elf? Und was schaffen die älteren?›

‹Der Sechzehnjährige lernt Gärtner, und die
Tochter – ist an der Musik-Akademie. Sie will – sie
wird Flötenlehrerin werden – vielleicht Virtuosin.
Sie ist wunderbar begabt.›

‹Und übt zu Hause? Warum sind Sie so bleich? Wieviel Stunden übt sie am Tag?›

‹Es ist aber eine Freude, ihr zuzuhören. Sie spielt mit ihren siebzehn Jahren Musiken, so unerhört ...›

‹Sind Sie krank, daß Sie so schlecht aussehen? Setzen Sie sich doch einen Augenblick. Wo hapert's? An der Lunge?›

‹Eigentlich nirgends. Ein wenig das Herz – in letzter Zeit.›

‹Das Herz ... Sind Sie pensionsberechtigt? In einer Kasse? Gibt es das für Blasinstrumenten-bauer? – Nein? Aber Sie haben doch irgendeine Versicherung abgeschlossen? Für alle Fälle?›

Fast hätte er gefragt: ‹Womit?›

‹Ich werde Ihnen noch Bericht geben. Oder besser: Wenn Sie bis morgen abend keinen haben, dann ...›

Er hatte bis morgen abend nie.

Er lief trotzdem immer weiter. Vom neunund-vierzigsten Bittgang an vermochte er keinen zwei-ten Stock mehr zu erklimmen. Auch wenn er sich in den Stiegenhäusern heimlich einen Augenblick auf Fenstersimsen und Stufen ausruhte und seine Frau ihn stützte, die ihn jetzt immer häufiger begleiten mußte – es reichte nicht mehr. Auf den Heimwegen zerhackte ihm das Gedröhn der Bohr-hämmer die Ohren. Da, dort, allerorts wurden Häuser niedergebrochen – die Stadt zitterte vor Baufieber – die Balken krachten in die Tiefe, Wän-de sanken ein, sandfarbener Staub qualmte in Wol-ken, ganze Straßenzüge waren vernebelt – er stol-perte elend durch den Staubdunst heim. Es war zu viel Geld in der Stadt – es wußte nicht mehr, wo

sich einwurzeln und aufschießen und seine hell-
gelben Goldfrüchte tragen – man scharrte ihm die
alten Häuser weg, damit es Wurzelgründe darunter
finde und bald geil und hoch emporschieße... In
jedem einstürzenden Haus spürte er seins stürzen,
worin er seit seinem Hochzeitstag eingemietet
saß...

Denn ach! er liebte sein Haus, liebte es, wie sonst
nur Katzen noch ihre Häuser lieben, hartnäckig,
zäh, zärtlich – fast hätte ich gesagt: auf den Tod.
Und es war auch ein Haus, das bescheidene Menschen lieben konnten, mit seinen schlichten Fen-
sterreihen, seinen Abmessungen, so fein und aus-
gewogen, als hätte es ein Architekt aus dem acht-
zehnten Jahrhundert sparsam errichtet; mit einem
französischen Dachstock mit bläulich schimmern-
dem Schiefer darauf, dunklen Winkeln unter Dach-
stiegen und hinter Kaminen, und mit einem Garten – ich frage mich, welcher kultivierte alte Herr
Weltfahrer wohl diesen Garten vor sechzig, siebzig Jahren einst angelegt haben mag da unten,
mit Mittelmeerkiefern, Ginster, hellblauem La-
vendel, Oleandern und ein paar Bäumen mit Blättern groß wie Elefantenohren, weichen grünen
Blättern, zwischen denen empor den ganzen Sommer lang lichtblaue Kerzen blühten. Es hatte auch
hinter dem Haus, als Schutzwand gegen die Straße
hin, eine geschnittene Hagebuchenwand mit alten
verdrehten Stämmen, in deren Gabeln die Amseln
nisteten; ja unser Trompetenbauer sah sogar über
seinen Arbeitstisch weg ein Stück Rhein, Ahorn-
bäume am Strom und darunter und dazwischen
durch das grüne Wasser.

Eines Morgens sagte er zu seiner Frau: ‹Sieh!› und zeigte ihr im Taschentuch ein Klümpchen Blut. Er hatte es soeben ausgehustet.

Seine Frau sprach: ‹Das gibt es nach Luftröhrenkatarrhen immer. Sorg dich nicht. Hustest du zum erstenmal Blut?›

‹Nein – schon seit Wochen. Aber einmal mußte ich es dir doch sagen.›

‹Mach dir keinen Kummer. Du hast eine Bronchitis nicht beachtet und hustest nun das Zeug aus.›

Der weiche Mann, der zögernde, sehr schmerzempfindliche, alle Schwierigkeiten scheuende Mann hat eine Frau, die mir mit jedem Atemzug und Blick besser zusagt als der in sich gezogene musikantische Instrumentenmacher: eine klaräugige, klarstirnige, gescheite Frau, zu jedem Opfer bereit und jeder Arbeit von früh bis spät, tapfer in jeder Not, über ihre Kraft hinaus, und immer erst nach den großen Nöten halb hinsinkend.

Der Bluthusten wurde nicht besser mit dem Instrumentenprobieren, mit dem Schmerz um das zum Tod verurteilte, vertraute Haus, mit der immer schrecklicheren Angst um Unterschlupf. Der Mann ging zum Doktor. Dieser tat das Menschenmögliche – umsonst: zwei-, dreimal im Tag hustete der Leidende Blutklümpchen aus, so groß wie eine Fingerbeere.

Vater und Mutter sagten es schließlich den zwei älteren Kindern, die vernünftig und stark genug waren, es zu ertragen; nichts sagten sie dem Jüngsten, dem Elfjährigen, diesem schlanken, geschmeidigen, schöngliedrigen Knaben mit seinen

547

dunkelbraunen Augen von vollkommener tiefer Klarheit, die er –»

Die Erzählerin stockte und hatte schon wieder ihr Instrumentarium in Händen.

«– die er von seiner Mutter geerbt –»

Und klappte es auf.

«– nicht von seinem Vater –»

Und schoß drin mit ihren kurzsichtigen, hellhellen Augen auf ein besonders grimmiges Messerlein los, ob nicht gar eine Spur Kinderblut noch dran klebe – aber ihr Schreck war umsonst.

«Siebenundvierzig Jahre», fuhr sie schnell weiter, «war der Instrumentenbauer alt, seine Frau vierzig, da sie den Spätgeborenen bekamen. Und eigentlich golden-heiter und übersprudelnd und selig wie ein Kind war dieser nur ganz zu Anfang seines Lebens – schon nach wenig Jahren ward er nachdenklich und scharf hinhorchend oder ahnungsvoll dem Leben gegenüber.

Einmal hatte er durch die angelehnte Tür etwas vom Schmerzvollsten mitangehört, was ein Kind von seinen Eltern erlauschen kann. Es waren Bekannte da, und Vater erzählte vom Schreck, den seine Frau und er, hauptsächlich aber er, empfunden, da sich ihr letztes Kind ihnen angezeigt; er war schon herzkrank gewesen; es war zu Kriegsausgang; seine Frau, vor ungestilltem Hunger, suchte wie ein Tierchen nach Eßbarem in der Wohnung umher – der Vater hatte sich das Gesicht des Neugeborenen zuerst überhaupt nicht einprägen können, es hatte sich ihm nicht in die Seele geprägt wie die Antlitze der zwei andern – er hatte den Kleinen einmal im Kinderwagen vor einem Laden stehen sehn und nicht erkannt, übrigens auch den Kinderwagen nicht – so groß war seine Erschütterung gewesen, sein Widerstreben, sein Schuldgefühl, noch einmal, so spät noch und so krank, ein Kind anvertraut zu bekommen.

Seit einem Jahr wuchs der Bub ein wenig schneller als viele seiner Altersgenossen, und im letzten Herbst fiel er in der Turnstunde plötzlich einmal vornüber auf den Kopf; er hatte sich bücken müssen, damit sein Kamerad über ihn springen könne; ehe der Kamerad sprang, sank er auf die Stirn und wurde mit einer Hirnerschütterung heimgebracht.

Er mußte mehrere Tage still liegen. Sein Bett stand in der Schlafstube der Eltern, und sein Vater ging während dieser Zeit ein paarmal schon mit der Dämmerung zur Ruhe und plauderte sich mit dem kranken Knaben in Schlaf. Er liebte den Knaben längst mit einer Art verzweifelter alter vorwurfsvoller allertiefster Liebe. Es war schon fast dunkel im Zimmer; der Spiegel einzig blinkte noch mild; durch die Lättlein der geschlossenen Läden klang das Spielgeschrei der Kinder aus den Gärten und Gassen. Der Knabe sagte schlicht und lieb: ‹Ich möchte einen andern Vater als dich – einen jungen, der mit mir spielen und rennen könnte oder Faltbootfahren und dummtun. Warum haben alle andern Knaben so junge Väter – nur du bist so alt und getraust dich nichts mehr? Früher hast du noch im Rhein gebadet mit mir und mich schwimmen gelehrt. Nun scheust du dich sogar im freien Wasser zu baden. Frag doch den Doktor, ob du nicht wenigstens Velo fahren dürfest. Dann könn-

ten wir auch zusammen einmal etwas unternehmen – eine Fahrt – wie die andern Buben mit ihren
Vätern.›

Der Knabe hatte eben Radfahren gelernt.

‹Du bist so ein trauriger Vater. Die andern sind
lustig, nur du – du siehst auch immer alles von der
schwärzesten Seite an. Die andern Väter sind keck
und frech und lustig mit ihren Kindern, werfen sie
in die Luft, fangen sie wieder auf, hauen sie auch
einmal. Du bist immer lieb, aber so fremd zu mir
und langweilig.›

Als er wiederhergestellt war, fragte er den Vater
oftmals über viele Dinge in der Welt. Vater sann
und gab ihm behutsam Antwort nach seiner Art,
die niemand weh tun durfte, sondern angstvoll
gerecht abwog.

Der Knabe fragte: ‹Warum sagst du nie: Der
und der ist ein verfluchtes Astloch, ein schrägge-
bohrtes – oder ein Sauhund, ein elender? Meine
Kameraden wissen so viel mehr über alles, was es
wert ist. Wenn ich dich frage, sind alle Menschen
rings noch ein wenig gut, keiner ein Dreckkaib.
Sag mir doch alles auch so einfach wie die andern
Väter ihren Buben.›

‹Das werde ich nie können. Je mehr du von
jemandem weißt, desto weniger kannst du ihn so
mit einem Wort abtun. Ich wenigstens kann es
nicht. Und wenn du gar alles wüßtest von einem –›

‹Aber die andern Buben lachen mich aus mit
meiner Gescheittuerei. Das ist der Bruch. Sie hauen
mich sogar. Ich bin nicht wie sie. Deinetwegen.
Die meisten Buben sind auch stärker als ich. Warum hustest du immer in dein Sacktuch und blickst

heimlich und mit Angst hinein und versteckst es schnell?›

‹Was soll ich denn anderes tun mit einem voll-gespuckten Taschentuch, als es wegbringen?›

‹Es ist aber etwas mit deinem Husten. Ich weiß es. Ihr fragt einander immer hin und her . . . nur ich soll nichts wissen. Warum? Was ist denn, Vater? Meinst du, ich hab' dich nicht auch lieb?›

Unlängst flehte er den Vater gradewegs an, heute wieder einmal früh mit ihm zur Ruhe zu kommen. Er lag schon auf seinem Bett zusammen-gekauert in seinem zu weiten Pyjama, das er vom Bruder geerbt – Vater zog sich noch aus –, da stellte er schon die große Frage: ‹Sag mir: wie kommen die Kinder aus der Mutter heraus?›

Daß sie in der Mutter drin erwuchsen, das hatten ihm beide Eltern bereits gesagt.

Vater erschrak vor der Unausweichbarkeit die-ser Frage. Er zog sich weiter aus, schwieg dazu, das Schweigen schwankte wie eine dunkle bange Wol-ke in dem Schlafzimmer tief hin und her – ein Psychologe hatte einst gesagt: Soweit Kinder fra-gen, soweit gib ihnen Antwort – Vater erinnerte sich daran –, mit einem Ruck (irgendeine tiefe Scham mußte er überwinden) sagte er, wie die Mutter ihn geboren hatte; wie er selber im Spital der Mutter beigestanden dabei, sie fest unter dem Nacken und an den Händen gehalten in ihren Schmerzen.

Der Junge, in seinem bläulich und weiß gestreif-ten Nachtanzug, der weit um ihn floß, lag unbeweg-lich, die Knie unterm Kinn, die Finger zwischen den Zehen, und lauschte mit fast starren Augen.

‹Hat die Mutter gar geblutet dabei?›

‹Ja.›

‹Ach.› Und nach einer Weile: ‹Und wie werden denn die Kinder? Wie bin ich –? Sag es mir aber ganz genau!›

Es klang geradezu eine scharfe Härte in der Bubenstimme, keine Frechheit, aber ein verzweifelter Wille zu Klarheit und Helle. Überhaupt war aus dem Kind ohne letzte tolpatschige Kindhaftigkeit ein vollkommener Knabe geworden, hart, bestimmt, entschlossen, finster entschlossen oft, und sehr verschlossen.

Einen Augenblick war Vater drauf und dran, vor dieser allerletzten Frage ein Feigling zu werden und sich hinter eine Wand und einen Vorwand ganz drecklumpenweich zu flüchten. Dann hatte er doch eine seiner seltenen Anwandlungen von Mannesmut und schilderte dem Knaben alles, was er zu wissen begehrte, ruhig, behutsam... ‹Ich sage es dir wie ein Mann dem andern, gelt.›

Dennoch legte sich der Junge, nachdem der Alte geendet, mit der Seite des Gesichts jammervoll aufs Leintuch und verharrte wie tot.

‹Bist du nicht glücklich, daß du jetzt so viel weißt?›

Der Junge schüttelte ganz fein unmerklich das weiße Gesicht auf dem weißen Linnen.

‹Daß du so viel weißt wie wenige?›

‹Wie wenige?› sprach der Knabe in der dämmerigen Dunkelheit; er hatte seine Augen offen; sie blickten traurig; der Spiegel blinkte versinkend; der letzte Tagesschein durch die grünen, verschlossenen Stäbchenläden verglomm und erlosch.

552

‹Du mußt nicht meinen, ich hätte das alles nicht schon gewußt. Die Knaben auf der Straße haben mir das alles oft genug erzählt – die ältern, wenn sie so auf den Velos an den Randsteinen sitzen und wir kleinen um sie herumstehen. Ich hatte ihnen immer gesagt: Es ist nicht wahr. Ihr lügt uns an. Ihr seid Sauhunde. Nun ist es doch wahr. Sie hatten es so häßlich erzählt. Aber sie hatten nicht gelogen. Sie hatten doch die Wahrheit gesagt.›

‹Du darfst aber gar nicht glauben, daß es häßlich ist›, sagte der Vater voll Mitleid und Angst. ‹Es ist vielmehr so schön, wenn eine Mutter und ein Vater einander ganz voller Liebe umfassen.› –

Ende März brachte der Junge sein Zeugnis heim. Fleiß und Betragen waren gut, seine Leistungen schwach. Der Vater kam in der Arbeitsschürze aus seiner Werkstatt im Nebenzimmer an den Mittagstisch, schob die Arbeitsbrille von der Stirn wieder vor die Augen, studierte das Zeugnis, rückte seinen Teller weg und unterschrieb es; aber er sagte: ‹Wenn du ins Gymnasium übertreten willst und Tierarzt werden, mußt du dich anders an den Laden legen. Du willst doch Tierarzt werden?›

Er wie sein kleiner Sohn waren beide Tiernarren; stundenlang lasen sie einander aus Brehms Tierleben vor.

‹Tierarzt... ich weiß nicht mehr... ich bin doch zu dumm zum Studieren. Du siehst: meine Fleißnote ist Eins, ich strenge mich an –›

‹Du armer Bursch›, sagte die Mutter und strich ihm seine Haare zurück. ‹Unsere Wohnungssuche nimmt dir alle Gedanken gefangen wie uns auch.›

‹Und dann›, ergänzte der Vater, ‹will er nachts

vor dem Einschlafen tausend Dinge wissen, woher die Kinder kommen.›

‹Ja, wie soll er da seinen Kopf beisammen haben? Und trotzdem – du darfst nicht lockerlassen – du sollst doch einmal etwas Rechtes werden im Leben.›

‹Ich finde das Leben nichts Schönes – von Anfang an nicht›, sagte der kleine Mensch. ‹Ich möchte oft lieber nicht mehr leben. Dann müßte Vater nicht mehr um mein Essen arbeiten – und ihr fändet mit zwei Kindern eher eine Wohnung als mit drei.›

Alle um den Tisch, Vater, Mutter, Schwester, Bruder, hatten mit erstaunten oder spottvollen oder erschreckten Augen an ihm gehangen. Er hatte erst vor wenigen Tagen in Nachahmung seines ältern Bruders sich die Haare in amerikanischem Bürstenschnitt schneiden lassen; das feine, hellbraune Gestachel auf seinem Kopf, aufgebürstet und aufrechtstehend, machte sein Gesichtchen länger und nachdenklicher; es deckte auch die Höhe seiner Stirn auf; ganz hell war diese Stirnhöhe und schimmerte altklug; ganz dicht auch unterm Haaransatz schlängelten sich in der kleinen Stirn nah übereinander hin drei, vier scharfe waagrechte Fältlein, irgendwie lächerlich in ihrer Winzigkeit und dennoch so scharf eingekerbt, als könnten sie zeitlebens sich nicht mehr glätten.

‹Ich bin euch aber zur Last›, sagte er. ‹Ihr habt einen solchen Schreck gehabt, als ihr mich noch so spät hinterdrein bekommen habt – Vater hat sich nicht einmal mein Gesicht merken mögen. – Ich hab' es an der Tür gehört, alles... Ich möchte lieber tot sein.›

Er sagte die Worte leis und gradhin; es war das Ergebnis öftern Nachdenkens; alle spürten es.

‹Kind›, sprach der Vater innig, ‹ich wüßte nicht, wie wir es machen könnten ohne dich. Erstens haben wir dich alle lieb, lieb –›

‹Besonders mein Bruder.›

‹Sobald du nicht frech gegen mich bist.›

‹Und dann›, fuhr der Vater fort, ‹hilfst du uns so viel, kaufst ein, schleppst Holz und Briketts aus dem Keller herauf› (die Kohlen förderte der ältere Bruder), ‹trägst Instrumente aus. Wir wären schlankweg verloren ohne dich, Mutter und ich.›

‹Verloren!› sagte der Knabe höhnisch und zugleich mit einem Blick voll Sehnsucht und Wärme auf seinen Alten. –

Es war nun Mitte April, und sie hatten noch immer keine Wohnung. Es gab selbstverständlich um so weniger Wohnungen, je weiter die Zeit vorrückte; sie wußten es alle, wenngleich niemand davon redete; die meisten Leute in dem Abbruchhaus hatten bereits Unterschlupfe; es hatte sich plötzlich gezeigt, daß jene viel mehr Auskünfte wußten und Beziehungen hatten, als zu vermuten gewesen war. Einzig die Familie des Waldhornbauers saß da ohne jegliche Aussicht. Sie erwies sich als die untüchtigste im Lebenskampf. Vater hatte es aufgegeben, auf die Wohnungssuche zu gehen; er wich kaum mehr aus seiner Stube; sein Herz reichte fast nicht mehr für die eigenen Stiegen. Mutter ging allein suchen – umsonst. Die Tochter derweil, mit geschwellten Backen, probierte Vaters Instrumente aus, damit der nicht mehr blase. Eben damals kam Vater vom Arzt heim mit dem Bericht, er müsse für ein paar Tage ins Spital zur Beobachtung. Alle erschraken. Der ältere Sohn sagte: ‹Man kennt das: die paar Tage.›

‹Wieso?› fragte der jüngere voll Schreck. ‹Wer verdient dann während der Zeit? Müssen wir jetzt verhungern?›

In der Nacht erwachte der Vater an einem ungewohnten Lichtschein und einem unterdrückten, entsetzten Jammerlaut. Er fuhr auf; die Schlafzimmertür stand einen Spalt offen; im Gang brannte Licht – sein kleiner Sohn stand im Pyjama draußen, hielt etwas in der Hand und blickte schluchzend darauf; es war das Taschentuch des Vaters; er hatte es heimlich in der Nacht dem schlafenden Vater unter dem Kopfkissen hervorgezupft; es war ein Blutfleck darin; der Knabe bestarrte ihn, er bebte vor lautlosem Schluchzen, aber er hatte keine Tränen in den Augen.

Als er sah, daß der Vater wach war, kam er auf unhörbaren Zehen zu ihm gerannt, umhalste ihn, drückte sich an ihn und sagte: ‹Mußt du jetzt sterben, Vater? Du darfst nicht sterben.›

‹Im Gegenteil: ich werde gesünder als je aus dem Spital heimkommen.›

Seltsam: als Vater nun im Spital war, verlangte ihn nach den Besuchen all seiner Lieben, er richtete sich an ihnen offengestanden recht eigentlich auf – nur seines Jüngsten Besuch scheute er und verbat ihn sich lange – und als der Knabe drängte und immer wieder zurückgewiesen wurde und zürnend verzweifelte, da drang der arme Junge zu einer Besuchszeit mit Blumen neben einer fremden Dame in das himmelhohe gläserne Spital und machte Vaters Krankenzimmer ausfindig. Und als er die Tür aufstieß mit seinem Blumenstrauß in Händen, den er aus dem Garten gepflückt, da blieb er im Türrahmen stehen, die Tür mit dem Knie gegen den Zugwind haltend, und blickte durch die Blumen hindurch seinen Vater an, der als einer unter sechs Kranken dasaß, im Spitalhemd, auf einem mit weißer Ölfarbe angestrichenen Röhrenbett, dessen Kissen durch ein Brettergestell hochgestellt wurde – der Knabe stand, sah, zornig, verzweifelt – und bebte und bebte vor unterdrücktem Weinen – und durch seine luftgebräunte Wange zog sich lichtblau eine Ader, die Vater noch nie gesehen. Und weswegen Vater ihn nicht hatte kommen lassen, und was er gefürchtet: er auch, Vater auch, wie sein Kind, schütterte und bebte, sein Herz schütterte, auch ihn schüttelte ein Schluchzen, das er in sich zurück schluckte und das ihn wie Glassplitter brannte in Kehle und Augenlidern. Und als der Knabe, noch halb trotzig, näher trat und zögernd die Blumen auf seine Decke legte und dann auf einmal hellweinend ihn um den Leib faßte, da vermochte auch der Alte sich nicht mehr zu fassen, der leider nicht aus Granit ist, sondern aus – und weinte in den Bürstenschnitt der weichen, stacheligen, hellbraunen Haare.

‹Vater›, sagte der Knabe plötzlich – plötzlich, mit einem Schlag, waren seine Tränen versiegt, war sein Gesicht hart, erinnerte er sich voller Gespanntheit an etwas Unerhörtes – er trocknete sich auch mit dem Handrücken eilig die Tränen des Vaters wie etwas Ungehöriges und Beschämendes aus seinem aufgeborsteten Haar: ‹Vater, wir kaufen ein Haus.›

Die Sache war so: Der ältere Sohn, der Gärtnerlehrling, hatte unter der Hand von einem zerfallenen Rebbauernhaus erfahren, das hinter einem entlegenen Dorf unter den Waldhängen des Blauenbergs zu verkaufen war und das niemand begehrte. Seine Reben waren verdorben, das Gelände zu steil für Äcker, das Haus, dessen Dachstuhl sich ineinandergesenkt hatte, nicht teuer – Mutter, Tochter, Sohn, alle drei waren sie Hals über Kopf heut gleich nach dem Essen in die ferne Gegend aufgebrochen.

‹Vater, was meinst du, wenn wir ein Haus bekämen!›

‹Wir und ein Haus. Woher das Geld nehmen und nicht stehlen?›

‹Du mußt Mut haben, Vater. Hast du Mut? Ich habe, Vater.›

Und daß er es nicht vergaß: hier hatte der Knabe noch einen Zettel aus der Schule, zum Unterschreiben. Es war der grüne Zettel der Schülerversicherung – Mutter hatte vor Aufregung wegen des Hauses nicht Zeit gehabt, auch nur einen Blick darauf zu werfen.

Vater nahm seine Brille vom Krankentischchen, und sie lasen beide den Zettel. Wenn der Vater unterschrieb, war der Knabe versichert gegen die Arztkosten aus Unfällen, die er in der Schule und auf dem Schulweg erleiden konnte.

Natürlich unterschrieb der Vater.

‹Aber du gibst mir trotzdem acht, daß dir nichts passiert, Bürschlein – auch wenn du versichert bist.›

‹Es ist ja gleich, ob mir etwas passiert oder

558

nicht›, sagte der Knabe und sah den Vater, verstohlen forschend, scharf an. ‹Du hast mich ja doch
nicht ganz, ganz, ganz gern. Warum hab’ ich nie zu
dir ins Spital kommen dürfen? Du hast mich nicht
sehen wollen, weil ich ...›

‹Weil ich dich zu lieb habe. Wie soll ich dir
begreiflich machen, daß man ein Kind so lieb
haben kann, daß –›

‹Ich bin zu dumm, um es zu begreifen. Ich bin
immer zu dumm. Ich kann vor Dummheit auch nie
etwas Rechtes werden im Leben.›

‹Ich habe Angst gehabt, ich müsse weinen,
wenn du kämst. Und siehst du ... Es sind mehrere
Gründe für mein Weinen – willst du sie alle wissen?
Es sind auch die Nerven.›

Nein, der Knabe wollte sie nicht wissen. Er hob
sich vielmehr mit einem Knie aufs Bett und angelte
Vaters Krankenblatt aus der Fassung herunter. Es
war kompliziert festgemacht, aber er hatte es sofort los. Sie betrachteten es zusammen: den roten
Zickzackstrich, den blauen, den schwarzen.

‹Anfangs›, sagte das Kind, ‹sahen mich die
sechs weißen Zettel oben an euren sechs Betten an
wie die Zettel oben an den Kreuzen vom Heiland
und den Schächern. Inri, weißt du, I.N.R.I. Muß
ich wohl später als Tierarzt auch über meine Tiere
solche Zettel hängen? Aber ich werde es ja nicht
werden, Tierarzt. Ich möchte gar nicht. Ohnehin
brächten wir das Geld nicht auf für mein Studium.
Der Bruder hat es gesagt. Wo sollen wir es nur
schon für die Rebhütte –?›

Er schob das steife, weiße Blatt mit den Krank-
heitskurven bös und entschlossen zurück, und da-

bei glitt eine Ecke des grünen Blatts, des Versiche-
rungszettels, darunter hervor; in dieser Ecke stand
fett gedruckt: Bei Todesfall 5000 Franken.

‹Wie, Vater›, fragte der Knabe, ‹wenn du stirbst,
bekommen wir fünftausend Franken?›

Der Vater las mit der Brille nach.

‹Nein›, sagte er, ‹wenn ein Schüler in der
Schule oder auf dem Schulweg durch einen Unfall
stirbt –›

‹Dann erhalten die Eltern –?›

Am nächsten Besuchstag durfte auch der Kleine
mit ins Spital. Alle vier saßen sie um das Kranken-
bett und knüsperleten und wisperten. Es ging um
das Haus. Wenn Mutter ihr Stückchen Gartenland
verkaufte, das sie im nächsten Dorf draußen noch
besaß, ein Streifchen eben nur, dazu ihre letzten
Ringe und Kettlein, und Vater die paar schönen
alten Instrumente, die er gegen seine neuen im
Laufe der Jahre eingetauscht und mit aller Liebe
wieder zum Klingen erweckt, wie es sonst wohl
nur ein Künstler vermag – und verkaufte, was er
noch an Edelmetallen besaß, und all seine Werk-
zeuge mit» (ich sage gleich, warum er sie verkaufen
wollte) «– dann reichte es trotz allem nicht – auch
wenn sie sich die größtmögliche Hypothek erhoff-
ten – es reichte nicht. Und der ältere Sohn hätte
doch statt der verkommenen und unwerten Reben
Beeren anbauen wollen, ganze Wälder übereinander in dem Sonnenkessel, worüber das Häuschen
zerfiel, und Vater und Mutter hätten die Beeren
betreut und am Ende gar ihr Leben daraus gefristet,
und die ältern Kinder hätten allmählich auch ein
Scherflein beizusteuern vermocht.

Aber nun reichte es nicht.

‹Und übrigens er da›, sprach der Gärtnerlehrling und wies mit dem Kinn auf sein Brüderchen,
‹was hätten wir mit ihm angefangen da hinten? Er
wäre talab in die nächste Dorfschule gezottelt, aber
Gymnasium und Tierarzt: aus! – denn ihn auch
noch zu meiner Schwester hinzu auf mein Motorrad laden, das ich mir erstottert hätte...›

Der kleine Bruder schnitt ihm eine Fratze hin.
Sie war aber mehr weinerlich als unverschämt. Der
Ältere bemerkte den Unterschied nicht recht. Er
war so aufgebläht vor Wichtigkeit und Glück, die
Eltern mit seinen Beerenhängen retten zu können,
daß er für jenen nur das Wort fand: ‹Zwuggel,
frecher!›

Der Kleine hatte übrigens auf seinem Sparbüchlein auch noch einiges Geld – er warf es jetzt selber
ins Gespräch – nicht einmal wenig, wie ihm schien.
Denn solang es der Familie noch leidlich gegangen
war, hatten sie alle zusammen für des Jüngsten
elektrische Eisenbahn gespart, fünf Franken jeden
Monat, und im Mai, wo er Geburtstag hatte, zehn –
wieviel machte es denn zusammen aus? Dies alles
gab er auch an das Haus, alles. Bekamen sie dann
das Haus?

‹Häng noch zwei Nullen dran›, sagte der Ältere.
‹Siebentausend statt siebzig, du Gernegroß du. Mit
einer elektrischen Eisenbahn ein Haus kaufen. Was
glaubst du eigentlich!›

Am Tag, da Vater aus dem Spital heimkam,
niedergeschlagen und verzweifelt, denn die Ärzte
hatten für seine Brustschlagader das Schlimmste
prophezeit beim ersten Horn- oder Trompeten-

stoß – am gleichen Tag begannen Arbeiter den
Garten um das Haus auszuräumen, fühllos, als
widerliche Plackerei; wie die alte Föhre mit ihren
dichten, langen, glänzenden Nadeln nicht stürzen
wollte, trotzdem ihre Wurzeln schon fast alle untergraben waren oder abgehackt, verwünschten
die Arbeiter, die am Seil zogen, den schönen alten
Baum als einen verfluchten Bösewicht voll nieder-
trächtigen Trotzes. Die Mutter wollte den Vater
vom Fenster wegziehen, woran er, völlig zusam-
mengebückt vor Schmerz, stand. Über Mittag
stieg er trotz seiner Mattigkeit in den zerschlagenen, verwüsteten Garten hinunter und sammelte
von jeder Art Baum und Strauch ein Blatt oder eine
Blüte. Die Bäume mit den sanften Riesenblättern
lagen gefällt, aber ihre Trauben voll hellblauer
Blüten hatten sich mittlerweile schon wieder gegen die Sonne emporgerichtet, völlig verdreht,
und wollten weiterblühen. Der Jasmin blühte noch
und duftete. Der weiße Liguster wollte eben aufbrechen und brach noch im Hinsterben auf. Von
der Föhre klaubte der Vater ein Stück der roten,
brüchigen Rinde ab. Unter all den Büschen und
Bäumen hatten seine Kinder einst gespielt und
gelacht, und Mutter mit ihnen, und er, solange er
sich noch hatte tummeln können. Er wehrte sich
gegen die Erinnerungen, aber sie strömten ihm
dicht aus den sterbenden Blättern und Zweigen zu;
sie bedrängten ihn; er flüchtete sich aus dem Garten,
dessen Säfte aus den aufgesplitterten Stämmen und
verhauchenden Blüten und Blättern scharf wundersam weh dufteten und ihn ersticken wollten.
    Er hatte im Spital nach den ersten Tagen kein

Blut mehr gehustet. Jetzt, während er die abgebro-
chenen Blätter und Blüten neben sich liegen hatte
und eine nach der andern zum Pressen und Dörren
in Bücher legte, damit er sie stets um sich habe,
hustete er wieder rote Blutfäserchen.

Die Mutter kam vom Mietamt und berichtete,
daß es für Obdachlose Mietbaracken gebe am
Rand des Exerzierfeldes in den Langen Erlen.

‹Aber du stirbst mir darin›, rief sie, ‹ich weiß
es. Du überstehst keinen Winter auf diesem Bret-
terboden dicht an der Erde... nicht zu reden von
deiner Gefühlsunkerei. – Auch gäbe es noch ein
paar Wohnungen, so teuer, daß uns von deinem
Verdienst nicht mehr das Salz in die Suppe übrig-
bliebe – eine solche mieten, wenn wir sie überhaupt
bekämen, nennte ich Hochstapelei. – Jetzt bin
ich selbst am äußersten›, sagte sie. ‹Ich könnte
manchmal, wenn ich durch die Stadt gehe und die
Wohnhäuser zusammenkrachen sehe, und von der
andern Straßenseite, mit dem dicken Arm aus seinem Prachtauto, lässig der Unternehmer den Abbruch dirigiert – ich könnte hinzutreten ans Auto
und →›

Sie zitterte und mußte sich setzen.

Der kleine Bub stand im Türrahmen, trocknete
mit dem Geschirrtuch einen gemalten Teller, er
war der Geschirrabtrockner der Familie, und sagte:
‹Und wenn wir alle beteten? Wir haben in der
Schule, in der Religion, gehabt, wie →›

Die siebzehnjährige Tochter errötete und sprach
leise und schnell: ‹Ich tue es aber auch wieder in der
letzten Zeit und habe es seit der Konfirmation nicht
mehr getan.›

Und der Vater brummte: ‹Und Mutter und ich –›

Der Gärtnerbursch hingegen sah seinen teller-reibenden Bruder aufgeklärt und lebenskühn an und nannte als seinen Grundsatz: ‹Hilf dir selbst, so hilft dir Gott.›

Das Brüderchen fragte: ‹Darf ich mir helfen – oder euch, wie ich will – ist es immer Gott, der mir hilft?›

‹Wenn du uns hilfst – bestimmt!› entschied der ältere Bruder. ‹Warum? Willst du schon wieder deine Malereien drangeben und uns das Haus er-stehn damit?›

Der Junge hatte als Knirps einst auf dem Buffet eine Ausstellung seiner Zeichnungen und Farbkrit-zeleien veranstaltet und das Stück zu einem Rappen feilgeboten.

‹Wie ich es machen will›, sagte der Kleine und verschwand mit seinem Teller in die Küche.

Der Vater sah müd und traurig durchs Fenster in den Garten. Es war nun auch der Eisenzaun darum mit dem Mauersockel weggerissen worden. Es regnete dazu. Regen und zersprengte Mauern und verbogenes Eisen, dazu die gefällten Bäume im Garten, die an den unrichtigsten Orten, mitten auf den Stämmen, noch einmal Schosse zu treiben begannen – konnte es etwas Unheimeligeres und Befremdenderes geben?

Auch den Knaben schauderte durch die Verwü-stung hindurch, als er in die Nachmittagsschule wegging. Ihn schauderte auch vor Kälte. Die Mut-ter hatte ihm zwar die Wollpelerine umgeknöpft, trotz seinem bubenhaften Widerstreben, und ihm

die Kapuze über den Kopf bis in die Stirn geklappt
– aber so eisig blies der Nordwind über den Rhein
her, daß der Junge an den maiennackten Knien und
an der Bauchwand zitterte. Über den Rhein her
trieb der Wind Quälme; der Knabe wußte nicht,
waren es Nebel oder Dünste aus den chemischen
Fabriken jenseits des Wassers; sie rochen scharf
nach Säuren; wo der Wind sie aufs Wasser nieder-
peitschte, schauderte auch der Wasserspiegel in
Tupfen und Flecken. Zwischen Straße und Rhein
liefen Eisenbahnschienen; ein hoher Gitterhag
trennte sie von seinem Gehweg; in allen Gitterma-
schen hingen Regentropfen und zitterten im Wind;
das Gitter zitterte und klirrte; zwischen den Schienen tschupte der Wind Schafgarben und Reseden
und schlug ihnen die blühenden Köpfe an die
Steine.

Vor Gott also brauchte er keine Angst zu
haben, sann der Knabe, wenn er über kurzem
ausführte, was er im Sinn trug. Hilf dir selbst, so
hilft dir Gott. Hilf nur erst dir oder den Deinen –
Gott wird beide Augen zudrücken und alles hinterher billigen. Dies bedeutete der Spruch und nichts
anderes. Er konnte demnach trotz allem, was er
vorhatte, in den Himmel kommen – sehr bald
sogar – morgen früh schon, wenn er...

Er trottete im Regen hin; am Kapuzenrand vor
seinen Augen reihten sich die kleinen Silbertropfen
immer dichter.

Vielleicht erfuhr er sogar eine blitzende Luft-
reise in den Himmel, um die seine Schulkameraden
ihn beneiden würden, wenn sie sie ahnten. Ja vielleicht gab es im Himmel nicht einmal eine Schule

und keine Rechenaufgaben – bestimmt keine –
dagegen ein ewiges unaufkündbares Dach über
seinem Bett – und auf Erden fünftausend Franken
für seine Eltern und ein Haus über Beerenhängen ...

Er schritt und grübelte.

Eigentlich war dies ein so guter Handel, daß er
sich wunderte, warum nicht mehr arme Kinder ihn
abschlossen. Am Ende stimmte etwas nicht in
seiner Berechnung? Er hatte auch jetzt wieder, wie
immer in den letzten Tagen, wann er an seinen
Entschluß dachte, ein so widerlich übles Gefühl
über der Magengrube, als müsse er sich nächstens
erbrechen ... Er mußte sein Leben drangeben, ja
... aber er liebte das Leben ja nicht ... er hatte es
den Seinen mehrmals gesagt ... es war so abscheu-
lich schon in seinen Anfängen ... er schlüpfte daraus wie aus etwas für immer Mißratenem ...

Auf der andern Straßenseite, den schmutzigen, verregneten Backsteinwänden einer eisgrauen
«Chemischen» entlang, klatschten Treibriemen,
naß und verdrossen und träg.

Vielleicht war es im Himmel sehr langweilig
wie dann und wann in der Sonntagsschule – andauernd langweilig möglicherweise – mit so vielen
Engeln, die am Ende gar allesamt Mädchen waren,
ihren Jugendfestkleidern nach – hoffentlich mußte
er nicht auch so ein Kleid tragen aus Flor und
Schleiern – und wurde nicht gar selber ein Mädchen ...

Er kickte eine leere Zigarettenschachtel mit
furchtbarer Wucht an die Seitenwand eines Autos,
das spritzend, mit Gischtbogen links und rechts,
durch den Regen brauste.

Aber darin bestand vielleicht eben sein Opfer: singen müssen im Himmel den ganzen Tag – nichts Scharfes, Salziges zu essen bekommen, das er so liebte, Senf zum Beispiel... wohl aber von Zeit zu Zeit vor dem lieben Gott auf dem Goldthron vortraben müssen und ihm in die Augen schauen... Dagegen durfte ihm gewiß niemand verwehren, sich auf seinen Vater zu freuen, bis der zu ihm herauf in den Himmel käme – Vater würde ja als erster erscheinen, das stand fest – ohne sein Rebenhaus würde er schon im Winter sterben, Mutter hatte es gesagt – und mit dem Rebenhaus ... hoffentlich nicht zu spät, damit sein Bub nicht so lange auf ihn warten mußte und immer am Himmelshag stehen und darüberharren... Vielleicht sogar gab es im Himmel für alle Eintretenden neue Herzen, gesunde... dann würden aber Vater und er einmal – nein, nicht einmal, jeden Tag in alle Ewigkeit hinaus ein paarmal in einem versteckten Himmelswinkel sich tollen, Kügelipürzlis machen, ringen, wettlaufen... mit gerafften Engelsröcken in Gottes Namen – alles wollten sie nachholen, was sie hier versäumt.

Er kam nun an die Stelle, die er sich für seinen baldigen Unfall und Tod mit scharfer Überlegung ausgesucht hatte. Die Gitterwand brach ab, schräg über die Schienen stieß ein Fahrzeug in seine Straße, der Weg kam aus dem Rheinhafen, von den gewaltigen Kesseltürmen voll Öl und Benzin; riesige Lastautos mit Anhängern polterten und donnerten ohne Unterbruch mit ihren gefüllten tonnenschweren Tankkesseln über die Schienen einher; flinke Personenautos drängten sich von

außen in die Uferstraße; mitten hindurch schnaubte die schwarze Rangierlokomotive mit endlosen
klirrenden Wagenreihen und wehte ihren Ruß-
qualm über Schienen und Autogedräng.

Hier brauchte es nur eben einen zu frühen
Schritt, einen Kapuzenrand zu tief über die Augen,
und er lag zermalmt.

Schmerzen?

Er spürte in der Magengegend plötzlich mehr
als Übelkeit, er spürte einen Krampf, als kralle eine
kräftige Hand hinein.

Schmerzen – das hatte er sich schon hundertmal gesagt – die gab es nicht zu fürchten, das stand
fest, das stand felsenfest. Er hatte selber schon, mit
eigenen Ohren, Leute von ihren Auto- und Motor-
rad-Unfällen erzählen hören, und alle hatten sie im
Augenblick der Katastrophe nichts empfunden. Sie
waren mit den Köpfen in die Scheiben gebrochen,
sie hatten sich das Lenkrad in den Leib gerannt,
waren kopfüber auf die Randsteine geflogen und
liegengeblieben – von alledem hatten sie nichts gespürt, blitzschnell hatte sie Ohnmacht umfangen –
Schmerzen kamen immer erst beim Erwachen –
und er erwachte ja auf der Erde nicht mehr – dafür
würde sein Sprung sorgen zwischen die Ungetüme
hinein, mit ein wenig herabgezogener Kapuze...

Er hätte auch in der Schule aus einem hoch ge-
legenen Fenster stürzen können beim Sichjagen
oder beim Turnen von der Höhe der Kletterstan-
gen – aber es war hier alles einfacher und sicherer.

Auf einmal zuckte zu seinem ekelhaften Gefühl
in Magen und Därmen ein Schmerz durch ihn, den
er seit Tagen immer wieder erlitt und den er mehr

fürchtete als die andern – ein scharfer Schmerz, der ihm durchs Herz zuckte, durch die Kehle, durch die Schläfen...

Seine Lieben, die er verlassen mußte... Mutter... Bruder... Schwester...

Morgen früh, vor Schulbeginn, starb er. Heute abend wollte er noch um sie sein, unter ihnen sitzen und sie heimlich liebhaben, heimlich von ihnen Abschied feiern.

Als er aber aus der Schule heimkam, wurde ihm das Feiern nicht leicht gemacht. Die Mutter zitierte ihn sogleich zu sich an den Tisch, woran sie nähte, und er mußte unter ihren Augen die Aufgaben machen für morgen, in die doch kein Lehrer mehr einen Blick werfen würde. Es waren vier Häufelein Rechnungen zu lösen, das Häufelein zu vier Aufgaben, und er konnte plötzlich nicht mehr rechnen, vieles machte er dumm-falsch, die Mutter schalt ihn einen kopflosen Burschen und ließ ihn die ganze Arbeit noch einmal abschreiben; er tat es und schrieb alles fein säuberlich; es war alles abermals falsch; die Mutter rief: ‹Was ist mit dir los? Du hast etwas auf dem Herzen und sagst es nicht. Hast du Arrest bekommen vom Lehrer wegen deiner Liederlichkeit?›

Gar der Gesangbuchvers für die Bibelstunde wurde beiden zur Qual.

‹Kreuz und Elende / das nimmt ein Ende...›

Das war schön und ließ sich einprägen. Aber dann die Worte: ‹Freude die Fülle / und selige Stille / darf ich erwarten / im himmlischen Garten...› – dies vermochte er nur mit unsicherer Stimme der Mutter nachzusprechen.

Sie nahm ihn endlich mit der Hand unterm Kinn, sah ihm in die Augen – er schlug vor ihren Blicken die Lider herab – sie faßte sein Kinn fester, schüttelte es zornig: ‹Aber ein paar Seiten Strafarbeit hast du erwischt. Jetzt lüg nicht. Oder ihr habt wieder wüste Sachen geredet auf dem Schulweg, ihr kleinen Sauniggel, und du wagst es mir nicht zu beichten wie sonst. Los jetzt mit dem Vers!›

Und während sie sein Kinn festhielt und mit den schönen, tiefklaren, dunklen Augen seine durchdrang, sah er sie gleichfalls aus Leibeskräften aus seinen braunen Augen fest und bestimmt an und sagte: ‹Selige Stille darf ich erwarten / im himmlischen Garten. / Dahin sind meine Gedanken gericht.› –

Später, nach dem Nachtessen und Geschirrabtrocknen, schmeichelte er Vater an den Familientisch zurück. Vater kam aus seiner Werkstatt mit einem Arbeitsbrett und einem Saxophon, dessen Klappen er frisch einsetzte. Er gab seinem Jüngsten ein Hämmerchen, der durfte ihm auf einer Ecke seines Bretts eine winzige Silberplatte für das Mundstück fein runden. Der Bub tat es mit inniger Lust. Manchmal atmete er nicht vor Eifer, so weit wölbte er die Zunge zwischen die Zähne vor, dann stieß er plötzlich alle Luft von sich und vermengte sie mit des Vaters Odem.

Mutter setzte sich herzu, las zuerst mit Eifer eine geschenkte Ladenzeitung und nahm dann wieder ihre Näharbeit vor ... draußen knisterte und prasselte von Zeit zu Zeit der Regen an die Scheiben ... eine Weile lauschten alle drei bang und sich duk-

570

kend auf ein Schleifen und Zerren über ihren
Häuptern – jemand im Haus räumte den Estrich
aus, die Leute wollten in den nächsten Tagen ausziehen – alle im Haus bereiteten schon ihre Aus-
züge vor, nur sie nicht... Vater und Mutter drehten
ihre Köpfe wieder in ihre Beschäftigung, beider
Stirnen hingen voller Falten.

‹Vielleicht wird doch alles gut›, sprach ihr kleiner Mensch tröstend zu ihnen. ‹Ihr müßt nur nicht
verzagen. Sicher sogar wird alles gut.›

Ein wenig später mußte die Tochter Vaters
Saxophon ausprobieren. Eben rumpelte ein Sack
Holz oder eine volle Kiste über den Estrichboden,
die Zimmerdecke zitterte, ein Stückchen Verputz
flatterte weiß flimmernd auf sie nieder – bumm,
donnerte es abermals – die Tochter, zum Trotz
gegen das Untergangsgepolter, stellte sich drollig
breitbeinig hin, knickte ein wenig in die Knie, warf
den Leib schnell und scharf links und rechts und
schüttelte den Kopf wild im Takt; sie stellte gar
einen Fuß auf den Stuhl und spielte noch ausgelas-
sener; ihr Brüderchen sprang ihr auf den Rücken
vor Lust. Als sie wieder in ihr Zimmer entweichen
wollte, hielt der Kleine sie um den Leib zurück, bat:
‹Bleib doch noch, nur einmal!› und hielt sie umfangen.

Sie holte nur schnell die Flöte, um noch ein paar
Läufe zu üben. Sie und ihr Brüderchen warfen sich
eng aneinander geschmiegt in die Kanapee-Ecke;
der Bruder Gärtner verzog sich mit seiner Gärtnerzeitung grollend in den andern Winkel...

‹Oh, sprecht mir doch von eurem Haus im
Rebberg›, flehte der Bub.

Er und Vater hatten es ja noch nie gesehen.

Die Schwester fegte ein paar Läufe und Triller auf ihrer Flöte auf und nieder – setzte ab, sprach: ‹Paß auf! Was du jetzt hörst, haben wir im Traubenhäuslein vernommen, wie wir in den Estrich gedrungen sind –›, warf die Flöte an die Lippen – tripp tripp tripp: immer höher, immer schneller trippelte und huschte etwas davon.

‹Weißt du, was das gewesen ist? Anderthalb Dutzend Siebenschläfer, davon ein Dutzend Junge, die aus ihren Nestern wegbeinelten.›

‹Siebenschläfer? Was sind das: Siebenschläfer?›

Das war eine Art handgroßer Haselmäuse, mit so schönen, tiefschwarzen Glanzaugen, wie kein Tier auf der Welt sie mehr hatte, und einem so weichen Fell...

‹Oh –› Der Junge rief es sehnsüchtig langhin. ‹Jetzt werde ich im Leben keinen Siebenschläfer mehr sehen.›

‹Wieso nicht?›

Der Vater sah ihn über die Brille her an und hieß ihn Brehms Tierleben holen – drin war eine Photo.

‹Ach, wie weich, wie possierlich.›

Ach, der Junge hatte solche Sehnsucht nach dem Weinrebenhaus.

‹Und horch!› – Nun piepste die Schwester und riß die höchsten Töne aus ihrer Flöte. ‹So tönte es zwischen den eingesunkenen Dachbalken. Errat!›

Ja, das waren Fledermäuse, die kannte er.

Und der Bruder hatte gar Spuren von Dachsen zwischen den Rebstöcken entdeckt – na, denen hätte er heimgezündet, wenn sie ihm an die Beeren gegangen wären, Jagdgesetz hin oder her... Diese

Himbeersorte übrigens hätte er angepflanzt, diese – in dem heißen Hang. – Er schlug seine Gärtnerzeitung um und zeigte ihnen darin die Abbildung einer Prachtbeere. – Und dann diese Brombeersorte... sogar um die Felsbrocken und über die Felsplatten hätte er die gesponnen.

Hatte es denn auch noch Felsbrocken und Felsplatten beim Haus? Ach... Des kleinen Buben Seele brannte vor Sehnsucht... Felsbrocken und Felsplatten...

Es hingen sogar in den Kalkschroffen über dem Haus Mauertrümmer einer alten Burg – dicht verwachsen – ein Bubenparadies – die Schwester schilderte es.

‹Nein, nein, nein›, rief der Kleine und wälzte vor Schmerz und Heimweh den Kopf an der Kanapeewand und an der Schwester. – ‹Es ist nicht wahr. Ihr lügt mich an.›

Der Vater reichte ihm traurig ein altes Jahrbuch der Stadt Basel. Daraus sollte er diese Seite hier vorlesen. Er las sie mit zahllosen Fehlern. Es hatte dort hinten, bei ‹ihrem› Haus, in der Klus, nicht nur die eine Ruine des Tschäpperli – unweit davon, über einer Schlucht, in den waldigen Nordhängen des Blauen, fand der suchende Wanderer im Umkreis von tausend Schritten gleich auch noch die Burgtrümmer von Kleinenfeck, Mönchsberg und Oberklus.

‹Ich will nicht mehr weiterlesen›, sagte der Kleine und drückte das Buch mit beiden Händen zu. Er wollte jedes nur noch einmal umarmen, zum Dank, daß sie so lang mit ihm zusammengesessen waren.

Es reichte eben noch bis ins Dunkel des Betts, dann brachen seine Tränen wie durch ein geöffnetes Wehr. Dies alte Haus über den Reben, dies Haus seiner Liebe, das er mit seinem Leben bezahlen mußte, aber nie zu Gesicht bekam... ach... während sein Bruder, der ihn oft so grob behandelte, als großsprecherischer Nutznießer darin umherkommandieren würde... Zorn erfüllte ihn und Neid auf seinen Bruder und Verzweiflung über diese ihre Not... Dann erinnerte er sich, daß er ja für alle, für Vater und Mutter vor allem und Schwester sein bißchen blödes Leben drangab... Und im nächsten Atemzug entsann er sich, wie oft schon Engel auf Erden gesandt worden waren mit heiligen Aufträgen – wie, wenn er als Engel ihr Häuschen zu schützen hätte vor Blitzschlag und ihre Beeren vor Hagel? Und Tag und Nacht darumschweben durfte oder oben auf dem Dach sitzen und, wenn kein Gewitter drohte, mit den vielen, vielen Siebenschläfern unter den Ziegeln spielen... Die Siebenschläfer sahen ihn plötzlich von allen Seiten an mit den schönsten, schwärzesten Augen der Welt... und hießen eigentlich warum Siebenschläfer? Weil sie siebenmal tiefer und seliger schliefen als alle anderen Tiere? Er atmete siebenmal tiefer als sonst... und darum hatten sie auch diese wundersam glänzenden Augen... da... alle... Und er schlummerte.

Andernmorgens verbarg er jedem seiner Lieben auf dem Frühstückstisch unter den Untertellerchen ein Abschiedsgeschenk: dem Bruder zwanzig Rappen aus der Sparbüchse, der Schwester ein Kämmchen, das er umsonst in einem Laden erhalten und

worum sie ihn schon mehrmals angebettelt hatte,
der Mutter einen kleinen Ring mit rotem Glas-
rubin aus einem Wundergüggli und dem Vater ein
Kartonherz, woraus drei Blumen sproßten, selber
ausgeschnitten, selber mit Seidenfaden umstickt
und inwendig bemalt.

Er bekam während des Frühstücks plötzlich die
heftigste Angst, jemand könnte das Tellerchen
aufheben und stutzig werden – er bekam sogar
ganz starre Augen vor Schreck – aber niemand
rückte das Geschirr – und jetzt wurde ihm seltsamerweise eben deswegen schwach und matt.
Allein er erhob sich schließlich mit Haltung vom
Tisch, ließ sich von der Mutter gegen den Nebel
draußen die Pelerine umwerfen, half ihr selber
beim Überstülpen der Kapuze, küßte sie auf ihre
weiche Wange, küßte den Vater, der hatte sich
schlecht rasiert und unter dem Ohrläppchen ein
ganzes Gärtlein Stoppeln stehenlassen, allesamt
waren die schneeweiß – das Büblein fuhr zurück
und sah dem Vater entsetzt ins Gesicht und sagte:
‹Vater, du bist schneeweiß, mit einem schneewei-
ßen Bart – unrasiert . . .›

Der Vater zuckte die Achsel, nickte und sah
wieder in seine Kaffeetasse, worunter unbemerkt
das kleine Kartonherz mit den drei umstickten
Kartonblumen versteckt lag. – ‹Hab nur Mut!›
sagte der Knabe mit hoher Bestimmtheit, ‹es wird
noch alles gut!› Dann küßte er auch die Schwester,
die rief: ‹Oho, wie liebesbedürftig!› – er streckte
gar seinem Bruder die Hand hin, der gurgelte
durch seinen Löffel voller Brotbrocken: ‹Schon
recht, geh nur!› und brauchte gleich beide Hände

für sein Kaffeekacheli – aber das Brüderchen ließ nicht locker, es wollte noch des Bruders Hand.

Dann trat es in den Nebel des kalten Morgens hinaus. Es regnete nicht mehr, aber alle Blätter des Gartens hingen noch schwer und dunkel voller Tropfen, Gartenerde war auf die Straße geschwemmt und staute in der Rinne einen braundunklen See – am Haus hing ein Laden schräg und hatte die Mauer zerschlagen, mehrere Scheiben in den Dachfenstern waren bereits zerbrochen, kein Mensch kümmerte sich mehr drum.

Er hüpfte über den See, sein kleines Herz machte nach dem Hupf bumm! ganz schlapp und schwer, er mußte auch ein wenig nach Luft schlucken – er wußte: er kam jetzt nie mehr in dies Haus zurück – er wußte es genau: er wurde in den Spitalwagen geschoben, auch wenn er schon nicht mehr atmete – und weggefahren... jedoch nicht heim...

Nun entschloß er sich, an gar nichts mehr zu denken bis zum Tod. Er pfeiferlete zwischen seinen großen blanken Schneidezähnen hindurch – richtig pfeifen konnte er noch nicht – schritt schnell aus – der Nebel roch nach Fischleim, dicht und eklig – damit hatte es jetzt dann auch ein Ende, mit diesen Gestänken – alle wurden sie bald davon erlöst. Nun lief schon der Drahthag neben ihm her, erstaunlich schnell lief er neben ihm – rummpumm! hörte er die Ölautos bereits durch den Nebel über die Schienen hereinpoltern – puff-puff! qualmte eine ferne Lokomotive dazwischen; jetzt pfiff sie langhin gellend, und er unterschied am Pfiff deutlich, daß sie sich näherschob – er beeilte sich, er lief jetzt, es hatte keinen Wert, etwas hinauszuzögern – er spürte auch plötzlich in seinem Herzen eine namenlose, eine unerträgliche Angst – es gab nur eins: vor ihr davonzulaufen schnell schnell in den Tod hinein, sonst am Ende – es war auch wieder nach dem Haus draußen, nach seinen vier Lieben seine ganze Sehnsucht, ja eine Gier erwacht – er mußte auch vor ihr davonrennen – sein Schulsack klapperte hinter ihm unter der Pelerine – das Federläppchen, das Mutter ihm noch schnell hineingeschoben, war es wohl noch warm von ihrer Hand ... nur auch von eines Hauches Wärme ... oh, Mutter ... oh ...

In diesem Augenblick, durch das Gebrumm und Gedonner der Lastwagen, hörte er zusammenzuckend hinter sich im Nebel seinen Namen rufen. Eine dunkle Männerstimme rief ihn, sie war nicht nur gedämpft durch den Dunst, sie war erstickt durch etwas anderes, durch namenlose Angst, durch Verzweiflung, sie klang wie ein angespieltes Waldhorn, das seinen vollen Ton erst sucht – war sie erstickt von Blut – seines Vaters Stimme?

Der Knabe hatte ihn in den wenigen Jahren seines Lebens nie laut rufen gehört – der Vater hatte immer eine sanfte samtene Art zu sprechen gehabt, sein Herz hatte ihm kein Schreien erlaubt.

Jetzt schrie er, schrie hinter ihm.

Der Bub stand, hatte sich umgedreht – mit beiden steifen Zeigefingern rieb er in den Augenwinkeln, wie er beim Erwachen jeweils Salzkrüstchen und Schlaf aus den Augen rieb – voller Aufregung rieb er, als könnte er so besser durch den Nebel sehen.

Jetzt schrie noch jemand, hell, scharf, gellend –

der Bruder – jetzt schrien beide Stimmen zusammen – wie tief, wie hoch. – Und wie schnell sie näherkamen... Rannten Vater und Bruder? Rannte Vater mit seinem todkranken Herzen? Der Knabe spürte: in wenigen Sekunden mußten sie aus dem Nebeldunst brechen.

Aber erwischen würden sie ihn nicht mehr.

Er hatte die Hafenausfahrt jetzt dicht an seinem Rücken. Er fing an rückwärts draufzuzuschreiten – so brauchte er den Ungeheuern von Tankwagen nicht in die stechenden Augen zu sehen, in die schneidenden Scheinwerfer, die heute morgen im Nebel alle brannten...

Nur schnell rückwärts mußte er hineinbeinerlen...

Die Treibriemen klatschten unsichtbar an der nassen Fabrikwand. Über die Schienen tosten die Kesselwagen mit ihren furchtbaren Doppelrädern unmittelbar hinter ihm. Er spürte einen Druck hinter beiden Ohren. Die Anhänger mit ihren Riesenkesseln torkelten und krachten hintendrein. Ganz nah warnte grell die Lokomotive. Noch einmal hörte er Vaters Stimme. Seine Knie zitterten und wollten einsinken... Wenn er jetzt den Mut nicht aufbrachte, starb Vater im Winter schon... und all die Seinen... Schnell lief er rückwärts hinein in den furchtbaren Strom.

Ein entsetzlicher Stoß – er flog weit – noch spürte er es, hörte Bremsen kreischen – schlug mit dem Hinterhaupt an den Hagsockel – noch während er erlosch, sah er das Seltsamste: der Bruder schoß aus dem Nebel auf ihn zu, auf der Längsseite seines Fahrrads seinen Vater mit sich balancierend.

Hilferufe – Telephone – Anrufe ans Spital – an Ärzte – an mich...

Ich war zufällig die erste am Unglücksort. Der Vater lag in einem Blutsturz neben dem Kind. Der Kleine, mit seinem Totengesichtlein, stützte den zerschlagenen Nacken steil am Betonsockel des Drahthags aufwärts; sein aufgebürstetes, aufgesträubtes Haar machte sein kleines Kinderantlitz über die Maßen ernst und entschlossen; in die Höhe der Stirn waren die wunderlichsten Kummerfalten so scharf eingeritzt, wie ich sie noch bei wenigen Kindern gesehen.

Der Vater lebte noch, ich sah es auf den ersten Blick, das Kind jedoch...

Aber als ich es vornüber in seine Pelerine legte, war mir, als fühlte ich am Hals die Ader noch einmal ganz zart erbeben, vielleicht in einem letzten Schauer, vielleicht in einer versteckten Sehnsucht nach dem Leben.

Ich balgte mich wortwörtlich mit dem Tod herum um das Kind... noch während ich auf der Straße bei ihm auf den Knien lag – dann im Spital, wo es mit seinem Vater ins gleiche Zimmer gebettet wurde – drauf zu Hause, wo es mir all sein Leiden erzählte. Heute nachmittag habe ich ihm aus seinen Wunden, die ich an jenem Nebelmorgen selbst genäht, die Fäden entfernt.»

Die Erzählerin hob abermals aus der großen Tasche, die sie mit sich führte, ihr Instrumentenetui, ohne es zu wissen, und erbebte dabei ein wenig vor Aufregung. Dann sprach sie glücklich: «Der Bub ist auch schon an meiner Hand wieder gegangen und wird draußen im Rebhaus ein starker Bursch werden. Denn gute Menschen» – sie errötete ein wenig –, «mitfühlende Menschen haben sich gefunden, die der Familie das fehlende Geld vorgestreckt – sie wird an einem der nächsten Tage hinausziehen – der Vater freut sich so drauf, daß er mit dem Buben um die Wette gesundet. Und wenn jemand über die heutige Jugend seufzt ... Übrigens: nun sehen Sie sich aber doch das schon an!»

Ihr Schifflein war im Erzählen längst über den Rhein gefahren, längst lag es am Fähresteg des andern Ufers still, doch kein Mensch hatte sich draus gerührt: nun wies die alte Kinderärztin mit kurzsichtig zusammengekniffnen Augen über den Strom – und dort drüben in der Sonne krabbelte eben eine runde, farbenhelle Schwimmerin aus dem Wasser – die vermißte Mutter! – denn das Kind, das gesagt hatte: «Sie isch versoffe», es hüpfte auf dem Treidelpfad wie irrsinnig in die Höhe vor Freude und auf und ab, als hüpfe es Seil aus allen Leibeskräften; und als die Mutter in seiner Reichweite war, sprang es ihr vor Lust die Böschung abwärts an den Hals, und vor seinem trunkenen Anprall und Ungestüm kollerten alle beide übereinander die Steinhalde hinunter und ins Wasser, und unterwegs und im Untergehn und Wiederauftauchen verküßte das Mädchen unaufhörlich seine Mutter, bis die es mit einem Klaps die Böschung hinaufbeförderte, damit sie nicht ein zweites Mal ins Wasser plumpsten und grad alle beide – ertranken.

LUDWIG HOHL

Drei alte Weiber in einem Bergdorf

Unter den Erscheinungen, die mir aus der Zeit
meines Aufenthaltes im Bergdorf in Erinnerung
sind, heben sich diejenigen dreier alter Weiber mit
besonderer Deutlichkeit hervor. Nicht daß der Ort
arm war an Merkwürdigkeiten: da ragte hinter und
über dem obersten Saum des Waldhanges, über
dem Saum, wo sonst nur einzelne Bäume mit der
Zartheit feinster Gräser vor dem lichten Himmel
standen, jener turmförmige unbegreiflich hohe
Berg, plötzlich und allein, der felsige Turm, der an
jedem schönen Tag kupferfarben in der Abendsonne glänzte. Und die Waldhänge selber in ihrer
unendlichen Bärenhaftigkeit! Dunkel, endlos, riesenhoch, steil dem Tal entsteigend, immerwäh-
rend es begleitend, unübersehbar, ewiglich! Erst
boten sie sich dem Auge dar als eine Einheit, und
dann nahm man mehr und mehr und Hunderte
von Buchten und Falten, von kleinen Felsabstürzen
und andern wilden Stellen, von Schluchten und
Rinnen wahr, und dann und wann auf einem Vor-

581

sprung eine stille Bergwiese – auch sie hatte man am ersten Tage übersehen –, eine kleine Welt von großer Sicherheit. Nie kam das Auge zu einem Ende bei seiner Forschungsarbeit in diesen Hängen. Im Dörfchen aber gab es rotäugige, hexenartige Gesichter, vergilbte, unheimlich und furchtsam starrende Gestalten, die ihrerseits fast jeden Fremden, der etwa einmal durch die Gegend kam, erschreckten. Und war da nicht, eine Zeit früher, auch jener alte Mann gewesen, der nie redete – obwohl freundlich schaute –, der alle Tage, einen glänzenden Kupferkessel am Arm, stumm und die Pfeife rauchend vorüberging, schmauchend, freundlich schauend und pergamentenen Gesichts, und mit so krummen Beinen, daß ein Schaf zwischen ihnen durchschlüpfen konnte? Genau genommen kam er nicht nur einmal, sondern viele Male jeden Tag vorüber – immer mit dem Kupferkessel –, man hatte sich so sehr an ihn gewöhnt; man sah ihn nicht. Und auf einmal war er tot. Da begann man ihn sich vorzustellen, da fragte man, wer ist es eigentlich, der jetzt nicht mehr, der da gestorben ist? – und sah ihn. Der Gletscherbach brauste, nachdem er den hohen Hang unsichtbar in tiefer Schlucht durchschritten hatte, durch das Dörfchen, das auf einem Schwemmkegel gebaut war, in einer Ausladung des machtvollen Hauptales; neben dem Bach, als eine Art zweiter Nerv, als zweite strukturgebende Linie, wand sich durch den Trupp der alten, niedrigen Häuser die einzige schmale, steile Straße – die man anderswo mit Not zu befahrenden Weg genannt hätte.

Und das baufällige Gemäuer, in dessen Erdgeschoß wir selber Wohnung bezogen hatten! Vielleicht fand sich nicht ein einziger genau rechter Winkel mehr an ihm; durch die wie Bäuche hervortretenden Mauern liefen zahlreiche Risse und Spalten. Und der Raum lag etwa einen Meter in der Erde, man konnte ihn halb Keller nennen. Wenn man die paar Steinstufen, deren jede ein merkwürdiges und von dem der andern verschiedenes Gesicht zeigte, zur Haustüre emporgestiegen war, erblickte man die ungeheuren dunkelgrünen Hänge, ewig vor- und rückwärtstretend, von kleinen Schluchten durchfurcht, immer einer und noch einer, bis ins Fernste, gleich den Falten eines Kleides der Unendlichkeit; und den kupferfarbenen Turm über ihnen, der den ganzen Tag tatlos wartete, um in der Abendsonne zu glänzen; in welchem Maße jedoch still und sicher da droben! Und noch mancherlei Dinge. Die Gestalten der drei alten Weiber aber heben sich, nun, da der Wirkung nach sehr viele, wenn auch nach äußerer Schätzung nur kaum zehn Jahre vergangen sind, aus ihrem Hintergrunde mit einer Schärfe hervor, als ob sie die einzigen alten Weiber des Dorfes gewesen wären (mußten nicht noch andere dort sein?) oder überhaupt die einzigen aller Bergdörfer oder gar der Welt.

Doch kann das schon darum nicht stimmen, weil es böse alte Weiber gibt. Und das waren sie alle drei nicht.

1. Die Wuchtige

Nicht, weil sie minder deutlich wäre, ist von dieser am schwersten zu reden, aber weil sie nichts als in ungemeinem Maße Gegenwart besaß; was gibt es von einem Menschen zu erzählen, der in reiner Monumentalität *da ist*, ohne etwas zu *werden,* ohne sich zu bewegen?

Nein, sie blieb doch nicht ganz ohne Bewegung. Sie kam, an jedem schönen Tag wenigstens, aus dem ersten Stockwerk, das sie bewohnte und das genau über unserm Erdgeschoß lag, herunter, um den kleinen Platz vor dem Hause zu erreichen, wo sie einige Stunden blieb, meistens auf einer Art von Bank an die Kapelle gelehnt, bis sie den Aufstieg nach ihrer Behausung wieder antrat. Zu weiteren Reisen schien ihr seit Jahren jede Möglichkeit genommen zu sein; aber nicht nur die Möglichkeit, auch jedes Begehren. Ihr Heruntersteigen dauerte mehrere Minuten und zeigte sich an durch ein charakteristisches Wanken des baufälligen Hauses; es erfolgte immer ein großer Stoß und ein kleiner; lange Stille, oder auch ein sachteres Beben, jedenfalls eine nicht ausgewogene, eine unruhige Stille; dann wieder ein großer Stoß und ein kleiner; das waren ihre Schritte. Wenn dann endlich die mächtige Gestalt unten erschienen war, die Haustüre verfinsternd, an deren Rahmen und an den Wänden sich haltend, vergingen abermals lange Momente, bis sie die paar Stufen, die ins Freie führten, erstiegen, dann, gewaltig auf ihren Stock lastend, die wenigen Meter bis zur Bank zurückgelegt hatte.

«Die Beine sind schwach», begann sie mit tiefer, rauher Stimme, sobald sie uns zum erstenmal erblickte. Im Gegensatz zu fast allen Bewohnern des Dorfes zeigte sie uns, den Fremden, gegenüber keinerlei Scheu; nicht einmal einen Gruß fand sie nötig, und sie redete zu uns gewiß nicht anders, als sie zu irgendeinem Vertrauten geredet hätte. «Die Beine sind schwach. Ich habe einen gesunden Magen, ich verdaue noch alles, alles! Mein Magen ist noch so gesund wie irgendein junger Magen. Ha! und nie habe ich Atmungsbeschwerden. Allein die Beine sind schwach, und so bin ich doch nicht mehr viel nütze. Ich wollte zum Pfarrer in der Stadt gehen, der heilen kann. Er kann alles heilen, dieser Pfarrer in der Stadt. Aber es lohnt sich jetzt nicht mehr, ich bin zu alt. Was wollt ihr, ich werde achtundsiebzig im Sommer...»

Sie redete diese Sätze ohne einen Anflug von Sentimentalität, die tiefe, schnarrende Stimme kalt und ruhig, allein in äußerlicher Weise, zu bäuerisch-lehrhaftem Ton etwas erhoben; ein mächtiger Atem, ein Atem aus der Eiszeit wehte uns innerlich entgegen. Gleichwohl vermochte ich die Bedeutung von «es lohnt sich nicht mehr» an diesem Tage nicht voll zu ermessen.

Das Auffallendste an ihrer äußeren Erscheinung waren wohl die Hände. Ungeheuer, in einer Farbe zwischen Sohlenleder und altem Kupfer, zugleich plump und mit hervortretenden Adern entragten sie den dicken schwarzen Kleiderlumpen, welche, schwer als einzelne Stücke erkennbar, die unförmige Gestalt vom Hals bis zu den Füßen umwanden und umhingen. Beim Gehen, dieser ungemein langsamen Bewegung über den Platz hin, schien die riesige Faust mit mehr Gewicht auf der Krücke des Stocks zu lasten, als den Beinen bei ihren winzigen, zittrichten, zeitlich weit auseinanderliegenden Schritten anvertraut wurde; auch erweckten die Hände den Eindruck, daß sie noch jetzt ohne sonderliche Mühe im Bedarfsfalle einen niederschlagen könnten, wenn er nur in ihre Reichweite käme. Das Gesicht, das fast achtzigjährige, überrascht durch seine Fleischmassen, rohen Wülste; wenig Recht erst räumte hier eine mächtige Vegetativität der Versteinerung, der Zusammenziehung des Greisenalters ein. Den harten Wülsten, rohen, hängenden Massen fehlt aber ein Scharfes, eigentlich Böses, so daß man das Gesicht doch nicht brutal nennen kann, nur ungeschlacht.

Ungeschlachter ist die Stimme! Diese tiefe, rauhe, bisweilen ins Krächzen übergehende Stimme eines starken Mannes – nein, die Stimme einer Kuh. Es ist fraglich, ob im ganzen Dörfchen ein Mann ebenso mühelos eine Klangmasse aufzubringen vermag wie diese, vor der das Haus zittert. Wir haben genügend Gelegenheit, die Stimme kennenzulernen... Man könnte annehmen, daß all das Leben, das aus den Beinen gewichen ist, sich in dieses Organ geflüchtet habe, das nun jedenfalls auf ungewöhnliche Weise manchen praktischen Dienst verrichtet: Wenn die Alte etwas braucht, krächzt sie droben in ihrem ersten Stockwerk, ohne sich auch nur die Mühe zu machen, ein Fenster zu öffnen, und in kurzem eilen irgendwelche ihrer zahlreichen Enkelkinder aus der Umgebung herbei, sich nach den Wünschen der Großmutter zu erkundigen und einen Gang für sie zu tun. Sie pflegt autoritär umzugehen mit den Kindern, und diese verhalten sich respektvoll; sie brüllt manchmal so bedrohlich wider sie, daß ein Unkundiger für sie Furcht empfinden könnte, was die Kinder selber nicht tun; denn die Kraft hinter diesem rauhen Äußeren wird nicht zu unberechenbaren Ausbrüchen führen (dies allein würde wahren Schreck erregen), es ist eine große, aber nicht maßlose, sondern sicher gebändigte Kraft. Nicht selten befindet sich eine erwachsene Person für eine Stunde bei der Alten; fortwährend vernimmt man dann deren dröhnende, die ganze Umgebung beherrschende Rede, der Besucher Stimme dagegen, wer immer diese auch seien, nur dann und wann wie ein schwaches, fernes Beigeräusch.

Wohnrecht bis zu ihrem Lebensende wurde ihr gewährt in dem alten Gemäuer von dessen jetzigem Besitzer, einem ihrer Söhne, der selber in einem neuen Haus wohnte. Während dieser Zeit, bis zu ihrem Tode, sollte das verlotterte Gebäude auch nicht repariert werden – es wäre nämlich schon lange nötig, im ersten Stockwerk einen neuen Boden zu legen –, denn das lohne sich jetzt nicht mehr. So erklärte sie uns. Es lohne sich jetzt nicht mehr, ein paar Tage aus dem Hause zu ziehn, während die Arbeiter den neuen Boden legten, Störung und am Ende gar noch Kosten zu verursachen; ihr Sohn sei auch selber vernünftig genug, nicht anders zu denken; übrigens werde der alte Boden gewiß ihre Zeit lang sie schon noch tragen, sie hüpfe und springe ja nicht viel! Dann aber, sobald sie begraben sei, werde der Sohn das Gebäude reparieren, hübsch neu herrichten lassen, um es besser vermieten zu können. Er sei ganz vernünftig, ihr Sohn; sie habe überhaupt nie klagen müssen über ihre Kinder. Und ganz umsonst wohne sie jetzt im Hause, obwohl sie nicht mehr arbeiten könne, und niemand mache ihr Vorwürfe!

Ungeheure Sache! All diese Sätze sagte sie nicht anders, als sie am ersten Tage von dem Pfarrer in der Stadt erzählt hatte, der heilen könne, was sich aber bei ihr «nicht mehr lohne»; die Stimme allein zu bäuerisch-lehrhaftem Ton etwas erhoben und bisweilen durch die freudige Achtung vor der großen Vernunft ihres Sohnes etwas bewegt, fern jeder andern Art von Gerührtheit. Sentimentalität und Ironie waren ihr gleichermaßen fremd, dieser wandelnden Burg. Sie sah ihren eigenen Tod nicht anders als ein Ding unter Dingen an. Ungeheure Sache, für uns. Diese Alte hatte, weit entfernt von aller höheren Entwicklung des Geistes, jenen Ort *noch* inne, den nur die höchsten Geister in seltenen Fällen *wieder* erreichen: sie war ganz in die Welt eingegangen – was der einzige sichere Weg zur Überwindung des Todes, der Furcht vor dem Tode ist.

Von diesem Tage an war eine Änderung eingetreten in meiner Einstellung zu ihr: ich sah sie von nun an in einer ganz anderen Weise alt, als *uralt,* nicht ein Jahrhundert, sondern Jahrtausende alt. Und während ich sie anschaute und erzählen hörte, geschah mir oft dasselbe: auf einmal vernahm ich eine Stimme wie Johann Sebastian Bachs Stimme, nicht weniger starr im Äußern, nicht weniger voll von Dingen, ebenso unvermindert durch alles

Persönlich-Sentimentale, ebenso nichtmenschlich, groß und unbezweifelbar.

Sie erzählte Einfachstes und auf die kürzeste Art: Vor vierzig Jahren sei ihr Mann gestorben, und da habe sie sehr viel arbeiten müssen, fast Tag und Nacht, um die Kinder aufzuziehen. Und eben im ersten, dem ärgsten Jahr starb ihr noch eine Kuh! Sie habe sich aber doch nicht herunterdrücken lassen. (Dies war vielleicht der Satz mit der größten Wirkung. Denn hier wie nirgends lag die Möglichkeit nahe, etwas Gefühlvolles, irgend etwas von der Seite menschlichen rührseligen Jauchzens oder Klagens her, in den Ton einfließen zu lassen – man wurde eigentlich gezwungen dazu, wenn man in seinem Wesen überhaupt die Ermöglichung der Rührseligkeit besaß, man konnte dann den Satz gar nicht anders sprechen. Sie sprach ihn trocken wie Holz. Blieb kalt und nüchtern dabei wie ein Stein.) Und wie sie damals Angst gehabt hätten, als die Männer, in der Nacht noch mit der Laterne, zu einem schweren Gang ins Gebirge hatten aufbrechen müssen, sie aber, die Weiber, nichts tun konnten als warten; der Tag ging um, es wurde wieder Nacht, und immer kamen sie nicht und kamen sie nicht; wenigstens jede Viertelstunde ging eine von ihnen hinaus, und immer war der Wald ganz dunkel. In jener Nacht dachte keine von ihnen ans Schlafen! Endlich gegen vier Uhr hatte eine von ihnen etwas gehört, und auf einmal sahen sie dann die Laterne doch durch den finsteren Wald ... «Die Laterne doch durch den finsteren Wald»: wie jetzt, wie gestern. Ein halbes Jahrhundert war indessen vorüber.

«*Noch* mehr Butter?» sagte sie langsam, schnarchend, mit ungläubigem Staunen, als wir ihr einmal nachmittags, da wir eben einen Imbiß einnahmen, etwas zum Essen angeboten hatten; und in ergriffener Verwunderung den Kopf schüttelnd, als sie sah, daß wir es ernst meinten, fuhr sie fort: «Noch mehr bekomme ich? Aber *so* gute Leute!»

Es ist klar, daß sie Komplimente machen so wenig kannte wie Schmeichelei. Aber ihre Worte konnten auch nicht dadurch gedeutet werden, daß ihr durch diese Gabe ein besonders wertvoller Dienst geleistet worden wäre: sie war nicht arm, sie hatte unsere Hilfe nicht nötig; sondern, was sie sagte, war in einem viel höheren Grade naiv. Nur ein sehr junges Kind redet sonst so.

«Aber *so* gute Leute!» Was aber war es, das ihr diese Freude erweckte? Ein Klumpen Brot, einige Gramm Butter verwandelten sich in ihrer Hand, gewannen wirklich ein neues Leben, wieder ein Leben! Für uns banale Dinge des Gebrauchs, wurden sie nun wie der Kunstgegenstand in der Hand des Kenners, der das kostbare Stück mit sicherem Blick und raschem Griff aus der Menge der Wertlosigkeiten hervorgehoben hat und emporhält: jetzt wird auch dem Unkundigen, er muß nur die Miene des Mannes sehen, einiges vom Wert des Gegenstandes klar. Die Alte aß die Speise, aber langsam, mit Andacht – das Wort ist nicht zu stark; sie hielt den Klumpen Brot in ihren riesigen Händen mit Andacht. Dabei übte sie abermals eine nicht geringere Magie aus (von der sie nichts wußte), als die uns in ihrer Einstellung zum Tode entgegengetreten war. Die Magie dieses wuchti-

gen, steinartigen und rauhen Weibes, dieser burg-
haften Figur, ruhte in ihrem Alter; einem Alter, das
so ungeheuer war, daß es als Brücke diente hinüber
zu einer ganz andern Zeit, die man sonst nur
denken konnte und die hier dem äußeren Auge
sichtbar wurde, der Zeit, da der Mensch noch
unendlich mühsam und in einer schwer zu be-
schreibenden Einheit mit den Dingen lebte.

2. Die Stille

Hinter einer Holzlaube mit zarten Pflanzen, be-
schattet von der Kapelle, im ersten Stockwerk,
wohnte ein anderes altes Weib; ein stilleres. Still ist
alles an ihr, so still, daß man sie lange Zeit nicht,
dann erst wahrnimmt, wenn einmal die äußere
Welt selber sich zur Stille neigt; im Lärm, da, wo
Menschen versammelt sind, verschwindet ihre Erscheinung, sei es, daß sie lautlos hin- und vorüberging, sei es, daß einfach den Augen die Fähigkeit
genommen ist, sie hier zu bemerken.

Indessen ist ihr Äußeres durch sein Gebrechen
auffallend und nicht zu verwechseln: beim Gehen
trägt die Frau den Rumpf in rechtem Winkel zu den
Beinen, nahezu waagrecht; nur des Rumpfes obe-
rer Teil folgt einer etwas ansteigenden Linie, einer
steileren der Kopf; in der Kreuzgegend findet sich
somit eine Art von Einsattelung, in der die Frau
während des Gehens die verschränkten Hände zu
placieren pflegt.

Sie lebt allein. Sie spricht fast nie, und dann nur
weniges. Sie besitzt einen Garten, der mit ihr ver-

bunden scheint in einer besonderen Unzertrenn-
lichkeit; fast würde man denken, er sei eine Eigen-
schaft von ihr, dieser seltsame Garten. Er liegt etwa
dreißig Schritte weiter unten am Sträßchen, ist
lang, schmal und vergittert und mit einem säuber-
lichen, säuberlich geflickten, aber so schwachen
und gebrechlichen Tor versehen, daß es gewiß
keiner Ziege und keinem kleinen Kind Einhalt
gebieten würde, wenn diese sich in den Sinn gesetzt hätten, widerrechtlich und ohne Rücksicht
auf dessen verschlossenen Zustand in den Garten
einzudringen. Nur sie, die Alte, machte sich jeden
Sommertag – nachdem sie die kleine Straße her-
untergeschlürft ist mit dem großen Schlüssel, den
man von weitem sieht, zumal sie ihn in den Händen in der Kreuzgegend trägt – eine sehr lange Zeit
an dem Schloß des peinlich verriegelten Tores zu
schaffen, bis es sich öffnet. Dann tritt sie ein und ist
verschwunden; verschwunden, obwohl man sie
ganz gewiß sehen müßte, denn es wachsen keine so
gewaltigen Pflanzen in ihrem Garten. Man bemerkt und hört sie nicht mehr, bis sie, zwei oder
drei Stunden später, wieder am Tor erschienen ist,
es lange Zeit säuberlich verriegelt und zurück-
kehrt.

Ihr Gesicht ist schmal. Ihre feierlich klare, hohe,
singende Stimme redet zu allen Leuten gleich:
langsam erstehende Worte, die immer sehr wenige
bleiben werden; kein Mensch hat sie je viele nacheinander reden gehört; wenige geben gleichsam
den Anfang und das Ende, die volle Höhe der
Dinge; es ist kein Drang nach mehr. Die Leute des
Dorfes sagen von dieser Frau, man dürfe nicht

darauf hören, was sie berichte; die sei nämlich ganz
kindisch. Ich sah sie einmal beim Brunnen stehen
und mit zarter Hand nach dem Wasserstrahl grei-
fen: mit so zarter, scheuer Hand, als ob es gälte,
einen Schmetterling zu fassen, ohne seine Flügel zu
verletzen. In dieser Weise griffen ihre Finger län-
gere Zeit nach dem Strahl, und bisweilen schien es
auch, als ob sie ein wenig Wasser zu zerdrücken
suche; daß sie die Hände zu waschen im Sinne
tragen mochte, fiel mir erst später ein. Dann sagte
sie dieses Staunenerregende – natürlichen Eifers,
ganz ohne eigentliches Staunen: «Wasser gibt es
viel, viel in Turra.» Ich schaute sie und das Wasser
an. Und auf den dicken, halb glasklaren und halb
silbernen, unablässig hervordringenden Strahl zei-
gend, fuhr sie fort: «Ja, das kann niemand sagen,
daß es nicht viel, viel Wasser gebe in Turra!» Nie
äußerte sonst jemand etwas Derartiges im Dorfe!
Sondern sie kamen nur alle und holten vom Wasser, Eimer um Eimer voll, und redeten von den
Zinsen, den Märkten und sahen erst dann, wenn
das Wasser einmal nicht floß, wieder auf den Brunnen, und schalten.

Allmählich stellte ich fest, daß diese Frau überhaupt nie aus Langeweile redete noch aus Höflichkeit. Sie hatte, wenn sie vorbeiging, seltsame
Worte, farbige. Und mochte sie selbst vom Wetter
sprechen, auch es war gesehen, sie berichtete davon
wie von einem Wunder. Einmal sah ich sie aufmerksam über eine Mauer hin, deren Höhe das
eben erlaubte, in einen Garten hineinblicken (nicht
in den ihrigen); nach einer Weile bemerkte ich, daß
sie die Hände ganz sachte zusammenschlug, einen

Ton erzeugend, den man vielleicht in zwei, aber nicht in zehn Metern Entfernung vernahm. Ich trat näher. Im Takt mit den sanften Schlägen – die eigentlich weniger Schläge waren als ein wiederholtes Ineinanderlegen der Hände – machte sie: pst, pst... eindringlich und hauchleise, wie wenn sie, nachdem ein schwer Erkrankter endlich eingeschlafen ist, jemanden, der das noch nicht weiß, vom Sprechen abhalten wollte. Als ich die Lage erkannte, hatte ich trotz allem Mühe, mein Lachen zurückzudrängen: am andern Ende des ziemlich großen Gartens trieben Hühner ihr Wesen. – «Wollen sie nicht gehen?» – «Eben nicht!» begann, leise gequält diesmal, die langsame, singende Stimme, «sie fressen alles im Garten, sie kommen immer über den Zaun und wollen gar nicht gehen. Pst, pst.» Ich warf einen Stein in die Nähe der Hühner, die uns jetzt zum erstenmal Aufmerksamkeit schenkten und mit ungeheuerlichem Spektakel entwichen.

An einem späten Abend spaltete ich vor dem Hause noch einiges Holz, als sie die Straße herunterkam – eine Weile schon hörte man unregelmäßig ihre etwas schlürfenden Schritte; ganz nahe bei mir angekommen, hörte deren Geräusch auf. «Gut ist dieses Holz...» Die Stimme tönt angenehm in der Nacht, sagte ich mir, aber man kann es mit dem besten Willen jetzt und von dort aus nicht sehen, ob das Holz gut ist. Doch um die Höflichkeit zu erwidern – um meine freundliche Höflichkeit, meinte ich, handle es sich diesmal doch –, sagte ich, mich aufrichtend: «Es ist trocken.» Sie hatte aber noch nicht ausgeredet, nur eine Pause geschehen lassen,

und setzte, ohne meiner Worte zu achten, aus der
gleichen Versunkenheit heraus ihren monotonen
Singsang fort: «... gespalten im schönen Scheine.
Beim Spalten haben Sie eine doppelte Laterne.»

Doppelte Laterne? Wahrlich, mir gegenüber, an
der Ecke der Gartenmauer, stand die einzige hier
sichtbare, und die war nicht doppelt. Sollte ich von
der gebückten Haltung des Körpers gar zu benom-
men sein? Freude und eine Art von Scham über-
fluteten mich plötzlich zugleich. Sehr hoch über
den Dächern, deutlich und rein stand der Mond.
Ich wollte der Alten etwas nachrufen, fand aber
in meiner freudigen Bewegung nur ein unklares
Wort, das sie nicht mehr erreichte; denn schon
hatte sie, ohne die Möglichkeit einer Antwort in
Erwägung zu ziehen, ihren Weg wieder aufgenommen, und da ging sie, tief zur Erde gebückt
und dünn und schon weiter entfernt zwischen den
gewundenen Gartenmauern die kleine Straße hinunter, während ich ihr erregt nachschaute, verdutzt und beschämt durch diese einfache Tatsache,
daß die andere Laterne, die sie meinte, höher oben
war.

3. Die Furchtbare

Die dritte, am wenigsten alte von den dreien –
vielleicht war sie überhaupt nicht alt; die Zahl der
Jahre, die sie erlebt hatte, wäre schwer zu schätzen
gewesen –, fiel in einem Maße auf, vom ersten
Augenblicke an, daß ich meinte, nie etwas Ver-
gleichbarem begegnet zu sein. In Lumpen gehüllt
kam eine greuliche Puppe mit winzigen Schritten

und wankend die Straße herunter; mit dem Gesicht einer verwitterten und schmutzigen grauen Lehmfigur, das auch an Bilder Schopenhauers und Beethovens erinnerte; und dem Ausdruck eines Menschen, der von aller Welt verachtet ist und dieses weiß, und weiß, daß darin nie eine Änderung kommen wird. Die aus Ärmeln von ungemeiner Schmutzigkeit hervorragenden, selber nicht reinern, völlig ungeformten Handgelenke, übelfarbene Wachsballen, waren dicker als die flossenartige Hand; die Gestalt schien äußerst gebrechlich; die unbedeckten Haare, strähnig, nie gekämmt, mußten wohl grau sein. Man konnte die Erscheinung ohne Mühe auch für die einer Irrsinnigen halten. Während sie am Brunnen einen zerschlagenen Topf sich füllen und überlaufen ließ, sandte sie Blicke umher, die nacheinander und manchmal fast gleichzeitig stumpf und nachdenklich, haßerfüllt und demütig waren. Wenn sie vorbeiging, schaute sie einen an; einen Moment nur, der Kopf fiel ihr hin und her; doch meinte man, während dieses Moments einem scharfen Auge begegnet zu sein, was man wieder nicht recht glauben konnte, wenn man ihr nachschaute, wie sie davonwankte, eine greuliche Puppe, beinahe schon das Gestaltlose.

Trotz meiner Bemühungen erfuhr ich wenig über die Frau. Sie heiße Therese und sei gar nichts wert. – Sie lebe von Bettelei, gehe hinunter in den Marktflecken und in andere Dörfer des Tales, manchmal sogar zwei Stunden weit. Ja, man würde nicht annehmen, daß sie so weit gehen könne. Oh, die sei noch zäh. – Und abermals: Man dürfe nicht auf das hören, was sie sage. Es wolle ja auch niemand von ihnen mit der etwas zu tun haben, jene dort unten ausgenommen, die selber nicht viel wert sei (sie bezeichneten eine alleinstehende Frau, die heimlich viel trank, oder doch diesen Ruf hatte); zu der gehe Therese oft, und da rede sie auch, und manchmal beginne sie zu brüllen. – «Sie brüllt?» – Da lachten die Leute andeutungsvoll. «Haben Sie sie noch nie gehört? Wenn die ihren Tag hat...» Ich fragte noch, was sie denn brülle. Es ginge, meinten sie, meistens gegen den Pfarrer; genau wisse ja das niemand, wer höre an, was Therese sage? Doch habe ihr der frühere Geistliche regelmäßig eine kleine Unterstützung gegeben, der jetzige aber kümmere sich nicht um sie, werde auch anderes zu tun haben.

Es verging lange Zeit, ohne daß ich sie indessen nur ein Wort sagen hörte. Ich war darauf angewiesen, sie von außen zu beobachten. Bisweilen sah ich sie vorbeiwanken mit einem winzigen Pfännchen, das sie bloß in den Händen trug. (Sie gehe etwas Kaffee holen bei jener andern Frau, die nichts wert sei, der Trinkerin, hieß es; sie schneide etwas Stroh als Gegenleistung oder säge drei Stücke Holz.) Mehr als einmal sah ich sie am Straßenrand stehen, erinnernd an einen schmutzigen, verwischten, abschmelzenden Schneemann im Frühling, aber mit grauenerregendem Blick: auf einmal nahmen dann ihre Augen den Ausdruck heuchlerischer Milde an, und ihre Bewegungen wurden deutlich diejenigen eines Menschen, der weiß, daß man ihm zuschaut; und dann bückte sie sich und nahm zu meinem Schrecken aus dem Rinnsal am Wegrand, das eine

graue, völlig undurchsichtige Flüssigkeit führte,
ein Pfännchen voll hoch und trank langsam davon
– der Brunnen mit klarem Wasser stand zwanzig
Schritte weit. Überhaupt waren ihre Gebärden
häufig die beruflichen einer gewöhnlichen Bettle-
rin: sie hatte deren heuchlerischen Blick, frommen
Augenaufschlag, tief demütiges Niederschauen.
Ich gab ihr bisweilen etwas, das sie lautlos, mit
großartiger und zurückweichender Bewegung annahm. Ihr Gesicht, von nahem gesehen, war so
schmutzig wie eine Straße im März. Ihr Gehen
bestand in einem eigentümlichen, nicht wiederzu-
gebenden Wanken – gleichsam in der Auflösung
einer Bewegung, man meinte, daß sie zögere, jeder Schritt, nein, jeder Teil eines Schrittes wurde
von einem andern Sinn oder Gedanken gelenkt. Es
kam auch vor, daß sie bei Begegnungen mit dem
Ausdruck der Wut sich von mir abwandte und
floh.

Aber nach einiger Zeit gelang es dennoch, sie
ihre Scheuheit uns gegenüber verlieren zu lassen,
und nun kam sie uns bisweilen besuchen und gab
ihre Stummheit auf. Diese Besuche verliefen immer fast genau gleich. Auf eine sehr besondere Art
begannen sie schon: Nachdem sie lautlos vor die
Türe gekommen war wie ein Tier, blieb sie eine
lange Zeit stehen, und dann erst klopfte sie ganz
leise. Wenn man nun rief: «Herein!» oder etwas
Ähnliches, ging sie wieder weg; wollte man, daß
sie eintrete, war es nötig, ihr die Türe zu öffnen und
den Kopf einladend zu bewegen; Worte brauchte
man nicht zu machen. (Ich habe überhaupt nie
Gewißheit darüber erlangt, ob sie auch nur *ein*

Wort, das wir sagten, verstanden hat.) Sie hob den Kopf, sandte einen ihrer unbeschreiblichen Blicke und wankte in den Raum herein. Nicht weit von der Türe blieb sie stehen, immer stumm bleibend, eine ungestalte Puppe, das Gesicht grau und fürchterlich, wie Beethoven auf den ärgsten Bildern nicht aussieht. Bot man ihr nun einen Stuhl an, so setzte sie sich und dankte mit einer feierlichen Kopfbewegung, immer ohne eine Silbe zu sagen. Es hatte keinen Sinn, den Verlauf der Ereignisse ändern zu wollen, abbrechen konnte man, nicht ändern. Man mußte ihr jetzt etwas geben. Dann sagte sie auf einmal mit einer unerwartet (immer wieder unerwartet) rauhen, starken und deutlich aussprechenden Stimme: «Es ist nicht möglich.» Langsam aß sie das Dargereichte. Langsam nickte sie dabei von Zeit zu Zeit und schaute einen mehrere Sekunden lang mit ihren mächtigen Augen an; ja, mächtig waren diese Augen; mächtig, daß ihre Blicke nicht auszuhalten waren, daß sie in einem gewissen Maße unangenehm wurden, daß sie das einzige Massive darstellten in einer durch sie matt und müde gewordenen Umgebung (wie manchmal ein Granitblock in einer unbestimmten, verschwimmenden Umgebung sich finden mag). Das Besondere des Blicks dieser graublauen, nicht vibrierenden, sondern einen fortwährenden geschlossenen, intensiven Strahl (in der Art eines Scheinwerfers) sendenden Augen bestand darin – ich stelle das heute erst fest –, daß in ihm äußerste Angst und äußerste Gewaltausübung unvermittelt nebeneinander wohnten (man findet Derartiges in Bildern Michelangelos); oder: ihr Blick stellte eine nicht zu definierende Mittelzone dar, von der aus der Ausdruck des Entsetzens und derjenige der äußersten Gewaltsamkeit ebenso leicht, durch eine ebenso winzige Veränderung erreicht werden konnte. Dann sagte sie noch: «Gott wird euch danken dafür.» Sinnlos war es, sie etwa, laut oder leise, mit Gebärden oder ohne solche zu fragen, wie es ihr gehe, wohin sie heute gewandert sei oder zu wandern gedenke: solche Fragen waren für sie ungeschehen, sie nahm nicht mehr Rücksicht darauf als auf ein Räuspern. Lange blieb sie wieder stumm, nur hie und da das bedeutungsschwere, langsame, richterliche Nicken wiederholend. Und dann auf einmal geschah es – nicht bei jedem Besuche geschah es, manchmal ging sie auch wieder weg, ohne sich um ein Weiteres offenbart zu haben, sie hatte dann eben nicht «ihren Tag»: der Orkan ihrer Stimme, ohne Übergang, erhob sich, stand da, hielt den Raum.

Ihr Gesicht rötete sich nicht, veränderte sich nicht, sah mehr als je erdfarben aus, tönern oder wie aus Stein; und dieser Stein redete, mit der Stimme eines Steins; die kurzen, einfachen, fast jedesmal gleichen Sätze drangen uns aus ihm entgegen mit einer Tonstärke, von der es wohl kaum möglich sein wird, einen Begriff zu geben. Die andere Alte, die Ungeschlachte mit den schwachen Beinen, sie erzeugte gewiß einen gewaltigen Lärm; aber seine Klangmasse, die auch Haus und Umgebung füllend, blieb doch immer nur von der Art eines Kuhgebrülls: ein wütender Stier gibt einen ewig und zutiefst verschiedenen Ton von sich. Theresens Stimme hatte etwas so Unverbundenes,

Grelles, Ehernes, war so *durchdringend* – und von einer solchen Fähigkeit, stets zu neuen, scheinbar nicht mehr zu überbietenden Gipfeln anzuwachsen –, daß man, noch so bekannt mit ihr, doch immer wieder eines leisen Grauens sich kaum zu erwehren vermochte. «Ihr auch – ihr müßt nicht Angst haben: Gott sieht es!» Damit begann der Orkan; und nach einer kurzen Zeit der Stille wütete er auf das entsetzlichste fort: «Der ist nicht wie der Pfaffe, der. Er lebt noch, habt nur nicht Angst. Der sieht noch alles, er sieht auch den Pfaffen. – Solche Pfaffen, wie sie jetzt sind, das sind aber auch gar keine Priester mehr. So einer ist kein Priester, er hat gut von Gott reden. Ein Halunke ist er. Ein Halunke, hört ihr! Nichts als ein Halunke!! – Aber wartet nur, es ist noch einer da, der es sieht. Er lebt noch, der da droben, habt nur nicht Angst. Er wird es ihm zurückzahlen. Der sieht noch alles.»

Das war das erste ihrer beiden Themen, das jedesmal wiederkehrte mit nur geringen Varianten. Der zweite Teil ihrer Rede handelte von den Bewohnern des Dorfes und entwickelte sich ganz ähnlich. Auch sie waren Halunken, Halunken und Verrückte. Es war aber noch einer da, der es sah; wenn sie auch nicht mehr an ihn glaubten und nur lachten, der sah es doch und würde es ihnen noch zurückzahlen. – «Und es war auch nicht immer so wie jetzt. Und es ist auch nicht überall so wie hier, und es wird auch hier wieder eine andere Zeit kommen. Der da droben ist noch da, wartet nur. Er lebt noch, der.» Nach einer Zeit des Schweigens fügte sie manchmal, bevor sie wegging, hinzu, mit einer zehnmal weniger starken und immer noch kräftigen Stimme: «Ihr seid noch die einzigen» oder: «Ihr seid noch von den wenigen, die besser sind.» Dann hüllte sie sich wieder in eine ungeheure Stummheit, wie ein Stein, und in dieser Stummheit blieb sie tagelang.

Konnte man sich eines leisen Grauens nicht erwehren? Die Bauern hatten andere Nerven; sie hörten in ihren Häusern wohl die furchtbaren Töne, aber sie sagten: «Es ist nur die Therese. Sie hat heute wieder ihren Tag.» Die Kinder vergnügten sich bisweilen daran, sie von hinten zu bewerfen oder zu stoßen (keinem Erwachsenen fiel es je ein, ihnen das ernstlich zu verwehren). Dann drehte sie sich langsam um und machte eine drohende Bewegung oder schrie: «Wartet nur! Gott sieht euch, ihr Verrückte.»

Die Hütte, in der Therese wohnte, unter allen Hütten niedrig, stand als die letzte an der kleinen, in das Gebirge hineinlaufenden Straße (die bald, wo die Taleinbuchtung in steilere Hänge übergeht, von Wegen abgelöst wird) und stand so verlottert und niedrig da, als ob sie darnach trachte, in kurzem zu versinken und zu verschwinden. Als Therese uns gegenüber zahmer geworden war, gelang es mir auch, Einblick in den einzigen Wohnraum dieser Hütte zu gewinnen, die nicht Therese gehörte, in der ihr nur zu wohnen gestattet worden war. (Eine genaue Prüfung hätte indessen – einige dunkle Andeutungen, die im Dorfe gemacht wurden, lassen mich das vermuten – vielleicht das Gegenteil erwiesen: daß ihre menschliche Umgebung der Therese dieses Recht nicht geschenkt, sondern vielmehr alles, bis auf dieses Recht, im Laufe der

Zeit auf diese und jene gewundene Weise genommen hatte.) Diesen Wohnraum hätte man auf der Bühne als Äußeres eines Märchenstückes nicht verwenden können, weil seine Phantastik als zu übertrieben gewirkt hätte. Er war mit Gegenständen so sehr gefüllt, daß der freie Platz auch einer einzigen Person beinahe keine Bewegungen mehr erlaubte; es fand sich hier ungefähr alles auf der Welt, ausgenommen das, was zu irgend etwas dienen konnte. Unzählige Lappen erblickte ich, Säcke, durchlöcherte Pfannen und Töpfe, seltsame Bündel, von denen eines Theresens Bett sein mußte; welches, war nicht zu ermitteln. Ein alter, zweifellos nie mehr in Funktion tretender Herd stand da, eine Öllampe, ein sehr unreinlicher Tisch; Scherben in großer Zahl, Stücke Holz lagen umher, Ansammlungen von Sägemehl, zwei zerbrochene Stühle. Geschwächtes Licht kam von einem kleinen, teilweise blinden und teilweise mit Papier verklebten Fenster, das mit einem vor Verrostung brüchig, ja bröckelig gewordenen Drahtgitter und kaum solideren Eisenstäben versehen war, auf dessen abgeschliffenem, in der Art von sehr alten Treppenstufen schiefen Gesimse krumme Nägel und Stücke von Flaschen lagen, so viele sich halten konnten, und über dessen Nische herunter Lappen hingen, als ob die Dämmerung sonst nicht dick genug wäre.

Der Geistliche habe Therese das Abendmahl verweigert, weil sie nicht gebeichtet habe; daraufhin habe sie zu beichten verlangt und der Geistliche habe die Beichte nicht empfangen wollen; und seither sei sie nun eben erst recht im Zorn wider den Geistlichen. – Aber was sei die auch für eine, fügten, die das erzählten, hinzu; wahrlich, wenn es viele solche gäbe im Dorfe! – Ich wisse doch, was sie sich am letzten Kirchenfest wieder geleistet habe, als der Bischof kam, vor dem Gottesdienst? Ich verneinte und erfuhr die Geschichte. Sehr früh, um ja den Beginn der hohen Feierlichkeit nicht zu verfehlen, kam Therese nach der Kirche im Marktflecken heruntergewankt. Ein erdiger Unterrock hing ihr weit unter dem Rock hervor und schleifte auf der Straße; aber auf dem strähnigen, nie gekämmten Haar trug sie heute einen Hut mit einer sehr langstieligen, geknickten Feder, die bei jedem Schritt mächtig auf- und niederschwang; und in der Hand ein schwarzes Buch, obwohl sie nicht lesen konnte. Und ihr Gesicht sah furchtbar aus! Ihre Bewegungen waren entschlossener als sonst, gewiß hatte sie wieder ihren Tag; nun, ohne nach links oder rechts zu schauen, schritt sie durch die noch fast leere Kirche … schritt schnurgerade, wie nach einem mit fragloser Sicherheit gekannten Ziel, auf die Plätze zu, die, wenn nicht für den Bischof selber, für seine Gefolgschaft und die hohen geistlichen Würdenträger der Gemeinde bestimmt waren; und setzte sich. Saß da, streng, ohne sich umzuschauen, ein Steinbild.

Allmählich füllte sich die Kirche; keine Zeichen, kein Gemurmel und keine Zurufe drangen zu Therese. Zeichen konnte sie nicht wahrnehmen, weil sie sich nicht umdrehte, nicht einmal nach links und rechts schaute; was aber Laute betraf – wer könnte sagen, wie weit Theresens körperliche Taubheit ging, an welcher Stelle sie von einer innerlichen und allgemeinen abgelöst wurde? Nun war das Eintreffen der hohen Herren jeden Augenblick zu erwarten! Vor solchem Ernst der Lage erschien kein Geringerer als der Geistliche selber. Er schritt, unter der allgemeinen Spannung, ganz nahe an Therese heran; man hätte denken können, die gewünschte Wirkung sei zu erreichen schon durch sein bloßes Auftreten. Allein Therese nahm ihn nicht wahr. – Nun begann er Zeichen zu machen. Er redete eindringlich in halblauten Sätzen. Er redete lauter mit deutlichen Gebärden. Und jetzt war es genug, jetzt verlor Therese die Fassung. Nachdem sie mit einem Rucke sich zu ihm aufgerichtet und ihn ins Auge gefaßt hatte, ihr gewaltiges Auge, und einige lange Sekunden verstrichen waren, während deren fast niemand atmete, da hörte man auf einmal Therese überlaut atmen, und ihr Atmen ging in ein Rasseln über, und dann, sogleich, erhob sie sich, die furchtbare Stimme, die Stimme eines verwundeten Stieres, langgezogen, ehern: «Hää – Halunke? – Hat Gott dich hier eingesetzt?»

Dieser Stimme – was hätte der Geistliche ihr gegenüberstellen sollen? Er zog sich schnell zurück, sein Rückzug war ein eigentliches Fliehen, und in kurzem kamen dann ein paar Männer – Küster, Küfer und breite Bauernsöhne –, die Therese mühelos hinaus und zur Aufbewahrung in einen Ziegenstall führten.

Der Winter war erschienen mit vielem Eis, ohne etwas Sichtbares an dem Leben Thereses zu ändern. Es war auch, als ob sie nicht erfrieren könne;

sie kam aus ihrer Hütte heruntergewankt wie immer und kümmerte sich um nichts. Später, als Tauwetter mit Regengüssen eingetreten war, der angeschwollene Bach durchs Dorf toste und an allen Ecken schleimige Tümpel standen, durch kleine Bäche miteinander verbunden, die aber zumeist unter tiefem Schnee flossen, so daß man ihrer erst gewahr wurde, wenn der Fuß hineintrat und sie in sausender Nässe ihn umgaben und hervorsprangen und nun eine Zeitlang auch über den Schnee hin davonschossen – als man kein Kind zur Schule gehen ließ und auch ein Erwachsener nur so viele Schritte vor das Haus tat, als unumgänglich notwendig waren: da sah man allein Therese sich die Straße herunterbewegen wie immer. Das Wasser spritzte an ihrem Rock hoch, der schon troff; sie bemerkte es nicht, ging nicht schneller noch langsamer, mochte an ganz andere Dinge denken, vielleicht daran, daß sie in ihrer frostigen Hütte verhungern würde – während sie heranwankte, steinern und schwach, und ihre Füße immer von neuem in eisiges Wasser und tiefen Schneeschlamm setzte, diese nicht mit Schuhen bekleideten Füße, sondern mit aus Lappen und Lederüberbleibseln und Schnüren zusammengesetzten Gebilden, die keinen Namen haben.

Ich sah Therese zum letztenmal einige Tage vor unserer Abreise an einem merkwürdigen Frühlingsabend. Die Welt, in die ich von meiner Türe schaute, zeigte sich in einer eigentümlichen *Trokkenheit* – oder erweckte doch den Eindruck der Trockenheit –, wie es in seltenen Stunden dieser Jahreszeit einmal vorkommt; zeigte die Dinge in einer Herbheit und reifen Klarheit, wie sie eigentlich viel mehr dem Herbst als dem Frühling angehören (als ob die Jugend des Jahres schon müde wäre). Eine Landschaft mit geheimnisvoller Abgelöstheit. Eine Atmosphäre, die ebensowohl als warm und gesund gelten konnte, wie unbesiegliche Fieber verleihen – nichts Irdisches; das sonst nicht Irdische wurde irdisch: alles übliche Solide der Welt war mehr als je in Frage gestellt. Als die Dämmerung begann, schlich Therese die kleine Straße herauf und ihrer Hütte zu; sie ging vorüber, und ich schaute ihr nach, von ihr unbemerkt. Auf einmal bog sie zwei Meter von ihrem Wege ab und schloß mit fast rasch und sicher zu nennenden Bewegungen die Laden eines Hauses, die, worüber ich mir jetzt bewußt wurde, sonst immer um diese Zeit von dem Bewohner dieses Hauses selbst geschlossen zu werden pflegten – und dieser kam jetzt auch schon hervor, um Ausschau zu halten, beinahe aufgeregt, ein berechnender, dürrer Bauer; als er die davonwankende Therese erblickte, ging er beruhigt, sich mit dem Finger an die Stirn fahrend in einer Geste befreiender Erklärung, wieder in seine Behausung zurück.

Es dunkelte stark, und die Gebirge, die immer unermeßlich gewesen waren, wurden unermeßlicher; in diese Unermeßlichkeit hinein lief die kleine Straße, kurz, schmal, steil. Auf der Straße ging nur noch die Alte allein. Auf einmal empfing ich den rasch bedrohlich werdenden Eindruck, daß sie ihre Bewegungen auf derselben Stelle mache, daß sie ihre Hütte, die in einer Entfernung von fünfzig Metern stand, nicht mehr erreichen würde. Sie *kam nie mehr heim!* Die Bergwände wurden riesenhoch, nicht doppelt, sondern zehnmal so hoch wie vorher. Die Nacht, eine mondlose Nacht, wuchs aus ihnen, kam aus ihnen um uns, über uns. Eine Zeit, die sich zu schrecklicher Länge dehnte, starrte ich Therese nach, ohne mich lösen zu können von meinem Gesichte; immer ging sie da, ging, ohne vorwärtszukommen, wankend nach links und rechts, und noch regten sich ihr strähniges Haar und Lappen an ihr, die sich zu lösen schienen, aber bald glich sie nur noch einem zerzausten Baum, wenn der Wind seine Arme, bestehend aus Gespinst und Gezweig, lässig bewegt, oder einer müden kleinen Mühle.

NACHWORT

Wer sich die letzten hundertfünfzig Jahre literarischen Lebens vor Augen hält, wird nicht anders können, als zunächst an die großen Drei zu denken, die das literarische Bild der Schweiz im 19. Jahrhundert nicht nur in Ton und Farbe bestimmt, sondern recht eigentlich geprägt haben: Jeremias Gotthelf, der Berner, und Gottfried Keller und Conrad Ferdinand Meyer, die beiden Zürcher. Sie stehen nicht nur im politischen Sinne an ganz verschiedenen Orten, sie sind bis in ihr tiefstes Wesen anders geartet, anders zentriert, und ihr schriftstellerisches Wirken entstand aus völlig verschiedenen Beweggründen.

JEREMIAS GOTTHELF, dem «regimentsfähigen» Berner Burger-Adel zugehörig, Sohn einer bis ins 16. Jahrhundert zurückreichenden, sozusagen zu Führungsstellen prädestinierten Sippe, GOTTFRIED KELLER, Kind eines Tischlermeisters und der Tochter eines Dorfarztes, beide aus dem ländlichen Glattfelden stammend, aber im

Kern der Zürcher Altstadt Wurzeln schlagend, während Albert Bitzius, der sich später das Pseudonym Jeremias Gotthelf zulegte, aus der städtischen Burgerkaste weg nach dem freien Lande mit seinen weitverstreuten Hofsiedlungen strebte. Der dritte, CONRAD FERDINAND MEYER, von der Vater- wie von der Mutterseite dem gehobenen, zum Teil wohl fast überzüchteten, zwinglianisch-puritanisch lebenden Großbürgertum Zürichs angehörend, aber nach schweren Mühen alle diese erbmäßigen Fesseln und die Enge der damaligen Kleinstadt von sich abstreifend, zog das weltabgeschieden-vornehme ländliche Dasein einem fleißigen Wirken im Dienste privater und öffentlicher Interessen vor, um ganz allein dem Wort und dem poetischen Künstlertum zu leben: Es läßt sich in der Tat kaum ein ungleicheres Dichtertrio als gerade dieses denken.

Und doch scheint die einzigartige Trilogie, die sich in diesem Bande zusammenfindet, wie aus einem Gusse zu sein, und man hätte nicht glücklicher wählen können: drei Novellen, die diese Gattungsbezeichnung, jede auf ihre Art, in geradezu vollkommener Weise verdienen. Alle drei nehmen einen tragischen Verlauf, und es ist keine Frage, daß die zweite von der ersten entscheidende Anregungen bezogen hat, auch wenn sich Keller schon mit der Titelfassung «Romeo und Julia auf dem Dorfe» zu Shakespeare und nicht zu Gotthelf als zu seinem Vorbild bekennt. Aber er hat Gotthelfs «Elsi» an einer Stelle mit Goethes «Hermann und Dorothea» gleichgesetzt, und der gemeinsame Tod Christens und Elsis auf dem Feld von Fraubrunnen sowie Salis und Vrenchens letzte Nacht auf dem Heuschiff kommen einander so nahe wie das Sterben des bäuerlichen und des adligen Liebespaares in Verona.

Beide Novellen bleiben – sie liegen dreizehn Jahre auseinander (1843 und 1856) – in den gesellschaftlichen Verflechtungen ihrer Entstehungszeit. Die seltsame Elsi lebt gesinnungsmäßig in den Bindungen des Jahrhunderts, in dem sie geboren ist; sie gehört einem Bauernadel an, aus dem sie nur infolge der Liederlichkeit ihres Vaters herausfällt. Der Hof, in dem sie Magddienste annimmt und wo sie dem Bauernsohn Christen nahekommt, gehört demselben altehrwürdigen Bauerntum an, und es sind die festen überlieferten Normen, die das Leben dieser ländlichen adligen Hofsiedlungen leiten, aber auch den beiden Liebenden den Zugang zueinander verbauen. Anders die Nachbarskinder Vrenchen und Sali. Auch sie gehören zwar der Schicht der freien Bauern an. Aber ihre Väter sind schlichte Dorfeinwohner; ihre Existenzgrundlage ist so, daß sie, wenn ihr Besitz aus irgendeinem Grunde Schaden nimmt, bald ruiniert sind und in den Stand der besitzlosen Hungerleider absinken. Sie gehören jenem Bauernstand an, der im Laufe des 19. Jahrhunderts im Industrieproletariat und in der industriellen Arbeitgeberschicht ihre Wirtschaftspartner finden, Schichten, neben denen allerdings, in der Novelle verkörpert durch den schwarzen Geiger, eine heimatlose, entrechtete Unterschicht ihr Wesen außerhalb der bürgerlichen Gesetze treibt. Sali und Vrenchen hätten die Möglichkeit, in diesem zigeunernden Ghetto weiterzuleben. Doch ihr Denken und Fühlen wird noch ganz von den Vorstellungen und vom Geborgenheitsbedürfnis des seßhaften Bauernstandes bestimmt. Darum ziehen sie den Untergang dem Leben in der Besitzlosigkeit und Heimatlosigkeit vor, einem Leben, das es für Christen und Elsi, den im Bauernadel Verwurzelten, als mögliche Alternative überhaupt noch nicht gibt, weshalb ihr Tod unter den Kugeln des französischen Revolutionsheeres der einzige Weg ihrer Vereinigung ist.

Tragisch ist auch der Lebenslauf Julian Boufflers' in «Das Leiden eines Knaben» zu nennen. Aber hier geht es nicht mehr um den Tod zweier Liebender, denen das Leben die letzte Erfüllung versagt, hier ist die Tragik in das Innere des Einzelmenschen verlegt. Sie liegt in der seelisch-geistigen Struktur begründet, mit der dieser Mensch Julian, der Sohn des Marschalls, zu seinem Schicksal angetreten. Mit seinen besonderen Veranlagungen und Schwächen muß er dem hohen gesellschaftlichen Rang, dem seine beiden Eltern angehören, Genüge tun. Und der Dichter Conrad Ferdinand Meyer weiß nur zu gut von solchen Anforderungen und Bedrängnissen. Das Leiden Julians war sein Leiden. Es genügte, aus dem schweizerischen 19. in das französische 17. Jahrhundert hinabzusteigen und die Rollen von Vater und Mutter zu vertauschen, um sich vor dem Zugriff der skandallustigen Leser zu schützen, und er konnte sein eigenes Knabenleiden in das Schicksal Julians einströmen lassen. Auch er erduldete als ein Gezüchtigter in der Gesellschaft, in die er hineingeboren worden war, solche Schmerzen der Zurücksetzung und wäre beinahe mit seinen künstlerischen Veranlagungen an den unerfüllbaren Anforderungen zerbrochen.

Eine knappe Generation vor den großen Umwälzungen, die die Psychologien Freuds, Adlers und Jungs in das literarische Leben hereinbrachten, nimmt der hochsensible C. F. Meyer ihre Sehweisen vorweg. Der französische Symbolismus, dem er als Freund der französischen Sprache und Kultur folgt, erlaubt ihm in dieser Rahmennovelle, ganz neue Wege der Innerlichkeit zu beschreiten. Die Verwundbarkeit seiner Seele und sein verhaltenes Künstlertum machen aus Julian Boufflers einen Vorläufer Hanno Buddenbrooks und aller jener Antihelden, die der Expressionismus und der psychologische Realismus unseres Jahrhunderts hervorgebracht haben.

Mit CARL SPITTELERS «Bombardement von Åbo» schlägt die Stimmung ins Heitere um; mit dieser Novelle kommt der schweizerische Humor, der sowohl bei Gotthelf wie bei Keller – und selbst bei Meyer – schon beglückende Früchte trägt, voll zur Wirkung. Tatsächlich ist diese Geschichte aus der Zeit des Krimkrieges, in der Spitteler seine eigenen Rußland-Erfahrungen verarbeitet, zu seiner heitersten dichterischen Schöpfung geworden. Man müßte zwar sagen, das zaristische Rußland krache hier schon in allen Fugen. Aber die totale Korruption der Militär- und Zivilverwaltung, die in diesem Garnisonsstädtchen Åbo im Süden Finnlands zutage tritt, zeigt derart humane Züge, daß sie sich in ihrer Gesamtheit – und wer könnte sich da heraushalten! – ins Gegenteil kehrt und sozusagen eine neue, menschlichere Ethik schafft. Das ergibt eine schwerelose Komödie ohne jeden angriffigen oder satirischen Beigeschmack, und gerade in dieser Stilreinheit zeigt sich die hohe Formkunst, die das ganze Œuvre Spittelers kennzeichnet. Die Novelle ist daneben ein eigentliches Meisterstück ironischer Umkehrungen des Wortsinns.

Die Erzählung «Altwinkel» des im Weiler Stürzikon in der Hügellandschaft der «Höfe» halbwegs zwischen Zürich und Winterthur geborenen JAKOB BOSSHART stellt eine durch die geschichtliche Entwicklung verursachte gesellschaftliche Wandlung ins Licht: die beginnende Verstädterung (die in den Jahrzehnten seither geradezu erschreckende Ausmaße angenommen hat). Jakob Boßharts Werke – viele von ihnen sind ganz mit dem Bauerntum verbunden – stehen unter diesem Spannungsbogen der Verstädterung. Und sein Herz schlug in gleicher Weise für die um ihre Existenz ringende Landbevölkerung und für die besitzlose Schicht des Industrieproletariats in den städtischen Elendsvierteln, das unter Mangel, Entbehrungen und verderblichen Seuchen litt; auch für jene, die im Elend und in den «Hundertseelenhäusern» den Lastern verfielen. Unsere Novelle hat Boßhart in der Spätzeit seines Schaffens geschrieben, damals, als er, an Lungentuberkulose leidend, in Clavadel bei Davos seine Jahre sozusagen als Todeskandidat verbrachte. In «Altwinkel» kehrt er, nach dem großen Roman «Ein Rufer in der Wüste», in den Kreis zurück, dem er entstammte. Er nimmt Partei für jene, die den Sprung in die neue Zeit nicht schafften. Hans Ulrich und Klephe Winkler, die beiden Geschwister, die als letzte Nachfahren einer seit Jahrhunderten hier angesiedelten Sippe ihr Gehöft nach altem Brauch bewirtschaften, hangen zäh am ererbten Grundbesitz. Aber die wachsende nahe Stadt nimmt das Land in Beschlag, und die Behörden kümmern sich nicht um altverbriefte Rechte. Man legt, ohne auf die Proteste der wortkarg gewordenen Altwinkler zu achten, eine Straße mitten durch ihren Rebberg an, und schon finden sich auch die Spekulanten ein, die den an ihren Besitz sich klammernden Alten das Blaue vom Himmel versprechen; ihr Land ist baureif geworden, und alles wittert Geschäft und Gewinn. Die Gerechtigkeit, auf die Hans Ulrich vertraut, und der gerechte Gott, zu dem seine Schwester betet, existieren nicht mehr; vergeblich ruft der alte Mann die Gerichte an. Und da er schließlich, ein später Nachfahre des Michael Kohlhaas, zur Selbsthilfe greift und den Zwangsmieter mit seinem Heuspieß niedersticht, wird er zum Verbrecher gestempelt, geht seiner bürgerlichen Rechte verlustig und stirbt wie seine Schwester Klephe im Elend. Die neue Zeit, die sich während und nach dem Ersten Weltkrieg ankündet, hat für das einfache Leben auf und von der Scholle kein Verständnis mehr; der in Jahrhunderten gewachsene Nährstand scheint mit den zwei Altwinklern unterzugehen. Eine Sicht, die, vom heutigen Entwicklungsstand her gesehen, dem knorrigen und pessimistischen Poeten aus der zürcherischen Landschaft recht gegeben hat. Jakob Boßhart ist weit über die

615

naturalistischen Anfänge hinaus in den revolutio-
nären Stil des Expressionismus vorgestoßen.

HEINRICH FEDERER, Sohn eines zigeunernden Alkoholikers und verkommenen Künstlers
und einer rechtschaffenen Mutter, die nach dem
Verschwinden ihres Mannes die Kinder als Näherin und Handarbeitslehrerin durchbrachte, holte
seine Bildung bei den Benediktinern zu Sarnen
und fand – als Kind einer Mischehe – den Weg
in die katholische Theologie und zum Priestertum.
Auch er als Asthmatiker ein lebenslang kranker
Mensch! Aus seiner Vertrautheit mit der Geschichte seiner Kirche und seiner Liebe für den italienischen Menschen erwuchs das kleine Bild vom
«Letzten Stündlein des Papstes Innocenz des Dritten», recht besehen eine bestürzende, ja eine revo-
lutionäre Vision. Der höchste Herr der Christen-
heit muß von Franciscus, dem Bettelmönch und
Gründer des großen Ordens, auf seinem Sterbebett
erfahren, daß er keinen höheren Anspruch auf
dessen Beistand erheben darf als der Krüppel, das
Kind und das Spinnlein, dem er sein Netz zerrissen.
Die Forderung Christi an den Menschen, seine
Liebe und helfende Fürsorge allen Geschöpfen an-
gedeihen zu lassen und dieses Gebot höher als alles
in der Welt zu stellen, hat hier ein gültiges Gleichnis von greifbarer und liebenswerter Anschaulich-
keit gefunden.

ROBERT WALSER, der Verfasser der Novelle
«Kleist in Thun», hat als Nomade im Gewande
eines Bürogehülfen einmal auch in Thun eine
Schreiberstelle versehen und sich für kurze Zeit in
einem Zimmer eingenistet. Und da mag er, wenn

nicht schon früher, auch erfahren haben, daß einst, im Winter und Frühjahr 1802, Heinrich von Kleist hier Fuß zu fassen suchte und, dem Ruf «Zurück zur Natur!» folgend, sich in den Schweizer Bergen als Bauer ansiedeln wollte. Gezeigt wurde ihm wohl auch die Aare-Insel am See-Ausfluß, wo Kleist, wie er selbst, ruhelos schweifend, für eine kurze Zeit ein freundliches Obdach gefunden hatte. Gelesen hat er vielleicht Kleists Briefe, die auf diesen Aufenthalt Bezug nehmen, und schuf nun aus seiner Kenntnis des großen Dramatikers und der Thuner Landschaft und aus seiner verwandten schizoiden seelischen Konstitution heraus diese bezaubernd einfühlsame Novelle, über welche weiteres zu sagen überflüssig ist. Das kleine Kunstwerk, in einer kongenialen Konstellation geschöpft, scheinbar mit leichter Hand hingeworfen, gehört wohl zum Schönsten, was dieser so spät erst entdeckte Meister deutscher Prosa zustande gebracht hat.

Die beiden Geschichten «Der ehrliche Dieb» und «Das schreckliche Kalb» markieren den Eintritt der Frauen in die Literaturszene der Schweiz, ein im Vergleich zu Deutschland und Österreich eher später Vorgang. Sie halten die Höhe der vorangehenden Reihe nicht ganz ein und stellen eher gelungene Versuche dar, es den Kollegen vom «stärkeren» Geschlecht gleichzutun.

Die St. Gallerin REGINA ULLMANN, Verfasserin der ersten Erzählung, hat einen bedeutenden Teil ihres Lebens in München verbracht und hat ihr schriftstellerisches Handwerk bei Marie von Ebner-Eschenbach gelernt, einer Lehrmeisterin hohen Ranges. Daneben bemüht sie sich, im ehrlichen Dieb ein echt schweizerisches Knechtedasein zu gestalten, einen Finder, der sich seine Ehrlichkeit ein halbes Leben kosten läßt. Schön und anschaulich das Ganze, ohne das Klischee des Dorfgeschichten-Stils.

CÉCILE LAUBER, die Luzernerin, steigt in der Geschichte «Das schreckliche Kalb» in ihre Kindheit hinab, die noch ins Plüsch-Zeitalter fällt, und sucht sich eines Kinderschrecks oder Kindertraumas zu entledigen. Dabei löst sich das Erleben, wie dies mit Kindererinnerungen zu geschehen pflegt, in traumartige, verschwimmende Bilder auf. Eine schreibfreudige und überaus produktive Autorin macht, so scheint es, ihre ersten, vielversprechenden Tastversuche. Die Angst vor dem Unfaßbaren und vor schrecklicher Verlorenheit und darauf die Rückkehr in die Geborgenheit der mütterlichen Arme, Urphänomene des Menschseins überhaupt, werden hier ansprechend und psychologisch echt dargestellt.

Ganz anders als durch den liebenswürdigen Fabulierer Heinrich Federer erhebt die Urschweiz ihre Stimme im inzwischen vielstimmig gewordenen Chor durch MEINRAD INGLIN. Ein leidenschaftlicher Freund der Berge und der Menschen seines Landes Schwyz, von denen er allerdings anfänglich gründlich verkannt wurde, verarbeitet er in der Novelle «Die Furggel» sein schwerstes Jugenderlebnis, den Bergtod seines Vaters. Er ereilte ihn, als der Junge dreizehn Jahre alt war. Was dieser zäh um strenge Form und klare, übersichtliche Sprache ringende, unvoreingenommen denkende dichterische Künstler in allen seinen Romanen und Novellen erstrebte, hier scheint es sich ganz erfüllt zu haben. Man spürt den unbeirrbaren Sprachkünstler: Die ganze Geschichte ist von Anfang an in jedem Satz auf das schmerzliche Ende ausgerichtet; am Anfang wird die Einmütigkeit von Vater und Sohn in diesem gemeinsamen Aufbruch nach der fernen Furggel sichtbar, die ein Tal mit dem andern verbindet, aber zugleich auch durch gefährliche steile Schründe trennt. Der Friede, die Stille, die Majestät der Berge und ihre Liebe zur herben heimischen Natur verbindet sie beide, und der Sohn folgt mit heimlicher Begeisterung den kräftig ausholenden Schritten des Vaters bis zu der Stelle, der eigentlichen Furggel, von wo die bergsteigerischen Gefahren die Kräfte eines Buben überfordern. Dann die Peripetie: Die Mittagszeit, der Nachmittag, der Abend und schließlich die Nacht verwandeln die Geborgenheit dieses Jungen in der schützenden Obhut des Vaters in das dunkle Los einer Halbwaise. Der Vater kehrt von seinem Jagdgang über die Furggel nicht mehr zurück. Die Spannung in diesem tief-innerlichen und gleichzeitig höchst dramatischen Geschehen macht die Geschichte mit ihrer kristallklaren Natur- und Menschenschilderung zu einem wahren Kleinod kultivierter Erzählkunst. Der souveräne Sprachmeister Meinrad Inglin gehört zu jenen Schweizern, die im gesamtdeutschen Sprachraum erst noch entdeckt werden müssen.

Die nächste Erzählung greift das Thema von Jakob Boßharts «Altwinkel» aus einer etwas jüngeren Sicht wieder auf. Sie spielt wie diese auf einem Bauernhof in Stadtnähe und ist in die Zwischenkriegszeit verlegt. Die ursprünglichen Besitzer sind von ähnlicher Art, der neuen maschinellen Bewirtschaftung abhold. Aber hier ist man nach dem Tode des Alten «keineswegs versessen, sich ländlich zu verhärten», und schon mit dem Eintritt der Haushälterin Karline, noch zu Lebzeiten des Vaters, in den frauenlosen Haushalt ändert sich das Bild. Sie, die vom Alten und seinen beiden Söhnen umworben wird, weiß die beiden Erben sich gefügig zu machen, den älteren, ruhigeren, schwächlicheren, indem sie ihn heiratet, den jüngeren, von hemmungsloser Erotik umgetriebenen durch Aufreizung seiner Leidenschaften, wozu auch die Trunksucht gehört. TRAUGOTT VOGEL schafft ein Milieu, in dem diese Karline nach dem baldigen Tode ihres Mannes zusammen mit ihrem Kinde Lina (in dem sie nur sich selber liebt) die Zügel fortan fest in den Händen hält. Es gelingt ihr, den triebhörigen Bruder ihres verstorbenen Mannes in Schach zu halten, ihn dann dem Alkoholismus auszuliefern und endlich aus dem Hause zu entfernen. Ihr Ziel ist klar: der Gewinn des ganzen Erbes. Aber der vertriebene Erbanwärter geht nicht, wie sie hofft und ihr sanfteres Töchterchen fürchtet, zugrunde; darin hat sich die schlau kalkulierende Frau verrechnet. Der fortgejagte Erbanwärter Bernhard ist in der Winternacht nicht erfroren, sondern wird von einer Wirtin aus dem Unterland aufgelesen und mit Hilfe ihres Sohnes Erich, eines Mediziners, ins Leben zurückgebracht. Und der gerettete Säufer findet an dem vaterlosen jungen Mann sozusagen einen Ersatz für das Töchterchen

Lina seiner bösartigen Schwägerin. Und jetzt schließt sich der Kreis zum glücklichen Ende. Erich trifft das Töchterchen Lina, und die beiden finden Gefallen aneinander. Karlines Kalkulation kommt damit zwar zum Stimmen, doch sieht sie sich bald von den beiden Jungen, die als Erben ihrer nicht mehr bedürfen, ausgebootet und ins Abseits gedrängt.

Traugott Vogel, der schriftstellernde Volksschullehrer, hat sich den Psychologien seiner Zeit verschrieben, um seine Erzählung, die er, glaubhaft, als wirklich geschehen verbürgt, aufzuschlüsseln. Jener befreiende Durchbruch der Triebwelt, wie er in Hermann Hesses «Steppenwolf» ein gültiges Gleichnis gefunden, hat sich in dieser kleinen Schrift Vogels weiterentwickelt, ja sich in einen brutalen Vitalismus verwandelt. Hemmungslose und gebändigte Trieb- und Machtentfaltungen stehen nebeneinander. Traugott Vogel versucht dieser entfesselten Triebwelt – die anderswo die gefährliche Brutalität auslöste, die zum Zweiten Weltkrieg führte – Herr zu werden, indem er die Geschichte um den triebhaft hörigen Mann und das kalt rechnende, machthungrige Weib als Illustration der christlichen Ethik verstanden wissen will, nach welcher «dem Menschen nicht geholfen wäre, wenn er die ganze Welt gewönne und nähme dabei Schaden an seiner Seele». Vogel glaubte an den Sieg des Gesunden, Heilen über das Chaotische. Aber das wirkt schon wie ein zerbrechlicher Aufbau über gefährlichen Gründen.

Traugott Vogel war Weggenosse und älterer Freund eines andern als Dichter profilierten Zürcher Volksschullehrers, den eine geradezu unbändige Leidenschaft zum Schreiben antrieb: ALBIN ZOLLINGER. Auch seine Novelle «Die Russenpferde» ist in der zürcherischen Landschaft angesiedelt, diesmal im Oberland, von dem er selber herkam. Den Rahmen, der hier in reizvoller Weise mit der Binnenerzählung verbunden ist, schafft er selbst, der Dichter als Erzähler, mit seiner Wanderung durch die heimatlichen Gefilde. Die erzählte Zeit fällt zusammen mit den kriegerischen Wirren, in denen Gotthelfs «Elsi, die seltsame Magd» spielt. Die Novelle hat die zweite Schlacht von Zürich zum Hintergrund (1799), in der das russisch-österreichische Koalitionsheer von den aus dem Westen heranrückenden Franzosen unter General Masséna geschlagen und nach dem Osten abgedrängt wurde. Die Geschichte, von der alten Knopfbäbe, einer Hausiererin, erzählt, hat zum Schauplatz einen alten Herrensitz, der unweit des Landvogteischlosses Grüningen die Landschaft beherrscht und ein adliges Mädchen namens Barbara beherbergt. Und das war die Mutter der Knopfbäbe, die kurz nach der Jahrhundertwende zur Welt kam. Barbara zankte sich aus Liebe mit dem Meisterknecht des Gehöfts, einem leidenschaftlichen Rossezüchter, der mehr Liebe für seine Stuten und Hengste als für die forsche Herrschaftstochter übrig zu haben schien. Es geht um die von den beiden Menschen unterdrückte Leidenschaft; der Bauernsohn ist ein franzosenbegeisterter Republikaner, die Adelstochter steht auf der Seite derer, die die alte Ordnung zu retten versprechen. Die vor den Franzosen flüchtenden Russen kommen, lassen vieles liegen und nehmen noch mehr mit, darunter auch das Gestüt des Herrenhofes. Jetzt entschließt sich sein Züchter, der nach dem Osten fliehenden Truppe zu folgen und seine Zuchtpferde, koste es, was es wolle, wieder einzubringen. Das gelingt ihm denn auch. Nach Jahr und Tag erlöst er seine geliebte Barbara, die ihm beim Abschied ihre Liebe gestanden hat und sich in der Zwischenzeit vor Sehnsucht beinahe aufgezehrt hätte. Eingebettet ist diese Geschichte von den Pferden, die nach Rußland zogen und wieder heimkehrten, und die Liebesgeschichte ihrer Betreuer in einen Rahmen, der seinerseits von einem Spiel um Liebe, einem vergeblichen zwar, umspannt ist, und eingefügt in eine Landschaft, von der der Dichter Albin Zollinger beinahe so etwas wie eine Erlösung von seinem Umgetriebenwerden erhoffte. Das kleine Meisterstück einer historischen Novelle ist in einer Sprache geschrieben, die, zugleich griffig-zupackend und poetisch verspielt, alle Stileigentümlichkeiten dieses Zürcher Sprachmeisters in sich zu versammeln scheint.

Gelegentlich sagen auch Ausfälle des Gewohnten, Erwarteten, in unserem Falle leere Räume, wo sonst eine breite Literaturpalette vorhanden ist, viel aus. So hat die Schweiz kaum an dem Anteil, was man Kriegsliteratur nennt. Zwar sind auch hier die Zeiten des Ersten und Zweiten Weltkrieges in die Literatur eingegangen, aber ohne Ressentiments oder als unbewältigte Vergangenheit. Es gibt viele Bücher, die sich mit jenen Jahren befassen, aber sie bilden nicht ein Ganzes, sondern sind einfach Teile eines kontinuierlichen literarischen

Prozesses. Es gibt sogar auch Werke, die eine unbewältigte Vergangenheit beschwören; davon soll nächstens noch die Rede sein. Allein sie haben längst nicht das Ausmaß dessen, was man die deutsche Kriegsliteratur nennt.

Es ist denn auch kein Zufall, daß in unserer Reihe der Schriftsteller RUDOLF JAKOB HUMM, der in die Heimat zurückgekehrte Italienschweizer, sich den Friedenstag, den 8. Mai 1945, auswählt, um in dieses Datum seine hintergründige Geschichte «Das Schneckenhaus» zu verpacken. Sie spielt zum Teil an einer topographisch genau bestimmbaren zürcherischen Örtlichkeit, zum andern Teil aber in einer phantastischen Fiktion, die in einem Schneckenhaus der zoologischen Sammlung der Universität lokalisiert ist. Die Geschichte – auch eine Art Binnengeschichte in einem Rahmen – erweist sich als eine beißende Satire auf eine unbewältigte schweizerische Vergangenheit, nämlich das trübe Kapitel der Flüchtlingspolitik während des Zweiten Weltkriegs. Dies hat ihm in seiner gastlichen Wohnung im Rabenhaus am Limmatquai oft genug zu schaffen gemacht. Humm hat als Zweisprachiger einen hintergründig-geistreichen satirischen Stil entwickelt, den er weniger deutschen als italienischen Lehrmeistern verdankte. Er zeigt damit (wie hier schon in dieser Reihe Conrad Ferdinand Meyer) die unmeßbaren Chancen eines Landes mit einer Sprachenvielfalt: Sie ermöglicht, sich täglich und stündlich Anregungen von jenseits der Sprachgrenzen zu beschaffen, ohne in ein anderes Sprach- und Nationalitätsbewußtsein zu transzendieren. Mit diesen Voraus-

624

setzungen, und wohl auch dank seiner mathematischen Begabung, gelingt ihm im «Schneckenhaus» eine besonders geistreiche Friedensfeier.

Die Erzählung von KURT GUGGENHEIM spielt in einer gegenwartsnahen Vergangenheit. Jetzt hat bereits die moderne Elektronik und die Mikrophon-Tonband-Technologie mit den hemmungslosen Möglichkeiten der Sprach- und Musikkonservierung Platz gegriffen. Und auch die bereits sozusagen total verwaltete Welt, die das Individuum überall, wo es sich befindet und bewegt, im Griff hat, ist schon da, vor allem aber das Bedürfnis nach Flucht und Ausstieg aus der gesellschaftlichen Verfilzung, wie sie Menschen der Gegenwart in einer perfektionistisch durchorganisierten Welt gefangen hält; aber auch das Versagen der perfekten Technologie ausgerechnet dort, wo sie funktionieren sollte, wird mit Vergnügen aufgezeigt. Der Autor dieser mit «Nachher» überschriebenen Geschichte entstammt dem alteingesessenen schweizerischen Judentum und war in der Stadt Zürich beheimatet. Hier und in der französischen Schweiz mit ihrer eigenständigen Kultur in gleicher Weise verwurzelt und doch auch aufgrund seiner Herkunft in seiner Zeit der Gefahr einer mörderischen Zeitströmung, dem Antisemitismus, ausgesetzt, lebte Kurt Guggenheim bis in die jüngste Gegenwart hinein das typische Leben eines homme de lettres, dem das Schreiben Beruf und Berufung zugleich war. Er war ein Epiker im herkömmlichen bewährten Stil, dem die Klarheit, Wahrhaftigkeit und schlichte Einfachheit der erzählenden Aussage vom Anfang seines Schaffens bis zum Lebensende ein ganz natürliches Bedürfnis war. «Nachher» ist eine späte Frucht dieses guten und bewährten Stils, in dem eine heitere Ironie der tragende Grundton ist.

War Albin Zollinger seinerzeit ein Sammelpunkt des im Aufzug des Nationalsozialismus mutig verteidigten freiheitlichen Denkens der Schweiz, verlief das Leben und Schaffen des Basler Zeitgenossen RUDOLF GRABER unauffällig in der Stille. Er war Gymnasiallehrer von Beruf und Schriftsteller aus Neigung. Seine Basler «Fährengeschichten», von denen hier «Die Geschichte von der Schülerversicherung» abgedruckt ist, erfreuten sich einer großen Beliebtheit in ihrer näheren Umgebung, aber strahlten kaum, wie sie es verdienten, in die Weite. Die Bubengeschichte um die Schülerversicherung läßt aber einen Poeten erkennen mit feinstem Menschenverständnis und mit einem verhaltenen Basler Sprachwitz. Die unter Verdienstlosigkeit und Wohnungsnot leidende fünfköpfige Familie eines Musikinstrumenten-Bauers und -Flickers ist in eine ausweglose Not geraten. Das jüngste, spät nachgeborene Kind, ein Junge, ein Verschupfter, Unauffälliger, früh vom Lebensernst Gepackter, vernimmt von der Schülerversicherung und kommt zum lange heimlich erwogenen Entschluß, seinen Eltern und Geschwistern mit dieser Versicherung das Geld für den Kauf eines baufälligen Häuschens zu vermitteln. Er heckt sich einen fingierten Unfall mit tödlichem Ausgang aus. Die Geschichte dieses zum Opfertod bereiten Jungen und all das heimliche Träumen und äußere Geschehen um den reifenden Ent-

626

mes Stilmerkmal, eine gemeinsame Grundhaltung oder gar ein gemeinsamer geistiger Unterbau. Auch die Selbstprüfung darf nicht fehlen: Ist diese allenfalls festzustellende Gemeinsamkeit der sammelnden Hand oder gar nur dem Verfasser dieses Schlußwortes zuzuschreiben, oder stammt sie doch aus tieferen Schichten geistiger Überlieferung?

Es zeigt sich, daß, mit der einen Ausnahme der Schneckenhaus-Geschichte von Rudolf Jakob Humm – wobei die Ausnahme möglicherweise auch die Regel bestätigen könnte –, eine gewisse Welthaltigkeit, ein gewisses Bestreben, nur erfahrbare Wirklichkeit zur Aussage zu bringen, allen Texten eigen ist. Der Hinweis, daß Humms Ausnahme die Regel bestätigen könnte, mag insofern zutreffen, als hier das Homunculus-Motiv, der Sprung ins Phantastische, immerhin des Schneckenhauses bedarf und ausgerechnet im Zoologischen Institut der Universität stattfindet. Dazu will der Autor mit diesem Motiv die sehr realistische Problematik der schweizerischen Asylpolitik treffen!

Daß diese Handgreiflichkeit, die wir mit dem etwas verbrauchten literarischen Begriff Realismus umschreiben wollen, nicht nur dem Gestalter der Sammlung und dem Autor des Nachwortes vor Augen stand, wird ein Überblick über das literarische Geschehen, namentlich im Bereich der schweizerischen Erzählprosa, bestätigen. Die dafür zuständigen Gesamtdarstellungen und Handbücher sagen wenig Abweichendes aus. Die Frage darf daher gewagt werden, ob dies ein Wesenszug schweizerischen Geisteserbes sei, und wenn ja, wie er motiviert werden könnte.

Sicher gilt, daß schon in der Epoche vor dem hier angeführten ersten Beispiel, Gotthelfs «Elsi», die Schweiz bei einem Ausbruch aus der realen Welt in die Phantasie – gemeint ist die Romantik – sozusagen nicht anwesend war. Daß aber die mächtige romantische Grundwelle an der Schweiz vorüberrollte, hängt mit der historisch-politischen Tatsache zusammen, daß hier der Demokratisierungsprozeß und der Kampf um die individuellen Freiheitsrechte von Anfang an leidenschaftlicher – und erfolgreicher – geführt wurde als in den andern deutschsprachigen Ländern. Schon die Französische Revolution wurde mit nachhaltigerem Erfolg in die Schweiz weitergetragen und konnte trotz dem Eingreifen der Koalitionsarmeen nicht mehr rückgängig gemacht werden. Dieser konsequente Demokratisierungs- und Sozialisationsprozeß ging ohne wesentliche Unterbrüche und Rückfälle bis in die Gegenwart hinein weiter. Selbst während der beiden Weltkriege erfuhren sie keinen eigentlichen Rückstau. Das Volk – und zu diesem Volk zählte sich ausnahmslos auch die Gilde seiner schreibfreudigen Literaten – war am Demokratisierungsprozeß je und je aufs stärkste interessiert. Erst in der jüngsten Zeit zeigen sich gewisse Ermüdungserscheinungen und bei den einen und andern eine Abkehr, eine Flucht in die Phantasie, die neue Räume der Daseinserschließung verspricht.

Im zeitlichen Bereich der gesammelten Texte aber lebt dieser «nüchterne» Realismus – der dem Schweizer ja auch sonst nachgesagt wird – durch alle Generationen fort und behauptet das Feld in allen Stilepochen, im poetischen Realismus, im Naturalismus, im Jugendstil, im Expressionismus und im Neorealismus und wie die Ismen alle benannt werden mögen. Und vielleicht hat dieser Hang, sich in einer handgreiflichen Wirklichkeit zu bewegen, mehr mit der unentwegt durchgehaltenen und fortentwickelten Staatsform zu tun, als man gemeinhin denkt. Daß hier der gefährlichste Ismus, der Nationalismus, und seine perversen Auswüchse, nie ganz ausartete, hängt doch wohl mit der andern, schon angesprochenen politischen Tatsache zusammen, daß in diesem Lande stets die Notwendigkeit bestand, ja sich gebieterisch aufdrängte, daß die vier sprachlichen Teil-Einheiten miteinander auskommen mußten und daß hier weder Nationalitäten- noch Stammes- noch Rassenpolitik als Faktoren der Macht oder gar der politischen Expansion Geltung gewannen.

Mit diesen Gedankengängen sind auch die Fragen der Wirkungsgeschichte der hier zusammengetragenen erzählerischen Kunstwerke in Verbindung zu bringen. Und diese Fragen müssen angeschnitten werden, weil für die Leser außerhalb der schweizerischen Landesgrenzen, ja sogar für die schweizerischen Leser verschiedener Regionen, nicht wenige dieser Erzählungen ganz neu sein werden und von ihnen unbekannten Verfassern stammen. Sicher ist, daß nur ein Teil der Autoren in den gängigen Literaturgeschichten aufgeführt wird, und dies nur dann, wenn sie nicht einfach als lokale Größen abgewertet werden können.

An solchen Unterbewertungen sind das Verlagswesen und die modernen Vertriebsmethoden entscheidend mitbeteiligt. Unbestritten gilt zwar, daß durch das ganze 19. Jahrhundert, bis in die Zwischenkriegszeit hinein, die Schweizer Autoren in den kleineren und größeren deutschen Verlagsunternehmungen willkommenes Gastrecht fanden. Das gilt sogar für den knorrigen und sprachlich höchst eigenwilligen Epiker von Lützelflüh. Ein schweizerisches Verlagswesen existierte zwar, aber seine Ausstrahlung war nur gering. Einen ersten Schock in den gegenseitigen Beziehungen verursachten die monetären Nöte nach dem Ende des Ersten Weltkriegs, der deutsche Valuta-Sturz. Viel nachhaltiger aber wurde der freie Austausch über die Staatsgrenzen während der Nazizeit und nach ihrem Ende betroffen. Es setzte sogar eine Gegenbewegung ein und erlaubte für zwei Jahrzehnte die Entfaltung eines blühenden schweizerischen Verlagsgeschäftes. Namhafte deutsche Autoren fanden Unterschlupf und Betreuung in der Schweiz.

Seither hat sich eine Entwicklung angebahnt, die zwar weltweit wirkende Autoren wie Max Frisch dem bundesdeutschen und dem österreichischen Lesepublikum zugänglich machte, aber für manche tüchtige und solide Begabung, wenn ihm nicht zufällig eine natürliche Werbewirkung zu Hilfe kam, den Weg versperrte. Schweizerische Verlagsunternehmungen und schweizerische Autoren, die in diesen Verlagen unterkommen, hatten und haben es schwer, in der Bundesrepublik und in Österreich Fuß zu fassen und eine Lesergemeinde um sich zu scharen. Dazu kommt der hermetische

Abschluß der DDR. Die Aufmerksamkeit der Kritiker in den angestammten und den neuen Medien auf Schweizer Autoren zu lenken fällt nicht leicht. Daher kann es geschehen, daß bedeutende literarische Begabungen auf den Einflußbereich eines Verlagsunternehmens in der Schweiz angewiesen sind und daß von einem Bekannt- und Gelesenwerden im ganzen deutschen Sprachraum nicht mehr die Rede sein kann. Die modernen Werbemethoden und die üppig ins Kraut schießende einzig und allein absatzorientierte Buchproduktion tun das Ihre, für einen gänzlich übersättigten Buchmarkt zu sorgen.

Es ist daher nur zu wünschen, daß eine Buchreihe wie die Manesse Bibliothek, die aufgrund ihres hohen Ansehens die zwischen den Ländern errichteten Barrieren noch immer zu durchbrechen vermag, mit diesem 400. Band den Blick in die bedeutende historische und bis auf den heutigen Tag lebendig fortwirkende Literaturszene «deutschsprachige Schweiz» wieder freilegt.

Karl Fehr

Lebensdaten, Quellenvermerk

BOSSHART, JAKOB, 1862 Stürzikon (Kt. Zürich)–1924 Clavadel (Kt. Graubünden); Studium in Zürich, Heidelberg und Paris; Gymnasiallehrer, Rektor des kantonalen Gymnasiums in Zürich bis 1916, als er krankheitshalber zurücktreten muß.
Altwinkel. Aus: Jakob Boßhart, «Neben der Heerstraße», Frauenfeld 1950.

FEDERER, HEINRICH, 1866 Brienz–1928 Zürich; Studium der Theologie in Eichstätt, Fribourg und St. Gallen; 1893 Priesterweihe und bis 1900 Kaplan in Jonschwil (Toggenburg). Wegen eines Asthmaleidens zurückgetreten, arbeitet er bis zu seinem Tod als Journalist und freier Schriftsteller.
Das letzte Stündlein des Papstes Innocenz des Dritten. Aus: Heinrich Federer, «Gesammelte Werke», Band 12, Berlin 1932.

GOTTHELF, JEREMIAS (Albert Bitzius), 1797 Murten bis 1854 Lützelflüh im Emmental (Kt. Bern); 1824–29 Vikar in Herzogenbuchsee, seit 1832 Pfarrer in Lützelflüh.
Elsi, die seltsame Magd. Aus: Jeremias Gotthelf, «Sämtliche Werke in 24 Bänden», Band 17, München 1912.

GRABER, RUDOLF, 1899 Säckingen–1958 Riehen bei Basel; Studium in Basel und Würzburg, Gymnasiallehrer in Basel.

Die Geschichte von der Schülerversicherung. Aus: Rudolf Graber, «Die letzten Basler Fährengeschichten», Zürich 1959. © Elsa Graber-Meyer.

GUGGENHEIM, KURT, 1896 Zürich – 1983 Zürich; 1920–25 in Frankreich, England und Holland, 1930 Redakteur und Antiquar, seit 1935 freier Schriftsteller. *Nachher.* Aus: Kurt Guggenheim, «Nachher. Vier Erzählungen», Zürich–Köln 1974. © Gertrud Guggenheim.

HOHL, LUDWIG, 1904 Netstal (Kt. Glarus)–1980 Genf; seit 1937 freier Schriftsteller in Genf.
Drei alte Weiber in einem Bergdorf. Aus: Ludwig Hohl, «Nächtlicher Weg. Erzählungen». © Suhrkamp Verlag, Frankfurt a. M. 1971.

HUMM, RUDOLF JAKOB, 1895 Modena (Italien)–1977 Zürich; Studium der Physik in Göttingen, seit 1918 in Zürich als Journalist und freier Schriftsteller.
Das Schneckenhaus. Aus: «Zürcher Windrose», Zürich 1957. © Ambrosius Humm.

INGLIN, MEINRAD, 1893 Schwyz–1971 Schwyz; Uhrmacher- und Kellnerlehrling, Studium in Neuenburg, Genf und Bern; Redakteur; seit 1923 freier Schriftsteller.
Die Furggel. Aus: Meinrad Inglin, «Werkausgabe in acht Bänden», Band 7, Atlantis Verlag, Zürich 1981. © Meinrad-Inglin-Stiftung, Zürich.

KELLER, GOTTFRIED, 1819 Zürich–1890 Zürich; 1840 bis 42 zur Ausbildung als Kunstmaler in München, 1848 Studium in Heidelberg, 1850–55 Berlin, 1855 zurück nach Zürich, wo er 1861–76 als Staatsschreiber tätig ist.

Romeo und Julia auf dem Dorfe. Aus: Gottfried Keller, «Sämtliche Werke», Band 7, Erlenbach–Zürich/München 1926–48.

LAUBER, CÉCILE, 1887 Luzern – 1981 Luzern, geb. Dietler; Musikstudium und Ausbildung als Kunstmalerin in Lausanne; 1913 Heirat und seit 1918 Wohnsitz in Luzern.

Das schreckliche Kalb. Aus: Cécile Lauber, «Gesammelte Werke», Band 4. © Benteli Verlag, Bern 1972.

MEYER, CONRAD FERDINAND, 1825 Zürich – 1898 Kilchberg bei Zürich; 1857 Reisen nach Paris, München, Italien, 1860 zurück, nach 1870/71 entscheidet er sich, der eng mit der romanischen, namentlich französischen Geisteswelt verbunden war (cf. seine Übersetzung von Augustin Thierrys «Erzählungen aus den merowingischen Zeiten», 1972 in der Manesse Bibliothek der Weltliteratur), für die deutsche Sprache als dem ihm gemäßeren Ausdruck. 1892/93 Nervenheilanstalt Königsfelden.

Das Leiden eines Knaben. Aus: Conrad Ferdinand Meyer, «Sämtliche Werke», Band 12, Bern 1961.

SPITTELER, CARL, 1845 Liestal–1924 Luzern; Studium (Jura, Theologie) in Basel, Zürich und Heidelberg, 1871–79 Hauslehrer in Rußland und Finnland; Journalist in Basel und Zürich; 1892 nach Erbschaft unabhängig und seit 1893 freier Schriftsteller in Luzern; 1919 Nobelpreis.

Das Bombardement von Åbo. Aus: Carl Spitteler, «Gesammelte Werke», Band 5, Zürich 1945–58.

ULLMANN, REGINA, 1884 St. Gallen–1961 München; nach dem Tod des Vaters 1908 Übersiedlung, mit der Mutter, nach München; 1934 Rückkehr nach St. Gallen.
Der ehrliche Dieb. Aus: Regina Ullmann, «Erzählungen, Prosastücke, Gedichte», Band 1. © Kösel-Verlag, München 1978.

VOGEL, TRAUGOTT, 1894 Zürich–1975 Zürich, Studium in Zürich und Genf, Volksschullehrer.
Das Erbteil. Aus: Traugott Vogel, «Flucht ins Leben. Erzählungen», St. Gallen 1961. © Magdalena Vogel.

WALSER, ROBERT, 1878 Biel–1956 Herisau; in verschiedenen Brotberufen dienend, 1905–13 mit seinem Bruder Karl, dem Kunstmaler, als freier Schriftsteller in Berlin; seit 1929 in Nervenheilanstalten.
Kleist in Thun. Aus: Robert Walser, «Das Gesamtwerk», Band 5. © Suhrkamp Verlag, Zürich/Frankfurt a. M. 1978, mit der Genehmigung der Inhaberin der Rechte, der Carl-Seelig-Stiftung, Zürich.

ZOLLINGER, ALBIN, 1895 Zürich–1941 Zürich; Jugendzeit mit den Eltern in Argentinien, 1907 zurück in die Schweiz; Volksschullehrer an verschiedenen Orten im Kanton Zürich, zuletzt in Zürich.
Die Russenpferde. Aus: Albin Zollinger, «Werkausgabe in sechs Bänden», Band 5. © Artemis Verlag, Zürich 1981–84.

Zu dieser Auswahl

Aus Hunderten von Erzählungen stehen hier einige wenige beisammen; wie immer, wenn es ums Auswählen geht, habe auch ich versucht, das nach der Meinung vieler, nach dem allgemeinen Konsens Bewährte und Gültige mit dem eigenen, unweigerlich subjektiven Geschmack (wie denn anders?) in Einklang zu bringen.

Einige bedeutende Autoren fehlen: entweder reichte der zur Verfügung stehende Platz nicht aus, oder wir erhielten von den Inhabern der Rechte keine Erlaubnis zum Abdruck.

Die Anregung, aus dem umfangreichen erzählerischen Werk Jakob Boßharts gerade die eine Geschichte «Altwinkel» herauszugreifen, stammt von Werner Weber; ich danke dem Kenner, dem Freund.

F. H.